형이상학의 근본개념들

Die Grundbegriffe der Metaphysik.
Welt—Endlichkeit—Einsamkeit
by Martin Heidegger
Edited by Friedrich-Wilhelm von Herrmann

Copyright © Vittorio Klostermann GmbH, Frankfurt am Main, 1983. 3rd print run 2004.
All rights reserved.
This Korean edition was published by Kachi Publishing Co., Ltd. in 2025 by arrangement with Vittorio Klostermann Verlag GmbH through KCC (Korea Copyright Center Inc.), Seoul.

이 책은 (주)한국저작권센터(KCC)를 통한 저작권자와의 독점계약으로 (주)까치글방에서 출간되었습니다. 저작권법에 의해서 한국 내에서 보호받는 저작물이므로 무단전재 및 복제를 금합니다.

역자 이기상(李基相)
가톨릭대학교 신학부를 졸업하고 벨기에 루뱅 대학교 신학대학원에서 석사과정을 수료했다. 그후 독일 뮌헨 예수회 철학대학교에서 철학 석사학위와 박사학위를 취득했다. 1984-2012년 한국외국어대학교 철학과 교수로 재직했으며 현재 한국외국어대학교 명예교수이다. 1992년 열암학술상, 1994년 한국출판문화상 번역상을 수상했다.
저서로 『하이데거의 실존과 언어』, 『하이데거의 존재와 현상』, 『하이데거의 존재사건학』, 『글로벌 생명학』 외 다수가 있고, 역서로 『존재와 시간』(하이데거), 『형이상학의 근본문제들』(하이데거), 『논리학 : 진리란 무엇인가』(하이데거), 『기술과 전향』(하이데거), 『하이데거 사유의 길』(페겔러) 외 다수가 있다.

형이상학의 근본개념들
세계—유한성—고독

저자 / 마르틴 하이데거
역자 / 이기상
발행처 / 까치글방
발행인 / 박후영
주소 / 서울시 용산구 서빙고로 67, 파크타워 103동 1003호
전화 / 02 · 735 · 8998, 736 · 7768
팩시밀리 / 02 · 723 · 4591
홈페이지 / www.kachibooks.co.kr
전자우편 / kachibooks@gmail.com
등록번호 / 1-528
등록일 / 1977. 8. 5
초판 1쇄 발행일 / 2001. 6. 30
제2판 1쇄 발행일 / 2025. 9. 15
       2쇄 발행일 / 2025. 10. 20

값 / 뒤표지에 쓰여 있음

ISBN 978-89-7291-880-6 93110

마르틴 하이데거

형이상학의 근본개념들

세계-유한성-고독

이기상 옮김

까치

일러두기

1. 이 책은 마르틴 하이데거(Martin Heidegger)의 전집 제29/30권 『형이상학의 근본개념들 : 세계―유한성―고독(*Die Grundbegriffe der Metaphysik : Welt―Endlichkeit―Einsamkeit*)』(Vittorio Klostermann : Frankfurt am Main, 1983)을 우리말로 옮긴 것이다. 이 책은 하이데거가 1929/30년 겨울학기에 프라이부르크 대학교에서 강의한 내용을 수록한 강의록이다.
2. 본문 좌우의 숫자(1, 2……)는 원서의 해당 쪽수를 나타낸다.
3. 숫자 주(1), 2)……)는 지은이의 주석이다.
4. 별 주(*, **……)는 옮긴이가 이해를 돕기 위해서 보탠 옮긴이의 주석이다. 그 내용은 까치글방 홈페이지에 모아놓았다.
5. 큰따옴표(" ")는 원서의 강조 부호(» «)에 해당하며, 작은따옴표(' ')는 옮긴이가 추가한 부호이다.
6. 대괄호([ ]) 안의 낱말은 옮긴이가 이해를 돕기 위해서 보탠 것이다.
7. 소괄호(( ))는 원문에 나오는 그대로이다. 단 소괄호 안의 그리스어나 라틴어, 한자어 등은 옮긴이가 첨가한 것이다.

오이겐 핑크를 추모하며

오이겐 핑크는 이 강의를 깊은 생각에 빠져서 경청했다. 그리고 그 당시 이미 그는 자신의 길을 결정지을 아직 사유되지 않은 고유한 것을 이 강의에서 경험했다.

  이 점으로 미루어보아, 왜 그가 다른 모든 강의록들에 앞서 이 강의록이 맨 먼저 출간되었으면 좋겠다는 바람을 지난 수십 년 동안 거듭거듭 표명해왔는지 그 까닭을 찾을 수 있겠다.

1975년 7월 26일
마르틴 하이데거

차례

예비고찰
강의 제목에 대한 일반적 설명을 단초로 삼아
강의의 과제와 강의의 근본의도를 소개함

제1장   **철학(형이상학)의 본질을 규정하기 위해서 둘러갈 만한
에움길들과 형이상학을 직시해야 하는 불가피성** 19

  제1절 철학의 비교 불가능성 19
      가. 철학은 학문도 세계관의 선포도 아니다 19
      나. 철학의 본질규정은 예술과 종교와의 비교라는 에움길을 가지 않는다 22
      다. 철학의 본질규정을 위한 역사학적 방향 잡이의 해법은 착각 23
  제2절 노발리스의 싯말 하나를 실마리로 삼아 철학을 그 자체로부터 규정함 24
      가. 인간의 활동으로서의 형이상학(철학함)이 인간 본질의 어둠 속으로 빠져나감 24
      나. 철학함의 근본기분으로서의 향수 그리고 세계, 유한성, 개별화에 대한 물음들 26
  제3절 형이상학적 사유란 곧 총괄적 사유, 즉 전체에로 나아가면서 실존을 꽉 휘어잡는 사유 31

제2장   **철학(형이상학)의 본질에서 드러나는 애매성** 35

  제4절 철학함 일반에서 내보여지는 애매성 : 철학은 과연 학문인가 세계관의 선포인가 하는 데에 대한 불확실성 37
  제5절 바로 지금 여기 이 자리에서 우리가 철학하는 가운데 들으미와 선생의 자세에서 내보여지는 애매성 38
  제6절 철학외 진리와 그 애매성 42
      가. 누구에게든 와닿으며 누구에게든 파고드는 어떤 것으로서 간주되는 철학 44
      나. 궁극적인 것이며 가장 지고한 것으로서 간주되는 철학 45

         (ㄱ) 절대적으로 확실한 진리라는 가상 속의 철학적 진리 45
         (ㄴ) 형식적 모순에 관한 논거는 공허하고 구속력이 없다. 철학의 진리는 현존재의
             운명 속에 뿌리내리고 있다 48
         (ㄷ) 데카르트와 근대철학에서 내보여지는 비판적 태도의 애매성 53
제7절   자신의 극복할 수 없는 본질의 애매성에 맞선 철학함의 투쟁. 현존재 안
       에서 일어나는 근본사건으로서의 철학함의 독자성 54

제3장   세계, 유한성, 개별화에 대한 총괄적 물음을 형이상학이라고 특징짓는 데에 대한 정당화. '형이상학'이라는 낱말의 근원과 역사 59

제8절   '형이상학'이라는 낱말. 피지카의 뜻 61
       가. 피지카라는 낱말에 대한 해명. 피지스란 곧 전체에서의 존재자가 스스로를 형
           성하면서 전개해나감 61
       나. 로고스란 곧 전체에서의 존재자의 전개를 숨겨져 있음에서부터 빼내옴 63
       다. 로고스란 곧 숨겨져 있지 않은 것에 관해 말함. 숨겨져 있음에서부터 잡아채어
           져야 할 빼앗음으로서의 알레테이아(진리) 66
       라. 피지스의 두 가지 뜻 70
         (ㄱ) 피지스의 근본 뜻인 '전개됨 속에서 전개되고 있는 것'에 대한 이중의 해석
             가능성. 피지스의 첫 번째 뜻 : 영역개념으로서 (테크네 온타에 대립되는)
             피제이 온타 70
         (ㄴ) 피지스의 두 번째 뜻 : 사태의 본질과 내적인 법칙으로서의 전개됨 그 자체 72
제9절   아리스토텔레스에게 피지스라는 낱말이 가지는 두 가지 뜻. '프로테 필
       로소피아(제일철학)'의 두 겹의 물음방향으로서, 전체에서의 존재자에 대
       한 물음과 존재자의 본질성(존재)에 대한 물음 73
제10절 본래적인 철학함이 쇠퇴하면서 논리학, 자연학, 윤리학이 강단분과로 형
       성됨 78
제11절 '형이상학(메타피직)'이라는 낱말에서 '메타'의 기술적인 뜻이 내용적인
       뜻으로 전환됨 82
       가. '메타'의 기술적인 뜻 : 포스트(다음). 프로테 필로소피아를 마주하고 생겨난 당
           혹스러움을 지칭하기 위한 기술적인 칭호로서의 형이상학(메타피직) 82
       나. '메타'의 내용적인 의미 : 트란스(너머로). 프로테 필로소피아에 대한 내용적인
           지칭과 해석으로서의 형이상학 : 초감각적인 것에 관한 학문. 강단분과로서의
           형이상학 84

제12절 '형이상학'이라는 전승된 개념의 내적인 견지 불가능성 87
    가. 전승된 형이상학-개념의 피상화 : 형이상학적인 것(신, 죽지 않는 영혼)은 지고하기는 해도 눈앞에 있는 존재자 89
    나. 전승된 형이상학-개념의 혼란스러움 : 두 가지 상이한 양식들인 초감각적 존재자가 넘어서 놓여 있는 양식과 존재자의 무감각적 존재 성격들이 넘어서 놓여 있는 양식이 한데에 뒤엉켜 붙음 94
    다. 전승된 형이상학 개념이 안고 있는 무문제성 95
제13절 전승된 형이상학-개념의 세 가지 계기들에 대한 역사적 전거로서 토마스 아퀴나스의 형이상학-개념 96
제14절 프란시스코 수아레스의 형이상학-개념과 근대 형이상학의 근본성격 105
제15절 형이상학 자체의 근본문제를 지칭하기 위한 칭호로서의 형이상학. 예비고찰의 성과와 다음과 같은 요구, 즉 형이상학 내에서의 행동을 형이상학적 물음의 사로잡혀 있음에서부터 시작하라는 요구 114

제1부
우리 철학함의 한 근본기분을 일깨움

제1장 하나의 근본기분을 일깨워야 할 과제, 그리고 오늘날 우리 현존재의 한 숨겨진 근본기분을 내보임 119

제16절 하나의 근본기분을 일깨운다는 의미에 대한 예비 이해 119
    가. 일깨움이란 어떤 눈앞의 것을 확인함이 아니고, 오히려 잠자고 있는 이를 깨어나게 해줌임 119
    나. 기분의 '거기에-있음'과 '거기에-있지-않음'은 '의식을 가지고 있음'과 '의식하고 있지 않음'의 구별을 통해서는 파악될 수 없음 121
    다. '거기에-존재함'과 '떠나-있음'(부재하고 있음)으로서의 인간의 존재에 바탕을 둔 기분이 '거기에-있음'과 '거기에-있지-않음' 126
제17절 기분이라는 현상에 대한 잠정적인 특징규정 : 기분이란 곧 현존재의 근본방식, 즉 현존재에게 존립과 가능성을 부여하는 것. 기분을 일깨움이란 곧 현-존재를 현-존재로서 사로잡음 131
제18절 오늘날 우리의 처지와 이 처지를 두루 지배하는 근본기분을 확보하는 것이 이러한 근본기분을 일깨우기 위한 전제임 136
    가. 오늘날 우리의 처지에 대한 네 가지 해석들 : 오스발트 슈펭글러, 루트비히 클라

게스, 막스 셸러, 레오폴트 치글러에게서 삶(영혼)과 정신의 대립 137
나. 니체가 디오니소스적인 것과 아폴론적인 것을 근본적으로 맞세운 것이 오늘날의 우리의 처지에 대한 네 가지 해석들의 원천 141
다. 우리의 처지를 문화철학적으로 해석해놓은 것들 속에 숨겨진 근본기분으로서의 깊은 권태 146

제2장 권태의 첫 번째 형태 : 어떤 것에 의해서 지루하게 됨 153

제19절 권태가 가지는 의문스러움. 이러한 근본기분을 일깨운다고 함은 곧 깨어 있도록 해줌, 즉 잠들지 않게 지켜줌 153

제20절 권태라는 근본기분과 이러한 근본기분이 시간과 맺는 관계 그리고 세계, 유한성, 개별화에 대한 세 가지 형이상학적 물음 156

제21절 지루한 것을 출발점으로 삼아 권태를 해석해보기. 지루한 것이란 곧 '잡고 있는 것'이자 '공허 속에 놓아두는 것'임. 다음과 같은 세 가지 통속적 해석도식들이 지닌 의문스러움 : 원인-작용-관계, 영혼에 내재한 것, 옮겨씌우기 161

제22절 지루해짐의 해석을 위한 방법적 지침 : 의식분석적 태도를 피하고 일상적 현존재의 직접성을 유지할 것 : 권태를 그것에 대한 직접적 행동관계인 시간죽이기에서부터 해석해내기 173

제23절 지루해짐과 시간죽이기 182

가. 시간죽이기란 곧 시간을 채근하면서 권태를 쫓아버리기임 182
나. 시간죽이기와 시계를-들여다-보기. '지루해짐'이란 '머무적거리는 시간흐름이 마비시키며 맞닥쳐 있음'임 188
다. 머무적거리는 시간에 의해서 붙잡혀 있음 194
라. '스스로를 거부하는 사물들에 의해서 공허 속에 버려져 있음' 그리고 이것이 '머무적거리는 시간에 의해서 붙잡혀 있음'과 맺고 있는 가능적인 연관 안으로 눈길을 던져봄 198

제3장 권태의 두 번째 형태 : '어떤 것 곁에서 지루해함'과 그것에 딸린 시간죽이기 209

제24절 '어떤 것 곁에서 지루해함'과 이에 속한 시간죽이기의 양식 209

가. '붙잡혀 있음'과 '공허 속에 버려져 있음' 사이의 이음새를 이해하기 위해서 권태를 좀더 근원적으로 파악할 것을 요구함 209

나. '어떤 것 곁에서 지루해함'과 시간죽이기의 달라진 양식인 시간죽이기로서의 지루해함의 자리 213

제25절 '붙잡혀 있음'과 '공허 속에 버려져 있음'이라는 두 본질계기들 쪽으로 눈길을 던지면서 권태의 두 번째 형태를 그 첫 번째 형태와 비교하여 부각시킴 223

    가. 지루한 것의 관점 아래에서 권태의 두 형태들을 일반적으로 서로 맞대어 부각시킴 : 특정한 권태와 막연한 권태. 권태의 두 번째 형태에서는 '붙잡혀 있음'과 '공허 속에 버려져 있음'이 결여되어 있는 것처럼 보임 224

    나. 지루하게 하는 그것에 의한 공허 속에 버려져 있음의 더욱 깊어진 방식은 곧 '발 묶고 있는 느긋함'임. '공허함이 형성되는 가운데 공허 속에 버려져 있음' 228

    다. '우리의 시간으로부터 풀려나 있지 않음'은 곧 '멈춰 서 있는 시간에 붙잡혀 있음'임 236

제26절 내준 시간을 마주 대하게 하면서 멈춰 서 있게 함에 바탕을 둔 지루해함의 두 구조계기들의 구조론적인 통일성. 스스로 시간화하는 현존재의 시간성에서부터 권태가 솟아나옴 249

제27절 '어떤 것 곁에서 지루해함'에 대한 결론적 성격규정 : 지루하게 하는 그것이 현존재 자신에서부터 피어오름은 '어떤 것 곁에서 지루해함'에 딸린 시간죽이기의 독특함임 252

제28절 권태의 두 번째 형태가 첫 번째 형태에 비해서 더욱 깊어짐 254

제4장 권태의 세 번째 형태 : '아무튼 그냥 지루해'로서의 권태 260

제29절 권태와 시간의 본질 속으로 파고들어가기 위한 전제들 : 인간을 의식으로서 파악하는 견해를 물음에 부침, 권태의 본질이 그 깊이를 스스로 열어 보임 260

제30절 시간죽이기가 더 이상-허용되어 있지 않음은 곧, 깊은 권태를 그 우세함에서 이해함임. 깊은 권태를 이해하도록 내주고 있는 바로 그것에 귀 기울이도록 강요되어 있음 264

제31절 '공허 속에 버려져 있음'과 '붙잡혀 있음'을 실마리로 삼아 깊은 권태를 구체적으로 해석해보임 269

    가. '공허 속에 버려져 있음'이란 곧, 전체에 걸쳐 자신을 거부하고 있는 존재자에게 **현존재가 넘겨져 있음**임 269

    나. '붙잡혀 있음'이란 곧 현존재를 하나의 그 자체로서 근원적으로 가능하게 해주는 데에로 밀쳐져 있음임. 전체에서 자신을 거부하는 존재자의 폭과 현존재를 가능

하게 해주는 그것의 유일한 '날끝', 이 둘의 통일성이 곧 '공허 속에 버려져 있음'과 '붙잡혀 있음'의 구조론적인 통일성임 275

제32절 깊은 권태의 시간성격 284
    가. 하나이면서 동시에 세 겹으로 된 시간의 지평에 의해서 옭아매여 있음이 곧 '공허 속에 버려져 있음'의 시간성격임 285
    나. 옭아매는 시간에 의해서 순간에로 밀쳐져 있음이 곧 '붙잡혀 있음'의 시간성격임. '공허 속에 버려져 있음'과 '붙잡혀 있음'의 시간차원적인 통일성 291

제33절 '권태'라는 낱말이 띠고 있는 본질적인 뜻: 깊은 권태 속에서 겨를이 길어지고 있음은 곧 시간지평의 폭이 넓혀져가고 있음이며 한순간의 날끝이 사라져버리고 있음임 299

제34절 권태의 해석을 위한 날카로워진 지침으로서 그리고 오늘날의 우리 현존재를 사로잡고 있는 특정한 깊은 권태에 대한 물음을 위한 예비로서 깊은 권태에 대한 종합요약적인 '정의' 301

제35절 하나의 특정한 방식으로 시간화하고 있는 시간성이 곧, 권태에서 본디 지루하게 하고 있는 그것임 309

제36절 권태에 대한 통속적인 평가 및 이 평가가 깊은 권태를 억누르고 있음 311

제5장 오늘날의 우리 현존재를 근본기분으로서 조율하는 하나의 특정한 깊은 권태에 대한 물음 313

제37절 우리 현존재의 근본기분으로서의 깊은 권태에 대한 물음을 다시 던져봄 313

제38절 특수한 '공허 속에 버려져 있음'과 특수한 '붙잡혀 있음'을 방향 삼아 특정한 깊은 권태에 대해서 물음을 던져봄 318
    가. 전체에 걸친 본질적인 절박함, 즉 오늘날 우리 현존재의 본질차원적인 압박의 부재(자신을 거부하고 있음)가 곧, 특정한 깊은 권태의 '공허 속에 버려져 있음'임 318
    나. 압박의 부재 속에서 함께 알려지고 있는 현존재 그 자체의 극단적인 요구(함께 알려지고 있는 순간)가 곧, 특정한 깊은 권태의 '붙잡혀 있음'임 321

제2부
깊은 권태라는 근본기분에서부터
전개시켜 내와야 할 형이상학적 물음들을 실제로 물음.
'세계란 무엇인가?'라는 물음

제1장 깊은 권태라는 근본기분에서부터 전개시켜 내와야 할 형이상학적 물음들 329

제39절 오늘날의 우리 현존재의 깊은 권태라는 근본기분이 우리에게 물음을 던지도록 내주고 있는 바로 그것으로서 세계, 개별화 그리고 유한성에 대한 물음들. 이 세 가지 물음들의 뿌리로서 시간의 본질 **329**

제40절 그 세 가지 물음을 물어야 하는 방식 **336**

제41절 이 세 가지 물음들을 건전한 인간지성과 전통이 에워싸고 있음 **339**

제2장 세계에 대한 물음을 가지고 형이상학적 물음을 던지기 시작함. 탐구의 길과 그 길에서 봉착하게 될 여러 어려움들 342

제42절 다음과 같은 세 가지 주도적인 논제들을 비교해가는 고찰의 길: '돌은 세계 없음 속에 존재한다', '동물은 세계 빈곤 속에 존재한다', '인간은 세계 형성 속에 존재한다' **342**

제43절 생명의 본질을 규정하는 것과 관련된, 그리고 생명에 대한 접근 가능성과 관련된 내용적이고 방법적인 근본 어려움 **347**

제44절 방학 후 기억을 위한 종합요약: 총괄적 물음으로서의 형이상학, 깊은 권태라는 근본기분을 일깨움, 근본기분에서부터 전개시켜 내와야 할 형이상학적 물음들. 철학함의 근본기분에 관한 이야기를 올바로 이해하기 위한 방향지침들 **350**

제3장 중간 논제인 '동물은 세계 빈곤 속에 존재한다'로부터 출발하여 비교하는 고찰을 시작함 357

제45절 논제의 명제적 성격 그리고 형이상학과 실증과학과의 관계 **358**

    가. '동물은 세계 빈곤 속에 존재한다'라는 논제는 동물학을 위한 본질발언이며 전제임. 철학의 원운동 **358**

    나. 우리의 철학하는 물음 던짐이 동물학 및 생물학과 맺고 있는 관계 **362**

제46절 '동물은 세계 빈곤 속에 존재한다'는 논제를 '인간은 세계 형성 속에 존재한다'는 논제와의 관계에서 봄. 세계 빈곤과 세계 형성이 맺는 관계는 결코 우열적인 단계질서가 아님. '세계 빈곤'이란 곧 '세계 없이 지냄'임 370

제47절 '동물은 세계 빈곤 속에 존재한다'는 논제를 '돌은 세계 없음 속에 존재한다'는 논제와의 관계에서 봄. '세계 없음'은 '존재자에 이르는 접근통로가 없음'임. 세계를 존재자의 접근 가능성으로서 잠정적으로 성격규정함 376

제48절 동물이 세계를 가지고 있으면서 세계를 가지고 있지 않음 : 세계개념의 해명을 시작하기 위한 자리를 획득함 382

제4장 동물이 띠고 있는 세계 빈곤의 본질을 동물성, 생명 일반, 유기체 등의 본질에 대해서 물음을 던져나가는 길 위에서 규명함 384

제49절 하나의 다른 존재자(동물, 돌, 인간) 속으로 '자신을 옮겨 앉혀 볼 수 있음'에 대한 방법적인 물음이 곧 동물이라는 존재자의 존재양식에 대한 사태 물음임 384

제50절 세계를 가지고 있으면서 가지고 있지 않음이란 곧 '옮겨 앉혀져 있음'을 들어줄 수 있음이며 '함께 같이 가기'를 거부해야 함임. '가질 수 있으면서 가지고 있지 않음'으로서의 빈곤(없이 지냄) 400

제51절 유기체의 본질을 밝혀 보이기 시작 405

    가. 기관을 작업도구로서, 유기체를 기계로서 보는 견해의 의문스러움. 도구, 작업도구, 기계를 본질적으로 구별해놓은 데에 대한 대략적인 해명 405

    나. 생명의 움직임을 기계역학적으로 파악하는 데에 대한 의문스러움 412

제52절 동물의 능력이 지닌 가능성의 성격에 대한 물음으로서 기관의 본질에 대한 물음. 도구의 유용성은 '어떤 것을 위한 완숙성'이고 기관의 유용성은 '어떤 것을 해낼 수 있음'임 414

제53절 '해낼 수 있음'과 이에 속한 '기관' 사이의 구체적인 연관이 곧 도구의 유용성과는 구별되는 '일 맡고 있음'임 422

제54절 완숙한 도구가 하나의 방침 밑에 놓여 있는 것과는 다르게, '해낼 수 있는 것'은 규칙을 지니고 옴. 자기가 무엇을 할 수 있는 데에로 자신을 앞으로 몰고 나아감이 곧 해낼 수 있는 능력의 충동성격임 434

제55절 일을 맡고 있는 해낼 수 있는 능력으로 미루어 일 맡겨진 기관의 수행에 관해서 물어봄 436

제56절 지금까지 해명된 해낼 수 있는 능력의 본질을 유기체의 본질(전체성의 성격)에 대한 규정을 위해 더욱 깊숙이 파고들어 밝혀보임 : 동물이 '자신을-자기것으로-만들 수-있음'의 방식으로 존재하는 양식으로서 자기것다운 면모 또는 자기것다움 **439**

제57절 유기체란 곧 기관을 조달해낼 수 있는 능력에로 자신을 분절시킬 수 있는 능력이 부여된 존재임—즉 기관을 조달해낼 수 있는 능력이 부여된 자기것다움의 존재양식임 **444**

제58절 동물의 댓거리와 얼빠져 있음 **448**
    가. 동물의 해낼 수 있음이 능력을 발휘할 데로서 댓거리를 앞서 가리켜 보임. '행동'이라는 인간의 자기 행동관계와는 구별되는 '몰아댐'으로서의 동물의 맞댓거리 **448**
    나. 동물이 자기 안에 자리잡고 있음은 곧 얼빠져 있음임. 얼빠져 있음(유기체의 자기것다움의 본질)은 곧 댓거리의 내적인 가능성임 **452**

제59절 동물적인 댓거리의 '……에 관련되어 있음'을 인간적인 행동의 '……에 관련되어 있음'과 구별해나가는 구체적인 길 위에서 댓거리의 구조를 밝혀내보임 **455**
    가. 동물시험에서부터 댓거리의 구체적인 보기를 들어봄 **456**
    나. 댓거리에 대한 보편적인 성격규정 : 얼빠져 있음은 곧 어떤 것을 어떤 것으로서 인지할 모든 가능성이 박탈되어 있음이며 무엇인가에 의해서 압도되어 있음임. 존재자의 개방성에서부터 동물은 제외되어 있음 **466**

제60절 댓거리와 얼빠져 있음의 열려 있음, 그리고 동물이 자신을 무엇인가에 관련짓는 '그 무엇에로' **471**
    가. 댓거리가 띠고 있는 제거의 성격 **472**
    나. 동물의 댓거리가 일종의 들뜸테를 가지고 자신을 휘둘러 쌈 **479**

제61절 마지막으로 유기체의 본질개념을 한정 지어봄 **486**
    가. 유기체란 곧 얼빠져 있음의 단일성 안에서 댓거리할 수 있는 능력이 있음임. 주위환경에 매여 있음(들뜸들에 열린 채 자신을 휘둘러 쌈)은 댓거리의 본질구조임 **486**
    나. 생물학 내에서 이행되어온 두 본질적인 발걸음 : 한스 드리슈, 야콥 요한 폰 윅스퀼 **493**
    다. 지금 다루고 있는 유기체의 본질해석이 띠고 있는 불완전성 : 살아 있는 것의 움직임에 대한 본질해석이 빠지고 없음 **499**

제5장 '동물은 세계 빈곤 속에 존재한다'라는 주도 논제를
앞에서 얻어낸 유기체의 본질해석에서부터 펼쳐보임 504

제62절 얼빠져 있으면서 열려 있음은 곧, 들뜨게 하고 있는 그것을 가지고 있으면서 세계는 가지고 있지 않음임 504

제63절 동물의 없이 지냄과 동물의 빈곤한 채로 있음으로서의 '세계를 가지고 있지 않음'에 대한 이의 제기와 그에 대한 논박 508

제6장 '인간은 세계 형성 속에 존재한다'라는 논제를 논의해서
나아가는 길 위에서 세계문제를 주제적으로 설명해들어감 514

제64절 세계현상이 첫 번째로 띠는 성격들: 존재자가 존재자로서 개방되어 있음, 그리고 '로서'. 존재자에 대한 관련이란 곧 '[만나게 되는 바로 그것을] 존재하게 해주고-존재하게 해주지 않음'임(무엇과의 행동관계, 태도, 자기성) 514

제65절 여러 상이한 양식의 존재자가 구별 없이 눈앞의 것으로서 개방되어 있음, 그리고 존재자에 대한 현존재의 근본관계가 일상성 안에서 잠자고 있음 516

제66절 살아 있는 자연의 고유한 개방성 그리고 현존재가 살아 있는 것의 포위망의 맥락 안으로 그 살아 있는 것에 대한 독특한 근본관계로서 옮겨앉혀져 있음. 그리고 세계의 문제 518

제67절 개방성의 일어남에 대한 물음은 세계에 대한 물음을 위한 출발점임. 세계 형성에 대한 물음과 세계에 대한 물음을 깊은 권태에 대한 해석에 의해서 열려진 방향에로 되돌림 523

제68절 세계개념에 대한 잠정적인 제한규정: 세계란 곧 존재자가 그 자체로서 전체에서 개방되어 있음임. 세계 형성에 대한 일반적인 해명 529

제69절 개방성의 한 구조계기인 '로서'에 대한 첫 번째 형식적 해석 537
    가. 관련 및 그 관련마디의 전체구조틀인 '로서'가 발언문장과 맺는 연관 537
    나. 형이상학이 세계문제를 비근원적으로 전개한 데에 대한 이유는 형이상학이 로고스에 그리고 논리학에 방향 잡음임 540

제70절 모든 형이상학적 문제들과 개념들의 이해를 위한 원칙적인 방법적 고려. 그러한 방법적인 고려가 범하고 있는 오해의 두 가지 근본형태들 543
    가. 첫 번째 오해: 철학적 문제를 넓은 의미에서 어떤 눈앞의 것으로서 논의함. 철학 개념들의 근본성격으로서 형식적 지시 543
    나. 두 번째 오해: 철학 개념들의 거꾸로 뒤바뀐 연관과 이 철학 개념들의 고립화 555

제71절 발언문장의 구조에 대한 하나의 해석으로부터 출발하여 '로서'의 근원차원 안으로 소급해들어가야 하는 과제 560

제72절 아리스토텔레스에게서 발언문장(로고스 아포판티코스)에 대한 성격규정 566

 가. 로고스를 일반적인 어법에서 보자면 그것은 곧 '뜻함(세마이네인)' 및 '이해할 수 있게 내줌'으로서의 말이다. 함께 모아 간직하면서 일치에 이르는 사건(게네타이 심볼론―카타 신테켄)이 곧 말의 조건임 568

 나. 제시하는 말(로고스 아포판티코스)을 그것이 띠고 있는 '탈은폐함(알레테우에인)―은폐함(프세위데스타이)'의 가능성에서 살펴봄 575

 다. '통일성을 형성하면서 어떤 것을 어떤 것으로서 받아들임(신테시스 노에마톤 호스페르 헨 온톤)', 즉 '로서'-구조란 곧 제시하는 로고스의 탈은폐―은폐의 가능성을 위한 본질근거임 581

 라. 긍정하면서 부정하는 발언이 통일성을 형성하면서 어떤 것을 어떤 것으로서 인지함이란 곧 일종의 따로따로 떼어내면서 한데에 함께 붙잡아들임임(신테시스-디아이레시스) 586

 마. 발언의 제시(아포판시스)란 곧, 존재자를 그것이 무엇인 바로 그것으로서 그리고 어떠하게 그것인 바로 그것으로서 보이게 해줌임 591

 바. 단순 발언에 대한 종합요약적인 본질규정과 단순 발언의 개별적인 구성성분들에 대한 규정(오노마, 레마) 596

 사. 발언에서 '이다'가 뜻하는 것으로서 '결합되어 있음(신테시스)' 599

 아. 연계사에 대한 가능적인 해석들로서 '무엇임', '사실임', '참임'. 이러한 뜻들의 나뉘지 않은 다양성이 곧 연계사의 일차적 본질임 609

제73절 발언-구조 전체의 가능근거에로 소급해올라감 621

 가. 주도적인 세계문제와 소급물음이 맺고 있는 연관에 대한 지시 621

 나. 발언의 내적인 본질골격으로부터 소급해서 물어나아가는 물음의 출발점 : '승인도' 하고 '부인도' 하는 가운데, 제시하면서, 존재를 표명하면서, '탈은폐하거나' '아니면' '은폐하거나' 할 수 있는 능력 625

 다. '자유로이 있음', '로고스 이전에 존재자 그 자체에 대해서 열려 있음', 그리고 '구속력에 대해서 자신을 맞댐' 등이 곧 발언의 가능조건임 631

 라. 로고스 이전에 존재자에 대해서 열려 있음은 곧 아우름('전체에서'를 선행적으로 형성함)이며 존재자의 존재를 드러냄임. 현존재에서 일어나고 있는 세 겹으로 구조잡힌 근본적 일어남이 곧 발언의 근원차원임 639

제74절 세계 형성은 현존재에서의 근본적 일어남. 세계의 성함으로서의 세계의 본질 652

제75절 세계로서의 '전체에서', 그리고 존재와 존재자의 구별이라는 수수께끼 657
제76절 세 겹으로 성격규정된 세계 형성의 근본적 일어남의 원초구조로서의 기획투사. 성하도록 해주는 세계 기획투사에서 세계가 전체에서 존재자의 존재로서 성함 672

부록 685
펴낸이의 말 691
개정판 펴낸이의 보탬말 699
2018년 개정판 펴낸이의 보탬말 701

예비고찰
강의 제목에 대한 일반적 설명을 단초로 삼아 강의의 과제와 강의의 근본의도를 소개함

제1장
철학(형이상학)의 본질을 규정하기 위해서 둘러갈 만한 에움길들과 형이상학을 직시해야 하는 불가피성

제1절 철학의 비교 불가능성

가. 철학은 학문도 세계관의 선포도 아니다

이 강의는 "형이상학의 근본개념들"이라는 제목으로 통고되었다. 이 제목 아래 우리가 생각해볼 수 있는 것은 별로 없을지 모른다. 하지만 그럼에도 그 제목은 형식상 아주 명확하다. 그 제목은 이를테면 동물학의 근본특징들, 언어학의 근본노선들, 종교개혁사 개요 등의 강의 제목들과 비슷한 형태를 갖추고 있다. 그 말은, 우리가 이른바 '형이상학'이라는 하나의 확정된 학과목을 마주하고 있다는 것을 의미한다. 이제 문제는, 한 학기라는 제한된 테두리 내에서 형이상학의 가장 중요한 가닥을—자질구레한 가닥들은 피하면서—추려내는 일이다. 그런데 형이상학은 철학 전체의 중심이 되는 교과목이기 때문에, 그러한 교과목을 그 근본특징들에서 다룬다는 것은 곧 철학의 주요내용을 축약하여 전달하는 일이 된다. 철학은 이른바 개별학문들에 비하면 보편학문이기 때문에, 우리의 대학공부는 철학을 통해서 비로소 그에 걸맞은 너비와 원만한 마무리를 얻게 된다. 모든 것은 다 이렇게 완결된 질서 속에 있게 되며 그리고 그런 가운데 아울러 대학이라는 사업도 착수될 수 있을 것이다.

2 이미 오래 전에 그런 대학사업은 착수되었으며 잘 진행되고 있다. 그렇지만 이미 몇몇 사람들은 이러한 굴러감의 단조로움과 맥없음으로부터 무엇인가를 감지하기 시작하고 있다. 엔진의 가장 깊숙한 부분에 무엇인가가 망가져버린 것은 아닌가? 그리고 그것이 그저 잘 짜여 있는 학사편제와 잘 유지되는 시시콜콜한 학사관행을 통해서 무너지지 않고 붙어 있는 것은 아닌가? 이와 같은 짓거리 전체 어디인가에는 일종의 사기가, 그리고 일종의 은폐된 절망감이 똬리를 틀고 앉아 있는 것은 아닌가? 철학의 한 확정되고 확실한 교과목으로서의 형이상학에 얽혀 있는 이 모든 것이 하나의 **선입견**이라면, 그리고 가르치고 배울 수 있는 학문으로서의 철학이 하나의 **가상**이라면, 사태는 어찌될 것인가?

그런데 왜 그와 같은 선입견과 가상을 굳이 명시적으로 확인하려고 하는가? 그렇지 않아도 사람들은 이미 오래 전부터 다음과 같은 사실을 알고 있지 않은가? 즉 철학에서는—형이상학에서는 말할 것도 없고—모든 것이 불확실하다는 것, 무수히 많은 다양한 견해와 관점들 그리고 학파들이 서로서로 맞서 있고 찢겨 있다는 것, 즉 과학의 명료한 진리와 진보, 과학의 이른바 확보된 성과들과 비교해볼 때 철학과 형이상학에서는 여러 의견이 갈피를 잡지 못하고 이리저리 헤매고 있다는 사실 말이다. 바로 여기에 모든 재앙(화)의 원천이 있다. 철학, 더더욱이 형이상학으로서 철학은 아직도 여전히 과학의 성숙에는 미치지 못하고 있다. 철학은 뒤진 단계 속에서 움직이고 있다. **데카르트**(René Descartes) 이래, 즉 근대의 태동 이래 철학은 하나의 학문, 즉 절대학문의 등급에 오르려고 시도했지만, 철학은 그것을 아직도 성취해내지 못하고 있다. 그러니 우리는 철학이 언젠가는 그와 같은 일을 성취할 수 있도록 총력을 오로지 거기에 쏟아야 할 것이다. 앞으로 언젠가 철학은 두 발로 확고히 서서—인류의 행복을 위해서—하나의 학문이라는 확실한 발걸음을 내딛게 될 것이다. 그때 우리는 철학이 무엇인지를 알게 될 것이다.

아니면 철학을 절대학문으로 보는 이 모든 생각들이야말로 그릇된 믿음은 아닌가? 왜냐하면 어떠한 개인이나 어떠한 학파도 그러한 목적에는 결코 다다르지 못할 뿐 아니라, 근본적으로 그러한 목적 정립 자체가 오류이며, 철학의 가장 내적인 본질을 오인하는 것이기 때문이다. 절대학문으로서의 철학, 그것은 더할 나위 없이 지고한 하나의 이상이다. 겉으로 보기에는 그렇다. 그렇지만 분명 철학을 학문의 이념에 맞추어 평가하는 것 자체가 아마도 철학의 가장 내적인 본질에 대한 가장 치명적인 평가절하일 것이다. 3

그러나 만일 철학이 결코 근본적으로 학문이 **아니라면**, 그렇다면 도대체 철학은 무엇이라는 말인가? 그리고 그 경우 대학 안의 여러 학문들의 울타리 안에서 철학이 어떠한 권리를 주장할 수 있는가? 철학이 학문이 아니라면, 철학은 그저 하나의 **세계관**을 선포하는 것이 되어버리지 않는가? 그리고 이 세계관이라는 것은 무엇인가? **세계관**은 하나의 체계 속에 담은 한 개별 사상가의 개인적인 신념이 아니고 무엇이라는 말인가? 그러한 체계는 한동안 몇몇 신봉자들을 한데에 모으겠지만, 이들도 금세 다시 그들 나름의 고유한 체계를 만들어 가진다. 그렇다면 그러한 체계는 철학이라는 이름으로 거대한 시장판에서 거래되는 상품이나 다름없지 않은가?

결국 철학을 세계관의 선포로 해석하는 것은 철학을 학문으로서 특징짓는 것과 마찬가지로 사기이다. 철학(형이상학), 그것은 학문도 세계관의 선포도 아니다. 그렇다면 철학에 무엇이 남는다는 말인가? 우선은 단지 부정적으로 다음과 같은 사실이 주장된 셈이다. 즉 철학은 그러한 학문이나 세계관의 테두리 속으로 끼워넣을 수 없다. 철학은 다른 어떤 것으로서가 아니고 오직 철학 자체에서부터, 그리고 철학 자체로서만 규정될 수 있는 것인지 모른다. 철학은 그것에서부터 이 철학이 긍정적으로 규정될 수 있을 만한 어떤 것과는 결코 비교될 수 없다. 그렇다면 철학은 어떤 독자적인 것, 궁극적인 것인 셈이다.

나. 철학의 본질규정은 예술과 종교와의 비교라는 에움길을 가지 않는다
철학은 과연 다른 것과 비교될 수 없는가? 아니면 그래도 어쩌면, 비록 부정적으로라도, 철학을 예술과 종교와 비교해볼 수 있지 않을까? 이때의 종교를 우리는 일종의 교의적 체계로 이해하지는 않는다. 그렇다면 왜 철학이 예술이나 종교와는 비교될 수 있으면서 학문과는 비교될 수 없는가? 물론 앞에서 우리는 철학을 학문과 비교해보았을 뿐만 아니라, 철학을 학문으로서 규정하려고까지 했다. 철학을 마찬가지로 예술로서 또는 종교로서 규정하려는 생각을 우리는 가지고 있지 않으며 더욱이 그런 생각은 하지 않을 것이다. 그러나 철학을 학문과 비교하는 일은 철학의 본질을 부당하게 깎아내리는 일인 데에 비해서, 철학을 예술과 종교에 비교하는 일은 철학의 본질을 정당하게 그리고 필연적으로 그것들과 대등한 위치에 놓는 것이다. 그리고 여기에서 똑같음은 하나같이 똑같음을 말하지는 않는다.

그렇다면 예술과 종교로 둘러가는 에움길 위에서 우리는 철학을 그 본질에서 파악할 수 있게 되는가? 그와 같은 하나의 길에서 마주치는 그 모든 어려움은 무시해버리더라도, 제아무리 예술과 종교가 철학과 대등한 위치에 있다고 해도 그러한 비교를 통해서는 철학의 본질을 우리는 결코 파악하지 못할 것이다. 만일 우리가 이미 그전에 철학의 본질을 대면하지 못했다면 말이다. 철학의 본질을 대면했을 경우에 비로소 우리는 철학과 대비하여 예술과 종교를 부각시킬 수 있기 때문이다. 그러므로 설령 우리의 길 위에서 예술과 종교 모두를 우리가 만나게 된다고 하더라도, 이 길 역시 막힌 길인 셈이다.

비교를 통해서 철학을 파악하려는 이 모든 시도들에서 우리는 언제나 거듭 원래의 자리로 되던져진다. 이러한 길 모두가 그 자체 불가능한 에움길들이라는 점이 드러나고 있다. 이렇게 끊임없이 원래의 자리로 되던져지는 가운데 우리는 '철학, 즉 형이상학 자체란 무엇인가'라는 물음과 함께 궁지로 내몰리고 있다. 만일 우리가 저러한 에움길 모두를 포기해야 한다면, 우리는 '철학 자체가 무엇인지'를 어떻게 경험해야 하는가?

다. 철학의 본질규정을 위한 역사학적 방향 잡이의 해법은 착각

마지막 출구 하나가 남아 있다. 우리가 역사 속에서 물음을 던진다고 하는 그 길이다. 철학은—그것이 있기만 하다면—어제오늘 있게 된 것이 아니다. 지금 동시에 우리는 왜 우리가 이렇게 역사를 통해서 가는 길을 대뜸 택하지 않고 그 대신 아무런 소용도 없는 물음 때문에 고생만 했는가 하고 의아하게 생각한다. 역사학적인 방향 잡이의 길 위에서 우리는 즉각 형이상학에 대한 해명을 얻게 될 것이다. 우리는 다음과 같은 삼중적인 물음을 던질 수 있다. 1. '형이상학'이라는 낱말은 어디에서부터 유래했으며, 그리고 그 낱말의 가장 가까운 뜻은 무엇인가? 여기에서 우리는 하나의 기이한 낱말이 가진 기이한 역사와 마주치게 된다. 2. 그 낱말이 가진 순전한 뜻을 관통하여 봄으로써 우리는 형이상학이라고 정의되는 바로 그것으로 밀치고 들어갈 수 있다. 우리는 철학의 한 분과를 알게 된다. 3. 마침내 이러한 정의를 관통하여 지나가면서 우리는 그 정의 속에 **명명되어 있는 사태** 자체를 적중시킬 수 있다.

그러한 일은 명백하며 배울 바가 많은 과제이다. 다만 그 모든 것을 가지고도 우리는 형이상학 자체가 무엇인지 경험하지 못할 것이다. 만일 우리가 그것을 이미 그저부터 알지 못했다면 말이다. 그런데 이러한 앎 없이는 철학의 역사가 보고하는 그 모든 것이 침묵할 것이다. 우리는 형이상학에 **대한** 여러 의견을 알게 될지는 몰라도, 정작 형이상학 자체를 알게 되지는 못한다. 이렇듯 우리에게 마지막으로 남은 이 길마저도 우리를 막다른 골목으로 이끈다. 그렇다. 그 길은 우리가 찾고 있는 바로 그것을 역사학적인 앎의 근거 위에서 마치 우리가 알고 있고 이해하고 있고 가지고 있기라도 한 것 같은 착각을 언제나 우리에게 불러일으키기 때문에, 가장 커다란 속임수를 자체 안에 숨기고 있는 셈이다.

제2절 노발리스의 싯말 하나를 실마리로 삼아 철학을 그 자체로부터 규정함

가. 인간의 활동으로서의 형이상학(철학함)이 인간 본질의 어둠 속으로 빠져나감

이렇듯 우리는 형이상학을 특징지으려는 이 모든 우회적인 시도들 가운데 마지막 시도에서도 실패하고 말았다. 여기에서 우리가 얻은 것이라고는 아무것도 없는가? 그렇기도 하고 그렇지 않기도 한다. 하나의 정의 또는 그 비슷한 것을 우리는 얻지 못했다. 그러나 우리는 형이상학의 독특함에 관한, 중요하면서도 어쩌면 본질적일지도 모르는 하나의 통찰을 획득했다. 즉 형이상학을 마주하고서 우리 자신은 형이상학을 피해 형이상학 자체로부터 슬그머니 빠져나와 에움길을 갔다는 것, 그러나 형이상학을 다시 눈에서 놓쳐버리지 않기 위해서는 우리 자신이 준비하여 **형이상학을 직시하는 일** 말고 다른 어떠한 선택도 남아 있지 않다는 것이다.

그러나 한 번도 우리의 두 눈으로 잡아본 적이 없는 어떤 것을 우리가 어떻게 우리의 눈에서 놓쳐버릴 수 있다는 말인가? 만약 우리에게 형이상학이 우리를 끌어당기는 쪽으로 형이상학을 좇을 능력이 전혀 없다면, 어떻게 형이상학이 우리에게서 빠져나갈 수 있다는 말인가? 형이상학이 어디로 새어나가는지를 우리는 실제로 볼 수 없는가? 아니면 형이상학을 직접 장악하는 데에 필요한 독특한 노력 앞에 놀라 움츠러들고 마는 것인가?

부정적으로 얻은 성과는 다음과 같다. 즉 철학은 에움길을 통해서는 파악될 수 없으며 그 자체가 아닌 다른 어떤 것으로서는 규정될 수 없다는 사실이다. 철학은 우리가 철학으로부터 눈을 **돌릴** 것을 요구하는 것이 아니라, 오히려 철학을 그 자체로부터 획득할 것을 요구한다. 철학 자체, 그것에 관해 우리는 과연 무엇을 알고 있는가? 철학 자체란 과연 무엇이며 어떻게 존재하고 있는가? 철학 자체는 오직 우리가 철학할 때에만 **존재한다**. **철학은 철학함**이다. 이 말은 얼핏 보기에 아무런 도움도 되지 않는 나쁜 정보인 것처럼 보인다. 우리가 그저 동일한 말을 되풀이하는 것처럼 보이더라도, 거기에는 어떤 본질적인 것이 밖으로 말해지고 있다. 그 말은 우리가 형이상학을 어느 쪽으로 찾아나서야 할지와 관련된 **방향**이 가리켜 보이고, 형이상학이 우리에게서 어느 쪽으로 빠져나가고 있는지와 관련된 방향까지도 가리켜 보인다. 철학함으로서의, 우리의 고유한 활동, 즉 인간의 활동으로서의 형이상학! 우리 자신들이 곧 인간인데, 철학함으로서의, 우리의 고유한 활동, 즉 인간의 활동으로서의 형이상학이 어떻게 그리고 어디로 빠져나간다는 말인가? 그런데 우리는 과연 우리 자신이 무엇인지 알고 있는가? 인간이란 무엇인가? 만물의 영장인가? 아니면 하나의 오류인가? 하나의 거대한 오해인가? 하나의 심연인가? 우리가 인간에 관해서 그토록 알고 있는 게 없다면, 어찌하여 우리에게 우리 자신의 본질이 낯설지 않을 수 있겠는가? 어찌하여 우리에게 인간의 한 활동으로서의 철학함이 이러한 인간 본질의 어둠 속에 자신을 감추고만 있겠는가? 철학이란—우리는 통상 이렇게 알고 있다—우리가 기분 내킬 때 심심풀이 삼아 하는 임의적인 활동이 아니며, 우리가 어느 때나 쉽게 책에서 조달할 수 있는 지식들을 순전히 모아 놓은 것도 아니다. 오히려 철학이란—우리는 이 점을 그저 어둡게만 알고 있을 뿐이다—그 속에서 인간의 궁극적인 표명과 대화가 일어나는, 전체 안에서의 그리고 가장 극단적인 것 안에서의 어떤 것이다. 만약 그렇지 않다면, 무엇 때문에 우리가 이곳에 나와 있겠는가? 아니면 다만 그저 다른 사람들이 이곳으로 가길래 따라오다 보니까, 아니면 하필 다섯 시와 여섯 시 사이에 자유시간이 생겼는데 그동안 집에 가 있기에는 시간이 여의치 않아서, 이곳에 오게 되었는가? 왜 우리는 여기에 있는가? 어떻게 해서 우리가 이곳에 들어오게 되었는지 우리는 알고 있는가?

나. 철학함의 근본기분으로서의 향수 그리고 세계, 유한성, 개별화에 대한 물음들

철학! 그것은 인간을 전체적으로 그리고 끊임없이 철저히 붙잡고 있는 인간의 한 궁극적인 표명이요, 대화이다. 그런데 인간이 무엇이기에, 그는 자신의 본질의 바탕 안에서 철학하고 있는가? 그리고 이러한 철학함이란 무엇인가? 이때 우리는 무엇인가? 우리는 어디로 가려고 하는가? 우리는 어쩌다 잘못해서 순전히 우발적으로 이 우주 안으로 떨어져 들어왔는가? 노발리스(Novalis)는 한 단편에서 이렇게 말한다. "철학이란 본디 향수요, 어디에서나 고향을 만들려는 하나의 충동이다."[1] 매우 기이한 정의이며 물론 낭만적이다. 향수! 그와 같은 것이 오늘날 도대체 남아 있기라도 한가? 일상생활에서마저도 그것은 이해하기 힘든 낱말이 되지 않았는가? 오늘날의 도시인들과 문명을 한껏 뽐내는 이들은 향수 따위를 벌써 오래 전에 폐기해버리지 않았는가? 그런데 향수가 철학에 대한 규정이라니! 더구나 거기에서 우리는 도대체 철학에 대한 증언을 위하여 누구를 증인으로 끌어들이고 있는가? 노발리스! 그저 일개 시인일 뿐 결코 학구적인 철학자가 아니다. 그리고 아리스토텔레스(Aristoteles)는 자신의 『형이상학』에서 이렇게 말하고 있지 않은가? "시인은 많은 것을 한데에 그럴싸하게 꾸며서 말한다(πολλὰ ψεύδονται ἀοιδοί)."[2]

---

1) Novalis, *Schriften*(『작품 모음집』), Jakob Minor 편집, 예나, 1923년, 제2권, 179쪽, 단편 21.
2) Aristoteles, *Metaphysica*(『형이상학』), Wilhelm von Christ 편집, 라이프치히, 1886년, 제2판, 983쪽 a 3 이하.

하지만 우리는 이러한 증언의 정당성과 중요성을 둘러싼 논쟁에는 불을 붙이지 않고, 단지 다음과 같은 점만을 상기해보기로 한다. 예술―여기에는 시작(詩作)도 속한다―은 철학의 누이라는 것, 그리고 모든 학문은 철학과 관련해서는 아마도 일개 머슴일 수도 있다는 것 말이다.

우리는 잠깐 이 문제에 머물면서 다음과 같이 물음을 던져보기로 한다. '철학은 곧 하나의 향수'라는 말로 무엇이 의미되고 있는가? **노발리스** 자신은 이렇게 해설한다. 즉 "어디에서나 고향을 만들려는 충동"이라고. 그와 같은 충동이 철학일 수 있는 경우란 오직 철학하고 있는 우리가 어디에서도 고향을 발견하지 **못**하고 있을 때뿐이다. 이러한 충동의 열망은 무엇을 바라고 서 있는가? '어디에서나 고향을 만들려고 함'이라는 이 말은 무엇을 말하는가? 단지 때때로 여기나 저기에서만 고향을 만든다는 것은 아니고, 그렇다고 해서 개개의 모든 장소에서, 즉 하나씩 하나씩 모두 합쳐놓은 모든 장소에서 고향을 만든다는 것도 아니다. 오히려 '어디에서나 고향을 만든다' 함은 곧, 어느 때나 [존재한다는 것] 그리고 동시에 전체 안에서 존재한다는 것을 일컫는다. 이러한 **전체 안에서(im Ganzen, 전체에서)***와 그것의 전체성(Gänze)을 우리는 세계(Welt)라고 부르기로 한다. 우리는 존재한다. 그리고 우리가 존재하는 한, 우리는 언제나 어떤 것을 기대하고 있다. 우리는 언제나 전체로서의 어떤 것에 의해서 부름을 받고 있다. 이러한 '전체 안에서'가 곧 세계이다.

우리는 이렇게 물음을 던져본다. 세계―그것은 무엇인가?

우리는 향수에 젖어 휘둘리는 가운데 전체 안에서 존재하도록 내몰리고 있다. 우리의 존재란 이러한 '내몰려져 있음(Getriebenheit)'이다. 우리는 언제나 이미 어떻게든 이러한 전체 쪽을 향해서 길을 떠났거나, 또는 좀더 나은 말로, 그쪽을 향해서 길을 가는 가운데에 있다. 그런데 우리는 채찍질당하고 있다. 다시 말해서 우리를 잡아당기는 중력 안에 놓여 있으면서 동시에 우리는 어떻게든 어떤 것에 의해서 되찢기고 있다. 우리는 이러한 '전체 안에서'를 향해 길을 가는 가운데에 있다. 우리 자신이 곧 이러한 '길을 가는 가운데'요, 이러한 '넘어감'이요, 이러한 '이쪽도 저쪽도 아님'이다. 이렇게 '이쪽도 아니고 저쪽도 아닌 사이에서 이리저리 왔다 갔다 함'은 무엇인가? '이쪽도 아니고 또한 저쪽도 아님', 이러한 '그런 것 같은데 그렇지 않고 그럼에도 또 그렇고'는 무엇인가? 아님의 이러한 불안정은 무엇인가? 우리는 그것을 유한성이라고 지칭해보기로 한다.

우리는 이렇게 물음을 던져본다. 유한성―그것은 무엇인가?

유한성이란 우리에게 그냥 딸려 있기만 할 뿐인 어떠한 속성이 아니라, 오히려 **우리 존재의 근본양식**이다. 만일 우리가 우리가 무엇인 바로 그것이 되기를 원한다면, 우리는 이러한 유한성을 떠나거나 또는 그것을 착각할 수는 없고, 오히려 그것을 보호해야 한다. 이러한 보존은 우리 유한존재의 가장 내적인 과정, 다시 말해서 우리의 가장 내적인 유한화이다. 유한성은 오직 참된 유한화 가운데에서만 **존재한다**. 그런데 이러한 참된 유한화 가운데에서 최종적으로는 인간이 그의 현존재로 **개별화**하는 일이 일어난다. 개별화! 그것은 인간이 자신의 약하고 보잘것없는 자아를 완강하게 주장하여, 그가 세계라고 여기는 바로 이런 또는 저런 것에 자신을 펼쳐나가는 것을 의미하지 않는다. 개별화란 오히려, 개개의 모든 인간이 그 속에서 비로소 처음으로 모든 사물의 본질적인 것의 가까이에 이르게 되는, 즉 세계의 가까이에 이르게 되는 그런 **고독화**(Vereinsamung)이다. 이러한 고독(Einsamkeit)이 무엇이기에, 거기에서 인간은 각기 그때마다 하나의 유일자처럼 존재하게 되는가?

9 개별화―그것은 무엇인가?

세계, 유한성, 개별화를 하나로 보면 그것은 무엇인가? 거기에서 우리와 더불어 무슨 일이 일어나는가? 인간이 무엇이기에, 인간과 더불어 그와 같은 일이 인간의 밑바탕에서 일어나는가? 우리가 인간에 관해서 잘 알고 있는 바는 인간이 동물, 문명의 바보, 문화의 수호자, 심지어 인격이라는 것이다. 그런데 그 모든 것은 단지 그림자에 지나지 않는 것으로서, 우리가

현존재라고 지칭하는 바 그것하고는 아주 다른 것의 그림자인가? 철학, 즉 형이상학은 하나의 향수요, 어디에서나 고향을 만들려는 하나의 충동이요, 하나의 열망인데, 이 열망은 맹목적이고 방향이 없는 것이 아니다. 오히려 그것은 우리가 방금 제기했듯이 '세계, 유한성, 개별화란 무엇인가'라는 바로 그 물음들과 그 물음들의 통일성을 향해 우리 내면에서 깨어나는 그런 열망이다. 이 물음들 하나하나는 모두 전체 안으로 물어들어가고 있다. 그러한 물음들을 아는 것만으로는 부족하다. 오히려 다음과 같은 점이 결정적으로 중요하다. 과연 우리가 그와 같은 물음들을 실제로 물을 수 있는지, 과연 우리 실존의 전체 기간 동안 그 물음들을 떠멜 능력이 우리에게 있는지. 그저 막연히 흔들리면서 그러한 물음들을 따라다니는 것만으로는 부족하다. 오히려 어디에서나 고향을 만들려는 이러한 충동은 그 자체가 동시에, 그와 같은 물음들에 올바른 궤도를 열어줄 길들을 찾아나섬이다. 이러한 일을 위해서는 다시금, 개념파악함이라는 망치가, 즉 그와 같은 궤도를 깨서 열어볼 수 있는 개념들이 필요하다. 그것은 일종의 개념파악하는 활동이며 또한 그것은 **원초적**으로 **고유한** 양식을 띠고 있는 개념들이다. 그 자체 무차별적이고 구속력이 없는 학문적인 명민함에는 **형이상학적 개념들**이 영원히 닫힌 채 남아 있을 수밖에 없다. 형이상학적 개념들이란, 우리가 거기에서 배울 수 있는 그런 것이 결코 아니며, 그리고 일개의 강사 또는 스스로를 철학자라고 칭하는 어떤 이가 자신을 뒤따라 말할 때 활용되어 나오는 것으로 요구해도 될 만한 것이 결코 아니다.

그러나 무엇보다, 만일 애초에 우리가 이러한 개념들이 개념파악해야 할 바로 그것에 의해서 **사로잡혀 있지*** 않다면, 우리는 이러한 개념들과 이 개념들의 개념적인 엄밀함을 결코 개념파악하지 못할 것이다. 이러한 사로잡혀 있음(Ergriffenheit)과 이 사로잡혀 있음을 일깨우고 가꾸는 일에 철학함의 근본노력을 쏟아야 한다. 그러나 모든 '사로잡혀 있음'은 다 하나의 기분(Stimmung)으로부터 오고 하나의 기분 안에 머물러 있다. 개념파악하는

제1장 철학(형이상학)의 본질을 규정하기……직시해야 하는 불가피성 29

활동과 철학하는 활동은 그 이외의 다른 활동들 옆에 나란히 놓여 있는 임의적인 몰두가 아니라, 오히려 인간 현존재의 **근본**[밑바탕]에서 일어나고 있다. 그리고 그것이 그러한 활동인 한, 기분들, 즉 그것들에서부터 '사로잡혀 있음'과 '개념파악되어 있음'이 두드러지는 그런 기분들이란 필연적으로 그리고 항상 **현존재의 근본기분**들이다. 즉 그것은, 인간이 언제나 이미 그것을 반드시 인식하고 있어야 할 필요는 없이, 인간을 끊임없이 그리고 본질적으로 두루 조율하는 근본기분들이다. **철학은 각기 그때마다 하나의 근본기분 안에서 일어난다**. 철학의 개념파악 활동은 하나의 '사로잡혀 있음'에 바탕을 두며, 이것은 하나의 '근본기분' 안에 바탕을 둔다. 노발리스가 철학을 하나의 향수로 명명할 때, 결국 저러한 어떤 것을 의미하는 것이 아닐까? 그러므로 일개 시인의 이 한마디 싯말은, 그 낱말의 본질적인 가닥만을 우리가 끌어내올 경우, 전혀 그리고 결코 거짓이 아니다.

그러나 다시금 이 모든 것으로써 우리가 얻어낸 것은 물론 형이상학의 정의가 아니라 다른 것이다. 우리는 다음과 같은 점을 보았다. 형이상학을 특징지으려는 애초의 시도에서 우리는 우리가 택한 에움길로부터 언제나 거듭 도로 데려와져 형이상학을 그 자체에서부터 파악하라는 촉구를 받았다. 이때 여기에서 형이상학은 우리로부터 빠져나갔다. 그렇다면 형이상학은 우리를 어디로 끌고 갔는가? 형이상학은 뒤편으로 물러나버렸으며, 인간본질의 어둠 속으로 되숨고 있다. '형이상학이란 무엇인가?' 하는 물음이 '인간이란 무엇인가?' 하는 물음으로 바뀌었다.

물론 이 물음에 대해서도 우리는 똑같이 아무런 대답을 얻지 못했다. 거꾸로 인간 자체가 우리에게는 더욱 수수께끼가 되고 말았다. 우리는 물음을 다음과 같이 새롭게 던진다. 인간이란 무엇인가? 하나의 넘어감, 하나의 방향, 우리의 혹성 위를 휩쓰는 하나의 폭풍, 하나의 되돌아옴인가? 아니면 신들에게 인간은 하나의 권태인가? 우리는 그것을 모른다. 그러나 우리는 이러한 수수께끼 같은 존재 안에서 철학이 일어나고 있음을 보았다.

제3절 형이상학적 사유란 곧 총괄적 사유, 즉 전체에로 나아가면서 실존을 꽉 휘어잡는 사유

우리는 예비고찰을 하고 있다. 예비고찰은 우리에게 강의의 과제를 가까이 제시하는 동시에 강의의 **전반적인 의도**를 명확히 해야 한다. '형이상학, 그것은 무엇인가?' 하는 물음을 가까이에서 묻자마자, 우리는 "형이상학의 근본개념들"이라는 시초의 명확한 제목과는 달리 우리가 근본적으로 그 제목에 대책 없이 마주하고 서 있다는 것을 보았다. 그렇지만 다루고 있는 바로 그것에 우리가 어떻게든 대처하기 위해서는 형이상학이 무엇인지를 개괄적으로라도 알고 있지 않으면 안 된다. '형이상학이란 무엇인가?'라는 이 물음을 우리에게 직접적으로 자명한 그리고 예로부터 사람들이 걸어간 그 길들을 따라서 그 뒤를 그대로 밟아나갈 경우—철학을 우리가 학문으로서 또는 세계관의 선포로서 규정할 경우, 또는 철학을 예술, 종교와 비교하려고 시도할 경우, 또는 마지막으로 철학을 역사학적인 방향 잡이를 통해서 규정하는 방향으로 옮아갈 경우—에 다음과 같은 사실이 밝혀진다. 즉 이 모든 것들과 함께 우리는 에움길 위에서 움직이고 있다. 그것도 이러한 에움길들이 매우 번거롭다는 의미에서뿐 아니라 우리가 그저 사태의 주위만을 돌아다니고 있을 뿐이라는 의미에서 그렇다. 이러한 에움길들이란 본래는 숲길들, 아니 갑자기 길이 끝나버려 막다른 곳으로 이끄는 길들이다.

그러나 우리가 단지 대략적으로만 살펴본 이러한 여러 숙고와 시도들은 우리에게 다음과 같은 본질적인 것을 드러낸다. 즉 우리는 철학과 형이상학 자체를 매개 없이 직접 파악하는 일을 슬그머니 피해서는 결코 안 된다. 그리고 물음이 던져지는 그것 곁에 실제로 머물러 있어야 하며 에움길로 몰래 도망가버리지 않아야 한다는 것이 정작 어려운 일이다. 이렇게 그 자리에 머무는 일이 특별히 어려운 까닭은 특히 다음과 같은 사실 때문에 그렇다. 우리가 철학 자체에 대해서 진지하게 물음을 던지자마자 철학이 우리로부터 빠져나와 독특한 어둠 속으로 숨어버린다는 점이다. 철학이 본래적으로 존재하는 그곳으로 숨어버린다. 그곳에서 철학은 인간 현존재의 본질의 밑바탕에서 전개되는 인간적인 활동으로서 존재한다.

그래서 우리는 직접 그렇지만 겉보기에는 자의적으로 **노발리스**의 싯말 하나로 소급해보았다. 그 싯말에 따르면, 철학이란 본디 향수요, 어디에서나 고향을 만들려는 하나의 충동이다. 우리는 이 싯말을 해석하려고 시도했다. 우리는 그 말에서부터 어떤 것을 끌어내오려고 시도했다. 거기에서 우리는 다음과 같은 것을 얻어냈다. 이렇게 **어디에서나 고향을 만들려는**, 다시 말해 존재자의 **전체 안에서** 실존하려는 열망은 이러한 '전체 안에서'가, 즉 우리가 **세계**라고 지칭하는 이러한 '전체 안에서'가 뜻하는 바로 그것에 대한 하나의 독특한 물음제기 외의 다른 것이 아니라는 점이다. 거기에서 이렇게 물음을 던지고 답을 찾아나섬 속에서, 즉 이렇게 '이리저리 왔다 갔다' 하는 속에서 일어나는 바로 그것이 인간의 **유한성**이다. 이러한 유한화 속에서 이행되는 바로 그것은 인간의 궁극적인 **고독화**이며, 이 고독화 속에서 개개인은 마치 하나의 유일무이한 자처럼 홀로 전체 앞에 서 있다. 그렇게 해서 다음과 같은 점이 귀결되었다. 즉 이러한 개념파악하는 물음은 결국 하나의 '**사로잡혀 있음**' 안에 그 바탕을 두고 있다. 이러한 '사로잡혀 있음'이 우리를 규정하고 있음에 틀림없으며 그리고 이러한 '사로잡혀 있음'에 바탕해서 우리는 비로소 개념파악을 할 수 있고 또 우리가 묻고 있는 그것을 붙잡을 수 있다. 모든 '사로잡혀 있음'은 기분 안에 뿌리를 내리고 있다. 결국, **노발리스**가 **향수**라고 이름한 바로 그것은 곧 **철학함의 근본기분**인 셈이다.

만일 우리가 우리 예비고찰의 출발점으로 되돌아가서 "'형이상학의 근본개념들'이라는 제목이 무엇을 뜻하는가?" 하는 물음을 새롭게 던진다면, 이제 우리는 그 제목을 더는 단순히 "동물학의 근본특징들", "언어학의 근본노선들"과 같은 식의 제목과 비슷한 것으로 파악하지는 않을 것이다. 형이상학이란, [그 속에서] 우리가 어떤 사유기술의 도움을 받아 대상들의 일정한 제한된 분야에서 어떤 것을 캐묻는 따위의 학문이 결코 아니다. 우리는 형이상학을 하나의 분과로서 여타의 학문분과들 옆에 나란히 배열하는 짓은 단념할 것이다. '형이상학, 그것은 도대체 무엇인가?' 하는 물음을 우리는 우선은 열린 채로 놓아두어야 한다. 우리는 다음과 같은 정도만을 보기로 한다. 형이상학이란 인간 현존재 안에서 일어나고 있는 하나의 근본사건이다. 형이상학의 근본개념들은 개념들이다. 그런데 이 개념들이란―사람들은 논리학에서 이렇게 말한다―'표-상들'(Vor-stellungen, 눈앞의 상들, 앞에-세움)인데, 그 속에서 우리는 어떤 것을 보편적인 것으로 우리 눈앞에 세우거나[표상하거나] 또는 어떤 것을 보편적인 것의 관점에서 우리 눈앞에 세운다[표상한다]. 즉 표상들 속에서 우리는 수많은 사람들이 다 같이 공통적으로 가지는 보편적인 것의 관점에서 어떤 것을 우리 눈앞에 세운다[표상한다]. 이러한 보편적인 것의 표상을 바탕으로 삼아 우리는, 그러한 보편적인 것에서부터 개별적인 눈앞에 주어져 있는 것을, 예컨대 이 사물을 강의용 책상으로, 저 사물을 집으로 규정할 수 있다. 개념이란 일종의 규정하면서 표상하는 활동과 같은 것이다. 그렇지만 형이상학의 근본개념들과 철학 일반의 개념들 자체가 하나의 '사로잡혀 있음' 안에 닻을 내리고 있다는 사실을 우리가 상기해볼 경우, 표상과 같은 개념들은 분명 형이상학의 근본개념들이나 철학 일반의 개념들은 아닐 것이다. '사로잡혀 있음' 안에서 우리는 우리가 개념파악하는 바로 그것을 표상하고 있는[눈앞에 세우고 있는] 것이 아니다. 오히려 이와는 전혀 다른, 그리고 근원적으로는 개개의 모든 학문적 양식과는 근본적으로 구별되는 그런 행동관계 안에서 우리는 움직이고 있다.

형이상학이란 일종의 물음이다. 그 물음 속에서 우리는 존재자의 전체 속 안으로 물어 들어가며 그리고 이때 함께 물음 속에 던져진 물음 던지는 자인 우리 자신도 물음에 부쳐지게 되는 식으로 그렇게 물음을 던진다.

따라서 근본개념들이라는 것은 보편성들이 아니며, 한 대상영역(동물, 언어)의 일반적 속성들을 위한 어떠한 정형들도 아니고, 오히려 그것은 독특한 양식의 개념들이다. 그러한 근본개념들은 제각각 전체를 자체 내에 포괄한다. 즉 그것은 **총괄개념들**(In-begriffe)*인 것이다. 그리고 근본개념들은 또한 본질적이고도 바로 그 첫 번째 의미에 연관된 다음과 같은 두 번째 의미에서도 총괄개념이다. 즉 근본개념들은 개념파악하는 인간과 그의 현존재를 언제나 자체 내에 함께 포괄한다. 추후적으로 포괄하고 있는 게 아니라, 오히려 개념파악하는 자 없이는 그 근본개념들은 전체를 포괄하는 총괄개념들이 될 수 없고, 그리고 거꾸로도 마찬가지인 식으로 그렇다. 철학하는 실존을 포괄하는 그런 총괄개념이 결여된 전체의 개념은 결코 있을 수 없다. 형이상학적 사유는 이렇게 이중적인 의미에서, 즉 전체로 나아간다는 의미와 그리고 실존을 꽉 휘어잡는다는 의미에서, 곧 포괄적 사유인 것이다.

제2장
철학(형이상학)의 본질에서 드러나는 애매성

이렇게 강의 제목에 대한 이해, 우리가 떠맡아야 할 과제의 특징 서술, 그리고 심지어 그런 모든 논의에서 우리가 취해야 할 근본자세까지 변화하게 되었다. 좀더 명확하게 말하자면, 이전에 우리는 철학함의 근본자세에 관해서는 아무것도 아는 바가 없었고 그래서 그저 막연히 지식 획득에 대한 기대 속에만 머물러 있었는데, 이제는 근본자세와 같은 것이 요구되는구나 하는 예감이 들기 시작한 것이다. 우리는 우선은 이렇게 생각해볼 수도 있을 것이다. 즉 형이상학의 근본개념들, 언어학의 근본특징들, 이 모든 것들은 관심을 전제로 하고는 있지만, 근본적으로 볼 때 정작 그것들은 사람들이 다소 급박하게 지식으로 취하는 바에 대한 하나의 막연한 기대라고 말이다. 우리는 그것은 그렇지 않다고 말한다. 여기에서는 본질적으로 그리고 필연적으로 하나의 예비자세가 문제된다. 이러한 근본자세가 아무리 갈피를 못 잡고 이리저리 헤매다고 해도, 그리고 우선은 그런 식으로 남을 수밖에는 없다고 해도, 이러한 불확실성 속에서도 정작 근본자세는, 여기에서 우리가 어떤 것을 이해하는 데에 필요한 바로 그런 나름의 특별한 생기와 활력을 지닌다. 인간 실존의 모험을 즐기는 기쁨, 현존재와 사물이 띠고 있는 전체적인 수수께끼와 충만함을 맛봄, 학파와 학설들에 매이지 않으면서도 그러한 모든 학파와 학설들로부터 깊이 배우고 들으려는 욕구 등을 우리가 끄집어내지 못한다면, 우리는 대학에서―우리가 계속해서 그 많은 지식들을 끌어모아 쌓는다고 해도―실제로는 허송세월을 하는 셈이다. 그뿐이 아니다. 다가올 세월과 시간들은 이 경우 혼미 속에 질질 끌듯이 지나갈 것이고 그 끝은 쓴웃음을 짓게 하는 불쾌감일 것이다. 우리는 오직 이것만은 이해하자. 여기에서는 우리가 학문들의 연구성과 또는 하나의 논거를 지식으로 만들어 그것을 우리 머릿속에 쑤셔 넣을 때와는 다른―좀더 나은 말로 그것을 기억이라는 커다란 상자 속에 그저 모아 담기만 할 때와는 다른―그런 귀담아듣는 일이 요구된다. 그렇지만 그럼에도 불구하고 겉으로 개설, 제공되는 것을 보면 강의실, 강단, 강사, 청강생 등 이 모든 것은 그대로 똑같다. 다만 저기에서는 수학이, 저기에서는 그리스 비극이, 그리고 여기에서는 철학이 강의된다는 점이 다를 뿐이다. 그런데 만일 철학이 학문과는 완전히 다른 것임에도 불구하고 학문의 저 피상적인 형태로 남아 있다면, 이 경우 철학은 흡사 자기의 몸을 숨기고 있는 것이며 곧바로 모습을 드러내놓지 않고 있는 것이다. 더더군다나 철학은 결코 그 자신이 아닌 어떤 것으로 자신을 내보이고 있다. 그것은 단지 철학의 변덕스러운 기분 상태도 아니며 결함도 아니다. 오히려 그것은 형이상학의 긍정적인 본질에 속한다. 그것은 무엇인가? 그것은 **애매성**(Zweideutigkeit)이다. 형이상학과 철학의 본질을 긍정적으로 성격규정하는 이러한 애매성에 대해서 우리가 증거를 제시했을 때, 비로소 철학에 대한 우리의 예비고찰도 끝나게 될 것이다.

형이상학의 본질차원적인 애매성과 관련하여 우리는 다음과 같은 삼중적인 점을 논의해보기로 한다. 1. 철학함 일반에서 내보여지는 애매성. 2. 바로 지금 여기 이 자리에서 우리가 철학하는 가운데 들으미[청강생]와 선생의 자세에서 내보여지는 애매성. 3. 철학적 진리 그 자체의 애매성.

우리가 철학의 애매성을 논의하려는 의도는, 철학함에 대한 심리학을 전개하기 위해서가 아니라, 우리에 의해서 요구된 근본자세[태도]를 명확히 하고 그로써 우리가 앞으로 다룰 논의들 쪽으로 좀더 선명하게 안내받을 수 있고, 높은 기대든 낮은 기대든 간에 그릇된 기대들을 물리치기 위해서이다.

제4절 철학함 일반에서 내보여지는 애매성 : 철학은 과연 학문인가 세계관의 선포인가 하는 데에 대한 불확실성

우리는 철학의 불확실성을 이미 대충은 알고 있다. 철학이 마치 하나의 학문인 양 그렇게 행세하고 또 겉으로 그렇게 보이지만, 그래도 그것은 아니다. 철학이 마치 세계관의 선포인 양 그렇게 행세하지만, 그것 역시 아니다. 가상의 이 두 가지 양식들, 즉 '마치 무엇인 양 겉으로는 그렇게 보임'의 이 두 가지 양식들은 함께 연대를 이루며, 그럼으로써 애매한 것이 비로소 자신의 끈질김을 획득한다. 만일 철학이 학문이라는 가상 속에 서 있다면, 이 경우 우리는 또한 세계관으로 향하도록 지시받는 셈이다. 철학이 겉으로 보기에 마치 하나의 세계관에 대한 학문적인 근거제시 및 서술인 양 그렇게 보이고는 있지만 그럼에도 분명 철학은 세계관과는 다르다.

학문과 세계관이라는 이러한 이중적인 가상이 철학에 끊임없는 **불확실성**을 생겨나게 한다. 한편에서 볼 적에 마치 사람들은 아무리 해도 철학에 학문적인 지식과 경험을 충분히 가져다줄 수 없을 것처럼 보인다. 그렇지만 학문적 지식들에서 '결코 충분하지 못하다'라는 이 말은 결정적인 계기에서 볼 적에는 언제나 지나친 말이다. 다른 한편에서 볼 적에 철학은—우선 겉으로 보기에는 그렇게 보인다—자기가 인식한 것을 곧 실천적으로 적용할 것을, 그리고 현사실적인 삶으로 변화시킬 것을 요구하는 듯 보인다. 그러나 이러한 도덕적인 노력이 철학함에는 피상적일 수밖에 없다는 점이 또한 언제나 드러난다. 겉으로 보기에는 마치 창작하는 사유와 세계관적-도덕적인 노력이 철학을 낳기 위해서 함께 땀을 흘리는 듯하다. 사람들이 철학을 대개는 그저 이렇게 학문 또는 세계관의 선포라는 애매한 이중적 모습으로만 익숙히 알기 때문에, 사람들은 이러한 이중적 모습에 전적으로 부합하기 위하여 이 이중적 모습을 모사하려고 시도한다. 이 경우 이러한 시도는 골수와 뼈 그리고 피도 없이 그저 문학적인 현존재로 겨우 연명하는 얼간이를 만들어낼 것이다. 그리하여 교화적인 지침들을 붙여놓거나 사이사이에 뿌려놓은 학술논문이 생겨나오기도 하고, 또는 학술적인 표현들과 사유형식들을 사용한 다소 괜찮은 설교가 생겨나오기도 한다. 그러한 논문과 설교는 철학처럼 보일 수 있다. 그렇지만 그 둘은 결코 철학이 아니다. 또는 그 반대로, 어떤 것이 엄밀한 학술논문으로서 행세할 수가 있다. 즉 교화적인 말투나 세계관적인 것에 대한 언급이 없이 무미건조하고 어려운 순전한 학문으로서 행세할 수가 있다. 그럼에도 이것은 분명 구석구석 철학으로 가득 차 있다. 또는 학술적인 전문용어나 가식 없이 둘만의 대화가 일어날 수 있으며, 하나의 통상적인 표명이 일어날 수 있다. 그럼에도 그것은 철두철미 가장 엄밀한 철학적 개념파악함이다.

이렇듯 철학은 다양한 허울을 하거나 또는 변장까지 해가면서 시장 주위를 떠돌아다닌다. 때로는 언뜻 철학처럼 보이지만 전혀 그리고 결코 철학이 아닌가 하면, 때로는 언뜻 철학처럼 보이지는 않는데도 그야말로 철학이다. 철학은 오직 마음속 깊이 철학과 가장 친근해진 사람들에게만, 다시 말해서 철학을 위하여 노력하는 사람들에게만 인식될 수 있다. 바로 이것이 아주 특별한 의미에서 이 강의에서 우리가 나름대로 감행할 모험에도 해당된다.

제5절 바로 지금 여기 이 자리에서 우리가 철학하는 가운데 들으미와 선생의 자세에서 내보여지는 애매성

그런데 바로 지금 여기 이 자리에서 그렇듯이, 철학 때문에 드러나게 노력이 쏟아지는 곳에서는 언제나, 철학의 애매성은—이를테면 사라져버리는 것이 아니라—오히려 날카로워진다. 철학은 교과목, 시험과목으로서 다른 학문분과들처럼 박사학위가 수여되는 하나의 분과이다. 대학생과 대학강사들에게 철학은 일종의 보편과목인 듯한 인상을 풍기며, 그렇게 그것에 대한 강의가 행해진다. 따라서 이러한 사정에 대한 우리의 자세는 다음과 같다. 우리는 그러한 강의 하나는 듣거나 아니면 그냥 지나쳐버린다. 그 이상 아무런 일도 일어나지 않고 단순히 어떤 것이 숨겨져 있을 뿐이다. 이를 위해서 대학의 자유라는 것이 있는 것 아닌가? 우리는 거기에 10마르크의 강사료까지 아낄 수 있다. 그 돈으로는 비록 스키 한 쌍까지는 사지 못한다고 하더라도 정품 스키 스틱 한 쌍 값을 치를 수 있는 액수이다. 그리고 어쩌면 이러한 스키 스틱 한 쌍이 실제로 철학강의보다 훨씬 더 중요한지도 모른다. 철학강의는 정말이지 그저 하나의 가상에 지나지 않을 수도 있다—누가 이 사실을 알 수 있겠는가?

그런데 어쩌면 우리는 본질적인 기회 하나를 놓쳐버리는지도 모른다. 여기에서 섬뜩한 것은, 우리가 그 점을 전혀 알아채지 못하고 있으며 어쩌면 결코 그 점을 알아채지 못할지도 모른다는 사실이다. 우리가 그 본질적인 기회를 놓쳐버리고 있을 때, 우리에게는 그 이상의 아무런 일도 일어나지 않는다는 것, 여기 이 자리에서 철학을 듣고 있고 어쩌면 언젠가는 하이데거를 인용할지도 모르는 사람들에 못지않게, [철학을 듣지 않는] 우리도 아주 진지하게 이곳 대학 로비에서 대화와 토론을 할 수 있다는 것이다. 만일 우리가 강의를 놓치지 않고 강의에 출석한다면, 애매성은 제거되는가? 눈으로 보기에 무엇인가가 달라졌는가? 거기에서는 모든 사람이 똑같이 주의를 기울이며 또는 지루해하며 앉아 있지 않은가? 우리가 옆 사람보다 더 빨리 알아들었다고 해서 그 사람보다 더 나은가? 아니면 그 사람보다 단지 좀더 요령이 있을 뿐이며, 아마도 철학 세미나 몇 개를 통해서 철학용어에 관하여 옆 사람보다 조금 더 똑똑할 뿐인 것 아닌가? 그러나 어쩌면—그 모든 점에도 불구하고—본질적인 것이 우리에게 결여되어 있는지 모르겠다. 그리고 그것을 정작 어떤 다른 사람이―그 사람이 그저 한 여학생일 수도 있다―가지고 있는지도 모른다.

우리―청강생으로서의 여러분―는 철학이라는 애매한 존재에 의해서 끊임없이 포위되어 감시당하고 있다. 그것은 선생도 마찬가지이다. 그가 증명해내지 못할 것이 무엇인가? 그가 어떤 심오한 개념과 전문용어들의 숲속을 헤집고 다니며 거창한 학문적 기계장치를 가동시켜서, 가련한 청강생들이 벌벌 떠는가? 그는 마치 그 자신과 더불어 절대학문으로서의 철학이 세상에 최초로 출현하기라도 한 것처럼 등장할 수 있다. 그가 가장 현대적인 화두를 가지고서 세계정세, 유럽의 정신과 미래, 다가올 시대 그리고 새로운 중세에 대해서 보고하지 못할 것이 뭐가 있겠는가? 어찌 그가 대학의 처지와 대학의 사업에 대해서 더할 나위 없이 진지하게 말을 못 하겠는가. 인간이란 무엇인지, 혹시 하나의 넘어감인지 아니면 신들에게는 일종의 권태인지에 대해서 그가 어찌 물음을 못 던지겠는가? 어쩌면 그는 희극배우일지도 모른다. 누가 그것을 알겠는가? 철학함이 그 안에서 인간이 자신의 현존재로 개별화되는 하나의 궁극적인 표명이며 일종의 극단적인 것일 텐데, 정작 선생은 대중을 앞에 놓고 지껄여대고 있다면, 그것은 얼마나 모순된 시작인가? 이것이 희극배우가 아니고 무엇이겠는가? 그가 한 사람의 철학하는 이라면, 어째서 그는 고독함(Einsamkeit)을 버리고 공적인 교수라는 신분으로 시장 주위를 어슬렁거리는가? 그러나 무엇보다도 먼저 이러한 애매한 태도가 그 얼마나 위험한 시작이라는 말인가!

우리는 단지 여러 사람을 상대로 지껄여대고만 있는가? 아니면―좀더 날카롭게 주의해서 볼 경우―우리가 그들을 설득하고 있는 것은 아닌가? 다시 말해서 우리가 전혀 가지고 있지 않은 권위를 가지고 설득하고 있는 것은 아닌가? 이 권위라는 것이 여러 상이한 원인들로부터 대개 여러 상이한 형태들로 퍼져나오는데 우리가 그것을 전혀 원하지 않아도 그렇다. 그렇다면 우리가 그것을 가지고서 암묵적으로 설득을 행하는 그 권위는 어디에 바탕하는 것인가? 그것은 우리가 더 높은 어떤 힘에 의해 위임되어 있다는 사실에 바탕을 두지는 않으며, 그것은 또한 우리가 다른 사람들보다 더 지혜롭고 더 영리하다고 하는 사실에 바탕을 두지도 않는다. 그 권위는 단지 우리가 이해되고 있지 않다는 그 사실에 바탕을 두고 있다. 우리가 이해되고 있지 않은 한에서만, 이 의심스러운 권위는 우리를 위해서 일한다. 그러나 만약 우리가 이해될 경우, 우리가 철학을 하고 있는지 아닌지가 드러난다. 그런데 만일 우리가 철학하고 있지 않다면, 이때 권위는 저절로 무너져버린다. 그리고 만일 우리가 철학하고 있다면, 이 경우 그러한 권위라는 것이 도대체 거기에 있지도 않았을 것이다. 그렇다면 다음과 같은 점이 비로소 명확해지는 셈이다. 철학한다는 것은 각각의 모든 사람들에게 근본에서부터 고유한 일이다. 그리고 다른 사람들 안에서 철학함을 일깨워주는 동기가 될 수 있는 그런 기이한 운명은 특정한 사람들만이 가질 수 있고 또는 가지고 있을 수밖에 없다. 이렇듯 선생이라고 해서 애매성으로부터 제외되는 것이 아니다. 오히려 마치 선생인 양 강단에 올라섬으로써 이미 그는 하나의 가상을 자기 앞에 내두르고 다니는 셈이다. 그러므로 모든 철학강의는 다―그것이 철학함이든 아니든 간에―일종의 애매한 시작인 셈인데, 어찌해서 그런지 그 방식을 학문들은 모르고 있다.

   철학함 일반의 애매성에 대해서, 특히 우리의 철학함의 애매성에 대해서 말한 이 모든 점에 대하여 사람들은 다음과 같이 대꾸할지도 모른다. 즉 비록 어떤 일정한 가상, 일종의 가짜, 부당한 권위적인 영향 미침이 실제로 거기에 함께 작용한다고 해도, 그러나 종국에 가서는 무엇보다도 증명이라는 순수 사실적인 기반 위에서 그 모든 것이 결정된다고 말이다. 각 개인이 가지는 중요성은 기껏해야, 그가 논거들을 제시하고 그 증명된 것을 통해서 다른 사람들이 동의하도록 강요하는 정도에 불과하다. 철학에서 이미 증명되지 않은 것이 뭐가 있으며 증명된 것으로서 제시되지 않은 것이 뭐가 있는가. 있다! 증명함의 문제는 어떠한가? 무엇이 본래 증명 가능한가?

어쩌면 본질적으로 전혀 중요하지 않은 것이 언제나 증명 가능한 것인지도 모른다. 증명될 수 있고 증명되어야만 하는 바로 그것은 어쩌면 근본적으로 볼 때 거의 가치가 없는 것인지도 모른다. 그런데 만일 철학함이 어떤 본질적인 것을 적중시키고 있다면, 이때 이 본질적인 어떤 것은 일종의 증명 불가능한 것일 수 있고, 그리고 그래서 증명 불가능한 것일 수밖에 없는가? 철학은 자의적인 주장 속에서 움직여도 되는가? 아니면, 우리는 철학함을 '증명 가능하냐' 아니면 '증명 불가능하냐'라는 '이것이냐-저것이냐'로서 확정하여 기술해서는 안 되는가? 이 경우 철학의 진리라는 것은 도대체 어떻게 이해되어야 하는가? 철학의 진리가 띠는 성격은 학문적[과학적] 명제의 명증과 같은 어떤 것인가? 아니면 그것은 이것과 근본적으로 다른 어떤 것인가? 이로써 우리는 철학의 가장 내적 애매성에 대한 물음을 건드리고 있는 셈이다.

제6절 철학의 진리와 그 애매성

지금까지의 예비고찰에서 우리는 잠정적인 방식으로 형이상학에 대한 성격 규정을 얻어냈다. 이에 따르면, 형이상학이란 일종의 총괄적 사유이다. 즉 그것은 전체로 향해서 던지는 하나의 물음인데, 이러한 물음은 개개의 모든 물음 속에서 전체로 향하고 있지, 결과들에서 비로소 전체로 향하는 물음이 아니다. 전체로 향한 개개의 모든 물음은 자체 내에 물음 던지는 이[물으미]를 포괄하며 그를 전체에서부터 물음에 부친다. 우리는 전체를 어떤 심리학적인 것처럼 간주하는 관점에 따라서, 즉 철학함의 애매성이라고 우리가 명명했던 그것에 따라서 특징지으려고 추구했다. 철학의 이러한 애매성을 우리는 지금까지 두 가지 방향에 따라서 고찰해보았다. 첫째, 철학함 일반에서 내보여지는 애매성, 그리고 둘째, 바로 **지금 여기 이 자리에서 우리가 철학**하는 가운데에서 내보여지는 애매성이 그것이었다.

철학함 일반의 애매성이란, 철학이 학문으로서 그리고 세계관으로서 행세하고는 있지만 학문도 세계관도 아니라는 것을 말해준다. 이러한 애매성은 철학이 학문이며 세계관인가, 아니면 학문도 세계관도 아닌가 하는 불확실성 속으로 우리를 데려간다.

   이러한 일반적인 애매성은 사람들이 어떤 것을 명시적으로 철학이라고 앞에 내걸려는 일을 감행하는 바로 그때 날카로워진다. 그로써 가상이 퇴치되는 것이 아니라 오히려 날카로워졌다. 그것은 청강생 여러분을 적중시키고 또한 나를 적중시키는 그런 이중적 의미에서의 가상이다. 그것은 결코 퇴치될 수 없는 가상인데, 왜 그런지 그 이유에 관해서 우리는 앞으로 좀더 살펴보게 될 것이다. 이러한 가상은 가르치는 선생에게 훨씬 더 완강하고 위험하다. 왜냐하면 어떤 특정한 의도하지 않은 권위가 언제나 선생을 위해서 말하기 때문이다. 이 권위는 다른 사람들을 설득하는 가운데에서 효력을 발휘하는데, 그러한 설득은 독특하고 쉽게 파악되지 않는다. 그리고 그것이 그 위험성에서 투명하게 드러나는 경우란 거의 드물다. 그러나 모든 철학강연 속에 자리잡은 이러한 설득은, 모든 것을 오직 논거들로 소급해 데려와야 하고 모든 것을 오직 증명된 것의 수준 내부에서만 결정할 수 있어야 한다는 요구를 사람들이 내세우는 그때에도 사라지지 않는다. 증명 가능한 것에 제한함으로써 마침내 애매성이 원칙적으로 퇴치될 수 있다고 보는 이러한 전제는 더 깊이 깔린 다음과 같은 전제로 소급해 올라간다. 즉 증명 가능한 것이 철학에서도 본질적인 것이라고 보는 전제가 그것이다. 그러나 그것은 어쩌면 하나의 오류일지도 모르며, 어쩌면 본질적인 것 가운데에서 사소한 것만이 증명 가능한지 모른다. 그리고 첫 번째로 증명되지 않으면 안 되는 바로 그런 모든 것은 어쩌면 자체 내에 아무런 내적인 중요성도 지니고 있지 않은 것인지 모른다.

   이렇게 증명 가능한 것에 제한함으로써 애매성을 퇴치하려는 이 마지막 시도는 우리를 다음과 같은 물음으로 안내한다. 그러면 도대체 철학적 진리 및 철학적 인식의 성격은 무엇인가? 여기에서는 도대체 증명 가능성에 관해서 말해질 수 없는가?

철학적 진리에 대한 물음은 좀처럼 제기되지 않았으며 그리고 설령 제기되었다고 해도 꽤 잠정적으로만 제기되었을 뿐이라는 독특한 사실을 우리는 우선 지나치기로 한다. 사정이 그러한 것은 우연에 기인한 것이 아니다. 오히려 그것은 그 근거를 바로 철학의 애매성에 둔다. 어느 정도까지 그러한가? 철학의 애매성은 동맹자와 지도자를 위한 건전한 인간 지성의 함양이 철학의 임무라고 인간을 유혹한다. 이때 건전한 인간 지성은 철학과 그 진리를 무엇이라고 간주해야 하는지에 관해서는 마찬가지로 애매하게 지침을 줄 뿐이다.

'철학함이란 궁극적인 것과 극단적인 것 한가운데에서의 표명과 대화이다'라고 우리는 말했다. 철학이 그런 것이라는 사실은 일상적인 의식도 알고 있다. 그런데 이 의식은 이러한 앎을 세계관의 의미로, 그리고 절대학문의 의미로 오해하고 있다. 첫째로, 철학은 누구에게든 와닿으며* 누구에게든 파고드는* 어떤 것으로서 간주되며, 둘째로, 철학은 하나의 궁극적인 것이요, 가장 지고한 것이다.

가. 누구에게든 와닿으며 누구에게든 파고드는 어떤 것으로서 간주되는 철학

철학은 누구에게든 와닿는[관계하는] 어떤 것이다. 철학은 어느 한 사람의 특권이 결코 아니다. 이 점에 대해서는 아마도 의심의 여지가 없을 것이다. 그러나 거기에서부터 다음과 같은 일반적인 의식이 암묵적으로 따라 나온다. 즉 누구에게든 **와닿는[관계되는]** 바로 그것은 누구에게든 **파고들** 수밖에 없다는 의식이 그것이다. 그러한 것은 **어차피** 어느 누구에게라도 접근될 수 있는 것이다. 이 '어차피'라는 말은 [누구에게든 와닿는 바로] 그것이 직접적으로 명확하다는 것을 말한다. '직접적으로'라는 말은 '명석하고 건전한 지성에게 더 이상의 설명 없이 어느 누구에게나 곧바로 문제되고 곧

바로 받아들여지듯이 그렇게'라는 것을 일컫는다. 그런데 그렇게 어차피 누구에게든 파고드는 바 그것은—누구나 그것을 이렇게 알고 있다—2 더하기 2는 4라는 식의 발언들이다. 그것은 계산해낼 수 있는 것이고, 어느 누구나 해볼 수 있는 셈의 범위를 벗어나 있지 않은 것이며, 누구나 어려움 없이 계산할 수 있는 것의 범위를 벗어나 있지 않은 것이다. 계산한다고 함은 2 더하기 2는 4라는 식으로 관여하는 일이다. 그런 것을 파악하기 위해서, 결코 조금도 인간 실체를 들먹일 필요가 없다. 우리 인간 본질을 그때마다 근본에서부터 끌어들이지 않고서도 우리는 누구에게나 접근될 수 있는 진리들을 이해한다. 나는 그것을 이해하며, 인간이라면 누구나 그것을 이해한다. 혹 그가 배운 사람이든 시골뜨기이든, 혹 그가 신사이든 아니면 불량배이든, 혹 인간이 자기 자신에게 사로잡혀 격앙되어 있든 사소한 것에 빠져들어 그 속에 갇혀 있든 간에, 인간이라면 누구나 다 그것을 이해한다. 철학은 각자 모두에게 와닿는[관계되는] 그것이다. 그러니까 철학은 어느 누구나 어차피 그렇다고 생각하듯이 그렇게 어느 누구에게나 있는 것이다. 만약 철학적 진리라는 것이 각자 모두에게 와닿는 것이라면, 그것은 어느 누구에게든 일상적 판단기준에 따라서 파고듦에 틀림없다. 거기에는 다음과 같은 점이 직접적으로 포함되어 있다. 즉 누구에게든 파고드는 바 그것은, 그것이 누구에게든 파고드는 그 양식과 방식을 자체 안에 품고 있다. 어느 누구에게든 파고들 수 있는 그것이, 무엇이 도대체 참일 수 있는지, 진리는 도대체 어떤 모습을 띠어야 하는지, 그리고 철학적 진리는 어떤 모습을 띠어야 하는지 등에 대한 지침을 내려준다.

나. 궁극적인 것이며 가장 지고한 것으로서 간주되는 철학

(ㄱ) 절대적으로 확실한 진리라는 가상 속의 철학적 진리

철학은 하나의 궁극적인 것이며 극단적인 것이다. 바로 이러한 것을 각자 모두는 **확고하게 소유해야** 하고 또 그렇게 소유할 수 있다. 가장 지고한 것

으로서 그것은 분명 또한 가장 확실한 것이어야 한다. 이것은 누구에게나 명백하다. 그것은 가장 확실한 것이어야 한다. 그렇게 인간의 노력 없이 누구에게든 파고드는 바로 그것은 최고의 확실성을 지녀야 한다. 2 더하기 2는 4라는 식으로 누구에게나 어려움 없이 접근될 수 있는 바로 그것이 극단적인 완성형태로서 수학적 인식이라는 것을 우리는 잘 알고 있다. 그리고 수학적 인식은 분명, 누구나 잘 알듯이, 가장 엄밀하고 가장 확실한 최고의 인식이다. 그리고 그렇게 해서 우리는 철학함이 무엇이며 무엇이어야 하는가 하는 데에서부터 자라나온 철학적 진리를 위한 그 이념과 척도를 얻은 셈이다. **플라톤**(Platon)—우리는 그가 철학자의 카리스마라는 점을 쉽게 부인하지는 못할 것이다—이 자신의 학당 현관 위에 "기하학, 수학적 인식에 정통하지 않은 자는 누구도 들어오지 못한다(οὐδεὶς ἀγεωμέτρητος εἰσίτω)"라고 써 붙였다는 사실을 우리는 너무 잘 알고 있다. 근대철학의 근본자세를 규정한 **데카르트**가 원했던 것이 철학적 진리에다 수학적 진리의 성격을 마련해주어 인류를 의심과 불분명함에서부터 끄집어내오는 일 아닌 다른 무엇이었겠는가? **라이프니츠**(Gottfried Wilhelm von Leibniz)로부터는 다음과 같은 말이 전해지고 있다. "수학이 없이 사람들은 형이상학의 밑바탕 속으로 파고들 수 없다(Sans les mathématiques on ne pénètre point au fond de la Metaphysique)." 이 말은 분명, 사람들이 누구에게나 철학에서의 절대적 진리로서 어려움 없이 가져다대는 바로 그것에 대한 가장 깊고 포괄적인 확증이다.

그런데 철학적 진리가 절대적으로 확실하다는 것이 그렇게도 명명백백하다면, 어째서 철학의 바로 이러한 노력이 도무지 성공할 수 없다는 말인가? 절대적 진리와 확실성을 위한 이러한 노력과 관련하여 철학의 전 역사를 통틀어 우리는 성공 대신에 오히려 잇따른 파국만을 끊임없이 보고 있지 않은가? 아리스토텔레스, 데카르트, 라이프니츠, 그리고 헤겔(Georg Wilhelm Friedrich Hegel) 등과 같은 사유가가 박사과정생에 의해서 반박되는 수모를 겪을 수밖에 없다. 이러한 파국들은 너무도 파국적이어서, 그 파국들에 관련된 사람들은 그것마저도 전혀 알아채지 못한다.

절대학문으로서의 철학의 역운에 대한 지금까지의 경험에서부터 우리는 이러한 [절대학문의] 목표가 최종적으로는 포기되지 않으면 안 된다는 결론을 추론할 수밖에 없지 않은가? 이러한 추론에 대해서 사람들은 다음과 같은 이의를 제기할 수도 있을 것이다. 첫째, 비록 2,500년에 걸친 서양철학의 역사가 충분히 진척된 한 시대를 그려내고 있다고 하더라도, 앞으로 올 모든 미래에 대해서 그런 결론을 내리기에는 아직 충분하지 못하다. 둘째, 따라서 원칙적으로 기존의 것에서부터 다가올 것을 이러한 방식으로 추론할 수는 없으며 그 다가올 것에 대해서 결정을 내릴 수 없다. 아직은 그래도 철학이 언젠가 성공을 거둘 가능성이 원칙적으로 열린 채 남아 있어야 한다.

이 두 이의에 대해서 다음과 같이 말할 수 있겠다. 즉 우리가 철학에서 절대학문이라는 성격을 박탈해버리는 까닭은 철학이 지금까지도 절대학문이라는 위치에 도달하지 못했기 때문이 아니다. 오히려 철학적 본질에 관한 이러한 [절대학문의] 이념이 철학의 애매성 때문에 철학에 서술된 것이며, 이 이념이 철학의 본질을 가장 깊숙이 파묻어버리기 때문이다. 그렇기 때문에 우리는 이러한 이념의 유래를 대략적으로나마 지적해보았다. 철학에 수학적 인식을 인식의 척도로 그리고 진리의 이상으로 제시한다는 것은 무엇을 말하는가? 그 말은 다름 아닌, 단적으로 구속력이 없고 그 내용상 가상 공허한 인식을 가장 구속력 있는, 그리고 그 자체 가장 온전한 인식을 위한, 다시 말해서 전체에로 향해 나아가는 그런 인식을 위한 척도로 삼는다는 것을 일컬을 뿐이다. 그러므로 절대학문이 되고자 하는 철학의 추정적인 관심사를 철학 자신이 언젠가는 마침내 한번은 성취해볼 수 있으리라는 가능성을 우리는 철학에 열어둘 필요가 전혀 없다. 왜냐하면 이러한 가능성은 결코 철학의 가능성일 수 없기 때문이다.

수학적 인식과 철학적 인식 사이의 이러한 연관을 우리가 애초부터 원칙적으로 부정하고 있다면, 이러한 부정의 동기는 이것이다. 즉 수학적 인식은 그 자체 내용상, 비록 그것이 대상적으로는 하나의 거대한 풍부함을 포함하기는 하더라도, 생각해낼 수 있는 한도 내의 가장 공허한 인식이며 이러한 가장 공허한 인식으로서 그것은 동시에 인간에게는 가장 구속력이 없는 인식이기 때문이다. 그렇기 때문에 우리는 수학자가 이미 열일곱 살 나이에 위대한 발견을 행할 수 있다는 기이한 사실을 대하게 된다. 수학적 인식이 반드시 인간의 내적인 실체에 의해서 지탱되어야 하는 것은 아니다. 그러한 일은 철학에는 원칙적으로 불가능하다. 이렇게 가장 공허하면서 동시에 인간의 실체에는 가장 구속력이 없는 인식, 즉 수학적 인식은 생각할 수 있는 한도 내에서 가장 온전하고 가장 구속력 있는 인식행위인 철학적 인식을 위한 척도가 될 수 없다. 그 점이 곧 수학적 인식을 철학적 인식의 이상으로 제시할 수 없는 본래적인—우선은 그저 대략적으로만 언급된—이유이다.

26 (ㄴ) 형식적 모순에 관한 논거는 공허하고 구속력이 없다. 철학의 진리는 현존재의 운명 속에 뿌리내리고 있다

이렇게 우리가 여러 이의들과 마주칠 때 그리고 우리가 "철학적 인식은 간략히 말해서 넓은 의미에서의 수학적 인식이 아니다", "철학적 인식은 절대적 확실성이라는 수학적 인식의 성격을 가지지 않는다"라는 명제를 고수할 때, 바로 거기에 지금까지의 모든 논의를 무효로 만들어버릴 **훨씬 더 날카로운** 또다른 이의가 우리를 위협하지는 않는가? 누구나 아무런 어려움 없이 우리에게 대들면서 이렇게 말할 수 있지 않을까? "잠깐! 당신은 거기에서 계속해서 단호한 어조로, '철학은 결코 학문이 아니며, 결코 절대적으로 확실한 인식이 아니다'라고 말하고 있소. 그러나 이렇게 '철학은 결코 절대적으로 확실한 인식이 아니다'라는 바로 이러한 사실만큼은 분명 절대적으로

로 확실한 것임이 틀림없으며, 이렇게 절대적으로 확실한 명제를 당신은 철학강의에서 선포하고 있소"라고 말이다. 거기에서 우리는 분명 비학문적으로 처신하면서 전적으로 궤변만을 늘어놓고 있는 셈이다. 절대적 확실성을 요구하면서 '절대적 확실성은 없다'고 주장한다는 것! 그것은 분명 고안될 수 있는 가장 간교한 방법이지만, 그럼에도 그것은 결코 오래 갈 수 없다. 그렇다면 이 방법은 방금 앞에서 제기된 이의에 대해서 어떻게 대처해야[대응해야] 하는가?

지금 우리를 거슬러 던져지는 이 논거는 오늘날 처음 생겨난 것이 아니다. 그것은 언제나 거듭 다시금 모습을 드러내고는 하기 때문에, 우리는 이 논거를 전체적으로 염두에 두고서 그 형식적인 투명성에서 파악해야만 한다. 이 논거는 설득력이 없는가? "절대적 확실성을 가지고서 '절대적 확실성은 없다'고 주장하는 것은 모순적이다"라는 논거는 [역으로] 자기 자신을 반증한다. 왜냐하면 '결코 절대적 확실성은 없다'고 하는 경우 적어도 '결코 없다'라는 바로 이 확실성만은 있기 때문이다. 그 말은 분명 하나의 확실성이 있다는 것을 일컫는다. 그 논거는 설득력이 있기는 해도 그만큼 진부하기도 하다. 그 논거는 너무나 진부해서 언제나 영향력 없이 남아 있었다. 이렇게 겉으로는 탄탄하게 보이는 논거가 그럼에도 불구하고 아무런 도움도 되지 않는다는 사실은 결코 우연일 수 없다. 그러나 우리는 이러한 논거가 영향력이 없었음을 지금까지의 역사에서 다시 끄집어내려는 것이 아니다. 우리는 다음과 같은 두 가지를 생각해보아야 할 것으로 제시하고자 한다.

첫째, 이러한 논거는 어느 때나 쉽게 끌어들일 수 있다는 그 이유 때문에, 본질적인 점에서는 아무것도 이야기할 것은 가지고 있지 않다. 그 논거는 완전히 공허하며 구속력이 없다. 그것은 그 내적인 내용상 철학과는 전혀 연관되어 있지 않다. 그것은 말하미를 자기 모순으로 되받아치는 형식적 논증과 연관되어 있을 뿐이다. 사람들이 그와 같은 기회에 그러한 논거에서 기대하는 설득력과 효력범위를 만약 그 논거가 마땅히 가져야 한다면, 그 경우—적어도 모든 것을 그와 같은 확실성과 특정한 증명 위에 세우기를 원하는 사람들의 의도에서 볼 적에—다음과 같은 점이 먼저 증명되어야 한다. 철학을 그 본질에서, 즉 그 극단적인 것과 전체에서 지탱하고 규정할 자격을 저 공허한 속임수가 형식적 자기모순과 함께 자체 안에 함께 지닌다는 것이 증명되어야 한다. 이러한 증명은 지금까지 제출되어본 적이 없으며, 그 필요성이 이러한 논거를 가지고 논증을 행하는 사람들에게 한 번도 인식된 적이 없고 개념파악된 적이 없다.

둘째, '철학은 결코 학문이 아니요, 철학에 고유한 것은 결코 절대적 확실성이 아니다'라는 우리의 명제를 쳐서 넘어뜨리기를 바라는 저 논거는 논점을 적중시키지 못하고 있다. 정말이지 우리는 '철학이 결코 학문이 아니다'라는 사실이 절대로 확실하다고 주장하는 것이 결코 아니며 또 그렇게 주장하지도 않을 것이다. 그렇다면 왜 우리는 그것을 불확실한 채로 내버려두는가? 혹시 그래도 철학이 그러한 학문일 가능성을 아직 열어두고 싶기 때문에 우리는 그렇게 하는 것은 아닌가? 결코 그렇지 않다. 우리가 그것을 불확실한 채로 내버려두는 까닭은 오히려, 과연 우리가 그 모든 논의를 통해 도대체 철학을 하고 있는지 아닌지를 결코 절대적으로 확신하지 못하며 또 확신할 수 없기 때문이다. 우리가 이러한 [철학함이라는] 의미에서 우리의 활동도 확신하지 못하는데, 어찌 그러한 활동에다가 절대적 확실성이라는 짐을 얹어놓겠는가?

우리는 철학함을 확신하지 못하고 있다. 철학! 그것은 정작 철학함에서는 그 자체 안에 절대적 확실성을 가질 수 없다는 말인가? 그렇다! 가질 수 없다. 왜냐하면 우리가 철학함을 확신하지 않는다는 이 사실은, 우리와 연관된 철학이 띠는 우연한 속성이 아니라 오히려 철학이 만약 인간의 활동이라고 할 경우, 철학 그 자체에 속한 것이기 때문이다. 철학은 그것이 인간의 활동일 경우에만 하나의 의미를 가진다. 철학의 진리는 본질적으로 인간 현존재의 진리이다. 철학함의 진리는 현존재의 운명 속에 함께 뿌리를 내리고 있다. 그런데 이러한 현존재라는 사건은 자유에서 일어난다. 가능성, 변화 그리고 처지는 어둡다. 현존재는 그 자신도 예견하지 못하는 가능성 앞에 서 있다. 현존재는 그 자신도 알지 못하는 변화에 내던져져 있다. 현존재는 그 자신의 힘으로는 어찌할 수 없는 처지 속에서 끊임없이 움직이고 있다. 현존재의 실존에 속한 그 모든 것은 또한 본질적으로 철학의 진리에 속한다. 우리가 그와 같이 말한다고 해서, 그것을 단지 절대적 확실성에서 알고 있는 것이 아니며, 그렇다고 해서 그와 같은 점을 우리는 단지 절대적 확실성을 전제로 절대적 확실성과는 상반된 개념에 불과한 개연성에서 알고 있는 것도 아니다. 이 모든 것을 우리는 확실성과 불확실성 사이를 떠다님으로써 탁월해진 나름의 고유한 양식을 띠는 앎에서—철학함을 통해서 비로소 우리가 그 안으로 자라나오는 그런 앎에서—알고 있다. 왜냐하면 만약 우리가 그것을 그렇게 말하기만 한다면—거기에 참여함이 없이—그저 필증적 명제라는 가상만이 생겨날 뿐이기 때문이다. 우리가 내용을 변형시킨다면, 가상은 사라진다.

그러나 과연 우리가 거기에서 철학하고 있는지 아닌지를 우리 자신도 모른다면, 거기에서는 모든 것이 혼돈 속으로 빠져드는 것은 아닌가? 그렇다. 모든 것이 다 요동 속으로 빠져들어야 한다. 우리는 다른 어떤 사건을 우리 측에서 결코 요구할 수 없다. 만약 우리 각자가 하나의 신 또는 신 자체임이 우리에게 보증되기만 한다면, 다른 어떤 사건은 일어나지 않을 것이다. 그 경우에는 철학도 이미 단적으로 쓸데없는 것이 되어버릴 것이니 철학에 대한 우리의 논의는 더더욱 말할 것도 없다. 왜냐하면 철학이라는 명칭이 이미 그것을 말하듯이 철학, 즉 '무엇인가를 그리워하는 향수'로서 이렇게 '무엇인가를 향한 사랑'이 아무것도 아닌 속에, 즉 유한성 속에 머물러 있어야 한다면, 신은 철학하지 않을 것이기 때문이다. 철학은 일체의 모든 위안과 보증과는 상반된 것이다. 철학은 소용돌이이다. 그 소용돌이 안으로 휘말려 들어가면 들어갈수록 인간은 더욱더 홀로 환상 없이 현존재를 개념파악하게 된다. 그와 같은 개념파악함의 진리가 궁극적이며 가장 극단적이라는 바로 그 이유 때문에 철학은 최고의 불확실성을 지속적이며 위험스러운 이웃으로 삼는다. 어떠한 인식자라도 철학하는 이처럼 매 순간 오류의 가장자리에 필연적으로 그렇게 어렵게 서 있지 못한다. 이것을 아직 개념파악하지 못한 사람은 철학한다는 것이 무엇을 말하는지를 아직 전혀 감지하지 못한 사람이다. 궁극적이며 극단적인 것은 가장 위험하며 가장 불확실한 것이다. 그리고 이 가장 위험하며 가장 불확실한 것은, 이제 이 궁극적이며 극단적인 것이 본래 자명하게 누구에게나 가장 확실한 것이어야 한다는 점을 통해서 더욱 날카로워진다. 그리고 그렇게 궁극적이며 극단적인 것이 누구에게나 가장 확실한 것이어야 한다는 가상 속에서 철학이 또한 등장하는 셈이다. 절대적 앎이라는 철학의 이념에 도취되어 사람들은 철학함의 이러한 위험한 이웃을 흔히 잊어버리고 만다. 어쩌면 사람들은 나중에 덜 깬 취기 속에서 그 점을 상기하게 될지는 모르겠으나, 그러한 상기는 결코 행동으로 이끌지는 못한다. 그렇기 때문에 철학적 진리의 이러한 가장 내적인 애매성에서부터 자라나온 것인지도 모를 그런 본래적인 근본자세가 깨어난다는 것은 드문 일이다. 우리는 여전히 철학의 위험성에 대처하기 위한 이러한 기본적인 준비태세조차도 전혀 모르고 있다. 철학의 이러한 위험성은 잘 알려져 있지 않고 더더군다나 그 위험성은 실감되지 않는다. 그렇기 때문에, 철학에 종사하면서도 철학하지는 않는 이들 사이에 철학하는 대화가 진전되는 일은 거의 드물거나 아예 일어나지 못한다. 철학의 내적 위험성에 대처하기 위한 기본적인 준비태세가 결여되어 있는 한, 설령 신문에서 아무리 수많은 기사들이 서로를 비판하며 대결을 벌인다고 해도 철학하면서 맞겨룸을 벌이는 사건은 결코 일어나지 않을 것이다. 모든 신문들이 서로 진실을 제시하려고 덤벼들고는 있지만, 정작 이때 현실적이고 가장 중요한 과제, 즉 자신의 고유한 현존재와 타인의 현존재를 결실 있는 의문스러움 안으로 몰고 들어가야 할 과제는 망각하고 있다.

㈄ 데카르트와 근대철학에서 내보여지는 비판적 태도의 애매성　　30

철학을 절대학문의 지위로 끌어올리려는 명시적으로 강화된 경향이 데카르트에게서 대두되는 동시에, 그에게서 특별히 철학의 독특한 애매성이 효력을 발휘하고 있다는 사실은 결코 우연이 아니다. **데카르트**는 철학을 절대인식으로 만들려는 근본경향을 가지고 있었다. 바로 그에게서 우리는 어떤 기이한 점을 보게 된다. 여기에서 철학함은 **의심**을 가지고 시작하며 겉으로는 모든 것이 물음에 부쳐지는 것처럼 보인다. 그러나 단지 그렇게 보일 뿐이다. 현존재, 즉 '나(das ego)'는 조금도 물음에 부쳐지고 있지 않다. 비판적 태도의 이러한 가상과 이러한 애매성은 근대철학 전체를 두루 거쳐서 근래에까지 침투해 들어와 있다. 그것은 기껏해야 학문적-비판적 태도일 뿐, 결코 철학적인 비판적 태도는 아니다. 물음에 부쳐지고 있는 것—아니면 더욱더 물음에 부쳐지지 않고 미결인 채로 뒤에 남겨지고 함께 수행되지 않은 채 남아 있는 것—은 단지 사물들, 객체들 또는 더 나아가 주체들 등에 관한 앎이며 의식이다. 그리고 이와 같은 것들은 앞서 취해진 확실성이 더욱 깊이 배어들게 하기 위해서만 물음에 부쳐지고 있을 뿐이다. 그러나 **현존재 자신은 결코 물음에 부쳐지고 있지 않다.** 철학에서 데카르트적인 근본자세는 도대체 원칙적으로 인간 현존재를 물음에 부칠 수 없다. 그로써 데카르트적인 근본자세는 애초부터 자기 자신을 그 가장 고유한 의미에서 살해하고 있는지도 모른다. 데카르트적 근본자세, 그리고 이와 아울러 **데카르트** 이래 근대의 모든 철학함은 도대체 아무것도 모험에 내거는 것이 없다. 이와는 반대로 데카르트적인 근본자세는, 모든 것이 절대로 엄밀하게 그리고 순수하게 입증될 수 있고 근거제시될 수 있다는 점을 애초부터 이미 알거나 안다고 믿는다. 그 점을 입증하기에는 **데카르트**의 근본자세란 그저 구속력 없고 위험하지 않은 방식으로 비판적일 뿐이다. 즉 데카르트의 근본자세가 거기에서 애초부터 안전을 보장받으며, 그런 근본자세에는 아마도 아무런 일도 일어나지 않을 것이라고 보는 식으로 비판적일 뿐이다. 왜 사정이 그러한지에 대해서는 다음에서 배워 이해하게 될 것이다. 우리가 그와 같은 식으로 우리 자신과 사물들과 관계하는 한, 우리는 철학 바깥에 서 있는 것이다.

제7절 자신의 극복할 수 없는 본질의 애매성에 맞선 철학함의 투쟁. 현존재 안에서 일어나는 근본사건으로서의 철학함의 독자성

철학함의 다중적인 애매성 속으로 얼핏 눈길을 던져본 우리는 그 바람에 깜짝 놀라 물러서버렸으며 마침내는 그러한 철학함과 같은 활동이 아무런 결실도 맺지 못한다고 폭로하고 말았다. 그러나 철학함이 종국에는 그렇게까지 나쁘지는 않으며 철학이 인류의 역사 속에서 많은 업적을 이루어냈다는 사실 등을 지적함으로써 우리가 철학함의 저 절망적인 인상을 최소한도로 약화시키려고 하거나 또는 추후적으로 중재시키려고 한다면, 그것은 오해일 것이다. 그것은 단지 철학으로부터 거리를 두고서 이야기하는 잡담에 지나지 않는다. 오히려 저 '깜짝 놀람(Schrecken)'을 견지하고 끝까지 붙들어야 한다. 그러한 깜짝 놀람 속에서는 일체의 모든 개념파악함이 띠는 하나의 본질적인 점이 드러난다. 즉 철학적 개념이란 인간에게로 향한, 더군다나 전체에서의 인간으로 향한 덮침(Angriff)*이라는 것이다. 인간은 일상성에서부터 쫓겨 달아나 사물들의 밑바탕 속으로 쫓겨 돌아온다. 그러나 덮치미*는 인간이 아니다. 일상을 의심하고 앎의 희열을 의심하는 주체가 아니라는 말이다. 오히려 인간 안에서의 거기에-있음[현-존재]이 철학함 속에서 덮침을 인간 쪽으로 맞추고 있다. 그러므로 인간이란, 그 본질의 근본상 '그가 그인 바 그것으로 존재한다'라는 사실에 의해서 덮침을 당하여 일체의 모든 개념파악하는 물음 속에 함께 사로잡혀 있는 '덮침당하미'*이고 '사로잡히미'*이다. 그러나 이러한 포괄되어 붙잡혀 있음은 행복한 수줍음이 아니다. 오히려 그것은 일체의 모든 물음 및 존재가 띠는, 극복할 수 없는 애매성과의 싸움이다.

그렇지만 또한 자신의 힘을 어쩌면 다 소진해버릴지도 모르는 하나의 절망적인 활동, 어떤 암담한 것, 우울한 것, '염세주의적인 것', 모든 어둠과 부정적인 것으로 향하는 것 등을 철학함 속에서 본다는 것도 똑같이 뒤바뀐 일일 것이다. 철학함을 그런 식으로 여긴다는 것이 뒤바뀐 일인 까닭은 예컨대, 철학함이 저런 추정적인 그림자와 나란히 자신의 밝은 면 또한 가지기 때문이 아니다. 오히려 철학함에 대한 저러한 평가가 도대체 철학함 자체에서부터 길어내온 것이 아니기 때문이다. 철학함에 대해서 이렇게 판단 내리는 부류를—그리고 바로 우리의 고유한 시도도 그 하나인데—오늘날 우리는 아주 상이한 세계관과 방향들을 가진 문필가들과 그 지지자들에게서 발견할 수 있다.

그러나 철학함에 대한 이러한 평가는 전혀 새로운 것이 아니다. 그것은 정상인들의 그 자체 투명한 듯한 안개 분위기와 그것을 주도하는 다음과 같은 신념들에서부터 유래한다. '정상적인 것이 곧 본질적인 것이다', '평균적인 것 그리고 그러기에 보편타당한 것이 곧 참된 것(영원한 평균)이다'라는 신념들 말이다. 이러한 정상인은 자신의 작은 만족감을, 즐거움으로 통해야만 하는 만족감에 대한 표준으로 삼는다. 이러한 정상인은 자신의 가냘픈 공포심을, 놀람과 불안으로 통해야 하는 공포심에 대한 표준으로 삼는다. 이러한 정상인은 자신의 배부른 느긋함을, 안심 또는 불안심으로 통할 수 있는 느긋함에 대한 표준으로 삼는다. 적어도 이제는 다음과 같은 점이 의문시되는지도 모른다. 과연 우리는 궁극적인 것과 극단적인 것 가운데에서 행해지는 표명과 대화로서의 철학함을 저 [정상인이라는] 재판관 앞으로 끌고 와도 되는지, 그리고 우리로 하여금 철학에 대해서 입장을 취하도록 바로 저 [정상인이라는] 재판관이 우리에게 지시를 내려주기를 과연 우리는 원하고 있는지, 아니면 우리는 정상인과는 다른 사람이 되려고 결심한 것은 아닌지, 다시 말해서 우리는 우리 자신을, 즉 우리 인간 존재를, 되어가는 대로 내버려두기를 원하고 있는 것은 아닌지 하는 물음들이 그것이다. 그렇다면 오늘날 우리가 그 안에서 움직이고 있는 인간 현존재에 대한 해석—이 해석에 따르면, 예컨대 철학은 이른바 다른 문화재들 옆에 나란히 있는 하나의 문화재이고, 또 어쩌면 육성을 필요로 하는 학문인지도 모른다—이 최고의 해석이라는 것은 그렇게 확실한가? 인간이 오늘날의 이러한 자기 파악에서 자신의 평범성을 신으로까지 끌어올리지 않았다는 사실을 누가 우리에게 보증하는가?

33 지금까지 우리는 시초에 내디뎠던 에움길을 거슬러 철학함 자체를—비록 잠정적으로나마—파악해보려고 시도했다. 이러한 시도는 다음과 같은 두 갈래 길 위에서 일어났다. 첫째, 우리는 철학적 물음을 노발리스의 싯말을 해석하는 길 위에서 설명했는데, 그 싯말은 이런 것이었다. 즉 철학함이란 향수요, 어디에서나 고향을 만들려는 충동이다. 둘째, 우리는 철학함의 고유한 애매성을 특징지었다. 이 모든 것에서부터 우리는 다음과 같은 정도의 사실만을 끄집어내본다. 즉 철학은 독자적인 어떤 것이라는 사실이다. 우리는 철학을 다른 여러 학문들 가운데에 하나의 학문으로 여길 수도 없고, 그렇다고 해서 철학을 단지 우리가 학문들에 대해서 그 근본태도를 물을 때에 발견되는 어떤 것으로서 여길 수도 없다. 학문들이 있기 때문에 철학이 있는 것이 아니다. 오히려 거꾸로, 오직 철학이 있기 때문에, 그리고 철학이 있을 때에만 학문들이 있을 수 있는 것이다. 그러나 이러한 학문의 근거를 제시하는 일, 다시 말해서 학문들에 근거를 부여해야 하는 과제는 철학의 유일한 과제도 아니며 철학의 가장 숭고한 과제도 아니다. 철학은 오히려 인간의 삶(현존재) 전체를 두루 파고들어간다. 이것은 학문이 없을 때에도 일어난다. 그리고 그와 같은 일은, 철학이 삶(현존재)을 눈앞의 것으

로서 추후적으로 그저 바라보기만 한다거나 보편적인 개념들에 따라서 정돈하고 규정하는 식으로만 일어나지는 않는다. 오히려 철학함 자체가 현-존재[거기에-있음]의 한 근본양식이다. 철학이란, 숨어 있는 것 속에서 대개 현-존재를 비로소 그가 그일 수 있는 바로 그것이 되도록 놓아주는 그것이다. 그러나 인간 현-존재가 개별 세기 속에서 무엇으로 존재할 수 있는지는 당사자인 현존재도 결코 알지 못한다. 오히려 현존재의 가능성들은 바로 현존재 안에서만 비로소, 그리고 오직 현-존재 안에서만 형성된다. 그런데 이러한 가능성들이란 곧 현사실적 현존재의 가능성들, 다시 말해서 현존재가 수행해야 할 '전체 안에서의 존재자와의 대결'의 가능성들이다.

철학함은 또한 눈앞에 있는 자연과 문화에 대해서 추후적으로 반성함도 아니며, 또한 눈앞의 것에 나중에 적용되는 가능성과 법칙들을 고안해냄도 아니다.

반성이나 고안과 같은 이 모든 것은, 비록 아무리 그러한 고상한 형태를 띤다고 해도, 철학으로부터 일자리와 사업을 만들어내는 파악들이다. 이에 비해서 철학함이란, 일체의 모든 전문활동에 앞서 있고 현존재의 근본사건을 이루는 바로 그 어떤 것, 우리가 대개 그 속에서 움직이는 그런 행동관계들과 비교해볼 때 독자적인 그리고 완전히 다른 양식의 그 어떤 것이다.

그 점을 이미 고대철학자들은 첫 번째 결정적 시원에서 알고 있었고 알 수밖에 없었다. 그래서 헤라클레이토스(Heracleitos)로부터 다음과 같은 말이 우리에게 전승된다. "많은 사람이 표명하는 이야기들을 아무리 들어보아도, 다음과 같은 사실을 인식할 수 있는 경지에 이른 사람은 아무도 없었다. '지혜롭게 있음[현인이 됨]', '소폰(σοφόν, 철학)'이라는 것은 일체의 모든 것으로부터 떼어져 있는 어떤 것이다(ὁκόσων λόγους ἤκουσα, οὐδεὶς ἀφικνεῖται ἐς τοῦτο, ὥστε γινώσκειν ὅτι σοφόν ἐστι πάντων κεχωρισμένον)."[1] '떼어져

---

1) Hermann Diels, *Die Fragmente der Vorsokratiker*(『소크라테스 이전 사유가의 단편들』), Walther Kranz 편집, 베를린, 1934년 이후, 제5판, 제1권, 단편 108.

있는 어떤 것'이라는 말은 라틴어로는 '압솔루툼(absolutum)'인데, 그것은 '자기의 고유한 자리에 존재하는 바로 그것', 좀더 정확히 말해서 '자기 자신에게 자기의 고유한 자리를 비로소 만드는 바로 그것'이다. **플라톤**은 자신의 위대한 대화편 하나[2]에서 한번은 이렇게 말한다. 즉 철학하고 있는 사람과 철학하지 않는 사람의 차이는 깨어 있음(ὕπαρ)과 잠자고 있음(ὄναρ) 사이의 차이라고 말이다. 철학하지 않는 사람은—학문하는 사람도—비록 실재하고는 있지만 잠자고 있는 것이다. 그리고 오직 철학함만이 깨어 있는 현-존재요, 다른 모든 것과 대비해볼 적에 철학함은 완전히 다른, 비길 데 없이 독자적인 것이다. 근대철학자 한 사람을 거명해보자면, **헤겔**은 철학을 거꾸로 된 세계라고 지칭한다. 그가 말하려고 하는 바는 이것이다. 즉 정상인들에게 정상적으로 있는 그것에 비교할 때, 철학은 마치 거꾸로 된 것처럼 예외적이면서도, 근본적으로 볼 때 현존재 자신을 본래대로 올바르게 되돌려놓는다. 이것을 여러분은 권위적인 증명으로서가 아니라 단지 다음과 같은 사실에 대한 지적으로 받아주기 바란다. 즉 여기에서 나는 철학에 대한 하나의 개념을 고안해내는 것이 아니라는 사실, 그리고 여러분에게 개인적인 의견 하나를 자의적으로 제시하는 것이 아니라는 사실이다.

철학이란 본원적이고 독자적인 어떤 것이다. 하지만 바로 그 이유 때문에 철학이 결코 따로 유리되지는 않는다. 오히려 이러한 극단적이며 일차적인 것으로서 그것이 모든 것을 포괄하여 지니기 때문에, 그러한 것을 개개의 경우에 적용하는 것이 너무나 뒤늦은 일이고 일종의 오해인 것이다.

여기에서 문제가 되는 것은 다른 것이 아닌 바로 이것이다. 모든 사물들을 다시금 더욱더 단순하게, 더욱더 강하게 그리고 더욱더 지속적으로 제대로 '보기' 위해서는, 철학하는 현존재 안에서 일어나고 있는 저 사건의 근원적 차원을 다시 획득하는 것이 중요하다.

---

2) Platon, *Res Publica*(『국가』), *Platonis Opera*(『플라톤의 작품들』), John Burnet 편집, 옥스퍼드, 1902년 이후, 제4권, 476c 이하, 520c, 533c.

제3장

세계, 유한성, 개별화에 대한 총괄적 물음을 형이상학이라고 특징짓는 데에 대한 정당화. '형이상학'이라는 낱말의 근원과 역사

철학적 개념들, 즉 형이상학의 근본개념들이 총괄개념임이 귀결되었다. 그 속에서 언제나 전체가 물어지는 총괄개념들, 그리고 개념파악하는 이를 언제나 물음 속으로 함께 포함해 들이는 그런 총괄개념 말이다. 그러한 이유에서 우리는 형이상학의 물음을 총괄적 물음으로서 규정하기로 한다. 우리는 이때 지속적으로—눈에 띄는지 모르겠지만—철학과 형이상학, 철학적 사유와 형이상학적 사유를 동일시하고 있다. 그러나 철학 안에는 '형이상학' 말고도 '논리학'과 '윤리학'과 '미학'과 '자연철학'과 '역사철학'도 있다. 무슨 권리로 우리는 철학함을 단적으로 형이상학적 사유라고 파악하는가? 왜 우리는 다른 모든 분과들에 앞서 형이상학이라는 분과에 그와 같은 우위를 부여하는가?

사람들이 그렇게 잘 아는 철학의 이러한 분과들, 이러한 분과들의 현실적인 존립이—아무리 그럴싸하게 보이더라도— 철학함의 운명에 아무 해가 없는 것은 아니다. 이러한 분과들은 철학의 교과운영에서부터 자라나온 것들이다. 그러나 우리는 자의적으로 철학의 한 분과, 즉 형이상학을 그 밖의 다른 분과들보다 선호하는 위험에까지 빠져들지는 않는다. 왜냐하면 우리는 지금 분과들에 관해서 다루는 것이 아니기 때문이다. 이 예비고찰의 의도는 바로, 형이상학을 이렇게 하나의 확고한 분과로서 보는 표상을 파괴하려는 데에 있다.

형이상학은 총괄적 물음이다. 그와 같은 총괄적 물음은 곧 다음과 같다. 세계란 무엇인가? 유한성이란 무엇인가? 개별화란 무엇인가?

그런데 이 경우 이렇게 특징지어진 총괄적 물음에 대해서 우리는 무슨 권리로 여전히 '형이상학'이라는 명칭을 요구하는가? 사실상 당연한 이 물음에는 형이상학이라는 낱말의 역사와 그 낱말의 뜻을 짧게라도 논의해봄으로써만 제대로 대답할 수 있다. 이제 철학에 대한 어느 정도의 앞선-이해를 우리가 이미 획득한 이상, 이러한 앞선-이해를 바탕으로 우리는 '형이상학'이라는 낱말의 뜻으로서 우리에게 전승되는 바로 그것에 대해서 이야기할 수 있게 되었다. 그러나 이때 우리는 '형이상학'이라는 낱말에서부터 철학의 본질을 끄집어내오려는 것이 아니다. 오히려 거꾸로 우리는 철학에 대한 이해를 바탕으로, 형이상학이라는 낱말에 비로소 그 뜻[의미]을 부여하려고 하는 것이다.

왜 우리는 여전히 '형이상학', '형이상학적'이라는 낱말을 총괄적 물음으로서의 철학함을 지칭하는 데에 사용하는가? 이 낱말은 어디에서 유래하며 그 낱말은 근원적으로 무엇을 뜻하는가?

일종의 형이상학에 '대한' 강의의 서론에서라면 이 낱말의 역사와 이 낱말이 지칭하는 것의 역사, 이 낱말 뜻들의 변천과 형이상학에 대한 견해들의 변천에 좀더 세심하게 관심을 보이는 것이 마땅할 것이며 또 그렇게 하는 것이 매혹적일 것이다. 그러나 우리는 그러한 것은 단념하기로 하겠는데, 그 이유들에 대해서는 이미 충분히 이야기했다. 그렇지만 이제 그 낱말의 역사에 대해서는 간결하게나마 언급해볼 수 있겠는데, 그것은 또한 불가피한 일이기도 하다. '형이상학'이라는 낱말과 개념에 대해서 논의하는 것을 끝으로 우리는 예비고찰을 마칠 것이다. 그리고 나면 우리는 이 강의의 제목과 우리의 의도에 대해서 하나의 일반적인 해명을 얻게 될 것이다.

제8절 '형이상학'이라는 낱말. 피지카의 뜻

'형이상학'이라는 낱말은 우선 부정적으로 말해서, 원초낱말이 아니다. 우리가 이해하는 원초낱말이란, 본질적이고 근원적인 인류의 경험에서부터 이 경험에 대한 **표명**으로서 형성된 적이 있는 낱말이다. 이때 이러한 원초낱말이 반드시 태곳적에 생겨난 것일 필요는 없다. 그것은 비교적 뒤늦은 것일 수도 있다. 원초낱말이 가질 수 있는 이 비교적 뒤늦은 성격은 그것의 원초성격에 위배되지 않는다. 비록 우리가 '형이상학'이라는 표현으로 어떤 본래적인 것을 지칭하려고 하고는 있지만, 그 표현은 원초낱말이 아니다. '형이상학'이라는 그 표현은 그리스어의 어순에서 유래하는데, 그것을 풀어보면 그것은 메타 타 피지카(μετὰ τὰ φυσικά), 또는 아주 온전하게 말해보면, 타 메타 타 피지카(τὰ μετὰ τὰ φυσικά)이다. 훗날 '형이상학/메타피직'이라는 표현으로 결합을 이루게 되는 이러한 어순을 우리는 우선 번역하지 않은 채 놓아두기로 한다. 다만 우리는 '형이상학'이라는 표현이 철학을 지칭하는 데에 쓰이는 것이라는 점만은 단단히 붙들고 있기로 한다.

38

가. 피지카라는 낱말에 대한 해명. 피지스란 곧 전체에서의 존재자가 스스로를 형성하면서 전개해나감

메타 타 피지카라는 낱말연관에 대한 해명을 우리는 이 낱말연관 속에서 마지막에 거명된 피지카(φυσικά)라는 낱말을 가지고서 시작해보기로 한다. 피지카라는 낱말에는 우리가 동상적으로 자연(Natur)이라는 낱말을 가지고서 번역하는 피지스(φύσις)라는 낱말이 숨어 있다. 이 자연이라는 낱말 자체는 '태어나다', '생성하다', '자라나다'라는 뜻을 가진 라틴어 나투라-나시(natura nasci)에서 온 것이다. 그것은 동시에 그리스어 피지스(φύσις), 피에인(φύειν)이라는 낱말의 근본 뜻이기도 하다. 피지스는 '자라나고 있는 것', '자람', '그런 자람 가운데에서 자라난 것 자체'를 뜻한다. 그러나 '자람', '자라남'이라는 뜻을 여기에서는 인간의 원초경험에서 열어젖혀지고 있는 그대로의 아주 기본적이고 넓은 의미로 받아들이기로 한다. 즉, 순전히 따로 유리된 진행으로서 식물과 동물만의 자람이라는 의미로서가 아니라, 다시 말해서 단지 식물과 동물만의 생성과 소멸이라는 의미로서가 아니라, 오히려 사계절의 변화 한가운데에서 그리고 사계절의 변화에 의해서 두루 지배되는 한가운데에서, 낮과 밤이 교체되는 한가운데에서, 천체가 운행하는 한가운데에서, 폭풍과 폭우 그리고 거대한 자연력의 광란의 한가운데에서 일어나는 사건으로서의 자람이라는 의미로 받아들이기로 한다. 이러한 사계절의 변화, 낮과 밤의 교체, 천체의 운행, 폭풍과 폭우 그리고 거대한 자연력의 광란 등이 모두 다 함께 어우러져 일어나는 것이 곧 '자라남'이다.

이제 우리는 피지스라는 낱말을 '자람'이라고 번역하기보다는 오히려 더 분명하게 그리고 근원적으로 염두에 두고 있는 의미에 더욱더 가깝게 '전체에서의 존재자가 스스로를 형성하면서 전개해나감'이라고 옮겨보기로 한다. 자연(Natur)은 이를테면 단지 자연과학의 대상이라는 오늘날의 좁은 의미로만 간주되는 것이 아니며, 그렇다고 해서 학문 이전의 폭넓은 의미로 간주되는 것도 아니고 괴테적인 의미로 간주되는 것도 아니다. 오히려 이러한 피지스, 즉 전체에서의 존재자의 이러한 전개를 인간은 직접적으로 경험할 뿐더러 또한 인간은 그 자신이 접하는 사물들에 연루되어, 그리고 그 자신과 더불어 그렇게 존재하는 다른 사람들에 연루되어 그러한 전개를 경험하기도 한다. 인간이 자신에게서 경험하는 생식, 출산, 유년기, 성숙, 노년, 죽음 등과 같은 사건은 특수한 생물학적 자연진행이라는 오늘날의 좁은 의미에서의 사건이 결코 아니고, 오히려 인간의 운명과 인간의 역사를 자체 안에 함께 포괄하는, 존재자의 보편적인 전개에 속한 것이다. 우리가 이러한 피지스라는 낱말을 고대철학자들, 즉 사람들이 '자연 철학자들'이라고 잘못 부르는 자들이 사용한 적 있는 바로 그 뜻으로 이해하기 위해서는, 피지스에 관한 저 매우 폭넓은 개념을 우리에게 좀더 가까이 데려와야만 한다. 피지스라는 것은, 인간 자신을 두루 지배하는, 그리고 그것에 대해서 인간이 마음대로 힘을 발휘할 수 없는, 그러나 그것에 대해서 이미 언제나 자신을 표명해온 바로 그 인간을 두루 지배하며 휩싸고 있는 전체적인 전개를 의미한다. 그러한 사건이 아무리 수수께끼 같고 세부적으로 볼 적에 아무리 어둡다고 해도, 인간은 그것을 이해하고 있다. 인간은 그러한 사건이 그에게 다가와 그 자신을 지탱하고 그 자신을 짓누르는 것으로 이해하고 있다. 즉, 인간은 그러한 사건을 **존재하고 있는** 바로 그것으로서, 즉 피지스로서, 성하고 있는 것으로서, 존재자로서, 존재자 전체로서 이해하고 있다. 나는 다음과 같이 한 번 더 강조한다. 이러한 전체에서의 존재자로서의 피지스는 자연에 관한 근대적인 뒤늦은 의미로, 이를테면 역사에 대한 반대개념으로서 의미되는 것이 아니라, 오히려 그 두 개념들보다 더 근원적으로, 즉 자연과 역사에 앞서서 이 둘을 포괄하며 그 어떤 방식으로는 신적인 존재자까지도 자체 안에 포함하는 그런 근원적인 뜻으로 의미되고 있다.

나. 로고스란 곧 전체에서의 존재자의 전개를 숨겨져 있음에서부터 빼내옴

인간은 인간으로서 실존하는 한 피지스에 대해서, 즉 인간 자신이 거기에 속한 그 전개되고 있는 전체에 대해서, 자신의 입장을 이미 표명한 셈이다. 40 그것도 그가 사물들에 대해서 특별히 말함으로써 그리고 그렇게 말하기 위해서 그가 그 전개되고 있는 전체에 대해 비로소 자신의 입장을 표명한 것은 아니고, 오히려 인간으로서 실존한다고 함은 이미 '전개되고 있는 것을 표명으로 데려옴'을 뜻한다. 표명으로 데려와지는 것은 전개되고 있는 존재자의 전개된, 다시 말해서 전개되고 있는 존재자의 질서와 규율, 존재자 자체의 법칙이다. 표명된 것이란 곧 이야기함에서 개방된 것이다. 이야기함은 그리스어로는 레게인(λέγειν)이다. 표명된 전개됨이 로고스(λόγος)이다. 그러니까 전개되고 있는 존재자 가운데에 인간이 실존하는 한, 전개되고 있는 존재자 본질에는 다음과 같은 사실이 속한다. 전개되고 있는 존재자는 그 어떤 방식으로든 표명되어 있다. 애초부터 이 사실에 주목하는 것이 여기에서는 중요한데, 그것은 전거를 제시함으로써 한층 더 정확하게 고찰될 것이다. 이러한 관계를 기본적으로 그리고 근원적으로 파악해보면, 표명된 것은 이미 필연적으로 피지스 속에 있는 것이다. 만약 그렇지 않다면, 그것은 피지스에서부터 밖으로 표명되어 나올 수가 없을 것이다. 피지스, 즉 전체에서의 존재자의 전개에는 로고스가 속한다.

우리에게 이제 물음은 이것이다. 이러한 레게인, 즉 이러한 표명은 무엇을 내주고 있는가? 로고스에서는 무슨 일이 일어나고 있는가? 여기에서 전체에서의 존재자인바 그것이 하나의 낱말로 데려와지고 있다는 점, 정형화되고 있다는 점, 낱말에 이르고 있다는 점만이 문제가 되는가? '낱말에 이른다', 이것은 무엇을 말하는가? 그리스인들이 일찍이 레게인, 즉 '낱말로 데려옴'에 무엇을 근본기능으로 지정했는지—후대의 철학에서 나중에 그런 것이 아니라—그리스인들이 철학하자마자, 다시 말해서 그들의 현존재 이해의 바탕에서부터 그들이 레게인, 즉 '낱말로 데려옴'에 무엇을 근본기능으로서 지정했는지를 우리는 가장 초기의 철학자들이 이미 레게인에 대립시켜놓았던 반대개념에서부터 반박의 여지 없이 끄집어내오기로 한다. 레게인의 반대말은 무엇인가? '낱말에 이르지 못하게 함'인가? 그것을 그리스인들은, 즉 앞에서 설명된 피지스라는 낱말을 사용하는 바로 그 그리스인들은 어떻게 이해하는가? 그 점에 대한 해명을 우리는 앞에서 이미 거명된 **헤라클레이토스**의 다음과 같은 말에서부터 얻어내 보기로 한다. "델피에 있는 신탁소의 주인은 말로 나타내서 보이지도 숨기지도 않으며 오히려 하나의 표식을 내준다[암시를-준다](ὁ ἄναξ, οὗ τὸ μαντεῖόν ἐστι τὸ ἐν Δελφοῖς, οὔτε λέγει οὔτε κρύπτει ἀλλὰ σημαίνει)."[1] 여기에서 명확히 드러나는 점은 이것이다. 레게인

---

1) H. Diels, 앞의 책, 단편 93.

의 반대개념, 즉 '낱말로 데려옴'의 반대개념은 곧 크립테인(κρύπτειν), 즉 '숨겨진 채로 그리고 숨겨진 상태 속에 붙들어둠'이라는 것이다. 이로부터 다음과 같은 점이 필연적으로 귀결되어 나온다. 레게인의 근본기능은, 전개되고 있는 것을 숨겨져 있음에서부터 빼내옴이라는 사실이다. 레게인의 반대개념은 숨김(Verbergen)이다. 레게인의 근본개념과 근본 뜻은 '숨겨져 있음에서부터 빼내오기', 즉 **탈은폐하기**(Entbergen)이다. 탈은폐하기, 즉 '숨겨져 있음에서부터 빼내오기'는 로고스에서 일어나고 있는 사건이다. 로고스에서는 존재자의 전개가 탈은폐되고 있다. 즉 개방되고 있다.

사유함의 이러한 기본적이고 근원적인 단계들의 경우에, 개방되고 있는 바로 그것은 곧 로고스 자체이다. 로고스는 전개됨 자체 가운데에 있다. 그러나 만약 로고스에서 이러한 전개됨이 숨겨진 상태에서부터 잡아채어지고 있다면, 그 경우에 전개됨 자체는 흡사 숨어들려고 할 것임에 틀림없다. 이러한 연관을 명시적으로 묘사함 없이, 바로 그 동일 인물인 **헤라클레이토스**가 우리에게 더 계속해서 말해주는 것은 이것이다. 어느 단편에서 나타나 보이듯이, 왜 피지스가 도대체 레게인에서 명시적으로 탈은폐되고 있었으며 그리고 그것이 숨겨져 있음에서부터 잡아채어지고 있었는가 하는 것이다. 그의 단편모음집 속에는, 오늘날에 이르기까지 결코 이해되어본 적이 없고 그 깊이에서 개념파악되어본 적이 없는 다음과 같은 적나라한 문장 하나가 들어 있다. "사물들의 전개는 자기 자신 안에 자신을 숨기려는 성향을 가지고 있다(φύσις……κρύπτεσθαι φιλεῖ)."[2] 여러분은 숨겨져 있음과 피지스 사이의 가장 내적인 연관을, 그리고 이와 동시에 피지스와 탈은폐로서의 로고스 사이의 연관을 보고 있는 것이다.

---

2) 앞의 책, 단편 123.

다. 로고스란 곧 숨겨져 있지 않은 것에 관해 말함. 숨겨져 있음에서부터 잡아채어져야 할 빼앗음으로서의 알레테이아(진리)

'로고스는 탈은폐하면서[숨겨져 있음에서부터 빼내오면서] 존재한다'라는 말이 본디 무엇을 일컫는지를 우리는 헤라클레이토스의 다른 말귀에서부터 끌어와 보기로 한다. "인간이 행사할 수 있는 가장 지고한 능력은 [전체에 대해] 숙고하는 일이며, 그리고 지혜[신중함]란, 숨겨져 있지 않은 것을 숨겨져 있지 않은 것으로서 말하는 것이요, 사물들에 귀 기울이면서 사물들의 전개에 따라 행위하는 것이다(σωφρονεῖν ἀρετὴ μεγίστη, καὶ σοφίη ἀληθέα λέγειν καὶ ποιεῖν κατὰ φύσιν ἐπαΐοντας)."[3] 이렇듯 여러분은 로고스가 말하는 바로 그것, 즉 알레테이아(ἀληθέα),* 즉 '숨겨져 있지 않은 것'과 그리고 이에 대한 반대개념인 크립테인(κρύπτειν) 사이의 내적인 연관을 똑똑히 보고 있다. 우리는 통상적으로 '알레테이아'라는 낱말을 '참된 것'이라는 빛바랜 표현으로 번역하고는 한다. 인간이 행사할 수 있는 가장 지고한 능력이란, 숨겨져 있지 않은 것에 대한 말하기이자 그와 더불어 사물들의 전개에 따라(κατὰ φύσιν) 행동하기, 즉 세계 일반의 전체 전개와 운명 속으로 자기 자신을 순응시키고 적응시키는 일이다. 사물들의 전개에 따른 행동은, 그런 식으로 자신의 입장을 표명하는 이가 사물들에 귀 기울이는 방식으로 이행된다. 지금에야 비로소 우리는 고대철학에서 피지스라는 원초낱말이 들어서 있는 가장 내적인 연관을 획득해보았다. 피지스란 곧 전개되고 있는 것의 전개됨이다. 로고스란 이러한 전개됨을 숨겨져 있음에서부터 빼내오는 낱말이다. 이러한 낱말에서 일어나는 모든 것은 소피아(σοφία)의 관심거리, 다시 말해서 철학자들의 관심거리이다. 달리 말해서, 철학이란 존재자의 전개에 대한 숙고, 즉 피지스에 대한 숙고이며, 이 피지스를 로고스에서 표명하기 위한 숙고이다.

내가 지금 명확하게 해놓은 이러한 연관, 무엇보다도 우선 피지스와 로

---

3) 앞의 책, 단편 112.

고스 사이의 연관을 우리는 염두에 두어야 한다. 그래야만 우리는, 어째서 그리스 후기에 아리스토텔레스가 가장 초기의 그리스 철학자들에 대해서 보고하는 자리에서 그리고 그들을 자신의 시조라고 이야기하는 자리에서 그들을 피지오로고이(φυσιολόγοι)라고 부르는지를 이해할 수 있게 된다. 그런데 피지오로고이란, 오늘날 형태학과는 대조적으로 생명과정을 다루는 일반 생물학의 한 특수 학문으로서의 생리학이라는 의미에서 이해되는 그런 '생리학자들'도 아니고 자연철학자들도 아니다. 오히려 피지오로고이는 전체에서의 존재자에 대한 물음을 지칭하기 위한 참다운 본원적인 명칭이며, 피지스에 대해서, 즉 전체에서의 존재자의 전개에 대해서, 자신을 표명하고 그 전개를 표명으로, 탈은폐(진리)로 데려오는 이들을 지칭하기 위한 명칭이다.

이처럼 우리는 지금 타 메타 타 피지카(τὰ μετὰ τὰ φυσικά)라고 앞에서 이미 거명되었던 명칭 속에 무엇이 놓여 있는지를 정확하게 경계 지을 수 있을 만큼의 준비를 충분히 하지는 못한 채, 우선은 그러한 기묘하고도 아직은 의문스럽게 남아 있는 타 메타 타 피지카라는 명칭과 관련해서 피지스라는 낱말이 무엇을 말하는지 한 가지만을 살펴보았다. 이제 피지스라는 낱말의 뜻은 해명이 된 셈이다. 이와 동시에 우리는 앞으로 이어질 모든 논점들에 비추어 적지 않게 중요한 하나의 통찰, 즉 피지스가 그리스인들 자신에게는 어떠한 연관 안에서 성립하고 있는가 하는 통찰을 얻어냈다.

그럼에도 사람들은 우선, 존재자에 대한 자기표명은 참이어야 한다는 점과 숙고는 진리 인에 머물러 있어야 한다는 점은 자명하다고 생각힐 수도 있을 것이다. 그러나 이러한 표명이 참이어야 한다는 것, 피지스에 대한 발언은 참이어야 하고 거짓이어서는 안 된다는 것은 결코 문제가 아니다. 오히려 중요한 것은 여기에서 진리라는 말이 무엇을 말하고 있으며 피지스의 진리가 그리스인들에 의해서 어떻게 시원적으로 이해되는가 하는 것을 개념파악하는 일이다. 그 점을 우리는 알레테이아(ἀλήθεια)*라는 그리스 낱말을 우리에게 가까이 데려올 때에만 이해하게 되는데, 바로 이 그리스 낱말을 우리의 독일어로는 결코 적합하게 표현해낼 길이 없다. '진리(Wahrheit)'라는 독일 낱말은 '아름다움(Schönheit)', '완전함(Vollkommenheit)' 등의 낱말과 동일한 성격을 띤다. 그런데 알-레테이아(ἀ-λήθεια)라는 그리스 낱말, 즉 '숨겨져 있지-않음(Un-verborgenheit)'은 '결백(Un-schuld)', '무한함(Un-endlichkeit)'이라는 독일 낱말에 상응하는데, 이것은 '죄가 없음', '끝이 없음'을 일컫는다. 따라서 알레테아(ἀληθέα)라는 낱말은 숨겨져 있지 않은 바로 그것을 의미한다. 그러므로 그리스인들은 진리의 가장 내적인 본질에서 독일어 '아님(un-)'에 상응하는 부정적인 어떤 것을 함께 이해하는 셈이다. 아-(α-)는 언어학에서는 'α-결여태'라고 부른다. 그것은 그 뒤에 놓인 낱말에 어떤 것이 결여되어 있음을 표현한다. 진리에서 존재자가 숨겨진 상태로부터 잡아채어진다. 진리가 그리스인들에 의해서는 일종의 빼앗음(Raub)으로서 이해되고 있다. 이러한 빼앗음은, 스스로를 숨기려고 애쓰는 피지스와 대결을 벌이는 가운데 숨겨진 상태에서부터 잡아채어져야 하는 것이다. 진리란, 인간존재가 존재자 전체와 벌이는 가장 내적인 대결 자체이다. 그것은 사람들이 명제들을 증명하기 위해서 책상에서 수행하는 따위의 업무하고는 아무런 관련이 없다.

소피아(지혜)에게는 피지스가 로고스와 알레테이아에, 즉 '숨겨져 있음에서부터 빼내와져 있음(탈은폐되어 있음, Entborgenheit)'이라는 의미에서의 진리에 딸려 있다. 진리를 지칭하기 위한 그리스 표현의 이러한 원초의미는 사람들이 그것을 지금까지 그렇게 받아들였고 또 앞으로도 계속해서 그렇게 받아들여도 된다고 믿는 것처럼 아무런 해가 없는 것이 아니다. 진리 자체가 곧 일종의 빼앗음이다. 진리는 단순히 거기에 있는 것이 아니라, 탈은폐함[숨겨져 있음에서부터 빼내옴]으로서 진리는 결국 인간의 온전한 투신을 요구한다. 진리는 인간 현존재의 운명 속에 함께 뿌리를 내리고 있다. 진리란 그 자체가 곧 숨겨져 있는 어떤 것이고, 이러한 숨겨져 있는 어떤 것으로서 진리는 더욱더 지고한 것이다. 그렇기 때문에 **헤라클레이토스**는 이렇게 말한다. "ἁρμονίη ἀφανὴς φανερῆς κρείττων."⁴⁾ 즉 "환하게 드러나 있는 것보다 스스로를 내보이지 않는(숨어 있는) 조화가 더 지고하고 더 힘이 있다." 그로써 다음과 같은 점이 말해지는 셈이다. 피지스가 숨기고 있는 바로 그것은 다름 아닌 피지스의 본래적인 것인데, 그것은 환하게 드러나 있는 게 아니라는 것 말이다. 이 점에 상응하는 사실이 있다면 그것은 오직 다음과 같다. 즉 그리스 후기에 **아리스토텔레스**에 이르기까지 로고스의 기능이 점점 더 뚜렷이 아포파이네스타이(ἀποφαίνεσθαι)라는 기능으로서 내세워지고 있다. 이 말은 다음을 뜻한다. 아파네스(ἀφανής), 즉 스스로를 숨기며 내보이지 않는 바로 그것, 즉 스스로를 내보이지 않는 그것을 로고스는 스스로를 내보이도록 강요하고 개방으로 데려와야 하는 과제를 가진다.

앞에서 말한 그리스의 진리개념은 존재자의 전개와, 그것의 숨겨져 있음과 인간 사이의 가장 내적인 연관을 우리에게 드러내 보여준다. 이때 인간은 그가 실존하는 한, 스스로를 숨기려고 애쓰는 피지스를 숨겨져 있음에서부터 로고스로 잡아채어 그렇게 존재자를 그 진리로 데려온다.

『존재와 시간』에서 내가 그리스 진리개념의 이러한 원초의미를 힘주어 언급한 것은, 그 그리스 낱말을 그저 단어적으로 더 잘 번역하기 위해서만이 아니었다. 더더군다나 어원학을 가지고 벌인 기교적인 장난도 아니며 그와 같은 어원학에 기반을 둔 구성이 문제 된 것도 아니다. 문제 되는 것은 오히려, 고대의 진리개념에 대한 기본적인 해석을 통해서 비로소 존재사의 전개(피지스)와 존재자의 진리에 대한 고대인의 근본자세를 한번 드러내 보이는 것(그리고 그로써 철학적 진리의 본질에로의 일별을 얻는 것) 말고 다른 어떤 것도 아니다.

진리를 지칭하기 위한 고대의 이 낱말이 하나의 원초낱말인 까닭은 정작

---

4) 앞의 책, 단편 54.

그 낱말이 띠는 '부정성(Negativität)' 때문이다. 그것은 진리란 인간 유한성의 한 운명이라는 사실, 그리고 고대철학에게 진리는 증명된 명제들의 무해성, 무관성과는 아무런 관련이 없다는 사실을 알려준다. 그런데 진리를 지칭하기 위한 고대의 이 낱말은 철학 자체만큼이나 오래되었다. 하지만 그 낱말이 철학보다 더 오래될 필요는 없으며 또 더 오래될 수도 없다. 그렇다고 해서 그 낱말이 철학보다 더 젊은 것은 아니다. 왜냐하면 이러한 철학적 원초낱말에서 표명되는 진리에 대한 이해는 철학함과 더불어 비로소 자라나오기 때문이다. 그 낱말이 추정컨대 뒤늦게 대두되었을 것이라는 사실이 그 낱말의 근본의미에 대한 어떠한 반박도 될 수 없다. 오히려 거꾸로 피지스 그 자체에 대한 근본경험과의 가장 내적인 공속성을 드러내 보여준다.

라. 피지스의 두 가지 뜻

진리에 관한 이러한 원초적인 뜻(전개되고 있는 존재자의, 즉 피지스의 탈은폐되어 있음[숨겨져 있음에서부터 빼내져 있음])을 염두에 두고서, 우리는 이제 피지스의 뜻을 한층 더 날카롭게 파악하기를 시도해보자. 우리는 이 낱말의 근본 뜻의 역사를 뒤밟아보고 나서, '메타 타 피지카'라는 명칭 가운데 우선 '피지카'라는 말이 무엇을 말하는지를 이해해보기로 한다.

46 (ㄱ) 피지스의 근본 뜻인 '전개됨 속에서 전개되고 있는 것'에 대한 이중의 해석 가능성. 피지스의 첫 번째 뜻: 영역개념으로서 (테크네 온타[τέχνῃ ὄντα]에 대립되는) 피제이 온타(φύσει ὄντα)

피지스의 근본 뜻은 그 자체에서 이미 이중적으로 해석될 수 있다. 다만 이 이중의 해석 가능성이 우선은 확연하게 부각되지 않을 뿐이다. 그러나 그것은 금방 눈에 띈다. 피지스, 즉 전개되고 있는 것이라는 말은 단지 **전개되고 있는 것** 그 자체만을 말하는 것이 아니라 '전개됨 속에서 전개되고 있는 것', 또는 '전개되고 있는 것의 **전개됨**'을 말하기도 한다. 그리고 그럼에도 불구하고, 전개하고 있는 것하고의 긴박한 대결로 말미암아 이 전개되고 있는 것은 판가름 나지 않은 채로 개방된다. 직접적인 경험에 압도적으로 전개되고 있는 바로 그것이 스스로에게 피지스라는 이름을 요구한다. 그러나 그것은 곧 창공이요 천체요 바다요 대지이니, 즉 인간을 끊임없이 위협하면서도 그와 동시에 인간을 다시금 보호해주고 증진시켜주고 지탱시켜주고 길러주는 바로 그것, 즉 그렇게 위협하면서 그리고 지탱시켜주면서 인간의 도움 없이 저 혼자 전개되고 있는 바로 그것이다. 이제 피지스, 즉 자연은 이미 더욱 좁은 의미로 이해되고 있다. 그러나 그럼에도 물론 그것은 예컨대 현대 자연과학에서의 자연 개념보다는 한층 더 폭넓고 근원적이다. 피지스는 이제, 저 혼자 이미 항상 눈앞에 있고 언제나 저 혼자 스스로를 형성하면서 그리고 소멸하면서 존재하는 바로 그것을 의미한다. 이것은 인간이 만들어낸 그것, 즉 테크네(τέχνη), 숙련, 발명, 제작 등에서부터 발원하는 바로 그것하고는 구별된다. 이제 이렇게 강조되고 동시에 좁혀진 뜻에서 보자면, 피지스, 즉 전개되고 있는 것은 존재자의 한 **빼어난 영역**을, 즉 존재자의 여러 영역들 가운데 하나의 **빼어난 영역**을 지칭하고 있다. 피제이 온타(φύσει ὄντα, 자연적 존재자)는 테크네인 바로 그것, 즉 인간의 숙련작업과 제작 그리고 고유한 숙고 등을 밑바탕으로 하여 생겨나오는 바로 그것과 대비된다. 피지스는 이제 일종의 영역개념이 되었다. 그러나 이러한 좁은 의미에서의, 그러면서도 여전히 충분히 폭넓은 의미에서의 자연이란, 그리스인들에게는 생성하는 바 그것도 소멸하는 바 그것도 아니다. **헤라클레이도스**는 다시 또 이렇게 말하고 있다. "이러한 **코스모스**(의도적으로 나는 이 낱말을 번역하지 않은 채 놓아두기로 한다)는 모든 것을 관통하여 내내 언제나 동일한 것으로 존재한다. 그리고 그것을 만들어낸 자는 신도 아니요, 인간들 중의 어느 하나도 아니다. 오히려 이러한 피지스는 정도껏 타오르고 정도껏 사그라지면서 항상 타고 있는 하나의 불로 언제나 존재해왔고 언제나 존재하고 있으며 언제나 존재할 것이다(κόσμον τόνδε, τὸν

47

αὐτὸν ἁπάντων, οὔτε τις θεῶν οὔτε ἀνθρώπων ἐποίησεν, ἀλλ᾽ ἦν ἀεὶ καὶ ἔστιν καὶ ἔσται πῦρ ἀείζωον, ἁπτόμενον μέτρα καὶ ἀποσβεννύμενον μέτρα)."[5]

(ㄴ) 피지스의 두 번째 뜻 : 사태의 본질과 내적인 법칙으로서의 전개됨 그 자체
그런데 전개되고 있는 개개의 모든 것을 바로 그것으로서 존재하게 하는 그 전개됨 자체가 근원적으로 그리고 또한 본질적으로 피지스라는 표현에서 함께 이해되어 있다. 피지스는 이제 더는 여러 영역 가운데 하나의 영역을 의미하지 않는다. 그렇다. 이제 피지스는 존재자의 어떠한 영역도 의미하지 않고, 오히려 존재자의 **자연본성**(Natur)을 의미한다. 자연본성이라는 말은 이제 **가장 내적인 본질**이라는 뜻을 지닌다. 그래서 우리가 사물들의 자연본성이라고 말하는 경우, 이때 우리는 자연사물들만의 본성을 의미하는 것이 아니라 오히려 모든 그리고 개개의 모든 존재자의 본성을 의미하는 것이다. 우리는 정신의 본성, 영혼의 본성에 관해서, 예술작품의 본성에 관해서, 사태의 본성에 관해서 이야기하고는 한다. 여기에서 '피지스'라는 낱말은 전개되고 있는 것 자체를 뜻하는 것이 아니라, 오히려 전개되고 있는 그것의 **전개됨** 그 자체를, 한 사태의 본질을, 어떤 한 사태의 내적인 법칙을 의미한다.

이제는 이를테면 피지스의 이러한 두 가지 개념들 가운데 한 가지가 다른 한 가지를 밀어내고 있다는 것이 아니라, 오히려 그 두 가지 개념들이 서로 나란히 유지되고 있다는 것이 결정적으로 중요하다. 물론 그러한 상호병존만이 존립하는 것은 아니다. 오히려 다음과 같은 통찰이 점점 더 크게 자라나오고 있다. 즉 피지스라는 낱말에서 비록 두드러지지는 않더라도 시초부터 앞으로 밀치며 나오고 있는 그 두 **가지 뜻**들은 똑같이 본질적인 어떤 것을 표현하고 있으며 그렇기 때문에 그 두 가지 뜻들은, 전체에서의

---

5) 앞의 책, 단편 30.

존재자의 전개에 대해서 원칙적으로 물음을 던지는 그런 물음 가운데에서, 즉 철학 속에서 두루 견지되어온다.

자체 안에 함께 속하고 어느 때나 요구되고는 하는 그런 두 물음의 방향들을 확정 짓기 위해, 고대철학에서 이 두 가지 근본 뜻들을 점점 더 날카롭게 내세우는 쪽으로 이끄는 역사적인 진행과정을 우리는 여기에서는 더 바싹 뒤좇을 수 없다. 나는 단지 다음과 같은 점만을 지적해둔다. 즉 피지스에 관한 이러한 두 가지 개념들이 형성되는 데에는 수 세기가 필요했으며, 철학함의 정열이 마음속에 심겨 있던 그런 민족에게서 그것이 이루어졌다는 것이다. 이에 반해서 우리 [문명의] 야만인들은 그와 같은 일들이 하룻밤 사이에 이루어졌다고 생각한다.

제9절 아리스토텔레스에게 피지스라는 낱말이 가지는 두 가지 뜻. '프로테 필로소피아(제일철학)'의 두 겹의 물음방향으로서, 전체에서의 존재자에 대한 물음과 존재자의 본질성(존재)에 대한 물음

고대철학함이 그 절정에 이른 단계인 아리스토텔레스의 시기 즈음에 등장한 문제 상황에 우리는 잠시 눈길을 던져보기로 한다. 그리스인에게서 보이는 여러 변모와 운명들은 아리스토텔레스에 이르기까지의 철학의 시원들이다. 그 점에 관한 모든 이야기는 뒷전에 놓아두고 우리는 오직 문제의 적나라한 실상만을 눈여겨보기로 한다.

나는 이미 다음과 같은 점을 암시한 적이 있다. 전개되고 있는 것의 전개됨과 전개되고 있는 것 그 자체는, 그것이 숨겨진 상태에서부터 빼내와지게 되자마자, 존재자로서 개방된다는 것이다. 이러한 존재자가 매우 다양하고 풍부하게 밀치고 나와 연구를 자기 쪽으로 끌어당기기 때문에 연구는 존재자의 특정한 영역과 분야에 관여하게 된다. 그 말은, 전체에서의 피지스에 대한 물음과 함께 이미 특정한 물음방향들이 자라나온다는 것을 뜻한다. 앎의 특정한 길들이 나게 되는 것이다. 철학함에서부터 개별 철학들이 자라나오는데, 이러한 개별 철학들이 나중에는 학문들[과학들]이라고 불리게 된다. 학문들은 철학함의 양식들과 방식들이다. 거꾸로 말하자면 철학은 하나의 학문이 아니다. 학문을 지칭하기 위한 그리스 낱말은 에피스테메(ἐπιστήμη)이다. 에피스타스타이(ἐπίστασθαι)란 '하나의 사태를 관장하고 있음', '하나의 사태를 훤하게 알고 있음'을 말한다. 그렇다면 에피스테메란, '하나의 사태 앞에 가까이 다가감', '하나의 사태에 정통함', '하나의 사태에 통달함', '하나의 사태내용을 꿰뚫음'을 뜻한다. 아리스토텔레스에게 와서야 비로소 이 낱말은 넓은 의미에서의 '학문'이라는 결정적인 뜻을, 다시 말해서 학문들 내에서의 이론적인 연구를 지칭하는 특수한 뜻을 가지게 된다. 천공, 식물, 동물 등 여러 상이한 분야들에 관계된 학문들이 생겨난다. 어떤 의미로든 '피지스'에 관계하는 에피스테메는 에피스테메 피지케(ἐπιστήμη φυσική), 즉 자연학이다. 그러나 이것은 아직 오늘날의 현대 물리학이라는 좁은 뜻의 자연학은 아니고, 오히려 생물학적 분과들 전체까지 포괄하는 자연학이다. 에피스테메 피지케란, 여러 상이한 분야들 내에서 사실들을 수집해 모아놓는 일일 뿐 아니라, 이에 못지않게 근원적으로는 이러한 전체 분야 자체의 내적인 법칙성에 대해서 숙고하는 일이다. 삶 자체가 무엇인지, 영혼이 무엇인지, 생성과 소멸(게네시스[γένεσις]와 프토라[φθορά])이 무엇인지, 일어남 그 자체는 무엇인지, 운동이 무엇인지, 장소가 무엇인지, 시간이 무엇인지, 움직이고 있는 것이 움직이고 있는 그 공간이 무엇인지, 이렇게 전체 안에서 움직이고 있는 그것은 무엇이고 맨 처음 움직이게 하는 것은 무엇인지 등이 물어진다. 그 모든 것은 다 '에피스테메 피지케' 안으로 귀속된다. 다시 말해서 여느 개별학문과 이 개별학문에 붙어 있는 자연철학 사이에 아직은 어떠한 날카로운 구분도 없다. 이러한 '에피스테메 피지케'가 대상으로 삼는 것은, 이와 같은 의미로 피지스에 속하는 그 모든 것과 그리고 그리스인들이 타 피지카(τὰ φυσικά)라고 지칭하는 그 모든 것이다. 피지스에 관한 이러한 학문들 내에서 본래적인 물음은, 맨 처음 움직이게 하는 것에 대한, 즉 피지스의 이러한 전체가 그 자체에서 이러한 전체로서 무엇인지에 대한 최고의 물음이다. 피제이 온타(φύσει ὄντα, 자연적 존재자) 내에서 이렇게 궁극적으로 규정을 주는 그것을 아리스토텔레스는—아직은 그것에 아무런 특정한 종교적인 해석을 결부시키지 않고—테이온(θεῖον), 즉 신적인 것이라고 지칭한다. 그러니까 물음은 전체에서의 존재자에 대해서 그리고 최종적으로는 신적인 것에 대해서 던져지고 있는 것이다. 이러한 물음설정에 '에피스테메 피지케'가 배정된다. 우리는 아리스토텔레스 자신으로부터 이러한 자연학에 대한 강의를, 즉 피지케 아크로아시스(Φυσικὴ ἀκρόασις) 또는, 비록 정확하지는 않지만 오늘날 우리식으로 말해서 자연철학을 전수받았다.

 이제 본질이라는 의미에서의 피지스의 두 번째 뜻의 경우 사정은 어떠한가? 이러한 전개되고 있는 것의 전개됨은 다음과 같은 것으로 파악될 수 있다. 이러한 전개되고 있는 것을 존재자로서 규정하고 있는 바로 그것, 존재자를 존재자로 만들고 있는 바로 그것 말이다. 존재자는 그리스어에서는 온(ὄν)이라고 일컫는다. 그리고 존재자를 존재자로 만들고 있는 바로 그것은 존재자의 본질이며 존재자의 존재이다. 그리스인들은 이것을 우지아(οὐσία)라고 지칭한다. 이렇듯 아리스토텔레스에서 우지아, 즉 존재자의 본질은 아직 피지스를 뜻하고 있다. 이로써 우리는 피지스의 두 가지 뜻을, 그것이 아리스토텔레스의 철학에서 함께 발견되는 그대로 가지게 되었다. 그것은 첫째로는 전체에서의 존재자로서의 피지스이고, 둘째로는 우지아, 즉 존재자 그 자체의 본질성이라는 의미에서의 피지스이다. 결정적인 점은, 피지스라는 낱말의 단일적인 뜻 속에 담겨 있는 물음의 이러한 두 가지 방향들이 아리스토텔레스에 의해서 명시적으로 한데에 함께 묶이고 있다는 것이다. 두 개의 상이한 분과가 있는 것이 아니다. 오히려 전체에서의 존재자에 대해서 묻는 물음과 그리고 존재자의 존재, 존재자의 본질, 존재자의 본성이 무엇인지를 묻는 물음을 아리스토텔레스는 프로테 필로소피아(πρώτη φιλοσοφία), 즉 '제일철학'이라고 지칭하고 있다. 이러한 물음이 곧 일차적인 의미에서의 철학함이고, 본래적인 철학함이다. 본래적인 철학함은, 전체에서의 존재자에 대한 물음, 그리고 그와 함께 존재에 대한 물음이라는 이중의 뜻에서 피지스에 대한 물음이다. 아리스토텔레스에게는 사정이 그러하다. 그러나 이와 동시에 아리스토텔레스는, 그가 물음의 이러한 두 가지 방향들을 그 통일성에서는 어떻게 생각하고 있는지, 다시 말해서 이중적으로 방향 지어진 바로 이러한 물음이 어느 정도까지 본래의 철학함을 단일적으로 이루는지에 대해서는 아무것도 말하고 있지 않거나, 또는 그 점에 대해서 우리에게는 아무것도 전승된 것이 없다. 이 물음은 열려 있다. 그리고 이 물음은 오늘날에 이르기까지 열려 있거나, 또는 오늘날에까지 아직 한 번도 다시 제기되고 있지 않다.

51 여태까지 이야기한 것을 되돌아보면서 종합요약해보자. 우리는 다음과 같이 물음을 던지는 자리에 서 있다. 무슨 권리로 우리는 '형이상학'이라는 칭호를 철학함에 대한 본래적인 명칭으로서 요구하는가? 그것도 철학의 분과라는 전승된 의미에서의 형이상학을 동시에 거부하는 자리에서 말이다. 우리는 우선 '형이상학'이라는 표현의 역사를 잠시 개괄적으로 살펴봄으로써, 우리의 고찰들에 '형이상학'이라는 칭호를 사용해도 되는지 그 적합성과 그 사용 양식을 정당화하려고 시도했다. 이러한 개관은 우리를 고대철학으로 소급하여 이끌고 있으며 동시에 우리가 서 있는 전통에서 서양철학 자체의 시원들을 밝혀주고 있다. '형이상학'이라는 칭호의 주요 표현인 '타 메타 타 피지카'를 해명하는 일과 연관해서 우리는 피지스를 로고스와의 연관에서 보았다. 전체에서의 존재자의 전개는 스스로를 숨기려는 성향을 자체 안에 지닌다. 그에 상응하여 그러한 전개에는 그 전개와의 독특한 대결이 딸리게 되는데, 이러한 대결 속에서 피지스가 탈은폐된다[숨겨져 있음

에서부터 빼내와진다]. 진리, 다시 말해서 '로고스에서 표명되는 만큼의 숨겨져 있지 않음'과 '피지스' 사이의 이러한 연관을 지금 우리는 잠시 옆에 치워놓는다. 나중에 우리는 다시 이 지점으로 이야기를 소급해와야 할 것이다. 지금 우리는 단지, 피지스가 띠는 두 가지 근본 뜻, 즉 '전개됨 가운데에서 전개되고 있는 것'이 띠는 두 가지 근본 뜻이 풀리는 데에만 관심을 둘 뿐이다. 그 두 가지 근본 뜻 속에 놓인 것을 보면 첫째로, 전개되고 있는 것 자체, 즉 존재자가 있으며 둘째로, 이러한 존재자가 그 전개됨에서, 다시 말해 그 존재에서 취해지고 있다. 이러한 두 가지 근본방향들과 연관되어 피지스라는 표현은 다음과 같은 두 가지 근본 뜻으로 펼쳐진다. 그 첫 번째 뜻을 보면, '피제이 온타'로서의 피지스, 즉 자연학에서, 다시 말해 좁은 의미의 자연에 대한 연구에서 접근되는 것과 같은 존재자가 그것이다. 그 두 번째 뜻을 보면, 우리가 사태의 본성, 사태의 본질에 관해 이야기할 적에 오늘날의 우리가 여전히 사용하는 표현과 같은, 그런 자연이라는 뜻의 피지스가 그것이다. 한 존재자의 존재와 본질을 이루는 바로 그것이라는 의미에서의 피지스란 곧 우지아(οὐσία)이다. 피지스의 뜻이 이러한 두 가지 뜻으로, 즉 존재자 자체와 그리고 존재자의 존재로 나뉘는 일, 그리고 이러한 나뉨의 역사 그리고 이러한 나뉨의 전개는 **아리스토텔레스**에게서 그 절정에 이른다. 그런데 정작 그는 전체에서의 피제이 온타(첫 번째 의미에서의 피지스)에 대한 물음과 그리고 우지아에 대한, 즉 존재자의 존재(두 번째 의미에서의 피지스)에 대한 물음을 하나로 파악하여 이 물음을 프로테 필로소피아(πρώτη φιλοσοφία), 즉 '제일철학', 본래적인 의미의 철학이라고 지칭하고 있다. 본래적인 철학함은 이러한 이중 뜻에서의 피지스에 대해서, 즉 존재자 자체와 존재에 대해서 물음을 던진다. 철학이 존재자 자체에 대해서 묻는 한, 철학은 어떤 임의의 사물을 대상으로 삼는 것이 아니라 자신의 물음을 전체에서의 존재자에게로 향하는 것이다. 이러한 존재자와 그 존재의 근본성격이 운동인 한, 근원적인 물음은 맨 처음 움직이게 하는 것으로, 즉 궁극적이고 극단적인 것으로 소급해간다. 그런데 이것은 동시에 테이온(θεῖον), 즉 신적인 것이라고 지칭되고 있으며, 이때 거기에는 특정한 종교적인 뜻이 섞여 있지 않다. 아리스토텔레스의 철학에서는 사정이 그러하다. 본래적인 철학함이 아리스토텔레스에게는 이러한 이중의 물음, 즉 온 카토루(ὂν καθόλου)와 티미오타톤 게노스(τιμιώτατον γένος)에 대한 물음, 즉 존재자 일반, 즉 존재와 본래적인 존재자에 대한 물음이다. 그러나 이러한 물음은 그에 의해서 더는 그 내적인 연관에서 논의되지 않았다. 다시 말해서 이러한 이중적인 의미에서의 피지스를 대상으로 삼는 그 단일적인 문제틀이 어떤 보임새를 하고 있으며 어떻게 그 단일적인 문제틀이 철학 자체의 본질에서부터 명시적으로 근거제시되어 있는지에 대해 해명을 해줄 만한 어떠한 것도 우리는 아리스토텔레스의 전승에서는 발견하지 못한다.

제10절 본래적인 철학함이 쇠퇴하면서 논리학, 자연학, 윤리학이 강단분과로 형성됨

아리스토텔레스가 본래적인 철학의 방향에서 이룩해놓은 업적이 여러 개별 강의록과 논문들로 우리에게 전승되고 있다. 거기에서 우리는 언제나 본래적인 철학함의 새로운 단초와 시도들을 발견하고는 한다. 그러나 플라톤의 대화편 속에 플라톤 철학의 체계가 없듯이, 우리는 아리스토텔레스의 체계에 관해서도 마찬가지로—그의 체계가 후세에 고안된 것인 만큼—그의 전승에서는 아무것도 발견하지 못한다.

아리스토텔레스는 기원전 322년 또는 321년에 죽었다. 그러나 그사이 철학은 이미 오래 전에 애매성의 제물이 되어 있었다. 아리스토텔레스와 더불어 고대철학은 그 절점에 도달했고, 그와 더불어 철학의 쇠퇴와 본격적인 몰락이 시작된다. 플라톤과 아리스토텔레스에게는 철학의 강단화가 피할 수 없는 일이 된다. 강단화는 어떠한 영향을 미치는가? 살아 있는 물음이 말라 죽어버리게 된다. 본래적인 사로잡혀 있음의 상태가 철학적 물음에서 사라져버리게 된다. 이 모든 것은 기존의 사로잡혀 있음의 상태가 인식에 이르러 밖으로 이야기되어버렸을 때, 그만큼 더 빨라진다. 이렇게 밖으로 이야기된 것만이 유일하게 손에 쥐어지고 손쉬운 결과와 써먹을 수 있는 것으로 개조되어 누구나 배울 수 있고 뒤따라 이야기할 수 있는 것이 된다. 이것은 다음을 말한다. **플라톤**과 **아리스토텔레스**의 철학으로부터 전승되어 온 그 모든 것, 즉 논문들과 대화편들에 담겨 있는 그 풍부함은 뿌리가 뽑혀 더는 그 근저에서 개념파악되지 않는데, 그럼에도 불구하고 이제 철학의 한 풍부한 재고로 앞에 놓여서 후계자들과 아류들은 그러한 재고에 어떻게든 만족할 수밖에 없다. 어떠한 철학도 모면할 수 없는 운명에 **플라톤**과 **아리스토텔레스**의 철학은 빠져든다. 즉 이들의 철학이 강단철학으로 되어버린다. 이러한 철학함의 뿌리가 상실되고 말았기 때문에, 따로따로 갈라져 흩어지는 자료를 어떻게든 한데 짜맞추어 철학이 누구에게나 접근될 수 있고 누구에 의해서나 뒤따라 이야기될 수 있도록 만들어야 하는 과제가 학파와 후계자들에게 성립한다. 겉으로 볼 적에는 결합되지 않은 것처럼 보이면서도 그만큼 더욱 속 깊이 뿌리를 내리고 있는 매우 상이한 물음들에서부터 각기 그때마다 자라나온 그 모든 것이 이제는 뿌리를 뽑힌 채, 가르치고 배울 수 있는 여러 관점들에 따라서 차곡차곡 전문분야들 속에 넣어져 운반된다. 뿌리의 맥락은 전문분야들과 강단분과들 내부의 질서로 대치된다. 이제는 그저 풍부한 자료가 그 자체, 그것의 핵심과 생생함을 잃어버린 채 어떤 관점들에 따라 정리정돈되느냐 하는 것이 문제 될 뿐이다.

    이러한 강단에 맞춘 정리정돈의 관점은 두말할 것 없이, 우리가 이미 배워서 알고 있는 [강단의] 주요 주제들에서부터 귀결되어 나온 것이다. 우리는 철학이 일단 피지스를 다룬다는 것을 보았다. 스스로 존립하는 것이자 스스로에서부터 자라나오고 전개되는 것이라는 의미에서의 피지스라는 표현을 해명하는 자리에서, 우리는 인간에 의한 제작에 바탕을 둔 존재자와 대비하여 피지스를 부각시켜본 적이 있다. 거기에서부터 우리는 피지스와 대비되며 인간의 행동거지를 의미하는 모든 것을 포괄하는 개념을 획득하게 된다. 그것은 인간을 그의 행위에서, 그의 처신에서, 그의 태도에서 포괄하는 개념이며, 그리스인들이 에토스(ἦθος)라고 지칭하고 거기에서부터 윤리학(Ethik)이라는 표현이 유래했다. 에토스란 인간의 태도를 의미한다. 즉 좁은 의미에서의 자연, 즉 피지스와는 구별되며, 하나의 존재자로서의 인간을 그의 태도에서, 그의 처신에서 의미한다. 이로써 우리는 우리의 고찰을 위한 주요 주제들로서 귀결되는 두 가지 근본영역들을 얻게 된다. 이제 피지스와 에토스가 철학에서 다루어지는 한, 그것들은 로고스에서 명시적으로 밖으로 이야기되고 논의된다. 로고스, 즉 사물들에 대해서 이야기함이 모든 가르침에 일차적인 한, 로고스 자체에 대한 고찰이 첫 번째 자리를 물려받는다.

    만일 고대에서 철학함의 전체 재고를 강단분과들로 세분화하려는 시도가 행해진다면, 그로써 동시에 다음과 같은 사실이 말해지는 셈이다. 즉 인식함의 양식은 문제들에서부터 생겨나오는 생생한 철학함이 더는 아니라, 오히려 여느 지식의 분야들이 학문들 내에서 다루어지는 양식과 다를 바 없다. 철학의 이러한 분야들을 다루는 양식이 이제는 하나의 학문, 즉 아리스토텔레스적인 의미에서의 에피스테메가 된다. 에피스테메 로기케(ἐπιστήμη λογική)가 생겨나고, 그 뒤를 이어 에피스테메 피지케(ἐπιστήμη φυσική)가 따라 나오며, 그리고 에피스테메 에티케(ἐπιστήμη ἠθική)가 마지막을 형성한다. 그로써 강단에 맞추어 파악된 철학의 세 강단분과들, 즉 논리학, 자연학, 윤리학이 귀결되어 나온다. 강단에 맞추어 강단분과들이 완성되는 과정, 그리고 그로써 본래적인 철학함이 쇠퇴해가는 과정은 이미 **플라톤** 당시에 **플라톤** 소유의 학당에서 시작되고 있다. 헬레니즘 시대로부터 전해오는 고대의 전승을 보더라도 다음과 같은 사실이 보고된다. 즉 이렇게 분과들이 나뉜 것은 **플라톤** 자신에 의해서 가능해졌으며, 그 일은 그의 제자이자 학당의 관리자였던 크세노크라테스(Xenokrates)에 의해서 처음으로 근거제시되었다. 이러한 구분은 플라톤의 학당 내에서 수 세기에 걸쳐서 고수되었을 뿐 아니라, 아리스토텔레스 학파로, 소요학파로까지 건네졌고, 이 양자로부터 스토아 철학자들에 의해서 받아들여졌다. 우리는 이에 대한 전거를 섹스투스 엠피리쿠스(Sextus Empirikus)에게서 다음과 같이 발견할 수 있다. "자연학, 윤리학, 논리학이 무엇에 관계하는지를 논하는 일이 철학의 과제라고 말하는 사람들을 철학자들이 좀더 완전한 방식으로 구분해놓았다. 그러한 구분이 이미 플라톤에 앞서 형성되어 있는데, 안내자, 시초자로서 그는 피지카 및 에티카에 대해서 그리고 이에 못지않게 로기카에 대해서 꽤 많은 것을 다루어놓았다. 크세노크라테스를 비롯하여 소요학파 내에서는 아리스토텔레스의 제자들이, 그리고 더 나아가서는 스토아 철학자들이 이러한 구분을 비로소 명시적으로 소개하고 있다(πλὴν οὗτοι μὲν ἐλλιπῶς ἀνεστράφθαι δοκοῦσιν, ἐντελέστερον δὲ παρὰ τούτους οἱ εἰπόντες τῆς φιλοσοφίας τὸ μέν τι εἶναι φυσικὸν τὸ δὲ ἠθικὸν τὸ δὲ λογικόν ὧν δυνάμει μὲν Πλάτων ἐστὶν ἀρχηγός, περὶ πολλῶν μὲν φυσικῶν [περὶ] πολλῶν δὲ ἠθικῶν οὐκ ὀλίγων δὲ λογικῶν διαλεχδείς ῥητότατα δὲ οἱ περὶ τὸν Ξενοκράτην καὶ οἱ ἀπὸ τοῦ περιπάτου ἔτι δὲ οἱ ἀπὸ τῆς στοᾶς ἔχονται τῆσδε τῆς διαιρέσεως)."[6]

그러나 우리는 이러한 사실을 단순히 지식으로 받아들이는 것만으로 만족해서는 안 된다. 오히려 결정적인 사실은 이러한 강단에 맞춘 분류가 후세를 위해 시초부터 철학에 대한 파악과 철학적 물음을 윤곽 지어놓음으로써 철학이 아리스토텔레스 이후의 시대에는 몇몇 예외를 제외하고는 교습과 학습의 소관사가 되어버린다는 것이다. 철학적 물음을 던지는 가운데 떠오르거나 예전부터 잘 알려진 것은 이러한 분과들의 한 분과 아래로 강제 편입되고 물음 및 증명의 방법이라는 정해진 도식들에 따라 다루어진다.

---

[6] Sextus Empirikus, *Adversus mathematicos*(『수학자들을 반대하여』), Immanuel Bekker 편집, 베를린, 1842년. 제7권, 16장.

제11절 '형이상학(메타피직)'이라는 낱말에서 '메타'의 기술적인 뜻이 내용적인 뜻으로 전환됨

가. '메타'의 기술적인 뜻 : 포스트(다음). 프로테 필로소피아를 마주하고 생겨난 당혹스러움을 지칭하기 위한 기술적인 칭호로서의 형이상학(메타피직)

고대철학이 쇠퇴한 수 세기 동안, 즉 기원전 300년 무렵부터 기원전 1세기에 이르는 동안에 아리스토텔레스의 저술들은 거의 분실되고 말았다. 얼마 되지 않는 저술들만이 아리스토텔레스 자신에 의해서 출간되었을 뿐이고, 그 외의 다른 저술들은 그것들이 처음 생겨나온 그대로, 즉 원고, 강의 초안 그리고 강의 사본의 방식으로만 보관되어 있을 뿐이었다. 기원전 1세기에 사람들이 아리스토텔레스 철학의 이러한 전체 자료를 구하기 위해서 애쓰고 있을 때, 그리고 그 전체 자료를 학파가 이용할 수 있도록 만들려고 할 때, 사람들은 아리스토텔레스가 쓴 논문들의 전체 재고를 모으고 정리정돈해야 할 과제 앞에 자신들이 불려 나가고 있음을 보았다. 이때 그 전체 자료가 그 당시 사람들이 강령으로 삼던 지평 아래에서, 즉 논리학, 자연학, 윤리학이라는 세 분과를 실마리로 해서 검토되었다는 것은 당연한 일이다. 그 자체에서는 의문시되지 않던 바로 그 세 분과 안으로 전승된 자료들의 전체 재고를 분류해 넣어야 하는 과제를 아리스토텔레스의 저술 수집가가 떠맡게 된다.

만약 우리가 이러한 수집가의 처지가 될 경우, 우리는 아리스토텔레스 철학의 자료와 세 분과들을 우리 눈앞에 가지게 될 것이다. 그런데 이제 아리스토텔레스의 논문들 가운데에서는 다음과 같은 논문들도 발견된다. 이 논문들에서 아리스토텔레스 자신은 이렇게 말한다. 이 논문들은 '프로테 필로소피아', 즉 본래적인 철학함을 서술하고 있다고 말이다. 즉 그것은 존재자 일반에 대해서 그리고 본래적 존재자에 대해서 묻는 논문들이다. 아리스토텔레스의 저술들을 정리정돈하던 사람은 강단철학이 편성해놓은 그 세 분과들의 어느 한 분과 안으로도 이 논문들을 집어넣을 수 없었다. 철학의 세 분과가 이렇게 확고하게 존립하고 있으므로, 사람들은 **아리스토텔레스**가 본래적인 철학으로서 지칭하는 그것을 수용할 능력이 없었다. 아리스토텔레스의 본래적인 철학을 마주 대하게 된 자리에서, 그 본래적인 철학이 분과들 가운데 어느 한 분과에도 속하지 않는다는 **당혹스러움**이 생겨났다. 다른 한편으로 사람들은 아리스토텔레스가 본래적인 철학이라고 지칭한 바로 이것을 어쨌거나 그냥 내버려둘 수도 없는 노릇이었다. 이로써 다음과 같은 물음이 생겨났다. 강단의 능력범위를 벗어나 더 확장시키거나 변경시킬 수도 없는, 세 분과들이라는 도식들 내에 본래적인 철학을 어디에 배치할 것인가? 철학의 본질적인 것을 가져다 놓을 만한 데를 발견할 수 없었던 이러한 처지를 우리는 분명하게 알고 있어야 한다. 철학함을 마주하자 강단철학은 당혹스러움에 빠지고 말았다.

이러한 당혹스러움에서 빠져나올 길은 단 하나밖에 없다. 사람들은 본래적인 철학이 혹시나 강단에서 잘 알려진 것과 모종의 관련이 있는지를 살펴보게 된다. 사실상 관련이 있다. 이 논문들에서는 '자연학'의 정초를 형성하는 그런 강의에서와 같은 물음들이 부분적으로 발견된다. 다음과 같은 사실이 드러난다. 아리스토텔레스가 제일철학에서 다루는 물음들과 강단철학이 자연학에서 논의하는 물음들 사이에는 어떤 특정한 근친성이 존립한다. 그럼에도 분명 아리스토텔레스가 제일철학에서 다루는 그것이 훨씬 더 폭넓고 훨씬 더 원칙적이다. 그러니까 제일철학을 문제없이 자연학 속으로 징돈해 넣을 가능성은 존립하지 않는다. 오히려 제일철학을 자연학 옆에, 자연학 뒤에 세워둘 가능성, 즉 제일철학을 자연학 **다음** 자리에 정돈해 넣을 가능성만이 존립한다. 뒤에(hinter), 그다음에(hintennach)라는 말은 그리스어로는 메타(μετά)이다. 이렇게 사람들은 본래적인 철학을 자연학 뒤에 세워 두었다. '자연학 뒤에'라는 말이 그리스어로 메타 타 피지카(μετά τά φυσικά)

이다. 본래적인 철학은 이제 타 메타 타 피지카(τὰ μετὰ τὰ φυσικά)라는 칭호로 등급 매겨진다. 여기에서 본질적인 점은, 우리가 다음과 같은 숙명적인 상황 앞에 서게 된다는 사실이다. 즉 사람들은 본래적인 철학을 그렇게 지칭함으로써 그것을 내용적으로, 즉 그것의 특별한 문제틀에 따라서 특징짓지 않고, 저술들을 외적으로 분류하는 가운데 생긴 칭호인 타 메타 타 피지카를 가지고 특징지었다는 것이다. 우리가 '형이상학(메타피직)'이라고 부르는 그것은 어리둥절함에서 튀어나온 표현이요, 당혹스러움을 지칭하기 위한 칭호요, 내용적으로는 전혀 아무것도 말하지 않는 하나의 순전한 기술적 칭호이다. 프로테 필로소피아(πρώτη φιλοσοφία)란 곧, 타 메타 타 피지카이다.

아리스토텔레스 저술들에 대한 이러한 분류 순서는 전체 전통을 걸쳐 계속 지켜져왔다. 그리고 아리스토텔레스 저술들을 담은 대형 판본, 즉 베를린 아카데미 판본도 그 분류 순서를 건네받았다. 이 판본을 펴보면, 그 속에는 논리학에 대한 저술들에 이어 자연학에 대한 저술들이 뒤따라 나오고 그다음으로 형이상학에 대한 저술들이 뒤따라 나오며, 그리고 그것에 이어 윤리적 저술들과 정치적 저술들이 뒤따라 나온다.

나. '메타'의 내용적인 의미 : 트란스(너머로).
프로테 필로소피아에 대한 내용적인 지칭과 해석으로서의 형이상학 :
초감각적인 것에 관한 학문. 강단분과로서의 형이상학

그와 같은 기술적 칭호는 오랜 세월에 걸쳐 '타 메타 타 피지카'로 남아 있었다. 그런데 언제부터인가—언제 그리고 어떻게 그리고 누구에 의해서인지 우리는 모른다—이 기술적 칭호가 하나의 내용적인 뜻을 부여받았으며 그 어순은 하나의 낱말로, 즉 라틴어 표현인 메타피지카(Metaphysica)로 합해졌다. 메타(μετά)라는 낱말은 메티에나이(μετιέναι, 뒤쫓아 가다), 메타크라이에인(μετακλαίειν, 뒤따라 울다), 메토도스(μέτοδος, 방법, 다시 말해

내가 하나의 사태를 뒤쫓아 나아가는 길)라는 그리스어 낱말들에서처럼 뒤쫓아(nach), 뒤따라(hinterher)를 일컫는다.

그러나 메타라는 낱말에는 그리스어에서는 이 첫 번째 뜻과 연관된 또다른 뜻이 있다. 만약 내가 하나의 사태를 뒤따라 그리고 그 사태를 뒤쫓아가는 경우, 이때 나는 하나의 사태로부터 떠나서 다른 사태 쪽을 향해 움직이는 셈이다. 다시 말해 나는 몸을 '돌려' 방향을 바꾸는 것이다. '어떤 것으로부터 떠나 다른 어떤 것으로'라는 의미에서의 메타의 뜻을 우리는 메타볼레(μεταβολή, 전환)라는 그리스 낱말에서 볼 수 있다. 타 메타 타 피지카라는 그리스어 칭호가 메타피지카라는 라틴어 표현으로 합성되면서, 메타라는 낱말의 뜻이 바뀌었다. 순전히 장소적인 의미만을 띠었던 것이 전환이라는 뜻으로, 즉 '하나의 사태로부터 떠나 다른 사태 쪽으로 몸을 돌림', '한쪽으로부터 다른 한쪽으로 넘어감'이라는 뜻으로 바뀐다. 타 메타 타 피지카라는 말은 이제 자연학에 대한 가르침 다음에 따라 나오는 그것을 더는 의미하지 않는다. 오히려 그것은 피지카로부터 **몸을 돌려** 다른 존재자 쪽으로, 다시 말해서 존재자 일반과 본래적인 존재자 **쪽으로 향하는** 것을 다루는 바로 그것을 의미한다. 이러한 **태도의 전환**(Umwendung)이 본래적인 철학에서 일어난다. 프로테 필로소피아는 이러한 의미에서 형이상학이다. 개별 영역으로서의 자연으로부터, 아니 그와 같은 개개의 모든 영역으로부터 본래적인 철학이 이렇게 몸을 돌린다는 것은 곧, 개별 존재자를 **넘어서** 이 개별 존재자와는 다른 것으로 **건너감**을 말한다.

형이상학은 감각적인 것 너머에 놓인 것에 관한 인식, **즉 초감각적인 것에 관한 학문과 인식**을 지칭하는 칭호가 된다. 이 점은 라틴어 뜻에서 뚜렷이 볼 수 있다. 메타의 첫 번째 뜻인 '뒤따라'는 라틴어로 포스트(post)를 일컬으며, 메타의 두 번째 뜻은 트란스(trans)를 일컫는다. '형이상학(메타피직)'이라는 기술적 칭호가 이제는 프로테 필로소피아를 내용적으로 지칭하는 것이 되는 셈이다. 이러한 내용적인 의미에서의 형이상학이 이제 프로테 필로소피아에 대한 하나의 특정한 해석과 파악을 떠맡는다. 강단철학 내에서 분주히 행해진 정리정돈의 작업—그리고 그 무엇보다도 강단철학이 겪은 당혹스러움—이 본래적인 철학함을 장차 형이상학으로서 거느리게 되는 매우 특정한 해석을 내리게 한 원인이다. 형이상학이라는 낱말 전개의 역사에 대한 기존의 불완전한 해명은 도외시하더라도, 사람들은 지금까지 이러한 전환이 겉으로는 아무리 사소하고 아무런 해가 없는 듯하더라도 이미 오래 전부터 그것이 그렇게 사소하고 아무런 해가 없는 게 아니라는 사실에는 거의 주목하지 않고 있다. 형이상학이라는 칭호의 이러한 전환은 결코 부차적인 사항이 아니다. 그러한 전환으로써 어떤 본질적인 것—서양에서의 **본래적인 철학의 운명**—이 판가름 나고 있다. 본래적인 철학의 물음은 애초부터 두 번째 뜻의 형이상학으로서, 즉 내용적인 뜻의 형이상학으로서 파악되고 있으며, 특정한 방향과 특정한 단초들로 강요되고 있다. 그래서 형이상학(메타피직)이라는 칭호는 그다음에 이 칭호에 상응하여 내용적으로 생각되는 유사한 이름을 만들게 하는 동기를 준다. 메타-논리학이 그것이며, 유클리트 기하학을 훌쩍 뛰어넘는 메타-기하학이 그것이다. 슈타인 남작(Freiherr v. Stein)은, 실천적인 정치학을 철학적인 체계 위에 구축하는 사람들을 메타정치가라고 불렀다. 심지어 사람들은 보통의 아스피린의 효력을 능가하는 메타 아스피린에 관해 이야기하기도 한다.[7] 루(Wilhelm Roux)는 단백질의 메타 구조에 관해서 이야기한다. 형이상학마저도 다른 분과들 옆에 나란히 하나의 분과칭호로서 자리잡은 실정이다. 이해하지 못한 프로테 필로소피아의 자리를 지시하기 위해서 사용되었던 시초의 기술적인 뜻은 본래적인 철학함에 대한 내용적인 성격규정으로 전환되었다. 이러한 뜻에서 볼 때, 형이상학은 그 이외의 나머지 분과들 옆에 나란히 놓인 하나의 철학적 분과를

---

[7] Jacob Wackernagel, *Vorlesungen über Syntax mit besonderer Berücksichtigung von Griechisch, Lateinisch und Deutsch*(『그리스어, 라틴어, 독일어를 특별히 고려한 문장론 강의』) 참조, 제2판, 바젤, 1928년. 두 번째 시리즈, 248쪽.

지칭하는 칭호이다.

'형이상학'이라는 낱말의 근원과 그 낱말의 역사는 우선은 이렇게 매우 본질적인 점에서만 우리에게 중요할 뿐이다. 즉 기술적인 뜻으로부터 내용적인 뜻으로의 전환을 확정했다는 점에서, 그리고 이와 관련하여 그렇게 파악된 형이상학이 강단분과들의 대열 속으로 분류되어 넣어진다는 논제를 기억 속에 간직한다는 점에서 중요할 뿐이다. 이러한 분과 자체의 역사를 우리는 세세하게 서술할 수 없다. 그 점에 대해서 보고될 수 있는 것은 많으리라고 본다. 그러나 그럼에도 우리가 그것을 형이상학의 생생한 문제틀에서부터 이해하지 않는 한, 그와 같은 것은 근본적으로 아무런 수확도 되지 못한다.

제12절 '형이상학'이라는 전승된 개념의 내적인 견지 불가능성

형이상학을 강단분과라고 하여 부정하고 있음에도 불구하고 그 '형이상학'이라는 칭호를 우리가 무슨 권리로—그리고 이 말은 동시에 다음을 말하는데—어떠한 뜻으로 확정하려는가 하는 다른 물음을 우리는 함께 다루고 있다. 이 물음에 대한 대답을 우리는 그 낱말의 역사를 통해서 얻어내려고 했다. 그 결과는 무엇인가? 이 낱말의 역사는 우리에게 두 가지 뜻, 즉 시초의 기술적인 뜻과 나중의 내용적인 뜻을 알게 해주었다. 물론 우리는 첫 번째 뜻에 더는 몰두할 수 없다. 만일 우리가 '철학은 형이상학적 물음이다'라고 말한다면, 그 경우 우리는 '형이상학'을 두 번째 뜻으로, 즉 내용적인 뜻으로 받아들이고 있는 셈이다. 그러니까 우리는 형이상학을 '프로테 필로소피아'를 지칭하기 위한 칭호로서 받아들이는 것이다. 즉 우리는 형이상학을 순전한 칭호로서 받아들일 뿐 아니라, 이 형이상학이라는 낱말이 본래적인 철학함을 표현하는 것으로 받아들인다. 이 모든 사정을 어쨌든 잘 정돈해보면 이렇다. 즉 우리는 전통을 따르고 있다. 그러나 그럼에도 이렇게 전통의 뒤를 잇는 데에 본격적인 어려움이 놓여 있다. 과연 프로테 필로소피아에 대한 현실적인 이해에서부터 형이상학의 내용적인 뜻이 길어내어져 그것이 프로테 필로소피아에 대한 해석으로서 획득되었는가? 아니면 이와는 반대로 형이상학에 대한 비교적 우발적인 해석에 맞추어 프로테 필로소피아가 파악된 것은 아닌가? 사실상 사정은 후자와 같다. 형이상학에 대한 두 번째 뜻의 전개과정은 '형이상학'이라는 표현이 내용적으로 초감각적인 것에 대한 인식으로서 간주되고 있음을 우리에게 보여주었다. '형이상학'이라는 칭호가 전통 속에서는 바로 그러한 의미로 유지되어왔는데, 정작 우리는 형이상학을 그러한 뜻으로 받아들여서는 안 될 것이다. 오히려 우리에게는 거꾸로 다음과 같은 과제가 자라나온다. 즉 **프로테 필로소피아**에 대한 근원적인 이해에서부터 이제 한 번 현존하는 칭호에 처음으로 뜻을 마련해주어야 한다는 과제 말이다. 요컨대 우리는 프로테 필로소피아를 형이상학에서부터 해석해서는 안 되고, 오히려 이와는 거꾸로 '형이상학'이라는 표현을 아리스토텔레스의 프로테 필로소피아에서 일어나고 있는 바로 그것에 대한 하나의 근원적인 해석을 통해 정당화해야 한다.

우리가 이러한 요구를 제기할 경우 이 요구의 밑바탕에는 다음과 같은 확신이 깔려 있다. 즉 초감각적인 것에 관한 인식으로서의 '형이상학'이라는 전통적인 내용적 칭호는 프로테 필로소피아에 대한 근원적인 이해에서부터 길어내온 것이 아니다. 이러한 확신을 근거제시하기 위해서 이제 우리는 다음과 같은 두 가지를 제시해야 한다. 그것은 **첫째**, 프로테 필로소피아에 대한 근원적인 이해가 **아리스토텔레스**에게서 어떠한 방식으로 획득될 수 있는가 하는 것이며, 그리고 **둘째**, 프로테 필로소피아에 대한 근원적인 이해를 전통적인 형이상학 개념이 왜곡되고 있다는 사실이다.

그런데 우리는 우리가 이미 몸소 본래적 철학의 더욱더 근본적인 문제들을 전개해보았을 경우에야 비로소 첫 번째 사항을 제시할 수 있다. 오직 그때에만 우리는, 프로테 필로소피아의 숨겨진 채 부각되지 않은 기초들의 속을 그리고 그로써 고대철학의 그러한 기초들 속을 밝게 비추어볼 횃불을 가지게 되며, 그래서 거기에서 근본적으로 무슨 일이 일어나는지를 결정지을 수 있게 된다. 그런데 우리는 그러한 본래적 철학함 속으로 정작 강의를 통해서 비로소 들어갈 수 있다. 따라서 우리는 첫 번째 사항에 대한 제시를 포기해야 한다. 그러나 그 경우에 우리는 프로테 필로소피아와 비교할 때 형이상학의 전통적인 뜻이 부적합하다는 것을 폭로할 수도 없을 것이다. 이렇게 되어 이러한 전통적인 칭호를 퇴치하는 일이 하나의 순전한 자의로 남게 될 것이다.

그렇지만 사정이 그렇지 않다는 것을 대략적으로나마 제시하기 위해서는, 이러한 전승된 개념의 내적인 견지 불가능성이 지적되어야 한다. 그런데 전승된 개념의 이러한 견지 불가능성은 다름 아닌 바로 다음과 같은 사실에서부터 이끌려 나온다. 즉 그 개념이 근원적으로 이해된 프로테 필로소피아에서부터 획득된 것이 아니다. 오히려 우발적인 낱말 형성이 프로테 필로소피아에 대한 해석에 하나의 지침을 제공했다.

형이상학이라는 전승된 개념과 관련해서 우리는 다음과 같은 세 가지 점을 주장하고자 한다. 첫째, 그 개념은 **피상화되어** 있다. 둘째, 그 개념은 그 자체로 **혼란스럽게 되어** 있다. 셋째, 그 개념은 그것이 지칭해야 할 바로 그것이 띠는 본래적인 문제하고는 **상관이 없다**. 이러한 '형이상학'이라는 칭호는 그 내용적인 뜻에서는 오히려 철학의 역사에 질질 끌려다니고 있으며 어쩌다가 한 번쯤 어떤 것이 변형되기도 하지만 그 칭호가 지칭하려는 바로 그것과 관련해서 그 칭호 자체가 하나의 문제가 될 만큼 이해되고 있지는 않다.

가. 전승된 형이상학-개념의 피상화 : 형이상학적인 것(신, 죽지 않는 영혼)은 지고하기는 해도 눈앞에 있는 존재자

형이상학이라는 전승된 개념은 **피상화되어** 있다. 이 점을 보기 위해서, 우리는 형이상학의 통속적 개념에서부터 출발하여 그 개념의 근원을 뒤쫓아 가서, 그 개념이 어느 정도로 철학에서부터 밖으로 벗어나 있는지 그리고 어느 정도로 피상화되어 있는지를 제시해보기로 한다. (물론, 형이상학이 바로 우선은 '존재론' 전체를 지칭하기 위한 칭호로서 유보되어 있는데, 이것이 곧 동시에 신학이라는 사실에 주목해야 한다.)

만약 오늘날 사람들이 통상적인 저술 작업을 하는 가운데 '형이상학' 또는 '형이상학적'이라는 낱말을 사용한다면, 이 경우 이러한 낱말사용은 곧, 심오한 것, 비밀로 가득 찬 것, 함부로 접근될 수 없는 것, 즉 일상의 사물들 배후에 놓이거나 궁극적인 현실의 고유한 영역 속에 놓인 바로 그것이라는 인상을 자아내기 위해서이다. 통상적인 감각 경험 너머에, 감각적인 것 너머에 놓인 그것은 초감각적인 것이다. 거기에는 '신지학', '신비학' 따위의 명칭들로 지칭되는 것들을 쉽게 연결할 수 있다. 이러한 경향들이 오늘날 특별히 강하게 솟구치며, 사람들은 그것들이 형이상학의 부활이라고 떠벌린다. 그 모든 경향들은 그리스도교 및 그리스도교 교의학에 의해서 서양에서 우선 관철되어왔듯이, 초감각적인 것에 대한 기본자세와 그것의 제시를 대신하는, 약간은 진지한 대체물에 불과하다. 그리스도교적 신앙의 내용을 체계화하기 위해서 그리스도교 교의학은 고대철학, 특히 **아리스토텔레스**의 철학을 하나의 특정한 방향 안에서 넘겨받음으로써 그 자체 하나의 특정한 형태를 획득했다. 체계화는 외양적인 질서 잡음이 아니다. 그것은 **내용적인** 해석을 수반한다. 그리스도교 신학과 교의학은 고대철학을 자기 것으로 삼아서 그것을 하나의 매우 특정한 (그리스도교적인) 방식으로 바꾸어 해석했다. 그리스도교 교의학에 의해서 고대철학은 아주 특정한 견해 속으로 밀쳐 넣어졌으며, 그것은 르네상스, 인문주의 그리고 독일 관념론을 거쳐오는 동안 내내 유지되었다. 오늘날에 와서야 비로소 우리는 그 견해의 비진리를 차츰 조금씩 파악하기 시작했다. 그것을 처음으로 파악하기 시작한 사람은 아마 **니체**(Friedrich Wilhelm Nietzsche)였을 것이다.

하나의 특정한 종교적 형태의 명제들을 확정해놓은 것인 그리스도교 교의학 내에서는 신과 인간이 특출난 의미로 문제되어야 한다. 그래서 신과 인간, 이 둘은 신앙의 일차적 객체가 될 뿐만 아니라 또한 신학적 체계학의 일차적 객체가 되기도 한다. 신은 곧 단적으로 초감각적인 것이요, 인간은 곧 지상의 존재이다. 그런데 이때 인간이 그저 유일하게, 그리고 주로 이러한 지상의 존재로서 고찰되는 것이 아니라, 오히려 그의 영원한 운명의 관점에서, 즉 그의 죽지 않음의 관점에서 고찰되고 있다. 신 그리고 죽지 않음은 신앙에서 본질적으로 문제가 되는 바로 '저편[피안]'을 지칭하기 위한 두 가지 칭호이다. 이러한 '저편'이 본래의 형이상학적인 것이 되고 있다. 다시 말해서 그것이 따로 그 자체 하나의 특정한 철학을 요구하고 있다. 근대철학이 시작될 무렵에만 하더라도 그 창시자인 **데카르트**에게서 우리는, 그의 주요저서 『본래적인 철학에 대한 성찰들』에서 어떻게 그가 '제일철학은 신의 실재에 대한 증명과 영혼의 죽지 않음에 대한 증명을 대상으로 한다'라고 말하는지를 본다. '고대철학과의 결별'이라고 흔히 사람들이 사칭하기를 좋아하는 근대철학 초기에 우리는 정작, **중세 형이상학의 본래적인 관심사였던** 바로 그 고대철학이 강조되고 확고히 견지됨을 발견한다.

중세의 신학적 교의학을 구축하고 증축하기 위해서 **아리스토텔레스**의 제일철학을 넘겨받는 것은 어떤 의미에서는 순전히 외적인 면에서 손쉽게 일어날 수 있었다. **아리스토텔레스** 자신이 『형이상학』 제6권, 즉 그가 제일철학에 관해 이야기하는 바로 그곳에서—우리가 이미 들은 적이 있듯이—물음의 두 가지 근본방향들의 통일성 자체는 다루지 않고 제일철학을 그 두 가지 근본방향들로 구분하기 때문에 그렇다. 이 구분에 따르면 첫째, **존재자 그 자체**가 다루어지고 있다. 다시 말해서 개개의 모든 존재자로서의 존재자에 해당하는 바로 그것, 즉 온(ὄν)인 한에서의 개개의 모든 온(ὄν)에 해당하는 바로 그것이 다루어지고 있다. 거기에서는 이렇게 묻고 있다. 하나의 존재자에, 그것이 이런 것인지 아니면 저런 것인지 하는 것은 완전히 도외시하고서, 그것이 하나의 존재자인 한, 무엇이 속하는가? 하나의 존재자에, 그것이 도대체 하나의 존재자와 같은 어떤 것인 한, 무엇이 속하는가? 존재자의 본질과 **본성**에 대한 이러한 물음을 제일철학이 제기하고 있다. 그러나 이와 동시에 제일철학은 또한 **전체에서의** 존재자에 대한 물음 **역시** 제기한다. 이 경우 제일철학은 **아리스토텔레스**가 티미오타톤 게노스(τιμιώτατον γένος), 즉 가장 근원적인 존재자라고도 지칭하는—그는 이것을 테이온(θεῖον)이라고 부르기도 한다—가장 **지고한** 것이자 **궁극적인** 것에 대해서 소급해서 묻고 있다. 이러한 신적인 것과 관련하여 그는 제일철학을 테올로기케(θεολογική), 즉 신학적 인식이라고 부르기도 한다. 그것은 테오스(θεός)로 나아가는, 즉 창조신이나 인격신이라는 의미에서의 그것으로가 아닌, 단순히 테이온으로 나아가는 로고스이다. 이렇게 해서 우리는 **아리스토텔레스**에게서 **제일철학과 신학** 사이의 이러한 **독특한 연관**이 앞서 형성되어 있음을 발견하게 된다. 이러한 연관을 밑바탕으로 하고 아라비아 철학의 한 특정한 해석을 매개로 하여 이제 중세에 와서는—이 중세가 **아리스토텔레스**를, 특히 **아리스토텔레스**의 형이상학적 저술들을 잘 알게 되자—그리스도교적 신앙내용을 **아리스토텔레스**의 저술들의 철학적인 내용에 동화시키는 일은 손쉬워졌다. 그래서 다음과 같은 사실이 일어나게 된다. 초감각적인 것, 즉 **통상적** 개념에서의 형이상학적인 것은 동시에 **신학적** 인식에서 인식되는 바로 그것이다. 다시 말해서 그것은 **믿음의** 신학이 아니고 오히려 **이성의** 신학, 즉 합리적 신학인 그 신학적 인식에서 인식되는 바로 그것이다.

여기에서 본질적인 점은 이제 **제일철학**(형이상학)의 대상이 하나의 **특정한** 초감각적인 **존재자**라는 것이다. 형이상학에 관한 중세적인 이해에 대한 우리의 물음에서 이제 문제가 되는 것은 이러한 초감각적인 것에 대한 인식의 정당함을 따지는 물음이 아니며, 신의 실재 또는 영혼의 죽지 않음에 대한 인식의 가능성을 묻는 물음도 아니다. 그 모든 물음들은 나중에 추가

되는 물음일 뿐이다. 오히려 다음과 같은 **원칙적인 점**이 문제된다. 초감각적인 것, 즉 형이상학적인 것이 **존재자**의 여러 영역들 가운데 **하나의 영역**이라는 것이다. 그로써 형이상학은 학문들에서 또는 실천적-기술적 인식들에서 **존재자**를 다루는 여타의 인식들과 **똑같은 수준**으로 밀려난다. 다만 구별이 있다면, 형이상학에서 다루어지는 존재자가 하나의 더 지고한 존재자라는 점이다. 바로 그러한 존재자는 무엇을 **넘어서**, 저편에, 즉 메타의 라틴어 번역으로는 무엇 **너머에**(trans) 있다. 메타라는 말은 더는 사유와 인식의 한 특정한 **자세**, 즉 일상적인 사유와 물음에 반발하는 하나의 독특한 태**도전환**을 지시하지 않고, 오히려 단지 다른 존재자 뒤에 그리고 위에 놓인 존재자의 **자리와 서열**을 나타내기 위한 표식에 지나지 않을 뿐이다. 그런데 전체—이러한 초감각적인 것과 감각적인 것—는 어떤 방식으로는 **균등하게 눈앞에** 있다. 그 둘을 인식하는 활동은—상대적인 구별에도 불구하고—사물들을 인식하고 증명하고 하는 **동일한 일상적 자세** 안에서 움직인다. 신 존재 증명들이 가진 증명력을 완전히 도외시한다고 해도, 그런 신 존재 증명들이 있다는 사실 하나만으로도 이미 그와 같은 형이상학의 자세를 명시할 수 있다. '철학은 하나의 **독자적인 근본자세**'라는 사실이 여기에서는 완전히 사라져버린다. 형이상학이 일상적 인식으로 평준화되고 피상화되어버린다. 단, 이 경우 초감각적인 것이 다루어지는데, 더욱이 그것은 교회의 계시와 교리에 의해서 입증되고 있다. 메타라는 말은 초감각적인 것의 한 장소를 지시하는 것으로서 정작 철학함을 최종적으로 자체 안에 포함하는 그 독자석인 태도전환에 관해시는 아무것도 드러내 보이지 않는다. 그로써 다음과 같은 점이 말해지는 셈이다. 형이상학적인 것은 그 자체 여러 존재자들 가운데 하나의 존재자라는 것, 내가 물체적인 것으로부터 떠나 그쪽을 향해서 나아가는 바로 그것은, 원칙적으로 보자면, 감각적인 것과 초감각적인 것 사이에 존립하는 구별 외에는 달리 이 물체적인 것과 구별되지 않는다는 것이다. 그러나 이것은 **아리스토텔레스**에게서 테이온으로서, 적어도 문제로서, 그냥 내버려둔 그것을 완벽히 오해한 것이다. 형이상학적인 것은 여러 다른 존재자보다 더 지고하기는 해도 눈앞에 있는 하나의 존재자라는 바로 거기에 형이상학이라는 개념의 **피상화**와 **피상성**이 놓여 있다.

나. 전승된 형이상학-개념의 혼란스러움 : 두 가지 상이한 양식들인 초감각적 존재자가 넘어서 놓여 있는 양식과 존재자의 무감각적 존재성격들이 넘어서 놓여 있는 양식이 한데에 뒤엉켜 붙음

전승된 형이상학 개념은 그 자체로 혼란스럽다. 아리스토텔레스에게는 신학 말고도, 즉 초감각적인 것에 대한 추정적인 인식 말고도 그와 나란히 또 하나의 다른 물음방향이 있었음을 우리는 보았다. '온 헤 온(ὄν ᾗ ὄν)'에 대한 물음, 즉 존재자 그 자체에 대한 인식이 '프로테 필로소피아'에 똑같이 근원적으로 속하고 있었다. **토마스 아퀴나스**(Thomas Aquinas)는 이 두 번째 물음방향도 서슴없이 아리스토텔레스로부터 넘겨받았다. 그런 일이 일어났을 때, 그는 당연히 자신의 물음제기를 아리스토텔레스의 물음제기와 어떻게든 연관 지으려고 시도하지 않을 수 없었다. 온 헤 온 쪽으로 물음이 맞추어진 가운데 다음과 같은 점이 물어진다. 모든 개개의 존재자 그 자체에게 해당하는 것은 무엇인가, 존재자란 무엇인가, 그리고 내가 존재자를 일반적으로 고찰할 때, 즉 존재자 일반(ens communiter)을 숙고하거나 도대체(in communi) 존재자를 숙고할 때, 존재자가 어느 정도 속성들로서 내주는 것은 무엇인가. **존재자 일반**이 마찬가지로 제일철학의 대상이 되고 있다. 여기에서 이제 다음과 같은 점이 드러난다. 모든 개개의 존재자 그 자체에 해당하는 바로 그것에 대해서 내가 물음을 던지는 경우에, 나는 필연적으로 개별 존재자 **너머로** 나아간다는 것이다. 나는 존재자의 가장 일반적인 규정들로 넘어가는데 그 규정들이란, 모든 개개의 존재자는 어떤 것이고 일자이며 그리고 타자가 아니라는 것, 모든 개개의 존재자는 구별되어 있고 대립되어 있고 등 그렇게 있다는 것이다. 이 모든 규정들, 즉 어떤 것, 단일성, 타자성, 상이성, 대립 등은 개개의 모든 개별자를 넘어서 놓여 있는 규정들이다. 그러나 여기에서의 넘어서 놓여 있음은, 어떤 하나의 사물과 관련이 있는 신의 넘어서 놓여 있음하고는 완전히 상이하다. 이렇게 근본적으로 서로 상이한 넘어서 놓여 있음의 두 가지 양식들이 하나의 **개념** 속으로 한데에 뒤엉켜 붙고 있다. 여기에서 메타라는 말이 무엇을 일컫는가 하는 것은 전혀 물어지고 있지 않으며, 오히려 그것은 규정되지 않은 채 있다. 좀더 일반화시켜서 우리는 이렇게 말할 수 있다. 첫 번째의 경우, 즉 신학적 인식의 경우에는 감각을 넘어서 고유한 존재자로서 놓여 있는 바로 그것이라는 의미에서의 비감각적인 것에 대한 인식이 문제되고 있다. 두 번째 경우, 즉 맛볼 수도 없고 무게를 달아볼 수도 없는 그런 단일성, 다수성, 타자성 등과 같은 것을 내가 내세우는 경우에는 일종의 비감각적인 것이 문제되기는 하지만, 그렇다고 해서 어떤 **초감각적인 것**이 문제되는 것은 아니고 오히려 감각을 통해서는 접근될 수 없는 어떤 **무감각적인 것**이 문제된다. 감각적인 것에 대해서 쌍방적인 그리고 상반적인 관계를 맺는 초감각적인 것과 무감각적인 것 사이의 구별과 그 문제점에 관해서는 전혀 이야기되고 있지 않다. 이렇게 볼 적에, 형이상학의 내적인 개념은 **아리스토텔레스**가 서 있는, 즉 아리스토텔레스의 철학이 서 있는 그 문제상황이 단순히 함께 넘겨 받아들여지는 한, 그 자체 혼란스럽게 되어 있다.

다. 전승된 형이상학 개념이 인고 있는 무문제성

전승된 형이상학 개념이 이렇게 피상화되어 있고 그 자체가 혼란스럽게 되어 있는 까닭에, 형이상학이 그 자체에서 문제가 된다거나 메타가 본래적인 의미에서 문제가 되는 일은 결코 일어날 수 없다. 뒤집어서 말하자면, 인간의 더할 나위 없이 자유로운 물음으로서의 본래적인 철학함이 중세에는 가능하지 않고, 오히려 이와는 완전히 다른 자세들이 중세에는 본질적인 까닭에, 다시 말해서 근본적으로는 도대체 중세철학이라는 것이 없는 까닭에, 앞에서 특징지은 그 두 가지 방향들에 따라서 아리스토텔레스의 형이상학을 넘겨받는 일은 애초부터, 신앙의 교의학뿐 아니라 제일철학 자체의 교의학까지도 생겨나는 식으로 일어난다. 고대철학이 그리스도교적 신앙내용 속으로 넘겨 받아들여지고 그렇게 해서 그것이, 우리가 데카르트에게서 본 적이 있듯이, 근대철학 안으로 넘겨 받아들여지는 이 독특한 진행 과정은 칸트(Immanuel Kant)에 의해서 처음으로 교착상태에 이르러서 본래적인 물음이 제기되게 된다. 칸트는 처음으로 실제 문제에 의해서 사로잡혀서 특정한 방향으로 길을 터 나가면서 **형이상학 자체**를 문제로 삼으려고 시도했다. 칸트의 철학함이 띠고 있는 이러한 본래적인 경향을 우리가 세세하게 살펴볼 수는 없다. 이 점을 이해하기 위해서는, 19세기에 부분적으로는 독일 관념론에 의해서 야기되어서 관행이 되어버린 **칸트** 해석으로부터 온전히 자유로워져야만 한다. 이 문제에 관심이 있는 사람들은 내가 쓴 『칸트와 형이상학의 문제』를 참조할 수 있다.

제13절 전승된 형이상학-개념의 세 가지 계기들에 대한 역사적 전거로서 토마스 아퀴나스의 형이상학-개념

여러분에게 나는 전승된 형이상학 개념의 세 가지 계기, 즉 그 개념의 피상화, 혼란스러움 그리고 무문제성을 아주 일반적으로 서술했다. 그런데 여러분이 그것을 단지 하나의 특정한 관점에서 파악한 형이상학의 역사에 대한 견해일 뿐이라고 생각하지 않도록, 나는 여러분에게 그것에 대해서 간단하게나마 전거를 대고자 한다. 그 전거는 **토마스 아퀴나스**의 형이상학 개념을 간단히 살펴보는 방식으로 제시될 것이다. **토마스 아퀴나스**는 비록 체계적으로는 아니더라도 여러 기회에 형이상학이라는 개념을—특히 **아리스토텔레스**의 형이상학에 대한 자신의 주석서에서—여러 번 언급한다. 이 주석서의 여러 권에서 그는 형이상학 개념을 다루고 있는데, 그중에서도 전체의 도입 부분인 서문(Prooemium)[8])에서 가장 뚜렷이, 가장 특색 있게 다룬다. 여기에서 우리는 처음부터 하나의 기이한 사태내용을 발견한다. 토마스 아퀴나스가 아무렇지도 않게 제일철학, 즉 형이상학을 신학 또는 신성한 학문(scientia divina, 자연신학), 또는 그가 종종 말하듯이, 신적인 것에 관한 인식과 동일시한다는 점이다. 이러한 신학이라는 의미에서의 신성한 학문은 성스러운 학문(scientia sacra, 성서신학, 계시신학), 즉 계시에서 발원하며 탁월한 의미로 인간의 믿음과 연관된 그런 인식과는 구분되어야 한다. 이렇게 제일철학, 즉 형이상학을 신학과 똑같은 것으로 보는 것은 얼마나 놀라운 일인가? 그럼에도 사람들은 그것[그러한 동일시]이 바로 아리스토텔레스의 견해라고 말할 것이다. 이로써 다음과 같은 사실이 입증되는 셈이다. 만약 아리스토텔레스가 '형이상학'이라는 표현을 아직 몰랐다는 사실을 도외시한다면, 토마스 아퀴나스는 지금까지 현존했던 가장 순수한 아리스토텔레스주의자이다.

겉으로 볼 적에는 그렇게 보인다. 그럼에도 사정은 전혀 다르다. 제일철학, 즉 형이상학과 신학의 동일시를 토마스 아퀴나스는 어떻게 근거제시하는지 물음을 던질 경우, 우리는 사정이 그런 겉보기와는 다르다는 것을 알게 될 것이다. 이런 근거제시는 사실상 그의 입장에서 보면, 어떻게 그를 비롯하여 중세 사상가들이 자신들이 전수받은 유산을 투명하고 겉보기에 전혀 논쟁의 여지가 없는 형태로 잘 제시해놓았는지 그 양식과 방식을 보여주는 하나의 훌륭한 본보기이다. 토마스 아퀴나스에게 문제가 되는 것은, 왜 하나의 동일한 학문이 제일철학, 형이상학 그리고 신학이라고 명명되어야 하는지를 근거제시하는 일이다.

토마스 아퀴나스는 다음과 같은 점에서부터 출발하고 있다. 우리가 이제

---

8) Thomas v. Aquinas, *Libros Metaphysicorum Aristoteles Commentarium*(『아리스토텔레스의 형이상학 주석서』) 12, Prooemium S. Thomae, Opera Omnia, 파르마, 1652년 이후. 제20권, 245-246쪽.

간략하게 '형이상학적 인식'이라고 일컫는 가장 지고한 인식—인간이 그 자신에서부터 도달해야 하는 자연적 인식이라는 의미에서의 가장 지고한 인식—이란 다른 모든 인식을 규제해주는 규제적 학문(scientia regulatrix) 이라는 것이다.[9] 그런 까닭에 훗날 데카르트도 똑같은 자세로 규제 학문 으로, 즉 모든 것을 규제하는 제일철학으로 되돌아갈 수밖에 없었다. 왜냐 하면 그가 학문들의 총체성에 근거를 제시하는 일을 목표로 정하고 출발 했기 때문이다. 규제적 학문, 즉 모든 것을 규제하는 학문이란—우리는 피히테(Johann Gottlieb Fichte)의 학문론에서 비슷한 것을 본다—명백히 최 고의 지성적 학문이다(quae maxime intellectualis est).[10] 최고로 인식 가능 한 바로 그것에 몰두하는 그 인식은 최고로 지성적이다(Haec autem est, quae circa maxime intelligibilia versatur).[11] 최고의 의미로 인식 가능한 것은 다른 것이 아닌 바로 지성적 세계(der mundus intelligibilis)이다. 그것 에 관해 초기의 칸트는 저작인 『감성적 세계와 지성적 세계의 형식과 원리 에 관하여』(1770년)에서 이야기한다. 토마스 아퀴나스는 이렇게 말한다. "우리는 최고로 인식 가능한 것을 세 가지로 구분할 수 있다(Maxime autem intelligibilia tripliciter accipere possumus)."[12] 최고로 인식 가능한 것의 세 겹의 구분 가능성과 관련하여 그는 이러한 학문의 세 겹의 성격을 다음과 같이 구분한다. 1. 인식함의 서열과 단계에서부터(ex ordine intelligendi), 2. 지성, 즉 지성적인 인식을 감성적인 인식과 비교해봄으로써(ex comparatione intellectus ad sensum), 3. 지성 자체의 인식함의 양식에서부터(ex ipsa cognitione intellectus), 어떤 것이 최고로 그리고 최상으로 인식될 수 있는데, 그 말은 동시에 그것이 가장 초감각적으로 인식될 수 있음을 뜻한다.[13]

---

9) 앞의 책, 245쪽.
10) 같은 곳.
11) 같은 곳.
12) 같은 곳.
13) 같은 곳.

이것은 무엇을 말하는가?

1. 인식함의 서열과 단계에서부터 어떤 것이 최고의 의미로 인식될 수 있다. 중세에 인식함이란, 아주 일반적으로 사물들을 그것들의 원인에서부터 파악함이다. 어떤 것이 최고의 의미로 인식되는 경우란, 내가 **궁극적 원인**으로, 즉 제일원인으로 소급해 가볼 때이다. 그런데 이러한 제일원인은, 신앙을 통해 말해지는 그대로 보자면, 세계의 창조주로서의 신이다. 이렇듯 만약 어떤 것이 그 자체 안에서 제일원인을, 즉 최고의 원인을 서술하고 있다면, 그 경우 그것은 최고로 인식될 수 있다(maxime intelligibile). 이러한 최고의 원인들이 곧 본래적인 인식함의 대상, 즉 제일철학의 주제이다. 그러니까 제일철학은 최고의 원인에 대한 인식, 즉 창조주로서의 신에 대한 인식인 셈이다(Dicitur autem prima philosophia, inquantum primas rerum causas considerat).[14] 이러한 식의 사유전개는 아리스토텔레스하고는 형식면에서 완전히 거리가 멀다.

2. 지성적 인식을 감성적 인식과 비교해봄으로써 어떤 것이 최고로 인식될 수 있다. **토마스**는 이렇게 말한다. "sensus sit cognito particularium."[15] 즉, 감각을 통해서 우리는 개별화되어 있는 것, 분산되어 있는 것, 또한 이러한 의미에서 완전히 규정되어 있지 않은 것을 인식한다. "Intellectus…… universalia comprehendit,"[16] 이와는 다르게 지성은 이런 또는 저런 것, 이런 또는 저런 특정한 속성을 가지는 것, 여기 또는 저기에 있는 것 등을 파악하는 것이 아니라, 오히려 모든 것에 공통적으로 해당하는 바로 그것을 파악한다. 그러니까 가장 지성적인 학문(scientia maxime intellectualis)이란, 모든 존재자에 보편적으로 두루 해당하는 바로 그러한 것에 관련된 학문이다(quae circa principia maxime universalia versatur).[17] 그런데 이렇게 모든

---

14) 앞의 책, 246쪽.
15) 앞의 책, 245쪽.
16) 같은 곳.
17) 같은 곳.

존재자에 보편적으로 두루 해당하는 바로 그러한 것은 아리스토텔레스가 온 헤 온[ὂv ἧ ὄv, 존재자로서의 존재자]에 대한 인식에서 뚜렷이 알려고 하는 바로 그것이며, 그다음에 토마스가 엔스 콰 엔스[ens qua ens, 존재자로서의 존재자]로서, 즉 존재자 그 자체에 속하는 바로 그런 것으로서 성격규정하는 바로 그것이다. 즉 그것은 존재자 그 자체 속에 이미 항상 필연적으로 함께 주어진 규정들이다. 그런 것으로는 예컨대 일자성, 다수성, 가능태, 현실태 등이 있다(Quae quidem sunt ens, et ea quae consequuntur ens, ut unum et multa, potentia et actus).[18] 간략히 말해, 이러한 두 번째 의미에서 최고로 인식될 수 있는 것(maxime intelligibile)이란 우리가 범주들이라고 지칭하는 바로 그것이다. 범주적 인식, 즉 개념들의 가장 보편적인 규정들에 대한 인식이 범주적인 것에 대한 순수한 합리적 인식인데, 이것은 근대 형이상학으로 넘어간다. 이제 기이한 사실은, 존재자 그 자체에 해당하는 이러한 규정들을 토마스가 형이상학[transphysica, 자연학을 넘어서는 학문, 초자연학]이라고 지칭한다는 것이다. "더욱 공통된 것이 덜 공통된 것의 다음에 오듯이, 이 초자연적인 것들은 분석의 과정에서 나타난다(Haec enim transphysica inveniuntur in via resolutionis, sicut magis communia post minus communia)."[19] 그것은 자연적인 것을 넘어서, 감각적인 것을 넘어서 놓여 있는 규정들이다. 존재자의 이러한 가장 보편적인 규정들 그 자체는 덜 보편적인 것을 보편적인 것으로 소급시켜 해소해 나아가는 길 위에서 발견된다. 인식의 이러한 양식을 토마스는 형이상학(Metaphysica)이라는 개념으로 지정한다. "Metaphysica, in quantum considerat ens et ea quae consequuntur ipsum."[20] 우리가 여기에서 보고 있는 기이한 사실은—나는 그 연관을 강조한다—형이상학이 궁극적으로는 제일철학 또는 신학과 동일한 것을 뜻하지만, 토마

---

18) 같은 곳.
19) 앞의 책, 246쪽.
20) 같은 곳.

스가 형이상학의 특수한 뜻을 해석하는 그 의미에 따라 보면, 형이상학은 더 나중에야 비로소 형성된 **존재론**이라는 표현과 같은 뜻이라는 것이다. 이 때 존재론이란 온 헤 온[ὂν ἧ ὂν, 존재자로서의 존재자]을 고찰하는, 그리고 나중에 일반 형이상학(metaphysica generalis)이라고 지칭되는 존재론이다. 이러한 의미에서 볼 적에 **토마스**에게는 형이상학이 곧 존재론인 셈이다.

3. 지성 자체의 인식함의 양식에서부터 볼 때 어떤 것이 최고로 인식될 수 있다. **토마스**는 이렇게 말하고 있다. "물질로부터 자유로운 바로 그것이 가장 잘 인식될 수 있다(maxime intelligibilia, quae sunt maxime a materia separata)."[21] 다시 말해서 존재자의 개별화 및 개별성을 이루는 바로 그런 것에 의해서 자체의 고유한 내용과 고유한 존재양식상 가장 적게 규정되는 바로 그것이, 가장 잘 인식될 수 있다는 것이다. 한정된 질료로부터만 추상하지 않고 감각적 질료로부터 전적으로 추상한 것일수록 질료로부터 최고도로 분리된 사물이 된다. "한정된 질료로부터 추상된 경우는, 보편자 안에서 받아들여지는 자연적 형상들인데, 자연학은 바로 이 형상들을 다룬다." 그리고 수학의 경우처럼 사유에 의거할 뿐 아니라 존재에 의거해서도 [질료로부터 분리되는] 경우를 말한다. 신[하느님]과 천사[지성체들]의 경우가 그렇다(Ea vero sunt maxime a materia separata, quae non tantum a signata materia abstrahunt, "sicut formae naturales in universali acceptae, de quibus tractat scientia naturalis," sed omnino a materia sensibili. Et non solum secundum rationem, sicut mathematica, sed etiam secundum esse, sicut Deus et intelligentiae).[22] 순수한 공간과 순수한 수(數)도 물질로부터 자유롭다. 그런데 이러한 자유는 추상화라는 이성(ratio)에 기인한다. 이러한 자유는 신이나 천사들의 경우에서와 같은, 따로 그 자체로 존립하고 있는 것, 비감각적인 것, 정신적인 것 이외의 다른 것이 아니다. 신이나 천사들과 같은 정신적

---

21) 앞의 책, 245쪽.
22) 같은 곳.

존재들은 그것들의 존재양식에서 볼 적에 가장 지고한 것이며, 따라서 최고로 인식될 수 있는 것이기도 하다. 그러한 것들은—만약 우리가 '사물'이라는 칭호를 가장 넓은 의미로 다음과 같이 사용해도 괜찮다면—그 자체로 독자적으로 실재하는 존재적 사물이다. 이렇게 최고의 의미로 피안적인 것과 정신적인 것에 대한 인식은 곧 신 자체에 대한 인식, 즉 신성한 학문(scientia divina)이며 그 자체가 신학이다(Dicitur enim scientia divinasive theologia, inquantum praedictas substantias considerat).[23]

이렇듯 우리는, 어떻게 토마스가 최고로 인식 가능한 것이라는 개념에 통일적으로 방향을 잡은 가운데, 그리고 그 세 겹의 뜻을 능숙하게 해석하는 가운데 형이상학에 해당하는 전승된 개념들을 짜맞추려고 시도하는지를 볼 수 있다. 그래서 제일철학은 제일원인(de primis causis)에 대해서, 형이상학은 존재자 일반(de ente)에 대해서, 그리고 신학은 신(de Deo)에 대해서 다룬다는 사실을 우리는 볼 수 있다. 이 셋을 모두 한데에 통틀어 본 것이 곧 일종의 통일적 학문, 즉 규제학문(scientia regulatrix)인 셈이다. 이러한 규제학문의 내적인 문제틀이 사실상 여기에서는 어떠한 방식으로도 포착되어 있지 않다는 것 또는 그저 대략적으로만 고찰되고 있다는 점을 다시 거론할 필요가 없다. 굳이 다시 거론해볼 만한 것이 있다면 그것은 오히려 다음과 같은 점이다. 즉 신앙에 의해서 본질적으로 규정된 전혀 다른 길 위에서 이 세 가지 물음방향들이 하나의 체계학을 통해 한데 모아졌다. 다르게 말해서, 철학함 또는 형이상학이라는 개념은 이러한 여러 다양한 해석 가능성 내에서는 그 내적인 문제틀 자체에 방향 잡혀 있지 않고, 오히려 여기에서는 '저편으로 넘어감'(Hinübergehen)에 대한 서로 맞지 않는 규정들이 한데 결합되어 있다.

계속 주제를 논해가기에 앞서, 나는 앞에서 이야기된 것을 한 번 더 종

---

23) 앞의 책, 246쪽.

합요약해보겠다. 나는 여러분에게, 왜 우리가 '형이상학'이라는 표현을 사용하면서도 정작 그 표현을 전승된 뜻으로는 받아들일 수 없는지를 똑똑히 보여주려고 시도했다. 왜 사정이 그렇지 못한가 하는 그 이유를 형이상학이라는 전통적 개념 속에 담긴 그 내적인 견지 불가능성에 두고 있다. 고대에 플라톤과 아리스토텔레스에게서 형성되어나온 제일철학이라는 개념 속에 이미 하나의 다의성이 배태되어 있다. 우리는 아리스토텔레스가 본래적인 철학함을 두 가지 방향으로 잡아서 해석한 것을 보았다. 즉 존재에 대한 물음에서는, 존재하는 개개의 모든 사물은 그것이 존재하고 있는 한 그 어떤 것이라고 하는 점, 또 그 어떤 것은 일자이며 타자가 아니라고 하는 점 등이 고찰된다. 단일성, 다수성, 대립, 다양성 등은 모든 개개의 존재자 그 자체에 해당하는 규정들이다. 이러한 규정들을 정리해내는 작업이 곧 본래적인 철학함이 맡아서 해야 하는 정리작업의 한 과제이다. 그런데 이와 더불어 동시에 본래적인 존재자에 대한 물음이 생겨나오고 있는데, 이 본래적인 존재자를 아리스토텔레스는 테이온(θεῖον, 신적인 것)이라고 지칭한다. 그는 이러한 신적인 것을 신학(ἐπιστήμη θεολογική)의 맥락에서 한층 더 뚜렷이 성격 짓고 있다. 철학함의 이러한 두 겹의 방향에 놓여 있는 불균형성 또는 문제는 아리스토텔레스에게는 의식되지 않았거나, 아니면 우리가 그 점에 관해서 아무것도 모르고 있다. 같음, 상이함, 반대가 무엇인지, 그것들이 서로 어떻게 관계를 맺고 있는지, 그리고 그것들이 존재자의 본질에 어떻게 속하고 있는지 등의 물음이 존재자의 궁극적인 근거에 대한 물음과는 전적으로 다른 어떤 것이라는 사실에 그러한 불균형성이 놓여 있다.

우리는 중세에 그리스도교적인 계시 쪽으로 방향 잡힌 신학 내에서 견지 불가능성 또는 문제가 한층 더 강화되고 있음을 본다. 형식적 범주들에 대한 물음은 신에 대한 물음과는 다르다. 이 두 가지 물음방향들이 어느 정도 비슷한 형태를 띠고 서로가 한데에 함께 속하게 된 것은 이 두 물음방향들에 관해 거기에서는 물질로부터, 감각적인 것으로부터 어떤 방식으로든 자유로운 것에 관한 인식이 다루어진다고 말할 수 있었기 때문이다. 같음이라는 형식적 개념은 추상적이다. 즉 그 개념에서는 감각적인 것이 도외시된다. 신은 추상적이지 않고 오히려 이 추상적인 것의 정반대, 즉 존재하는 것 가운데 가장 구체적이기는 하지만, 그래도 신은 물질로부터 자유롭다. 즉 신은 순수 정신이다. 본래적인 철학함의 두 가지 물음방향 속에 깊숙이 깃든 이러한 불균형성은 중세에 **아리스토텔레스**의 신학개념이 그리스도교적 계시에 방향이 잡힌 가운데 절대인격으로서의 신에 대한 매우 특정한 견해라는 의미로 파악됨으로써 강화된다. **아리스토텔레스**에게는 아직 밖으로 말해지지 않은 문제로 남아 있던 바로 그것이 중세에는 확고한 진리로 상정되었으며, **아리스토텔레스**에게 어떤 형태로든 앞에 놓여 있던 무문제성이 이제는 원리로 끌어올려진다. 이때부터 형이상학의 전체 구성요소가 처음부터 그리스도교적인 의미에서의 신학에 방향을 맞추어 규정되기에 이른다. 여기에서는 신학이 더는 **아리스토텔레스**에게서처럼 첫 번째로 언급된 존재 일반의 규정들에 대한 물음과 나란히 그리고 그것과의 연관 속에 배열되지 않고, 오히려 형이상학 전체가 명시적으로 신에 대한 인식에 귀속되어버리고 만다. 거기에서부터 신학은 자신의 본래적인 중요성을 부여받는 셈인데, 이 점은 나중에 본래적인 형이상학이 **칸트**에게서 신학으로서 파악되는 자리에서 표현된다. 중세와 중세 이후에 사람들은 본래적인 철학함에 대한 **아리스토텔레스**의 개념에서는 아무런 본래적인 문제도 못 보고, 다만 서로 상이한 지칭들을 동시에 하나의 학문으로 방향 잡아야 하는 문제만을 볼 뿐이다. 바로 이와 같은 일을 **토마스**가 아리스토텔레스의 『형이상학』에 대한 자신의 주석서의 서문에서 시도하고 있다. 어떻게 그가 그러한 일을 세부적으로 근거제시하고 있는지는 더는 논의하지 않겠다.

나는 다만 **토마스**의 다음과 같은 말 가운데에 놓인 견지 불가능성과 어려움을 강조하고자 한다. 그는 이렇게 말한다. 최고의 학문이며 우리가 저 세 가지 표현들을 동일시하는 가운데 형이상학이라고 부르는 바로 이 학문은 첫째로는 궁극적인 원인에 관해서, 즉 세계와 존재하는 모든 것을 창조한 신에 관해서 다루며, 둘째로는 개개의 모든 존재자에 해당하는 규정들, 즉 보편적인 것, 추상적인 범주들에 관해서도 다루고, 셋째로는 그 존재양식에 따라 볼 적에 가장 지고한 것인 존재자, 즉 순수한 절대정신에 대해서도 다룬다. 이 세 가지 표현들, 즉 (결과를 야기시킨다는 의미에서) **궁극적인 것**에 대한 인식, (추상이라는 의미에서) **가장 보편적인 것**에 대한 인식, 그리고 (존재양식이라는 의미에서) **최상 또는 최고의 존재자**에 대한 인식이라는 이 세 가지 표현들에 대한 해석에서, 이러한 한계개념들이 모호한 보편자의 개념 속에서 한데 합쳐지고 있음을 우리는 볼 수 있다. 그렇기 때문에 **토마스**가 어떤 의미에서는 옳다고 할 수 있지만, 정작 그는 문제를 완전히 덮어버린 채 다음과 같이 말하는 것이다. 즉 형이상학은 1. 존재자를 그것이 일반적으로 고찰되는 한에서(de ente, ut communiter consideratum), 다시 말해 존재자를 개개의 모든 존재자에 공통된 바로 그것과 관련해서 다룰 수 있으며 2. 존재자를 가장 근원적인 의미에서 지향되는, 즉 눈으로 파악되는, 다시 말해서 이해되는 그러한 존재자로서(de ente, ut principaliter intentum), 즉 존재자를 신과 관련지어서 다룰 수 있다는 것이다. 그 두 규정들 모두가 가장 지고한 것, 궁극적인 것이라는 성격을 가지는 규정들이지만, 그 두 규정들은 그것들의 내적 구조에서 보자면 서로 완전히 다르다. 그래서 그 두 규정들을 그것들의 가능적인 통일성에서 개념파악하려는 시도는 아예 행해지지 않는다.

제14절 프란시스코 수아레스의 형이상학-개념과 근대 형이상학의 근본성격

만일 우리가 근대 형이상학에 관해서, 그 전개에 관해서, **칸트**의 입장에 관해서, 그리고 독일 관념론의 전개에 관해서 어떤 것을 개념파악하려고 한다면, 중세의 형이상학 개념이 고대와 맺고 있는 저러한 연관을 염두에 두어야 한다. 그리고 아리스토텔레스에게서 잠재적으로나마 현존하던 그 본래적인 문제가 완전히 덮이게 되는 것 또한 우리는 염두에 두어야 한다. 그러나 다음과 같은 사실도 유념해볼 필요가 있다. 즉 우리가 처한 문제상황까지도 함께 규정한 근대 형이상학의 전개에서 토마스와 전성기의 스콜라 철학이라는 의미에서의 중세철학이 고려되는 경우는 아주 미미하다는 것이다. 한 사람의 신학자이자 철학자가 근대 형이상학의 전개에 직접적인 영향을 끼쳤다. 16세기에 매우 특정한 신학적 의도 아래에서 아리스토텔레스의 형이상학을 새롭게 해석해야 할 과제를 제기했던 사람은 스페인의 예수회 회원이었던 프란시스코 수아레스이다. 신학자이자 철학자인 이 사람은 물음의 명민성과 독자성에서는 토마스보다 훨씬 높이 대우받아야 함에도 불구하고, 아직도 여전히 그의 중요성은 사상가로서 받아 마땅한 진가를 인정받지 못한다. 근대 형이상학의 전개와 형성에 대해서 그가 가지는 중요성은, 그의 이러한 영향 아래 형이상학이라는 분과가 하나의 특정한 형식으로 형태를 부여받고 있다는 점에서 형식적이라고 볼 수 있을 것이다. 그러나 단지 그뿐만이 아니다. 그러한 형식적인 중요성 못지않게 그는 내용적인 문제들을 또한 각인해놓고 있는데, 이러한 내용적인 문제들이 그다음에 근대철학 속에서 다시 또 깨어나게 된다는 점에서 그의 이러한 내용적인 각인도 마찬가지로 중요하다. 그는 1548년에 태어나 1617년까지 살았다. 그리고 그는 16세기에 부분적으로 인문주의의 영향을 받아 스페인에서 활발히 전개되었던 스콜라 철학의 혁신운동에 힘썼다. 이러한 노력들을 쏟아내기에는 살라망카에 있는 예수회 학교가 적임지였다. 수아레스는 1597년에 『형이상학 토론집』이라는 두 권으로 된 대작을 살라망카에서 출간했다. 이 저작의 부제는 다음과 같다. "여기에서는 자연신학 일반이 다루어지고, 아리스토텔레스의 [형이상학] 열두 권 전부에 해당하는 문제들이 철저하게 논의된다(in quibus et universa naturalis theologia ordinate traditur, et quaestiones ad omnes duodecim Aristotelis libros pertinentes, accurate disputantur)." 그러니까 이 저작은 하나의 두 겹의 목표를 겨냥하고 있는 셈인데, 일단 자연신학 전체를, 그러니까 계시 이전에 놓인 자연신학 전체를 그 내적인 골격에서 다루며, 동시에 아리스토텔레스의 『형이상학』이라는 열두 권의 책들에 속한 모든 물음들을 합당하게 논의한다. 초기 스콜라 철학과는 다르게 수아레스는, 아리스토텔레스의 그 열두 권의 책들이 그 자체 무질서하게 하나의 전체를 형성하고 있다는 사실을 곧바로 알아차렸다. 그러나 이러한 전체가 아리스토텔레스가 작성한 책이 아니고, 아리스토텔레스의 제자들이 편찬한 하나의 논문 모음집이라는 사실에까지 수아레스의 통찰력은 미치지 못하고 있다. 그러한 무질서를 그는 주요 주제들을 체계적으로 정리함으로써 극복하려고 노력했다. 자연신학에 관련된 문제영역 전체를 독자적으로 논의하는 것은 그에게로 소급해 올라간다. 반면에 **토마스**는, 단지 형이상학적인 사상을 적용시키면서 동시에 아리스토텔레스의 형이상학을 주석하는 것을 당면 과제로 삼았을 뿐이다. 이와는 다르게 형이상학적인 문제를 독자적으로 전개시키는 일은 오히려 수아레스에 의해서 처음으로 마련되었다. 이 독자적인 전개는 특히 근대철학의 시작에, 즉 데카르트에게 특별한 영향을 미쳤다. 라 플레슈에 있는 예수회 학교에서 공부했고 그곳에서 형이상학, 논리학, 윤리학 강의를 들었던 데카르트는 수아레스를 아주 잘 알게 되었으며, 나중 시기에도 수아레스를 언제나 거듭 인용했다.

중요한데도 아직은 다 길어내어지지 않은 그의 저작이 꾀하는 의도를 우리는 살펴보고자 한다. 수아레스는 자신이 쓴 『형이상학 토론집』의 「머리말(Prooemium)」에서 이렇게 말하고 있다. "따라서 이 원리들과 형이상학적 진리들이 신학적 결론 및 논제와 상응하기 때문에, 저 원리들과 진리들에 관한 지식과 완전한 인식이 제거된다면, 이 결론들과 논제들에 관한 지식도 너무도 심한 손상을 입지 않을 수 없다(Ita enim haec principia et veritates metaphysicae cum theologicis conclusionibus ac discursibus cohaerent, ut si illorum scientia ac perfecta cognitio auferatur, horum etiam scientiam nimium labefactari necesse sit)."[24] 이 말로써 그가 말하려고 하는 바는 다음과 같다. 형이상학적 진리들이 본래의 신학적 인식에게는 너무나 필수적이기 때문에, 만약 그러한 형이상학적 진리들이 도외시되어버릴 경우, 계시신학이라는 의미에서의 본래적인 신학은 엄청난 요동 속에 빠지게 된다. 단지 논리적인 문제들과 연관되어 있는 물음들 따위는 모두 자신이 제외시켰음을 수아레스는 명시적으로 강조하고 있다. "순수한 철학 혹은 변증술에 해당하는 것들에 '다른 형이상학 학자들은 끈질기게 매달리고 있다.' 우리는 할 수 있는 대로 이 학설[논의]로부터 이질적인 것으로 [간주하여] 단절시켜버릴 작정이다(quae vero ad puram philosophiam aut dialecticam pertinent [in quibus alii metaphysici scriptores prolixe immorantur], ut aliena a praesenti doctrina, quoad fieri possit, resecabimus)."[25]

첫 번째 토론은 '제일철학의 본질 또는 형이상학의 본질에 대해서(De natura primae philosophiae seu metaphysicae)' 다루고 있다. 수아레스는 형이상학에 대한 다양한 지칭들(varia metaphysicae nomina)을 논의하며 서론을 시작하는데,[26] 그것도 아리스토텔레스에게로 독자적으로 소급해가는 가운데 그렇게 한다. 거기에서 그는 다음 사실을 발견한다. '형이상학'은 지혜로움(sapientia, σοφία)으로서, 현명함(prudentia, φρόνησις)으로서, 그다음에는 제일철학(prima philosophia, πρώτη φιλοσοφία)으로서, 그다음에는—여기에서 이미 수아레스는 아주 비고대적으로 해석하고 있다(자연적 빛으로 논할 수 있는 범위 내에서, 신[하느님]과 신적 사물들에 관해서 거론하는 까닭이다[quoniam de Deo ac divinis rebus sermonem habet, quantum ex naturali lumine haberi potest])[27]—자연신학

---

24) Suarez, *Disputationes Metaphysicae*(『형이상학 토론집』), Prooemium(『머리말』, Opera Omnia, Charles Berton 편집, 파리, 1856년 이후. 제25권, 1쪽.
25) 같은 곳.
26) Suarez, *Disputationes Metaphysicae*(『형이상학 토론집』), 토론 1. 앞의 책, 1쪽 이하.
27) 앞의 책, 2쪽.

(naturalis theologia, θεολογική)으로서, 그리고 마지막으로는 메타피지카로서 지칭된다는 것이다. 수아레스는 이 자연신학 또는 제일철학이, 그것이 신에 관해 논하기 때문에, 형이상학이라 불린다고 말한다(ex quo etiam metaphysica nominata est).[28] 그로써 그는 **토마스**와는 다른 뜻을 메타피지카라는 표현에 부여하는 셈이다. **토마스**는 메타피지카라는 표현을 그것이 '공통적으로 존재하는 것(de ente in communi)'을 다루는 것인 한에서만 사용했다. 그에 반해 수아레스는, 그것이 신학이기 때문에 그것은 형이상학이라고 일컬어진다고 말한다. 그는 '형이상학'이라는 칭호가 **아리스토텔레스** 자신으로부터 유래한 것이 아니라 그의 주석가들로부터 유래한 것이라는(quod nomen non tam ab Aristotele, quam ab ejus interpretibus habuit)[29] 사실을 알아차리고 있다. 그러나 그는 이미 **아리스토텔레스** 본인이 이 모음집을 편찬했다고 생각하고 있다.

그는 '형이상학'이라는 표현을 **토마스**의 설명으로부터 벗어나서 형이상학의 역사 속에서 중요성을 띠는 하나의 다른 관점을 가까이 끌어오는 의미로 설명한다. "과학 또는 자연적 사물에 뒤따라오는 사물들에 관하여(de his rebus, quae scientias seu res naturales consequuntur)."[30] 형이상학은 자연적 사물들 다음에 오는 바로 그와 같은 것을 다룬다. "자연학 다음에 온다는 뜻에서, 혹은 자연학 저편에 놓여 있다는 뜻에서 초자연학[형이상학]이라고 불렀다. 내가 말하거니와, 존엄성이나 자연의 서열상으로 [자연학] 다음에 오는 무엇이 아니고 획득이나 발생 혹은 발견상으로 [자연학] 다음에 온다는 말이다. 만약 대상의 측면에서 알아듣자면, 이 학문이 취급하는 사물들은 물리적 존재자 혹은 자연적 존재자 다음에 존재한다고 말한다. 왜냐하면 그 사물들은 물리적 존재자들의 서열을 초월하고 사물의 더욱 탁월한 차원에 설정되어 있기 때문이다(et ideo metaphysica dicta est, quasi post

---

28) 같은 곳.
29) 같은 곳.
30) 같은 곳.

physicam, seu ultra physicam constituta ; post (inquam) non dignitate, aut naturae ordine, sed acquisitionis, generationis, seu inventionis ; vel, si ex parte objecti illud intelligamus, res, de quibus haec scientia tractat, dicuntur esse post physica seu naturalia entia, quia eorum ordinem superant, et in altiori rerum gradu constitutae sunt)."[31] 그러니까 "형이상학"은 이를테면 자연학에 대한 책들 다음에 위치하는 책들에 해당하는 것이 아니라, 오히려 이제는 '다음에 위치하고 있음(Nachstehen)'이라는 말이 내용적인 의미로 받아들여지고 있다. 즉 초감각적인 것에 대한 인식이 감각적인 것에 대한 인식보다 더 나중에 있다는 것이다. 초감각적인 것에 대한 인식을 습득하는 순서와 그리고 그러한 인식이 생겨나는 순서에서, 즉 탐구의 차례에서, 형이상학적 인식은 자연학의 인식 다음에 배치되고 있다. 수아레스는 메타(μετά)를 포스트라는 의미로 확고하게 견지하고 있으며, 그리고 이 포스트를 감각적인 것에서부터 출발하여 초감각적인 것에까지 이르는 인식의 단계라는 의미로 이해하고 있다. 그러나 이와 동시에 그는 다음과 같은 내용적 의미에서의 해석을 끌어다 붙인다. 즉 메타, 즉 '나중에', '나중에 오는 것', '감각적인 것을 능가하는 바의 것'.

여기에서 나는 『형이상학 토론집』의 골자를 더 상세히 다룰 수는 없다. 그러나 다음과 같은 사실은 단단히 붙들어야 한다. 본질적으로 **수아레스의** 영향 아래에서 형이상학이 그 문제설정에서뿐 아니라 그 특수한 성격에서도 강단분과로서 형성을 보게 되었다는 사실 말이다. 이때 유의해야 할 점은, 수아레스가 **토마스 아퀴나스**를 꽤 긍정적으로 따르고 있으며 모든 이러한 형이상학적 물음에서 그에게 특별한 권위를 지정하고 있다는 사실이다.

형이상학이라는 낱말의 역사에 대해서 내가 말한 것에서부터 다음과 같은 점이 귀결되어 나온다. 즉 **수아레스**의 의미부여를 통해서 강화된 중세

---

31) 같은 곳.

철학은 근대철학의 전개에 결정적인 영향력을 끼쳤다. 그러나 여기에서부터, 근대철학의 문제틀이 그 이전에 형이상학에서 다루어졌던 그것과 완전히 동일하다는 결론은 나오지 않는다. 사람들은 근대철학이 비판과 더불어 철학에 대한 비판적 근거제시와 더불어 시작되었으며, **칸트**야말로 형이상학의 가능성을 의심 속으로 끌어들인 사람이라는 점을 지적하고는 한다. 확실히 옳은 지적들이다. 그리고 그럼에도 불구하고 근대철학은 스콜라 철학과 스콜라 철학의 문제들의 여러 동기들과 아주 긴밀하게 얽혀 있다. 앞에서 말한 근대 형이상학의 성격에 대한 지적은 형이상학에서부터 문제 자체가 개념파악되지 않는 한, 크게 도움이 되지 않는다. 비판과 더불어 근대 형이상학이 시작되었다는 데에 대한 이러한 올바른 지적들에는 그러한 시작 나름의 사정이 있다. 그러한 지적들로써는 **데카르트**로부터 **헤겔**에 이르기까지 무엇이 앞서 진행되어왔는지에 대한 어떠한 이해도 아직은 제시되어 있지 않다.

여러 잘못된 해석들을 멀리 떼어놓기 위해서 그리고 동시에 나중을 예비하기 위해서, 나는 잠시 근대 **형이상학의 근본성격**을 간략하게 논의해보겠다. 고대와 중세의 경우에 우리가 시도해보았듯이 우리가 이번에는 근대철학을 적합하게 특징짓기를 시도할 경우, 이때 우리는 형이상학이라는 개념이 단단하게 굳어져버리고 말았다는 사실, 그러나 그럼에도 불구하고 사실상 새로운 어떤 것이 이행되고 있다는 사실을 마주하게 된다. 만일 이러한 새로운 것이 형이상학에 속한 어떤 것이고 이른바 인식이론에 속한 것은 아니라면, 이 경우에 다음과 같이 물음을 던져볼 수 있다. 근대 형이상학과 더불어 일어나기 시작한 그 새로운 것은 형이상학 일반에게는 어떠한 형이상학적 성격을 가지는가? 이러한 물음에서부터 여러분은 다음과 같은 점을 보게 된다. 즉 우리는 형이상학의 문제틀을 이미 생생하게 소유하고 있어야 한다. 그러면서도 우리는 우선 일종의 주장의 형식으로 다음과 같이 말할 수밖에 없다. 즉 형이상학적 사유에서는 전체에서의 존재자가 물어지고 있고 이러한 전체에서의 존재자 가운데에는 물음을 던지는 사람 자신이 언제나 함께 포괄되어 있기 때문에, 형이상학적 사유는 그러한 이중적인 의미에서 총괄적 물음이라고 말이다. 고대에서나 중세철학에서나 전체에서의 존재자에 대해서 묻고 있다는 사실은 대충 설명되었으리라고 본다. 그에 반해서, 어떻게 고대철학에서는 형이상학적으로 물음을 던지는 사람 자신이 이러한 물음에 의해서 물음에 부쳐지고 있느냐 하는 두 번째 계기는 훨씬 더 불확실하고, 거의 파악이 불가능하다. 그러나 물음을 던지는 사람을 총괄적 물음이 함께 포괄하고 있다고 하는 바로 이러한 계기가 곧, 근대 형이상학에서의 새로운 것을 그 형이상학적 내용에서 이해할 가능성을 우리에게 내주고 있다.

83 근대 형이상학의 근본특징은 무엇인가? 근대 형이상학은, **수학적 자연과학**으로 대표되는 하나의 새로운 학문의 전망 아래로 전승된 문제틀의 전체 구성요소가 움직여 들어가는 방식으로 규정되고 있다. 더 이상 밖으로 말해지지 않은 사유의 전개는 다음과 같다. 만약 형이상학이 첫 번째 원인들에 대해서, 즉 존재자의 가장 보편적인 의미와 가장 지고한 의미에 대해서, 요컨대 가장 지고한 것, 궁극적인 것 그리고 최상의 것에 대해서 물음을 던진다면, 그 경우 이러한 앎의 양식은 거기에 대해서 물음이 던져지는 바로 그것에 상응해야 한다. 그런데 이 말은, 형이상학 자체가 **절대적으로 확실해야 한다**는 것을 뜻한다. 이렇게 해서, 전승된 형이상학의 총체적 문제틀이 인식의 수학적 이념을 실마리로 하여 다음과 같은 과제 아래로 움직여 들어가고 있는 셈이다. 즉 이러한 전승된 형이상학을 엄밀한 의미에서 쭉 이끌어 그로써 내용적인 뜻에서의 형이상학을 하나의 **절대학문의 형식적 단계로까지 끌어올려야 할 과제가 그것이다. 절대적 확실성의 문제는 뭐니 뭐니 해도 근대철학의 근본문제인데, 인식이론적인 의미에서 그렇다는 것이 아니다. 오히려 절대적 확실성의 문제는 형이상학 자체의 내용적인 문제에 의해서 지탱되고 있고 이끌려지고 있다. 이러한 사정을

우리는 근대철학이 명시적으로 일어나기 시작하는 곳에서, 다시 말하면 데 카르트에게서, 특별하게는 피히테에게서 가장 뚜렷이 볼 수 있다. 피히테의 주요 저작은 『학문론』이라는 제목을 달고 있다. 그것은 절대적 의미에 서의 학문을 대상으로 삼아 그로써 형이상학에 근거를 제시하는 학문을 일컫는다. 이렇게 형이상학적인 인식을 의도하는 그런 확실성이라는 문제의 우위에 의해서 근대 형이상학의 전개가 지탱되고 있는 것이다. 거기에서부터 문제들과 분과들의 구성요소에 변이가 일어나고 있다.

그러나 만약 우리가 사정을 그런 식으로 받아들인다면, 우리는 형이상학의 절대적 확실성을 얻으려고 노력하는 자리에서 무슨 일이 벌어지고 있는지를 제대로 이해하지 못하는 것이다. 궁극적인바 그것은 궁극적인 의미에서도 인식될 수 있어야 한다. 그런데 궁극적인 확실성을 얻으려는 형이상학의 노력의 경우는 어떠한가? 흔히 사람들은 데카르트 이래로 근대가 더는 신의 실재와 신 증명들에서부터 출발하지 않고 오히려 의식에서부터, 자아에서부터 출발한다는 점을 언제나 근대의 두드러진 특색으로서 언급하고는 한다. 실제로 자아, 의식, 이성, 인격, 정신이 문제틀의 중심에 자리하고 있음을 우리는 본다. 만일 우리가 이러한 사실에 유의하고, 그래서 자아, 자기의식의 이러한 중심적인 자리로 미루어 드디어 근대철학에서 물음을 던지는 자아가 함께 물음에 부쳐지는지를 우리가 묻는다면, 이 경우에 우리는 다음과 같이 말할 수밖에 없다. 즉 실제로 사정이 그러하기는 한데, 독특한 방식으로 그러하다고 말이다. 왜냐하면 자아, 의식, 인격이 형이상학 안으로 받아들여지고는 있으나, 이 자아가 바로 물음에 부쳐지지 않기 때문이다. 이것은 그러한 물음제기가 단순히 중단되어버리고 있음을 뜻하는 것이 아니다. 오히려 자아 그리고 의식이 바로 이러한 형이상학의 가장 확실하고 물음의 여지가 없는 기초로서 밑바탕에 놓이게 됨으로써, 근대 형이상학에서는 하나의 매우 특정한 총괄적 물음이 내보여지고 있다. 즉 물음을 던지는 사람을 부정적인 의미에서 함께 포괄하는 일이, 즉 자아 자체가 그 밖의 모든 물음을 위한 기초가 된다는 식으로 그렇게, 물음을 던지는 사람을 함께 포괄하는 일이 내보여지고 있다. 이것은, 주체의 문제와 확실성의 물음이 가진 우위가 전승된 형이상학의 내용적인 물음과 아주 긴밀한 연관을 맺고 있음을 의미한다. 다음과 같은 두 가지 성과를 거둔 것으로 우리는 만족할 수 있겠다. 첫째, 근대 형이상학의 상이성이 제시되었다. 둘째, 궁극적인 확실성을 얻고자 하는 이러한 노력과 자아와 의식으로 방향 잡는 일은 오직, 고대의 문제를 남김없이 단단히 붙들고 있을 때에만 의미가 있다는 점이 설명되었다. 역사적인 개관은 이 정도로 마치겠다.

제15절 형이상학 자체의 근본문제를 지칭하기 위한 칭호로서의 형이상학. 예비고찰의 성과와 다음과 같은 요구, 즉 형이상학 내에서의 행동을 형이상학적 물음에 사로잡혀 있음에서부터 시작하라는 요구

형이상학이라는 개념에 대해서 우리가 논의한 것을 전체적으로 굽어볼 경우 우리는 실로 이러한 칭호가 **전체에서의 존재자**에게로 향한 하나의 인식을 표현하고 있는 것임을 보게 된다. 이와 동시에 우리는 '**전체에서**'라는 이 표현이 **본래적인** 문제를 담고 있는 하나의 칭호라는 점을 보게 된다. 본래적인 문제, 그것은 **도대체 비로소 제기되어야** 하는 문제이지, 사람들이 여러 의견들을 전통에서부터 넘겨받듯이 세계에서부터 조달될 수 있는 문제가 아니다. 이로써 분명한 사실은, 우리가 '형이상학'이라는 칭호를 단순히 전승된 뜻으로 받아들일 수는 없다는 것이다. 우리는 '형이상학'이라는 표현을 하나의 문제를 지칭하기 위한 칭호로서, 좀더 나은 말로, '그것, 즉 형이상학 자체란 무엇인가'라는 물음 가운데에 놓인 **형이상학 자체의 근본문제를 지칭하기 위한 칭호로서** 넘겨받기로 한다. '형이상학이란 무엇인가?', '**철학이란 무엇인가?**'라는 이 같은 물음은, 철학과는 떼려야 뗄 수 없는 관계에 머물러 있는 물음으로서 철학의 지속적인 동반자이다. 그 물음이 더욱더 날카롭게 제기되면 제기될수록, 그만큼 더 본래적으로 철학이 일어난다. 우리는 앞으로 다음과 같은 점을 여러 번 더 보게 될 것이다. 즉 '철학 자체가 무엇인가'라는 물음은 철학을 어떤 추후적인 것으로서 동반하는 것이 아니라, 그 물음이 철학 자체에 함께 속한다. 그런 데에 비해서 '수학이란 무엇인가, 물리학이란 무엇인가, 문헌학이란 무엇인가'라는 물음은 근본적으로 이들 수학, 물리학, 문헌학 등의 학문 그 자체로부터는 제기될 수도, 해결될 수도 없다.

　형이상학이라는 개념과 이 개념을 대하는 우리의 입장에 대해서 우리가 이렇게 논의한 것을 **예비고찰**에서 의도하는바 그것을 동시에 고려하면서 굽어볼 경우, 우리는 이렇게 말할 수 있다. 즉 이 모든 논의들은 '형이상학 자체는 무엇인가'라는 점에 대해서는 전혀 아무것도 해명해내지 못한다. '형이상학'이라는 낱말을 논의하면서 우리는 다음과 같은 물음을 던짐으로써 우리의 논의를 마치기로 한다. 우리가 '철학함'이라고 이름하고 있는 그것은 무엇인가? 이러한 관점에서 볼 적에, 우리가 예비고찰에서 얻은 성과는 아주 전적으로 부정적이다. 비록 철학을 특징짓기 위한 통례적인 길을 포기하고 철학을 어떤 궁극적이고 독자적인 것으로서 요구하는 식의 의미로 철학에 대해서 묻기로 우리가 결단을 내렸다고 해도 그렇다. 우리는 이제 형이상학과 철학을 더는 학문들에서부터 해석해오지 않았으며, 그렇다고 해서 형이상학과 철학을 예술과 종교와 비교하지도 않았다. 오히려 우리는 형이상학과 철학이 독자적인 어떤 것이며 그 자체에서부터 개념파악되어야 한다고 하는 점을 고려했다. 따라서 철학 앞을 비켜 지나가버릴 것이 아니라, 오히려 철학 자체에 대해서 물음을 던질 것이 요구되었다. 그래서 우리는 철학 자체를 향해 달려들었던 것이다. 아니면 그럼에도 우리는 또 철학 앞을 비켜 지나가버린 것은 아닌가? 솔직히 우리는 이 점을 시인하지 않을 수 없다. 즉 우리는 직접 철학 자체에 관해 다루었음에도 불구하고, 아니 바로 그랬기 때문에, 우리는 철학 앞을 비켜 지나가버리고 말았다. 다만 이 일이 은닉된 이중의 방식으로 일어났다. 우리는 다른 것에 관해서, 즉 학문, 예술 그리고 종교에 관해서는 이야기하지 않았고, 오히려 철학에 관해서 이야기해왔다. 그러나 **철학에서부터** 직접적으로 그리고 구체적으로 이야기한 것이 아니라, 오히려 철학에 **대해서** 이야기했다. 우리가 철학에서부터 이야기할 수 있는 경우는 오직, 우리가 애초부터 하나의 **형이상학적인 물음** 안에서 움직이고 있을 때뿐이다. 그러나 그러한 일은 정작 일어나지 않았다. 우리는 단지 이러한 형이상학적 물음에 **대해서** 이렇게만 말했을 뿐이다. 즉 그 물음은 총괄적이라고, 다시 말해서 그 물음은 그 물음을 던질 때마다 존재자 전체를 포괄하는, 그리고 물음을 던지는 사람 자신도 함께 물음 속으로 데리고 들어가는, 즉 그를 물음에 부치는 그와 같은 하나의 물음이라고 말이다. 그러나 우리가 전체에 대한 현실적인 물음으로써 우리 자신이 현실적으로 물음에 부쳐질 수 없는 한, 우리는 형이상학적 물음이 총괄적 물음이라는 사실을 이해하지 못한 셈이다. 우리가 그러한 물음에 **대해서** 훨씬 더 폭넓게 다룰 수 있을지는 모르겠지만, 만약 우리가 그와 같은 물음에 의해서 **사로잡혀** 있지 않다면, 그 모든 것은 하나의 오해로 남게 될 것이다. 철학 자체에 관해서 다루려고 시도하는 자리에서, 우리는 어떤 애매성의 제물이 되고 말았다. 철학에 **관해서** 이야기해왔음에도 불구하고, 우리는 아직 **철학에서부터** 이야기해보지는 못했다. 비록 우리가 철학에 대해서 **따져** 협상을 벌이기는 했어도 정작 철학 자체 안에서 행동하지는 않았다. 그러나 결정적으로 중요한 사실은 이것이다. 즉 이렇게 무엇인가에 대해서 따져 다루는 일에서부터 벗어나 우리는 형이상학 자체 안에서 행동하기 시작하고 있다는 것이다. 이 말은 이제 본래적으로 그리고 현실적으로 물음을 던져야 한다는 것 외에 다른 어떤 것을 뜻하지 않는다.

우리가 어떠한 물음들을 제기하고 있는지에 대해서 우리는 이미 이렇게 암시했다. '세계란 무엇인가?' '유한성이란 무엇인가?' '개별화란 무엇인가?' 그러나 이러한 물음들은 거의 우발적으로 제시되었다. 즉 그 물음들은 자의적인 것처럼 보인다. 그 점은 이론의 여지가 없다. 왜 하필이면 바로 이러한 물음들이 제기되는지가 우선은 자의적이고 납득하기 어려운 것으로 보인다. 그리고 우리가 이러한 물음들을 형이상학적인 물음들로서 인정하더라도, 그 물음들은 너무 공허하고 일반적이며 너무나 무규정적이어서, 그 물음들이 **우리를 사로잡기는커녕** 오히려 **우리를** 무관심 속에 내버려 두며, 우리를 근본적으로 전혀 건드리지 않지 않은가? 아니면 우리가 먼저 이 물음들을 전개시켜야만, 그로써 그 물음들이 우리를 사로잡게 되고, 그렇게 해서 그 요구된 사로잡혀 있음이 그다음에 그 모습을 드러내게 되는가? 그러니까 우리가 그 물음들을 제기해야 하며 그리고 그 물음들을 위한 적합한 분위기를 조성해야 한다는 말인가? 만약 우리가 그런 식으로 일을 처리하려고 한다면, 그 경우 우리는 우리가 떠나려고 하고 또 떠나지 않으면 안 될 그런 수준으로 그저 자꾸만 되떨어지고 말 것이다. 우리는 먼저 이론적인 논의(학문)를 행하고 그다음 그것을 나중에 '세계관적으로' 결실을 맺게 할 수는 있다. 그러나 그로써 철학함의 전체적인 피상성이 다시금 세워질 것이다. 따라서 중요한 것은, 이러한 물음들을 이론적인 물음들로서 전개시켜 그 물음들에 **대해서**, 그리고 그 물음들 옆에 **나란히** 하나의 분위기를 산출해내는 일이 아니다. 오히려 이와는 거꾸로, 우리는 **하나의 근본기분에서부터** 맨 처음으로 이러한 물음들을 그 필연성과 가능성에서 생겨나게 해주어 그 물음들을 그 독자성과 명백성 안에서 보존하기를 추구해야 한다. 따라서 우리가 이러한 물음들을 본격적으로 이행할 수 있는 경우는, 우리의 철학함의 한 근본기분을 일깨우는 작업에 우리가 손을 댈 때이다. 그러한 작업이야말로 이 강의의 첫 번째이자 본래적인 근본과제이며 하나의 현실적이고 생생한 철학함의 시작이다.

제1부
우리 철학함의 한 근본기분을 일깨움

제1장
하나의 근본기분을 일깨워야 할 과제, 그리고 오늘날 우리 현존재의 한 숨겨진 근본기분을 내보임

제16절 하나의 근본기분을 일깨운다는 의미에 대한 예비 이해

가. 일깨움이란 어떤 눈앞의 것을 확인함이 아니고, 오히려
   잠자고 있는 이를 깨어나게 해줌

이제 우리의 근본과제는 철학함의 한 근본기분을 일깨우는 데에 성립한다. 나는 의도적으로 '우리 철학함의 근본기분'이라고 말하고 있지, '어떤 임의의 철학함의 근본기분'이라거나 또는 '결코 있지도 않은 철학 ㄱ 자체이 근본기분'이라고 말하지 않는다. 우리가 시급히 일깨워야 할 근본기분은 우리의 철학함이 짊어져야 할 하나의 근본기분이지, 근본기분 그 **자체**가 아니다. 따라서 하나의 유일한 근본기분이 주어져 있는 것이 아니고 오히려 여러 근본기분들이 주어져 있는 셈이다. 우리에게는 어떠한 근본기분이 문제되고 있는가? 그러한 기분을 우리는 어디에서부터 취해와야 하는가? 여

기에서 우리는 어떠한 근본기분을 일깨워야 하는가 하는 하나의 선택 앞에 서게 된다. 그러나 우리는 단지 이러한 선택 앞에만 서 있는 것은 아니다. 오히려 우리는 이보다 훨씬 더 어려운 다음과 같은 물음 앞에 서 있다. 어떠한 길 위에서 [어떤 방법으로] 우리는 도대체 우리 철학함의 이런 또는 저런 근본기분을 일깨워야 하는가?

기분들! 그것은 다름 아닌, 적어도 고안될 수 있는 것이 아니라 오히려 어느 한 누군가에게 덮쳐오는 바로 그러한 것, 우리가 들씌울 수 있는 것이 아니라 오히려 그 자체로부터 형성되는 바로 그러한 것, 강요될 수 있는 것이 아니라 오히려 그리로 우리가 빠져드는 바로 그러한 것이지 않은가? 따라서 우리가 그러한 기분 하나를 기분으로 존재하게 할 경우에, 우리는 그것을 인위적으로든 자의적으로든 강요할 수 없으며 강요해서도 안 된다. 그것은 이미 거기에 있어야 한다. 우리가 할 수 있는 것은 단지 그것을 확인하는 일이다. 그런데 우리는 철학함의 한 근본기분을 어떻게 확인해야 하는가? 하나의 기분이 통상적으로 눈앞에 있는 것으로서 확인될 수 있고, 일반적으로 승인된 사실로서 입증될 수 있는가? 기분이란 도대체, 가령 어떤 이의 머리카락은 금발이고 다른 이의 머리카락은 흑발이라는 식으로 우리가 눈앞의 것으로서 확인하고는 하는 어떤 것인가? 기분이라는 것은 사람들이 지금 가지고 있거나 아니면 가지고 있지 않은 어떤 것인가? 틀림없이 사람들은 이렇게 말할 것이다. 즉 기분이라는 것은 어쩌면 사람의 머리카락 색깔이나 피부 색깔하고는 다른 어떤 것일 수도 있겠지만, 그래도 그것은 분명 사람에게서 확인할 수 있는 바로 그 어떤 것이라고 말이다. 그렇지 않고서야 어떻게 우리가 그것에 관해서 알고 있다고 하겠는가? 그러니 일종의 설문조사를 해보면 우리는 우리가 찾고 있는 근본기분을 틀림없이 받아낼 수 있을 것이다. 지금 여기 이 강의에 참석한 사람들의 범위 내에서만이라도 설문조사가 실시된다고 가정해보자. 그러면 설문조사 대상자들이 '그들 자신 속에' 이러한 근본기분이 있다는 데에 대해서 각기 다 정보를 내줄 수 있다고 우리는 확신하는가? 우리가 찾고 있는 근본기분과 같은 그런 것은 어쩌면 그렇게 문의를 통해서는 곧바로 확인될 수 없는 것인지도 모른다. 어떤 한 기분에 대한 확인에는 사람들이 하나의 기분을 가지고 있다는 사실만 속해 있는 것이 아니라, 사람들이 그런 기분에 의해서 분위기 잡힌다는 사실도 속할 수 있다.

이미 우리는, 하나의 근본기분에 대한 이른바 객관적 확인이라는 것이 매우 의심스러운, 아니 불가능한 시도라는 사실을 보고 있다. 따라서 도대체 기분의 예사로움과 보편성에 대해서 묻는다거나 그와 같은 확인작업의 보편타당성에 오래 신경 쓰며 매달리는 것은 아무 의미가 없다. 달리 이야기해보면, 여러분이 여러분 자신을 관찰하자마자 자신에게서는 근본기분과 같은 것을 확인할 수 없다고 여러분 가운데 누군가가, 아니면 여러분 대다수가 혹은 여러분 모두가 단언한다고 해서, 이러한 단언이 '하나의 근본기분이 거기에 있다'고 하는 데에 대한 우리의 주장을 반박하지는 않는다는 것은 두말할 나위가 없다. 왜냐하면 결국 관찰을 통해서는—그리고 관찰이 아무리 날카롭더라도 혹은 심리분석의 도움까지 받는다고 하더라도—아무것도 발견할 수 없기 때문이다.

그렇기 때문에 우리는 우리 철학함의 한 근본기분에 대한 '확인'에 관해서가 아니라, 오히려 우리 철학함의 한 근본기분의 일깨움에 관해서 이야기해보기로 한다. 일깨움은 일종의 '잠을 깨움', 잠자고 있는 그것을 '깨어나게 해줌'이다.

나. 기분의 '거기에-있음'과 '거기에-있지-않음'은 '의식을 가지고 있음'과 '의식하고 있지 않음'의 구별을 통해서는 파악될 수 없음

'잠자고 있는 그것', 그것은 독특한 방식으로 거기에 있지 않으면서 그럼에도 거기에 있다. 우리가 어떤 기분을 일깨운다고 할 때, 그 말은 그 기분이 이미 거기에 있다는 것을 말하고 있다. 그 말은 동시에, 그 기분이 어떤 방식으로는 거기에 있지 **않**다는 것을 표현하고 있기도 하다. 기이하게도, 기분은 거기에 있으면서 동시에 거기에 있지 않는 바로 그런 어떤 것인 셈이다. 만일 우리가 여기에서 상투적인 의미에서 형식적으로 계속 철학해 나아가려고 한다면, 우리는 서슴없이 이렇게 말할 수 있을 것이다. 즉 거기에 있으면서 동시에 거기에 있지 않은 것은 내적으로 모순되는 존재를 가지고 있다고 말이다. 왜냐하면 '거기에-있음'과 '거기에-있지-않음'은 분명한 모순이기 때문이다. 그런데 모순되는 것은 존재할 수 없다. 마치 둥근 사각형이 존재할 수 없는 것과 마찬가지로, 그와 같이 모순되는 것은 그 자체로는 불가능하다. 이것은 전승된 형이상학의 오래된 명제이다. 우리는 옛 형이상학의 이러한 원리를 물음에 부쳐야 할 뿐 아니라, 존재에 대한 하나의 매우 특정한 견해가 깔려 있는 밑바탕에서부터 그 원리를 뒤흔들어야 한다는 것을 보게 될 것이다.

    그럼에도 불구하고 우리가 보통 그와 같은 사정들에서 익숙히 알고 있는 그것은 명백한 '이것이냐 아니면 저것이냐' 아래에 세워진다. 그것은 눈앞에 있거나 아니면 눈앞에 있지 않다. 그러한 사정은 인간에게도 적용되지 않는가? 틀림없이 적용된다. 어느 한 사람이 거기에 있거나 아니면 거기에 있지 않다. 그러나 그와 동시에 사람들은 다음과 같은 점을 상기하게 될 것이다. 즉 그래도 여기에서는 하나의 돌의 경우하고는 사정이 다르다는 것이다. 왜냐하면 우리에게 어떤 것이 눈앞에 있을 수 있음에도 불구하고 그것이 눈앞에 있지 않다는 것, 우리 자신에게 속하기는 하지만 우리의 의식 안으로는 들어오지 않는 진행과정들이 있다는 것을 우리는 분명 인간으로서의 자신에 대한 경험에서부터 알고 있기 때문이다. 인간은 하나의 의식을 가진다. 그리고 인간이 그것에 관해서 아무것도 모르는 어떤 것이 인간에게 [눈앞에] 있을 수 있다. 그 경우에 그것이 설령 인간에게 [눈앞에] 있다고 하더라도, 그것은 인간의 의식 안에서는 [눈앞에] 있지 않다. 돌은 하나의 어떤 속성을 가지거나 아니면 그것을 가지지 않는다. 이에 반해서 우리 인간은 어떤 것을 가지고 있으면서 동시에 그것을 가지고 있지 않을 수도, 즉 그것에 관해서 모를 수도 있다. 사람들은 그래서 무의식적인 것에 관해서 이야기한다. 이 무의식적인 것은 어떤 관점에서 보면 눈앞에 있으면서도, 다른 한편에서 보면 눈앞에 있지 않다. 그러니까 그것이 의식되어 있지 않은 한에서 그것은 눈앞에 있지 않은 것이다. 이렇게 '눈앞에 있으면서도 동시에 눈앞에 있지 않다'라는 이 기이한 말은 하나의 무의식적인 것이 가능적으로 의식되어 있다는 데에서부터 온 것이다. 무의식적인 것이라는 의미에서의 '거기에-있지 않음'과 그리고 의식된 것이라는 의미에서의 '거기에 있음' 사이의 이러한 구별은 마치, 우리가 일깨움을 통해서, 즉 잠자고 있는 것을 일깨움을 통해서 시야에 가지게 되는 바로 그것과 일치하는 구별처럼 보인다. 그러나 우리는 도대체 잠을 그냥 의식이 부재한 상태와 똑같이 볼 수 있는가? 분명 잠과는 동일시되어서는 안 될 졸도의 경우에 의식은 부재한 상태에 있으며 죽음인 경우에는 더더욱 그렇다. 그러니까 의식되어 있지 않은 것이라는 이러한 개념은, 과연 이 개념이 도대체 적합한 것이냐 하는 물음은 제쳐 두고서라도, 그 범위가 너무나 폭넓다. 다른 한편에서 볼 적에 잠은 단순히 의식이 부재한 상태인 것만은 아니다. 오히려 그와는 정반대로, 우리는 다음과 같은 사실을 알고 있다. 즉 잠에는 수많은 경우들에서 보더라도 최고로 생생한 하나의 독특한 의식, 즉 꿈이 귀속하고 있어서, 여기에서는 '의식적-무의식적'이라는 구별을 가지고서 어떤 것을 특징지을 가능성은 더더욱 어그러지고 만다. '깨어 있음'과 '잠자고 있음'은 '의식하고 있음'과 '의식하고 있지 않음'과는 일치하지 않는다.

이렇게 해서 이미 다음과 같은 점이 드러나고 있다. 즉 우리는 '무의식적'과 '의식적'의 구별을 가지고서는 문제를 풀 수 없다. 하나의 기분을 일깨운다고 함은 단순히 그 기분, 즉 이전에는 의식되지 않던 것을 의식한다는 것을 말하지 않는다. '하나의 기분을 일깨움'이라는 이 말은 그럼에도 불구하고, 하나의 기분을 깨어나게 해주고 그 기분을 그 자체로서 곧바로 존재하게 해준다는 것을 말한다. 그러나 만일 우리가 어떤 기분을 알기 위해서 그리고 그 기분을 특별히 지식의 대상으로 삼기 위해서 그 기분을 의식한다고 한다면, 그 경우 우리는 일깨움이 의도하는 것과는 정반대되는 것에 이르게 될 것이다. 그렇게 되면 그 일깨움은 산산이 깨져버리거나 아니면 적어도 강해지지 못하고 오히려 약화되고 변형되어버리고 말 것이다.

그럼에도 불구하고 다음과 같은 점은 성립한다. 우리가 하나의 기분을 일깨우는 경우에, 거기에는 '그 기분이 이미 거기에 있었으면서도 거기에는 있지 않았다'는 사실이 놓여 있다. 우리는 부정적으로 다음과 같은 점을 보았다. '거기에 있음'과 '거기에 있지 않음'의 구별은 '의식하고 있음'과 '의식하고 있지 않음'의 구별과는 일치하지 않는다. 그러나 여기에서부터 우리는 다음과 같은 점을 더 끄집어낼 수 있다. 만약 기분이라는 것이 인간에게 속한 어떤 것, 즉 우리가 말하고는 하듯이, '인간 속에' 있는 어떤 것이라면, 또는 인간이 그 기분을 가진다고 한다면, 그리고 만약 '의식하고 있음'과 '의식하고 있지 않음'의 도움으로는 이러한 기분을 해명할 수 없다고 한다면, 그 경우 우리는 그 기분에 도대체 가까이 다가갈 수 없는데, 그 까닭은 다음과 같다. 인간이 의식을 가지고 있어서, 즉 인간이란 이성을 타고난 동물, 즉 일종의 이성적인 동물이어서, 또는 인간이란 육체에 매여 있는 순수 체험들을 지닌 하나의 자아이기 때문에, 우리는 인간을 물질적인 사물과는 구별되는 어떤 것으로서 간주해야 한다. 이성을 덤으로 가지는 생명체로서 인간을 파악하는 이러한 견해는 기분의 본질을 완전히 오인하는 쪽으로 이끌고 간다. 기분을 일깨우는 일과 기분이라는 이 기이한 것에 가까이 다가가려는 시도는 결국, 인간을 파악하는 우리의 태도를 완전히 바꿀 것을 요구하는 것과 일치한다.

이제 문제가 시작부터 너무 복잡하게 뒤엉키지 않도록, 나는 '잠이란 본래 무엇인가'라는 물음에는 깊이 관여하지 않으려고 한다. 왜냐하면 사람들은 방법적인 관점에서 이렇게도 말할 수 있기 때문이다. '잠자고 있음'

또는 '깨어 있음'이 무엇을 뜻하는지 설명한 다음에만, 우리는 일깨움의 본질에 대해서 해명을 얻게 된다고 말이다. 나는 단지 '잠자고 있음'과 '깨어 있음'과 같은 현상을 해명하는 과제는 바깥에서부터는 착수될 수 없다는 점만을 언급하겠다. 즉 그것은 하나의 별다른 물음으로서는 착수될 수 없다. 오히려 그와 같은 해명은 오직, 하나의 존재자가 잠자고 있거나 깨어 있을 수 있으려면 그 구조에서 어떻게 규정되어야 하는지에 관해 우리가 하나의 근본적인 파악을 가지고 있다는 전제 아래에서만 일어날 수 있다. 우리는 돌이 잠자고 있거나 깨어 있다고는 말하지 않는다. 그러나 식물의 경우에는 사정이 어떠한가? 여기에서는 이미 우리는 확신이 서지 않는다. 식물이 과연 잠자고 있는지 아닌지는 매우 의문스럽다. 바로 그 까닭은 식물이 과연 깨어 있는지가 의문스럽기 때문이다. 동물과 관련해서는 우리는 동물이 잠잔다는 것을 알고 있다. 그러나 동물의 이러한 잠이 과연 인간의 잠과 동일한지, 그리고 그렇다면 잠이란 도대체 무엇인지는 아직도 여전히 의문이다. 이러한 문제는 돌, 식물, 동물, 인간과 같은 존재자 등 여러 상이한 양식들의 존재구조에 대한 물음과 아주 긴밀하게 연관되어 있다.

   잠에 대한 근래의 여러 가지 잘못된 해석들과는 반대로 우리는 이미 고대철학자들에게서 다음과 같은 사실을 보고 있다. 즉 이들에게서 훨씬 더 기본적이고 직접적인 파악양식에서 잠의 근본성격이 보인다. 깨어 있음과 잠자고 있음에 대해서 별도의 논문 한 편(Περὶ ὕπνου καὶ ἐγρηγόρσεως)―이 논문은 매우 독특한 성격을 띠고 있다―을 쓴 **아리스토텔레스**가 '잠이란 일종의 아키네시아(ἀκινησία)이다'라고 말한다면, 그는 어떤 기이한 것을 본 셈이다. 그는 잠을 의식 또는 무의식과 연관 짓지 않는다. 오히려 그는 다음과 같이 말하고 있다. 잠이란 일종의 데스모스(δεσμός), 즉 일종의 묶여 있음, 다시 말해서 아이스테시스(αἴσθησις)의 한 독특한 묶여 있음인데, 지각의 한 독특한 묶여 있음만은 아니고, 오히려 본체의 한 묶여 있음이다. 그런데 이 본체가, 이 본체 자신이 아닌 다른 존재자를 받아들일 수 없다는 관점에서 볼 적에 그렇다. 잠에 대한 이러한 성격규정은 하나의 비유 그 이상이며 형이상학적인 의도에 사로잡히지 않은 하나의 거대한 전망을 열어 보이고 있다. 우리는 잠의 문제를 더 깊이 다루는 일을 형이상학적인 여러 원칙적인 이유에서 포기할 수밖에 없다. 이제 우리는 다른 길을 가면서 하나의 기분을 일깨운다는 것이 무엇을 뜻하는지를 설명하려고 시도해보자.

다. '거기에-존재함'과 '떠나-있음'(부재하고 있음)으로서의 인간의 존재에 바탕을 둔 기분의 '거기에-있음'과 '거기에-있지-않음'

만약 우리가 깨어 있음을 일단 '무의식적인 삶'(잠)과는 대비되는 의식적인 삶으로 단초 잡을 경우, 그러한 깨어 있음의 상태에서 전체적으로 일어나는 사건에서 분명해지는 사실은 다음과 같다. 즉 '거기에 있으면서 동시에 거기에 있지 않음'에 관해서 우리가 이야기할 적에 여기 인간의 경우에 문제는 '의식하고 있음'과 '의식하고 있지 않음'의 구별이 결코 아니다. 모임에서 우리가 대화의 자리에 함께 '거기에 있지 않은' 경우가 매우 자주 있지 않은가? 그 자리에서 우리가 졸지 않았음에도 불구하고 **부재하고 있었**다는 사실을 우리는 아주 자주 발견하지 않는가? 이렇게 '거기에-있지-않음', '떠나-있음'은 통상적인 의미에서의 '의식하고 있음'과 '의식하고 있지 않음'하고는 아무런 관련이 없다. 이와는 반대로 이러한 '거기에-있지-않음'이 매우 의식적일[의도적일] 수 있다. 그러한 부재하고 있음에서 우리가 무엇인가에 몰두하고 있다면, 그것은 다른 사람이 아니라 바로 우리 자신이다. 그러나 이러한 '거기에-있지-않음'은 그럼에도 분명 일종의 '떠나-있음(Weg-sein)'*이다. 정신착란이라는 극단적인 경우를 생각해보자. 이러한 경우에 최고의 의식상태가 지배적일 수 있음에도 불구하고 우리는 '그 사람 미쳤어', '그 사람 머리가 돌았어', '그 사람 정신이 나갔어'라고 말한다. 그리고 그럼에도 불구하고 그 사람은 거기에 있다. '거기에 있음'과 '떠나 있음'은 '깨어 있음'과 '잠자고 있음'하고는 같지 않다. 그런데도 왜 우리가 '거기에 있음'과 '떠나 있음'을 '깨어 있음'과 '잠자고 있음'에서부터 당연하게 파악하는가 하는 것은 좀더 나중에 살펴볼 것이다.

인간이 대체로 존재하는 방식에는 결국 이러한 '떠나 있을 수 있음'이 속한다는 것을 우리는 보고 있다. 그러나 인간이 이러한 방식으로 떠나 있을 수 있는 것은, 인간의 존재가 '거기에 존재함'[현존재]이라는 성격을 가지기 때문이다. 돌의 눈앞에 있음과는 구별해서 좀더 규정이 필요하다는 의미에서 우리는 인간의 존재를 '거기에 존재함[현-존재/Da-sein]'이라고 이름하기로 한다. '거기에 존재함'의 본질에는 결국 이러한 '떠나 있음'이 속하는 셈이다. 그렇게 '거기에 존재함'에 '떠나 있음'이 속하고 있음은 어쩌다가 일어나는 어떤 임의적인 사건이 아니라, 오히려 그것은 인간존재 자체의 한 본질적인 성격, 즉 그것에 맞추어 인간이 존재하는 '어떻게[방식]'이다. 그래서 한 인간이 실존하는 한, 그는 거기에 있으면서 또한 이미 항상 그리고 필연적으로 어떤 방식으로든 떠나 있기도 한 것이다. 이 모든 점들을 감안할 때 사정은 다음과 같다. '의식적인과 무의식적인'이라는 구분은 결코 일차적인 구분이 아니고, 오히려 그것은 '거기에 있음'에서와 마찬가지로 '떠나 있음'에서도 확인될 수 있는 구분이다.

하나의 기분이 일깨워져야 한다. 그런데 이 말은, 기분이 거기에 있으면서 거기에 있지 않다는 것을 뜻한다. 만일 기분이라는 것이 '거기에'와 '거기에가 아님'이라는 성격을 띠는 바로 그 어떤 것이라고 한다면, 그 경우 그 기분 자체는 인간존재의 가장 내밀한 본질, 즉 인간의 '거기에 있음'과 관계가 있는 셈이다. 기분은 인간의 존재에 속한다. 이러한 '거기에'와 '거기에가 아님'의 가능성과 양식을 우리가 오랫동안 여전히 제대로 못 보지 못함에도 불구하고, 그것은 이제 우리에게 이미 더욱 가까이 다가와 있다. 왜냐하면 '기분은 거기에 있으면서 거기에 있지 않다'라고 우리가 이야기하는 한, 우리는 기분을 인간에게서 발견되거나 발견되지 않는 바로 그 어떤 것으로서 여기기 때문이다. 그러나 인간의 '거기에 있음'과 '떠나 있음'은 눈앞에 있음과 눈앞에 있지 않음하고는 완전히 다르다. 우리는 하나의 어떤 돌과 관련해서 눈앞에 있음과 눈앞에 있지 않음을 이야기하거나(예컨대 표지돌에는 우둘투둘함이 눈앞에 있지 않다) 어떤 물리적인 진행과 관련된, 아니 심지어는 이른바 마음의 체험과 관련된 특정한 파악에서 그 눈앞에 있음과 눈앞에 있지 않음을 이야기하고는 한다. 눈앞에 있음과 눈앞에 있지 않음이 존재와 비존재를 판가름 짓는 셈이다. 그러나 '거기에 있음'과 '떠나 있음'이라고 우리가 지칭해보았던 바로 그것은 인간의 존재에서의 어떤 것이다. 그것은 바로, 인간이 존재하고 있을 때에만 그리고 그런 한에서만 가능하다. '떠나 있음' 그 자체가 곧 인간존재의 한 양식이다. 떠나 있다고 함은, 도대체 있지 않다고 하는 것을 말하는 것이 아니다. '떠나 있음'이란 오히려 '거기에 존재함'의 한 방식이다. 돌은 그것이 떠나 있는 경우, 거기에 곧바로 있지 않다. 그러나 인간은 그가 떠나-있을 수 있으려면, 거기에-존재하고 있어야 하며, 그리고 인간이 거기에 존재하는 한에서만 인간은 도대체 떠날 가능성을 가진다.

따라서 만약 기분이 인간의 존재에 속한다면, 우리는 마치 기분이 눈앞에 있기도 하고 눈앞에 있지 않기도 하는 것인 양 그렇게 기분에 관해서 이야기해서는 안 되며 또 기분을 그런 식으로 여겨서도 안 된다. 그러나 사람들은 이렇게 말할 것이다. 우리가 그렇게 하는 것을 누가 막으려고 들겠는가? 기분들—기쁨, 만족감, 행복, 슬픔, 침울함, 노여움—그것은 분명 심리학적인 어떤 것, 아니 더 나은 말로 심리적인 어떤 것이다. 즉 그러한 것들은 분명 마음의 상태들이다. 그러한 것들을 우리는 분명 우리 안에서 그리고 다른 사람들에게서 확인할 수 있다. 심지어 우리는 그러한 기분들이 얼마나 오래 지속되는지, 그러한 기분들이 얼마나 늘어나고 얼마나 줄어드는지, 어떠한 원인들에 의해서 그러한 기분들이 불러일으켜지며 방해를 받는지 따위를 기록할 수 있다. 기분들, 또는 사람들이 '감정들'이라고도 말하는 그것은 주체 안에서 일어나는 사건들이다. 심리학은 '사유함', '의욕함', '느낌' 사이를 언제나 항상 구분해왔다. 그리고 심리학이 '느낌'을 세 번째의 낮은 자리에서 언급하는 것은 우연이 아니다. 감정들은 삼류 체험들이다. 왜냐하면 본디 인간은 우선은 이성적 생명체이기 때문이다. 이성적 생명체는 우선 사유와 의욕을 먼저 한다. 물론 감정들도 눈앞에 존재하기는 한다. 그러나 감정들은 이를테면 단지 우리의 사유와 의욕을 아름답게 꾸미거나 암울하게 하고 방해하는 것에 지나지 않지 않은가? 그래도 감정들과 기분들은 끊임없이 바뀐다. 그것들은 결코 확고한 존립을 가지는 법이 없다. 즉 그것들은 가장 불안정한 것들이다. 그것들은 그저 번쩍거림과 반짝거림에 지나지 않거나, 기껏해야 마음의 사건들 너머에 놓여 있는 캄캄함일 뿐이다. 기분들! 그것은 풍경 위에 드리워지는, 불안정하고 붙잡히지 않는 구름의 그림자와 같은 것이 아닌가?

97

정말로 그렇게 사람들은 기분들을 여타의 심적 사건들의 울림들로서 혹은 딸림 현상들로서 여길 수 있다. 그리고 실제로 사람들은 지금까지 기분들을 근본적으로는 언제나 그렇게 보았다. 이러한 성격규정이 옳다는 것은 반박의 여지가 없다. 그러나 이와 마찬가지로 또한 사람들은, 무릇 그러한 견해가 자명하고 인간에 대한 오래된 견해에 아주 쉽게 들어맞는다는 이유로 그런 통속적인 견해가 유일하게 가능한 견해라거나 심지어 결정적인 견해라고까지 주장하려고 하지는 않을 것이다. 그러므로 기분들이 인간의 존재에 속하는 것들이라고 해서, 그것들이 마치 하나의 금속이 녹아 있거나 단단하게 굳어 있는 듯한 마음의 순전한 눈앞의 사건 또는 상태는 결코 아니다. 그러기 때문에 물음은 이제 다음과 같이 던져져야 한다. 그렇다면 우리는 어떻게 기분을 인간의 본질에 속해 있는 것으로서 **긍정적으로** 파악할 수 있는가? 그리고 우리가 기분을 일깨우기를 바라는 경우에, 인간 자체를 대하는 우리의 태도는 어떠해야 하는가?

이러한 물음을 뒤밟아 나가기에 앞서서, 우리는 이 강의의 과제에 대해서 지금까지 이야기한 것을 되돌아보기로 하자. 우리는 우리 철학함의 한 근본기분을 일깨워야 한다는 과제 앞에 서 있다. 기분들이란, 마치 우리가 누구라도 그 앞으로 데리고 갈 수 있는 사실처럼, 보편타당한 방식으로 어려움 없이 확인시킬 수 있지 않다. 기분은 확인될 수 없을 뿐 아니라 설령 그것이 확인될 수 있다고 해도 확인되어서는 안 된다. 왜냐하면 확인하려는 모든 태도가 일종의 의식에로 데려옴이기 때문이다. 모든 의식화 작업은 기분의 관점에서 볼 적에 일종의 파괴작업을 뜻하며, 어쨌든 일종의 변경작업을 뜻한다. 이와는 다르게 하나의 기분을 일깨우는 자리에서 우리에게 관건이 되는 것은 그것이 이러한 기분으로서 존재해야 하듯이 그 기분을 존재하게 해주는 일이다. 우선은 언어의 사용과 연관해서 비유를 사용해도 괜찮다면, 일깨움이란 곧 이전에는 분명 잠들어 있던 기분을 존재하게 해줌이다. 기분은 어떤 방식으로든 거기에 있으면서 또한 거기에 있지 않다. 우리는 다음과 같은 사실을 보았다. 즉 이러한 '거기에-있음'과 '거기에-있지-않음'의 구별은 독특한 성격을 띠며 그것은 하나의 돌의 눈앞에 있음과 눈앞에 있지 않음의 구별과는 결코 일치하지 않는다. 하나의 돌이 눈앞에 있지 않음은 그 돌의 눈앞의 있음의 한 특정한 양식이 아니고, 오히려 그러한 눈앞에 있음에 대한 단적인 반대이다. 그런 데에 반해서, '떠나-있음' 및 여러 상이한 형태의 '부재하고 있음'은 무릇 '거기에-있음[현존재]'에 대한 배타적인 반대가 아니라 오히려 이와는 거꾸로, 일체의 모든 '떠나-있음'은 '거기에-있음'을 전제로 한다. 떠나-있을 수 있으려면 우리는 거기에-존재하고 있어야 한다. 우리가 거기에-존재하는 한에서만 우리는 도대체 떠나-있을 수 있으며, 그 거꾸로도 사정은 마찬가지이다. 이렇듯 '떠나-있음' 또는 이러한 '거기에-있으면서 거기에-있지-않음'은 독특한 어떤 것이며, 이러한 독특한 존재함의 양식에 기분이 아직은 무엇인가 어두운 방식으로 연관을 맺고 있다.

우리는 또 다음과 같은 실상을 언급했다. 즉 '하나의 기분이 거기에 있다'

라고 우리가 말할 경우, 그 말은 원칙적으로 오해의 소지를 안고 있는데, 왜냐하면 그와 같은 경우에 기분을 우리는 마치 여러 속성들 가운데 하나의 존재적인 속성처럼, 눈앞에서 발견되기도 하는 어떤 것으로서 여기기 때문이다. '기분들이란 일종의 존재적인 어떤 것이다'라는 것을 부인하는 이러한 파악에 반대하는 논거로서 우리는 심리학과 전통적인 견해 속에 알려진 통속적인 의견을 끌어다가 대보았다. 기분들이란 곧 감정들이다. 느낌은 사유함과 의욕함 옆의 삼류 체험이다. 체험을 이와 같은 식으로 등급을 매겨 구분하는 것은, 인간을 일종의 이성적인 생명체로서 파악하는 견해 아래에서 관철된다. 감정에 대한 이런 식의 성격규정에 대해서는 우선은 반박할 여지가 없다. 그러나 우리는 다음과 같이 물음을 던지는 것으로써 이야기를 끝맺었다. 즉 이렇게 어느 정도의 한계 내에서는 옳은, 기분들에 대한 이러한 성격규정이 과연 결정적인 성격규정인가, 그리고 과연 그것은 본질적인 성격규정인가 하고 말이다. 그 점과 대비해서 우리는 다음과 같은 점을 보았다. 기분들이란 첫째로, 존재자가 아니다. 즉 그것은 어떻게든 마음속에서 그저 발견되는 것이 결코 아니다. 마찬가지로 기분들이란 둘째로, 사람들이 생각하는 것처럼 그렇게 가장 불안정한 것이자 가장 일시적인 것도 아니다. 이제 중요한 것은 이와 같은 부정적인 논제에 견주어 무엇이 **긍정적인 것**인지를 제시하는 일이다. 이 두 가지 부정적인 논제에 긍정적인 논제를 대비시키기 위해서, 우리는 몇 걸음 더 나아가 기분들과 기분의 본질에 좀더 가까이 다가가야겠다.

제17절 기분이라는 현상에 대한 잠정적인 특징규정 : 기분이란 곧 현존재의 근본방식, 즉 현존재에게 존립과 가능성을 부여하는 것. 기분을 일깨움이란 곧 현-존재를 현-존재로서 사로잡음

우리와 함께 있는 어떤 사람에게 슬픔이 덮쳐든다. 이 경우 이 사람은 우리는 가지지 않은 어떤 체험상태를 가질 뿐인가? 그래서 그 점 말고는 모든 것이 예전과 다를 바가 없는가? 그게 아니라면 여기에서 무슨 일이 일어나고 있는가? 슬픔에 잠긴 그 사람은 자신의 마음을 닫아버려서 우리가 그에게 접근하기 어려워지는데, 그렇다고 해서 이때 그가 우리를 퉁명스럽게 대하는 것은 아니다. 그에게 접근하기가 어려워진다는 것, 단지 그뿐이다. 그럼에도 불구하고 우리는 여느 때처럼 그와 함께 어울리며, 어쩌면 더욱 빈번하게 그리고 더욱 호의적으로 그와 함께 어울리는지도 모른다. 그 사람 또한 사물과 우리를 대하는 태도에는 아무것도 달라진 것이 없다. 모든 것이 다 여느 때처럼 그대로이다. 그러나 그럼에도 불구하고 무엇인가가 다르다. 그리고 무릇 이러저러한 관점에서만 무엇인가가 다른 것이 아니다. 오히려 우리가 **무엇**을 행하고 **무엇**을 위해서 우리가 투신하는가 하는 바로 그것은 동일함에도 불구하고 [예전과 다른 게 있다면] 그것은 곧 우리가 함께 어울리는 그 방식, 그 **어떻게**이다. 그러나 그 '어떻게'는 그 사람의 내면 속에 현존하는 슬픔이라는 기분에서부터 귀결되어 나타나는 현상이 아니라, 오히려 그의 "슬픔-속에-있음"에 함께 속해 있다.

그렇게 기분 잡힌 그 사람에게 접근하기가 어렵다는 것은 무엇을 말하는가? 우리가 그 사람과 함께 있을 수 있는, 그리고 그가 우리와 함께 있는 그 양식과 방식이 다르다. 이러한 슬픔이 곧 이러한 '어떻게'(우리가 그와 함께 어울리는 그 방식)를 형성한다. 그 사람은 그가 존재하는 양식 안으로 우리를 받아들인다. 이때 우리 자신이 반드시 슬픔 속에 있을 필요는 없다. 서로 함께 있음, 즉 우리의 '거기에-존재함[현-존재]'은 [예전과는] 다른 '서로 함께 있음'이며, [예전과는 다르게] 분위기 잡혀 있다. 이러한 연관을 우리는 여기에서 더는 계속 추적하지 않겠다. 어쨌든 그 연관을 조금 더 가까이 고찰했는데도 이미 다음과 같은 점이 드러나고 있다. 즉 기분은 다른 사람의 그 어떤 알 길 없는 마음속 내부에 있지도 않을 뿐 아니라 우리의 마음속에 있지도 않기 때문에, 우리는 차라리 다음과 같이 말해야 한다. 이러한 기분은 이제 모든 것을 덮고 있는 것이지, 결코 어떤 내면성 '내부에' 있다가 그저 눈빛 속에서나 나타나는 것이 아니다. 그러나 그런 까닭에 기분은 또한 **마찬가지로 외부에 있지도 않다.** 그렇다면 기분은 어디에, 그리고 어떻게 있는가? 이러한 기분, 즉 슬픔이란, 그것에 관해서 우리가 '그것은 어디에, 그리고 어떻게 있는가'라고 물어도 되는 것인가? 기분이란, 마음속에서 체험으로서 발견되는 그런 존재자가 아니라, 오히려 '우리의 서로 함께-거기에 있음'의 '어떻게[방식]'인 것이다.

다른 가능성들을 살펴보자. 예를 들면 웃기기 좋아하는 사람이 모임에서 분위기를 돋우고 있다고 하자. 이때 그는 자기 안에 심적 체험 하나를 만들어낸 다음, 마치 전염균들이 한 유기체로부터 다른 유기체 속으로 왔다 갔다 하듯이 그것을 다른 사람들한테 옮기고 있는 것인가? 실제로 우리는 '기분을 감염시킨다'는 말을 하기도 한다. 다른 예를 들어보자. 어떤 다른 사람이 그가 거기에 있는 방식을 통해서 분위기를 질식시키고 모든 것을 덮어 누르고 있다고 하자. 아무도 마음을 드러내려고 하지 않는다. 여기에서부터 우리는 무엇을 끄집어낼 수 있는가? 기분들이란 결코 **딸림 현상들**이 아니고, 오히려 바로 그 '서로 함께 있음'을 애초부터 규정하는 것이다. 마치 겉보기에는 우리가 먼저 분위기 안으로 젖어들고 그것에 의해서 두루 기분 잡히듯이 기분 잡힘이 각기 그때마다 거기에 있는 것처럼 보인다. 겉으로만 사정이 그렇게 보이는 것이 아니라 실제로도 사정은 그러한데, 이러한 실상에 직면해서 감정, 체험, 의식 따위의 심리학과 결별하는 것이 중요하다. 거기에서 무엇이 일어나고 있는지를 **보고 말하는** 것이 중요하다. 다음과 같은 점이 드러나고 있다. 기분들은 그저 눈앞에 있는 어떤 것이 아니라, 오히려 기분들 자체가 곧 존재의 한 근본양식이며 근본방식, 그것도 '거기에-존재함[현-존재]'의 한 근본양식이며 근본방식이다. 그리고 이러한 '거기에-존재함'에는 언제나 '서로 함께 있음'이 직접적으로 놓여 있다. 기분들이란 '거기에-존재함'의 방식들이요, 그래서 '떠나-있음'의 방식들이다. 기분은 하나의 방식이지, 순전히 하나의 형식 또는 하나의 양태가 아니다. 오히려 기분은 일종의 선율[멜로디]이라는 의미에서의 한 방식인데, 이 선율은 이른바 인간의 본래적인 눈앞에 있음 위를 둥둥 떠다니지 않고, 오히려 인간 존재에게 음색을 정해준다. 다시 말해서 인간 존재의 양식 및 방식을 조율하고 규정한다.

이렇게 해서 우리는 '기분이란 존재자가 아니다'라는 첫 번째 부정적인 논제에 대비해서 다음과 같은 긍정적인 점을 가지게 되었다. 즉 기분이란, 긍정적으로 보자면 하나의 근본양식, 즉 **현존재가 현존재로서 존재하는 근본방식**이다. 우리는 또한 기분이란 불안정한 것, 일시적인 것, 순전히 주관적인 것이 아니라는 두 번째 부정적인 논제에 대해서도 다음과 같은 맞선 논제를 가지게 되었다. 즉 기분이란 그 안에서 각각의 현존재가 어떠하게 그인바 그렇게 존재하는 근원적인 '어떻게'인 까닭에, 기분은 가장 불안정한 것이 아니라 오히려 현존재에게 근본에서부터 **존립과 가능성**을 주는 바로 그것이다.

이 모든 점에서부터 우리는 이른바 '기분들'을 올바른 방식으로 살펴본다는 것이 무엇을 말하는지를 이해하기를 배워야 한다. 문제는 심리학에 맞서서 심적 체험의 한 양식을 더욱 올바르게 제한규정하고 그로써 심리학을 개량하는 일이 아니라, 오히려 인간의 **현존재**에 대한 시야를 비로소 여는 일이다. 기분들이란 그 안에 우리가 이러저러하게 **처해 있는** 근본방식들이다. 기분들이란 그것에 따라 누군가가 이러저러하게 존재하는 '어떻게'이다. 물론 '누군가가 이러저러하게 존재한다'라는 말을 종종 우리는—지금은 그 이유들을 논의할 수 없지만—'우리가 **무엇을** 의도하는지', '우리가 **무엇에** 몰두하는지', '우리가 **무엇이** 될지' 하는 그것과는 아무래도 상관이 없는 것으로 여기고는 한다. 그러나 그럼에도 이렇게 '누군가가 이러저러하게 존재한다'는 것은 우리의 사유와 행동거지에 따른 결과나 부수적인 현상에 지나지 않는 것이 결코 아니며, 오히려 그것은—대략적으로 말해서—우리의 사유와 행동거지를 위한 전제, 즉 우리의 사유와 행동거지가 비로소 일어나는 '매개체'이다. 우리가 전혀 주의를 기울이는 법이 없으며 좀처럼 관찰하는 일도 없는 바로 그 기분들, 마치 어떠한 기분도 거기에는 없는 듯이, 마치 우리가 도대체 기분 잡혀 있지 않은* 듯이 우리에게 [가까이] 존재하는 식으로 우리를 조율하는 기분들,* 이러한 기분들이야말로 가장 강력한 기분들이다.

우리는 우선 대개 기쁨이라든가 슬픔처럼 '극단' 쪽으로 치우치는 특별한 기분들만을 맞닥뜨린다. 가볍게 스치는 걱정이나 미끄러지듯이 지나가는 만족스러움 등은 거의 눈에 띄지 않는다. 그런데 우리가 기분이 언짢은 채로 있는 것도 아니고 그렇다고 기분이 '좋은' 채로 있는 것도 아닌 '**기분 잡혀 있지 않음**'은 겉으로 보기에는 도대체 거기에 없는 듯하다가도 거기에 있는 듯하기도 하다. 그러나 그럼에도 불구하고 우리는 이러한 '이렇게도 저렇게도 기분 잡혀 있지 않음' 속에 결코 기분 잡히지 않은 것이 아니다. 그런데 왜 우리가 '기분 잡혀 있지 않음'을 일종의 '도대체-기분 잡혀 있지-않음'으로 여기는가 하는 데에는 훨씬 더 본질적인 양식을 띤 이유들이 있다. 웃기기 좋아하는 어떤 사람이 모임에서 분위기를 돋우고 있다고 우리가 말할 때, 그것은 단지 고조된 또는 유쾌한 기분이 만들어지고 있음을 말할 뿐이다. 그러나 그 말은, 그러한 기분이 만들어지기 이전에 어떠한 기분도 없었다는 것을 뜻하지는 않는다. 거기에는 쉽게 파악될 수 없는 듯한, 그리고 아무래도 상관없이 무차별한 어떤 것처럼 보이는, 그러나 결코 그렇지는 않은 하나의 '기분 잡혀 있지 않음'이 있었다. 우리는 새롭게 다음과 같은 것을 보고 있다. 즉 기분들은 언제나 마음의 텅 빈 공간에 떠올랐다가 다시 사라져버리는 것이 아니다. 오히려 현존재는 현존재로서 언제나 이미 근본적으로 기분 잡혀 있다. 언제나 기분들의 변화만이 일어나고 있을 뿐이다.

우리는 잠정적으로 그리고 대략적으로 다음과 같이 말했다. 기분들이란 사유와 행동의 '전제'이며 '매개체'라고 말이다. 이것은 다음과 같은 정도를 뜻한다. 즉 기분들은 훨씬 더 근원적으로 우리의 본질로까지 소급해 올라가는데, 그러한 기분들 안에서 우리는 비로소 우리 자신을—하나의 현-존재로서—만난다. 기분의 본질이 딸림 현상이 아니라 현존재의 근거로 소급해 인도하는 거기에 성립한다는 바로 그 이유 때문에, 그것은 우리에게 은폐 또는 위장된 채로 남아 있다. 그 때문에 우리는 기분의 본질을 우선, 우리를 우선적으로 때리는 바로 그것에서부터, 즉 기분의 극단적인 일격으로부터, 즉 불쑥 터져 나왔다가 사그라드는 바로 그것으로부터 파악한다. 우리가 기분들을 일격들에서부터 취하고는 하기 때문에, 기분들이 겉으로는 특히 눈앞에 나타나는 사건들처럼 보이는 것이며, 그래서 우리는 독특한 기분 잡혀 있음, 즉 현존재 그 자체를 온전히 두루 조율하는 근원적인 기분을 간과하는 것이다.

여기에서부터 다음과 같은 점이 분명해진다. 즉 기분들을 일깨운다는 것은 현-존재를 그가 그 안에서 존재하는 그때마다의 존재함의 '방식'의 관점에서 사로잡는, 즉 현-존재를 현-존재로서 사로잡는, 더 나은 말로 현-존재로 하여금 그가 존재하듯이 또는 그가 현-존재로서 존재할 수 있듯이 존재하도록 해주는, 하나의 양식이며 방식이다. 이러한 일깨움은 어쩌면 좀처럼 쉽게 투명해지지 않는 기이한 활동일지도 모른다. 만일 우리가 우리의 과제를 개념파악했다면, 우리는 바로 다음과 같은 점을 견지하고 있어야 한다. 우리는 지금 다시금 또 우리도 모르게 기분에 대해서 그리고 더군다나 일깨움에 대해서 다루고 있는 게 아니다. 오히려 우리는 행동으로서의 일깨움의 방식으로 행동하고 있다.

제18절 오늘날 우리의 처지와 이 처지를 두루 지배하는 근본기분을 확보하는 것이 이러한 근본기분을 일깨우기 위한 전제임

그러나 우리가 그 점을 단단히 붙든다고 하더라도, 우리는 여전히 어려움들에 마주치게 되는데, 이 어려움들은 필연적이며 우리가 그 어려움들을 헤쳐 지나가는 가운데에 그것들은 더욱 우리에게 다음과 같은 사실을 분명하게 해줄 것이다. 즉 하나의 근본기분을 일깨우는 일이, 한 송이의 꽃을 꺾는 것처럼 아무렇지 않게 단행될 수는 없다.

가. 오늘날 우리의 처지에 대한 네 가지 해석들 : 오스발트 슈펭글러, 루트비히 클라게스, 막스 셸러, 레오폴트 치글러에게서 삶(영혼)과 정신의 대립

자, 그럼 하나의 근본기분을 일깨워보기로 하자! 즉각 다음과 같은 물음이 생겨나온다. 우리가 일깨워야 하거나 우리가 우리 안에서 깨어나게 해야 하는 기분은 어떠한 기분인가? 우리를 밑바탕에서부터 두루 조율하는 그런 기분인가? 그렇다면 도대체 우리는 누구인가? 지금 '우리'라고 말할 때, 우리는 우리를 어떠한 의미로 말하는가? 우리, 그것은 여기 이 방에 함께 모인 인간 개체들 전체의 수인가? 아니면 이곳 대학에서 우리가 학문연구라는 특정한 과제 앞에 서 있는 한에서 '우리'를 말하는가? 아니면 우리가 대학에 소속되어 있으면서 동시에 정신 도야의 과정에 함께 관여되는 한에서 '우리'인가? 그리고 정신의 이러한 역사란, 단지 독일적인 사건에 한정된 역사인가? 아니면 그것은 서양적인, 더 나아가서는 유럽적인 사건에 한정된 역사인가? 아니면 우리는 우리가 서 있는 상황의 범위를 더 멀리까지 확장해야 하는가? 우리는 '우리'를 이야기하고 있다. 그런데 어떠한 처지에서, 치지에 대한 어떠한 제한과 한정 속에서 '우리'를 의미하고 있는가?

우리가 이러한 처지를 더욱더 멀리까지 조망하면 조망할수록, 그만큼 그 지평은 희미해지고 그만큼 더 과제는 막연해진다. 그러나 그럼에도—우리는 전망을 더 멀리까지 트면 틀수록, 그 전망이 우리—우리 각자—를 더욱더 강렬하게 그리고 더욱더 결정적으로 장악함을 감지한다.

그러나 그로써 또한 우리에게는 분명 더는 피할 수 없는 하나의 과제가 더욱 긴박하게 촉구된다. 만일 우리가 우리 안에서 하나의 근본기분을 일깨워야만 하고 또 일깨우기를 바란다면, 이 경우 우리는 이를 위해서 **우리의 처지를 확보해야** 한다. 그런데 어떠한 기분이 오늘날 우리에게 일깨워질 수 있는가? 이러한 물음에 우리가 대답을 내릴 수 있는 경우란 오직, 우리가 **우리의 처지** 자체를 충분히 잘 알고, 그래서 거기에서부터 근본기분에 의해 우리가 철저히 지배되는가 하는 것을 끄집어낼 수 있을 때뿐이다. 그리고 근본기분과 이 근본기분의 의도를 일깨우는 데에는 분명 어떤 본질적인 것과 궁극적인 것이 문제 되기 때문에, 우리의 이러한 처지는 가능한 한 아주 멀리까지 고찰되어야 한다. 이러한 요구를 우리는 어떻게 충족시켜야 하는가? 만약 우리가 좀더 주의해서 살펴본다면, 우리의 처지를 특징지어야 한다는 요구는 전혀 새삼스러운 것이 아니다. 이러한 과제는 이미 다양한 방식으로 충족되어 있기까지 하다. 다만 우리에게 문제 될 것이 있다면 그것은, 우리의 처지에 대한 특징규정을 그 **통일적인 성격**으로 데리고 와서 그것을 **가로지르는 근본특징**을 단단히 붙잡는 일이다.

오늘날 우리의 처지를 명시적으로 특징지은 것들 중에서 물음이 되는 특징규정들(해석들, 서술들)을 찾아볼 경우, 우리는 거기에서 네 가지를 끄집어내어 아주 간략하게 드러내 보일 수 있다. 그 경우에 선택은 자의로부터는 결코 자유로울 수 없다. 그렇지만 이러한 자의는 이득이 생김으로써 해롭지 않게 된다.

우리의 처지를 해석해놓은 것들 가운데 가장 잘 알려져 있고 짧은 기간에 흥분을 불러일으킨 해석은 『서구의 몰락』[1]이라는 구호 속에 표현된 해석이다. 우리에게 본질적인 것은 근본논제로서 이러한 '예언(Prophezeiung)'의 밑바탕에 깔린 바로 그것이다. 그것은—하나의 정식을 사용해서 말하자면—이것이다. 즉 정신에서의, 그리고 정신에 의한 삶의 몰락. 정신, 특히

---

[1] Oswald Spengler, *Der Untergang des Abendlandes*(『서구의 몰락』). 제1권, 빈과 라이프치히, 1918년, 제2권, 뮌헨, 1922년.

이성(ratio)으로서의 정신이 기술과 경제 속에서, 세계교통 속에서, 현존재의 전체적인 개조 속에서 형성하고 창조해온 바로 그것이, 즉 대도시로 상징화된 바로 그것이 영혼에 대항하고, 삶에 대항하고, 영혼을 질식시키며 그리고 문화를 쇠퇴와 몰락에로 강요한다.

두 번째 해석도 첫 번째 해석과 동일한 차원에서 움직인다. 다만 영혼(삶)과 정신의 관계를 다르게 볼 뿐이다. 이러한 다른 시각에 따라서 그 관계는 정신에 의한 문화의 몰락을 예고하는 데에 머무르지 않고, 더 나아가서 정신을 거부하는 데에까지 이른다. 정신은 영혼의 적대자로서 간주된다.[2] 정신이란 일종의 병이며, 영혼을 해방시키기 위해서는 그 병을 퇴치하는 것이 중요하다. 정신으로부터의 해방은 이것을 말한다. 즉 삶으로 돌아가라! 그런데 여기에서 삶이라는 말은 충동이 어둡게 부글거린다는 의미로 받아들여지고 있으며, 그것은 동시에 신화적인 것의 배양소로서 파악되고 있다. 이러한 견해는 **루트비히 클라게스**(Ludwig Klages)의 대중철학이 제공한다. 그것은 **바호펜**(Johann Jakob Bachofen)에 의해서 그리고 누구보다도 특히 **니체**에 의해서 본질적으로 규정되고 있다.

세 번째 해석도 똑같이 앞의 두 해석의 차원을 단단히 붙들고 있다. 그러나 이 세 번째 해석은 삶에서 정신이 몰락해가는 과정을 보는 것도 아니고, 정신에 맞선 삶의 투쟁을 보기를 원하지도 않는다. 그것은 오히려 삶과 정신 사이의 균형을 찾으려고 시도하며 그 일을 자신의 과제로 삼는다. 이것은 **막스 셸러**(Max Scheler)가 자신의 철학함의 마지막 시기에 가졌던 견해이다. 그의 이러한 견해는 그가 레싱 대학교에서 행한 강연인 「평형시대의 인간」[3]에서 가장 분명하게 표현되기에 이른다. 셸러는 인간을 삶과 정

---

[2] Ludwig Klages, *Der Geist als Widersacher der Seele*(『영혼의 적대자로서의 정신』), 제1권과 제2권, 라이프치히, 1929년.
[3] Max Scheler, "Der Mensch im Weltalter des Ausgleichs(『평형시대의 인간』)", *Philosophische Weltanschauung*(『철학적 세계관』). 본. 1929년. 47쪽 이하.

신이 평형되는 시대 속에서 보고 있다.

네 번째 해석은 근본적으로는 세 번째 해석의 궤도 안에서 움직이면서 동시에 자체 안에 첫 번째 해석과 두 번째 해석을 수용한다. 이 네 번째 해석은 비교적 비독창적이며 철학적으로는 가장 취약한 해석이다. 이 해석을 언급하는 이유는 단지, 그것이 오늘날의 우리의 처지를 특징짓기 위해서 역사학적인 범주를 끌어들여 하나의 새로운 중세를 관찰하기 때문이다. 여기에서 중세란, 우리가 잘 알고 있으며 물론 매우 상이하게 파악하고 있는 특정한 역사적 세기의 부활을 일컫는 것은 아니다. 오히려 여기에서 그 칭호는 세 번째 해석의 방향으로 나가고 있다. 거기에서 의미하는 것은, '삶과 정신'의 대립을 하나의 새로운 지양[종합]으로 데려다줄 일종의 중간적인 매개적 시대이다. 이 네 번째 해석의 대표자는 『유럽 정신』[4]이라는 책을 쓴 레오폴트 치글러(Leopold Ziegler)이다.

이것들은 단지 사람들이 오늘날 아주 익숙히 알고 있으며 그것에 관해서 이야기하고 있고 부분적으로 이미 다시 망각해버린 바로 그것에 대한 객관적이고 유형적인 언급일 뿐이다. 부분적으로 이 사람, 저 사람에게서 빌려다가 하나의 전체상으로 만든 해석들이며, 대개는 우리 시대의 수준 높은 언론에 두루 침투해 있으며—이렇게 말해도 괜찮다면—그 속에서 우리가 움직이는 정신적 공간을 마련해주는 무엇인가에 지나지 않는다. 만약 누군가가 우리의 처지에 대한 네 가지 해석들을 그 이상으로, 즉 하나의 지적 이상으로 받아들이려고 한다면, 필연적으로 부당할 수밖에 없다. 왜냐하면 그것이 너무 일반적이기 때문이다. 그러나 그럼에도 불구하고 이러한 해석들이 지니는 근본특징, 좀더 나은 말로 그 해석들이 오늘날 우리의 제반 처지를 보는 바로 그 전망이 우리에게는 관건이 된다. 그것은 다시 또 정식화하여 말해보면, 삶과 정신의 관계이다. 우리의 처지에 대한 해석들이 지니

---

4) Leopold Ziegler, *Der europäische Geist*(『유럽 정신』), 다름슈타트, 1929년.

는 이러한 근본특징을 우리가 그것들의 그 정식화된 구별과 대립 속에서 만나게 되는 것은 결코 우연이 아니다.

이러한 구별과 그 두 가지 구호를 놓고 볼 적에 사람들은 우선, 그래봐야 그로써 오래 전부터 잘 알고 있는 것이 열거될 뿐이라고 말할 것이다. 어떻게 그것을 가지고 인간의 오늘날 또는 미래의 처지가 가지는 독특함을 파악할 수 있는가? 그러나 저 두 가지 칭호가 사람들이 예전부터 서술해왔으며 그 관계를 둘러싸고서 예전부터 논쟁이 되어온, 영혼(삶)과 정신이라는 인간의 두 구성요소들을 지칭한다는 의미로 받아들인다면 오해일 것이다. 이 칭호들은 오히려 인간의 특정한 근본태도들에서부터 사유하고 있다. 만약 우리가 이런 식으로 그 표현들을 받아들인다면, 사실상 다음과 같은 점이 어렵지 않게 드러난다. 여기에서는 정신과 영혼의 관계에 대한 하나의 이론적인 해명이 아니라, 오히려 니체가 **디오니소스적인 것과 아폴론적인 것**이라는 칭호 아래에서 의미하는 바로 그것이 문제이다. 그렇다면 저 네 가지의 해석들 모두 역시 이러한 공통적인 원천으로, 즉 니체와 니체에 대한 한 특정한 견해로 소급해 간다고 볼 수 있다. 네 가지의 해석들은 모두 오직 니체 철학을 특정하게 수용한 가운데에서만 가능하다. 이러한 지적은 네 가지 해석들의 독창성을 물음에 부치려는 것은 당연히 아니고, 다만 본래적인 맞대결이 일어나야 할 자리와 원천을 제시하려는 의도만을 가질 뿐이다.

나. 니체가 디오니소스적인 것과 아폴론적인 것을 근본적으로 맞세운 것이 오늘날의 우리의 처지에 대한 네 가지 해석들의 원천

우리는 여기에서 이러한 근본대립에 대한 니체의 견해를 구체적으로 파고들 수는 없다. 근본대립은 우리가 무엇이 문제인지를 볼 수 있는 정도에 한에서만 성격규정될 것이다. 우리의 처지에 대한 네 가지 해석들과 그 원천을 해석해야 하는 과제에서부터 우리가 어느 정도까지 벗어날 수 있는지는 좀더 뒤에 가서야 더 뚜렷하게 보게 될 것이다.

디오니소스 대 아폴론이라는 대립은 니체의 철학함을 초기부터 지탱하며 이끌어가고 있다. 니체 자신도 그 점을 알고 있었다. 자신의 학문과 결별하고 싶어했던 이 젊은 고전 문헌학자에게 고대에서 이끌어낸 이 대립은 틀림없이 길을 열어주었다. 그러나 그는 다음과 같은 사실도 알고 있었다. 즉 이러한 대립이 그의 철학함 속에 아무리 끝까지 간직되어 있을지라도, 그것은 그에게 그 자신의 철학함과 더불어 변화해버렸다. 니체 자신은 "오직 변화하는 자만이 나의 친척이다"라는 것을 알고 있었다. 의도적으로 나는, 그의 위대하고도 결정적인 저작, 즉 그 자신이 마음먹었던 대로 완결지었다고는 보기 어려운『힘에의 의지』라는 저작에서 그가 하고 있는 마지막 해석을 끌어들일까 한다. 제4책 제2장의 표제에는 "디오니소스"라고 적혀 있다.5) 도대체 그 저작 전체가 본질적인 사상들, 요구들, 가치평가들을 한군데 모아놓은 것 그 이상이듯이, 여기에서는 독특한 잠언들이 발견된다. 우선 나는, 니체가 이 시기, 즉 졸도하기 바로 얼마 전에 이러한 대립이 그를 초기부터 규정하고 있었다는 사실을 얼마나 확연하게 보았는가에 대한 전거 하나를 들어보겠다. 니체는 박사학위를 취득하기 전인 1869년에 이미 바젤 대학교에 조교수로 초빙되어 갔다.

"1876년 무렵, 이제 바그너(Wilhelm Richard Wagner)와 함께 어디로 가야 하는가를 깨달았을 때, 그리고 바그너에게 내가 아주 단단히 매여 있음을 포착했을 때, 나는 여태까지의 의욕 전체가 **난관에 부딪혔음**을 알고 깜짝 놀라고 말았다. 나의 욕구들을 깊숙이 하나로 묶고 있는 그 모든 유대관계에 의해서, 고마움에 의해서, 내가 직면해 있던 속수무책의 처지와 절대적 아쉬움에 의해서 나는 바그너에게 아주 단단히 결속되어 있었다.

같은 시기에 나는 내가 마치 나의 문헌학과 교수활동 속으로―나의 삶

---

5) Friedrich Nietzsche, *Der Wille zur Macht*(『힘에의 의지』), 전집(무자리온 판), 뮌헨, 1920년 이후, 제19권, 336쪽 이하.

의 우연적인 일과 임시변통 속으로—풀려나기 어렵게 가두어 넣어진 것처럼 보였다. 어떻게 빠져나올지를 나는 더는 알지 못하고 있었다. 나는 피곤했고 탈진했고 기운이 없었다.

이 같은 무렵에 나는, 나의 본능이 쇼펜하우어의 본능과는 정반대 쪽으로, 즉 **삶을 정당화하는** 쪽으로 나가고 싶어한다는 것을 깨달았다. 그것도 삶을 그것의 가장 두렵고 가장 애매하고 가장 기만적인 면에서마저 정당화하는 쪽으로 말이다. 이를 위해 나는 '디오니소스적'이라는 정식을 손에 넣고 있었다."6)

뒤에 가서는 그것이 이렇게 표현된다. "아폴론의 착각 : 아름다운 형식의 **영원성**. 귀족적인 입법은 '그렇게 늘 **영원해야 한다!**'

디오니소스 : 감성과 잔혹함. 지나가버림(Vergänglichkeit)은 낳고 파괴하는 능력이 누리는 향유, 즉 **끊임없는 창조**로서 해석될 수 있을 것이다."7)

그다음에 하나의 단락이 이어지는데, 그 속에서 니체는 이제 이러한 대립을 가장 아름답고 단호한 형식으로 잘 해석하고 있으며 그것을 원천과 연관시키고 있다. "'디오니소스적'이라는 낱말은 다음과 같은 것을 표현한다. 통일성을 향한 하나의 열망, 즉 인격, 일상, 사회, 실재성 따위 너머로, 지나가버림의 심연 너머로 뻗침. 즉 더욱 어둡고 더욱 충만하며 더욱 자유로이 떠다니는 상태들 안으로 정열적으로 고통스럽게 기어오름. 모든 변화의 와중에 한결같이 동일한 것, 한결같이 힘이 강한 것, 한결같이 지복스러운 것인 삶의 총체적 성격에 대해서 황홀해하며 '예'라고 말함. 더군다나 가장 두렵고 가장 의심스러운 삶의 속성들까지도 재가하고 성스럽게 하는 위대한 범신론적인 공동의 즐거움과 공동의 괴로움. 생산을 원하는, 다산을 원하는, 거듭 되돌아오기를 원하는 영원한 의지. 창조와 파괴의 필연성에 대한 통일감.

---

6) 앞의 책, 337쪽, n.1005.
7) 앞의 책, 359쪽, n.1049.

'아폴론적'이라는 낱말은 다음과 같은 것을 표현한다. 완전한 홀로-있음을 향한 열망, 전형적인 '개인'을 향한 열망, 단순하게 해주며 두드러지게 해주고 강하게, 명료하게, 애매하지 않게, 전형적이도록 만들어주는 그 모든 것을 향한 열망, 즉 법칙 아래에서의 자유.

인류의 진보가 종족들 사이의 반목과 필연적으로 연결되어 있는 것과 마찬가지로, 예술의 진보 또한 자연 대 예술이라는 양 폭력 사이의 반목과 필연적으로 연결되어 있다. 힘의 충만 그리고 절제, 냉정하고 고결하고 점잖은 아름다움 속에서 자기를 긍정하는 최고의 형식 : 고대 그리스인의 의지가 지닌 아폴론주의."[8]

여기에 뒤이어서 이제 이 해석의 근원에 대한 니체의 특징규정과 그리스 정신에 대한 아주 심오한 설명이 이렇게 뒤따르고 있다. "그리스인의 영혼 속에 깃들어 있는 디오니소스적인 것과 아폴론적인 것 사이의 이러한 대립성은 내가 그리스인의 존재를 대면하면서 매료되었던 거대한 수수께끼 가운데 하나이다. 내가 알아내려고 애썼던 것은 근본적으로 다른 것이 아닌 이것이다. 어찌하여 디오니소스적인 토양에서 하필이면 그리스적 아폴론주의가 자라나올 수밖에 없었는가. 즉 디오니소스적 그리스인은 어쩔 수 없이 아폴론적으로 되었다. 다시 말해서, 어마어마한 것, 가지각색의 것, 불확실한 것, 끔찍한 것 등을 향한 디오니소스적 그리스인의 의지는 척도를 향한, 단순성을 향한, 규칙과 개념 속에서의 질서 지음을 향한 의지를 만나 깨질 수밖에 없었다. 무절제, 방종, 아시아적인 것이 그리스인의 바탕에 깔려 있다. 그리스인의 용감성은 그 자신의 아시아주의와의 투쟁 속에서 존립한다. 논리학이 그렇고 도덕의 자연스러움이 그렇듯이, 아름다움도 그리스인에게는 거저 주어진 것이 아니다—아름다움은 정복하여 얻은 것, 원한 것, 쟁취한 것이다—아름다움은 그리스인의 **승리**이다."[9]

---

8) 앞의 책, 360쪽 이하, n.1050.
9) 같은 곳.

이제 마지막으로 이러한 대립이 어떻게 "디오니소스와 십자가에 달린 자라는 두 개의 전형들"에서 결정적으로 변화했는지를 알려주는 대목 하나를 살펴보자. "[……] 여기에 나는 그리스인들의 디오니소스를 내세우겠다. 즉 삶에 대한 종교적인 긍정, 부인되지 않고 양분되지 않은 그런 전체적인 삶에 대한 종교적인 긍정을 말이다(그러한 긍정의 전형은 이것이다. 즉 성행위는 깊이를, 비밀을, 경외심을 불러일으킨다).

'십자가에 달린 자' 대 디오니소스, 거기에서 그대들은 대립을 취해보라. 십자가에 달린 신은 삶에 대한 저주이고, 삶에서 자신을 구제한다는 암시이다. 이에 반해서 갈기갈기 찢겨나간 디오니소스는 삶에 대한 하나의 약속이다. 즉 삶은 영원히 거듭 다시 태어나게 되고 파멸에서부터 고향에 오게 된다."[10] 다음과 같은 점을 보기 위해서는 여러 말이 필요 없다. 즉 여기 니체의 경우에서는 하나의 대립이 살아 있었는데, 우리의 처지에 대해서 성격규정한 앞의 네 가지 해석들 안에서는 그것이 전혀 나타나지 않고 그저 전수된 자산으로서만, 즉 문학적 형식으로서만 계속해서 영향을 미쳐 왔다는 사실 말이다.

이 네 가지 해석들 가운데 어떤 것이 니체를 더 올바르게 해석하고 있는가 하는 것은 지금 이 자리에서 판가름 나야 할 문제가 아니다. 더더욱이 그 해석들 가운데 어떤 것도 결코 올바른 해석이 아니라는 점을 우리가 지금 이 자리에서 제시할 수는 없다. 왜냐하면 그 해석들 가운데 어떠한 해석도 올바를 수 없는 경우란, 그 해석들이 니체 철학의 본질을 놓치고 있는 한에서이기 때문이다. 물론 니체 철학은 그 나름 기이한 기초 위에 서 있는데, 그러한 기초들로부터 드러나고 있는 것을 보면, 실제로 그 밑바탕에는 일종의 매우 통속적이고 형이상학적으로는 최고로 의심스러운 '심리학'이 깔려 있다. 그러나 저 네 가지 해석들 가운데 어떤 것이 올바른 해석인가

---

10) 앞의 책, 364쪽 이하, n.1052.

하는 것을 판가름 낼 수 있는 사람은 니체 자신이다. 그럼에도 불구하고 그것은 어떠한 면책특권이 아니다.

우리는 단지 니체가 우리가 앞에서 언급한 해석들의 원천이라는 것을 알고 있다. 우리가 이런 말을 하는 의도는, 저 해석들의 의존성을 조목조목 따져 그 독창성을 흠집 내기 위해서가 아니다. 오히려 어느 쪽에서부터 이해가 획득될 수 있는지 그 방향을 알아내어 본래적인 맞대결의 자리가 어디에 놓여 있는지를 제시하기 위해서이다(게오르게-크라이스[George-Kreis]의 『심리분석』을 참조할 것).

다. 우리의 처지를 문화철학적으로 해석해놓은 것들 속에 숨겨진 근본기분으로서의 깊은 권태

이 모든 물음들은 우리에게는 부차적인 것이다. 우리는 우리의 처지에 대한 이 모든 해석들이 과연 올바른지 그렇지 않은지에 대해서는 일단 묻지 않기로 한다. 이러한 경우들 대부분은 어쨌든 올바른 해석들이다. 그러나 그럼에도 그러한 해석들을 지적한 데에는 본질적인 사정이 있다. 대관절 이 모든 해석들에서는 무슨 일이 벌어지고 있는가? 우리는 이렇게 말한다. 문화에 대한 일종의 진단(Diagnose)이 벌어지고 있다고 말이다. 그러한 진단에서는 언급된 삶-정신이라는 범주들의 도움으로 우리는 단숨에 세계역사를 죽 훑어보고 그것을 넘어 더 멀리 갈 수 있다. 물론 그렇게 해서 오늘날의 인간이 자신의 자리를 지정받아야 하며 그의 처지가 규정되어야 할 것이다. 그러나 이러한 세계역사적 자리매김을 통해서, 즉 우리 문화의 사정이 어떠한지를 요리조리 따져보고 계산한다고 해서, 우리 자신이 공략되기는 커녕 아예 건드려지지도 않는다. 사정은 오히려 정반대로, 전체가 그저 하나의 화젯거리일 뿐이다. 그리고 이러한 화젯거리는 비록 그것이 단지 문학적인 양식에 지나지 않아 잠시 유행하다가 마는 특색을 띠기는 하지만, 어쨌든 일종의 시인되지는 않은, 그러나 언제나 그럴듯하게 보이는 위안거리이다. 이렇게 구속력이 없는 그리고 그러기 때문에 특별히 관심을 끄는 문화진단학의 이러한 전반적인 태도는 이제, 그것이 명시적이건 아니건 간에 예견(Prognose)으로 변형되어 등장함으로써 더욱더 흥분을 자아낸다. 앞으로 무슨 일이 일어나게 될지 알고 싶지 않은 사람이 누가 있겠는가! 그것을 앎으로써 사람들은 현재의 부담을 덜고 현재의 요구와 공박을 한결 덜 받을 수 있는 여건을 마련할 수 있게 된다. 문화에 대한 이런 세계역사적인 진단들과 예견들은 우리 자신을 적중시키는 법이 없다. 즉 그것들은 **우리 자신에게로 향한 공략**이 아니다. 오히려 정반대로, 그것은 우리를 우리 자신으로부터 풀어놓아 우리를 세계역사적인 처지와 역할 속의 우리 자신 앞으로 데려간다. 이러한 문화진단 및 예견들이란, 사람들이 '문화철학'이라고 이르는 바로 그것이—이것이 이제는 갖가지 약간 약화된 또는 좀더 공상화된 변종들로 판을 치고 있다—전형적으로 각인해놓은 것들이다. 이러한 문화철학은 오늘날의 우리의 처지 속에서 우리 자신을 파악하는 것이 아니라, 오히려 우리 자신을 전적으로 무시한 채 기껏해야 오늘날의 인간만을 보고 있을 뿐이다. 그리고 이때의 오늘날의 인간이라는 것도 영원한-어제의 인간과 다른 것이 아니다. 우리는 우리의 처지에 대한 이러한 해석들을 의도적으로 '디아그노제(Diagnose, 진단)'와 '프로그노제(Prognose, 예견)'라는 외래어를 써서 특징지어 보았다. 그 까닭은 그 해석들이 그 본질을 근원적인 성장에 두지 않고 오히려 일종의—그렇다고 해서 전적으로 우연적이라고는 결코 볼 수 없는—문학적 실존을 이끌기 때문이다.

그런데 만약 문화철학이 오늘날의 우리의 처지에 대한 해석에서 정작 우리 **자신을 잡지 못하거나 전혀 사로잡지** 못한다면, 이 경우 앞의 숙고들에서 우리가 말했던 것, 즉 우리의 근본기분을 파악하기 위해서는 먼저 우리의 처지를 이러한 방식으로 확실히 해야 할 것이라는 그 생각은 잘못되었던 셈이다.

그러나—사람들은 이렇게도 말할 수 있을 것이다—어쩌면 우리의 처지

113 를 해석하는 이러한 투의 특별한 양식만이 유독 불충분한 것인지도 모른다. 이러한 투의 해석양식은 그 밖에도 증명을 필요로 하는데, 그럼에도 우리는 지금까지 그러한 증명을 제시한 적이 없다. 어쨌거나 우리는 우리가 지금 어디에 서 있는지를 알아볼 수 있는 표식을 필요로 하게 된다. 그런데 **문화란** 바로 우리 영혼의 표현이다. 그렇다! 표현, 상징 따위의 이념을 실마리로 삼아 문화뿐 아니라 문화 속의 인간을 본래적으로 유일하게 철학적으로 개념파악할 수 있다는 생각이 오늘날 널리 퍼져 있는 바로 그 견해이다. 우리는 오늘날 표현, 상징, 상징적 형식들에 관한 문화철학을 가지고 있다. 인간이란 곧 영혼과 정신이다. 영혼과 정신은 스스로를 표현하며 형태들 속으로 놓아 가라앉는데, 이러한 형태들은 자체 안에 하나의 뜻을 지니고 있으며, 이러한 뜻을 밑바탕으로 하여 스스로를 표현하는 현존재에게 하나의 의미를 내준다. 이것이 거칠게 말해서 오늘날의 문화철학을 위한 도식이다. 여기에서도 다시금 모든 내용이 본질적인 점에 이르기까지 거의 다 맞는다. 다만 우리는 다시금 이렇게 물음을 던져보아야 한다. 인간에 대한 이러한 고찰은 본질적인 고찰인가? 인간을 문화 속에, 이러한 해석 속으로 문화철학적으로 분류해 넣는 것을 간과할 경우 여기에서는 무슨 일이 일어나고 있는가? 인간이 그리고 오늘날의 인간마저도 그렇게 그가 이루어놓은 업적들의 표현에서부터 서술되고 있다. 그러나 그럼에도 불구하고 다음과 같은 물음은 남는다. 미학을 제쳐두고서 볼 경우, 인간에 대한 이러한 서술이 **인간의 현-존재를 적중시키고 사로잡는지**, 정말로 존재에로 데려오고 있는지, 표현에 방향 잡은 이러한 서-술(Dar-stellung)이 인간의 본질을 사실상 놓치고 있을 뿐만 아니라 그것을 필연적으로 놓칠 **수밖에 없는** 것은 아닌지. 달리 말해서, 이러한 철학은 그저 인간에 대한 서-술에만 이를 뿐, 정작 인간의 **현-존재**에까지는 결코 이르지 못한다. 이러한 철학은 인간의 현-존재에 사실상 이르지 않을 뿐만 아니라 필연적으로 거기에까지는 이를 수 없다. 왜냐하면 그것 자체가 스스로 거기에 이르는 길을 막아버

리기 때문이다.

그래도 어쩌면—하나의 근본기분을 일깨우는 일에 힘을 다하려고 하는 바로 그 경우에 또 바로 그 까닭에—우리는 하나의 '표현'으로부터, 즉 우리가 그 속에서 그저 서-술되어 있을 뿐인 표현으로부터 출발해야 하는지도 모른다. 어쩌면 근본기분을 일깨우는 이러한 일이 사실상 겉으로 보기에는 일종의 확-인(Fest-stellung)처럼 보일지 모른다. 그러나 그럼에도 불구하고 그것은 서-술이나 확-인과는 다른 어떤 것이다. 따라서 만약 우리가 말하고 있는 그 모든 것이 겉보기에 마치 우리의 처지에 대한 일종의 서-술처럼 보인다는 것, 그리고 그 모든 것은 또한 우리의 처지의 밑바탕에 깔린, 그래서 우리의 처지 속에서 표현되는 그런 어떤 기분에 대한 일종의 확-인처럼 눈에 띄고 있다는 것 등의 사실로부터 우리가 풀려나오지 못한다면, 즉 우리가 이러한 겉보임을 벗어던지기는커녕 거부조차 못 한다면, 그것은 곧 애매성이 바로 이제 막 모습을 나타내고 있음을 말한다. 그것은 놀랄 만한 일인가? 철학함, 즉 **우리 철학함의 본질적인 애매성**에 대해서 우리가 서두에서 성격규정한 그것이 만약 철학에 대해 그저 어떤 색다른 것을 말한 군더더기 말이 아니었다면, 이제 시작하는 이 자리에서 이 애매성이 힘을 드러내야 한다. 정신적인 처지를 서술하는 일과 하나의 근본기분을 일깨우는 일 사이에는 이론적인 구별이 성립한다는 점을 미리 설명하고 주장함으로써 애매성이 적어도 제거될 수는 있으리라고 우리는 믿지 않을 것이다. 그렇게 해서 우리의 짐은 전혀 가벼워지지 않는다. 우리가 더 본래적으로 시작하면 시작할수록, 그만큼 더 우리는 애매성이 활개 치도록 놓아주게 되며, 그만큼 더 각자 자신에게는 그가 실제로 이해하는지 아닌지를 스스로 결정해야 하는 과제가 어려워진다.

우리의 처지를 문화철학적으로 해석하는 양식이 잘못된 길이라면, 그 경우 우리는, 우리는 어디에 서 있는가라고 물어서는 안 되고, 오히려 우리의 **사정은 어떠한가**라고 물어야 한다. 그리고 사정이 어떤 방식으로든—이렇게 또는 저렇게─우리에게 놓여 있다면, 그 경우 우리는 분명 텅 빔 속에 서 있는 것이 아니다. 그 경우 우리는 분명 어디인가에 서 있다. 우리의 사정이 **어떠한지**를 우리는 우리가 서 있는 데에서부터 끌어내오는 것이 좋을 것이다. 그러니까 우리는 우리의 고유한 처지를 어차피 먼저 서술해야 한다. 다만 우리는 그것을 아마도 저 앞에서 언급한 해석들에서 일어났던 것과는 다르게 특징지어야 할 것이다. 그러나 사실은 전혀 그럴 필요가 없다. 저 앞에서 언급한 해석들을 더욱 자세히 살펴보거나 다른 해석을 거기에 덧붙이지 않고서도, 우리는 우리의 처지에 대해서 이미 충분히 알고 있다. 그렇다고 해서 우리는 그 해석들을 맞지 않는 것으로 물리쳐버려서도 안 된다. 이러한 해석들─문화철학의 지배─이 있다는 **사실**, 그러한 해석들이─비록 검토될 수는 없다고 해도─현존재를 여러 겹으로 규정하고 있다는 사실을 확인해보는 것만으로도 우리는 우리의 처지에 대해서 이미 충분히 아는 셈이다.

115 이제 우리는 이렇게 물음을 새롭게 던져보기로 하자. 이러한 문화진단들이 비록 아주 상이한 방식이기는 하지만 우리에게서 들을 귀를 발견한다면, 이때 여기에서는 무슨 일이 일어나는가? 이러한 수준 높은 언론이 우리의 '정신적' 공간을 충족시키거나 심지어 그것을 전반적으로 에워싼다면, 거기에서 무슨 일이 일어나는가? 그것은 그저 하나의 유행일 뿐인가? 만일 사람들이 그것을 '유행철학'이라고 지칭하고 그로써 그것을 과소평가한다고 해서, 어떤 것이 극복되는가? 우리는 그렇게 값싼 수단들을 잡아서도 안 되고 또 잡을 생각도 없다.

우리는 이러한 문화철학이 어쨌거나 우리가 처해 있는 오늘날의 인간을 서술하고는 있지만, **우리 자신**을 붙잡지는 못하고 있다고 말했다. 더군다나 그것은 우리 자신을 파악할 가능성을 놓치고 있을 뿐 아니라, 우리에게 세계역사 속에서의 한 역할을 지정해줌으로써 우리를 우리 자신으로부터 풀어준다. 문화철학은 우리를 우리 자신으로부터 풀어주며 그래서 그것은 동시에 인간학이 된다. 도피와 뒤바뀜, 가상과 상실이 더욱더 심해지고 있다. 이제 **결정적인 물음**은 다음과 같다. 우리가 우리에게 이러한 역할을 내주고 있고 또 내주어야만 한다면, 이때 그 사실에는 무엇이 놓여 있는가? 우리에게 우리 자신이 너무나 **무의미하게** 되어버려서 우리가 어떤 역할을 필요로 하는 것인가? 어째서 우리는 우리 자신을 위해서는 더는 어떠한 의미도, 다시 말해 존재의 어떠한 본질적인 가능성도 발견하지 못하는가? 모든 사물들에서부터 근거를 알 길이 없는 **무관심**이 입을 벌려 우리를 삼키고 있기 때문인가? 그러나 세계적인 통상교역과 기술, 경제가 인간을 흥분시켜 활동 속에 붙잡아두고 있는데 누가 감히 무관심을 들먹거리겠는가? 그렇지만 그럼에도 불구하고 **우리는 우리 자신을 위해서 하나의 역할**을 찾고 있다. 거기에서는 무슨 일이 일어나는가 하고 우리는 물음을 새롭게 던져본다. 우리는 우리 자신이 우리에게 새삼스럽게 다시 흥미로워지도록 만들어야 하는가? 왜 그렇게 해야 하는가? 혹시 우리 자신이 우리에게, 즉 우리 자신에게 지루해졌기 때문인가? 인간 자신이 그 자신에게 지루해지고 말았는가? 왜 그런가? 결국에는 깊은 권태가 현존재의 심연을 말 없는 안개처럼 이리저리 헤집고 다니는 사태가 우리에게 벌어지고 있는가?

이렇듯 우리에게서 우리의 처지를 확실히 하기 위해서 결국 문화진단 및 예견 따위는 전혀 필요하지 않다. 왜냐하면 그것들은 우리가 우리 자신을 발견하기를 원하는 쪽으로 우리를 도와주는 대신에, 우리에게 그저 하나의 역할만을 내주고 우리를 우리 자신으로부터 풀어주기 때문이다. 그렇지만 우리는 우리 자신을 이떻게 발견해야 히는가? 히황된 자신의 반영 속에서, 즉 오늘날 정도를 넘어서버린, 영혼적인[심적인] 것에 대한 그 모든 메스꺼운 정탐 속에서 우리는 우리 자신을 발견해야 하는가? 아니면 우리가 우리에게 우리 자신을 **되돌려주어지는** 식으로, 그것도 우리가 우리 자신을 되돌려 받음으로써 우리가 우리 자신에게 **과제로 주어지는** 식으로, 즉 우리가 바로 그것이 되어야 한다는 과제를 우리가 우리 자신에게 주는 식으로, 그렇게 우리는 우리 자신을 발견해야 하는가?

그러므로 우리는 해박한 문화잡담에 홀려 우리 자신으로부터 달아나버려서는 안 되며, 그러나 마찬가지로 호기심을 부추기는 심리학의 꽁무니를 쫓아다녀서도 안 된다. 우리는 우리 자신을 발견해야 한다. 그것도 우리가 우리 자신을 우리 현존재에 붙들어 매어 이것이, 즉 '현-존재'가 우리에게 유일하게 구속력 있는 것이 되는 식으로 우리 자신을 발견해야 한다.

그렇지만 아마도 우리 가운데 그 누구도 우선은 잘 알지 못하는 저 **깊은 권태**를 지적함으로써 우리가 우리 자신을 발견하게 된다는 말인가? 설마 이렇게 의문스러운 깊은 권태가 곧 우리가 **찾고 있는**, 시급히 **일깨워야 할**, 그 **근본기분**이라는 말인가?

제2장

권태의 첫 번째 형태 :
어떤 것에 의해서 지루하게 됨

제19절 권태가 가지는 의문스러움. 이러한 근본기분을 일깨운다고 함은 곧 깨어 있도록 해줌, 즉 잠들지 않게 지켜줌

이러한 깊은 권태를 지적함으로써, 우리는 우리가 처음부터 피하려고 노력했던 바로 그것을 실행해버린 것처럼 보인다. 즉 하나의 근본기분을 확인한 것이다. 그러나 과연 우리는 하나의 근본기분을 확인했는가? 결코 그렇지 않다. 우리는 그것을 전혀 확인할 수가 없는데, 비록 확인한다고 해도 그런 것은 거기에 없다고 누구나 다 부인할 것이다. 우리는 하나의 근본기분을 거의 제대로 확인하지 못했다. 그래서 우리가 순전히 자의적으로 하나의 근본기분이 눈앞에 있다고 주장했다고 모두가 말하게 될 것이다. 근본기분을 우리가 부인하는 것인지 아니면 주장하는 것인지—이 점이 문제되고 있는 것이 아니다. 그러나 우리가 틀림없이 기억하기로는, 우리는 단지 이렇게 물음을 던졌을 뿐이다. 즉 결국에는 깊은 권태가 현존재의 심연을 말 없는 안개처럼 이리저리 헤집고 다니는 사태가 우리에게 벌어지고 있는가?

그렇지만 이러한 권태가 의문스럽게 남아 있는 한, 우리는 이 권태를 일깨울 수 없다. 아니, 그래도 어쩌면? 권태가 우리에게 의문스럽다는 말은 무엇을 일컫는가? 그 말은 우선 형식적으로는 다음과 같은 정도를 말하고 있다. 즉 권태가 우리를 두루 조율하는지 아닌지를 우리는 모른다. '우리'는 누구인가? 우리는 그것을 모른다. 이러한 권태를 우리가 모르고 잘 알지 못한다는 것, 그것은 우리가 존재하는 그 방식[어떻게]에, 즉 우리의 처지에 함께 속해 있는 사실은 아닌가? 어째서 우리는 권태에 관해 모르는가? 혹시 권태가 전혀 거기에 있지 않아서일까? 아니면 우리가 그것에 관해서 알고 싶어하지 않아서일까? 아니면 그래도 우리는 권태에 관해서 무엇인가를 알고 있는가? 우리에게는 '다만' 우리가 아는 그것을 감당할 용기가 결여되어 있을 뿐인가? 결국 우리는 권태에 관해서 알고 싶어하는 것이 아니라, 오히려 끊임없이 권태에서부터 **벗어나려고** 한다. 우리가 그렇게 권태에서부터 끊임없이 벗어나려고 할 때, 우리는 끝내 양심의 가책을 느끼게 된다. 이러한 양심의 가책에다가 핑계를 둘러대기에 급급해한 나머지 우리는, '권태에 관해서 우리는 모른다. 그러니 권태는 거기에 없다'는 것을 우리 자신에게 설득시키고 증명해보임으로써 우리 자신의 편하지 못한 마음을 달래게 된다.

우리 자신이 흔히 그렇게 말하듯이, 그 속에서 우리에게 **시간이** 길게 느껴지는 권태에서부터 우리는 어떻게 벗어나는가? 단순하게, 어느 때나 의식적으로든 무의식적으로든 시간을 죽이려고 애쓰는 식으로, 즉 그저 시간을 때우기 위해서만이라도 가장 중요하고 가장 본질적인 일거리들을 기꺼이 받아들이는 식으로 벗어난다. 누가 이 점을 부인하겠는가? 그러나 그렇다면 새삼스레, 권태가 거기에 있다는 사실을 확인할 필요가 있는가?

그렇지만 우리가 권태를 **몰아낸다**든가 **쫓아낸다**고 함은 무엇을 뜻하는가? 우리는 권태를 끊임없이 **잠재운다**. 왜냐하면 우리가 시간을 저렇게 아우성치며 죽여버린다고 해서 권태를 싹 없애버릴 수는 없기 때문이다. 우리는 권태가 어느 때나 다시 돌아올 수 있다는 것을 '안다'. 이것은 아주 기이한 앎이다. 그러니까 권태는 이미 거기에 있는 셈이다. 우리는 권태를 쫓아낸다. 우리는 권태를 잠재운다. 우리는 권태에 관해 아무것도 알고 싶어하지 않는다. 이 말은 정말이지, 우리가 권태에 관해 아무 의식도 가지고 싶어하지 않는다는 것을 결코 뜻하지 않는다. 오히려 그 말은 권태를 깨어 있게 놓아주고 싶어하지 않는다는 것을 뜻한다. 권태, 그것은 결국 그럼에도 이미 깨어 있으며, 열린 눈으로써―비록 아주 먼 데에서부터이기는 하지만―우리 현-존재 속 안으로 눈길을 던지며, 이러한 눈길로써 우리를 이미 두루 꿰뚫고 두루 조율한다.

그런데 권태가 이미 깨어 있다면, 그것은 굳이 일깨워질 필요가 없을 것이다. 그렇다. 이러한 근본기분을 일깨운다는 것은, 그것을 새삼 이제 깨어나게 한다는 것을 뜻하는 것이 아니라, 오히려 '깨어 있게 해줌', 즉 '잠들지 않게 지켜줌'을 뜻한다. 여기에서부터 우리는 하나의 근본기분을 일깨워야 하는 과제가 조금도 쉬워지지 않았음을 쉽게 짐작할 수 있다. 그 과제는 어쩌면 본질적으로 더욱더 어려워졌는지 모른다. 그것은 마치 충격으로 누군가를 깨어나게 하는 것이 그를 잠들지 않게 지키는 것보다 쉽다는 사실을 우리가 어느 때나 경험하는 것과 비슷하다. 물론 그것이 어려운가 아니면 쉬운가 하는 것이 여기에서 중요한 문제는 아니다.

이미 우리는 훨씬 더 본질적인 한 가지 어려움에 마주쳐 있다. 권태를 잠들지 않도록 해줌, 그렇게 하라는 것은 기이하거나 거의 망상에 가까운 억지요구이다. 이러한 억지요구는 인간이 날마다 시시각각 행하는 모든 자연적이고 건전한 행동과는 전적으로 어긋나는, 그것을 거스르기까지 하는 요구가 아닌가? 인간의 보통의 행동은 시간을 죽이며 정작 권태가 피어오르지 못하도록 한다. 즉 그것은 권태가 오면 그 권태를 쫓아내고 그것을 잠재운다. **우리는** 권태를 깨어 있게 놓아주어야 한다! 권태! 그것이 온갖 상이한 모양들과 베일 속에 불쑥 그 모습을 내밀어 때로는 우리를 그저 순간적으로만 덮치는가 하면 때로는 좀더 길게 우리를 괴롭히고 짓누르기도 한다는 것을 누가 모른다는 말인가? 권태가 오자마자 우리 측에서도 그것을 밀어내는 일에 착수하며 그것을 내몰려고 애쓴다는 것, 하지만 그러한 시도가 늘 성공하지는 않는다는 것, 오히려 우리가 가능한 모든 수단을 다 동원하여 그것과 몸으로 부딪칠수록 그것은 오히려 더 완강해진다는 것, 즉 번댄다는 것, 즉 더 번대며 버틴다는 것, 즉 권태는 더욱더 물러나지 않고 더 자주 우리를 찾아와 우리를 서서히 우울증의 한계에까지 몰아간다는 것, 이것을 누가 모르겠는가? 설령 권태를 쫓아내는 데에 성공해도, 그와 동시에 그리고 바로 그때 그것이 되돌아올 수 있다는 것을 우리가 모르겠는가? 그리고 이때 성공적으로 쫓아내어 사라져버린 것을 우리는 다음과 같은 기이한 앎을 가지고 살펴보지 않는가? 권태는 어느 때나 거기에 다시 있을 수 있다. 권태가 스스로를 그런 식으로 우리에게 내보인다면, 그와 같은 현상은 권태에 속한 것이 아니겠는가?

권태가 어디로 사라졌다가 어디에서부터 되돌아오고는 하기에, 그것의 이 음흉한 본질이 우리 현존재 안에서 제멋대로 구는가? 누가 권태를 모르겠는가? 그러나 그럼에도 너무나 자명한 바로 이것이 본디 무엇이라고 자유롭게 거리를 두고 말할 수 있는 사람은 누구인가? 권태가 무엇이기에, 우리는 그것과 마주하여 권태, 바로 그것을 깨어 있게 놓아주라는 억지요구를 우리 자신에게 제기하는가? 아니면 우리가 거기에서 그렇게 알고 있고 그것에 관해서 지금 이렇게 막연하게 이야기하고 있는 이 권태는 그저 현실적인 것의 한 그림자일 뿐인가? 물론 우리는 앞에서 다음과 같이 물음을 던진 적이 있으며 언제나 다시금 이렇게 물음을 던져본다. 결국에는 깊은 권태가 현존재의 심연을 말 없는 안개처럼 이리저리 헤집고 다니는 사태가 우리에게 벌어지고 있는가?

제20절 권태라는 근본기분과 이러한 근본기분이 시간과 맺는 관계 그리고 세계, 유한성, 개별화에 대한 세 가지 형이상학적 물음

이 깊은 권태가 곧 근본기분이다. 이 깊은 권태를 제압하기 위해서 우리는 시간을 죽이는데, 권태 속에서 시간이 길어지는 한 그렇다. 시간이 우리에게 길어지고 있다. 그렇다면 시간이란 무릇 짧아야 하는가? 우리 자신, 즉 우리 각자는 누구나 다 적당히 긴 시간을 원하지 않는가? 그런데 그 시간이 우리에게 길어지고 있다고 그 시간과 그 시간의 길어짐을 우리는 죽이는 것이다! 우리는 긴 시간을 가지기를 원하지 않는데 정작 긴 시간을 가진다. 권태, 긴 시간—특히 알레만 지방의 언어사용에서 볼 적에—'긴 시간을 가짐'은 우연히 그런 것은 아니지만 '[고향에 대한] 향수를 가짐' 정도를 뜻한다. 누군가가 무엇인가를 그리며 긴 시간을 가진다 = 그는 무엇인가를 그리며 향수를 가진다. 이는 우연인가? 아니면 우리는 언어의 지혜를 오직 어렵게만 파악하고 어렵게만 다 길어낼 수 있을 뿐인가? 깊은 권태—하나의 향수. 향수, 하나의 향수란—우리가 어디에서인가 듣기로는—철학함일 것이다. 권태—철학함의 한 근본기분. **권태—그것은 무엇인가?**

권태는—그것의 궁극적인 본질이 무엇이건 간에—특별히 우리의 독일 낱말에서는 **시간과의 한 관계**를, 즉 시간과 관계하는 하나의 양식을, 일종의 시간느낌(Zeitgefühl)을 드러내고 있음이 거의 분명하다. 그러니까 권태와 그것에 대한 물음은 우리를 시간문제로 이끄는 셈이다. 권태를 시간과의 한 특정한 관계로서 규정하기 위해서는, 우리는 먼저 시간의 문제에 관여해야만 한다. 아니면 사정은 오히려 거꾸로인가? 즉 권태가 우리를 이제 비로소 시간에로, 즉 **현-존재**의 밑바탕에서 시간이 진동하는 방식에 대한 이해로 이끄는가? 그리고 그러하기 때문에 우리가 우리의 습성화된 피상성 안에서도 '행동할' 수가 있고 '신중히 대처할' 수가 있는 것인가? 아니면 그 가운데 하나의 관계—권태가 시간에 대해서 맺는 관계—도 또다른 하나의 관계—시간이 권태에 대해서 맺는 관계—도 제대로 물어지지 못하고 있는 것은 아닌가?

그러나 우리가 제기하고 있는 물음은 분명 시간문제, 즉 시간이란 무엇인가 하는 물음은 아니다. 오히려 우리는 이와는 전혀 다른 세 가지 물음, 즉 세계, 유한성, 개별화가 무엇이냐 하는 물음을 제기하고 있다. 이러한 세 가지 물음의 방향과 궤도 내에서 우리의 철학함이 움직이며 버티고 있어야 한다. 더더욱이 이 세 가지 물음들은 하나의 **근본기분**에서부터 우리에게 솟아 나와야 한다. 이러한 근본기분, 즉 깊은 권태, 그것이 무엇인지를 우리가 이미 알고만 있다면, 아니면 그것에 의해서 우리가 두루 조율되어 있기만 하다면! 하지만 사정이 그러하다고 가정해볼 적에, 즉 이러한 근본기분에 의해서 우리가 두루 조율되어 있다고 가정해볼 적에, 권태가 도대체 세계, 유한성, 개별화에 대한 물음과 무슨 관계가 있는가? 들여다볼 수 있는 것이 있다면 그것은, 권태라는 이러한 근본기분이 시간 및 시간문제와 연관되어 있다는 사실이다. **아니면 세계, 유한성, 개별화에 대한 물음들이 결국은 시간에 대한 물음과 연관되는가?** 세계가 생겨나왔고 이 세계와 아울러 시간이 비로소 생겨나왔다는 사실, 세계와 시간, 그 둘은 똑같이 오래되었고 똑같이 근원적이고 근친적이라는 사실에 대한 태곳적의 확신이 있지 않은가? 유한한 것이 곧 시간적인 것이라는, 덜 존중받는 자명한 견해도 있지 않은가? 그러니까 유한성도 세계와 마찬가지로 시간과 같이 자라나와 있다는 것이다. 개별자는 그것의 그때마다의 시간자리에 의해서 다름 아닌 바로 그 개별자가 된다고 하는 형이상학의 옛 학설을 우리는 잘 알고 있지 않은가? 그렇다면 첫 번째로 언급한 세계에 대한 물음과 유한성에 대한 물음이 그렇듯이 개별화의 문제 또한 일종의 시간문제일 것이다. 시간은 그편에서는 **우리에 대해서** 일종의 권태라는 관계를 맺고 있다. 따라서 이러한 권태야말로 우리의 철학함의 근본기분인 셈이며, 그러한 철학함 속에서 우리는 세계, 유한성, 개별화에 대한 세 가지 물음들을 전개시킨다. 이때 시간이라는 그 자체가 곧, 이러한 세 가지 주도적인 물음들을 작업해내는 가운데 우리를 규정하는 그런 어떤 것이다. 시간이 권태와 연관되어 있고 이러한 시간이 다른 한편으로는 어떻게든 저 세 가지 물음들을 위한 토대라면, 이 경우 권태라는 근본기분은 인간 현존재 안에서 하나의 특출난 시간관계를 이루고 있는 셈이며 그로써 그것은 또한 저 세 가지 물음들에 대답할 하나의 특출난 가능성을 만들어주는 셈이다. 아마도 이 모든 이야기는 실제로도 그러할 것이다. 그러나 사정이 그러하더라도, 지금 말한 이야기는 아직은 어두운 하나의 폭넓은 전망을 그저 잠정적으로 겨우 깨서 열어보이는 것으로 남아 있을 뿐이다. 그 모든 이야기는 앞에서 언급한 세 가지 형이상학적 물음들과 맞대결하려는 의도에서 우리가 권태에 관여해야 하는 **지금**, 우리가 빠져들고 있는 당혹스러운 처지를 좀더 잘 이해할 수 있도록 해주는 데에만 도움이 되어야 한다.

왜냐하면 권태가 어느 정도까지 우리의 근본기분이어야 하고 어느 정도로 명백히 하나의 본질적인 근본기분이어야 하는지, 바로 이 점이 우리에게는 어둡게 남아 있기 때문이다. 어쩌면 우리에게는 아무것도 공감되지 않으며 아무런 설득력이 없는지도 모른다. 그 이유는 어디에 있는가? 이러한 권태를 우리가 모르는 까닭은 어쩌면 우리가 이 권태를 도대체 그것의 **본질**에서 이해하지 못하기 때문인지도 모른다. 우리가 권태의 본질을 이해하지 못하는 까닭은 어쩌면 이 권태가 우리에게 아직 **결코 본질적일 수 없**기 때문인지도 모른다. 그리고 결국 이 권태가 우리에게 본질적일 수 없는 까닭은 권태가 우선 대개 우리가 일상적으로 쫓아내는 기분일 뿐 아니라 그런 기분들이 들 때조차도 그 기분들이 우리를 조율하도록 놓아두지 않는 기분이기 때문이다. 이런저런 특정한 것이 우리를 지루하게 할 적에, 그것이 우리를 불쾌하게 민드는 한, **우리는 권태를 곧**바로 떨쳐버리려고 애쓴다. 그러나 이때의 권태보다는 어쩌면 가끔가다가 그저 흡사 우리 곁을 획 스쳐 지나가버리는 듯한 권태가 오히려 더 본질적인 권태인지도 모른다. 우리를 기분 좋게 만들지도, 그렇다고 기분 나쁘게 만들지도 않으면서도 마치 우리가 도대체 조율되고 있지 않은 듯이 그렇게 우리를 조율하는 그런 권태가 어쩌면 더 본질적인 권태인지도 모른다.

이러한 **표면적 권태**가 우리를 깊은 권태 안으로까지 데려다주어야 한다. 아니, 좀더 적당한 말로 이 표면적 권태가 스스로를 깊은 권태로서 드러내어 우리를 현존재의 밑바탕에서 두루 조율해야 한다. 이러한 일시적이고 잠정적인 **비본질적인** 권태가 **본질적인** 권태로 되어야 한다. 어떻게 그렇게 되도록 할 수 있는가? 우리가 우리 자신 속에 권태를 일부러 드러내놓고 만들어내기라도 해야 하는가? 결코 그렇지 않다. 그러한 관점에서 본다면 우리는 아무것도 시도할 필요가 없다. 오히려 정반대로 우리는 이미 언제나 너무나 많은 것을 시도한다. 만약 우리가 이러한 권태를 거스르지만 않는다면, 만약 우리가 그 권태에 대해서 우리 자신을 방어하려는 즉각적인 반응을 항상 보이지는 않는다면, 만약 우리가 이러한 권태에 오히려 여지를 내준다면, 바로 그때 권태는 스스로 본질적이게 될 것이다. 이렇게 이 권태에 여지를 내주는 것, 즉 그것에 **즉각 맞서지 않고** 오히려 그것이 **끝까지 진동하도록 놓아두는** 것이야말로 우리가 이제 새삼 배워야 할 일이다.

그러나 우선은 본질적이지 않으며 붙잡기 어려운 그 권태에 어떻게 여지를 내줄 수 있는가? 그것은 오직 이렇게 가능할 뿐이다. 우리가 이 권태를 거스르지 않고 오히려 우리에게 가까이 오게 하여 그것이 원하는 것이 도대체 무엇인지, 도대체 그것은 어찌 된 일인지를 우리에게 말하도록 놓아두면 된다. 그러나 그렇게 하기 위해서는, 우리가 그렇게 권태라고 부르고 우리가 겉으로만 아는 바로 그것을 일단은 막연한 상태에서부터 비로소 끄집어내와야 한다. 그러나 그 모든 것을 심적 체험을 해부하는 식으로 해서는 안 된다. 오히려 그로써 우리가 우리 자신에게 더욱 가까이 가는 식으로 해야 한다. 누구에게? 우리 자신에게, 하나의 **현-존재로서의 우리 자신**에게. (애매성!)

제21절 지루한 것을 출발점으로 삼아 권태를 해석해보기. 지루한 것이란 곧 '잡고 있는 것'이자 '공허 속에 놓아두는 것'임. 다음과 같은 세 가지 통속적 해석도식들이 지닌 의문스러움 : 원인-작용-관계, 영혼에 내재한 것, 옮겨씌우기

권태!* 지금까지 이야기한 것을 모두 종합할 적에, 우리는 이제 권태에 관해서 이미 여러 가지를 말했다. 그리고 이것은 확실하다. 즉 우리는 권태를 아직은 기분으로서 이해하고 있지 않다. 우리가 이미 알고 있고 이제 잊지 말아야 할 것은 이것이다. 즉 이런저런 기분을 해석하는 것이 새삼스럽게 문제되는 것이 아니라, 기분을 이해하는 일은 우리에게 마침내 인간을 근본적으로 파악하는 데에 일종의 변화를 요구한다. 올바로 이해된 기분이 비로소 우리에게 인간 현-존재를 그 자체로서 파악할 가능성을 준다. 기분들이란 체험들의 영역 자체와 체험들의 질서는 침해받지 않은 채 남아 있게 되는 그런 체험등급 매김의 한 부류가 아니다. 그러므로 처음 시작부터 우리가 권태에서부터 의도적으로 출발하지 않는 까닭은, 만약 우리가 그렇게 할 경우 마치 우리의 의식 속에 나타나는 심적 체험 하나를 분석해들어가는 것처럼 보일 것이기 때문이다. 우리는 권태에서부터 본격적으로 출발하지 않고, 오히려 **지루함**(Langweiligkeit)*에서부터 출발해보기로 124 한다. 형식적으로 말하자면, 지루함이란 만약 어떤 **지루한 것이 지루하게 하면서**(langweilend) 있을 경우, 그 지루한 것을 그것이 무엇인바 그것이게 하는 바로 그것이다.

어떤 **지루한 것***—어떤 한 사물, 어떤 한 권의 책, 어떤 한 편의 연극, 어떤 하나의 축제행사, 심지어 어떤 한 사람, 어떤 한 모임, 심지어 어떤 한 주변 또는 어떤 한 지역—그것이 곧 권태 자체는 아니다. 아니 어쩌면 권태조차도 결국에는 지루할 수가 있지 않을까? 우리는 이 물음을, 우리 자신이 이 물음에로 인도될 때까지는 열린 채 뒤로 미루어두기로 한다. 지

루한 것이 그것의 지루함에서 그리고 그 지루함을 통해서 우리 안에서 권태를 자아내기 때문에 우리는 지루한 것을 알게 된다. 지루한 것에 의해서 우리는 지루해지게 되고, 그래서 우리는 거기에서 지루해한다. 이렇듯 이미 다음과 같이 여러 겹으로 된 귀결이 나온다. 1. 그 지루함에서 지루한 것. 2. 그러한 지루한 것에 의해서 지루해짐, 그리고 그러한 지루한 것 곁에서 **지루해함**(das Sichlangweilen).* 3. 권태 자체. 이 세 개의 항들은 한데에 함께 속하는가? 아니면 단지 첫 번째 항과 두 번째 항만이 한데에 함께 속할 뿐인가? 아니면 이 세 개의 항들은 도대체 각기 서로 다른 측면들을 띠는 하나일 뿐인가? 어쩌면 세 개의 항들이 그저 나란히 놓여 있다는 그것이 결코 문제가 아닐 것이다. 그렇다면 그 세 개의 항들은 서로 어떤 관계에 있는가? 세 번째 항에서 언급된 내용은 단지 첫 번째 항과 두 번째 항의 종합요약일까? 이 모든 것이 의문으로 남아 있다. 하지만 우리는 어쨌든 이미 다음과 같은 한 가지 점만은 보고 있다. 즉 권태란 단순히 영혼에 내재한 심적 체험의 하나는 아니라는 것, 오히려 권태와 관련이 있는 어떤 것이, 즉 지루해함을 피어나게 하는 그런 어떤 **지루하게 하는 그것이, 사물들 자체에서부터** 곧바로 우리에게 마주해 오고 있다는 것이다. 권태는 도리어 아주 밖에 있고, 지루한 것에 자리를 잡으며, 밖으로부터 우리 속으로 몰래 숨어든다. 기이하다! 이것을 파악하기가 우선은 너무나 어려운 만큼, 우리는 **일상적인** 이야기와 태도와 판단이 표현해내고는 하는 바로 다음과 같은 사실을 좇지 않을 수 없다. 즉 사물들 자체가, 사람들 자체가, 행사들, 지역들 자체가 **지루하게** 있다고 말이다.

그러나—사람들은 즉각 이렇게 대꾸할 것이다—권태를 해석하는 데에 지루한 것에 대한 성격규정으로 시작하려고 시도한다고 해서 그게 무슨 도움이 되겠는가? 왜냐하면 우리가 이러한 지루한 것에 단초를 정하자마자 우리는 다음과 같이 말하게 되기 때문이다. 즉 지루한 것이란 곧 우리를 지루하게 하는, 그러니까 우리에게 권태를 자아내는 바로 그것이라고 말이다.

그럼에도 불구하고 우리는 지루함에서 무엇이 지루한 것인지를 오직 권태에서부터만 이해할 수 있으며 그 반대는 아니다. 그러니까 우리는 반드시 권태 자체와 더불어 시작하지 않으면 안 된다. 그것은 분명 납득할 수 있는 고려라고 볼 수 있다. 그렇지만 그럼에도 그러한 고려는 문제 전체를 덮어 버리는 하나의 착각에 기인한다. 특정한 사물들과 사람들이 우리 안에서 권태를 자아낸다는 것은 도대체 무엇을 말하는가? 왜 다른 사물들, 다른 사람, 다른 지역이 아니고 하필이면 바로 이 사물들, 저 사람, 이 지역인가? 더 나아가, 이 사물이 왜 지난번에는 지루하게 하지 않다가 하필이면 지금 지루하게 하며, 그리고 조금 전에 지루하게 하던 것은 무엇이기에 그것이 갑자기 더는 전혀 지루하게 하지 않는가? 분명 그 모든 것에는 우리를 지루하게 하는 어떤 것이 존재하고 있음에 틀림없다. 그것은 무엇인가? 그것은 어디에서부터 오는 것인가? 우리는 우리를 지루하게 하는 바로 그것이 권태를 자아낸다고 말한다. 이러한 **자아냄**(Verursachen)이란 무엇인가? 그것은 이를테면 다음과 같은 경우에 상응하는 과정은 아닌가? 마치 날씨가 추워지면서 이 추위가 온도계의 수은주를 내려가도록 야기하는 것과도 같은 그런 경우 말이다. 원인-작용이라니! 멋있다! 그것은 이를테면 마치 하나의 당구공이 다른 당구공에 부딪히고 그렇게 해서 그 첫 번째 당구공이 두 번째 당구공의 운동을 야기하는 것과도 같은 과정이 아닌가?

서로 접촉하거나 서로 부딪히는 두 개의 물체들과 관련해서 우리가 표명하듯이, 이러한 원인-작용-관계는 이미 그것 하나만으로도 더할 나위 없이 곤란한 문젯거리이다. 설령 그것을 오롯이 제쳐누고서 본다고 해도, 우리는 이러한 [원인-작용-관계의] 길 위에서는 결코 문제를 풀지 못할 것이다. 지루한 것은 어떻게 지루하게 하는가? 어떻게 그와 같은 일이 가능한가? 내가 항상 거듭 강조하는 점은 우리가 다음과 같은 실상을 슬그머니 숨겨 버려서는 안 된다는 것이다. 즉 우리는 **사물들 자체를** 지루한 것으로 발견하고 있으며 그리고 그 사물들에 관해서 우리는 그 **사물들 자체가** 지루하다고 말하고 있다. 거기에서 우리에게 영향을 끼치는 그 지루한 것이 그 지루함에서 무엇인지를, 비록 결정적으로는 아니더라도, 첫 번째로 말해야 한다는 과제로부터 우리는 결코 빠져나올 수 없다. 그래서 우리는 지루한 것의 지루함에 대해서, 그것은 무엇인가 하고 물음을 던지는 것이다. 우리는, '지루한'이라는 말이 무엇을 뜻하는가 하고 물음을 던져보기로 하며 그리고 그와 동시에 다음과 같이 물음을 던지기로 한다. 즉 그것은 어떤 속성인가?

우리는 어떤 것을 지루한 것으로 발견하고 있다. 우리는 그것을 그렇게 발견하며 이렇게 말한다. 즉 그것은 지루하다[지루하게 있다]고 말이다. 그럼에도 불구하고 만약 그렇게 우리가 이런저런 것이 '지루하다'라고 말하며 생각한다면, 우리는 그것이 권태를 자아내고 있거나 우리 안에 권태를 자아내었거나 우리를 지루하게 하고 있다는 사실에 대해서 우선 더 이상은 즉각 사유하고 있지 않은 셈이다. '지루한'이라는 표현은 일종의 **객체적** 성격이다. 예를 들면 어떤 한 권의 책이 있다. 그 책은 형편없이 쓰였고, 그 책의 인쇄와 장정은 볼품이 없다. 그 책은 **지루하다**. 그 책 자체가―그 자체로―지루하다. 즉 그 책은 우리에게만, 즉 우리가 읽기에만 그리고 우리가 그 책을 읽고 있는 자리에서만 지루한 것이 아니라, 오히려 그 책 자체가, 즉 그 책의 됨됨이가 지루하다. 우리가 이러한 지루한 책을 읽고 있다고 해서 꼭 우리가 반드시 지루해하고 있다고는 볼 수 없을 것이다. 마치 이와는 거꾸로, 어떤 재미있는 책이 강독되고 있음에도 불구하고 우리가 지루해하고 있을 수도 있듯이 말이다. 우리는 이것을 잠시 상세하게 살펴보기로 한다.

'지루한(langweilig)'! 이 말로써 우리는 '질질 끄는(schleppend)', '단조로운(öd)' 등을 뜻한다. '그 책은 짜릿하지가 않다', '그 책은 흥미를 불러일으키지 않는다', '그 책은 내용이 알차지 못하다', '그 책은 우리에게 아무것도 말해주는 것이 없다', '그 책은 전혀 우리의 관심을 끌지 못한다'. 그것은 그렇지만 아직은 본질규정이 아니고, 그저 우선 가까이 놓여 있는 해설일 뿐이다. 그러나 지루한 것을 우리가 그런 식으로 해설하고 있다면, 우리는 우리도 모르게 다른 데에로 옮겨간 셈이다. 거기에서 우리는 그 책이 우선적으로 띠는 지루함의 객체적인 성격을 다음과 같은 어떤 것으로서 해석하고 있다. 즉 우리에게 이렇게 저렇게 와닿고 그리하여 주체들인 우리에 대해서 즉 우리의 주체성에 대해서, 이렇게 저렇게 관련을 맺고, 우리에게 이렇게 저렇게 영향을 끼치고 기분을 조율하는 어떤 것으로서 말이다. 지루함은 이 경우, 이를테면 책의 엉성한 장정이 그러한 것처럼 그렇게 오로지 그 책의 객체적인 속성에만 제한되는 것이 결코 아니다. 그러므로 '지루한'이라는 성격은 **객체에 귀속된** 것이면서 동시에 **주체에 관련된** 것이라고 볼 수 있다.

그럼에도 불구하고 우리가 좀더 가까이에서 살펴볼 경우, 책의 장정이 엉성하게 되어 있다는 사정은 오직 지루함에만 해당할 뿐이지 그 책의 속성에 해당하지는 않는다. '엉성하게(schlecht)'라는 말은 여기에서 '볼품없이 (geschmacklos)'라는 것을 뜻하며, 그리고 이때 이미, 저 객체적인 성격도 주체에 관련되어 있다는 것이 드러나고 있다. 우리 속에 호감을 불러일으키기는커녕 도리어 그와는 반대가 되는 느낌을 불러일으키는 그것을 우리는 볼품이 없다고 한다. 하지만 '엉성한 장정'이라는 말은 물론 그 책의 장정이 고급스럽지 않은 재료, 진짜가 아닌 재료, 특히 질기지 못한 재료로 제작되어 있음을 뜻할 수도 있다. 그러나 재료 자체의 성격이 의미되고 있는 이러한 경우에서조차도 주제관련성은 빠져 있지 않다. 그렇다면 '질기지 못한', '오래가지 않는' 따위의 말은 무엇을 일컫는 것인가? 그것은 곧, 우리에 의해서 오래 요구되고 우리에 의해서 오래 수행되는 그런 오랜 사용 속에서, 그런 사용이 지속되는 동안을 고려한 표현이다. 그러니까 이러한 [재료 자체의] 성격도 책과 책의 장정을 다루는 우리의 취급과 연관되어 있다. 그러니까 겉으로 보기에 사물들의 객체적인 속성들인 것처럼 보이는 그러한 것들도 주체에 관련되어 있다. 따라서 객체에 귀속되어 있으면서 주체에 관련되어 있다는 것은 '지루한'이라는 속성을 위해서 특출난 어떤 것을 전혀 제시하지 못한다. 오히려 개개의 모든 속성이 그렇게 객체에 귀속되어 있으면서 주체에 관련되어 있다. 그렇지만 한 권의 책이 띠는 지루함이라는 성격은 그 책이 형편없이 쓰였다거나 하는 따위의 그런 계기와는 전혀 다른 어떤 것이라고 하는 점을 우리는 어떻게든 감지하고 있다.

물론―사람들은 이렇게 대꾸할 것이다―사물들이 속성들을 그 자체로 지니는 것이 아니라 오히려 속성들이란 주체들로서의 우리가 객체들에 옮겨씌우는 표상들이며, 이념들이라는 것은 그렇지 않아도 모든 관념론적 철학이 그전부터 표방해온 오래된 진리이다. 분명 그 점은 바로 우리의 경우에서는, 즉 지루함이라는 성격에서는, 아주 명확하다. 다만 우리의 이 경우는 일반적으로 규정된 사실에 대한 한 가지 보기일 뿐이다. 모든 그와 같은 속성들―'지루한', '산뜻한', '슬픈' (사건), '즐거운' (놀이)―이처럼 기분에 적합한 속성들은 특별한 의미에서 주체에 관련되어 있다. 그뿐만이 아니다. 그러한 속성들은 주체와 주체의 상태들에서부터 직접 생겨나온다. 사물들이 먼저 우리 속에 기분들을 자아내면, 우리는 나중에 그 기분들을 사물들에 옮겨씌운다. 나를 위해서 이미 아리스토텔레스의 시학 이래로 '은유 (Metapher, μεταφορά)'라는 표현이 사용되고 있다. 이미 아리스토텔레스는 그의 시학에서, 언어와 시작(詩作)적인 묘사 속에는 특정한 발언행위와 각인행위들이 있는데 이러한 행위들을 하는 가운데 우리는 사물들이 우리에게 자아내는 슬픔, 산뜻함, 지루함과 같은 기분들을 우리 자신에서부터 사물들에다 옮겨씌운다(übertragen, μεταφέρειν)는 점을 보고 있다. 시인의 언어와 일상적인 언어사용에 그러한 은유들이 두루 배어 있다는 사실을 우리는 분명 학교에서 배워서 알고 있다. 우리는 어느 '미소 짓고 있는 초원'에 관해서 이야기하고는 한다. 그렇다고 해서 우리가 이때 초원 자체가 미소 짓고 있다는 것을 의미하는 것은 아니다. 어느 '산뜻한 방', 어느 '우울한 풍경'에 관해서도 우리는 이야기하고는 한다. 분명 그 풍경 자체가 우울한 것은 아니다. 오히려 그 풍경이 우리를 그렇게 우울하게 느끼게 하고 우리 속에 이러한 우울한 기분을 자아낼 뿐이다. 그러한 사정은 '지루한 책'에도 해당된다.

확실히 그것은 일반적인 견해이고 설득력 있는 설명이다. 하지만 그로써 무엇인가가 설명되었는가? 우리 속에서 자아내어진 기분의 영향을 우리가 사물들에다 옮겨씌운다는 점을 우리가 이미 일단 시인한다고 치자. 그렇다면 왜 우리는 그러한 기분의 성격들을 사물들에다 옮겨씌우는가? 그것이 분명 우연적으로나 자의적으로 일어나는 것은 아닐 것이다. 오히려 그러한 일이 일어나는 까닭은 명백히 **사물들** 자체에서 우리가 어떤 것을 발견하기 때문인데, 그 어떤 것이 흡사 우리로 하여금 사물들을 다르게가 아니라 그렇게 호칭하고 명명하도록 우리에게 요구하고 있다. 이러한 사실을 우리는 손쉽게 설명해버려서는 안 된다. 즉 우리가 풍경을 우울하게, 방을 산뜻하게, 책을 지루하게 발견하는 바로 거기에서 무엇이 벌어지는지에 대해서 우리가 명확히 알기 전까지는 말이다. 거기에서 우리가 어떤 것을 '옮겨씌우고 있다'는 점을 우리가 이미 일단 시인하더라도, 그 경우 그것은 다음과 같은 생각 속에서 일어난다. 즉 사물에다 옮겨씌워지는 그것은 그 사물이 어떤 방식으로든 자체 내에 지니는 그것이라고 말이다. 그럼에도 불구하고 적어도 물어질 수 있고 또 심지어 물어지지 않으면 안 될 물음은 다음과 같다. 대관절 거기에서 기분을 자아내거나 또는 **옮겨씌움을 요구해오는 바로 그것은 무엇인가**? 그러나 만약 그것이 사물들 자체 속에 이미 놓여 있다면, 이때 우리는 단순하게 '옮겨씌움'이라고 이야기할 수가 있는가? 이 모든 것은 분명 그렇게 자명하지 않다. 그렇다면 우리는 더 이상 어떤 것을 옮겨씌우고 있는 것이 아니라, 오히려 그런 어떤 것을 어떤 방식으로든지 **사물들 자체로부터 받아들이고** 있는 셈이다.

이와 같은 고려로써 우리가 얻은 성과는 무엇인가? 전혀 아무것도 없다.

지루한 것 그 자체에 대한 정의와 관련해서 볼 적에 그렇다. 어쩌면 우리는 뜻밖에 더욱 일반적인 문제, 즉 그것은 도대체 어떤 속성인가 하는 문제와 마주쳐 있는지도 모른다. 우리는 지금—우선은 밖으로부터 단초 잡힌 대략적인 성격규정에서 볼 적에—단지 다음과 같은 정도만을 보고 있을 뿐이다. 즉 이러한 성격들은 한편으로는 객체적 성격들이고 객체들 자체에서, 객체들 자체에서부터 끄집어낸 성격들이며, 그러면서 동시에 그것들은 또한 주체적 성격들이며 통상적인 설명에 따르면 주체들에서부터 객체들에 옮겨씌워진 성격들이다. 그러니까 '지루한'과 같은 성격들은 객체에 귀속된 것이면서 또한 주체에게서 끄집어내온 것이다. 그러나 이러한 두 가지 측면은 모순되고 양립될 수 없는 규정들이다. 어쨌든 우리는 어떻게 그 두 가지 규정들이 그것들의 통일성에서 가능한가 하는 점은 보고 있지 않다. 또한 혹시 이러한 이중적 성격이 도대체 실상을 실제로 적중시키고 있는지, 아니면 그 이중적 성격이 겉으로는 아무리 자명한 것처럼 보이더라도 이미 애초부터 실상을 손상시키고 있는 것은 아닌지와 같은 점도 결정되어 있지 않다. 그러나 어떤 사물이 띠고 있는 지루함이라는 속성의 일반적 성격에 대해서 그토록 우리가 불명확함 속에 놓여 있다면, 어떻게 우리가 이러한 특별한 속성을 올바른 방식으로 해설할 수 있으리라고 희망할 수 있는가? 이때 우리에게 모자라는 것이 있다면 그것은 단순히 취급방법들이 아닌가? 물론 그렇다. 거기에서는 오직 한 가지만이 귀결되어 나올 뿐이다. 즉 우리가 그렇게 어려움들에 의해서 에워싸여 있다면, 그럴수록 더욱더 시야를 열어두어야 한다는 것이다. 우리가 성급한 이론들을 가지고서—그리고 비록 이것들이 아무리 관례화되어 있고 인정받고 있다고 할지라도—실상들을 설명해버리기를 원하지 않는 까닭은 바로 여기에 있다.

우리는 지루함 및 지루한 것에 대한 첫 번째 성격규정으로 되돌아가 보기로 한다. 그 첫 번째 성격규정으로써 우리가 무엇을 의미하고 있는지를 우리는, 어떻게 우리가 이러한 성격을 그것의 의미연관 안에 제대로 놓고 있는지 실펴보면서 다시 불러내 보기로 한다. 여기에서부터 우리는 다음과 같은 두 가지를 끄집어낼 수 있다.

1. 우리는 이렇게 말한다. 즉 그 책은 '질질 끌고 있다', 그 책은 '단조롭다'. 우리가 '**지루한**'이라고 호칭하는 바로 그것을 우리는 **사물 자체**에서부터 길어내고 있고 그것을 또한 사물에 귀속되는 것으로서 의미하고 있다.

2. 이와 동시에 우리는 이렇게 말한다. 즉 '그 책은 짜릿하지가 않고 흥미를 불러일으키지 않는다', '그 책은 내용이 알차지 못하다', '그 책은 전혀 우리의 관심을 끌지 못한다'. 비록 우리가 아주 즉흥적으로 말을 바꿔 쓰며 해설하고 있기는 하지만, 우리가 이야기하고 있는 것은 어떤 성격에 관한 것인데, 그 성격은 뜻밖에도 그것 나름의 고유한 내용을 가지지 않고, 오히려 그것의 본질적인 것은 바로 **우리하고의 연관**에, 즉 우리에게 와닿거나 와닿지 않는 그런 양식에 놓여 있다.

지금까지 우리는 주체하고의 연관만을 강조해왔고, 그것으로 말미암아 깜짝 놀랐으며 어쩌면 이미 길도 잘못 들었는지 모른다. 그러나 우리가 완전히 간과해버린 점은, 우리가 거기에서 즉각 바꿔 쓰면서 지루함의 이러한 성격을 어떻게 해설해야 하는지 그 양식이다. 바로 그 점이 중요하다. 우리는 지루한 것이 곧 우리 속에서 권태를 **자아내는** 바로 그것이라고 결코 말하지 않았다. 우리가 그렇게 **말하지** 않은 의도는 이를테면 동일한 것을 동일한 것을 통해서 설명하는 일(동어반복)을 피하기 위해서만이 아니다. 왜냐하면 거기에 그것이 놓여 있는 것은 아니기 때문이다. 우리는 다음과 같은 점에 대해서도 전혀 **사유하지** 않았다. 즉 지루한 것의 **지루함**은 권태를 **자아내는** 데에 존립한다는 점 말이다. 우리가 여기 이 점에 대해서—이러한 해석에 대해서—사유하지 않은 까닭은 우리가 그 점에 대해서 전혀 아무것도 경험해본 적이 없기 때문이다. 왜냐하면 이미 언급한 대로 책을 읽고 있으면서 우리가 전혀 지루해했던 적이 없고 우리 속에서 권태가 야기되는 '느낌을 가져본 적'이 없다는 것이 확실히 가능하기 때문이다. 그러나 그럼에도 우리는 책을 지루하다고 부르는데, 이때 우리는 거짓된 어떤 것을 말하는 것도, 더더욱이 거짓말을 하는 것도 아니다. 우리가 책을 아무런 거리낌 없이 지루하다고 부르는 까닭은, 우리가 **아무런 거리낌 없이** '지루한'이라는 말을 '권태를 야기하는'이라는 말과 같은 뜻인 것처럼은 결코 이해하지 않기 때문이다. 우리는 '지루한'이라는 말을 '**질질 끄는**', '**단조로운**'이라는 뜻으로 아무런 거리낌 없이 받아들이고 있는데, 그것은 '무관심한(gleichgültig)'을 뜻하는 것이 아니다. 왜냐하면 만일 어떤 것이 질질 끌고 있고 단조롭다고 한다면, 그 경우 거기에는 다음과 같은 사실이 놓여 있기 때문이다. 즉 그것이 우리를 완전히 무관심하게 내버려둔 것이 아니라 오히려 거꾸로, 우리는 책을 읽고 있고 읽느라 노력하고 있기는 한데, 거기에 몰입되지는 못한다는 것이다. '질질 끈다'라는 말은, '그것이 휘어잡지 못하고 있다'는 것을 말한다. 우리는 노력하고 있기는 하지만 몰입하지는 못하고, 간신히 그저 **잡혀** 있기만 할 뿐이다. '단조롭다'라는 말은, '그것이 우리를 만족시키지 못하고 있다', '우리가 **공허 속에 버려져 있다**'는 것을 말한다. 만일 우리가 이러한 계기들을 그것들의 통일성에서 좀더 명확하게 함께 본다면, 그 경우 우리는 어쩌면 다음과 같은 어떤 **일차적인 것을 획득**하거나, 또는—좀더 조심스럽게 말해서—본래적인 해석 가까이에서 움직이고 있는지도 모른다. 즉 '지루하게 하는 것', 즉 '지루한 것'이란 곧 '**잡고 있는 것**'이면서도 '**공허 속에 놓아두는 것**'이라고 말이다.

잘 주의해서 보면, 어떤 것이 우리 속에서 야기되고 있다든가 권태의 상태가 불러일으켜지고 있다든가 하는 그러한 전체적인 입장은 이제 더는 등장하고 있지 않다. 권태가 우리 속에 야기되어 있다고 하는 점에 관해서는 우리는 이야기하고 있지 않다. 그럴지 모르지만 그것을 우리가 단지 바꿔 쓰고 있을 뿐이지 정작 '권태가 자아내어져 있다'라고 생각하고 있을 수도 있다. 결코 그렇지 않다. 오히려 우리가 말하고자 하는 것은 이것이다. 즉 우리는 이렇게 저렇게 와닿음을 받고 있으며 그리고 거기에 이러저러하게 처해 있다. 하지만 사정은 거의 그렇지만도 않다. 왜냐하면 일차적으로 우리가 말하고자 하는 것은 단지 어떻게 그 책이 우리에게 영향을 미쳤는가 하는 점만이 아니라 그 책 자체가 어떠한 성격을 띠는가 하는 것이기 때문이다. 그런 까닭에 우리의 말은 다음을 뜻한다. 즉 그 책은 그것이 누군가에게 이렇게 저렇게 와닿을 수 있고 그 누군가를 거기에 이렇게 저렇게 처하도록 놓아줄 수 있는 식으로 존재한다. 그러나 우리가 정작 표현하고자 하는 것은 그 점이 아니라 바로 다음과 같은 점이다. 즉 그 책은, 이제 억눌려져 있는 것으로 우리가 알고 싶어하는 그런 어떤 기분 속으로 우리를 데려온다는 식으로 그렇게 존재한다.

사실상 전혀 '불러일으켜져' 있지 않은 어떤 기분에서부터 우리는 이야기를 시작하고 있는데, 그것은 우리 속에 자아내어질 수 있을 만한 어떤 가능적 영향과는 관련되어 있지 않다. 그렇기 때문에 우리는 그것을 영향을 자아내는 사물에 옮겨씌울 수도 없다. 또한 우리가 거기에서부터 이야기를 시작하는 바로 그 기분은, 단지 순수 가능성에서만 불러일으켜질 수 있는 그런 기분도 아니다. 오히려 그것은, 그것이 어느 **때나 피어오를 수 있으리라는 것**을 우리가 알고는 있지만, 그것을 억누르며 그것이 일어나도록 놓아두고 싶어하지 않는 기분이다. 거기에 무슨 구별이 있는가? 우리는 이렇게 말한다. 즉 우리는 어떤 하나의 기분에서부터 이야기를 시작하는 것이지, 어떤 하나의 **자아내어진** 영향에서부터 이야기를 시작하는 것**은 아니라**고 말이다. 즉 우리는 아마도 우리를 가능의 방식으로 덮치는 그런 어떤 가능의 기분에서부터 이야기를 시작하고 있다. 하나의 기분에서부터 우리는 어떤 것을 이렇게 저렇게 발견하여 그것을 그런 것으로 호칭한다. 이 말은, 하나의 **영향**과 그것의 성격을 그러한 **영향**을 야기하는 원인에 **옮겨씌운다**는 것을 뜻하지 않는다.

그런데 우리는 이 모든 논의를 행해서 단 한 걸음이라도 진척을 보았는가? 전혀 그렇지 않다! 오히려 반대로 이제 모든 것이 더욱 혼미 속으로 빠져들고 말았다. 그 단순한 사태의 정황—어떤 한 권의 책을 지루하다고 부르는 것, 다시 말해서 그 책이 우리 속에서 권태를 자아낸다는 것—이 완전히 엉클어지고 말았으며 그리고 억지로 뜯어 맞추어진, 알아듣기 힘든 방식으로 해석되고 말았다. 그러나 그럼에도 불구하고 우리는 지루함과 권태에 대한 하나의 매끈한 정의를 단숨에 억지로라도 취하는 것이 아니라, 오히려 문제를 이해하려는 것을 정말로 원한다. 비록 얻어낸 성과가 첫눈에 아무리 마음에 차지 않더라도, 어쨌거나 우리는 다음과 같은 본질적인 점을 경험했다. 1. 지루한 것이 그렇게 일컬어지는 까닭은 그것이 단순히 우리 속에 권태를 야기시키기 때문이 아니다. 그 [지루한] 책은 외부의 원인이 아니며, 결과로서의 권태는 내면에 미친 영향이 아니다. 2. 그렇기 때문에 우리는 실상을 밝혀보이는 자리에서 원인-작용-관계를 제쳐놓지 않으면 안 되는 것이다. 3. 그렇지만 그 책은, 비록 영향을 야기하는 원인으로서는 아니지만, 그래도 우리를 **조율하는** 바로 그것으로서 통용되지 않으면 안 된다. 여기에 물음이 걸려 있다. 4. 만일 그 책이 지루하다면, 영혼 밖에서 이 사물은 바로 그 자체 안에 가능적인, 아니 우리 속에 억눌려 있기까지 한 그런 가능적인 기분과 연관된 어떤 것을 가지고 있다. 그러니까 **기분**은 비록 그것이 내면에 존재할지라도, 바깥의 사물 **주위**를 동시에 **감돌고 있는데**, 영향을 야기하는 기분을 우리가 내면에서부터 끄집어내어 사물에다 옮겨씌우지 않더라도 그렇다. 5. 결국 사물이 지루할 수 있는 까닭은 다만 기분이 이미 사물 주위를 감돌고 있기 때문이다. 사물이 권태를 자아내고 있는 것이 아니다. 마찬가지로 권태는 그저 주체가 서술해서 가져다 붙인 것만도 아니다. 요컨대, 권태—그리고 그래서 결국 개개의 모든 기분—는 일종의 양성적 존재인데, 그것의 일부는 객체적이고 일부는 주체적이다.

제22절 지루해짐의 해석을 위한 방법적 지침 : 의식분석적 태도를 피하고 일상적 현존재의 직접성을 유지할 것 : 권태를 그것에 대한 직접적 행동관계인 시간죽이기에서부터 해석해내기

그런데 우리의 관심은 이러한 결과에 쏠려 있는 것이 아니라 오히려 다음과 같은 물음에 쏠려 있다. 왜 기분은 그러한 양성적 존재인가? 그러한 양성적 본질이 기분 바로 그 자체에 놓여 있는가? 아니면 그것은 우리가 기분을 설명하거나 설명하고자 시도하는 그 양식에 놓여 있는가? 기분이란 결국 일체의 모든 양성적 차원과는 전적으로 다른, 그리고 그것으로부터 벗어나 있는 어떤 것인가?

사람들은 그러한 물음들을 우리에게 내밀 수 있는데, 그로써 우리가 원래 무엇을 원하고 있었고 지금 무엇을 성취했는지를 우리에게 상기시켜줄 수 있다. 그런데 정작 우리가 원했던 것은 지루한 것의 지루함을 다루는 일이었지, 권태를 명시적으로 다루는 일은 아니었다. 그럼에도 불구하고 이제 우리는 권태를 명시적으로 다루는 데에로 인도되었다. 틀림없이 우리는 '지루한 것'이 '지루해짐(Gelangweiltwerden)' 및 '지루해함(Sichlangweilen)'과 연관되어 있다는 점을 보고 있다. 그러나 우리는 또한 다음과 같은 점을 마찬가지로 명확히 보고 있다. 즉 우리가 지금 '지루해짐'과 '지루해함'을 다루고 있다면, 우리는 더 이상 그것을 한 주체 속에서 눈앞에 발견되는 주체적인 상태로서 다루어서는 안 된다는 것이며, 이제 우리는 오히려 바로 '지루한 것'—각기 특정한 사물—을 애초부터 그리고 원칙적으로 고려에 넣어야 한다는 것이다.

이 모든 것은 우리에게 무엇을 말하는가? 우리를 이렇게 저렇게 조율하는 바로 그런 어떤 것이 도대체 무엇인지를 우리가 명확히 보지 못하는 한, 우리는 지루한 것 그 자체를 결코 특징지을 수 없다. 다시 말해 우리는 '조율함이란 무엇을 말하는가?'라는 본질적인 물음을 던지는 자리에 벌써 와 있는 것이다. 우리는 조율한다고 함은 하나의 기분을 자아낸다는 것을 말한다고 단순하게 말할 수는 없다. 따라서 우리가 발견한 것은 바로 이 **물음**인 셈이다. 그것은 '지루한'이라는 의문스러운 성격을 그럴싸하게 조명하는 그 어떠한 설명보다도 훨씬 더 본질적인 하나의 가능한, 그리고 피할 수 없는 문제이다.

이렇듯 여러 가지 번거로움을 겪으며 우리가 얻은 것이라고는 그저 하나의 부정적인 성과일 뿐이다. 그런데 이러한 성과를 보기 위해서 그와 같은 번거로운 사연들을 겪을 필요가 있는가? 우리는 이러한 성과를 훨씬 더 직접적으로, 그것도 하나의 긍정적인 내용과 함께 동시에 획득할 수는 없는가? '지루해짐(Gelangweiltwerden)', 그것은 당연히 '어떤 것에 **의해서**(von) 지루하게 됨'이고, '지루해함(Sichlangweilen)'은 당연히 '어떤 것 **옆에서**(an), 그리고 어떤 것을 하면서(bei) 지루해함'이다. 이와는 거꾸로 '지루한 것'은 '지루하게 됨'에, 적어도 '지루하게 될 수 있음'에 '**관련되어 있다**'. 그 점은 명확하다. 우리가 그렇게 말한다면, 마치 우리가 하나의 새로운 기반을 획득한 것처럼 보일 것이다. 그러나 그럼에도 불구하고 이러한 명확성은 우리가 다음과 같은 점을 상기하자마자 가상이 되고 만다. 즉 이렇게 하나의 주체적인 기분상태가 하나의 객체적인 사물에 관련을 맺거나 이와는 거꾸로 하나의 객체적인 사물이 하나의 주체적인 기분상태에 관련을 맺는 것은 전적으로 의문스러운 일이라는 점이다. 이것이 우리를 곧바로 물음의 뒤바뀐 방향으로 잘못 인도해온 셈이다.

만일 '지루해짐'과 '지루해함'을 지금 우리가 탐구한다면, 그 경우 '지루해함이란 곧 어떤 것에 옆에서 그리고 어떤 것을 하면서 지루해함이다'라고 말하는 것은 우선 거의 도움이 되지 않는다. 그렇게 말하는 것이 특히 도움이 되지 않는 경우는, 우리가 그 '지루한 것'을 우리가 행하는 관계 맺음의 대상으로서 이해하며 일을 처리해나갈 때이다. 물론 대상에 대한 그러한 관계 맺음이 인식함 또는 의욕함에서의 대상에 대한 관계 맺음과는 당연히 다르다고 해도 그렇다. 왜냐하면 문제는 바로 이러한 관련되어 있음이요, 이러한 관련되어 있음의 근본성격이기 때문이다. 일반적으로 이야기해보면, 이러한 '기분 잡음(규정함, Be-stimmen)'은 '우리를 이렇게 저렇게 조율함'이라고 파악될 수 있으며 그리고 이러한 조율되어[기분 잡혀] 있음은 우리 현존재의 근본양식으로서 파악될 수 있다. 그리고 다시 구체적으로 물음을 던져보면 다음과 같다. 우리가 어떤 것을, 즉 어떤 사물을 사랑한다거나 또는 어떤 사람을 사랑한다고 할 때, 사랑받는 것은 다만 그 어디에서인가 눈앞에 발견되는 원인일 뿐이고, 이러한 원인으로 말미암아 우리에게서 하나의 상태가 눈앞에 발견되어 우리가 그 상태를 이른바 사랑받는 것에 옮겨씌우는가? 물론 그렇지 않다. 오히려 사람들은, 사랑받는 것은 우리가 사랑하는 대상이라고 말할 것이다. 그런데 여기에서 '대상'이라고 함은 무엇을 일컫는가? 그것은 그것에 우리의 사랑이 마주쳐 그것에 우리의 사랑이 달라붙어 머무는 것인가? 아니면 이 모든 것은 피상적으로 이야기될 뿐 아니라 근본적으로도 뒤바뀌어 있는가? 사정은 다음과 같지는 않은가? 즉 사랑하는 가운데 우리가 도대체 어떤 하나의 대상에 마주치지는 않지만 그래도 어떤 것을 사랑하고 있다고 말이다. 이것은 단지, 만약 원인-작용-관계를 제쳐두고서 본다면, 우리는 긍정적으로는 한 걸음도 나아가지 못한 채 오히려 문제만 날카로워졌다는 점을 지적하고 있을 뿐이다.

그럼에도 불구하고 다른 측면에서 보면, '지루해짐'의 상태와 '지루해함'을 우리가 시야에 담아내는 지금, 권태의 수수께끼 뒷전에서부터 문제가 이미 더욱 풍부한 조망을 갖추고서 나타난다. 그러나 우리는 경고를 받았다. 거기에서 우리는 '지루한 것'과 '지루하게 하는 것' 자체를 주의해서 보지 않으면 안 된다. 그뿐이 아니다. '지루해짐'과 '지루해함'은 예컨대 흡사 하나의 표본을 탐구하기 위해서 앞에 내놓을 수 있는, 그렇게 순전히 눈앞에서 빌견되는 상태가 결코 아니다. 그러나 그렇지 않다면 사정은 달리 어떠한가? 그 점에 대해서 우리가 발언하기를 원한다면, 물론 우리는 저렇게 순전히 눈앞에서 발견되는 상태와 하나의 **관계**를 맺지 않으면 안 된다. 어떠한 관계가 적합한 관계인가? 하나의 객체를 그것을 관찰할 수 있기 위한 최상의 조건들 아래로 데려오는 일반적 규칙이 분명 여기에서도 통용된다. 이러한 규칙은 학문들 내에서 타당하다. 그러니까 이러한 규칙은 철학에서도 타당한 셈이다. 아니다! 그와는 거꾸로이다. 즉 이러한 규칙이 학문들 내에서 타당하기 때문에 우리에게 타당한 것이 아니라, 오히려 그것이 하나의 근원적인 본질연관에 근거하기 때문에 그 규칙이 학문들 내에서 타당한 것이다. 그것[본질연관]에 따라서 어떤 한 **존재자**의 **사태내용과 존재양식**이 그 존재자에 **속한** 가능적인 **개방성**(Offenbarkeit, 진리)을 앞에다 써보인다[지정해준다]. 존재자의 여러 상이한 분야들과 개별적으로 존재하는 사물들은 각각 그때마다 사태내용과 존재양식에 따라서 진리의, 즉 비은폐성의 한 특정한 양식에 의존하고 있다. 각각의 존재자에게 각 존재자의 사태내용에 맞게 그리고 각 존재자의 존재방식에 맞게 귀속되는 이러한 '열려 있음(Offenheit)'은, **파악해야 할 존재자 자체**에 알맞은 각기 그때마다의 특정한 가능적 **접근방식들**을 다시 또 앞에 **그려준다**. 존재자를 자기 것으로 삼거나 존재자를 거부할 수 있는, 존재자를 차지하거나 존재자를 잃어버릴 수 있는 그런 길과 가능성 그리고 수단이 그때그때의 존재와 한데에 얽혀 있는 진리양식에 의해서 앞에 그려져 있다. 그렇다고 해서, 이러한 접근이 곧—학문이라는 의미에서의—이론적인 탐문과 관찰의 접근방법이라는 점은 결코 언급되지 않는다. 오히려 다음과 같은 점만이 언급되었을 뿐이다. 즉 만약 학문적 인식이 획득되어야 한다면, 그 경우 학문적 인식은 자신의 의도와 자신의 가능성들에 맞게 저 존재와 진리 사이의 본질연관을 충족시키지 않으면 안 된다. 바로 그러한 이유 때문에 학문들에게는 표명된 규칙이 필연적이게 되는 것이다. 방법적으로 진행해나가야 하는 필연성, 다시 말해서 하나의 존재자를 그 존재자의 양식에 따라 뒤밟아 나아가야만 하는 필연성이 존립하는 까닭은, 학문이 그와 같은 일을 요구하기 때문이 아니다. 오히려 존재와 진리가 본질적으로 한데에 함께 속하고 있다는 여기에 근거하여 학문에 그와 같은 것이 요구되기 때문이다.

그러나 우리는 사실 권태를 관찰하려는 것이 아니다. 어쩌면 그것은 도대체 불가능한 일인지도 모른다. 그렇지만 우리는 분명 권태에 대해서, 즉 권태의 본질에 대해서, 어떤 것을 경험으로 끌어오기를 원하고 있다. 즉 우리는 권태를 그것이 본질적으로 존재하는 그대로 경험으로 데려오기를 원하는 것이다. 그러한 일은, 우리가 우리 자신을 권태라는 하나의 기분 안으로 **옮겨놓고** 나서 우리가 그 권태를 관찰한다든지, 아니면 우리가 어떤 하나의 권태를 **상상하고** 나서 그것에 무엇이 속하는지를 우리가 묻는다든지 하는 것과는 다르게 진행되는가? 왜냐하면 우리가 하나의 현실적인 권태를 탐구하든지, 아니면 어떤 하나의 상상된, 다시 말해서 그저 가능적일 뿐인 권태를 탐구하든지 그것은 정말이지 아무래도 상관이 없기 때문이다. 왜냐하면 우리가 관심을 기울이는 것은, 우리가 지금 바로 가지고 있는 이 특정한 권태가 아니다. 오히려 권태에 속해 있는, 다시 말해서 개개의 모든 **가능적인** 권태에 속해 있는 바로 그러한 것으로서의 권태 그 자체이기 때문이다. 그러므로 상상된 권태가 우리에게는 동일한 도움들을 제공한다고 볼 수 있다.

이것은 실제로 매우 그럴듯해 보인다. 우리가 하나의 권태 속으로 우리 자신을 옮겨놓거나 상상의 방식으로 우리 자신을 어떤 하나의 권태 속으로 옮겨놓고 나서 이 권태를 눈앞에 취하여 관찰할 때, 우리는 탐구의 근본규칙을 충족시킨다고 볼 수 있을 것이다. 그러나 이러한 과제설정이 겉보기에 아무리 정확한 것처럼 보인다고 해도, 그것은 과제를 놓치고 있다. 이러한 과제설정은 체험으로서의 기분을 의식의 흐름 속을 헤엄쳐가는 하나의 객체로 만들며, 이러한 객체를 관찰자로서의 우리가 뒤쫓아보는 것이다. 이러한 방식으로는 우리가 **권태와** 맺고 있거나 권태가 우리와 맺고 있는 **근원적인 관계 속으로 곧바로 들어가지 못한다.** 만일 우리가 권태를 그렇게 객체로 만든다면, 그 경우 우리는 우리가 물음을 던지는 가장 고유한 의도에 비추어볼 적에 권태이어야 할 바로 그것을 그 권태에 허용하지 않는 셈이다. 우리는 권태가 권태 그 자체로서 본질적으로 존재하도록, 즉 그것으로서 우리가 지루해하는 그런 권태로서 본질적으로 존재하도록 권태에게 허용하지 않고 있다. 그리고 권태가 그렇게 권태 그 자체로서 본질적으로 존재하지 못함으로써 우리는 권태의 본질을 경험하지 못한다.

지루한 것과 지루하게 하는 것 그리고 이와 아울러 권태가 만일 우리에게는 불쾌감을 일으키는 바로 그것이고 그것이 피어오르도록 놓아두기를 우리가 바라지 않는 바로 그것이며, 그래서 그것이 피어오를 때면 우리가 즉각 내몰려고 시도하는 바로 그것이라면, 즉 권태란 그것에 우리가 근본적으로 원래 **대항하고 있는** 바로 그것이라면, 그 경우 권태는 우리가 대항하는 바로 거기에서 근원적으로 개방될 것이다. 즉 우리가 그것을—의식적으로건 무의식적으로건—내몰고 있는 바로 거기에서, 그것에 우리가 대항하고 있는 바로 그러한 것으로서, 근원적으로 개방될 것이다. 그러한 일은 우리가 권태에 거슬러 일종의 심심풀이를 마련하는 바로 거기에서, 즉 우리가 그러한 의도를 가지고 각기 그때마다 이렇게 저렇게 **시간을 죽이는** 바로 거기에서 일어난다. 우리가 그것, 즉 권태를 거스르는 바로 거기에서 정작 권태는 스스로를 완강히 지키려고 들며, 그렇게 권태가 앞으로 밀치며 나서는 바로 거기에서 권태는 본격적으로 **우리를 몰아붙인다.**

이렇듯 권태가 **가로막힘 없이** 우리를 향해서 다가오기에 가장 적합한 자세를 우리는 **시간죽이기**에서 새삼 획득한다고 볼 수 있다. 따라서 우리는 권태를 따로 그 자체로 눈앞에 발견되는 상태로서 관찰의 객체로 만들어서는 안 된다. 오히려 우리가 권태 안에서 움직이는 그대로, 다시 말해서 우리가 그러면서 동시에 그 권태를 내몰려고 애쓰는 그대로 권태를 취하지 않으면 안 된다.

그러나—사람들은 이렇게 반대의견을 낼 것이다—이제 권태가 체험으로서, 허공에 붕 뜬 것으로서, 관찰의 날객체로서 따로 유리되어 있는 것이 아니라는 것은 확실하며, 이제 우리가 권태를 표면으로 떠오르게 놓아주고 있다는 것은 확실하다. 우리는 정작 권태를 내모느라 우리를 움직이면서, 비로소 권태를 가지게 되는 셈이다. 그렇다고 해서 사태의 정황이 본질적으로 달라지지는 않는다. 그러한 시간죽이기는 어떻게 되어가고 있는가? 우리는 지금 시간죽이기를 권태 대신 관찰의 대상으로 만들고 있지는 않은가? 다만 시간죽이기가 행해지는 가운데 거기에서 몰아내어지는 것으로서 권태가 동시에 흡사 시간죽이기 속에 함께 끼어 있기라도 하듯이 말이다. 그렇다면 우리는 권태만의 순수한, 따로 유리된 작용을 가지고 있는 것이 아니라, 오히려 권태에 대항하는 반작용을, 즉 반작용과 이 반작용이 대항하는 관련체를 가지고 있는 셈이며, **하나의** 체험이 아니라 오히려 두 개의 체험을 서로 결합한 채로 가지고 있는 셈이다. 사정이 실제로 그렇게 보이기도 하면서 그렇지 않다. 첫 번째 체험을 겪는 자리에서 우리는 두 번째 체험을 일종의 대응조치로 취하고 있지는 않다. 그 까닭은 우리가 시간죽이기를 새삼 특별한 체험으로서 준비해놓아야 하는 것은 아니기 때문인데, 물론 꼭 그 때문만은 아니다. 오히려 우리는 그 두 번째 체험의 자리에 지속적으로 머물러 있으며, 그것도 우리가 이 두 번째 체험에 관여하고 있는 자리에서 영혼적 체험들과 영혼과 같은 것들에 의해서 엄격하게 붙들린 채 아무것도 모르고 있다는 식으로 그렇게 머물러 있다.

이제야 우리는 비로소 우리가 하고 있는 방법적 고려 전체의 결정적인 점을 보고 있다. 체험들의 한 영역을 잘 준비해놓는다거나 의식연권들의 한 층 속으로 우리 자신이 파고들어가는 일은 정작 중요하지 않다. 우리가 정작 피해야 할 일은, 일상적 현존재의 직접성을 유지하여 단단히 붙들지 않고 그 대신 인위적으로 준비해놓은 또는 단단하게 굳어버린 전승된 시각 방향들에서부터 깅요된 **특별한** 권역 속으로 빠져드는 일이다. 하나의 특별한 입장 속으로 우리 자신이 파고들어가려는 노력이 필요한 것이 아니라,

오히려 이와는 거꾸로—의식의 흐름이라든가 체험의 흐름 따위와 같은 것들에 관한 심리학적인 이론들 및 그 밖의 이론들로부터 해방된—**일상적인 자유로운 눈길에 내맡김**이 필요하다. 그러나 우리가—이미 자명한 이해 속에서 그리고 낱말 뜻들을 해설하는 가운데에서 자주—저러한 이론들에 의해서 속속들이 절여 있는 까닭에, 이러한 내맡김을 그 자체로 심는 일은 하나 또는 그 이상의 이론들을 습득하고 각인하는 일보다 당연히 훨씬 더 어렵다. 거기에서부터 우리는 권태와 같은 하나의 매우 진부한 현상에 우리가 가까이 다가가려고 시도하는 가운데 겉으로 드러나는 번거로움을 개념파악하지 않으면 안 된다. 이렇게 [어떤 하나의 현상에] 가까이 다가가려는 노력은, 여러 [이론적] 입장들 가까이 밀려드는 모든 노력들을 밀어내버린다는 의미를 가진다.

이제 지루한 것 그 자체를 해석하는 일이 아니라, 오히려 어떤 지루한 것에 의해서 지루해지는 것, 그리고 어떤 것을 하면서 지루해함이 우리의 과제이다. 여기에서 유의해야 할 것은, '어떤 것에 의해서 지루하게 됨'과 '어떤 것을 하면서 지루해함'이 무리 없이 서로 일치하지는 않는다는 점이다. 물론 겉보기에는 '지루해짐'과 '지루해함', 이 둘이 한 가지 지루한 것에 의해서 자아내어지는 것처럼 보이며, 두 가지 서로 상이한 기분의 방식들을 서술하는 것으로는 보이지 않는다. 오히려 그것은 하나의, 그리고 동일한 기분방식을 서술하는 것처럼 보이는데, 한 번은 기분이 원인에서부터 고찰되고 있기 때문에 그것이 능동적으로 영향을 끼치는 것에 의해서 특징지어지고 있으며 그래서 기분은 수동적으로는 '지루해짐'으로서 특징지어진다. 이에 비해서 다른 한 번은 이 동일한 기분이, 우리가 그 기분을 우리 자신 속에 가지고 있는 한, 즉 그것이 누구나 자신 속에서 발견하는 바로 그런 것인 한 '지루해함'으로서 특징지어진다. 그러나 그럼에도 불구하고 그 둘 사이['지루해짐'과 '지루해함' 사이]에는 하나의 구별이 있다. 이 구별을 우리는 지금 미리 지적해야 하며, 그것은 그것의 전체적인 양식에 따라

볼 적에 앞으로 고찰의 전개를 위해서 중요하다.

어떤 것에 의해 지루하게 됨 속에서는, 비록 우리가 이전에는 그 지루한 것에 자유롭게 몰입하기도 했지만, 이제는 우리가 그것에 의해서 꽉 붙들려 있으며, 지루한 것 자체를 떼어놓지 못하고 있거나 어떠한 이유에서인지는 몰라도 그 지루한 것에 강제로 결속되어 있다. 이와는 대조적으로 어떤 것을 하면서 우리가 지루해함 속에서는 이미 지루한 것으로부터의 어떤 분리가 수행되었다고 볼 수 있다. 지루한 것이 물론 눈앞에 있기는 하지만, 그것이 우리 자신을 특별히 명시적으로 지루해하지 않는데도 우리는 지루해져 있다. 우리는 지루해져 있다. 마치 권태가 우리 자신에서부터 나오기나 하는 것처럼 거의 그렇게, 그리고 마치 권태가 지루한 것에 의해서 자아 내어질 필요가 없이, 지루한 것에 묶여 있을 필요가 없이 자기 스스로를 뽑아내고 있거나 하는 것처럼 말이다. 그럼에도 불구하고 이 책에 의해서 지루하게 되는 가운데에서는 여전히 우리는 우리가 당면한 사물에, 바로 이 사물에 집중되어 있다. 어떤 것을 하면서 우리가 지루해함에서는 권태가 더 이상 어떤 것에 단단히 못 박혀 있지 않고, 오히려 권태는 이미 널리 퍼져나가기 시작한다. 그렇다면 그 경우 권태는 이 특정한 지루한 사물에서부터 자라나온 것이 아니라, 오히려 이와는 거꾸로 권태가 다른 사물들 위로 번져나가는 셈이다. 그것, 즉 권태 자체는 이제 특별한 지루한 것 너머로 하나의 기이한 지평을 우리 현존재에게 내주고 있다. 권태는 단지 지루하게 하는 특정한 것에만 관련되어 있는 것이 아니라, 오히려 여러 가지 위로, 다른 것 위로 내리깔리고 있다. 즉 만사가 다 지루해지고 있다.

일송의 기분으로서의 '지루해짐'과 '지루해함' 속에 도대체 무엇이 놓여 있는지를 아직 한 번도 진지하게 해명해보지 못한 바로 지금 이 자리에서 우리는, 기분에서의 이러한 구별이 본디 무엇이고 그 구별의 밑바탕에는 무엇이 놓여 있는지에 대해서 대답을 하기는커녕 아직 물음조차 던질 수 없다.

그렇기 때문에 우선은 일종의 기분으로서의 '지루해짐'과 '지루해함' 속에 도대체 무엇이 놓여 있는지를 제시하려는 목적에서 우리는 지금 암시된 구별은 다시 놓아버리려고 한다. 이 구별에 대한 물음을 우리는 좀더 뒤에 가서 더욱 날카로운 형식으로 제기하게 될 것이다. '지루해짐'과 '지루해함', 이 둘에 공통된 점이 있다면 그것은 우리가 어떤 특정한 것 곁에서 그것에 관여하면서, 비록 서로 다른 방식이기는 하지만, 지루해하고 있다는 것이다.

제23절 지루해짐과 시간죽이기

우리는 '지루해짐'과 '지루해함'을 바로 그 자체에서 고찰하지 않고, 오히려 우리가 그것을 내몰고 있으며 내몰려고 애쓰는, 그것도 일종의 **시간죽이기***를 통해서 내몰려고 애쓰는 권태로서 고찰해보기로 한다. 그런데 우리가 시간죽이기를 하고 있다고 해서 권태가 모습을 내밀지 못할 만큼 그렇게 시간죽이기에 거의 푹 빠져 있는 것은 아니다. 오히려 시간죽이기는 특별히 어떤 특정한 권태에서부터 그리고 그 권태에 맞서 우리에게 요구된다.

가. 시간죽이기란 곧 시간을 채근하면서 권태를 쫓아버리기임

보기를 하나 들어보자. 폭 좁은 철도를 횡하게 끼고 있는 어느 한 초라한 기차역에 우리는 앉아 있다. 다음 기차는 빨라야 네 시간이나 지나야 온다. 기차역 일대는 삭막하기만 하다. 우리는 배낭 속에 책 한 권을 가지고 있기는 하다. 그래, 꺼내서 읽어볼 것인가? 아니다. 그러면 어떤 물음이나 문제에 관해서 골똘히 사색에 잠겨볼 것인가? 그렇게 되지는 않는다. 우리는 기차 운행 시간표를 훑어보거나 이 역과 다른 낯선 곳—우리는 더는 잘 모르는—과의 거리가 다양하게 표시된 안내도를 자세히 살펴본다. 그러다가 우리는 시계를 들여다본다. 겨우 15분이 지났다. 그래서 우리는 국도 쪽으로 건너가본다. 우리는 그냥 무엇인가를 하기 위해서 이리저리 뛰어다녀본다. 그러나 그것 역시 아무런 도움이 되지 않는다. 이제는 국도변의 나무들을 세어본다. 다시 시계를 들여다본다. 우리가 시계를 처음 들여다본 때보다 5분이 더 지났다. 이리저리 거니는 것도 싫증이 나서 우리는 돌 위에 앉아 갖가지 형상들을 모래에 그려본다. 그러다가 우리는 문득, 우리가 또다시 시계를 들여다보았다는 것을 알아차린다. 반 시간이 지났다. 그리고 그렇게 시간죽이기는 계속된다.

이것은 시간죽이기의 잘 알려진, 진부하고 매우 즉흥적인 형식들을 띤 일상적 상황의 한 보기이다. 거기에서 우리는 도대체 무엇을 우리 자신에게서 내몰고 있는가(vertreiben)? 이 물음은 기이하게도 두 가지 의미를 띤다. '내몰림(Vertreiben)'이라는 그 낱말이 말해주듯이, 우리는 우리 자신에게서 시간을 내몰고[죽이고] 있다(vertreiben). 그런데 여기에서 '시간을 내몬다[죽인다]'라는 말은 무엇을 일컫는가? 우리는 분명 시간을 쫓아버리고 있는 것은 아니다. '내몰다'라는 말은 여기서 '시간을 이리저리 돌리다(herumtreiben)', '시간이 이리저리 돌아가도록 시간을 몰다(treiben), 채근하다(antreiben)'를 뜻한다. 그러나 이렇게 시간을 내몬다는 것은 그 자체로 볼 적에는 본디 권태를 내몬다는 것인데, 이때 '내몬다'라는 말이 이제는 '떨쳐-냄(Weg-treiben)', '쫓아버림(Verscheuchen)' 따위를 일컫고 있다. 시간죽이기란 일종의 시간을 채근하면서 권태를 쫓아버리기이다.

시간을 이리저리 보내기를 원함으로써 우리는 거기에서 무엇을 몰아내려고 애쓰는가? 다시 말해서 **시간이란 무엇인가**? 시간죽이기를 하는 가운데 우리는 시간을 몰아내고 있는 것이 아니다. 그 까닭은 그것이 결국에는 도대체 불가능하기 때문만은 아니고, 오히려 시간죽이기를 행하는 전체적인 태도가—우리가 앞으로 보게 되겠지만—본디 **시간**으로 향해 있지 않기 때문이다. 물론 이내에도 우리는 끊임없이 시계를 들여다보고는 있다. 끊임없이 시계를-들여다-보면서 우리는 도대체 무엇을 원하고 있는가? 우리는 그저 시간이 지나가버리기만을 원하고 있을 뿐이다. 어떠한 시간을 말인가? 기차가 도착할 때까지의 시간이다. 우리가 끊임없이 시계를 들여다 보는 까닭은, 기차가 도착할 시점을 우리가 기다리고 있기 때문이다. 우리는 기다림에 넌더리가 나 있으며, 이러한 기다림으로부터 벗어나려고 한다. 우리는 권태를 쫓아버리고 있다. 이러한 '시계를-들여다-봄'이 권태에 서부터 생겨나고 있으니, 따라서 권태란 일종의 기다림인가? 결코 그렇지 않다. 어떤 것에 관여하고 있으면서 지루해하고 있음이 그 어떤 것을 기다리고 있음은 아니다. 앞에서 우리가 든 예에서만 하더라도 기다림 자체는 기껏해야 '지루한 것'이자 '지루하게 하는 것'이지, 권태(Langeweile) 자체가 곧 기다림은 아니다. 더 나아가서 기다림이라고 해서 그 모두가 반드시 다 지루한 것만도 아니다. 이와는 반대로 어떤 기다림은 오히려 온통 긴장일 수가 있다. 그 경우 그것은 권태가 끼어들 자리를 전혀 가지고 있지 않다. 우리는 권태를 시간죽이기에서 추적해볼 수 있으리라고 믿었는데, 권태는 다시 또 사라지고 말았다.

그러나 어쨌든 우리가 앞에서 든 예에서 **기다림**은 어느 정도로 **지루한** 가? 무엇이 기다림의 지루함을 이루는가? 어쩌면 그렇게 기다린다는 것이 일종의 '기다려야 함'이기 때문에, 다시 말해서 우리가 어떤 특정한 처지 속으로 강요되고 강박되기 때문에 그런지도 모른다. 그러므로 우리를 본디 안절부절못하게 짓누르는 바로 그것은 더욱 이러한 안달(Ungeduld)인 셈이다. 우리는 안달에서부터 벗어나고 싶어한다. 그러니까 권태가 곧 이러한 안달이라는 말인가? 그래서 권태란 기다림이 아니라 오히려 이러한 '안달 나 있음'이지, '기다리기를 원함'이나 '기다릴 수 있음'은 아니다. 그러니 권태란 일종의 '언짢게 기분 잡혀 있음'인가? 그러나 권태가 실제로 언짢은 기분이거나 또는 심지어 일종의 안달인가? 안달이 권태와 연관해서 생겨나올 수 있다는 것은 확실하다. 그럼에도 불구하고 안달은 권태와 동일하지도 않으며 권태의 한 속성도 아니다. 참을성 있는 권태라는 것도 없으며 참을성 없이 안달 난 권태라는 것도 없다. 안달이란 오히려 우리가 권태에 대해서 주인이 되고자 하는데 종종 주인이 될 수 없는 양식과 방식에 해당한다. 시간죽이기는 이렇게 일종의 나풀대며 안절부절(Unruhe)이라는 독특한 성격을 띠는데, 그것은 안달이 함께 지니고 오는 것이다. 지루하게 됨의 자리에서는 사정이 그렇기 때문에, 어쩔 수 없이 기다려야만 하는 동안의 안절부절은 무엇이 우리를 꽉 조일 수 있으며, 무엇이 우리를 만족시킬 수 있으며, 그리고 무엇이 우리를 참고 기다리게 할 수 있는지를 우리가 조금도 발견하지 못하게 한다.

'지루해함'은 기다림도 아니고 '안달 나 있음'도 아니다. 지루해하는 자리에서 이러한 '기다려야 함'과 '안달'이 일어나 그것들이 권태 주위를 에워쌀수는 있지만, 그렇다고 해서 그것들이 '안달'이 권태 자체와 동일한 것은 결코 아니다.

권태에 대한 우리의 해석을 계속해나가기에 앞서, 지금까지 우리가 걸어온 발걸음들을 한 번 더 머리에 떠올려보기로 한다. 우리는 여러 서로 다른 측면들을 두루 고려해가며 권태를 잠정적으로 고찰해보았다. 이러한 고려 덕분에 우리는 다음과 같은 점들을 볼 수 있었다. 1. 권태에 대한 해석은 명백히 필연적이다. 왜냐하면 비록 권태가 우리에게 잘 알려져 있기는 해도 본디 우리에게 친숙한 것은 아니기 때문이다. 그렇다! 권태라는 이 기분의 본질은, 가까이 다가가서 자세히 살펴보고 있음에도 불구하고 우리에게는 전혀 파악 불가능하며, 사라져버리고 있다. 2. 다음과 같은 점이 귀결되어 나왔다. 우리가 권태에 대해서 그와 같은 해석을 시도할 적에 어디에서 단초를 잡아야 하는지, 어떠한 방향에서 물음을 던지고 해석을 이끌어나가야 하는지, 어떻게 이러한 잘 알려져 있는 것을 주제로 삼아야 하는지가 우선은 좀체 밝혀져 있지 않다. 물론 관찰할 수 있기 가장 좋은 조건들 아래로 대상을 데려오기 위해서 모든 탐구가 따라야 하는 방법적 준칙이 우리에게 실마리를 줄 수도 있을 것이다. 그러나 우리는 방금 다음과 같은 사실을 보았다. 즉 겉보기에 매우 일반적이고 자명한 듯한 이러한 준칙은 특정하게 학문 내에서만 맞춰 쓰이고 있을 뿐이고, 그 쓰임은 존재와 진리 사이의 한 근본관계에로 소급해 올라가며, 그리고 그렇기 때문에 이러한 일반적인 지침은, 우리가 탐구하고 있는 바로 그것, 즉 이러한 권태라는 기분이 어떠한 양식으로 존재하는지 그리고 어떠한 진리가 그러한 기분에 귀속되어 있는지가 밝혀지지 않는 한 우리에게 아무것도 말해주는 것이 없다. 즉 기분이 이렇게 진리와 맺는 관계와 기분이 존재하는 양식이 각기 학문적 고찰의 대상으로 만들어질 수 있는 동일한 성격을 띠는지가 밝혀지지 않는 한, 저 일반적인 지침은 우리에게 아무것도 말해주는 것이 없다. 그러자 곧 다음과 같은 점도 귀결되어 나왔다. 이러한 준칙은 우리에게 아무것도 말해줄 것이 없을 뿐 아니라 우리를 근본적으로 그릇된 길로 이끌고 있다. 다시 말해서 우리가 그 준칙을 좇을 경우, 그것은 겉으로는 정당하게 보이나 근본적으로는 정도를 지나치고 빗나간 정확성 속에서 저런 하나의 체험으로, 즉 이른바 권태를 관찰 가능한 객체로서 우리 앞에 데려오도록 하는 체험으로 우리를 유혹한다. 오히려 중요한 것은 **어떻게 권태가 지루하게 하는가** 하는 점에서 권태를 보는 일이며, 어떻게 권태가 우리를 바쁘게 하는가 하는 점에서 권태를 파악하는 일이다. 권태가 언제나 **자신을 내보이고** 있기 때문에 우리는 또한 이미 권태로부터 몸을 돌리고 있는 것이다. 만일 우리가 권태를 대상으로 만들고 있다면—그렇게 말해도 된다면—애초부터 우리는 권태를 우리가 그것으로부터 몸을 돌리고 있는 어떤 것으로서 나타나도록 해주어야 한다. 이때 우리는 그것을, 어떤 임의적인 양식에서 그렇게 하고 있는 것은 아니고, 오히려 독특한—대충 말해서—반응에서 그렇게 하고 있는 것이다. 이 반응은 피어오르는 권태에 의해서 그 자체로부터 불러일으켜지며, 이렇게 불러일으켜지는 반응을 우리는 **시간죽이기**라고 부른다. 권태와의 맞대결이 그 안에서 어떻게든 이루어지고 있는 **권태와 시간죽이기**와의 이러한 독특한 **통일성**을 우리는 가까이 데려오지 않으면 안 된다. 이로써 우리가 고찰의 장을 고립된 체험을 넘어 시간죽이기와의 통일성으로까지 넓혀보았다는 점이 마지막으로 귀결되어 나왔다. 그러나 우리는—나중에 좀더 뚜렷이 밖으로 끄집어내게 되겠지만—다음과 같은 사실도 보았다. 즉 시간죽이기를 우리가 비록 예를 들어 떠올려보기는 하지만, 그것은 우리에게 직접적으로 더 가까이 있고 우리는 지속적으로 그 속에 머물고 있다. 그리고 정작 중요한 것은, 일체의 모든 이론들에서부터 그리고 이 이론들로부터 필연적으로 나타나는 방법적인 노력들에서부터 벗어나 우리 자신을 일상적 행동관계의 저 직접성 속으로 되돌려 옮겨놓는 일이다. 또한 우리가 그렇다고 해서 그것을 멋대로 우리 마음대로 다루어나갈 수는 없다는 사실을 보여주어야 한다. 시간죽이기를 하는 가운데 우리는 권태에 대항하여 우리 자신을 구해낸다. 이 목적을 위해서 우리는 하나의 임의적인 지루한 상황을 간단히 서술해보았다. 우리는 시간죽이기를 단초로 잡아 우선 다음과 같이 물음을 던져보고 있다. 거기에서 도대체 무엇이 내몰려지는가? 여기에서 내몰려지는 것은 시간이 아니다. 물론 이 말도 어떤 의미를 가지기는 하지만 말이다. 이 점은 우리가 곧 보게 될 것이다. 우리가 그 어떤 의미에서 시간을 채근하고 있다는 방식으로, 권태가 내몰려지고 있거나 몰아내어지고 있다. '**시간죽이기란 곧 시간을 채근하면서 권태를 쫓아버림이다**'라고 우리가 말한다면, 그 경우 그 말은 겉보기에 **시간죽이기**에 대한 꽤 정확한 정의처럼 보인다. 그러나 좀더 가까이에서 고찰해볼 경우 우리는 이러한 정의가 올바르지 않다는 사실을 보게 된다. 왜냐하면 이렇게 시간을 채근함과 권태를 쫓아버림에서 이미 권태에 대해서 어떤 것이 말해져 있기 때문인데, 즉 이렇게 시간을 채근함이라는 계기, 즉 시간을 이리저리 돌림이라는 계기가 바로 그것이다. 이미 우리는 우리가 거기에서 권태를 쫓아버리고 있다고 더 이상 말할 수 없다. 달리 말해 이러한 정의에서 우리는, 만약 우리가 그것을 그렇게 형식적으로 받아들일 경우, 더 이상 권태 자체에 관해서 이야기해서는 안 된다. 이것은 여러분이 이 정의를 너무 고집하지 않도록 잠시 지나치며 한마디한 것이다. 더욱더 중요한 것은 그 모든 것[앞의 정의의 구성 내용 전체]이 무엇을 말하는가 하는 구체적인 물음이다. 나는 마지막으로 무엇이 이러한 지루한 상황 속에서 우리를 안절부절못하게 짓누르는가를 언급했다. 그것은 우리가 견뎌 벗어나기를 바라는 독특한 기다림인데, 그리하여 어쩌면 이러한 기다림이 혹시나 권태인지도 모른다는 점이 암시되었다. 마침내 다음과 같은 점이 귀결되어 나왔다. 즉 기다림과 권태는 동일하지 않고, 오히려 기다림은 지루함이라는 성격을 띨 수는 있어도 반드시 그래야 하는 것은 아니다.

나. 시간죽이기와 시계를-들여다-보기. '지루해짐'이란 '머무적거리는 시간흐름이 마비시키며 맞닥쳐 있음'임

우리가 그렇게 여러 가지로 많이 경험하면서도 정작 그것, 즉 권태 자체를 파악하지 못한다는 것은 기이하다. 우리는 있지도 않은 어떤 것을 찾아다니고 있었던 것이나 거의 다름이 없다. 권태는 그 모든 추정된 것이 아니다. 그것은 사라져버리고 있으며 흩어져 날아가버리고 있다. 그러나 그럼에도 불구하고 이러한 애타는 기다림, 이리저리 뛰어다녀보기, 나무들을 세어보기 그리고 바쁘게 몰두하는 그 밖의 모든 유별난 일 따위는 권태가 거기에 있다는 바로 그 사실에 대한 증거가 된다. 우리는 이러한 증거를 확인하여 다짐하면서 이렇게 말한다. **권태로워서 거의 죽을 지경이다.** 이 말로 어쩌면 우리는 우리의 의도와 의지에 반해 하나의 비밀을 흘리는지도 모른다. 즉 결국 권태는 현존재의 뿌리를 잡고 있다는 것, 다시 말해서 현존재의 가장 고유한 밑바탕들에 본래적으로 존재하고 있다는 비밀 말이다. 아니면, 우리를 갉아먹는 치명적인 권태에 관해서 우리가 말할 때 그것은 그저 일종의 과장된, 그리고 과장을 부리는 말버릇일 뿐이라고 보는 편이 더 나은가? 특정한 형편들에 처하여 행하는 그와 같은 이야기 속에 말버릇과 습성이 얼마나 있을 수 있는가 하는 점은 여전히 의문시된다. 어쨌든 이러한 표현들은 우연한 것들이 아니다. 권태는 거기에 있다. 권태는 어떤 고유한 것이며 그러면서도 언제나 이러한 바깥에서 벌어지는 일들로 에워싸여 있다. 권태를 지속적으로 관찰하는 자리에서도 우리는 언제나 거듭 그러한 바깥일들에 매달린 채로 남아 있다.

그러므로 우리가 시간죽이기를 하는 가운데 무엇에 대항하여 싸우고 있는지를 보기 위해서 우리가 시간죽이기에서부터 권태 쪽으로 나아가고 있다면, 그러한 일도 결국 우리에게는 더 이상 도움이 되지 못하는 셈이다. 아니, 어쩌면 우리는 아직 이러한 시간죽이기 속으로 우리 자신을 충분히 옮겨놓지 못한 채 우리의 관심을 언제나 거듭 성급하게 다른 쪽으로 돌려놓는지도 모른다. 결국 권태일 수도 있는 바로 그러한 것을 통해서—마치 그것이 어쩌면 바로 우리가 찾고 있는 그것인지도 모른다는 암시를 우리에게 넌지시 던지는 안달, 기다림 따위를 통해서—우리는 그렇게 하고 있는지도 모른다. 왜 그런가? [권태라는] 현상은 여러 겹이다. 우리는 무엇을 필요로 하고 있는가? 우리는 하나의 확실한 실마리를, 즉 하나의 **확고한 가늠자**를 필요로 하고 있다. 만일 우리가 다시 또 일반적 성격규정에서부터 출발할 경우 이제 권태, 그리고 권태에 대항하는 이러한 시간죽이기가 우리에게는 한층 더 명확해질 것이다. 즉 권태에서는 일종의 '겨를(Weile)'이, 일종의 '머무름(Verweilen)'이 문제가 되며, 일종의 독특한 '남음(Bleiben)'이, '지속(Dauern)'이 문제가 된다. 그러니까 분명 시간이 문제가 되는 것이다. 그리고 이에 대항해서는 시간죽이기가 문제가 된다. 이러한 시간죽이기 자체의 경우에서 우리는 독특한 행농관계를 보고 있는데, 시계를, 즉 시간을 재는 시계를 계속 꺼내 들여다본다는 것이 그것이다. 시간죽이기가 쫓아버리고 있는 바로 그것인 권태에서와 마찬가지로 시간죽이기에서도 결정적인 것은 이렇듯 분명 **시간**이다. 그러니까 시간죽이기란 곧, 시간을 채근하면서 그 늘어지려는 시간을 앞당김이며, 따라서 **시간과의 맞대결**로서 일종의 시간 안으로 끼어들기(Eingriff)인 것이다. 그렇기 때문에 여기에서 우리는 이 점을 문제 삼아, 거기에서 시간과 더불어 무슨 일이 벌어지고 있는지, 어떻게 우리 시간과 행동관계를 맺고 있는지 등을 묻지 않으면 안 된다.

우리가 시간죽이기를 하는 가운데 쫓아버리는 그것, 즉 권태를 이미 시간죽이기를 하는 동안에 대면하기를 바란다면, 우리는 우리가 이미 여러 번 언급했던 것, 즉 계속해서 **시계를 들여다보는 것**을 시간죽이기 가운데서 시야에 잡아보는 것이 좋을 것이다.

그러나 이때 우리는 이러한 '시계를-들여다-봄' 그 자체가 곧 시간죽이기는 아니라는 점에 유의해야 한다. '시계를-들여다-봄'은 나무들을 세어본다든가 이리저리 거닐어보는 것과 같은 갈래에 있지는 않다. '시계를-들여다-봄'은 시간죽이기의 한 수단과 방법이 아니다. 오히려 그것은 단지 우리가 우리에게서부터 시간을 내몰기를 원한다는 것에 대한 표식, 좀더 정확히 말해서 이러한 시간죽이기가 우리에게서 제대로 성사될 낌새를 보이지 않고, 권태가 자꾸만 우리를 점점 더 괴롭히고 있다는 것에 대한 표식일 뿐이다. '시계를-들여다-봄' 그 자체가 곧 시간죽이기가 실패로 돌아가고 있다는 것에 대한, 그리고 그로써 점차 **지루하게 됨**이 **고조되고 있다**는 것에 대한 어쩔 수 없는 알림인 셈이다. 그러한 까닭에 우리는 자꾸만 시계를 들여다본다. 그렇다고 해서 그것이 순전히 기계적인 운동은 아니다. 무엇을 확인하기 위해서 우리는 시계를 자꾸 들여다보는가? 단지 몇 시인지를 알기 위해서? 아니다. 그것은 전혀 우리의 관심거리가 아니다. 오히려 우리는 기차가 출발하기까지 아직 얼마나 긴 시간이 남아 있는지, 기차가 도착할 시간이 거의 다 되어가고는 있는지, 다시 말해서 시간을 목적 없이 헛되이 빙빙 보내는 이런 기이한 일을 해대면서 피어오르는 권태에 대항하여 얼마나 오래 계속해서 싸우고 있어야 하는지를 확인해보고 싶어한다. 시간을 단순히 보내기만 하는 것이 아니라, 오히려 시간을 되도록 빨리 보내버리는 것, 즉 시간이 더 **빨리** 지나가도록 하는 것이 문제가 된다. 그러니까 시간은 느리게 가고 있는 셈이다. 그렇다면 '지루해함'이란 시간이 느리게 가고 있다는 사실에 대한 파악인가? 그렇지만 분명 우리는 권태 속에서 아무것도 확인하지 않으며, 아무것도 파악하지 않으며, 시간을 고찰의 대상으로 삼지도 않는다. 오히려 정반대이다. 즉 우리를 권태 속에 묶어두는 것은 정작 아무것도 없다. 시간도, 시간의 느림도 아니다. 그런데 어디에서부터 시간의 이러한 느림이 유래하는가? 어디에 이러한 느림이 존립하는가? 그 까닭은 시간이 **너무나 길기** 때문인가? 이러한 권태가 오는 까닭은 우리가 네 시간을 기다리고 있어야 한다는 사실 때문인가? 하지만 겨우 15분밖에 걸리지 않는 어떤 일에 관여하고 있는 자리에서도 우리는 지루해하지 않는가? 밤새 내내 이어지는 축제에서라면 우리는 아마 전혀 지루해하지 않을 것이다. 그러니까 시간의 길이는 아무 역할도 하지 않는 것이다. 시간이 너무나 길기 때문이 아니라, 다시 말해 우리가 시계를 가지고 객관적으로 표시하는 측정 가능한 시간간격이 너무나 크기 때문이 아니라, 즉 시간의 발걸음이 느리기 때문이 아니라, 오히려 시간의 발걸음이 너무나 느리기 때문인 것이다. 느려지고 있는 그리고 우리에게는 너무나 느린 시간의 발걸음—이것이 우리를 권태 속에 **잡아두고 있다**—에 대해서, 즉 시간의 이러한 독특한 미루적거림(Zaudern)과 머무적거림(Zögern)에 대해서 우리는 저항한다. 시간의 이러한 미루적거림과 머무적거림은 무겁게 짓누르는 힘과 무력하게 하는 힘을 가지고 있다.

그러나 그렇다면 시간은 더 빨리 가야 하는가? 그리고 시간은 얼마나 빨리 가야 하는가? 그렇다면 시간은 어떠한 빠르기를 가지고 있어야 하는가? 시간은 도대체 빠르기를 가지고 있는가? 시간의 발걸음은 분명 고르게 진행된다. 즉 시간은 마치 건드릴 수 없는 괴물의 맥박처럼 고르게 굴러간다. 매분(每分) 60초가 뛰고, 매시(分時) 60분이 뛴다. 그렇다면 시간은 시와 분과 초로 이루어져 있는가? 아니면 시, 분, 초와 같은 것들은 단지 **우리가** 시간을 붙잡아들이는 척도일 뿐인가? 여기에서 시간을 붙잡아들이는 것이 '우리'인 까닭은 우리가 지구의 거주자로서 이 지구라는 행성 위에서 태양과 특정한 관계를 맺으며 움직이기 때문이다. 이러한 척도들과 그것들에 속한 균일성을 우리는 그저 시간을 재기 위해서만 필요로 하고 있는가? 그렇다면 우리는, 시간 자체가 얼마나 빠르게 또는 느리게 가고 있는지, 시간이 도대체 빠르기를 가지고 있고 빠르기의 바꿈을 허용하는지를 말할 수 있는가? 과연 시간은 실제 틀릴 수 없는 고른 걸음걸이를 가지고 있는가? 아니면 시간은 오히려 일종의 최고로 변덕스러운 존재는 아닌가? 마치 하나의 순간과 같은 그런 시간도 있지 않은가? 마치 하나의 영원과 같은 그런 분(分)도 있지 않은가? 이것은 그저 우리에게만 그렇게 보일 뿐인가? 아니면 실제로 그러한가? 다시 말해서 시간이 금세 짧았다가 금세 길었다가 하며, 금세 휙 지나다가 또 금세 질질 끌기도 하여 결코 고르지 않은가? 정말 그러한가? 아니면 실제로 사정은, 시계가 시간을 우리에게 내보이듯이 그렇게 매일 매시간 시계가 우리를 밀어붙이고 있는가? 아니면 아마 없어서는 안 될 측정기구에 의해서 거기에서 어떤 것이, 즉 계산 가능한 시간이 우리에게 그럴싸하게 보이며 착각되고 있는가? 이러한 계산 가능한 시간에 견주어볼 적에 저 계산 불가능한 시간은 일종의 가상으로 떨어져 내린다고 볼 수가 있겠는데, 평범한 식견이 아는 척하는 것을 따르면, 그러한 시간은 순전히 주관적이다. 순전히 주관적일 뿐 본디 현실적이지는 않은 그러한 시간이란 바로, 최고의 더할 나위 없는 복됨 속에서 마치 깊은 눈으로 우러러보는 하나의 눈길처럼 휙 스치는 시간이며, 극심한 위기 속에 마치 게으르게 질질 끌려가다가 거의 멈추어버린 흐름처럼 무겁게 짓누르면서 지속적으로 계속되는 시간이다. 여기에서 현실성이란 무엇이며 어디에서 가상이 시작되고 있는가? 아니면 우리는 도대체 그렇게 물음을 던져서는 안 되는가? 겉보기에 진부해 보이는 이러한 확인과 더불어 우리는 이미 다음과 같은 사실을 보고 있다. 즉 권태 속에서 시간은 너무나 느리게 간다는 것, 우리는 이미 가장 큰 어두움과 어려움 속으로 빠져들어 있다는 것이다.

사정이 아무리 그렇다고는 해도 시간죽이기에서부터 보건대, 그리고 그것의 가장 고유한 의도에 따르건대, 우리는 이렇게 말할 수 있다. 즉 시간죽이기에서는 **시간의 미루적거림을 이리저리 돌리기를 원함**이 문제된다고 말이다. 느림과 머무적거림은 동일한 것이 아니다. 머무적거리는 그것은 비록 어떤 의미에서는 필연적으로 느릴 수밖에 없지만 그렇다고 모든 느린 것이 다 머무적거려야 하는 것은 아니다. 머무적거리는 시간이 그것의 마비로써 우리 자신까지 마비시키지 않도록 하기 위해서는, 즉 권태가 사라지도록 하기 위해서는, 그 머무적거리는 시간은 더 빨리 가도록 채근되어야 한다. 그렇다면 **지루하게 됨**이 본디 무엇인가 하는 우리의 **주도적인 문제**에 비추어 볼 적에 귀결되어 나오는 점은 다음과 같다. 즉 '지루하게 됨'이란 **머무적거리는 시간흐름과 시간 일반이 마비시키며 맞닥쳐 있음**(Betroffenheit)이라는 것, 즉 그것은 그 나름의 방식으로 우리를 안절부절못하게 짓누르는 그런 맞닥쳐 있음이라는 것이다. 그러므로 우리는, **어떻게** 거기에서 우리가 지루하게 되는 가운데 시간이 우리를 안절부절못하게 짓누르는지를 좀더 계속 알아보지 않으면 안 된다. 시간! 막상 느림, 즉 시간의 머무적거림을 파악해 보려는 자리에서 우리는 도대체 시간이 우리에게 수수께끼로 되어버린 것을 보았다. 이제 **지루하게 됨** 속에서 **우리가 시간에 대해서 맺는 관계**뿐 아니라 **시간 자체**가 어둠 속에 묻혀 있다. 지루하게 됨이란 시간, 즉 머무적거리는 시간흐름이 마비시키며 맞닥쳐 있음이라는 말은 무엇을 일컫는가? 그렇다면 우리는 오직 권태 속에서만 시간에 의해서 맞닥쳐 있는가? 그렇다면 우리가 우리 자신의 시간을 아주 마음대로 다룬다고 믿고 말할 때조차도 우리는 지속적으로 시간에 묶여 있고 시간에 의해서 떠밀리고 있으며 안절부절못하게 짓눌려 있는 것은 아닌가?

권태 속에서 시간이 이렇게 맞닥쳐 있음은 분명 **시간의 힘의 한 독특한 밀려듦**이며, 그 힘에 우리는 묶여 있다. 거기에는 시간이 우리를 금세 이렇게 또 금세 저렇게 안절부절못하게 짓누를 수 있고 또는 우리를 조용히 내 버려둘 수도 있다는 점이 놓여 있다. 결국 그것은 시간의 고유한 변화능력 과 연관이 있다. 그렇다면 분명 '지루하게 됨'과 '권태'는 도대체 전적으로 시간의 이러한 수수께끼 같은 본질 속에 뿌리를 둔다고 볼 수 있다. 더 나 아가서 만일 권태가 일종의 기분이라면, 그 경우에 시간 그리고 시간이 시 간으로서 존재하는 양식, 다시 말해서 시간이 **시간화하는** 양식은 현-존재 의 기분 잡혀 있음 일반에 독특한 한몫을 하는 셈이다.

점점 더 우리는 권태의 문제 전체를 단순하게 시간문제에 놓고 싶다는 유혹을 받고 있다. 그러나 그럼에도 우리는 이러한 유혹에 빠져서는 안 되 는데, 그로써 비록 고찰을 어느 정도 단순화하는 것이 성취될 수 있다고 해 도 그렇다. 권태의 본질을 두루 관통하여 시간의 은닉된 본질 안으로 그리 고 그로써 시간과 권태의 연관 안으로 눈길을 던질 수 있도록, 우리는 권태 에 그대로 머물러 있어야 한다.

다. 머무적거리는 시간에 의해서 붙잡혀 있음

따라서 우리는 우리의 물음제기와 물음자세로 새로 되돌아가보기로 한다. 우리는 '지루하게 됨'을 시간죽이기에서부터, 이 시간죽이기가 그것에 대항 하는 그것으로서 보여 주려고 시도하고 있다. 시간죽이기란, 우리를 안절부 절못하게 짓누르는 시간의 머무적거림에 맞서 일종의 손을 씀(Angehen)이 다. 그럼에도 불구하고 이 점에 못지않게 명확한 사실은, 시간이 빙빙 돌아 가도록 우리가 시간을 채근하는 자리에서도 우리가 정작 **시간에 방향 잡혀** 있지는 않다는 것이다. 시간죽이기를 하는 가운데 우리는 특별히 시간에 열중하고 있지는 않다. 어떻게 하면 시간에 열중할 수 있을까 하는 점 또한 우리는 전혀 보고 있지 않다. 우리는 흘러가는 초(秒)들을 채근하기 위해서 그것들을 뚫어지게 바라보고 있는 것은 아니다. 사정은 오히려 정반대이 다. 즉 비록 우리가 자주 시계를 들여다보기는 하지만, 바로 그만큼 또한 시계로부터 재빨리 시선을 되돌리기도 한다. 어디로 되돌리는가? 막연한 것으로 향하고 있다. 그렇다면 어떻게 그렇게 하는가? 우리가 막연한 것으로 시선을 향하는 까닭은, 특정한 것이 전혀 제공되지 않기 때문이다. 지루하게 됨의 속 깊은 절박함이란 정말이지, 우리가 어떠한 특정한 것도 발견하지 못한다는 사실 바로 그것이다. 우리는 바로 그러한 특정한 것을 찾고 있다. 우리가 찾고 있는 것은 우리의 관심을 어떻게든 다른 쪽으로 돌리게 하는 바로 그것이다. 어디로부터 돌린다는 말인가? 머무적거리는 시간에 의해서 안절부절못하게 짓눌리고 있는 데로부터 다른 쪽으로 돌려진다. 우리는 시간죽이기를 모색하고 있다. 다시 말해서 우리는 시간에 열중한다거나 시간에 몰두한다거나 시간을 돌이켜 새겨보려고 애쓰는 것이 아니다. 시간죽이기, 그것은 기이하게도, 머무적거리는 시간으로부터 그리고 이러한 시간이 우리를 안절부절못하게 짓누르고 있는 데로부터 우리의 관심을 다른 쪽으로 돌려놓기 위한 분주함(Beschäftigung)을 말한다.

'안절부절못하게 짓누른다'라는 이 말은 무엇인가? 그 말은 시간이 우리에게 파고든다는 것이 아니며, 시간이 갑작스레 매우 빠르게 지나간다는 것도 아니고, 오히려 시간 나름의 **고유한 양식의 안절부절못하게 짓누름**—시간흐름의 머무적거림—이다. 그러나 머무적거리는 어떤 것은 그 자신은 멀리 물러서서 나타나지 않기 때문에 안절부절못하게 짓누르지는 않는다. 그게 무슨 소리인가? 그래서 우리는 시간 나름의 고유한 양식의 안절부절못하게 짓누름에 관해서 이야기하는 것이다. 그렇지 않아도 우리는 이미 첫 번째 길 위에서도 그것을 발견한 적이 있다. 우리는 그것을 이미 길 알고 있다. 그것을 우리는 우리를 지루하게 하는 그런 지루한 것 자체에서 발견했다. 그것은 곧 '잡고 있는 것'이었다. 그렇지만 잡고 있음이 어떻게 안절부절못하게 짓누른다는 말인가? 비록 붙잡혀 있기는 해도, 우리는 정작 활동의 여지는 얻고 있다. 그것이 우리 앞에 어떤 것을 열어 보인다. 거기에는 안절부절못하게 짓누르고 있을 수 있는 것이라고는 전혀 아무것도 없다. 그러나 바로 이것이다. 즉 지루하게 되는 가운데 우리는 붙잡혀 있으며, 그것도 머무적거리는 시간에 의해서 그렇다. 그렇다면 우리는 어디에 붙잡혀 있는가? 어디에 시간이 우리를 잡아두고 있으며 어떤 일로 우리는 저지당하고 있는가? 이 물음의 대답을 얻기 위해서 우리는 우리가 시간죽이기를 통해서 **어디로** 가기를 바라는가 하는 점에 주의를 기울여야 한다. 왜냐하면 이러한 시간죽이기는 우리가 어디로부터 떠나기를 바라는가 하는 점을 우리에게 흘려주기 때문이다. 우리가 떠나기를 바라는 바로 그곳이 다름 아닌 느린 시간이 우리를 잡아두고 있는 바로 그곳이다. 시간죽이기를 하는 가운데 우리는 바쁜 일을, 즉 시간을 때울 만한 어떤 일을 찾는다. 이때 무슨 일이 일어나는가? 만약 우리가 그러한 일을 발견했을 경우 시간은 더 **빨리** 가는가? 그렇다면 시간은 어느 정도나 더 **빠르게** 가는가? 그렇다면 시간죽이기로서 발견한 그런 바쁜 일을 행하면서 우리는 시간의 흐름을 관찰하는가? 시간이 더 **빠르게** 가고 있다는 것을 우리는 확인하는가? 아니다. 정말이지 우리는—이 점이 특징적인데—시간에 전혀 관련되어 있지 않다. 시간이 더 **빠르게** 가는 까닭은 시간의 머무적거림이 더 이상 거기에 있지 않기 때문이다. 머무적거림이 사라져버린 까닭은 우리가 도대체 시간을 어떤 의미에서 잊어버리기 때문이다. 시간이 이제 너무 길게 머물고 있지 않는 까닭은, 시간이 도대체 머물러 있을 수 없기 때문이다. 만일 우리가 시간을 잊고 말았다면, 우리는 시간을 어디로 내몰아버린 것인가? 그 점에 대해서 우리는 아직 아무런 대답도 가지고 있지 못하다. 왜 우리는 이 물음에 대해서 아무런 대답도 발견하지 못하는가? 우리가 거기에서 내몰고 있는 시간은 **어떠한** 시간인가 하고 우리는 말하지 않았다. 우리는 단순히 시간 일반을 내몰고 있는 것이 아니다. 더 나아가서 우리는 시간의 범위가 얼마나 큰가 하는 점이 어떤 한계 내에서는 전혀 의미 없는 것으로 남아 있다는 사실을 보았다. 그러나 그럼에도 불구하고 어떤 **특정한** 시간이, 그것도 기차가 출발하기까지의 시간이 문제된다. **붙잡혀 있음**은 어떤 형태의 시간흐름을 통해서 일어나는 것이 아니라, 오히려 우리의 도착과 기차의 출발 사이의 이 특정한 머무적거리는 시간에 의해서 일어난다. 이 사이의 시간이 우리를 잡고 있으며 그리고 이때 우리를 저지하고 있다. 그런데 그 머무적거리는 시간은 어디에 우리를 잡아두고 있으며 **어떤 일로** 우리를 저지하고 있는가? 그것은 분명 자기에게 우리를 꽉 묶어두고 있지는 않다. 우리가 실제의 시간에 의해서 붙잡혀 있기는 하지만 그래도 우리는 그 실제의 시간에 관련되어 있지는 않다. 그 머무적거리는 시간이 우리를 '저지하고 있다'는 사실에 우리는 기뻐해야 하지 않는가? 그래도 막상 우리는 바쁘게 파묻혀 있을 수 있는 일거리를 찾느라고 애쓴다.

우리는 이상으로 다음과 같은 사실을 통찰하게 되었다. 즉 **권태─머무름, 지속, 머무적거림**─뿐 아니라, 이 권태와 관계하는 **시간죽이기**도 시간과 상관이 있다. 그래서 우리는 앞에서 시간죽이기를 뒤쫓아가본 것이다. 시간죽이기를 하는 가운데 우리가 어떻게 시간을 휘몰아대려고 시도하는지, 다시 말해서 우리를 안절부절못하게 짓누르면서 머무적거리는 사이 시간의 흐름을 어떻게 우리가 치워 없애려고 시도하는지를 보는 방향으로 시간죽이기를 뒤쫓아가보았다. 머무적거리는 시간흐름은 잡고 있는 것으로서 귀결되어 나왔다. 따라서 '지루하게 됨'이란 '**사이 시간의 머무적거리는 흐름에 의해서 붙잡혀 있음**'이다. 그럼에도 불구하고, 거기에서 본디 무슨 일이 일어나는지, 시간이 도대체 우리에게 어떻게 관계하기에 그것이 머무적거리는 시간으로서 그렇게 우리를 잡아둘 수 있는지, 그리고 좀더 나아가서 어떻게 대관절 시간이 우리에게 속해 있기에 우리는 시간의 머무적거림을 빨라지도록 다그치거나 치워 없애려고 시도할 수 있는지 등을 아직 우리는 선혀 두루 살펴보지 않았다. 왜냐하면 순수하게 주관적일 뿐인 순전한 시간계산이 문제되는 것은 분명 아니기 때문이다.

이제, 과연 머무적거리는 시간에 의한 붙잡혀 있음을 더 멀리까지 밀고 나가 해석해봄으로써 우리가 권태의 이러한 특정한 형태의 온전한 본질구성요소를 시야에 넣을 수 있을지가 의문이다. 이때, 시간에 대해서 일반적으로 말해진 것을 되돌아보며 우리는, 시간과 시간의 빠르기 따위에 대한 본래적이고 기이한 수수께끼를 우리가 얼마나 멀리까지 성공적으로 풀어낼 수 있는가 하는 점을 아직은 활짝 열린 채로 놓아두고, 오히려 이제 우리는 '어떤 것에 의해서 지루하게 됨'이라는 권태의 특정한 형태 안에 남아 있기로 한다. 우리는 시간의 이러한 머무적거림이 어떻게 우리를 잡고 있는지, 또는 어떻게 그러한 붙잡혀 있음에 의해서 이러한 지루하게 됨이 가능하게 되는지를 좀더 뚜렷이 새겨보고자 한다.

라. '스스로를 거부하는 사물들에 의해서 공허 속에 버려져 있음' 그리고 이것이 '머무적거리는 시간에 의해서 붙잡혀 있음'과 맺고 있는 가능적인 연관 안으로 눈길을 던져봄

이러한 '붙잡혀 있음'이 '지루하게 됨'에 속한다는 점에 대해서 우리는 그렇게 끝까지 논쟁할 생각은 없지만, '붙잡혀 있음'만이 유일하게 권태를 이루는 것은 아니라는 사실은 계속 주장해나갈 것이다. 왜냐하면 시간죽이기를 하는 가운데 우리는 동시에 우리 자신을 바쁜 일 속으로 데려가려고 애쓰기 때문이다. 그런데 어떻게 애쓰고 있는가? 그것은 이를테면 산과 들에 아름다운 실눈이 내리고 있음에도 불구하고 우리는 마지못해 공부하는 것과 같은 식인가? 아니다. 시간죽이기를 하는 가운데 우리는 바쁜 일을 오히려 찾고 있다. 물론 그것은 다시금, 마치 어느 한 오두막집 살림에서 한 사람은 나무를 패고 있고 다른 한 사람은 우유를 날라오고 있는데 우리는 무엇인가 거들기 위해서 어기적거리며 물을 길어온다는 식은 아니다. 시간죽이기가 찾아낸 바쁜 일에서 우리의 관심은 우리가 열중하는 그것에 쏠려 있지는 않은데, 더더욱이 이때 어떤 것이 생겨나오고 그것을 우리가 다른데에다 이용한다는 생각은 말할 것도 없다. 우리의 관심은 바쁜 일의 대상에도, 바쁜 일의 성과에도 쏠려 있지 않고, 오히려 **바쁘게 파묻혀 있음** 그 자체에 쏠려 있으며 그리고 오직 이것에만 쏠려 있을 뿐이다. 우리는 어떻게든 바쁘게 파묻혀 있으려고 애쓴다. 왜 그런가? 그것은 오직, 권태와 함께 피어오르고 있는 공허 속에 버려져 있음 속으로 빠져들지 않기 위해서이다. 그러니까 우리는 이러한 '공허 속에 버려져 있음'을 피하려는 것이지, '붙잡혀 있음'을 피하려는 것은 아닌가? 그러니까 공허 속에 버려져 있음이 권태에서는 본질적인가? 그것은 '붙잡혀 있음'과는 다르기는 해도 이것과 마찬가지로 '지루하게 됨'에 속한다.

그런데 이러한 '공허 속에 버려져 있음'이란 무엇인가? 무엇이 거기에 공허하게 버려져 있는가? 어떠한 의미에서 그렇다는 것인가? '공허 속에 버려져 있음'을 우리는 어떤 일에 바쁘게 파묻혀 있음으로써 없애려고 노력한다. 그렇게 어떤 일에 바쁘게 파묻혀 있음이란, 우리가 사물들과 왕래하는 특정한 양식이며 방식이다. 여기에서는 다음과 같은 여러 가지가 가능하다. 즉 우리는 사물들을 그것들이 있는 그대로 놓아두거나 손질하기도 하고, 사물들을 제자리에 가져다 놓거나 그것들을 가지고 글을 쓰기도 한다. 바쁘게 파묻혀 있음은 사물들과의 우리의 왕래에 특정한, 방향, 충족감을 가져다준다. 그러나 그것뿐이 아니다. 우리는 사물들에 의해서 붙들리게 되는데, 사물들에 우리 자신을 잃어버리기도 하고, 때로는 심지어 사물들에 의해서 얼이 빠져버리기도 한다. 우리의 행동거지가 어떤 일 속으로 몰입해 들어가고 있다. 만일 우리가 우리를 몰두시킬 어떤 일을 마련했다면, 그 경우 우리는 다른 것에 한눈팔 시간을 거의 가지지 못한다. 우리는 온전히 그것에 빠져서 우리 자신, 그리고 우리가 다른 것에 사용하고 허비할 시간은 더 이상 결코 거기에 있지 않게 된다. 서기에는 우리를 만족시켜줄 바로 그것만이 유일하게 눈앞에 있다. 공허 속에 버려져 있음 또는 만족되어 있음은 사물들과의 왕래에 들어맞는 말들이다. 사물들이 마음대로 다뤄지게끔 눈앞에 놓여 있을 때, '공허 속에 버려져 있음'은 제거되는 셈이다.

우리는 예를 들어 묘사했던 그 지루한 상황을 한 번 더 상기해보기로 한다. 거기에는 가령 다음과 같은 사물들이 눈앞에 있지 않은가? 즉 기차역, 기차 운행 시간표, 국도, 나무들 따위, 그리고 그 무엇보다도 도대체 우리에게는 서먹서먹한 주변지역 전체 말이다. 그 안에 우리가 아는 것이란 거의 없으며 그래서 그 안에서 우리는 온종일 사물들을 확인할 수 있다. 그럼에도 불구하고 우리는 지루해한다. 다시 말해서 우리는 공허 속에 버려져 있다. 따라서 이러한 '공허 속에 버려져 있음'은 다음을 일컬을 수 있는 것이 아니다. 즉 권태 속에서 우리가 달라져버려서, 마치 일체의 사물들이 싹 사라져버리고 그래서 우리는 우리 앞에 그리고 우리 주위에 더 이상 아무것도 가지고 있는 것이 없다고 말이다. 그러한 일은 전혀 가능하지 않다. 우리가 바로 지금 현사실적으로 실존하는 한, 즉 우리가 거기에 존재하는 한, 우리는 다른 존재자 한가운데에 옮겨 놓여 있는 셈이다. 이러한 존재하는 사물들은 우리에게—어떠한 포용범위 내에서든지 그리고 어떠한 투명성 내에서든지 간에—언제든지 눈앞에 있는 것이다. 아무것도 더 이상 눈앞에 있지 않고 일체의 사물들이 죄다 우리에게서부터 미끄러져 빠져나가는 일이 어떻게 일어날 수 있는가? 그래도 어쩌면 그 속에서 그러한 일이 가능한, 우리 현존재의 방식들이 있는지도 모른다. 그러나 권태에는 그러한 일이 들어맞지 않는다. 그러한 일은 들어맞을 수가 없다. 왜냐하면 만약 아무것도 눈앞에 있지 않다면, 어떻게 우리가 어떤 것에 의해서 지루하게 된다는 말인가? 다시 말해서 어떻게 우리가 그 경우 어떤 것에 의해서 공허 속에 버려지게 된다는 말인가? 우리를 지루하게 하기 위해서는, 다시 말해서 우리를 공허 속에 버려두기 위해서는, 분명 지루한 것이 바로 눈앞에 있어야 한다. 우리가 공허 속에 버려지게 된다고 해서 우리에게서부터 사물들이 내버려지게 되거나 없어지게 되는 것은 아니다. 누가 이러한 거래를 꾸민다는 말인가? 우리는 분명 아니다. 오히려 우리는 권태 속에서, 그리고 순전한 권태 앞에서 막바로 일에 바쁘게 파묻혀 있으려고 노력한다. 사물들이 눈앞에 있음에도 불구하고, 사물들은 우리를 공허 속에 버려두고 있다. 심지어 우리는 이렇게까지 말하지 않으면 안 된다. 즉 바로 사물들이 눈앞에 있기 때문에, 그것들이 우리를 공허 속에 버려두고 있다고 말이다.

그럼에도 불구하고 우리가 지루해하는 까닭은, 기차 운행 시간표가 갖춰진 어느 한 기차역이 거기 눈앞에 있고 그 기차역 앞을 쭉 따라 도로가 눈앞에 있으며 그 도로 양편으로 줄지어 늘어선 나무들이 눈앞에 있기 때문인가? 분명히 아니다. 왜냐하면, 만일 그렇다면 우리가 어디에서나 끊임없이 사물들을 만나고 있기 때문에 우리는 어디에서나 끊임없이 지루하게 될 수밖에 없을 것이기 때문이다. 그러니까 이러한 사물들이 도대체 눈앞에 있기 때문에 이 사물들이 우리를 지루하게 하는 것은 아니고, 오히려 이 사물들이 바로 **이렇게 저렇게** 눈앞에 있기 때문에 이 사물들이 우리를 지루하게 하는 것이다. 그렇다면 어떻게 지루하게 하고 있는가? 그리고 이 사물들은 어찌된 일인가? 이 사물들은 분명 우리에게 아무 짓도 하지 않고 **우리를 온전히 고요 속에 놓아두고** 있다. 물론 그렇다. 그리고 바로 이것이, 왜 이 사물들이 우리를 지루하게 하는가 하는 그 까닭이다.

이 사물들이 그것들 자체인 바로 그것을 고요 속에서 충족시키는 일 말고 달리 그것들이 해야 할 일이 무엇인가? 우리는 분명 사물들에게 다른 아무것도 요구하지 않는데, 그것은 평소에도 그렇고 권태 속에서도 그렇다. 권태 속에서 우리가 일일이 세어보는 기차역 바깥의 그 나무들은 도로변 말고 달리 어디에 서 있을 수 있으며, 하늘을 향해서 말고 달리 어느 쪽을 향해서 자랄 수 있는가? 그러면 갑작스레 무슨 일이 일어나길래, 이 모든 사물들이 우리를 지루하게 하고, **이 사물들에서부터** 권태가 우리를 덮치는가? 우리는 이제 다시 또, 사물들이 우리를 지루하게 하는 까닭은 사물들이 우리를 공허 속에 버려두기 때문이라고 말할 수는 없다. 오히려 물음은 다음과 같다. '공허 속에 버려둠', '공허 속에 버려지게 됨'은 무엇을 일컫는가? '공허 속에 버려둠'은 결코 '부재하고 있음', '눈앞에 있지 않음'을 말하는 것이 아니다. 우리를 공허 속에 버려두기 위해서는 오히려 사물들이 눈앞에 있어야 한다. 그러니까 눈앞의 있음을 말하는가? 그러나 눈앞에 있음 또한 우리를 공허 속에 버려두는 것은 아니다. 눈앞의 것 일반이 우리를 공허 속에 버려두는 것이 아니라, 오히려 눈앞의 이것이 우리를 공허 속에 버려두고 있다. 눈앞의 어떠한 이것이 그런가? 앞에서 서술한 그 **지루한 상황**이라는 주위세계에 속한 사물들이 그것이다. 어느 한 지루한 상황에 속한 어떤 사물이 지루하다. 이건 일종의 판에 박힌 설명이 아닌가! 우리는 이렇게 말했다. 즉 사물들이 우리를 고요 속에 놓아두고 있는데, 이렇게 '우리를 고요-속에-놓아둠'이 사물들로부터 발산되는 '공허 속에 버려둠'이라고 말이다. 따라서 '지루하게 됨'이란 이렇게 '고요-속에-놓아두어-짐'인 것이다. 그런데 만일 우리가 어떤 것에 의해서 고요 속에 놓아두어지게 된다면, 그러자마자 우리는 당장 이 어떤 것에 의해서 지루하게라도 되는가? 사정은 오히려 이와는 거꾸로 다음과 같지 않은가? 즉 우리를 전혀 고요-속에[조용하게] 놓아두지 않고 우리를 끊임없이 뒤좇아 다니는 아무개는 마침내 우리에게 지루하게 되고 싫증 나게 된다고 말이다. 사물들은 우리를 고요 속에 버려두고 있지, 우리를 훼방하고 있지 않다. 그러나 사물들이 우리에게 도움을 주고 있는 것은 아니며, 우리의 행동관계를 자기에게로 끌어당기고 있지도 않다. 사물들은 **우리를 우리 자신에게 내맡겨두고** 있다. 사물들은 내어줄 것이 전혀 없기 때문에, 우리를 공허 속에 버려두고 있는 것이다. '공허 속에 버려둠'이란, 아무것도 눈앞의 것으로서 내주고 있지 않음을 일컫고 있는 말이다. '공허 속에 버려져 있음'은 눈앞의 것으로부터 아무것도 건네어 받고 있지 못함을 의미한다.

그런데 이 초라하고 휑한 기차역이 우리에게 내주어야 할 것이 있다면 그것은 무엇인가? 공공건물로서 이 기차역이 마땅히 해야 할 일―기차표를 살 수 있게 해주고 피할 곳과 머물 곳을 제공하는 일―말고 그 이상 무엇을 우리에게 내주어야 하는가? 실제로 그러한 것들을 그 기차역이 제공한다. 바로 그것을 우리 또한 그 기차역에 바란다. 왜냐하면 우리는 지금 산책 또는 여행 중에 붙잡혀 있기 때문이다. 그렇게 기차표를 살 수 있게 해주고 피할 곳과 머무름을 제공하는 일은 이 기차역에게서 우리가 합당하게 이용할 수 있는 유일한 것—이 기차역이 우리 자신에게 바라는 요구—이다. 어떻게 우리는 이 기차역이 아무것도 내주지 않는다고 말할 수 있는가? 어떻게 이 기차역이 우리를 거기에 공허 속에 버려둔다는 말인가, 다시 말해서 우리를 지루하게 한다는 말인가? 혹시 이 기차역이 우리를 지루하게 한다면 그 까닭은 바로, 우리가 이 기차역에게서 바라며 기다리고 있는 바로 그것을 이 기차역이 우리에게 내주고 있으면서도 그것을 내주고 있지 않아서 우리가 도로 쪽으로 달아나기 때문인가? 그렇다면 우리는 이 기차역에게서 무엇을 바라며 기다리는가? 이 기차역이 도대체 하나의 기차역이라는 사실을 우리는 바라며 기다리는가? 아니다. 오히려 그것을 기차역으로서 이용할 수 있기를, 다시 말해서 이 기차역에서 곧바로 기차에 올라타서 될 수 있는 대로 빨리 기차를 타고 떠날 수 있기를 우리는 바라며 기다린다. 이 기차역이 우리에게 어떠한 체류도 강요하지 않는 바로 그때, 그것은 하나의 틀림없는 기차역으로 존재한다. 눈앞의 이 기차역은 우리에게 기차역이기를 거부하고 있으며 우리를 공허 속에 버려두고 있다. 왜냐하면 이 기차역에 속한 기차가 아직 오지 않고 있으며, 그래서 그때까지의 시간이 너무나 길고, 너무나 머무적거리고 있기 때문이다. 그러니까 이 기차역은 그것이 본디 마땅히 해야 할 바로 그것을 아직 내주지 않고 있다. 그러나 이를 위해서 그것은 바로 기차역인 것이며 우리로 하여금 기다리게 할 수 있게 하기 위해시라도 그것은 그 자체로서 눈앞에 있지 않으면 안 된다. 그렇지 않다면 이 기차역은 무엇 때문에 대합실을 가지고 있겠는가?

하지만 사람들은 다음과 같이 반대할 수도 있을 것이다. 즉 이 기차역이 마땅히 해야 할 바로 그것, 즉 지체 없이 곧바로 기차를 타고 떠날 가능성을 내주지 않고 이러한 방식으로 우리에게 자신을 거부하고 있어도, 그 탓은 이 허름한 기차역에 있지 않고 다만 기차 운행 시간표를 잘못 보고 너무 일찍 기차역에 온 우리 자신에게 있다고 말이다. 이 말은 옳을 수도 있다. 그러나 우리는 정말이지 무엇이 권태를 불러일으키며 무엇에 그 탓이 있는지를 묻고 있는 것이 아니다. 우리가 묻고 있는 것은 오히려 어디에 '지루하게 하는 것' 그 자체의 본질과 '어떤 것에 의한 지루하게 됨'의 본질이 존립하는가 하는 점이다. 다만 이때 어떻게 그러한 일이 그때마다 실제로 불러일으켜질 수 있는가 하는 점은 오롯이 제쳐놓고서 본다. 우리가 기차역에 너무 일찍 온 탓은 우리에게 있을 수도 있다. 그리고 거기에서 기차가 아주 드물게 운행되도록 한 장본인은 국영철도 당국일 수도 있다. 그러나 이것은 이 기차역이 우리를 지루하게 한다는 말이 무엇을 일컫는지에 대해서는 아무런 설명도 해주지 않는다. 우리는 다만 이렇게 물음을 던질 뿐이다. 즉 이 기차역에서 지루하게 하는 것이 무엇이기에, [그것을 통해서] 이 기차역이 우리를 지루하게 하고 있는가? 그렇다고 해서 우리는 다음과 같이 물음을 던지고 있는 것은 아니다. 즉 어떠한 원인들에서부터 바로 이러한 권태가 생겨나고 있는가?

우리는 우리가 던지고 있는 물음에 대해서 이제 그나마 하나의 대답을 얻기는 했는데, 그것도 '공허 속에 버려져 있음'을 좀더 가까이에 특징지음으로써 그랬다. 눈앞의 것(이 기차역)은 우리가 특정한 상황 속에서 이 기차역에 기대하는 바로 그것을 내주지 않고 있다. 따라서 이 기차역은 그것에게 제기된 기대를 채워주지 못하고 있다. 그것을 우리는, '이 기차역이 우리를 실망시키고 있다'라고 말한다. 그러나 그렇다고 해서 '실망하게 됨'이라는 말이 '지루하게 됨'을 일컫지는 않는다. '공허 속에 버려두면서 아무것도 내주고 있지 않음'은 실망시킴이 아니다. 우리가 실망하게 되는 바로 그런 곳에서 우리는 더 이상 찾을 아무것도 가지지 않으며 거기에서 우리는 물러나버린다. 그런데 우리는 바로 여기에서는 남아 있는데, 그저 남아 있기만 한 것이 아니라 여기에 붙잡혀 있다. 그럼에도 불구하고 우리에게는 지금 이 기차역만이 자신을 거부하고 있는 것이 아니라, 그 **주변지역**까지도 자신을 거부하고 있으며, 그것과 더불어 이 기차역이 **전체에서** 자신을 지금 온전히 이렇게 거부하는 것으로서 내보이고 있다.

지루하게 하는 이 기차역이 그 주변지역을 우리를 지루하게 하는 데에로 함께 데려오고 있더라도 거기에서 본디 무슨 일이 일어나고 있는지를 우리는 아직 명확히 보고 있지 않다. 어쨌든 다음과 같은 점이 귀결되어 나온다. 즉 '자신을 거부함'으로서의 '공허 속에 버려둠'이 눈앞의 것을 전제로 삼기는 하지만, '**어떤 것에 의해서 지루하게 됨**'이라는 의미에서 우리가 어떤 것에 의해서 공허 속에 버려지게 될 수 있으려면, 저 눈앞의 것은 하나의 **특정한** 것이어야 하며 그리고 하나의 **특정한** 상황에로 기대된 그런 것이어야 한다.

기차역은 그 자체로(an sich)는 지루한 것이 아니다. 그런데 '그 자체로'라는 말은 무엇을 일컫는가? 그러니까 아무것도 그 자체로 지루한 것은 없다는 말인가? 아니면 그래도 그 자체로 지루한 것이 있으며 거기에는 바로 기차역들이 속하지 않는가? 설령 끊임없이 기차들이 들어오고 나가며 사람들의 물결이 이리 밀리고 저리 밀리더라도, 기차역은 다 지루한 것 아닌가? 어쩌면 우리에게는 모든 기차역이 다 지루한 것만은 아닌지도 모른다. 사람들을 태운 기차들이 끊임없이 들어오고 나가기는 하지만, 어떤 기차역들에는 어떤 독특한 그 이상이 있다. 그것은 대도시의 건물 뒤편을 기차 타고 지나가는 사람이면 누구든지 경험하는 것이다. 사람들은 이렇게 말할 수도 있을 것이다. 그것은 우리에게나 그렇지, 예를 들어 슈바르츠발트 지역에서 온 농부는 기차들이 끊임없이 들어오고 나가는 거기에서 한껏 즐거움을 느끼게 된다고 말이다. 그러니까 권태는 취향의 문제라고 말이다. 과연 우리가 그것을 취향에 넘겨씌울 수 있는지 아닌지는 별개의 물음이다. 확실히 여기에는 다시 또, 우리가 꿰뚫어보지 못하는, 그리고 우선은 우리의 문제를 넘어서는 어떤 것이 앞에 놓여 있다. 그러나 '공허 속에 버려져 있음'을 해석하는 바로 이 자리에서 우리는 '공허 속에 버려져 있음'을 해석하는 것만으로는 권태를 결코 그 이상 알아듣게 전달할 수 없다는 사실을 틀림없이 경험했으리라고 본다. 그런데 뜻밖에도 우리는 '지루하게 됨'과 관련하여 첫 번째로 언급한 계기로 되돌려 지시되고 있다. 그 계기를 이제 구체적으로 표현해보면 우선은 다음과 같다. 즉 기차역이 우리를 공허 속에 버려두고 있다는 사실, 즉 기차역이 자신을 거부하고 있음은 머무적거리는 시간과 어떻게든 연관되어 있다. 결국 머무적거리면서 우리를 안절부절못하게 짓누르면서 잡아두고 있는 시간이 곧, 이 기차역이 마땅히 해야 할 바로 그것을 이 기차역으로 하여금 내주지 못하게 하는 바로 그것인 셈이다.

우리가 찾고 있던 바로 그것은 다음과 같은 사항에 이르러 있다. 1. 사물들에 의해서 공허 속에 버려지게 됨에 대한 하나의 해명. 2. 권태가 띠고 있는 그러한 두 번째 성격이 권태의 첫 번째 성격인 '머무적거리는 시간에 의한 붙잡혀 있음'과 맺고 있는 가능적인 연관에 대한 하나의 통찰.

우리는 거기에 하나의 연관이 존립하고 있다는 점만을 좀더 보기로 한다. 지루하게 됨의 이 두 계기들이 단순히 나란히 놓여 있는 게 아니라 오히려 서로 잇대어 맞추어져 있다는 점 또한 어쩌면 이미 명확해졌는지도 모른다. 더군다나 우리의 경우에서는 첫 번째로 언급된 계기인 '붙잡혀 있음'이 겉으로는 포괄적이고 일차적으로 규정적인 계기인 것처럼 보이기까지 한다. 왜냐하면 붙잡으면서 머무적거리는 시간이 이 기차역으로 하여금 아직 기차역에 합당한 일을 하도록 놓아주지 않기 때문이다. 지금은 기차가 도착할 시점이 아닌 만큼, 그런 한에서 이 기차역은 우리에게 마땅히 기차역이어야 할 바로 그것으로는 본디 존재하지 않는 셈이다. 머무적거리는 시간은 이를테면, 기차역이 우리에게 어떤 것을 내주는 것을 못 하게 강요하고 있다. 그렇게 머무적거리는 시간은 우리를 허전하게 내버려두는 데에로 기차역을 억지로 밀쳐대고 있다. 이 기차역은 **자신**을 거부하고 있다. 왜냐하면 머무적거리는 시간이 이 **기차역**에게 어떤 것을 거부하고 있기 때문이다. 그것은 기차역을 꺼버리고 있다[무력화시키고 있다]. 그런데 그렇다고 해서 그것이 기차역을 없애버릴 수 있는 것은 아니다. 그래서 지금 이 기차역은 바로 이렇게 아직 아무것도 내주지 않는 가운데—이렇게 스스로를 거부하는 가운데, 우리로 하여금 기다리게 하는 가운데, 바로 그렇게 해서 우리를 공허 속에 내버려두는 가운데—더욱 절박해지고 더욱더 지루해진다.

거기에서 시간이 할 수 없는 것이 뭐가 있겠는가! 시간은 기차역들을 지배하고 있으며 그리고 기차역들로 하여금 지루하게 만들도록 일을 벌이고 있다. 다른 한편에서 보면 사정은 이렇게 드러난다. 즉 시간이 따로 그 자체로, 다시 말해서 시간의 순전한 흘러감이 지루하게 만들고 있는 것은 아니고, 오히려 지루하게 됨이란 곧 공허 속에 버려지게 되는 가운데 이렇게 **본격적으로 붙잡혀 있음**이다. 따라서 사정은 이렇다. 즉 특정한 사물들은 그것들이 우리에게 무엇을 내주고 있느냐 아니면 내주지 않고 있느냐 하는 데에서 그리고 그것들이 어떻게 그것을 우리에게 내주고 있느냐 아니면 내주지 않고 있느냐 하는 데에서 그때마다 하나의 **특정한 시간**에 의해서 **함께 규정되어** 있다는 것, 즉 그때마다 **그것들** 나름의 특정한 시간을 가지고 있다는 것이다. 사물들은 시간으로부터 발산되는 '잡아둠'과 함께 아울러서만 우리를 공허 속에 버려둘 수 있다. 다른 한편에서 보면, 이러한 머무적거리는 시간이 우리를 잡아둘 수 있는 경우란 오직, 이 시간의 사물들이 앞에서 성격 지은 '자신을 거부함'의 가능성과 더불어 시간에 제압되어 있을 때, 즉 시간에 붙들려 있을 때뿐이다. 대충 이야기하자면, 권태의 가능성에서 문제되는 것은 머무적거리고 있는 시간흐름이 자신을 거부하고 있는 사물들과 맺고 있는, 아직은 어두운 하나의 관계이다. 다시 말해서 거기에서는 다음과 같은 물음이 문제된다. **시간** 자체가 무엇이기에 그것은 이렇게 사물들과 관계를 맺을 수 있으며, 더 나아가 그러한 관계에서부터 권태와 같은 것이 **우리를** 두루 조율하는 하나의 기분으로서 생겨나오는가 하는 것이다.

159   구체적인 예에서 우리는 동시에 다음과 같은 사실을 보았다. 즉 기차역 그 자체가 우리를 지루하게 하며 거기에 우리를 덜렁 내버려두고 있는 것이 아니라, 기차가 아직 거기에 있지 않은 한에서만 그렇다. 그러니까 이 기차역에게는 어떤 특정한 시점과의 어떤 특정한 연관이 결여되어 있는 것이다. 긍정적으로 이야기해보면, 기차역이 우리를 권태의 이러한 특정한 형태에서 지루하게 만들지 않기 위해서는, 우리는 어떤 방식으로든 기차역의 이상적인 시간인 그 **특별한** 시간에, 즉 기차가 막 출발하기 바로 직전에 기차역에 도착할 필요가 있다. 만약 사물들이 분명 그때마다 그것들 **나름의** 시간을 가지고 있고 우리가 사물들을 그때마다 그것들 **나름의** 시간에서 곧바로 만난다면, 그 경우 어쩌면 권태가 없을지도 모른다. 뒤집어서 보면, 권태가 도대체 가능한 까닭은 오직, 각각의 사물이, 말 그대로, **그것 나름의** 시간을 가지고 있기 때문이다. 만약 각각의 사물이 **그것 나름의** 시간을 가지고 있지 않다고 한다면, 그 경우 권태란 없을 것이다.

바로 이 논제가 규명되지 않으면 안 된다. 그러나 그 말은 이 문장을 논의한다는 의미에서 그래야 한다고 하는 것이 아니다. 오히려 이제 그 말은 독특하게 서로의 속으로 잇대어 맞추어져 있는 지루하게 됨의 계기들인 '붙잡혀져 있음'과 '공허 속에 버려져 있음'에 대한 해석을 결정적으로 그리고 점점 더 집중적으로 더 멀리까지 계속 이끌어간다는 의미에서 그래야 한다. 그렇다고 해서 이 모든 작업을 심리학으로 여겨서도 안 되며 대답과 해결책으로 여겨서도 안 된다.

제3장

권태의 두 번째 형태 : '어떤 것 곁에서 지루해함'과 그것에 딸린 시간죽이기

제24절 '어떤 것 곁에서 지루해함'과 이에 속한 시간죽이기의 양식

가. '붙잡혀 있음'과 '공허 속에 버려져 있음' 사이의 이음새를 이해하기 위해서 권태를 좀더 근원적으로 파악할 것을 요구함

우리는 지금 권태를, 그것도 우리가 용어적으로 '어떤 것에 의해서 지루하게 됨'이라고 파악하고 있는 권태의 한 특정한 형태를 논의하는 자리에 서 있다. 우리는 이러한 형태에서 두 가지 구조계기들을 끄집어내와 그것들을 좀더 가까이에서 해석해보려고 시도했다. 우리는 그 두 가지 구조계기들로 먼저 '머무적거리는 시간흐름에 의해서 **붙잡혀 있음**'을 보았고 그다음으로 '사물들에 의해서, 그리고 도대체 이렇게 맞닥치는 지루한 상황 속에서 우리를 에워싸고 있는 개별 존재자에 의해서 이렇게 **공허 속에 버려지게 됨**' 을 보았다. 우리는 이러한 '공허 속에 버려둠'이 어디에 존립하고 있는가 하는 물음을 던졌으며 그리고 이때 다음과 같은 점을 보았다. 즉 우리를 지루하게 만든다는 의미에서 이렇게 특징적인 방식으로 존재자가 우리를 공허 속에 버려둘 수 있기 위해서는, 반드시 존재자 자체가 눈앞에 있어야 한다. 공허 속에 버려둔다고 함은 어떤 것이 부재하고 있음을 일컫지 않는다. '공허 속에 버려둠'은 오히려 눈앞에 있음의 한 특정한 양식이며, 이 양식에 따라서 사물들이 우리에게 어떤 것을 거부하고 있는데, 대체로 그리고 일반적으로 그리고 막연히 거부하는 것이 아니라, 오히려 어떤 것을, 즉 이러한 특정한 상황 안에서 맞닥치는 형편들 아래에서 자발적으로 우리가 바라며 기다리는 바로 그런 어떤 것을 거부한다. 거기에서부터 '공허 속에 버려두고 있는 것'에 대한 성격규정이 자라나온다. 이 성격규정에 따르면 공허 속에 버려두고 있는 것은 이제 그 자체 권태의 첫 번째 계기, 즉 '잡고 있는 것'과 어떤 연관을 맺고 있다. 왜냐하면 이 지루한 기차역—이 역 주변에서 우리는 기차를 기다리면서 지루해하고 있다—은 정말이지 도대체 기차역으로서 [우리를] 지루하게 만드는 것이 아니라, 오히려 오직 이 **특정한 형편들 아래에서만**, 즉 기차의 도착시점이 아직 당장은 아닌 이 특정한 형편들 아래에서만 기차역으로서 [우리를] 지루하게 만들기 때문이다. 아직은 매우 대략적이고 막연하지만, '공허 속에 버려둠'과 '잡아둠' 사이의 한 독특한 **연관**이 여기에서 내보여지고 있다. 거기에서 다음과 같은 점이 귀결되어 나온다. 즉 '잡아둠' 자체가 '공허 속에 버려둠'을 규정하고 지탱하고 있다. 잡고 있는 것이 어떤 특정한 형태를 띤 시간인 한, 분명 시간도 이 독특한 '공허 속에 버려둠'에, 즉 사물들로부터 발산되고 있는 이러한 '덜렁 내버려둠'에, 한몫을 거들고 있다고 볼 수 있다. 그로써 우리는 새롭게 기이하고 수수께끼 같은 시간의 힘을 보고 있는 셈이다. 물론 시간의 이러한 힘은 지금 '지루하게 됨'의 한 구조계기인 '붙잡혀 있음'에 한정되지 않고, 이제는 오히려 두 번째 계기인 '공허 속에 버려둠' 및 '공허 속에 버려두어져 있음' 속 안으로까지 뻗쳐들고 있다. 이러한 두 구조계기들을 우리가 이 정도까지 해명해놓은 지금, 이 두 계기들의 **내적인** 연관에 대한 결정적인 물음이 밀려들고 있다. 분명 이 연관은 피상적으로 연결되어 있을 수 없다. '잡아둠'과 '공허 속에 버려둠'이 권태와 지루하게 됨의 구조계기들이라면, 이 두 구조계기들은 그 자체 권태의 본질에서부터 서로 가지런하게 마름질되어 있어야 한다. 이 두 구조계기들 사이에서 하나의 독특한 이음새(Fuge)가 내보여져야 하는데, 그것은 권태의 전체적이고 근원적인 본질에서부터 앞서 규정되어 있어야 한다. 거기에서부터 우리는 다음과 같은 **방법적 지침**을 끄집어내올 수 있다. 즉 이 두 계기들의 이러한 근원적인 이음새를 보는 데에 성공해야만, 우리는 이제 그것들의 **내적인 통일성**을 파악하게 되고 그로써 '지루하게 됨'의 **구조 전체**를 파악하게 된다.

따라서 만약 우리가 권태에 좀더 가까이 오기를 원한다면, 우리는 '**붙잡혀 있음**'과 '**공허 속에 버려져 있음**' 사이의 이러한 **이음새**가 '지루하게 됨'에서 한층 더 뚜렷해지도록 하지 않으면 안 된다. '이음새'라는 말은 여기에서는 우선, 단순히 함께 붙어 있음을 말하는 것이 아니라, 오히려 서로에 맞게 마름질되어 서로 속으로 잇대어 맞추어져 있음을 말한다. 그런데 무엇에 의해서 그런가? 서로 가지런한 이러한 마름새는 어디에서부터 생겨난 것인가? 분명 그것은 권태의 본질, 지루하게 됨의 본질에서부터 생겨난 것이다. '붙잡혀 있음'과 '공허 속에 버려져 있음', 이 둘은 우연히 서로가 서로에 속할 수 있는 것이 아니다. 그 둘은 공통적으로—서로 가지런히—권태의 본질에서부터 **발원된다**. 그러니까 **권태**를 지금까지보다 더욱 **근원적으로** 파악해야만 우리는 그 둘의 통일성을, 즉 잇대어 맞춤의 양식을 이해하게 된다. 그런데 우리는 어떻게 '지루하게 됨'을 더욱 근원적으로 파악해야 하는가?

지금까지 우리는 권태를 이렇게 '어떤 특정한 상황 속에서 어떤 것에 의해서 지루하게 됨'이라는 관점에서 고찰해왔다. 그러나 권태의 이러한 양식만이 유일한 양식은 아니다. 만약 우리가 권태를 근원적으로 포착하기를 추구하기 위해서 나설 경우, 우리는 또한 이에 걸맞게 권태의 더 **근원적인 형태**를 머리에 떠올리도록 애써야 한다. 그러니까 우리는 앞에서 특징지어 본 상황보다도 더 지루하게 되는 권태를 짐작해볼 수 있다. 더욱 지루해지는 가운데 권태가 불어나기라도 하는 것일까? 그러니까 권태가 더 오래 지속되기라도 하는 것일까? 그러나 우리는 정말이지 이미 다음과 같은 사실을 알고 있다. 즉 권태의 지속은 권태의 정도에 대해서는 아무것도 결정하지 않는다는 것이다. 다시 말해 기차역에서 이렇게 네 시간을 온전히 기다리는 동안보다도 어느 한 모임에서의 5분 동안을 우리는 오히려 더 지루해할 수도 있다. 객관적으로 펼쳐진 시간의 간격은 권태의 크기와 정도에 대해서 또는—우리가 좀더 뚜렷하게 그리고 좀더 단호하게 말해야 하는 것이기는 한데—권태의 깊이에 대해서는 결정적이지 못하다. 만약 우리가 하나의 더욱 근원적인 권태를 떠올리려고 애쓸 경우, 우리는—우리가 이미 언젠가 말했던 것과 같이—더욱 치명적인 그리고 우리 현존재의 뿌리에까지 더욱 깊숙이 미치는 하나의 권태, 즉 **더욱 깊은** 하나의 권태가 우리에게 내보여지는 쪽으로 물음을 던져야 한다. 이때 우리는 이러한 깊이의 독특한 차원이 여기에서 도대체 무엇을 뜻해야 하는지를 아직은 모른다. 어쨌든 그러한 깊이의 차원은 우리의 고유한 본질 쪽을, 즉 지루해지고 있는 우리 자신 쪽을 가리키고 있고, 우리의 본질 밑바탕 쪽을 가리키고 있다. 어떤 의미에서든 권태의 그 모든 형태의 가능성은 분명 이 밑바탕에서부터 발원한다. 더욱 깊은 권태를 해석해냄으로써 우리는 권태의 두 구조계기들인 '붙잡혀 있음'과 '공허 속에 버려져 있음'의 더욱 근원적인 통일성을 발견될 것이다.

과연 그런 권태가 있을까? 다음과 같은 점을 상기해보자. 본격적으로 분석을 시작할 즈음에 우리는 하나의 구별을 확인한 적이 있는데, 그것은 우선 겉으로는 그저 하나의 언어적인 구별에 지나지 않는 것처럼 보였다. 우리는 '어떤 것에 의해서 지루하게 됨'과 '어떤 것 곁에서 지루해함' 사이를 나누었다. 이러한 구별을 소개하는 자리에서도 이미 우리는, 어떻게 그러한 구별이 좀더 가까이에서 규정될 수 있는가 하는 것을 그저 대략적으로나마 제시했다. 권태의 이러한 두 형태 사이의 구별은 어쩌면 바로 이렇게 권태가 더욱 깊어지고 있다는 데에, 즉 바로 이 두 번째로 거명된 형태인 '어떤 것 곁에서 지루해함'에 놓여 있는지도 모른다. 만일 우리가 '어떤 것 곁에서 지루해함'을 해석해보임으로써 권태의 이러한 형태를 더욱 깊은 권태로서 증명해내는 데에 성공한다면, 그 경우 우리는 그로써 이를테면 우리가 첫 번째 거명된 유형을 위해서 미루어둔 권태의 또 하나의 유형을 발견하는 셈이 될 것이다. 그래서 우리는 두 개의 유형을 가지게 되는 셈이 될 것이다. 그러나 이것은 우리의 관심거리가 아니다. 오히려 우리는 더 나아가 더욱 깊어지는 권태와 더불어 첫 번째 형태 쪽으로 동시에 눈길을 되돌리는 가운데 더욱 깊어짐의 독특한 **방향**을 발견하는 셈이 되며 그로써 권태 그 자체의 **본래적인** 깊이 안쪽을 가리키는 지시를 발견하는 셈이 된다. 그러므로 지금 권태의 두 번째 형태인 '어떤 것 곁에서 지루해함'을 권태의 첫 번째 형태 쪽으로 눈길을 던지는 가운데 해석하는 작업은 이렇듯 우리의 총체적인 과제 내부에서 볼 적에 방법적으로 결정적인 의의를 띠는 것이다.

나. '어떤 것 곁에서 지루해함'과 시간죽이기의 달라진 양식인 시간죽이기로서의 지루해함의 자리

앞으로 권태의 첫 번째 형태에 견주어 두 번째 형태를 두드러지게 드러내 보이기 위해서는 이제 그 첫 번째 생김새 자체를 또 한 번 특정한 관점에서 좀더 뚜렷이 머리에 떠올려보아야만 한다. 앞에서 특징지은 그런 상황 속에서 어떤 것에 의해서 지루하게 된다고 하는 권태의 **첫 번째 형태**의 경우, 우리는 우리가 기다리며 서 있는 그곳에 해당하는 기차역의 그 해당 주변에 독특한 형태로 단단히 묶여 있다. 그러나 상황에 이렇게 묶여 있음은 단지 이러한 권태를 성격 짓는 규정성의 **한** 계기일 뿐이다. 우리가 묶여 있는 이러한 상황 내부에서 볼 적에, 우리를 지루하게 하는 바로 그것은 하나의 매우 **특정한** 것인데, 기차역, 도로, 주변지역 따위가 그것이다. 지루하게 하는 것과 지루한 것은 명백하고 그것은 우리에게 잘 알려져 있다. 이것저것이 우리를 지루하게 한다는 것을 우리는 알고 있다. 그것이 본디 무엇인지를 우리가 권태 속에서 말로 나타낼 수는 없더라도 그것은 우리에게 잘 알려져 있다. 이렇게 단단히 묶인 상황 내부에서 지루한 것은 특징적인 **명백함**을 띠고 있다.

그러나 이로써 이러한 상황의 규정성이 만족스럽게 파악된 것은 아직 아니다. 하나의 본질적이고 특징적인 계기는 이제 다음과 같은 점에 존립한다. 즉 우리는 어떤 것에 의해서 지루하게 되는 가운데 이러한 상황 내부에 이를테면 단단히 빨려들어가고 있다는 것이다. 우리는 이러한 주변으로부터 벗어나지 못하고 있다. 무릇 그 까닭은 기다리며 있어야 하는 자리에 우리가 묶여 있고 거기에 우리가 붙들려 있기 때문이기도 하겠지만 그보다는 오히려, 이렇게 기다리고 있어야 하면서 우리는 점점 더 우리의 관심을 끌지 못하는 그리고 우리에게 점점 더 거추장스러운 바로 이 특정한 것에 점점 더 단단히 빨려들어가고 있기 때문이다. 이렇게 우리가 독특하게 **상황 속으로 단단히 빨려들어가고 있다는 것** 자체는, 이 특정한 상황 내부에서 특정한 사물들에 의해서 명백하게 그리고 특정하게 우리가 지루해지고 있다는 데에 함께 속한다. 이때 이에 상응하는 시간죽이기가 이제 하나의 독특한 활동의 여지를 가진다는 것이 특징적이다. 거기에서 우리는 어떤 특정한 일 속으로 바쁘게 파묻혀들려고 온갖 시도와 노력을 벌일 수 있는데, 그렇게 특정한 일에 바쁘게 파묻혀 있는데도 대상과 성과가 그 어떤 방식으로든 우리의 관심을 끌지 못한다.

이 모든 점과 대비해볼 적에 이제 우리가 용어적으로 '**어떤 것 곁에서 지루해함**'이라고 파악하고 있는 **권태의 두 번째 형태**에서는 사정이 어떠한가? 우선은 다시 또 하나의 예를 머리에 떠올려보는 것이 필요할 것이다. 하지만 여기에서는 동시에 다음과 같은 점이 눈에 띄고 있다. 만일 우리가 권태의 이 두 번째 형태에 대한 하나의 보기를 머리에 떠올려보려고 한다면, 그러한 시도는 그리 쉽지가 않으며 명백하지 않다. 그 까닭은 첫 번째 형태에 마주 접한 이 두 번째 형태의 한계선이 근본적으로 결코 날카롭게 그어질 수 없기 때문, 즉 한계선들이 서로 섞여 있기 때문이다. 사정이 그런 것은 우연이 아니라, 오히려 권태 일반의 내적인 본질과 연관되어 있다. 그러나 도대체 하나의 구별을 보기 위해서는 권태의 첫 번째 형태와는 반대되는 하나의 강조된, 그리고 비교적 극단적인 경우를 우리는 머리에 떠올려보아야 한다. 우리는 그러한 경우를 만나보려고 시도하겠는데, 그것도 다시 첫 번째 경우에서처럼 매우 일상적이며 누구에게나 접근 가능한, 그래서 거의 눈에 띄는 법이 없는 경우를 만나 보기로 하자.

우리는 어느 집에 저녁초대를 받았다. 우리는 그곳에 굳이 갈 필요는 없다. 그러나 우리는 온종일 일에 매달려 있었고 저녁에는 시간이 있다. 그러니 우리는 그곳에 가보기로 한다. 거기에는 으레 그렇듯이 음식들이 차려져 있고 여기에 곁들여 식탁 위로 담소가 오고 간다. 모든 것이 다 입맛에 꼭 맞을 뿐 아니라 모든 것이 다 마음에 쏙 든다. 식사 후 사람들은 흔히 말하듯이, 약간 흥분된 상태에서 정겹게 모여 앉아 음악을 듣기도 하고 재잘거리기도 한다. 유쾌하고 재미있다. 벌써 자리를 뜰 시간이다. 오늘 저녁은 정말 무척이나 기분 좋은 시간이었다거나 아주 기분 짜릿한 시간이었다고 부인네들은 장담한다. 그것도 작별하는 자리에서 인사치레로 그러는 것이 아니라, 이미 다시 끼리끼리 모여 아래층과 문밖으로 나온 자리에서도 그렇게 말한다. 사실이 그렇다. 이날 저녁에 지루했던 것이라고는 단적으로 아무것도 없다. 담소도 사람들도 실내도, 지루했던 것이라고는 아무것도 없었다. 그러니 사람들은 아주 흐뭇해하며 집으로 온다. 저녁에 중단했던 일을 다시 얼른 살펴보고, 내일 아침에 할 일을 어림잡아 그려본다, 그리고 그러다가 문득 이런 생각이 든다. '난 사실 오늘 저녁초대 자리에서 무척 지루했어.'

아니 도대체 어찌해서 그렇다는 말인가? 거기에서 무엇이 우리를 지루하게 했는지 아무리 발견하려고 해도 우리는 아무것도 발견할 수가 없다. 그렇지만 분명 나는 지루해하고 있었다. 그렇다면 도대체 어떻게 그랬는가? 내가 나를, 내가 무릇 나 자신을 지루하게 하고 있었는가? 내가 나 자신에게 지루한 것이었는가? 그런데 우리가 아주 뚜렷이 기억하고 있기로는 지루한 것은 아무것도 없었을 뿐만 아니라, 나 역시 어떠한 순간에도 나 자신에게 골몰하고 있은 적은 전혀 없었고, 이것의 전제였을지는 모르겠지만, 내가 어떤 명상적인 반성에 잠겨 나 자신에게 골몰하고 있은 적도 전혀 없었다. 오히려 정반대로, 나는 한창 대화를 나누며 모든 사람과 함께 잘 어울리고 있었다. 그러나 우리는 정말이지 '내가 나에게 지루해하고 있었어'라고 말하지는 않더라도, '저녁초대 자리에서 지루해하고 있었어'라고 말한다. 아니면 혹시, '사실은 난 분명 지루해하고 있었어'라고 나중에 가서야 스스로를 시인하고 있는 이 말 전체는 어쩌면, 내가 이제는 그럼에도 어쨌든 오늘 저녁시간을 거기에 내주어 아깝게 잃어버린 셈이 되고 말았다는 데에 대한 추후의 언짢음에서부터 자라나온 하나의 착각에 지나지 않는 것은 아닐까? 아니다. 그토록 기분 좋은 시간이었음에도 불구하고, 우리가 지루해하고 있었다는 것은 아주 분명한 사실이다. 아니면 혹시, 거기에서 우리가 지루해했던 바로 그것은 어쩌면 곧, 오늘 저녁때의 바로 이러한 기분 좋음이 아니었을까?

그렇다고 해도 만약 우리가 그런 식으로 말한다면, 우리는 잘못 판단을 내린 것은 아닌가? 그런 식으로 말한다는 것은 결국, 애초부터 모든 것을 이러한 원칙적인 지루하게 되어 있음이라는 독특한 빛에 비추어 보는 데에 익숙한 사람, 즉 이러한 독특한 지루하게 되어 있음에서부터 모든 사람에게 애초부터 모든 것에 대해서 어디에서나 불만스럽게 퇴짜 놓는 매우 냉담한 사람이나 빠져들 수 있는 태도가 아닌가? 그렇지만 지금 우리는, 우리가 지루해하고 있었다는 사실이 과연 정당했느냐, 정당하지 않았느냐를 묻고 있는 것이 아니다. 지금 문제되고 있는 이러한 권태가 과연 그 실제의 생성과 야기를 일종의 싫증 섞인 냉담함 쪽으로 소급해서 이끌고 있느냐, 아니면 다른 어떤 것 쪽으로 소급해서 이끌고 있느냐를 묻고 있는 것도 아니다. 오히려 우리가 묻고 있는 것은, 앞에서 특징지은 이러한 '저녁초대의 자리에서 지루해하고 있었음'에 본디 무엇이 속하는지, 그리고 '어떤 것 곁에서 지루해함'이라는 권태의 이러한 형태는 '기차역에 맞닥쳐 있는 상황 속에서 어떤 것에 의해서 지루하게 됨'이라는 권태의 첫 번째 거명된 형태하고는 어떻게 **구별되는**가 하는 것이다.

권태의 이 두 번째 형태를 그 자체 내에서 그리고 그 자체에서부터 시급히 해석할 필요가 있으며 그러면서 동시에 그것을 우리 자신에게 좀더 가까이 데려와볼 필요가 있다. 만약 우리가 그러한 일을 시도할 경우, 우리는 우리의 탐구진행을 위해서 우리가 일반적으로 확정해놓은 적이 있는 **실마리**를 상기해볼 수 있다. 그렇지 않아도 우리는 이 실마리를 좇아 권태를 그 자체에서 허공에 붕 뜬 상태에서 탐구하지 않고 오히려 언제나 그것에 딸려 있는 **시간죽이기**의 양식 내부에서, 즉 그 속에서 그때그때의 권태가 저지당하거나 억제당하고는 하는 그런 시간죽이기의 양식 내부에서 탐구하고 있다.

'어떤 것 곁에서 지루해함'이라고 이름한 그 상황 속으로 우리 각자 나름대로 눈길을 던져보자. 그 상황들은 개인마다 서로 다르다. 우리는 앞에서 대강 묘사한 저녁초대의 경우를 우리의 공통의 발판으로 삼아보기로 한다. 비록 뒤에 가서야 전체적으로 명확히 밝혀지겠지만, 지금도 이미 우리에게 아주 분명해진 사실은 다음과 같다. 즉 저녁초대에 자리하고 있었지만 우리는 그곳에서 분명 지루해하고 있었다. 애써 참으려고 했지만 거푸 계속된 하품의 경우를 우리는 이제 아주 또렷이 기억할 수 있다. 그것은 피곤이나 피로에 대한 반응으로 나타난 현상이 결코 아니었다. 우리는 지루해하고 있었다. 그렇다면 시간죽이기는 어찌 되는가? 우리는 거기에서 시간죽이기를 찾을 수 없다. 설령 저녁시간 전체와 그 전체 흐름이 우리 눈앞에 아무리 선명하게 내펼쳐진다고 하더라도, 시간죽이기에 관한 한 우리는 아무것도 확인할 수가 없다. 그러니까 우리는 이 권태에서 그것이 흘러나오도록 그냥 내버려두고 있었고 그래서 그것이 우리를 완전히 제압해버리기라도 했다는 말인가? 하지만 사정은 분명 그렇지도 않았다. 왜냐하면 만약 사정이 그랬다면 권태는 더욱 두드러지게 우리를 덮쳐왔을 것이기 때문이다. 이러한 '저녁초대 자리에서 지루해함'은 처음 아주 희미하게 시작되었고 그래서 우리는 그것에 더 이상 주의를 보내지 않았던 것인가? 아니면 혹시, 시간죽이기의 이러한 결여가 곧 이러한 '지루해하고 있었음'—이것을 우리는 나중에 가서야 겨우 시인하고 있을 뿐이다—의 결여를 증명해주고 있는 것은 아닌가?

그러나 우리가 착각하고 있었던 것이 아니라고 가정해보자. 우리는 저녁초대 자리에서 지루해하고 있었다. 우리가 첫눈에 시간죽이기에 관해서 아무것도 발견하지 못한 것이 그렇게도 놀랄 만한 일인가? 심지어 우리는 다음과 같이 좀더 이성적으로 말해야 할 것이다. 즉 만약 우리가 그 저녁모임에서 오히려 나무랄 데 없이 처신하고 있었다면, 시간죽이기에 관한 한 아무것도 발견하지 못하고 있는 지금 우리는 시간죽이기를 헛되이 찾고 있는 셈이라고 말이다. 하품하는 것조차도 우리는 몰래 해야 했다. 그리고 손가락으로 식탁을 두드리고 싶은 유혹이 일순간 일었으나 막상 그렇게까지는 하지 못했다. 그러니까 권태는 분명 존속하고 있었다. 다만 이 권태에 대항하는 시간죽이기만이 있지 않았을 뿐이다. 그럼에도 불구하고 시간죽이기가 그 자체로는 틀림없이 가능할 것이라고 사람들은 생각하고 싶어할 것이다. 물론 시간죽이기는 그 본질상 권태에 늘 관련되어 있다. 그러나 이와는 거꾸로 권태가 시간죽이기에 늘 관련되어 있는 것은 아니다. 권태가 곧바로 저항에 부딪힐 필요는 없다. 결국 '지루하게 됨'과는 구별되는 '어떤 것 곁에서 지루해함'이라는 권태의 이러한 두 번째 형태의 특색은 다음과 같다고 볼 수 있다. 즉 권태의 두 번째 형태에서는 시간죽이기는 일어나지 않는다. 여기에서 우리는 흡사 허공을 둥둥 떠다니는, 방해받지 않는 그런 권태를 가져볼 수 있을 것이다. 하지만 설령 그 말이 맞는다고 하더라도 우리가 찾아낸 것은 단지, 이러한 권태가 그 나름의 고유한 본질에 따라서 결과로 가지고 있는 그것, 즉 '시간죽이기의 부재'일 뿐이지, 정작 그러한 권태 나름의 이러한 고유한 본질 자체에 대해서는 아무것도 해명되어 있지 않은 것 같다. 그러나 우리가 밝게 비춰보고자 했던 것은 분명 바로 이 고유한 본질이다.

그렇지만 우리는 어떠한 시간죽이기도 여기 이 두 번째 경우에서는 행해지지 않는다고 단호하게 말하기는 어렵다. 이러한 사정은 첫째, 권태에 대해서 우리가 가진 일반적인 지식을 밑바탕으로 해서 볼 적에 그러한데, 그 지식에 따르면 그 권태는 언제나 어떻게든 우리를 마비시키며 그렇기 때문에 일종의 대항운동을 불러일으킨다. 둘째, 자꾸만 나오던 하품과 손가락으로 식탁을 두드리고 싶던 유혹을 상기해보면, 우리는 여기에서는 어떠한 시간죽이기도 행해지고 있지 않다고 단호하게 말할 수는 없다. 여기에서부터 그나마 다음과 같은 귀결을 얻을 수 있다. 즉 분명 여기에서는 시간죽이기의 양식이 첫 번째 경우에서와 같은 성격을 띠지는 않는다는 것이다. 첫 번째 경우에서만 해도 우리는 자유롭게 움직일 수 있었으며 그리고 방해받지 않은 채 갖가지의 일을 시도하거나 '저지를 수' 있었다. 그곳에서 우리는 바쁜 일을 찾아다니는 그런 시간죽이기의 나풀대는 들먹거림에 우리 자신을 내맡겨버릴 수 있었다. 따라서 두 번째 경우에서는 시간죽이기가 '억제되어 있다'고 볼 수 있겠으며, 이러한 억제의 이유는 어쩔 수 없이 예의를 지켜야만 했다는 데에 있다고 볼 수 있을 것이다. 이에 대해서 이렇게 대꾸할 수도 있을 것이다. 그럼에도 불구하고 이러한 '어떤 것 곁에서 지루해함'이 저녁초대의 자리에서 언제나 발견되는 것은 아니며, 그러한 저녁초대에 이를테면 본질적으로 연결되어 있는 것은 아니라고 말이다. 이 모든 것은 다 핑계들인데, 이러한 핑계들로부터 다음과 같은 점을 이끌어내 볼 수 있다. 즉 여기에서 우리는 첫 번째 경우에서와 동일한 시간죽이기의 형태를 무턱대고 내몰아버릴 수는 없다. 우리는 그 점을 더 날카롭게 고찰하거나 상황에서부터 해석하는 대신에 이제는 그것을 설명해보기로 하자.

이 두 번째 권태의 자리에서도 시간죽이기는 빠지지 않고 있다. 그것은 숨겨져 있거나 억제되어 있지도 않으며, 단지 특정한 방식으로 **변화되어 있** 다. 어떻게 하면 우리는 이러한 상황을 이 어떤 방식으로도 일그러뜨리지 않고, 그 변화를 알아볼 수 있을까? 저렇게 하품이 나오고 있었다든가 손가락으로 식탁을 두드리고 싶었다는 것은 이를테면, 우리가 잘 알고 있는 시간죽이기, 즉 어떻게든 바쁜 일을 찾는 그런 잘 알려진 양식에 따른 시간죽이기의 낌새가 불붙고 있었다는 것을 말한다. 불붙고 있는 시간죽이기의 이러한 낌새만이라도 올바로 느르게 내다볼 필요가 있다. 그러니까 그것을 따로 분리된 눈앞의 사건들로서 관찰할 것이 아니라, 오히려 저녁초대의 전체적인 상황을 잡아끌고 있던 성향, 즉 같이들 모여 앉아 함께 담소를 나누려는 그런 성향 내에서 시간죽이기의 저 낌새를 이해할 필요가 있다. 이러한 시도들을 우리는 때때로 벌여보기도 한다. 예컨대 시곗줄이든 단추든 무엇인가를 만지작거린다. 시가가 다시 한차례 손님들에게 빙 돌려진다. 이미 한차례 돌았지만 그때에는 가지지 않고 그냥 넘겼는데 이번에는 하나를 집는다. 아직 졸리지는 않는다. 그러나 그럼에도 우리는 시가를 피운다. 더 나른해지기 위해서 그러는 것은 아니다. 니코틴의 자극에 의해서 정신이 번쩍 나게 하기 위해서도 아니다. 우리가 시가를 피우는 까닭은 오히려, 시가를 피우는 것 자체가 시간죽이기에는 사교적으로 안성맞춤이기 때문이다. 그렇다고 해서 시가를 피우고 있는 사람들이 모두 시가를 피우면서 시간을 죽이고 있다고, 다시 말해서 지루해하고 있다고 말하는 것은 아니다. 사교적으로 안성맞춤! 그 말은 다음을 일컫는다고 볼 수 있다. 즉 시가를 피우는 일이 시간죽이기를 위해서는 필요하다는 것, 사람들이 시간을 죽이라는 권유를 받고 있다는 것, 그래서 사람들은 눈에 띄지 않는 시간죽이기의 가능성을—저도 모르게—은연중에 슬쩍 넘겨받고 있다는 것이다. 그러니까 이러한 상황에서도 시간죽이기는 거기에 있는 셈이다. 다만 그것을 찾아내기가 어려울 뿐이다. 그런데 그 까닭은 정작 시간죽이기가 너무나 버젓이 모습을 내보이고 있기 때문이다.

그렇지만 우리는 이렇게 말했다. 즉 권태의 이러한 두 번째 형태에서는 시간죽이기가 첫 번째 형태에 비해 달라져 있다고 말이다. 달라졌다고 했을 때 단지 시간죽이기를 찾아내기가 쉽지 않게 되었음을 말하는 것은 아니다. 그렇다면 두 번째 경우의 바쁜 일거리에서는 무엇이 달라져 있는 것일까? 나무들을 세어본다거나 갖가지 모양들을 모래에 그려보는 대신에, 우리는 시가 한 대를 손가락 사이로 돌리며, 그것을 한 모금 빨고, 입으로 내쉰 연기의 모양들을 하나하나 바라보고, 그러면서 틈틈이 담뱃재가 얼마나 길게 붙어 있는지를 살피고는 하는 일 따위를 한다. 그 외에도 우리는 분명 다음과 말을 들은 적이 있다. 즉 시간죽이기를 하며 바쁘게 파묻혀 있는 경우 그 대상과 성과는 완전히 무의미하다고 말이다. 그러므로 이 해석과 더불어 우리는 올바른 길로부터 빗겨나와 길을 잘못 들고 있는 셈이다. 앞에서 우리가 제시했듯이 올바른 길이란 곧, 시간죽이기의 이러한 불붙는 가능성들을 상황의 성향 속에서 볼 필요가 있다는 것이었다. 그러니까 이러한 담배 피우는 일만 해도, 그것을 첫 번째 경우에서의 시간죽이기 또는 바쁜 일거리들의 형식들과 비교할 필요가 없다. 여기에서 이것이 귀결되어 나온다. 즉 우리는 이제 우리 혼자 명상에 잠긴 채 자리에 앉아 시가를 피우는 데에 골몰하고 있는 것이 아니라, 오히려 우리는 시가를 피우고 있는 바로 그동안에도 담소에 참여하고 있으며 저녁 내내 우리는 이상하리만큼 기분이 느긋해져 있다. 담배 피우는 일 자체가 강조된 바쁜 일거리로서, 즉 권태에 대항하는 시간죽이기로서 두드러지게 전면에 나타나지 않는다. 권태! 그것은 내몰아졌는가? 즉 그것은 시가의 연기에 날아가버렸는가? 아니면 그것은 우리가 시가를 피우고 즐겁게 이야기를 나누는 바로 그동안에도 거기에 있는가? 거기에서 권태는 정말이지, 우리가 쫓아내거나 때려죽이고는 하는 한 마리 파리와 같은 것은 분명 아니다. 시간죽이기라는 것은 도대체, 권태를 내쫓기 위해서 가져다대는 일종의 기구와 같은 것이 결코 아니다. 오히려 아무리 시간죽이기가 자신의 속셈대로 권태에 대항하여 싸운다고는 하지만, 시간죽이기는 동시에 마치 마력처럼 권태를 꼼짝 못 하게 하기도 한다. 이러한 '지루해함'은 담배 피우는 바로 그동안에도 거기에 있는데, 바쁜 일거리로서의 이러한 담배 피우기 자체는 담소를 나누고 점잖게 처신하는 속으로 완전히 숨겨진다. 그로써 상황이 비로소 환하게 드러난다. 여기에서는 따로 유리된 바쁜 일거리로서의 담배 피우기가 아닌, 오히려 전체적인 행동관계와 처신이 곧 **시간죽이기**─저녁시간 전체, 저녁초대 자체─이다. 그렇기 때문에 시간죽이기를 발견하기가 그렇게 어려웠던 것이다.

그러나 만약 그렇게 저녁초대 자체가 곧 시간죽이기가 될 수밖에 없다면, 그 경우 그것에 의해서 우리가 지루하게 되는 그 지루한 것은 무엇인가? 우리는 분명 저녁초대 전체를 통틀어 지루한 것이라고는 아무것도 없었다는 사실을 확인했다. 사실이 그랬다. 정말이지 애초부터 우리는 '어떤 것에 의해서 지루하게 됨'이라는 의미에서의 권태에 관해서 이야기하고 있는 것이 아니라, 오히려 '저녁초대의 자리에서 **지루해함**'이 문제되고 있다. 그렇다면 그나마 어쨌든 다음과 같은 점만큼은 확정할 수가 있을 것이다. 즉 저녁초대가 곧, 우리가 지루해하고 있는 바로 그 자리이며 이러한 그 자리가 동시에 **시간죽이기**이다. 이렇게 지루한 상황 속에 **권태**와 **시간죽이기**가 독특한 방식으로 **얽히고설켜** 있다. 지루하게 되어가고 있는 가운데 안으로 시간죽이기가 몰래 숨어 들어온다. 그리고 상황 전체로 두루두루 퍼져나간 그 시간죽이기는, 첫 번째 형태의 경우에서처럼 상황에서부터 따로 끊어낸 들먹거리는 시도들로써는 결코 가질 수 없는 독특한 크기를 가진다. 우리는 지루한 것이라고는 아무것도 발견하지 못한다. 그러나 그럼에도 불구하고 시간죽이기는 상황 전체를 혼자서 요구할 정도의 크기를 차지한다. 기이한 일이다! 이 모든 점─상황 전체를 통틀어 보아도 지루한 것이라고는 아무것도 발견되지 않는다는 것, 지루한 이것저것은 발견되지 않는다는 것, 그러나 그럼에도 불구하고 상황 전체가 권태에 거슬러서 제공된다는 것—은 무엇을 가리키는가? '지루하게 됨' 자체에 시간죽이기가 이렇게 기이하게 얽히고설켜 있다는 것, 그것은 이러한 권태가 '더욱 깊다'는 것을 가리키는가? 그런데 그 말은 무엇을 일컫는가? 우리는 그렇게 언급된 표식에서 무엇을 끄집어내오는가? 권태가 점점 더 우리를 향해, 우리의 상황 그 자체를 향해 집중해오고 있다. 이때 상황 속의 개별적인 것은 전혀 중요하지 않다. 그러한 개별적인 것은 단지 잠정적일 뿐인데, 그러한 잠정적인 것 곁에서 우리 자신이 지루해하고 있는 것이지, 그 잠정적인 것이 곧 우리를 지루하게 하는 바로 그것은 아니다.

제25절 '붙잡혀 있음'과 '공허 속에 버려져 있음'이라는 두 본질계기들 쪽으로 눈길을 던지면서 권태의 두 번째 형태를 그 첫 번째 형태와 비교하여 부각시킴

지금까지 이야기한 것을 통해서 우리가 권태의 두 번째 형태인 '어떤 것 곁에서 지루해함'을 어느 정도 가까이 데려와본 지금, 우리는 권태의 두 번째 형태를 그 첫 번째 형태와 비교하여 부각시키고, 이 둘 사이의 구별들을 끄집어내오도록 하자. 그래서 '더욱 깊어짐'의 방향을 파악하고 그로써 근원적인 권태에 이르는 길을 파악하려고 시도해보자.

권태의 두 형태들을 서로 맞대어 부각시키는 작업이 의미와 정당함을 가지는 경우는, 물론 그것이 무분별한 비교로 변질되지 않을 때뿐이다. 그러한 작업이 머물러 있어야 할 데는 권태의 본질계기들이다. 우리는 이 본질계기들을 지금까지 끄집어내어 정리하려고 애썼는데, 오직 하나의 특정한 변형에서 끄집어냈다. 그것은 곧 '붙잡혀 있음'과 '공허 속에 버려져 있음'이었다. 하지만 이즈음에 우리의 고찰은 정작 결정적인 지점에서—그 두 본질계기들의 이음새와 통일성을 묻는 자리에서—멈춰버리고 말았다. 그러나 이러한 물음에 대해서 결정을 내리지는 않은 채 우리는 아직 다음과 같이 물을 수 있다. 즉 이 두 계기들이 권태의 두 번째 형태에서도 혹시 발견되는지, 그리고 어떠한 변형을 거쳐 그렇게 발견되는지 하고 말이다. 이러한 두 구조계기들 쪽으로 눈길을 던지면서 권태의 두 형태들을 본격적으로 서로 비교하며 해석해가기에 앞서서, 우리는 권태의 두 형태들을 일반적으로 서로 맞대어 부각시켜보기로 한다. 이때 비교의 관점이 되는 것은, 시초부터 우리를 끊임없이 바쁘게 하고 언제나 거듭 우리를 편치 않게 하는 계기, 즉 '지루한 것'이라는 계기이다.

가. 지루한 것의 관점 아래에서 권태의 두 형태들을 일반적으로 서로 맞대어 부각시킴 : 특정한 권태와 막연한 권태. 권태의 두 번째 형태에서는 '붙잡혀 있음'과 '공허 속에 버려져 있음'이 결여되어 있는 것처럼 보임

권태의 첫 번째 경우에서는 지루한 것이 이것저것으로, 즉 이 기차역, 저 도로, 저 주변지역으로 분명하게 눈에 띈다. 이러한 것들이 저 첫 번째 권태에서는 곧 지루한 것들이라는 점에는 반박할 여지가 없다. 다만 어떻게 그것이 가능할 수 있는지를 우리는 아직 올바로 이해하지 못한다. '어떤 것에 의해서 지루하게 된다' 함은, '어떤 것에 의해서 덜렁 내버려진다'는 것 그리고 '어떤 것에 의해서 붙잡힌다'는 것을 말한다.

권태의 두 번째 경우에서 우리는 지루한 것이라고는 아무것도 발견하지 못한다. 이것은 무엇을 말하는가? 우리는 '이것 또는 저것에 의해서 우리가 지루하게 되고 있다'라고 말하고 있지 않다. 오히려 정반대로 우리가 발견하고 있는 것을 보면, 그것은 차라리 '우리 주위에 지루한 것이라고는 본디 아무것도 없다'고 할 정도이다. 좀더 정확히 보면, 우리는 무엇이 우리를 지루하게 하는지를 말할 수 없다. 따라서 권태의 두 번째 경우에서는 무릇 지루하게 하는 것이라고는 도대체 아무것도 없는 것이 아니라, 오히려 지루하게 하는 그것은 이렇게 '뭔지 난 모르겠다'라는 성격을 띠는 셈이다. 이러한 권태에서 우리는 지루하게 하는 그것을 아주 또렷이 우리 앞에 가지고 있기는 한데, 다만 이 경우에 우리는 이러한 '뭔지 난 모르겠다'로서의 지루하게 하는 그것을 명시적으로 반성하고 있지 않을 뿐이며 그것을 찾고 있지 않을 뿐이다. '뭔지 난 모르겠다'는 것을 우리가 확신하고 있는 까닭에, 그러한 확신을 가지고서 우리는 '무엇이 우리를 거기에서 지루하게 하는가'라는 질문에 대해서 이렇게 대답할 수 있다. 즉 이 실내도 아니요, 이 사람들도 아니며, 이 모두가 아니다 하고 말이다. 그러나 그 상황 속에서 정말이지 우리는, 남들에 의해서도 우리 자신에 의해서도, 그 점에 대해서는 결코 질문받지 않는다. 오히려 앞에서 언급한 저녁초대와 같은 상황만 하더라도 우리 자신이 지루해하고 있다. 우리는 이러한 '**뭔지 난 모르겠다**' 고 하는 데에 대한 이 기이한 느긋함(Lässigkeit) 속으로 우리 자신을 미끄러져 들어가도록 내버려두고 있다.

　그러니까 두 번째 경우에서는 지루한 것이 아무것도 발견되지 않는다고 우리가 말한다면, 그 경우 그 말은 다음을 일컫는다. 즉 **특정하게 가져다가 내보일 수 있는 존재자** 또는 그러한 존재자와의 특정한 연관은 무엇이라도 결코 우리를 대놓고 지루하게 하는 바로 그것은 아니다. 그렇다고 해서 그것이, 여기에서는 지루하게 하는 것이라고는 도대체 아무것도 발견되지 않을 것임을 일컫는 것은 결코 아니다. 권태의 두 형태들을 비교함으로써 얻은 성과는 이것이다. 권태의 첫 번째 형태에서 우리는 어떤 **지루한 특정한 것**을 가지며, 그 두 번째 생김새에서는 일종의 **지루하게 하는 막연한 것**을 가진다.

　첫 번째 형태에서의 지루한 것의 규정성에는 두 번째 형태에서의 상황 전체의 규정성이 연관되어 있는데, 이 규정성에 맞춰서 우리는 상황 전체 속으로 독특하게 밀쳐넣어져 있다. 이것은 다시금 상황 전체에 해당하는 시간의 성격과 연관되어 있다. 이 시간은 일종의 사이-시간인데, 이 시간

동안 우리는 기다리도록 강요되어 있다. 조금 전에 언급한 두 관점들 사이의 차이에도 불구하고 이제 두 상황들[기차역에서의 상황과 저녁초대에서의 상황] 사이에는 그래도 분명히 똑같음 또는 비슷함이 존립하고 있다. 왜냐하면 저녁초대의 경우에서도 우리는 상황 전체의 내부에 단단히 붙들려 있기 때문이다. 저녁초대의 경우에서는 우리가 여러 사교적인 통례와 형편들에 의해서 오히려 상황 전체의 내부에 더욱 억지로 강요되고 있다고 볼 수 있다. 그런 저녁초대도 마찬가지로 분명 표준적인 시간의 폭을 가진다. 그러나 그럼에도 불구하고 그 두 상황들 사이에 존립하는 이러한 비슷함은 단지 하나의 피상적인 비슷함일 뿐이다. 저녁초대가 단지 두 시간 동안만 이어진다고 가정해보자. 그러니까 그것은 저 기차역에서의 체류시간보다 절반쯤 더 짧은 셈이다. 그렇지만 그렇다고 두 번째 경우에서의 권태가 첫 번째 경우에서의 권태보다 더 약하지는 않다. 오히려 정반대이다. 우리는 그러한 시간 차이가 그리 대수로운 문제가 아니라는 점까지도 이미 보고 있는 셈이다.

이에 반해서 본질적인 점은 다른 데에 있다. 첫 번째 경우에서만 하더라도 우리는 결코 시간을 **잃어버리기**를 원하지 않고 있으며, 시간이 너무나 느리게 가고 있다는 이유로 들먹거리고 있다. 이와는 다르게, 두 번째 경우에서는 우리가 저녁초대를 받아들일 적에 우리 **자신에게** 우리가 **시간을 준** 셈이고 그래서 우리는 저녁초대에 자리할 시간을 가지게 된 것이며 이를 위해서 우리에게 시간을 **허용한** 것이다. 그러니 이때의 권태는, 우리가 그 권태 속에서—저녁초대에 자리하고 있으면서—모임이 끝나기를 초조하게 기다리는 양상은 결코 아니다. 우리는 시계를 들여다보지 않는다. 남몰래 시계를 들여다보지도 않는다. 우리는 결코 시계를 들여다보는 법이 없다. 그러나 그럼에도 분명 우리는 저녁초대 자리에서 지루해하고 있다. 따라서 우리는 여기에서도 일종의 권태를 발견하는데, 이 권태에서는 시간이 촉박하지 않다. 즉 이 권태에서는 시간이 도대체 첫 번째 경우에서처럼 그렇게 대수로운 문제가 아니다. 마침내 우리는 권태에는 머무적거리는 시간흐름에 의한 **붙잡혀 있음**이 속한다고 했던, 앞에서 획득한 권태에 대한 해석은 단지 권태의 첫 번째 형태에만 들어맞을 뿐이라고 말해야만 할 판이다. 하지만 권태의 첫 번째 형태와 관련해서 우리는 '여기에서 시간이 촉박하다'고 말했던가? 오히려 이와는 정반대되는 것을 우리는 발견했다. 시간은 머무적거리며, 이러한 머무적거림은 '촉박한 것(Drängendes)'이 아니라 오히려 '안절부절못하게 짓누르는 것(Bedrängendes)'이었다. 이에 반해 두 번째 경우에서는 시간이 촉박하지도 않고 머무적거리지도 않는다. 그러니까 우리는 시간에 의해서 안절부절못하게 짓눌려져 있지는 않다. 그럼에도 분명 우리는 지루해하고 있다. 무엇인가가 우리를 지루하게 하는데, 우리는 그것이 무엇인지를 모른다. 머무적거리는 시간흐름에 의한 붙잡혀 있음을 우리는 분명 두 번째 경우에서는 가지고 있지 않다.

'어떤 것에 의해서 지루하게 됨'을 이루는 구조계기들 가운데 두 번째로 끄집어내세웠던 구조계기인 '특정한 방식으로 자신을 거부하는 존재자에 의해서 **공허 속에 버려져 있음**'의 경우 사정은 어떠한가? 분명 저녁초대의 자리에서는 사물들과 사람들이 우리를 덜렁 버려두고 있지는 않다. 우리는 모든 점에서 잘 대접받고 있다. 그리고 저녁은 만족스럽다. 그럼에도 분명 우리는 일종의 시간죽이기 속에서 움직이고 있고 그 속에 머물러 있다. 이러한 시간죽이기는 자체 내에 모든 것을, 즉 저녁초대 전체를 포함하고 있다. 그래서 저녁초대는 우리를 만족시켜주고 있으며 그리고 이를테면 몰두거리를 이루고 있다. 그리고 우리가 그러한 몰두거리로부터 정말이지 어떠한 성과나 이득도 기대하거나 바라지 않을수록 저녁초대는 더욱더 우리를 만족시켜주고 더욱더 큰 몰두거리를 이룬다. 그런데 **무엇을** 거슬러 도대체 이러한 시간죽이기가 제공되고 있는가? 그것이 무엇을 채워주고 있다는 말인가? 어떤 공허를 채워주고 있다는 말인가? 공허 속에 **버려두는 그것이** 곧 **지루하게 하는 그것이다.** 우리는 다음과 같은 점을 보았다. 즉 여기에서 지루하게 하는 그것은 곧 저 '뭔지 난 모르겠다', 즉 상황 전체 속에서 알려져 있지 않은 그것인데, 그러한 알려져 있지 않은 것에 거슬러 상황을 이루고 있는 저녁초대 자체가 제공되고 있다. 공허는—대략적으로 말해서—적어도 충족만큼이나 크다. 그러나 그렇다면 공허는 가득 채워졌고 더 이상 거기에는 없다는 셈이다. 그렇다면 권태의 이 두 번째 형태에서는 '머무적거리는 시간흐름에 의해서 붙잡혀 있음'이 결여된 것과 마찬가지로 상황 속에서 우리를 둘러싸고 있으면서 자신을 거부해야 할, 그러나 이러한 상황 속에서는 전혀 생각되지 않는 그런 존재자에 의해서 공허 속에 버려져 있음도 결여된 셈이다.

나. 지루하게 하는 그것에 의한 공허 속에 버려져 있음의 더욱 깊어진 방식은 곧 '발 묶고 있는 느긋함'임. '공허함이 형성되는 가운데 공허 속에 버려져 있음'

이제 권태의 두 형태들을 서로 부각시킴으로써 얻은 성과는 무엇인가? 그 성과는 분명 이것이다. 즉 첫 번째 형태에서 발견했던 구조의 물음으로는 결코 두 번째 형태를 파악할 수 없다. 이렇듯 일종의 비교라는 것은 도대체 확실한 것이 못 된다. 이것은 긍정적으로 다음을 말하는 것이다. 즉 우리는 권태의 두 번째 형태를 그 첫 번째 형태의 구조 쪽으로 곁눈질함이 없이 순수하게 그 자체에서부터 해석해보아야 한다는 것, 그리고 그러한 해석은 다시 또, 전번에 우리가 택했던 실마리의 도움으로—두 번째 형태에 딸린 시간죽이기가 이 시간죽이기 속에서 내몰아야 할 그 권태와 맺고 있는 연관의 도움으로—해나가야 한다는 것이다. 왜냐하면 지금의 이 성과는 분명 다음과 같은 대립점을 띠기 때문이다. 즉 권태의 두 번째 형태의 경우에서는 시초에 마치 어떠한 시간죽이기도 없는 것처럼 보였다면, 우리의 기대를 깨고 시간죽이기가 기이한 방식과 크기로 드러났다. 즉 상황 내부에서의 한 특정한 바쁜 일거리가 아닌, 오히려 상황 전체로서의 이러한 상황 자체가 바쁜 일거리로서 기능하는 식으로 말이다. 시간죽이기의 이러한 널리 퍼짐에는 이제 시간죽이기가 띠는 하나의 더욱 폭넓은 성격이 연관되어 있다. 그것을 우리는 이제 명시적으로 드러내 보여야 한다. 시간죽이기는 그 자체로서는 눈에 띄지 않음! '눈에 띄지 않음'이라는 것은 시간죽이기가 가령 오직 그리고 일차적으로 다른 사람들에게만 눈에 띄지 않는다는 것이 아니라, 오히려 우리 자신까지도 시간죽이기 그 자체에 특별히 몰두하고 있지 않다는 말이다. 마치 시간죽이기가 이미 마련되어 놓여 있는 것인 양 우리는 우리를 시간죽이기 속으로 미끄러져 들어가게 내버려둔다. 그렇기 때문에 이러한 시간죽이기에는 또한 어떤 바쁜 일거리를 찾아 나풀대는 그런 들먹거림도 결여되어 있는 셈이다. 이러한 시간죽이기는 독특하게도 느긋하고 든든하다.

두 번째 경우에서 시간죽이기가 띠고 있는 이러한 계기들 모두가 다음과 같이 길을 못 보게 **닫아버리는** 쪽으로 우리를 쉽게 잘못 이끌 수도 있다. 즉 만일 시간죽이기가 여기에서는 그렇게 눈에 띄는 것이 아니라면, 그 경우 이 시간죽이기에 딸린 권태의 두 번째 형태는 아주 희미하게만 피어오르는 형태일 것이고, 그래서 그것은 전개되지 않을 것이고, 그것은—우리가 그렇게 여기듯이—결코 더욱 깊은 형태는 아닐 것이다.

이것은 어쩌면 꽤 날카로운 지적인지도 모른다. 그러나 그로써 **현상** 해명을 위해서 얻는 것은 아무것도 없다. 우리는 무릇 피상적으로 보이는 시간죽이기의 상태로부터 이 시간죽이기에 딸린 권태의 추정적인 상태를 '추론해서는' 안 되고, 오히려 우리는 어떻게 이러한 시간죽이기 속에서 그리고 이러한 시간죽이기에게 이러한 시간죽이기를 적중시키는 권태가 알려지고 **있는가** 하는 과제를 밖으로 끄집어내세워야 한다. 우리는 이렇게 물음을 던져야 한다. **그것에 대항하여** 이 시간죽이기가 향하고 있는 바로 그것은 어떠한 모습을 띠고 있는가? 이러한 시간죽이기를 거슬러 고개를 들려고 하는 바로 그것은 어떠한 모습을 띠고 있는가? 그렇지만 우리는 이 물음에 대한 대답 자체를 이미 우리에게서부터 잘라내버린 것은 아닌가? 그래도 우리는 다음과 같은 점을 발견했다. 즉 이러한 권태 속에서 지루하게 하는 그것은 곧 저 '뭔지 난 모르겠다'라는 것, 즉 그것은 저 막연하게 잘 알려져 있지 않은 것이다. 좋다—사람들은 이렇게 말할 것이다—그러니 지금 시급히 그러한 막연함을 치워 없애고 그러한 잘 알려져 있지 않음을 제거해버릴 필요가 있다. 그러면 우리는 저 시간죽이기가 무엇에 대항하고 있는지 그 내막을 알게 될 것이다. 과연 우리는 그 내막을 알게 되는가? 아니다. 기껏해야 우리는 두 번째 경우에 대해서 우리가 지금까지 해석하여 얻은 첫 성과를 잃어버리고 마는 데 이를 뿐이다. 왜냐하면 이러한 '뭔지 난 모르겠다'는 것, 즉 막연하게 잘 알려져 있지 않은 것은 곧, 지루하게 하는 그것이 띠고 있는 성격이기 때문이다. 우리는 그러한 성격을 치워버려서는 안 되고, 오히려 바로 이러한 막연한 것과 잘 알려져 있지 않은 것을 그것의 막연함과 잘 알려져 있지 않음 내에서 단단히 붙들고 있어야 하지, 그것을 규정성과 자명성으로 대체시켜서는 안 된다. 중요한 것은 이러한 지루하게 하는 그것이 어떻게 우리를 지루하게 하는지, 또는 이렇게 **어떤 것 곁에서 지루해함**이란 그러면 이제는 무엇인지를 보는 일이다.

지루하게 하는 그것, 그것은 이것저것이 아니라 오히려 일종의 '뭔지 난 모르겠다'고 하는 것이다. 그러나 이러한 막연하게 잘 알려져 있지 않은 그것이 그래도 우리를 틀림없이 공허 속에 버려두는 바로 그것일 수도 있을 것이다. 그러니까 바로 이러한 막연하게 잘 알려져 있지 않은 것과 관련하여 우리는 이 권태 속에서 일종의 '**공허 속에 버려져 있음**'을 가지는지도 모른다. 그렇지만 잘 고찰해보자. 우리는 과연 그렇게 기분 잡혀 있는가? 즉 상황 내부에서 존재자에 의해서 우리가 덜렁 버려져 있다고 우리는 느끼고 있는가? 본디 그렇지 않다. 본디 그렇지 않다는 이 말이 들어맞기 위해서는 그리고 이 말이 가능하기 위해서는, 그래도 우리는 채비를 서둘러 앞에서 말한 의미대로 사물들에 의해서 충족되기를 추구해야 할 것이다.

그러나 여기에서는 정작 어떤 것을 몹시 기다리며 들먹거리는 일은 빠지고 없다. 아예 노력조차 하지 않고 있다. 정말이지 오히려 정반대로 우리는, 그 자리에서 벌어지는 그 모든 것 곁에 자리하여 함께 맞장구치고 있다. 그러나 이렇게 함께 맞장구치면서 자리하고 있음, 즉 그 자리에서 바로 진행되고 있는 바로 그것에 함께 어울리도록 내버려둠은 분명 하나의 독특한 행동관계이며 그리고 어쩌면 그것은 저녁초대라는 상황 전체의 특색을 이루는 것인지도 모른다. 이러한 느긋함(Lässigkeit)은 어찌된 것인가? 그것은 첫 번째 경우에서의 '공허 속에 버려져 있음'하고는 어떠한 관계에 있는가? '공허 속에 버려져 있음'에 비하자면 함께함의 '느긋함'은 그것이 일종의 '함께 어울리게 내버려둠'이기 때문에 일종의 만족되어 있음이라고 우리는 말해도 되는가? 아니면 우리는 이러한 느긋함이 일종의 더욱 깊어지는 '공허 속에 버려져 있음'이라고 말해야 하는가? 어느 정도까지 그러한가? 왜냐하면—이미 그러한 지칭에서 분명 암시되듯이—이러한 느긋함 속에서 우리는 우리를 저녁초대에 자리하고 있음에 내맡겨버리고 있기 때문이다. 거기에는 존재자에 의해서 충족되어 있기를 추구하는 일은 애초부터 이미 그쳐버린 채로 남아 있다는 점이 놓여 있다. 충족이 멎어 있는 가운데 그리고 그러한 멎어 있음으로 말미암아, 즉 이런 또는 저런 존재자가 자신을 거부하고 있는 가운데 그리고 그러한 거부하고 있음으로 말미암아 비로소 '공허 속에 버려져 있음'이 결과로 일어나는 것이 아니라, 오히려 이제 '공허 속에 버려져 있음'은 깊은 데에서부터 자라나오고 있다. 왜냐하면 그것의 고유한 전제인 존재자에 의해서 충족되어 있기를 추구함이 여기이 이러한 '느긋함'에서는 이미 발 묶여 있기 때문이다. 이제는 더 이상 결코 그런 처지는 오지 않는다. 물론 지루하게 하는 그것이 여기에서도 '공허 속에 버려둠'의 성격을 띠고 있기는 하다. 그러나 여기에서 그것은 더욱 깊은 데에까지 뻗쳐들어가는 지루하게 하는 것이다. 그것은 저 추구 따위를 발 묶고 있는 그것이며, 느긋함이 널리 퍼지고 있음이다. 그렇기 때문에 그 자리에 자리하고 있는 가운데 만족되어 있음은, 비록 어슴푸레하게나마 그리고 막연하게나마, 가상(하나의 독특한 불만족!)으로서 알려지고 있다. 즉 그것은 권태를 내몰기는커녕 오히려 권태를 곧바로 증거하고 권태를 거기에-존재하게 놓아두는 시간죽이기로서 알려지고 있다.

여기에서는 이미 다음과 같은 사실까지도 내보여지고 있다. 즉 지루하게 하는 그것은, 지루하게 하는 특정한 사물들로부터 직접 우리에게로 다가오지 않고서도 우리를 지루하게 할 수 있다. 존재자에 의해서 충족되어 있기를 추구하는 일을 발 묶고 있으며 이러한 독특한 느긋함을 널리 퍼지게 하는, 지루하게 하는 그것은 어디에서부터 오는 것인가? 이러한 느긋함 속에서는 우리가 **우리 자신으로부터 떠나**, 그 자리에서 진행되고 있는 바로 그것으로 **미끄러져 빠져나감**(Entgleiten)이 어슴푸레 일어난다. 이러한 '미끄러져 빠져나감'이 무엇을 말하는지는 나중에 보게 될 것이다. 만일 지루하게 하는 그것이 우리의 행동관계를 발 묶고 느긋함 속으로 데려온다면, 그 경우 그것은 이미 우리 속에 있는 것 아닌가? 그러나 우리는 '우리 속에', '내면' 따위와 같은 그 모든 말이 의문스럽다는 것을 알고 있으며, 그리고 정말이지 우리는 오히려 거꾸로 기분을 해석함으로써 우리 자신을 본질의 밑바탕에서 파악하려고 애쓰고 있다. '공허 속에 버려둠'의 더욱 깊어진 방식으로서 '**발 묶고 있는 느긋함**'은, '**어떤 것 곁에서 지루해함**'이라고 우리가 옳게도 이름한, 권태의 한 계기이다. 어떤 것 곁에서 우리는 지루해하고 있다. 이것은 다음을 가리켜 보인다. 즉 이렇게 한 상황의 존재자 곁에 자리하는 가운데에서는 권태는 우리에게서부터 오고 있다. 그럼에도 불구하고 '**우리에게서부터 오고 있다**'는 이 말은 아직 어둡기만 하며, 무엇보다도 우선은 '붙잡혀 있음'이라는 첫 번째 구조계기의 경우 사정이 어떠한지에 대해서 우리가 결정을 내리지 않은 한, 어둡게 남아 있을 수밖에 없다.

'어떤 것 곁에서 지루해함'의 두 번째 본질계기인 '붙잡혀 있음'에 대해서 물음을 던지기에 앞서, 우리는 권태의 두 번째 형태를 그 첫 번째 형태에 지금까지 비교해본 것을 좀더 날카로운 방식으로 종합요약해보기로 한다. 우리는 권태의 두 번째 형태인 '어떤 것 곁에서 지루해함'을 해석하고 있는 참이다. 중요한 사실은, 우리가 고찰의 단일적인 특징을 기억하는 것만으로도 이미 우리는 권태의 첫 번째 형태와는 대비되는 구별점을 자세한 서술 없이 간접적으로 보고 안다는 것이다. 어떤 것 곁에서 지루해하고 있는 이러한 상황에서는 우리를 둘러싸고 있는 존재자 가운데 지루한 것이라고는 아무것도 발견되지 않는다. 그렇기 때문에 우리는 '어떤 것 곁에서 우리 자신이 지루해함'에 관해서 이야기하는 것이다. 우리는 이러한 상황 속에서 우선은 어떠한 시간죽이기도 발견하지 못할 뿐 아니라, 시간죽이기를 위해서 애쓰는 독특한 들먹거림도 발견하지 못한다. 겉으로는 거기에서부터 우선은 권태의 결여가 귀결되는 것처럼 보인다. 권태의 이러한 결여는 더군다나 권태의 저 특정한 구조계기들인 '공허 속에 버려져 있음'과 '붙잡혀 있음'을 권태의 이 두 번째 형태의 자리에서는 직접 발견할 수 없다는 불가능성에 의해서 완벽하게 판명되는 것처럼 보인다. 서로 즐겁게 이야기를 나누는 데에 흠뻑 빠져 있는데, 어떻게 우리는 여기에서 '공허 속에 버려져 있음'에 관해서 이야기할 수 있다는 말인가? 우리에게는 거리낄 것도 없다. 왜냐하면 우리는 정말이지 우리가 자진해서 그 자리에 자리하고 있기 때문이다. 그러므로 '머무적거리는 시간흐름에 의해서 붙잡혀 있음'도 이러한 상황에서는 결여되어 있는 셈이다. 우리는 신경을 곤두세운 채 모임이 끝나기를 기다리고 있는 것이 아니다. 우리는 시계를 들여다보지 않는다. 시간이 우리에게 너무 느리게 가고 있지도 않으며 너무 빠르게 가고 있지도 않다. 우리 자신이 바로 저녁을 위해서 시간을 우리에게 허용했다. 그러나 그럼에도 이 권태는 어찌된 일인가.

우리가 지금까지 상황에 대해서 말한 이것은 분명 조금도 틀린 이야기가 아니다. 우리는 앞에서 언급한 권태의 이러한 계기들을 하나도 발견하지 못하고 있다. 즉 이전에 해석한 권태의 형태에서처럼 **그렇게** 그 계기들을 우리는 여기에서는 발견하지 **못하고** 있다. 여기에서부터는 단지 '공허 속에 버려져 있음'과 '붙잡혀 있음'이라는 이러한 구조계기들이 어쩌면 **변화를 겪었는지도** 모른다는 점이 귀결될 뿐이다. 이러한 두 번째 경우에 권태의 형태는 우연적인 것이 아니라, 오히려 그것은 그 본질에 따라 볼 적에 어쩌면 더욱 눈에 띄지 않는 것이고 더욱 은닉되어 있는 것인지도 모른다. 바로 여기에서부터 우리는 다음과 같은 추론을—그 추론이 아무리 자명하다고 해도—해서는 안 된다. 즉 권태가 더욱 눈에 띄지 않기 때문에, 그 권태는 어쩌면 약하고, 피상적이고, 일시적인지도 모른다고 말이다. 사정은 오히려 정반대이다. 물음은 다음과 같다. 이렇게 어떤 것 곁에서 지루해하고 있는 자리에서 우리가 특정하게 지루한 것이라고는 아무것도 발견하지 못하는 데에도 불구하고, 무엇이 우리를 지루하게 하는가? 우리는 무엇이 우리를 지루하게 하는지를 모르고 있다. 아니, 좀더 날카롭게 이야기하자면, 우리는 그것을 아주 뚜렷이 알고 있다. 즉 우리를 지루하게 하는 바로 그것은 다름 아닌 이렇게 '뭔지 난 모르겠다'라는 것, 즉 이렇게 막연히 잘 알려져 있지 않은 것이다. 물음은 다음과 같다. 이렇게 막연히 잘 알려져 있지 않은 것이 우리를 지루하게 한다는 사실은 무엇을 말하는가?

전번의 경우에서는 지루한 것이, 이를테면 그것에 우리가 바쁘게 파묻히고자 시도하는 그런 특정한 사물들이 우리를 어떠한 식으로든 공허 속에 버려두고 있다는 것을 우리는 아주 뚜렷한 성과로서 얻어낼 수가 있었다. 그러나 지금 **여기** 이 자리에서는, 이것 또는 '저것에 의해서가 아니라 오히려 모든 것에 의해서 잘 대접받고 있고 그래서 우리는 만족하고 있다. 우리는 정말 만족하고 있는가? '만족하고 있다'라는 말은 무엇을 일컫는가? 그 말은 우리의 행동거지 전체가 오늘의 이 저녁초대에 의해서 충족되어 있다는 것을 일컫는다. 그러나 사정은 분명 그렇지 않다. 그것은 그렇게 싸구려로 채워질 수 있는 것이 아니다. 아무리 화려한 행사를 마련하여 요구해오더라도, 그러한 저녁초대와 같은 하나의 기회에 우리 자신의 실존을 걸 수 있을 정도로 그 저녁초대가 우리 현존재 전체의 결단성을 만족시킬 수는 없을 것이다. 그러한 저녁초대가 우리를 아무리 만족시키고 있다고 한들, 거기에 우리의 존재의 여부가 달려 있을 정도로 그 저녁초대가 우리를 규정하고 있다고는 결코 말할 수 없다. 우리가 그것을 뚜렷이 알지는 못하지만, 저녁초대는 우리의 고유한 자기 자신을 위해서 우리가 본래적으로 추구하는 바로 그것에는 상응하지 않는다. 좀더 정확히 말해서, 저녁초대의 자리에서 우리는 더 이상 아무것도 추구하고 있지 않다. 우리는 저녁을 보내기 위해 때마침 거기에 가 있는 것이다. 우리가 본래적으로까지 만족되어 있을 리는 없고 본래적으로까지 만족되어 있기를 원하고 있지 않다. 그렇다고 해서 우리가 공허 속에 버려져 있는 것은 아니다. 우리는 정말이지 함께하고 있고 함께 **맞장구치고 있는데**, 어쩌면 우리는 일종의 기분 전환을 위해서 긴장을 해소하는 방식으로 그렇게 하는지도 모른다. 그러나 우리의 행동관계에서 결정적인 것은 바로 이렇게 우리가 저녁초대의 자리에서 더 이상 아무것도 추구하지 않는다는 것이다. 이렇게 '더-이상-아무것도-추구하지 않음'과 더불어 우리 속에서는 어떤 것이 **발 묶여 있다**. 그 자리에서 벌어지고 있는 바로 그것에 이렇게 우리가 함께 맞장구치는 가운데 우리는, 가령 부당하지 않게 또는 손해 보지 않게 우리의 본래적인 자기 자신을 어떤 방식으로든 당연스레 뒷전에 내버려두고 있다. 우리가 그 자리에서 더 이상 아무것도 추구하지 않는다는 것은 우리에게는 자명한데, 그러는 가운데 우리는 어떤 방식으로든 우리 자신에게서부터 **미끄러져 빠져나가고** 있다.

서기에는 하나의 독특한 **느긋함**이 놓여 있다. 그것도 다음과 같이 이중적인 의미로 말이다. **첫째**, 우리는 그 자리에서 벌어지는 바로 그것에 우리 **자신을 내맡겨둔다**(sichüberlassen). **둘째**, 우리는 자신을, 즉 본래적인 자기 자신을 **뒷전에 내버려둔다**(sichzurücklassen). '자기 자신을 뒷전에 내버려두면서 자신을 그 자리에서 벌어지고 있는바 그것에 내맡겨둠'이라는 이러한 느긋함 속에서 일종의 공허감이 형성될 수 있다. 그 자리에서 진행되는 바로 그것에 겉보기에는 만족스럽게 참여하고 있는 것처럼 보이는 가운데 이렇게 일종의 공허감이 형성되고 있다는 그 사실에 의해서 '지루하게 됨' 또는 '지루해함'이 규정되어 있다. 그러니까 여기에서도, 즉 권태의 이 두 번째 형태에서도, 우리는 일종의 '공허 속에 버려져 있음'을 발견하는 셈인데, 그것도 전번의 경우와 대비하여 볼 때 본질적으로 더욱 깊은 '공허 속에 버려져 있음'의 형태를 발견한 셈이다. 전번의 경우에 '공허 속에 버려져 있음'은 오직 충족이 멎은 가운데에서만 존립했을 뿐이었다. 우리가 그것과 함께 즐겁게 이야기를 나누려고 하고 그것에 우리가 바쁘게 파묻히려고 노력하는 그 특정한 사물들이 자신을 우리에게 거부한다는 사실에 '공허 속에 버려져 있음'은 존립하고 있었다. 그러나 지금 여기 이 두 번째 경우에서는 단순히 하나의 공허가 충족되지 않은 채 남아 있는 것이 아니라, 오히려 바로 막 하나의 공허감이 **형성되고 있다**. 이러한 공허감이란 곧 우리의 본래적인 자기 자신이 뒷전에 내버려두어져 있음이다. 이렇게 형성되고 있는 공허감이 곧, 이렇게 '뭔지 난 모르겠다'고 하는 것—우리를 다소 침울하게 하는 바로 그것—이다.

181 다. '우리의 시간으로부터 풀려나 있지 않음'은 곧 '멈춰 서 있는 시간에 붙잡혀 있음'임

권태의 두 번째 형태에서 '공허 속에 버려져 있음'을 곧바로 발견한다는 것이 첫눈에는 그토록 가망이 없는 것으로 보였다. 그렇지만 우리가 그것을 권태의 첫 번째 형태에서부터 경직된 구조로서 건네받아 그것을 표준척도로 삼아 두 번째 형태에 가져다대지 않고, 오히려 이러한 '어떤 것 곁에서 지루해함'을 본디 지루하게 만들고 있는 그것을 상황에서부터 이해하려고 추구하던 바로 그 시점에 '공허 속에 버려져 있음'이 아주 뚜렷하게 튀어나왔다. 우리는 '공허 속에 버려져 있음'의 더욱 근원적인 하나의 방식을 발견했다—그리고 이제는 **붙잡혀 있음**과 관련하여 우리는 같은 것을

기대해보아야 한다. 여기에서도 우리는 물음을 다음과 같이 단순하게 던지는 것을 경계하지 않으면 안 된다. 즉 이러한 '붙잡혀 있음'이라는 계기가 과연 우리가 그것을 권태의 첫 번째 형태에서 맞대하던 그대로 이 두 번째 형태에서도 발견되는가 하고 말이다. 오히려 문제를 다음과 같이 제기해야 한다. 권태의 첫 번째 형태에서 저 **첫 번째 양태**였던 '붙잡혀 있음'에 무엇이 권태의 두 번째 형태에서는 **상응하는가**? 여기에서도 더욱 깊어짐이라는 의미에서의 변화가 나타나는가?

  첫 번째 형태를 다루던 자리에서 우리는 '머무적거리는 시간흐름에 의해서 붙잡혀 있음'에 관해서 이야기했다. 그것은 비교적 명확해졌다. 다만 이렇게 붙잡힌 가운데 우리가 어디에 붙잡혀 있느냐고 물음을 던지자마자 우리는 곧장 어둠 속에 부딪히고 말았지만 말이다. 왜냐하면 맞닥친 상황에서 제공되는 존재자 곁에 우리가 붙들려 세워져 있고, 그곳에서 우리는 기다리며 버텨야만 한다고 말하는 것만으로는 충분하지 않기 때문이다. 왜냐하면 자신을 거부하는 특정한 존재자 곁에 바로 이렇게 붙들려 세워져 있음이 그 날카로움을 받게 되는 것은, 머무적거리고 있는 시간에 의해서 우리가 그 자리에 붙잡혀 있다는 데에서부터이기 때문이다. 거기에서 우리는 그러한 머무적거리고 있는 시간을 헛되이 무익하게 기다리면서 허비해야만 하는 것이다.

  이에 반해 권태의 **두 번째 형태**에서는 애초부터 우리가 우리에게 저녁시간을 **허용했다**. 우리는 시간을 **가지고** 있다. 시간은 압박하고 있지 않다. 그리고 그 때문에 시간이 우리에게는 너무 느리게 가고 있을 턱도 없다. 다시 말해서 시간은 머무적거리는 시간으로서 우리를 잡고 있을 턱이 없다. 그 점에 다음과 같은 사실이 상응한다. 즉 이렇게 지루해하는 자리에서 우리는 결코 시계를 들여다보지 않으며, 어서 저녁모임이 끝나기만을 기다리지 않는다. 그러나 그것은 무엇을 말하는가? 권태의 이 두 번째 생김새에서 우리와 시간과의 관계는 어떠한가?

그 물음에 대한 대답은 앞에서 그려 보인 길 위에서, 즉 **시간죽이기**에서부터 발견되어야 한다. 우리는 이것을 이미 그것의 변화된 형태에서 특징지어보았다. 그러한 변화된 형태의 시간죽이기는 결코 상황 내부에서 개별화된 특정한 바쁜 일거리가 아니라 오히려 이러한 상황 자체가 곧 시간죽이기인데, 이러한 시간죽이기는 두루두루 퍼져 있고 눈에 띄지 않는다. 그 자리에서 진행되는 바로 그것 곁에 이렇게 느긋하게 자리하는 가운데 시간죽이기가 벌어지고 있다. 이러한 느긋하게 자리하고 있음은 '공허 속에 버려져 있음'의 근원적인 방식인 '느긋함'에 근거한다. '어떤 것 곁에서 지루해함' 자체에 속한 바로 그것 속에 시간죽이기가 머물고 있다. 저녁초대의 자리에서 우리는 지루해하고 있다. 이러한 저녁초대 자체가 곧 시간죽이기이다.

시간과 더불어 여기에서는 무슨 일이 일어나고 있는가? 저녁초대에 자리할 시간을 바로 우리가 이미 사전에 우리에게 허용했다. 우리는 시간을 가지고 있다. 우리는 시간을 헤아리고 있을 필요가 없다. 시간대를 둘러보지 않고서도 우리는 저녁 동안에 시간을 이를테면 다 **써버려도** 좋고 **잃어버려도** 좋다. 저녁 동안에 이러한 '**동안**'마저도 우리에게는 감지되지 않을 정도로 우리는 시간을 가지고 있다. 우리는 시간의 **지속됨**(Währen)에, 다시 말해서 시간이 지속적으로 흘러 **빠져나가고** 흘러 지나가고 하는 데에는 신경을 쓰지 않는다. 따라서 여기에서는 우리가 시간에 의해서 **붙잡혀** 있기는커녕, 거꾸로 시간이 우리를 시간 자신에게 묶어두고 있지도 않다. 시간은 **우리를 온전히 우리 자신에게 내맡기고** 있다. 다시 말해서 시간은 우리를 풀어놓아서 우리를 온전히 어떤 것 곁에 자리하도록 내버려두고 있다.

만일 시간이 그렇게 아무래도 좋은 것으로 되어버리고, 아니 더 나아가 사라져버리기까지 한다면, 우리는 여전히 권태에 관해서, 또는 추정적으로 더욱 깊은 권태에 관해서 이야기할 수 있는가? 분명히 아니다. 그럼에도 불구하고 시간이 여기에서 어떻게든 한몫을 하고 있다는 사실은 다음과 같은 점에서 드러난다. 즉 상황과 이 상황 속에 처한 우리가 바로 지금 시간을 가지고 있다는 식으로 애초부터 상황이 규정되어 있다. 우리가 우리에게 시간을 허용하고 있다는 둥, 시간이 우리를 시간 자신에게 묶어 두고 있지 않다는 둥 이러한 말들은 무엇을 일컫는가? 우리가 우리에게 시간을 허용하고 있으며, 그리고 그렇게 허용된 시간이 우리를 '그 자리에 자리하고 있음'으로 풀어놓아주고 있다. 우리는 저녁초대에 자리하기 위한 시간을 가지고 있다. 그러나 저녁초대의 자리에서 우리는 지루해하고 있다. 특별히 권태를 위해 우리가 우리에게 시간을 내고 있는 것은 결코 아니다. 오히려 사정은 거꾸로이다. 이렇게 '어떤 것을 위해 시간을 가지고 있음'에는, 어떤 것을 위해 우리가 우리에게 낸 그 시간이 충족될 가능성이 놓여 있다. 그리고 바로 이때 '지루해함'이 다가오는 것이다. 그러니까 우리가 우리에게 시간을 냈다는 것만으로는 권태에서는 아무것도 행해진 것이 없다. 우리가 우리에게 시간을 냈다는 바로 이 사실은 결국에는 곧, **우리를 잡아둘 수 있는, 그것도 어떤 더욱 깊어진 방식으로 우리를 잡아둘 수 있는 가능성을 시간에게 준다는 바로 그것이다.**

　이러한 상황 속에서 우리는 특정하게 지루한 것이라고는 아무것도 보고 있지 않다. 그러나 그럼에도 분명 이렇게 '뭔지 난 모르겠다'는 것이, 즉 막연하게 잘 알려져 있지 않은 것이 우리를 지루하게 만들고 있다. 설령 우리가 그 자리에 자리하고 있고 그 자리에서 우리가 만족하고 있더라도, 일종의 공허감은 존속한다. 그것은 다음을 말한다. 즉 그것 곁에서 우리가 지금 함께 맞장구치고 있는 그 모든 것이 그럼에도 불구하고 우리를 본래적으로는 **만족시켜주고 있지 않다.** 본래적으로 만족시켜주고 있지 않다니, 왜 그런가?

　오늘 저녁때 있었던 일을 회상해보자. 설령 우리가 그때 그 자리에 완전히 빠져들어 있었더라도, 우리는 우리에게 단지 이 저녁 시간만 내준 것이었지, 시간 전체를 내준 것은 아니었다. 시간 전체라고? 우리 자신이 그것에 푹 내맡겨져 있고 그것이 우리에게 허락되는 바로 그러한 시간 전체 말이다. 우리는 우리에게 시간을 내고 있다. 그러나 그렇다고 해서 우리가 이러한 전체에서부터 하나의 조각을, 마치 케이크의 한 조각처럼 잘라낸 것은 아니다. 우리는 오히려 이 저녁 시간을 우리에게 내고 있다. 이때 무슨 일이 일어나고 있는가? 이렇게 우리가 우리에게 시간을 냄으로써 우리의 시간 전체는 어떻게 **달라지고 있는가**? 우리는 시간을 멈춰 서 있게 하고 있다. 그러나 우리는 시간을 사라지게 하는 것은 아니다. 오히려 정반대이다. 우리는 우리에게 시간을 허용한다. 그러나 시간은 우리를 놓아주지 않는다. 시간은 우리를 떠나 보내주지 않는다. 그러기는커녕 오히려 시간은 이제 멈춰 서 있는 시간으로서 일종의 고요(Stille)가 현존재 속으로 퍼져들게 하고 있다. 그러한 고요 속에서 이것, 즉 현존재가 넓게 자리를 펼쳐나가고 있는데, 그러면서 동시에 그 고요는 그 자체로서는 덮어 가려지고 있다. 그것도 바로 우리가 우리에게 낸 그 시간 동안에 우리가 함께 어울리고 있음으로써 그렇다. 우리는 정말이지 오늘 이 저녁을 위해서만 그리고 다름 아닌 바로 이 저녁을 위해서—다름 아닌 바로 오직 이 저녁시간만을 위해서—우리에게 시간을 허용했던 것이다. 우리가 우리에게 허용하고 있는 그 시간은 눈에 띄지 않게 그것의 한시적인 성격에서 충분히 알려지고 있다. 그 시간은 우리를 묶어두고 있지 않다. 그 시간은 흡사 자신을 삼가고 있다. 그러나 그럼에도 분명 그 시간은 오직 한시적인 방식으로만 우리를 우리가 **자리하고 있는 데에 내맡겨둠**으로써, 완전히 우리를 **떠나보내고 있지 않다**. 오히려 반대로 그 시간은 그만큼 우리가 정작 그 시간에 묶여 있음을 버젓이 드러내 보인다. 그런데 그러한 일이 어떠한 방식으로 일어나고 있는가? 시간은 이러한 시한(時限)을 베풀면서 무슨 일을 해대는가? 시간은 머뭇거리고 있지 않다. 그렇다고 해서 시간이 흘러 지나가다가 밀어닥쳐 그 자리 사이로 침투하는 식으로 드러나는 것도 아니다. 왜냐하면 만약 시간이 그렇게 밀어닥친다면, 이러한 밀어닥침은 저녁모임에 자리하고 있는 우리를 어지럽힐 것이기 때문이다. 그러니까 시간은 서둘러 흘러 지나가다가 밀어닥칠 수 있는 것이 아니다. 그러니까 시간은 자신을 숨기고 있다는 말인가? 그러한 일도 불가능하다. 왜냐하면 만약 시간이 자신을 숨기고 있다면, 시간은 자신을 한시적인 것으로서 베푸는 가운데 자신을 도대체―비록 눈에 띄지 않게 그런다고 하더라도―내보일 수는 없을 것이기 때문이다. 시간은 흘러 지나가고 밀어닥치고 하는 것으로서는 스스로를 내보이지 않는다. 그러나 그럼에도 분명 시간은 자신을 내보이고 있다. 그러면 어떻게 시간은 자신을 내보이고 있는가? 시간은 겉으로 보기에 거기에 없는 듯이 자신을 내보이고 있다. 시간은 자신을 내보이고 있다. 그리고 시간은 흘러가고 있지 않다. 시간은 **멈춰 서 있다**. 그러나 시간이 멈춰 서 있다는 그 말은, 시간이 사라져버렸다는 것을 결코 일컫지는 않는다. 그 말은 오히려 다음과 같은 것을 말한다. 즉 **시간의 이러한 멈춰 서 있음**이 더욱 근원적인 '잡아둠'이라는 것, 다시 말해서 더욱 근원적인 '안절부절못하게 **짓누름**'이라는 것이다.

'지나가는 시간'은 보통 우리에게 거의 항상 잘 알려져 있고 규정되어 있지만, '멈춰 서 있는 시간'은 막연하고 잘 알려져 있지 않다. 멈춰 서 있는 시간이 이렇게 막연하고 잘 알려져 있지 않은 가운데 저녁초대의 상황 안으로 들어서 있다. 그리고 그 자리에서 진행되는 바로 그것을 위해서 함께 맞장구칠 특정한 시간을 바로 이렇게 우리가 가지고 있다는 것이 시간을 멈춰 서 있도록 그리고 멈춰 서 있는 시간으로서 허용하고 있다. 시간은 그 흐름 속에 너무 오래 미무르고 있지 않다. 즉 시간은 머무적거리고 있지 않다. 오히려 시간은 단순히 **머물러 있을 뿐**이고 **지속되고 있을 뿐**이다. 이렇게 지속되는 동안에 시간은 우리를 오직 이러한 그 자리에 자리하고 있음에만 내맡겨두고 있다. 내맡겨두고 있지, 우리를 떠나보내고 있지는 않다. 그러나 시간이 이렇게 우리를 **떠나보내고 있지 않음**은, 알맞은 시점으로 접어들면 끝장을 보게 되는 순전한 머무적거림에 의해서 우리가 질질 붙들려 세워져 있다는 식의 '붙잡혀 있음'보다는, 더욱 근원적인 '붙잡혀 있음'으로서 드러나 알려지고 있다. 그런데 이제 시간의 힘과 관련하여 어떤 것이 밝히 드러나는데, 바로 시간은 **우리를 더욱 근원적으로 묶어 두기 위해서만** 그 자리에 멈춰 서 있을 뿐이라는 사실이다. 그렇게 시간이 우리를 더욱 근원적으로 묶어두는 일은 우리가 시간을 가지고 있다고 믿는 바로 거기에서 일어난다. 이에 비해서, 어떠한 시간도 우리는 가지고 있지 않고 그래서 시간을 잃어버릴 필요가 없다고 믿는 곳에서는 '붙잡혀 있음'이 단지 일종의 질질 잡아끄는 붙잡혀 있음일 뿐이다.

우리의 고유한 자기 자신은 그래도 우리에게는 잘 알려져 있다. 우리는 우리의 고유한 자기 자신에 대해서 아무런 의문 없이 어느 때나 이렇게 또는 저렇게 규정을 지을 수 있다. 우리의 고유한 자기 자신보다 우리에게 더 가까울 수 있는 게 무엇이겠는가? 어떤 것 곁에서 지루해하는 가운데에서는 어느 정도로 우리 자신이 **뒷전에 버려져 있고 덜렁 버려져** 있으며 어느 정도로 우리 자신이 그러한 **덜렁 버려져** 있는 것으로서는 **규정되어 있지 않고** 잘 알려져 있지 않길래, 우리 자신이 이렇게 기이하게 파악되지 않는 것으로서 우리를 안절부절못하게 짓누르는가? 여태까지 우리가 얻어낸 성과는 그나마 다음과 같다. 즉 권태의 두 번째 형태도 '**공허 속에 버려져 있음**'이라는 구조계기를 가지는데, 다만 그러한 구조계기를 **변화된** 형태로 가지며, 첫 번째 경우에서처럼 그렇게 눈에 띄는 형태는 아니다. 그러므로 권태의 두 번째 구조계기인 '**붙잡혀 있음**'도 권태의 이 두 번째 자리에서는 빠지고 없는 것이 아니리라는 짐작을 미리 해볼 수가 있겠다. 물론 바로 여기에서도 그 두 번째 계기는 **변화**되어 있고 그것을 눈에 띄게 하기가 쉽지는 않을 것이다.

여기에서 다음과 같은 점을 상기해야 한다. 즉 권태를 해석하는 데에서는 눈에 띄게 하기가 쉽지 않은 바로 그것, 즉 지루하게 하는 그것의 본질이, 권태에서는 우리가 지루해하고 있는 가운데 우리를 지루하게 하는 방식으로 우리를 지루하게 하는 그것으로서 직접적으로 의문의 여지 없이 거기에 있다는 것이다. 그러나 이 직접적인 것을 명시적으로 본질로 끄집어내는 일이 정작 어려운 일이다. 여기에서는 다만 이 정도를 지적해둠으로써 이 직접적인 것과 그 본질 사이의 혼동을 미리 막는 것으로 충분하리라고 본다.

'머무적거리는 시간흐름에 의한 붙잡혀 있음'이 권태의 두 번째 경우에서는 발견되지 않는다는 것은 분명하다. 사실 여기에서는 상황 전체를 통틀어 보아도 시간은 도무지 본질적이지 않은 것처럼 보인다. 상황 전체가 애초부터 어떻게 규정되어 있는지를 우리가 상기한다고 해도 사정은 결코 달라질 수 없다. 우리는 저녁초대를 위해서 우리에게 시간을 허용했다. 우리는 저녁을 위해 우리에게 **시간을** 냈다. 자신에게 시간을 낸다고 함은 무엇을 일컫는가? 거기에서 우리는 우리에게 **어떠한** 시간을 냈는가? 아무렇게나 흩어져 있고 아무에게도 속해 있지 않은 그런 임의로 펼쳐진 시간을 우리는 우리에게 냈는가? 아니면 혹시 우리가 우리에게 내는 그 시간은 누군가에게 속해 있는 시간인가? **우리에게 그 시간은 속해 있다.** 우리에게 허락되어 있는 그 시간으로부터 우리는 우리에게 시간을 내고 있다. 즉 우리의 현존재 전체가 그것에 푹 내맡겨져 있는 시간으로부터, 더군다나 그 크기까지는 우리가 결코 확신할 수 없는 시간으로부터 말이다. 그러한 시간으로부터 우리는 우리에게 간단히 시간을 내고 있다. 그런 일은 어떻게 일어나는가? 마치 케이크에서 케이크 한 조각을 잘라내듯이 저녁초대의 자리에서 우리는 시간 전체에서 시간 한 조각을 잘라내오고 있는가? 분명히 아니다. 그래도 어쨌든 우리에게 속해 있는 우리의 시간으로부터 우리가 우리에게 시간을 내고 있다는 것은 이미 기이한 일이다. 꼭 그러한 시간을 우리가 우리에게 낼 필요가 있는 것은 분명 아니다 그리고 좀더 나아가서, 우리는 무엇을 위해서 우리에게 이러한 시간을 내고 있는가? 그 시간을 우리에게 **허용하기** 위해서이다. 어디에서 우리는 그 시간을 허용하는가? 이렇게 낸 시간을 우리는 어디로 보내는가? 우리는 우리가 낸 그 시간을 보내대고 있고, 그 시간을 보내버리고 있고, 그 시간을 써대고 있다. 우리가 우리에게 시간을 냄으로써 우리가 시간을 헤아릴 필요가 없다. 그러니까 우리는 우리의 시간을 가지고 어떤 것을 하기 시작하는 것이다. 우리는 시간을 어떤 방식에서 변화시키고 있다. 우리는 시간을 보내대고 있다. 다시 말해서 시간을 보내대는 가운데 그리고 시간을 보내대는 동안에 우리는 시간을 끊임없이 보내 없애고 있다. 그러나 그렇게 해서 시간은 그것을 이렇게 우리가 보내 없애고 있는 가운데 그리고 그것을 보내 없애는 동안에는 정작 전면에 나타나지 않는다. 시간을 보내대는 **동안**에 우리는 시간을 보내 없애고 있다. 다시 말해 저녁과 저녁초대가 지속되는 바로 이러한 **동안**을 우리는 보내 없애고 있고, 이러한 동안을 우리는 그것이 지속되는 가운데 보내 없애고 있다. '지속됨(Währen)', 그 말은 '줄곧 됨(Dauern)'을, 그것도 시간이 끊임없이 흘러나가고 있다는 의미에서의 줄곧 됨을 일컫는다. 그 말은 곧, '지금 그리고 지금 그리고 지금'을 일컫는다. '지금'이 잇달아 쿵쾅쿵쾅 구르면서 동요를 일으키고 마비시키며 떠나가는 소리에 우리는 우리의 귀를 막고 있는데, 이렇게 귀를 막고 있는 자리에서는 그러한 '지금'이 그나마 다소 늘려 있을 수가 있다. 우리가 우리에게 시간을 냄은, 이 시간을 우리에게 허용하기 위해서, 다시 말하면 이 시간을 **흘러 지나가는 시간으로서 내줘버리기** 위해서이다.

그러나 우리가 이렇게 시간을 내줘버리는 가운데, 즉 지속의 흐름 앞에서 이렇게 귀를 막고 있는 가운데 무슨 일이 일어나고 있는가? 그렇다고 해서 우리가 시간에서부터 벗어나올 수 있는 것은 아니다. 더군다나 우리가 그것을 원하고 있는 것 또한 전혀 아니다. 오히려 우리는 이 시간을 우리를 위해서 가지기를 원한다. 만일 우리가 시간을 보내대고 있고 시간을 내줘버리고 있다면, 그 경우 그 말은 다만, **우리가** 시간에 대해서 특정한 방식으로 태도를 취하고 있다는 것을 일컬을 뿐이다. 어떻게 취하고 있는가? 우리는 시간을 **멈춰 서 있게** 하고 있다. 우리가 낸 저녁시간을 우리가 허용하고 있고―거기에 다름 아닌 바로 '냄'이 놓여 있다―그래서 저녁 동안에 다음과 같은 일이 지속되고 있다. 즉 그 자리에서 벌어지는 바로 그것 곁에 자리하는 가운데 우리는 저녁 시간의 흘러감과 그 시점들에 유의하고 있지 않다는 것이다. 그런 동안의 지속됨은 흡사 흘러나가고 있는 '지금'의 잇달음을 삼켜버린다. 그리고 그 자체는 흐르지 않고 오히려 멈춰 서 있는 하나의 늘려진 **유일한 지금**이 생겨난다. 우리를 둘러싸고서 벌어지고 있는 바로 그것 곁에 우리가 완전히 자리하고 있을 만큼, 다시 말해서 '그 자리에 있는 것(Anwesendes)'에 대해서 우리가 완전히 마주 대해[현재적으로] 있을 만큼, '지금'이 그렇게 늘려져 있고 멈춰 서 있음에 이르며 이렇게 늘려진 채 멈춰 서 있음 속에 '지금'이 머물러 있다. 상황에 완전히 현재적이게 되어 우리는 우리의 시간을 멈춰 서 있게 하고 있다.

그 말에는 무슨 뜻이 깔려 있는가? 시간의 **멈춰 서 있음**은 '지루해함'하고는 무슨 관련이 있는가? 그리고 더 나아가 거기에서 우리를 지루하게 하는, 막연하게 잘 알려져 있지 않은 것하고는 무슨 관련이 있는가? 우선은 아무런 관련도 없다. 마찬가지로, 그것을 위해서 우리가 우리에게 시간을 허용한 그런 개개의 모든 상황 속에서 우리가 반드시 지루해하고 있으랴는 법도 없다. 단지 **가능적**으로만 우리는 하나의 그런 상황 속에서 지루해할 수 있을 뿐이다. 만일 이러한 '지루해함'이―우리가 가정한 그대로―현실적으로 일어난다면, 그 경우 앞에서 언급한 '시간의 멈춰 서 있음'은 이러한 '지루해함'하고 어떠한 연관을 맺고 있는가? 시간의 이러한 멈춰 서 있음에는 지금 우리가 찾고 있는 권태의 특수한 계기인 **'붙잡혀 있음'**이 연관되어 있는가? 단, 지금 이 경우에 '붙잡혀 있음'이 결코 머무적거리고 있는 시간에 의한 그것이 아니라, 오히려 **멈춰 서 있는** 시간에 의한 그것이라고 한다면 말이다.

우리는 시간을 멈춰 서 있게 하고 있다. 그러나―이 점을 잘 유의해서 보아야 하는데―우리는 시간을 결코 사라지게 하고 있는 것이 아니다. 오히려 반대로, 상황이 지속되는 동안에 멈춰 서 있는 시간이 멈춰 서 있는 시간으로서 우리 현존재 안으로 들어 서 있다는 말이 무엇을 일컫는지를 우리는 올바로 볼 필요가 있다. 시간을 멈춰 서 있게 놓아둠은, 그 자리에서 바로 빙 둘러가며 행해지는 그것과 그 자리에서 벌어지는 그것 곁에 우리가 자리하는 가운데 일어난다. 그 자리에서 일어나고 있는 바로 그것 곁에 이렇게 함께 맞장구치면서 자신을 풀어놓음은 오직 다음과 같은 식으로만 가능하다. 즉 그 자리에서 벌어지고 있는 그것을, 그것이 바로 그렇게 베풀어지는 그대로 우리에게 다가오게끔, 즉 우리에게 **마주하여** 이쪽으로 오게끔, 우리가 애초부터 끊임없이 그렇게 놓아주고 있다는 식으로 말이다. 즉 우리는 우리 주위에서 벌어지고 있는 바로 그것에 대해서 **완전히 마주 대해[현재적으로]*** 있거나, 또는 말 그대로 보자면, 단적으로 오직 마주대[현재화]하게만 하고 있다는 것―이 말은 여기에서 타동의 의미로 이해된다―즉 우리는 우리를 둘러싸고 있는 것을 그 자체로서 고유하게 그 자리에 존재하게 하며 그리고 그것을 오직 그 자리에 존재하게 함으로써만 그것을 어느 때라도 함께 즐길 수 있다.

그런데 '우리가 이러한 상황 속에 완전히 마주 대해[현재적으로] 있다'는 말은 무엇을 일컫는가? 거기에는 우리가 무엇으로 존재해왔는지, 우리가 어떻게 존재해왔는지 그리고 우리가 어디에 존재해왔는지 하는 데에 우리는 관심을 돌리고 있지 않으며, 우리는 그것을 망각해버렸다는 뜻이 놓여 있다. 완전히 마주 대한 채로 우리는, 내일인지 아니면 다른 때인지 하기로 작정한 바로 그것, 우리가 이미 결단을 내렸거나 결단을 유보하고 있는 바로 그것, 그것을 위해서 우리가 애쓰고 있는 바로 그것, 우리에게 닥쳐와 있는 바로 그것, 우리가 억제하고 있는 바로 그것을 위해서 어떠한 시간도 가지고 있지 않다. 그 자리에서 일어나고 있는 바로 그것에 대해서만 완전히 마주 대하고 있는 우리는 우리의 '어제(기재, Gewesenheit)'*와 '올제(미래, Zukunft)'*로부터 잘라내어져 있다. 고유한 '어제'에서, 그리고 고유한 '올제'에서 이렇게 잘려져 있다는 말은, 그러한 '어제'와 '올제'를 실제로 떼어내어 밖으로 빼내버린다는 것을 말하지 않는다. 오히려 그 말은, '올제'와 '어제'를 순전한 '마주 대함[현재, 이제, Gegenwart]'* 속으로 독특하게 풀어놓는다는 것을, 즉 '어제'와 '올제'의 한 변양(Modifikation)을 말한다. '어제'와 '올제'는 없어지고 있는 것이 아니며, 도대체 거기에 없는 것이 아니다. 오히려 '어제'와 '올제'는 순전한 '마주 대함[현재]' 속에서, 다시 말해 순전히 마주 대하게만 하는 우리의 '함께함' 속에서 독특한 연쇄의 방식으로 변양되고 있다. 그렇게 해서 시간이 바로 멈춰 서 있음에 이르는데—도대체 여느 시간이 멈춰 서 있음에 이르고 있는 것이 아니라, 오히려 저녁이라는 현재 동안 지속되고 있는 시간이 멈춰 서 있음에 이르고 있다—그 시간 동안에 우리는 그렇게 마주 대하고 있다. '지금'의 지속은 이제 '지난적[과거]'*에 대해서는 막혀버린 채로 있다. '지금'이 더 이상 '이전'으로서는 내보여지지 못한다. 망각된 '어제'와 더불어 개개의 모든 '이전'을 위한 가능적인 지평은 닫혀 있다. '지금'은 오직 '지금'으로밖에 남아 있을 수 없다. 그런데 '지금'은 '이후'로서도, 즉 아직 오고 있는 바로 그것으로서도 내보여지지 못한다. 아무것도 올 수가 없다. 왜냐하면 '올제'의 지평이 묶여버린 채로 있기 때문이다. '지난적[과거]'을 막아버리고 '올제'를 묶어버린다고 해서 '지금'이 제거되는 것은 아니다. 그러나 '지난적'을 막아버림과 '올제'의 묶어버림은, '지금'이 '아직-아님'으로부터 '더 이상-이님'에로 옮아갈 가능성, 즉 '흘러감'을, '지금'에게서 빼앗아버린다. 양 방면으로 막혀버리고 묶여버린 채 '지금'이 남아 멈춰 서 있는 가운데 고이고 있으며, 고이는 가운데 '시금'이 늘이어지고 있다. 옮아갈 가능성을 빼앗겨버린 채 '지금'에게는 오직 지속적으로 서 있는 일만이 남겨져 있을 뿐이다. '지금'은 멈춰 선 채로 남아 있을 수밖에 없다.

'어제' 방면과 '올제' 방면이 잘려져 있음으로 말미암아 마주 대함[현재]이 그 자체 속으로 밀어붙여지고 있으며, 마주 대하는 가운데 거기에 있는 독특한 시간, 즉 '지금'이 흡사 스스로 늘리고 있다. '지난적' 방면과 '올제' 방면으로 뻗친 지평이 '지금'에게는 닫힌 채 남아 있음으로 말미암아, '지금'이 스스로를 '이전'으로서 그리고 '이후'로서 내보일 가능성을 더 이상은 전혀 얻지 못하고 있다. '지금'은 지금 이때의 지금일 수 있는 가능성 말고는 어떠한 가능성도 가지고 있지 않다. '지금'이 이렇게 지금 속에 있도록 밀어붙여지게 됨으로써 '지금'이 늘려어지고 있다. 낱낱의 지금 시점들이 서로서로 맞닿아 붙으면서 쌓여가고 있는 것이 아니다. 오히려 '지금'이 '지금껏'이 되고 '지금껏'으로서 부풀려지는 가운데 '지금' 자체가 늘려어지고 있다. '지금'의 수가 더 많이 늘어나고 있는 것이 아니라, 오히려 '지금'의 수는 점점 더 줄어들어 단지 하나의 '지금'만이, 즉 단지 하나의 늘려어진 '지금'만이 있을 뿐이다. 이렇게 독특한 늘려어져 있음 속에 '지금'이 멈춰 서 있다. 지금과 지속이 이렇게 멈춰 서 있음은, 마치 이제는 더 이상 아무런 일도 일어나지 않을 것인 양, 마치 이러한 늘려어진 '지금'이 이를테면 내버려진 채 어디에서인가 나뒹굴게 될 것인 양, 그렇게 '지금'이 순전히 멈춰 선 채로 남아 있다는 것이 결코 아니다. 오히려 이러한 늘려어진 '지금'은 우리 현존재 안으로 들어서 있다.

저녁초대가 지속되는 동안 이렇게 멈춰 서 있는 시간이란 곧 우리가 우리에게 낸 시간이며 그리고 우리가 완전히 마주 대하고 있음을 통해서 우리에게 내고 있는 시간이다. 우리가 우리에게 내고 있는 그 시간은 **우리의 시간**이라고 우리는 말한 적이 있다. 멈춰 서 있는 이 시간, 그것은 곧 우리의 막혀버린 '어제'이며 우리의 묶여버린 '올제'이다. 다시 말해서 그것은 하나의 독특한 변화 속에서 우리 현존재 안으로 들어서 있는 우리의 시간 전체인 것이다. 이러한 변화된 형태에서 볼 적에, 우리의 시간 전체는 저녁 동안의 이러한 **멈춰 서 있는 지금** 속으로 밀어붙여져 있다. 이러한 멈춰 서 있는 시간, 그것은 곧 우리들 자신인데, 그러나 그것은 그것의 '나온적[유래]'과 '올제'가 뒷전에 내버려진 것으로서 우리들 자기 자신이다. 이러한 멈춰 서 있는 '지금'이 멈춰 서 있는 가운데 우리에게 다음과 같은 말을 할 수 있다. 즉 '지금'을 멈춰 서 있게 해준 것은 우리이지만, 그러나 '지금'이 우리를 곧바로 풀어주지 않고 오히려 우리에게는 '지금에 묶여 있음'이 밀어닥치고 있다. 멈춰 서 있는 '지금', 즉 저녁초대가 지속되고 있는 그 저녁 '동안'은 바로 이렇게 우리가 우리의 시간에 붙잡혀 있음을, 즉 묶여 있음을, 그 자체로서 밝히 우리에게 드러내 보여줄 수 있다. 멈춰 서 있는 '지금'에서부터 우리에게 밀어닥치고 있는 이러한 우리의 시간으로부터 **풀려 나 있지 않음**이 곧 '**멈춰 서 있는 시간에 붙잡혀 있음**'이다. 그러니까 그것은 '어떤 것 곁에서의 지루해함'에서 우리가 찾고 있는 구조계기이다. 멈춰 서 있는 시간은 우리를 풀어주지 않을 뿐만 아니라, 오히려 그것은 우리를 불러내고 있고 우리를 데려다가 세우고 있다. 그 자리에 자리하고 있도록 풀어놓아둔 채 우리가 그렇게 '멈춰 서 있는 지금'에 의해서, 즉 우리의 고유한, 그러나 내줘버린 공허한 자기 자신인 그런 '멈춰 서 있는 지금'에 의해서 데려다 세워지고 있을 때 우리는 지루해하는 것이다.

제26절 내준 시간을 마주 대하게 하면서 멈춰 서 있게 함에 바탕을 둔 지루해함의 두 구조계기들의 구조론적인 통일성. 스스로 시간화하는 현존재의 시간성에서부터 권태가 솟아나옴

멈춰 서 있는, 그리고 우리를 그렇게 데려다가 세우고 있는(불러내고 있는) 이러한 '지금'이 곧 '지루하게 하는 그것'이다. 그러나 우리는 다음과 같이 말한 석이 있다. 즉 이러한 권태 속에서 지루하게 하는 그것은 '뭔지 난 모르겠다'고 하는 것, 즉 막연하게 잘 알려져 있지 않은 것이라고 말이다. 이러한 멈춰 서 있는 시간은 막연하고 잘 알려져 있지 않은가? 물론이다. 왜냐하면 일상적으로 우리가 익히 알고 있기로 시간이란 곧 지나가는, 즉 흘러가는 바로 그것이기 때문이다. 시간이야말로 바로 '지나감' 또는 '멈춰선 채로 남아 있지 않음'에 대한 원초적인 보기이다. 흘러가는 시간은 잘 알려진 것이다. 이러한 잘 알려진 것은 우리에게는 또한 언제든지 규정되어 있고 규정될 수 있는 것이기도 하다. 그것은 시계를 가지고서 규정될 수 있는가 하면 혹시 그렇지 못할 경우라고 하더라도, 예컨대 이러이러한 승용차가 옆으로 지나가고 있는 바로 지금이라든가 내가 여기에서 이야기하고 있는 바로 지금과 같이, 바로 눈앞에서 일어나는 임의의 사건을 통해서 어느 때라도 규정될 수 있다. 그런데 먼젓번에 언급한 상황의 경우에서 **멈춰 서 있는 지금**'이라는 것은, 잘 **알려져 있지 않은** 것이며 그것은 동시에 **막연하다**[규정되어 있지 않다]. 그리고 그것이 막연하다[규정되어 있지 않다]고 하는 것은 강조된 의미에서 그렇다. 우리는 그것을 규정지으려고 해본 적이 아예 없다. 어떤 것 곁에 자리하는 가운데 우리는 바로 저녁이 지속되는 동안의 그때그때의 지금에는 유의하고 있지 않다. 이러한 막연하고 잘 알려져 있지 않은 '멈춰 서 있는 지금'이 우리를 침울하게 할 수 있겠는데, 그러한 '지금'이 미끄러져 빠져나가면서 동시에 자기 앞으로 우리를 불러내고 있고 우리를 데려다가 세우는 식으로 그럴 수가 있다. 비록 그렇게 해서만 그러한 '지금'의 멈춰 서 있음이 이를테면 더 멈춰 서 있게 되고 더 지속적이게 되는 것이기는 하지만 말이다.

권태의 첫 번째 구조계기인 '공허 속에 버려져 있음'과 관련해서는 다음과 같은 점이 귀결되어 나온 것을 우리는 앞에서 보았다. 즉 '공허 속에 버려져 있음'은 **공허감이 형성되고 있다**는 데에 존립한다. 이렇게 형성되고 있는 공허감이 곧 **지루하게 하는 그것이다**. 그러니까 그러한 공허감은 지금 발견된 막연하게 잘 알려져 있지 않은 것, 즉 **멈춰 서 있는 지금**'과 동일한 것임에 틀림없다. 우리가 우리에게 저녁을 위해서 시간을 허용함으로써, 그 시간이 이러한 멈춰 서 있는 '지금'으로서 형성될 수가 있으며, 그리고 그 시간 속에서 형성되고 있는 잘 알려져 있지 않음, 다시 말해 그 시간 속에서 형성되고 있는 공허감이, 우리를 공허 속에 내버려둘 수 있고, 그러면서 동시에 이러한 공허 속에 내버려둠 속에 우리를 잡아둘 수 있다.

그로써 우리는 하나의 결정적인 통찰을 표명한 셈이 되는데, 그것은 우리가 지금까지 찾고 있던 통찰로서, 그것을 통해서 우리는 '공허 속에 버려져 있음'과 '붙잡혀 있음', 이 두 **구조계기들의 통일성**을 들여다볼 수 있게 되었다. '공허 속에 버려져 있음'과 '붙잡혀 있음', 이 두 구조계기들은 우연히 서로 맞닿아 붙도록 밀어넣어진 두 개의 조각들이 아니다. 오히려 우리가 이렇게 독특하게도 함께 맞장구치는 가운데 풀려나 있다는 것은 곧, 그 자리에서 벌어지고 있는 바로 그것을 우리가 마주 대하게 하고 있다는 것이다. 완전히 마주 대한 채 우리는 시간을 멈춰 서 있게 하고 있다. 멈춰 서 있음에 이른 시간은 하나의 공허감을 형성하는데, 이러한 공허감은 거기에서 일어나는 바로 그 모든 것의 바로 뒷전에서 새어 나온다. 이렇게 형성되고 있는 공허감은, 그것에게서 우리가 미끄러져 빠져나가는 바람에 우리로부터 덜렁 내버려지고 만 우리의 고유한 자기 자신인데, 그러한 공허감이 형성되면서 동시에 그것이 다시 우리를 데려다가 세우고 있고 자기에게다 우리를 묶고 있고 이러한 방식으로 우리를 잡아둔다.

내준 시간을 마주 대하게 하면서 멈춰 서-있게-함에 저 두 **구조계기들의 구조론적인 통일성**이 근거한다. 그러니까 그 두 계기들의 통일적 구조라는 의미에서의 권태의 단일적인 본질을 우리는 필시 시간에서 찾아야 한다. 하지만 시간 속에서의 이러한 모색을 우리는 우리가 시간에 대해서 익숙히 알고 있는 그대로 일반적으로만 수행할 것이 아니라 오히려, 그 잘 알려진 시간을 우리가 어떻게 대하고 있는지, 이러한 시간이 우리 현존재 안에 어떻게 자리잡고 있는지, 이러한 우리 현존재 자신이 어떻게 시간적으로 존재하는지 그 양식과 방식 속에서 찾아야 한다. **권태는 현존재의 시간성에서부터 솟아나온다.** 그러니까 권태는 우리의 고유한 시간성이 스스로 시간화하는 하나의 매우 특정한 양식과 방식에서부터 위로 올라온다고 우리는 미리 어림잡아 말할 수 있겠다. 그 점은 우리가 전번에 이미 표명한 다음과 같은 논제와 합치한다. 즉 권태가 가능한 까닭은 오직, 개개의 사물과 그리고 더 원칙적으로는 각각의 현존재가 그 나름대로의 시간을 가지고 있기 때문이다.

제27절 '어떤 것 곁에서 지루해함'에 대한 결론적 성격규정: 지루하게 하는 그것이 현존재 자신에서부터 피어오름은 '어떤 것 곁에서 지루해함'에 딸린 시간죽이기의 독특함임

우리는 우리가 가고 있는 길에 굳건히 머물러 있고자 하며 그래서 우리는 권태를 점점 더 깊이 해석해냄으로써 바로 막 현존재의 시간성을 밝혀보이고 그로써 이 현존재 자체를 그 밑바탕에서 밝혀보이고자 한다.

우리가 지금껏 해석해보인 것은 권태의 두 가지 형태들인 '어떤 것에 의해서 지루하게 됨'과 '어떤 것 곁에서 지루해함'을 비교해가며 부각시킴으로써 가능해졌다. 후자의 형태에 관해서 우리는 그것이 더욱 깊은 형태라고 말했다. 두 구조계기들인 '공허 속에 버려져 있음'과 '붙잡혀 있음'의 한 변화된 형태가 또한 성과로서 얻어졌다.

'어떤 것 곁에서 지루해함'에 대해서 지금 주어진 해석을 밑바탕으로 하여 우리는 이 권태에 딸린 시간죽이기의 독특함을 이제부터라도 제대로 이해하여 보기로 한다. '어떤 것 곁에서 지루해함'의 경우에 시간죽이기는 권태의 첫 번째 형태의 경우에서 볼 수 있는 것과 같은, 토막 나고 순조롭지 못한 성격을 띠고 있지 않다고 우리는 말했다. 오히려 그것은 저녁초대에의 온전한 참여와 동일하며 그래서 독특하게도 눈에 띄지 않는다. 시간죽이기를 그 자체로서 놓고 볼 때 그것은 권태에 대항하고 있다. 그러나 이 권태는 앞에서 특징지어본 적 있듯이 지루하게 하는 그것에서부터 퍼져가고 있다. 이렇게 지루하게 하는 그것은 멈춰 서 있는 '지금'인데, 그것은 자기에게 우리를 데려다가 세우고 있고 그러면서 동시에 자기로부터 우리를 풀어주고 있다. 이러한 멈춰 서 있는 '지금'은 저녁초대가 지속되는 동안에 멈춰 서 있으니, 이러한 '동안' 자체가 곧 '멈춰 서 있는 지금'인 셈이다. 따라서 지루하게 하는 그것 그 자체는 이렇게 기이하게도 눈에 띄지 않는 가운데 저녁초대의 지속됨 전체에 두루두루 퍼져 있다. 그것에 시간죽이기가 대응하고 있음이 틀림없다. 실제로 시간죽이기가 시간을, 즉 '멈춰 서 있는 지금'을 내몰고 있다. 시간죽이기는 '지금'을 채근하고 있다. '머무적거리고 있는 지금'을 더 빨리 가도록 채근하는 것이 아니라, 오히려 '멈춰 서 있는 지금'을 채근하고 있다. 즉 시간죽이기는 '지금'을, 즉 이러한 멈춰 서 있는 시간을, 즉 이 저녁 속으로 우리가 몰입하고 있는 바로 **그동안**을 내몰고 있다. 시간죽이기는 지루하게 하는 그것을 쫓아버리고 있다. 지루하게 하는 그것이 곧 '그동안'이기 때문에, 저녁초대 전체가 시간죽이기로서 제공되고 있음에 틀림없다. 그러나 지루하게 하는 그것이 여기에서는 특정한 상황 전체에 두루두루 퍼져 있기 때문에, 지루하게 하는 그것은—그것이 파악될 수 없다는 것과는 상관없이—훨씬 더 안절부절못하게 짓누르고 있다. 지루하게 하는 그것은 정작 그것이 시간죽이기 속에 눈에 띄지 않게 멀리 떨어져 머무는 가운데 그리고 그렇게 머무는 동안에, 안절부절못하게 짓누르고 있다.

만약 우리가 권태의 두 번째 형태에 대한 성격규정을 그렇게 종합요약 한다면, 그 경우 다음과 같은 사실을 보고 있는 셈이다. 즉 권태의 첫 번째 경우에서는 지루하게 하는 그것이 이를테면 밖으로부터 오고 있다는 것, 즉 우리는 어떤 것에 의해서 지루하게 되고 있다는 것이다. 그러한 첫 번째 경우에서는 하나의 **특정한** 상황이 그 주변형편들과 더불어 **우리를** 권태 속으로 **옮겨놓고** 있다. 이에 비해서 여기 두 번째 경우에서는 지루하게 하는 그것이 밖으로부터 오고 있지 않고, 그것은 **현존재 자체에서부터 피어오르**

고 있다. 이것은 다음을 말한다. 즉 권태가 상황 전체에 바로 이렇게 몰래 숨어드는 방식으로 두루두루 퍼져 있기 때문에, 정작 권태는 이러한 상황 그 자체에 묶여 있는 것일 수 없다. 권태의 두 번째 형태가 그 첫 번째 형태보다 상황에 덜 묶여 있다. 두 번째 상황 속에서 우리를 둘러싸고 있는 바로 그것, 즉 우리를 붙들어 두고 있는 존재자는, 설사 우리가 우리 자신을 그런 것에다 풀어놓아 그런 것 곁에 완전히 자리하고 있다고 하더라도, 정작 권태와 권태의 피어오름 측에서 볼 적에는 단지 잠정적인 것일 뿐이며 단지 권태가 피어오르게 되는 기회일 뿐이다. 여기에서 권태란 일종의 '자신이 지루해함'이다. 물론 어떤 것 곁에서이기는 하지만 말이다. 이러한 두 번째 권태에서는 우리가 **우리 자신 쪽으로 더 많이** 쏠려 있다. 즉 어떻게든 우리는 현존재의 고유한 무게 안으로 도로 말려들어가 있다. 물론 그러면서도 우리는 그 경우 어떤 것 곁에 자리하고 있다. 그렇지만 그 까닭은 바로 우리가 우리의 고유한 자기 자신을 잘 알려져 있지 않은 채로 덜렁 내버려두고 있기 때문이다. 이에 비해 권태의 첫 번째 형태에서는, 비록 우리가 우리 자신 곁에서 어떤 식으로든 안절부절못하게 짓눌리고 있기는 하지만—왜냐하면 만약 그렇지 않은 경우 그것은 도대체 기분으로서의 권태가 아닐 것이기 때문이다—그럼에도 불구하고 권태의 저 첫 번째 형태는 일종의 밖을 향해서 들먹거리는 버둥거림이다.

제28절 권태의 두 번째 형태가 첫 번째 형태에 비해서 더욱 깊어짐

이로써 이미 다음과 같은 점이 넌지시 가리켜 보인 셈이다. 즉 어떠한 의미에서 우리는 권태의 두 번째 형태를 첫 번째 형태에 비해서 더욱 깊은 권태라고 표명하지 않으면 안 되는가 하는 점 말이다. 그러나 우리는 권태의 이러한 깊어짐에 대해서 물음을 던짐으로써, 그 깊어짐의 **방향**에서부터 권태의 온전한 본질의 근원적인 깊이를 가늠하기 위한 앞선 지침과 앞선 표식을 끄집어내보기로 하겠다. 이제는 이러한 깊어짐의 방향을 뚜렷이 새길 필요가 있다. 즉 권태의 두 번째 형태가 그 첫 번째 형태에 비해서 더욱 깊어지고 있음을 명시적으로 종합요약하면서 특징지을 필요가 있다.

권태의 두 형태들을 잠정적으로 서로 맞대어 부각시키면서 우리는 첫눈에 알아볼 수 있는 구별, 즉 시간을 대하는 구별되는 태도에 관해서 여러 차례 언급했다. 두 번째 형태의 경우에서는 우리가 우리 자신에게 시간을 허용한다. 상황 전체가 그것을 통해서 규정된다. 이에 비해 첫 번째 형태의 경우에서는 머무적거리고 있는 시간에 의해서 우리가 안절부절못하게 짓눌린다. 다시 말해서 이 첫 번째 경우에서는 우리에게 바로 시간이 없다. 즉 우리는 시간을 쓸데없이 잃어버리고 싶지 않은 것이다. 여기에서부터는 우선 다음과 같은 점이 귀결되어 나온다. 즉 이 첫 번째 상황이 그래도 근본적으로는 더욱 진지한 상황이다. 우리는 시간을 잃어버리고 싶어하지 않는다. 다시 말해서 우리는 우리의 시간에서부터 어떠한 시간도 잃어버리고 싶어하지 않는다는 말이다. 우리가 우리의 시간을 위해서 그리고 그로써 우리 자신을 위해서 애쓰고 애태움으로 말미암아 지루한 상황이 함께 불러 일으켜지고 있는 것이다. 이에 비해 두 번째 형태의 경우에서는 시간을 우리가 끝내 다 써버리고 있고 우리의 자기 자신을 덜렁 내버려두고 있다. 이렇듯 진지하지 못한 장난기 어린 두 번째 상황에 비하면 첫 번째 상황은 그러니까 더 수준 높고 더욱 진지한 상황인 셈이다. 따라서 더 수준 높은 상황에는 마땅히 더욱 깊은 권태가 상응해야 할 것이다. 오직 높음이 있는 그곳에 깊음이 있고 오직 깊음이 있는 그곳에 높음이 있기 때문이다. 그러니까 권태의 두 번째 형태를 무턱대고 더욱 깊은 권태로 여겨서는 안 된다. 특히 지금 표시한 이러한 구별은 시간을 대하는 태도를 고려한 것이며 그리고 시간 자체는 어떠한 식으로든 권태의 은닉된 본질을 이룬다.

자명하게 밀어닥치고 있는 이러한 어려움에 직면해서 우리는 우선 다음과 같은 사실을 단단히 붙들고 있어야 한다. 즉 전번에 권태의 두 번째 형태가 현존재 그 자체 안에 본질적으로 사로잡혀 있다는 관점에서 권태의 두 형태들의 구별을 밖으로 끄집어내본 것은 권태와 권태의 구조에서부터 얻은 성과였다. 사태 자체에 놓인 이러한 구별에 거슬러서, 첫 번째 형태의 상황이 상황으로서는 어쩌면 두 번째 형태의 상황보다 더 수준 높은 상황일지도 모른다는 생각에 중점을 둘 수는 없는 노릇이다. 물론 그렇다! 이 두 경우들에서 상황의 양식은 권태의 성격에 대해 우연적인 것이 아니다. 그러므로 우리는, 그 두 상황들과 시간을 대하는 그 두 태도들의 사정은 어떠한가 하는 명시적인 물음과 결정을 비켜가지 않기로 한다. 권태의 첫 번째 형태에서 본 '시간이 없음'과 '시간을 내고 싶지 않음'은 두 번째 형태에서 본 '시간을 가지고 있음'과 '시간을 써버림'에 비하여 더욱 진지하고 더 수준 높은 상황을 가리키는가? 그럼에도 불구하고 첫 번째 형태와 관련해서 물음은 다음과 같다. 왜 우리에게 시간이 없는가? 어느 정도로 우리는 시간도 잃어버리고 싶지 않은가? 그 까닭은 우리가 시간을 사용하고 싶어하고 쓰고 싶어하기 때문이다. 무엇을 위해서 우리는 그렇게 하고 싶어하는가? 그것은 우리가 오래 전에 그것의 노예가 되어버린, 우리의 일상적인 바쁜 일들을 위해서 그렇다. 우리가 시간을 가지고 있지 않은 까닭은, 그 자리에서 당장 벌어지고 있는 바로 그 모든 것을 함께 행하도록 우리가 우리 자신을 놓아주지 못하고 있기 때문이다. 결국 이러한 '**시간이 없음**'이란, 저렇게 자신에게 시간을 허용하면서 시간을 써버리는 일보다도 더 **크게 자기 자신을 잃어버리고 있음**이다. 이렇게 시간을 가지고 있음에 어쩌면 현존재의 훨씬 더 큰 원만함과 그로써 훨씬 더 큰 자신감이 놓여 있는지도 모른다. 그것은 일종의 '자기-자신-곁(Bei-sich-selbst)'에 있음인데, 그것은 현존재에서의 본질적인 것이 어떠한 분주함과 서두름에 의해서도 강요될 수 없다는 점을 적어도 알아채고는 있다. 물론 우리가 우리에게 시간을 허용하고 있는 바로 이러한 상황에서도 우리가 어떤 것 곁에서 지루해하고 있다는 사실을 그 점은 제외시키지 않고 오히려 어쩌면 그런 사실을 그 점이 곧바로 조건으로 삼고 있는지도 모른다. 이렇게 '시간을 가지고 있음'과 '시간이 없음'은 본질적으로 이중적 의미를 띤다. 겉으로 보기에 마치 가장 냉엄한 진지성인 것처럼 보이는 '시간이 없어'라는 말은 어쩌면 현존재의 일상적 진부함에 자기 자신을 가장 크게 잃어버리고 있음을 표현하는 말인지도 모른다.

이로써 다음과 같은 점이 드러나고 있다. 즉 권태의 형태들을 서로 맞대어 부각시킨다고 해서 거기에서 기이하게 얽히고설켜 있는 전망들이 그리 간단하게 트이지는 않는다. 그러한 전망들을 우리는 이 자리에서는 더 이상 추적하지 않겠다. 그나마 우리에게 명확해진 것이 있다면 그것은 다음과 같은 정도이다. 즉 '시간이 없음'에서부터 더욱 진지하고 더욱 깊은 현존재를 무턱대고 추론해낸다거나, '자신에게 시간을 허용함'에서부터 덜 진지한 피상적인 현존재를 무턱대고 추론해낸다는 것은 불가능하다. 변함없이 남아 있는 사실은, 권태의 더욱 깊어짐을 오직 권태 자체가 그때마다 띠고 있는 구성틀에서부터만 읽어낼 수 있다는 것이다.

잠정적으로 우리는 지금 **깊이가 구별되는** 계기들을 몇 가지 점들로 요약하여 확정해보기로 하겠다. 그런데 이러한 시도가 잠정적인 까닭은, 혹시 지금까지 걸어온 길을 통해서 우리가 권태의 온전한 본질을 이미 투명하게 드러내보였는지를 아직은 전혀 확신하지 못하기 때문이다.

깊이의 구별을 비교하며 성격규정하기 위해서 일곱 가지 요점들이 지금까지 우리가 행한 고찰에서부터 귀결되었다. 그 요점들 속에 우리는 지금까지 해석한 것을 종합요약하여 함께 싣기로 한다(다음에서는 이 일곱 가지 요점들을 성격규정하면서, 권태의 두 형태들인 '이떤 것에 의한 지루하게 됨'과 '어떤 것 곁에서 지루해함'을 각각 'I'과 'II'라는 기호로 표시하기로 한다).

1. '공허 속에 버려져 있음'이라는 구조계기의 관점에서 보면,

I의 경우에, 단지 눈앞에 맞닥친 하나의 공허감을 채울 만한 것이 부재할 뿐이다.

II의 경우에는, 공허감이 처음으로 형성되고 있다.

2. '붙잡혀 있음'이라는 구조계기의 관점에서 보면,

I의 경우에, 어떻게든 필요한 시간이 머무적거리고 있음으로 말미암아 머무적거리고 있는 것에 우리가 붙들려 세워져 있다.

II의 경우에는, 뒷전에 버려진 자기 자신으로서의 그런 멈춰 서 있는 시간으로부터 우리가 풀려 놓아져 있지 않고 오히려 그 시간에 의해서 데려와져 세워져 있다.

3. 권태의 **상황관련성**과 관련해서 보면,

I의 경우에, 바깥 주변형편들에 의해서 한정된 특정한 상황에 우리가 묶여 있고 단단히 옥죄여져 있다.

II의 경우에는, 상황 속에서 벌어지고 있는 특정한 것에 우리는 묶여 있지 않다.

바로 이 세 번째 일반적인 구별은 다음 네 번째와 다섯 번째로 이어지는 두 가지 요점들을 통해서 좀더 자세하게 해설된다.

4. I의 경우에, 어떤 임의적인 것에 특별히 바쁘게 파묻히려고 애쓰는 가운데에 추진되는 시간죽이기는 지루하게 된 이 자신 속에서 눈에 띄고 있다.

II의 경우에는, 상황이 지속되는 동안에 행동관계 전체에 걸쳐 진행되는 시간죽이기는 지루해하고 있는 자기 자신에게는 눈에 띄지 않고 덮어 가리워져 있다.

5. I의 경우에, 시간죽이기는 나풀대며 **들먹거리고** 있고, 어떤 식으로든 쉽게 당황하여 권태에 대항하여 달려들고 있다. 따라서 시간죽이기가 권태 자체 속에서 이리저리 마구 시도되고 있는 셈이다(왜냐하면 바로 권태 자체가 시간죽이기의 들먹거림을 어느 정도 더 급박하게 그리고 더 들먹거리게 만들고 있기 때문이다).

II의 경우에는, 시간죽이기는 단지 권태 **앞을 비켜가기** 그 이상이고, 권태 자체는 **일종의 자신을 지루해하도록 내버려두기** 그 이상이다.

6. 권태의 **진동폭**에 관련된 구별을 보면,

I의 경우에, 특정하게 지루한 것과 그리고 이 지루한 것에 상응하여 우리가 이 지루한 것에 꽉 달라붙음 사이로 권태가 옴짝달싹 못 하게 강제로 쑤셔넣어져 있다.

II의 경우에는, 권태가 상황 전체에 **걸쳐** 둥둥 떠다니며 두루두루 퍼져 있다.

그리고 마지막으로 위의 여섯 가지 요점들을 모두 되돌아보면서 그 요점들을 한 번 더 종합요약해보면 다음과 같다.

7. I의 경우에, 권태가 이를테면 **바깥**의 특정한 주변에서부터 닥쳐오고 있고 엄습해오고 있다.

II의 경우에는, 권태가 해당 상황에 즈음하여 현존재 안에서 그리고 현존재에서부터 피어오르고 있다.

따라서 I의 경우는 권태의 우연성을 향해 밖으로 버둥대고 있는 격이며, II의 경우는 권태의 고유한 무게 속 안으로 끌어당겨지고 있는 격이다.

이렇게 종합요약한 것에서부터 보면 이제, 권태의 두 형태에 우리가 부여한 '어떤 것에 의해서 지루하게 됨'과 '어떤 것 곁에서 지루해함'이라는 **명명**들이 또한 명확해졌다고 볼 수 있으며 그리고 그러한 **명명**들이 그 적합성과 정당성에 있어서도 입증되었다고 볼 수 있다.

그렇지만 만약 우리가 저 일곱 가지 요점들로 종합요약한 것을 단지 결과로만 취한다면, 일종의 오해일 것이다. 지금까지의 탐구가 의도적으로 펼쳐보인 여러 상이한 꼬불꼬불한 오솔길들을 헤치며 날려나오면서 우리는 저 일곱 가지 요점들을 모두 우리에게 생생하게 제시해보였다. 여러분이 아직 그 까닭을 알아챘는지 몰라서 굳이 하는 이야기인데, 권태에 대한 정의 하나를 집으로 들고 가는 것이 중요한 것이 아니라, 현존재의 깊은 심연 속을 움직여나가는 법을 능숙하게 배워 익히는 일이 중요하다.

제4장
권태의 세 번째 형태:
'아무튼 그냥 지루해'로서의 권태

제29절 권태와 시간의 본질 속으로 파고들어가기 위한 전제들: 인간을 의식으로서 파악하는 견해를 물음에 부침, 권태의 본질이 그 깊이를 스스로 열어보임

하던 이야기를 잠시 중단하고 우리는 숙고의 전체적인 맥락을 짧게 다시 제시해보기로 한다. 우리는 하나의 특정한 철학함 안으로 파고들기를 원하고 있다. 즉 본질적인 물음 가운데에서 움직이는 철학함, 다시 말해서 오늘날 우리에게 필연적인 물음 가운데에서 움직이는 철학함 안으로 파고들기를 원하고 있다. '철학함'을 우리는 '현존재의 한 본질차원적인 사로잡혀 있음에서부터 개념파악하는 물음'이라고 규정했다. 그런데 그러한 사로잡혀 있음은 오직 현존재의 한 근본기분에서부터만, 그리고 그러한 근본기분 안에서만 가능하다. 이러한 근본기분 자체는 결코 임의적인 기분일 수 없고, 오히려 그것은 우리 현존재를 이 현존재의 본질 바탕에서 두루 조율하는 것이지 않으면 안 된다. 그러한 근본기분은 우리가 그것을 눈앞의 것으로서 불러내고 그것을 하나의 확고한 것으로서 가져다가 세우기만 하면 되는 어떤 것으로서 확인될 수 있지 않으며, 오히려 그것은 일깨워져야 하고, 깨어 있도록 놓아줌이라는 의미에서 일깨워져야 한다. 이러한 근본기분은 우리가 그것에 거스를 때가 아니라 오히려 그것에 여지와 자유를 줄 때만 울린다. 이러한 근본기분에 우리가 자유를 주는 경우란, 우리가 이를테면 이러한 기분을 나오게 놓아주고 그 기분을 우리에게 가까이 다가오게 놓아주면서 그 기분을 올바른 의미에서 기다릴 때이다. 이러한 기다림은 개개의 모든 본래적인 기다림이 다 그렇듯이, 가령 어느 한 사람과 다른 한 사람 사이의 인간적인 관계처럼, 일종의 거리를 둔 기다림이 아니라, 오히려 한 사람이 그를 기다리는 다른 한 사람에게, 그가 직접 그 다른 사람 가까이에 있을 때보다도 더욱 가까이 있을 가능성이 있는 기다림이다. 이러한 기다림의 의미에서 볼 적에 우리 현존재의 근본기분은 더욱 가까이 와야 한다. 그 때문에 우리는 우리 현존재의 그러한 근본기분을 언제나 오직 하나의 물음에서만, 즉 물음을 던지는 자세에서만 만날 수 있는 것이다. 그러한 까닭에 우리는 다음과 같이 물음을 던졌다. 혹시 인간이 오늘날 자기 자신에게 지루해져버린 것은 아닌가? 그리고 **깊은 권태**가 오늘날 현존재의 한 근본기분은 아닌가? 우리가 이러한 물음 속을 두루 훑어보며 그 물음 한가운데에 머무르기 위해서는, 그리고 꼭 오늘날에야 비로소 만들어진 것일 필요는 없는 그 근본기분을 그러한 물음의 한가운데에서 기다리기 위해서는, 우리는 이러한 열려 있음을 위해 그에 상응하는 지평을 가지고 있어야만 한다. 다시 말해서 권태의 본질이 우리에게 명확히 드러나 있어야만 한다는 것이다.

이러한 목적을 위해서 우리는 권태의 두 가지 형태들을 해석함으로써 권태의 본질을 우리에게 좀더 가까이 데려와보려고 시도했다. 그런데 권태의 그 두 가지 형태들은 다시금 또 그것들 자체 내에 '더욱 깊어짐'과 '더욱 깊이 있음'의 관계를 맺고 있었다. 우리는 이 점을 고려하여 마지막으로 권태의 그 두 가지 형태들 사이의 구별점들을 확정하여 그것들을 파악하기 쉽게 일곱 가지 요점들로 정리해놓았다. 첫 번째 요점과 두 번째 요점에서 우리는 권태의 구조계기들인 '공허 속에 버려져 있음'과 '붙잡혀 있음'을 특징지어보았다. 세 번째 요점에서는, 권태가 그때마다 상황에 결부되어 있음을 규정지었다. 네 번째 요점과 다섯 번째 요점에서는, 권태에 그때마다 딸려 있는 시간죽이기의 관계와 양식을 특징지었다. 여섯 번째 요점에서는, 권태의 그 두 가지 형태들에서 울리고 있는 진동폭의 차이를 확정 지어보고자 했다. 끝으로, 우리는 권태의 유래를 확정 지어보았으며 그리고 이 권태가 현존재의 밑바탕에 그때마다 가깝다는 것을 확정 지었다. 모든 것을 종합요약하는 이 마지막 결정적인 시각에서 다음과 같은 성과가 얻어졌다. 즉 '어떤 것에 의해서 지루하게 됨'이라는 권태의 **첫 번째** 형태가 이를테면 밖으로부터 우리에게로 맞닥쳐오는 것이라면, **두 번째** 형태는 권태가 현존재 자체에서부터 피어오르고 있다는 사실을 가리켜 보이는 것이다.

깊이의 구별을 밖으로 끄집어내옴으로써 우리는 이미 '더욱 깊어짐'의 방향까지도 알아볼 수 있게 해놓았다. 그러나 다만 그뿐이다. 정작 본질 자체의 깊이까지에는 아직 우리는 제대로 다다르지 못했다.

201 우리는 이렇게 본질의 깊이를 순전히 **앞서 가리켜 보이기만** 하며 남아 있어야 하는가? 달리 말해서, 지금 우리는 **권태의 숨겨진 깊이**가 얼마나 겉으로 보일 수 있는지를 그나마 간접적으로 좇아가 볼 수 있고 더 계속 추론해 볼 수만 있을 뿐인가? 분명 우리는 그렇게 할 수 있는 어떤 가능성들을 가지고 있다. 왜냐하면 우리가 보기에 권태는 존재하고, 권태가 더욱 깊어지면 깊어질수록 권태는 더욱더 온전히 시간 속에—우리 자신인 그런 시간 속에—뿌리를 내리고 있기 때문이다. 따라서 우리는 더욱 깊이 파악된 시간의 본질에서부터 이를테면 깊은 권태를 우리에게 구성해 보일 수 있어야 한다. 그러한 일은 하나의 명확한 과제이며 그리고—우리가 시간 자체를 그 본질 깊이에서 이해하고 있다는 전제 아래에서—그 일은 실행 가능하다. 그럼에도 불구하고 그 일에 대해서 우리는 정작 아무것도 모르고 있다. 우리가 정말이지 원하는 것은 오히려 거꾸로—이미 거듭 강조되었듯이—**권태의 본질을 해석해내는 일을 통해서 시간의 본질에로 밀고 들어가는 일**이

다. 우리가 이 일을 하고자 하는 까닭은 우리가 그 어떤 고집을 부려서라기보다는, 오히려 시간의 본질이 다른 길 위에서는 결코 밝혀 보여질 수 있는 것이 아니기 때문이다. 다시 말해 우리가 시간에 대해서 단순히 사변만을 행하여 하나의 색다른 시간개념을 생각해내는 식으로는 시간의 본질이 결코 밝혀 보여질 수가 없기 때문이다. 물론 그렇다고 해서 권태를 해석해내는 일이 곧 근원적인 시간성의 이해에 이르는 **유일한** 길이라는 말은 아니다. 그렇지만 그것은 분명 있는 그대로일 수밖에 없는 **하나의** 길이다. 다시 말하면, 그것은 시간을 우리 의식 내에서의 한 발견물로서 여기거나 주체의 한 형식으로서 여기는 **그런 하나의** 길이 아니다. 그것은 하나의 길인데, 이 길 위에서는 이미 이 길로 접어들기 **이전**에 그리고 이 길을 가기 이전에 다음과 같은 점이 개념파악되어 있다. 즉 근원적인 시간에로의 접근을 가로막고 있는 주요 걸림돌을 치우기 위해서는 바로 의식의 **본질**과 주체성의 **본질**이 **앞서 먼저** 물음에 부쳐져 있어야 한다. 그러니까 인간을 의식으로서, 주체로서, 인격으로서, 이성존재로서 파악하는 견해와 이 모두에 대한 개념, 즉 의식, 주체, 자아, 인격에 대한 **개념**이 물음에 부쳐져야 한다는 점을 잘 유의해서 보아야 한다. 가령 의식 파악의 **방법**이라는 데카르트적인 의미에서의 의식에로의 **접근뿐** 아니라, 인간을 의식 일반으로서 또는 체험연관으로서 또는 그와 비슷한 것으로서 **단초 잡는 것**까지도 물음에 부쳐져야 한다. 권태의 본질 또는 이와 아울러 시간의 본질 안으로 밀고 들어가기 위해서 길이 트여야만 한다면, 그 모든 것이 물음에 부쳐지지 않으면 안 된다.

만일 우리가 권태를 거쳐가는 길을 택한다면, 이때 이 길은 권태 자체의 깊이 속으로 들어가는 길이어야 할 것이다. 우리가 이러한 깊이를 추론의 방식으로 간접적으로 계산해내는 일은 아무런 도움도 안 된다. 그런데 과연 우리가 권태의 이러한 닫혀진 깊이를 그깃의 숨겨져 있음에서부터 잡아채올 수 있는가? 만일 그러한 일이 일어날 수 있어야 한다면, 그 경우 그것은 오직, 권태 자체의 본질이 이러한 깊이를 스스로 열고 있다는 식으로만 일어날 수 있을 것이다. 다시금 이것은 또 다음과 같은 식으로만 가능하다. 즉 깊은 권태가 그 자체로서 지루하게 만들고 있다는 식으로, 즉 이러한 깊은 권태가 기분으로서 우리를 두루 조율하고 있고, 그래서 우리가 그러한 권태 자체를 깊숙이까지 재보지 않으면 안 될 그런 처지 속으로 그것이 우리를 데려오고 있다는 식으로 말이다.

제30절 시간죽이기가 더 이상-허용되어 있지 않음은 곧, 깊은 권태를 그 우세함에서 이해함임. 깊은 권태를 이해하도록 내주고 있는 바로 그것에 귀 기울이도록 강요되어 있음

이러한 깊은 권태를 우리는 잘 알고 있는가? 어쩌면 우리는 그것을 잘 알고 있는지도 모른다. 그렇지만 분명 우리는 지금까지 이야기된 것에서부터 다음과 같은 사실을 알고 있다. 즉 권태가 더욱 깊어지면 깊어질수록, 권태는 더욱더 고요하게, 더욱더 은밀하게, 더욱더 잠잠하게, 더욱더 눈에 안 띄게 등 그렇게 존재한다. 따라서 권태에 딸린 시간죽이기도 그 자체로서 식별하기가 그만큼 더 어려워진다. 아니, 어쩌면 이러한 깊은 권태에는 도대체 시간죽이기가 아예 없는지도 모른다. 시간죽이기가 이렇게 결여되어 있다는 것이 어쩌면 그러한 깊은 권태를 특징짓는 표식인지도 모른다.

    지금까지 이야기된 권태의 형태들은, 하나의 특정한 상황 속의 어떤 것에 의해서 지루하게 됨, 하나의 특정한 상황에 즈음해 어떤 것 곁에서 지루해함이라는 명명들을 통해서 우리가 이미 성격규정해놓은 것들이다. 그런데 깊은 권태는? 깊은 권태를 우리는 어떻게 명명해야 하는가? 우리는 깊은 권태를 명명해보려는 시도를 이렇게 말해보기로 한다. 즉 깊은 권태가 지루하게 하는 경우란 곧 '아무튼 그냥 지루해(es ist einem langweilig)'라고 우리가 말할 때, 아니 좀더 나은 말로 '아무튼 그게 누군가에게는 지루해'라는 것을 굳이 말하지 않아도 우리가 그것을 알고 있을 때이다.

아무튼 그냥 지루해(es ist einem langweilig).* '그것(es)'은 무엇인가? 그것 203 은 '[아무튼] 번개가 친다(es blitz)', '[아무튼] 천둥이 친다(es donnert)', '[아무튼] 비가 온다(es regnet)'라고 말할 때 우리가 의미하는 그 '아무튼 그것(es)' 이다. '아무튼 그것'! 이것은 막연한 것, 잘 알려져 있지 않은 것을 지칭하기 위한 칭호이다. 그러나 그것을 우리는 그래도 잘 알고 있으며 그리고 그것을 권태의 더욱 깊은 형태에 속한 것으로서, 즉 **지루하게 하는 그것**으로서 알고 있다. 그것! 털렁 버려진 고유한 자기 자신으로서 그것은 각자 자신으로 있고, 각기 그때마다 이 특정한 역사를 가지며, 이 특정한 신분과 나이에 있고, 이 특정한 이름과 직업과 운명을 지닌다. 그것은 자기 자신, 즉 자신만의 고유한 사랑스러운 자아인데, 이러한 자아에 관해서 우리는 나 **자신**이, 너 자신이, 우리 자신이 지루해하고 있다고 말한다. 그러나 지금 우리는 이러한 '어떤 것 곁에서 **자신**이 지루해함'에 관해서는 더 이상 이야기하고 있지 않으며, 오히려 우리는 '아무튼 그냥 지루해'라고 말하고 있다. 아무튼 그것이—누구에게나—나로서의 나에게가 아니고, 너로서의 너에게가 아니며, 우리로서의 우리에게가 아닌, 오히려 누구에게나 지루하다. 내것 네것으로서의 이름, 신분, 직업, 노릇, 나이 그리고 수완 따위가 우리로부터 떨어져나가고 있다. 좀더 분명하게 말해서, 바로 이러한 '아무튼 그냥 지루해'가 그 모든 것을 떨어져나가게 하고 있다. 남는 것은 무엇인가? 하나의 보편적인 자아 일반인가? 전혀 그렇지 않다. 왜냐하면 이러한 '아무튼 그냥 지루해', 즉 이러한 권태가 추상화와 보편화를 수행하는 가운데 '자아 일반'이라는 하나의 보편적인 개념이 사유되는 것은 정말이지 결코 아니기 때문이다. 오히려 뭔지 모를 그것이 지루하게 하고 있다. 이제 결정적인 점은, 이때 우리가 하나의 무차별적인 아무개로 되고 있다는 사실이다. 물음은 다음과 같다. 그러는 가운데 무슨 일이 일어나는가? 즉 이렇게 '아무튼 그냥 지루해'라고 하는 가운데 무슨 일이 일어나는가?

그렇지만 만약 우리가 먼젓번 경우의 절차에 따라 이번에도 하나의 보기를 찾아나선다면, 그러한 보기는 결코 발견될 수 있지는 않다는 점이 드러날 것이다. 아마도 그 까닭은 이러한 권태가 모습을 보이고 있지 않아서가 아니라, 오히려 이 권태가 모습을 보일 경우 이것은 권태의 첫 번째와 두 번째 형태의 경우에서처럼, 하나의 특정한 상황과 특정한 동기 따위에 관련되어 있는 것이 결코 아니기 때문일 것이다. '아무튼 그냥 지루하다', 그러한 일은 예기치 않게 그리고 바로 우리가 그런 일을 전혀 기대하지 않을 때 들어설 수가 있다. 물론 그러한 근본기분이 터지는 상황들도 있을 수 있다. 그러한 상황들은 개인적인 경험, 동기, 운명에 따라서 개인적으로 매우 상이하다. 이러한 권태가 고개를 드는 쪽으로 드러나게 뛰어들어가 있지 않고서도, 다시 말해서 자진해서 그 안으로 끌려들어가 있지 않고서도 어쩌면 어느 누군가가 또는 다른 누군가가 이미 그것을 만났을지도 모르는 그런 하나의 가능적인 그러나 전혀 구속력이 없는 동기를 찾아 이름하여보면 그것은 다음과 같다. 즉 어느 일요일 오후에 어느 대도시의 거리를 따라 사람들이 걷고 있노라면, '아무튼 그냥 지루하다.'

우리가 택했던 **방법적 원리**를 따를 경우, 이러한 깊은 권태는 분명, **그것에 대항하여** 우리가 막아낼 수 있는 그것으로서 다시금 **시간죽이기**에서부터 내보여져야 할 것이다. 하지만 우리는 이미 권태의 더욱 깊은 형태에서, 즉 '어떤 것 곁에서 지루해함'의 경우에서, 권태와 시간죽이기와의 관계를 맞대면해보았는데, 그 관계에서 후자, 즉 시간죽이기는 '어떤 것 앞에서 비켜가는 일'에 제한되어 있었고 '어떤 것에 대항하여 손쓰는 일'은 포기되고 있었다. 따라서 권태의 두 번째 형태에서 권태란 곧, 그 앞에서 우리가 비켜가는 바로 그것인 셈이다. 그러나 지금, '아무튼 그냥 지루해'라는 자리에서는 일단, 저렇게 권태 앞에서 비켜가는 일은 더 이상 일어나고 있지 않다. 지금 이 권태에게는 시간죽이기가 결여되어 있다. 그렇기는 한데, 어떠한 의미에서 시간죽이기가 결여되어 있다는 말인가? 여기에서 이러한 결여는 무엇을 말하는가? 시간죽이기가 단순히 자행되지 않는다는 의미에서 그런가? 우리가 시간죽이기를 이를테면 잊고 있고 그것을 생각하지 않고 있으며, 고개를 들고 있는 권태에 대항하여 우리가 시간죽이기를 싸움장 안으로 끌어들이지 않고 있다는 의미에서 그런가? 그 어느 것도 아니다. 만일 여기에서 이러한 권태와 관련하여 어떠한 시간죽이기도 고개를 들고 있지 않다고 한다면, 그 경우 그 같은 사정은 바로 이 권태의 성격에 연관된 것임에 틀림없다. 시간죽이기가 결여되어 있다는 것은 권태 자체에서부터 함께 규정되어 있음에 틀림없다. 시간죽이기가 결여되어 있다. 그러나 그럼에도 분명 우리는 곧잘 시간죽이기를 생각하는데, 그러나 그것은 다음과 같은 식으로 그렇다. 즉 그 어떠한 시간죽이기도 이 권태에 대해서, 즉 '아무튼 그냥 지루해'라는 이러한 권태에 대해서는 맥을 추지 못한다는 사실을 우리는 이미 잘 알고 있다. 그러한 사실을 우리는 권태에서부터 이해하고 있다. 이러한 '아무튼 그냥 지루해'라고 하는 데에는 다음과 같은 뜻이 놓여 있다. 즉 이러한 권태가 우리에게 어떤 것을 말해주고 싶어한다는 것, 그것도 전혀 임의적이거나 우연적이지 않은 어떤 것을 우리에게 말해주고 싶어한다는 것이다. '아무튼 그냥 지루해'라는 말로 우리가 표현하는 이러한 기분은 이미 **현존재를 변화시켜놓았는데**, 이렇게 변화된 가운데 우리는 이미 다음과 같은 점까지도 이해하고 있다. 즉 그 어떤 시간죽이기로도 이 기분에 대항하여 대들려고 하는 것은 가망 없는 짓일 뿐 아니라, 이러한 기분이 우리에게 말해주려고 하는 바로 그것에 대해서 우리가 우리의 귀를 닫아버리는 것은 일종의 불손한 짓이나 거의 다를 것이 없다. 이러한 권태에 대응하는 시간죽이기가 단순히 결여되어 있는 것만은 아니다. 오히려 그 속에서 이미 우리가 기분 잡혀 있는 이러한 권태를 고려해볼 적에, 시간죽이기는 우리로부터 아예 더 이상 허용되고 있지 않다. 이렇게 시간죽이기가 도대체 더 이상 허용되어 있지 않음은 특정한 권태 자체로부터 요구되고 있는 것이다. 그러므로 여기에서도, 그리고 바로 여기에서는, 권태에 대해서 시간죽이기가 **응답하는** 양식과 방식이 권태 자체의 성격을 드러내 알리는 셈이다. 시간죽이기를 더 이상 허용하지 않는다고 함은 이 권태에 우세함을 인정한다는 것을 말한다. 그 말에는 이러한 권태를 이미 그것의 우세함에서 이해한다는 뜻이 깔려 있다. 그런데 권태를 그렇게 이해하고 있다는 것은, 마치 우리가 권태를—시간죽이기를 포기하기에 앞서서—심리학적으로 관찰하기라도 하는 것인 양, 그렇게 밖에서부터 권태에 매달려 있다는 것이 아니다. 오히려 '아무튼 그냥 지루해'—이렇게 '누구에게나 그래'—라는 말은 아무튼 그것이 우리를 휘감싸고 있는 그대로 개방된다는 성격을 바로 그 말 자체 내에 띠고 있다. 이러한 기분이 우리 자신을 하나의 **특출난** 이해의 가능성 안으로 데려온다. 기분 잡음과 기분 잡혀 있음은 그 자체 내에 일종의 '개방함(Offenbarmachen)'이라는 성격을 띤다. 그러나 그로써 기분의 본질이 다 길어내어진 것은 아니다. 대개 우리는 이러한 권태에 귀 기울일 줄을 모르는데, 그것도 다음과 같은 이유에서 그렇다. 즉 우리가 권태를 권태로서 익숙히 알고 있기는 해도, 그 어떤 형태에서든지 간에 권태를 통상적이고 피상적인 권태와 동일시한다. 좀더 정확히 말해서 이러한 기분에서는 누구에게나 사정이 그러하기 때문에, 이렇게 기분 잡혀 있는 가운데에서는 그리고 이런 기분 잡혀 있음에 의해서는 어떤 것이 '말해지는' 것이 당연한 것으로 우리는 알고 있다.

 권태의 첫 번째 경우에서는 권태를 시간죽이기를 통해서 큰소리로 압도하려는 쪽으로 노력이 쏠림으로써 사람들은 **권태에 귀 기울일 필요가 없었**다. 반면에 권태의 두 번째 경우에서 특출났던 점은 '귀 기울이려고 하지 **않음**'이었다. 그러나 지금 우리는 '귀 기울이도록 강요되어 있음'을, 즉 강요라는 의미에서의 강요되고 있음을 가지게 되는데, 그것은 현존재에서의 모든 **본래적인 것**이 다 띠고 있는 것이며, 따라서 **가장 내적인 자유**와 연관된 것이다. '아무튼 그냥 지루해'라고 하는 것이 이미 우리를 힘의 영역 안으로 옮겨 놓았는데, 이 영역에 대해서 개별 인물, 공공적인 개별 주체는 더 이상 맥을 추지 못하고 있다.

제31절 '공허 속에 버려져 있음'과 '붙잡혀 있음'을 실마리로 삼아 깊은 권태를 구체적으로 해석해보임

이렇듯, 시간죽이기가 —대략적으로 보아— 사실상 완전히 결여된 여기 이 경우에서도, 권태의 이러한 형태로 눈길을 던지는 일은 이미 시간죽이기에서부터 가능해지고 있다. 그러나 그것은 이제, 권태의 세 번째 형태를 권태의 두 구조계기들인 '공허 속에 버려져 있음'과 '붙잡혀 있음'을 실마리로 삼아, 그리고 그것들의 통일성을 실마리로 삼아 구체적으로 해석하기 위한 예비로서만 여겨져야 한다. 권태의 첫 번째 형태와 두 번째 형태에 대한 해석에서부터 우리는 이제 다음과 같은 점을 알고 있다. 즉 구조계기들이 그때마다 변화한다는 것, 그것들은 경직된 척도들이 아니며, 권태의 모든 개개 형태들의 밑바탕에 깔고 있는 고정된 뼈대가 아니라는 것, 오히려 구조계기들이란 단지 각기 그때마다 권태의 고유한 본질을 일별하고 그러한 본질을 그 자체에서부터 규정하기 위한 지침들일 뿐이라는 것 말이다. 그러한 지침들이 가리켜 보이는 위험을 보면, 이제 '공허 속에 버려져 있음'이라는 형식과 '붙잡혀 있음'이라는 형태가 권태의 이 세 번째 경우에서는 새로이 변화하고 있다.

가. '공허 속에 버려져 있음'이란 곧, 전체에 걸쳐 자신을 거부하고 있는 존재자에게 현존재가 넘겨져 있음임

이렇게 '아무튼 그냥 지루해'라고 하는 가운데에서 우리는 하나의 특정한 상황에 의해서 생겨나 눈앞에 있는 하나의 특정한 공허감을 하나의 특정한 상황 속에서 곧바로 접근 가능한 특정한 존재자로서 충족시키려고 애쓰는 것이 아니다. 가령 기차역에 너무 일찍 온 것과 같은 특정한 형편들에서부터 우리에게 불거져 나오는 특정한 공허감을 우리가 충족시키려고 노력하는 것이 아니라는 말이다. 공허감은 여기 세 번째 경우에서는 그러한 특정

207 한 충족의 부재가 아니다. 그러나 또한 마찬가지로 그것은 여기에서는, 고유한 본래적인 자기 자신을 덜렁 내버려둔다는 의미에서의 그런 공허감의 형성도 아니다. 고유의 본래적인 자기 자신을 그렇게 뒷전에 버려둔다는 것은 정말이지 '자신을 풀어놓아줌'과 같이 가는 것이며, 정말이지 그것은 그 자체에서 볼 적에는 '바로 그 즉시 제공되는 그것에 자신을 풀어놓아줌' 이다. '아무튼 그냥 지루해'라는 지금의 이 자리에서는, 저렇게 하나의 특정한 상황 속의 특정한 존재자에 자신을 풀어놓아주는 일이 결코 발견되지 않는다. 그러나 그럼에도 분명 이렇게 '아무튼 그냥 지루해'라고 하는 가운데에서 '공허감'과 '공허 속에 버려져 있음'은 아주 또렷하고 단순하다. 그러나 그것이 어떠한 공허감이길래, 그러한 공허감의 자리에서 우리는 특정한 충족을 결코 드러내놓고 추구하지 않으며 그리고 우리의 고유한 자기 자신도 이러한 공허 속에 버려져 있음에서는 뒷전에 버려두지 않는가? 그것이 어떠한 공허감이길래, 그러한 허전함의 자리에서 우리는 특정한 존재자에 의해서 지루하게 되지도 않으며, 우리 자신이, 각기 그때마다의 이 특정한 인물로서는 지루해하지도 않는가? 우리가 각기 이러이러한 우리로서 우연한 상황 속의 특정한 바로 이 존재자로부터 아무것도 원하지 않는 바로 거기에 공허감이 있다. 그러나 우리가 바로 거기에서 아무것도 원하지 않는다는 사실은 이미 권태에 놓여 있다. 왜냐하면 이렇게 '아무튼 그냥 지루해'라고 함으로써 우리는 순전히 **일상적 인물 됨됨이**에서부터만 **떨쳐들어 올리어져** 그것에 멀고 낯설어지는 것이 아니라, 또한 아울러 동시에 그때그때의 특정한 상황 및 거기에서 우리를 둘러싸고 있는 **해당 존재자 너머로까지 들어올리어져버리기** 때문이다. 상황 전체, 그리고 이러이러한 개별 주체로서의 우리 자신은 이때 어떠하든 아무 상관이 없다. 정말이지 이러한 권태는 그러한 상황 전체와 우리 자신이 바로 우리에게 새삼스레 어떤 특별한 것으로서 가치 있게 통하도록 만드는 법이 없다. 오히려 이러한 권태는 **모든 것을 다 똑같이 가치가 많게 그리고 똑같이 가치가 적게 통하도**

록 만든다. 그 모든 것은 무엇이며 얼마만큼이나 똑같은가? 이러한 권태는, 우리가 이러이러한 특정한 상황 속에서 이런저런 존재자를 비로소, 그리고 우리 홀로 추구하는 일이 없는 바로 그런 자리에 우리를 도로 데려다놓는다. 이러한 권태는, 각자가 다 같이 어떠하든 상관없는 것으로 우리 각자에게 나타나는 그러한 자리에 우리를 도로 데려다놓는다.

그러나 그것은 먼저 개개의 사물들과 우리 자신을 우리가 쭉 훑어보고 나서 혹시 그러한 것들이 우리에게 여전히 어떤 것으로서 가치 있게 통용되는지 아닌지 하는 관점에서 그것들을 평가하는 식으로 일어나지는 않는다. 그것은 단적으로 불가능하다. 그것이 사실상 들어맞지 않는다는 점은 제쳐놓더라도, 그것은 이미 그 실행에서 그 자체로 불가능하다. **사물들과 우리 자신이 다 같이 띠고 있는 이러한 '어떠하든 상관없음'**은 평가들을 합산해본 결과가 아니다. 오히려 모든 것, 그리고 각자가 일격에 어떠하든 상관없는 것이 되어버린다. 즉 모든 것, 그리고 각자가 단번에 '어떠하든 상관없음' 속으로 한꺼번에 빠져버린다. 이러한 '어떠하든 상관없음'은 하나의 사물로부터 다른 사물로, 마치 이 다른 사물을 먹어치우려는 불길처럼, 이제 비로소 번져나가는 것이 아니다. 오히려 단번에 모든 것이 이러한 '어떠하든 상관없음'에 의해서 휘감아지며 그 속으로 붙잡혀든다. 존재자가 ─ 우리 식으로 표현해서 ─ 그 **전체**에서 어떠하든 상관없게 되어버리는데, 이러이러한 인물들로서의 우리 자신도 예외는 아니다. 우리는 더 이상 주체들로서, 그리고 어떠하든 상관없게 된 이런 존재자로부터는 따로 떼어진 주체들로서 이런 존재자 맞은편에 서 있는 것이 아니다. 오히려 우리는 전체에 걸친 존재자 한가운데에서, 다시 말해서 이러한 '어떠하든 상관없음' 전체에 걸친 존재자 한가운데에서 우리를 발견하고 있다. 그러나 존재자가 전체에 걸쳐 사라져버리고 있는 것은 아니고, 오히려 존재자는 전체에 걸쳐서 '어떠하든 상관없음' 가운데에서 **스스로를** 바로 그 자체로서 내보이고 있다. 따라서 여기에서는, 존재자를 **전체**에 걸쳐서 휘감고 있는 그 '어떠하든 상관없음' 가운데 공허감이 존립하는 셈이다.

이러한 공허감을 어떻게 좀더 가까이에서 파악해야 하는지, 그리고 그에 상응하게 '공허 속에 버려져 있음'이 어떻게 규정될 수 있는지를 묻기에 앞서 우리는 깊은 권태에 대해서 지금까지 해석한 것을 종합요약해보기로 한다. 우리는 세 번째 권태를 고찰하고 있다. 이 세 **번째** 권태가 우리를 권태의 본질 속으로 더욱 깊숙이 데려다주어야 한다. 그것도 원칙적으로 가능해야 하는 길 위에서, 즉 권태를 시간에서부터 구성해내는 길 위에서가 아니라, 오히려 지금까지 살펴본 권태의 형태들과 동일한 방식으로 그래야 한다. 밖에서 볼 적에 그것은 마치 권태 일반의 변화들을 긁어모아 그것들을 임의대로 늘어놓은 것처럼 보인다. 그러나 그럼에도 분명 우리는 이미 이러한 형태들의 한 연관을 가리켜 보이기 위한, 즉 이러한 형태들의 더욱 깊어짐을 가리켜 보이기 위한 특정한 징표 하나를 성과로서 얻어내었다. 이제 우리는 이를테면 전번과 동일한 방향으로 앞으로 나아가면서 권태의 세 번째 형태를 고찰하는 일을 시도할 것이다. 권태의 이 세 번째 형태를 우리는 '아무튼 그냥 지루해'라는 명명으로 확정한다. '아무튼', '그냥', 이러한 말로써 이미 다음과 같은 사실이 표현된 셈이다. 즉 여기 세 번째 경우에 특정한 지루한 어떤 것은 거기에 없다는 것, 그렇다고 해서 우리가 일상성 속에서 우리 자신을 익숙히 알고 있는 그대로 하나의 특정한 행동관계 속에서 우리 자신이 고려되고 있는 것도 아니라는 것, 오히려 잘 알려진 자명한 것이 정작 우리 자신에게서 떨어져 나가고 있다는 것, 즉 그러한 잘 알려진 개개의 것이 권태 자체에 의해서 이렇게 떨어져 나가고 있다는 것이다. 그로써 이러한 권태 속에서 우리는 가령, 하나의 특정한 개인적 자아로부터 하나의 보편적 자아 일반에로 우리를 보편화하기 위한 근거로서 일종의 추상화를 수행하는 것이 아니라는 점이 이미 말해진 셈이다. 만약 '아무튼 그냥 지루해'라는 형태를 띤 권태에 시간죽이기가 빠지고 없다는 사실에 우리가 유의한다면, 그 경우 그러한 형태를 띤 권태가 우리에게는 이미 더욱 바싹 다가와 있는 셈이다. 시간죽이기가 이렇게 빠지고 없음은 시간죽이기가 순전히 부재한다거나 시간죽이기를 우리가 잊고 있다는 것이 결코 아니다. 시간죽이기가 빠지고 없음은 오히려, 권태 속에서 우리가 시간죽이기를 도대체 더 이상 허용하지 않음으로써, 권태 자체로부터 발산되고 있다. 이 말은 우리가, 우리를 이 권태에 어떤 것으로서 내맡기고 있음을 말하는데, 이 어떤 것이란 우리 속에서 일종의 우세함을 받는 바로 그것이며, 우리가 이 우세함 속에서 권태 속에서는 설명할 길이 없거나 설명해 보려고조차 하지 않으면서 우리가 어떤 방식으로는 이미 이해하고 있는 바로 그것이다. 이에 따라 우리는 이러한 권태를 쫓아버리고자 시간죽이기를 하면서 그것을 거스르는 것도 아니고, 그것을 비켜가는 것도 아니다. 오히려 우리가 이러한 권태 속으로 독특하게 강요되고 있음을, 즉 그것이 우리에게 말해주려고 하는 바로 그것에 우리가 귀 기울이지 않을 수 없게 강요되고 있음을, 즉 독특한 진리 안으로, 즉 개개의 모든 기분 속에 놓여 있는 만큼 이 기분 속에도 놓여 있는 개방성 안으로 강요되고 있음을 우리는 경험하고 있다. 그러나 시간죽이기와 권태를 상호 연결하는 일이 개개의 모든 경우에 아무리 중요하다고 해도, 우리는 그러한 상호연결에서부터 권태의 세 번째 형태의 내적인 본질 속 안으로 파고들어가지는 않는다. 이것은 오직 '공허 속에 버려져 있음'과 '붙잡혀 있음'이라는 구조계기들을 고찰함으로써만 성사될 수 있다. 물론 탐구의 단초에서는 이러한 계기들이 아무런 구속력이 없이 그 계기들이 변화한다는 위험을 무릅쓰고 받아들여져야 한다. 여기에서 '공허 속에 버려져 있음'은 더 이상, 어떤 것에 바쁘게 파묻힘으로써 특정한 충족을 얻는 따위의 일이 부재한다는 것이 아니다. 그러한 바쁜 일은 아예 시도되지도 않는다. 공허 속에 버려져 있다는 것은 또한 고유한 자기 자신을 덜렁 내버려두는 바람에 이리한 덜렁 버려진 자기 자신의 맞은편에서 우리가 우리 자신을 그 어떤 것에다 풀어놓아 그 속으로 우리가 몰입하고 있다는 것도 아니다. 그러나 그럼에도 분명, 이런저런 존재자가 아닌 일체의 모든 존재자가 기이한 '어떠하든 상관없음' 가운데 서게 되는데, 일체의 모든 존재자가 하나씩 하나씩 차례대로 늘어서 있는 것이 아니라, 오히려 단 한 번에 서게 된다.

그러나 이렇게 어떠하든 상관없게 된 것에 우리 자신이 속해 있는 데에도 불구하고 우리는 여기에서도 여전히 '공허 속에 버려져 있음'에 관해서 말할 수 있는가? 만일 이러한 어떠하든 상관없게 된 것에 우리 자신이 함께 속해 있다면, 그 경우 혹시 우리가 충족되어 있는지 아니면 공허 속에 버려져 있는지 하는 것은 분명 어떠하든 상관없는 일일 것이다. 그럼에도 불구하고 '공허 속에 버려져 있음'은 언제나 오직, 충족에 대한 요구가 존립하는 바로 거기에서만 가능하지, 공허 속에 버려져 있다고 해서 공허감마저 어떠하든 상관없다는 것은 아니다. 그러나 만일 존재자가 그 전체에서 어떠하든 상관없는 가운데 서 있다고 한다면, 그 경우 어차피 일체의 모든 것은 더군다나 이러한 '공허 속에 버려져 있음'마저도 어떠하든 상관이 없다. 다시 말해서 불가능하다. 확실히 그렇다. 그리고 바로 그렇기 때문에 우리는 '아무튼 그냥 지루해'라고 말하기도 하는 것이다. 나로서의 나에게가 아니다. 그러나 분명 누구에게나, 그리고 이 특정한 현-존재로서의 누구에게나 아무튼 그냥 지루하다. 그러나 현존재의 이러한 규정성은, 우리가 너무나 익숙히 알고 있는 그런 자아성(Ichlichkeit)하고는 연관이 없다. 전체에 걸친 존재자의 '어떠하든 상관없음'이 현-존재에게, 그러나 현-존재 그 자체에게 개방되고 있다. 이 말은, 현존재가 이러한 권태를 통해서 자신이 전제에 걸친 존재자 앞에 세워져 있음을 발견한다는 것을 말한다. 다만 우리를 둘러싸고 있는 존재자가 이러한 권태 속에서는 그 어떤 행동의 가능성도, 그리고 그 어떤 방임의 가능성도 더 이상 내주지 않는 한에서 그렇다. 이러한 가능성과 관련하여 존재자가 자신을 그렇게 전체에서 거부하고 있다. 하나의 현존재에게 존재자가 자신을 그렇게 전체에서 거부하고 있고, 이러한 전체에 걸친 존재자 한가운데에서 현존재가 그 자체로서 존재자에 대해서 관계하고 있는데—존재자에 대해서, 즉 스스로를 지금 거부하는 존재자에 대해서 현존재가 그 자체로서 관계하고 있는데—만약 현존재가 현존재인 바로 그것으로서 존재해야 한다면, 현존재는 지금 전체에서 자신을 거부하고 있는 존재자에 대해서 그렇게 그 자체로서 관계하고 있지 않으면 안 된다. 현존재는 전체에서 자신을 거부하는 존재자에게 그렇게 넘겨져 있는 가운데에서 자신을 발견한다.

권태의 이 세 번째 형태의 경우에서 '공허 속에 버려져 있음'이란, 전체에서 자신을 거부하는 존재자에게 현존재가 넘겨져 있음이다. 이렇게 '아무튼 그냥 지루해'라고 하는 가운데 우리는 우리가—현존재로서—어떤 식으로도 전적으로 위험 속에 내버려져 있음을 발견한다. 우리는 이런 또는 저런 존재자에 의해서 정신을 빼앗긴 가운데에서 우리를 발견하는 것만은 아니며, 우리 자신으로부터 이런 또는 저런 견지에서 덜렁 버려진 것으로 우리를 발견하는 것만도 아니고, 오히려 우리는 전체 한가운데에서 우리를 발견한다. 현존재는 전체에서 자신을 거부하는 존재자 사이에 겨우 매달려 있을 뿐이다. 공허감은 꽉 채워진 것 사이에 뻥 뚫려 있는 하나의 구멍이 아니다. 오히려 공허감은 존재자 전체를 적중시키고 있는데 그럼에도 불구하고 그것은 아무것도 아닌 것이 아니다.

나. '붙잡혀 있음'이란 곧 현존재를 하나의 그 자체로서 근원적으로 가능하게 해주는 데에로 밀쳐져 있음임. 전체에서 자신을 거부하는 존재자의 폭과 현존재를 가능하게 해주는 그것의 유일한 '날끝', 이 둘의 통일성이 곧 '공허 속에 버려져 있음'과 '붙잡혀 있음'의 구조론적인 통일성임

그렇지만 그럼에도 분명, 이렇게 '아무튼 그냥 지루해'라고 하는 것은—그것이 아무리 짙게 피어오르더라도—절망의 성격을 띠지는 않는다. 전체에서 자신을 거부하는 존재자에게 넘겨져 있다는 이러한 '공허 속에 버려져 있음'만이 유일하게 현존재를 지배하는 것은 아니다. 즉 그러한 공허 속에 버려져 있음만이 유일하게 권태를 이루는 것은 아니라는 말이다. 오히려 그것은 그 자체에서 볼 적에 하나의 다른 것에, 즉 우리가 형식적으로 알고 있는 바로는, '**붙잡혀 있음**'에 **연결되어** 있는데, 이러한 '붙잡혀 있음'과 아울러서야 비로소 '공허 속에 버려져 있음'이 권태를 이룬다. 이러한 깊은 권태는 그것 자체가 다른 기분에로 건너뛰어 본질적으로 변화하지 않는 이상, 결코 절망에로 이끌지 않는다.

'공허 속에 버려져 있음'이 권태 속의 다른 구조계기에 상호 연결되어 있다는 것을 우리는 이제 볼 필요가 있다. 그러나 우리는 이러한 상호 연결되어 있음을 단순히 지금까지 이야기된 것을 밑바탕으로 하여 다시 또 전제해서는 안 된다. 오히려 우리는 '공허 속에 버려져 있음'과 '붙잡혀 있음'의 이러한 상호 연결되어 있음을 권태의 본질에서부터 그 자체로 새로이 볼 필요가 있다. 그러기에 우리는—마치 우리가 두 번째 구조계기에 관해서는 아무것도 모르고 있었다는 듯이—이렇게 물음을 던져야 한다. 권태의 이러한 세 번째 형태를 이루고 있는 특수한 계기는 도대체 그 자체로 볼 적에 어느 정도로 다른 계기와 상호 연결되어 있는가? 여기에서 권태와 이 권태의 '공허 속에 버려져 있음'은 '전체에서 자신을 거부하는 존재자에게 넘겨져 있음' 가운데 존립하고 있다. 존재자가 그 전체에서 하나의 현-존재에게 행위와 방임의 가능성들을 자신의 한가운데에서 거부한다는 말에는 무슨 뜻이 놓여 있는가? 모든 '**거부함**(Versagen)'은 그 자체에서 볼 적에는 일종의 '**말함**(Sagen)', 다시 말해서 '개방함(Offenbarmachen, 드러내 보임)'이다. 전체에서 자신을 거부하는 존재자가 이렇게 자신을 거부하는 가운데 무엇을 말하고 있는가? 무엇에 관해서 그것이 [안 된다고] 거부를 말하고 있는가? 현존재에게 아무튼 어떤 식으로든 몫으로 정해질 수 있고 정해져야 할 바로 그것에 관해서이다. 그런데 그것은 무엇인가? 다름 아닌 바로 현존재의 행동과 방임의 **가능성들**이다. 거부는 현존재의 이러한 가능성들에 관해서 말하는 것이다. 거부는 그러한 가능성들에 대해서 이야기한다거나 그러한 가능성들에 대해서 담판을 벌이는 것이 아니다. 오히려 거부가 저 가능성들을 거부함으로써, 거부는 거부하면서 **저 가능성들 쪽을 가리키며** 그렇게 그 가능성들을 알려 보인다. 따라서 존재자가 자신을 이렇게 전체에서 거부함으로써 현존재의 가능성들이 즉 현존재의 행동과 방임의 가능성들이, 막연하게나마 암시되고 있고, 매우 대략적으로나마 함께 말해지고 있다. 그래도 만일 우리가 '아무튼 그냥 지루하다'라는 것을 알고 있다면, 그러한 거부에는 우리를 움직이게 하는 그런 저 막연한 것이 상응하고 있는 셈이다. 존재자가 그 전체에서 어떠하든 상관없게 되어버렸다. 그러나 단지 그뿐이 아니다. 그와 아울러 현존재가 가질 수 있을 만한 가능성들이 또한 차츰차츰 밝아오기 시작한다. 그러나 정작 그러한 가능성들은 이렇게 '아무튼 그냥 지루해'라고 하는 가운데에서는 묵혀 있으며, 묵혀 있는 가능성들로서 그 가능성들은 우리를 저버리고 있다. 그러나저러나 어쨌든 우리는 다음과 같은 점을 보고 있다. 즉 거부함에는 다른 것으로 향할 것을 요구하는 가리킴이 놓여 있다는 것이다. 이러한 가리킴(Verweisung)은 **묵혀 있는 가능성들을 말해 알리기**(Ansagen)이다. 만일 권태의 이 세 번째 형태를 이루는 공허감이 이렇게 존재자가 그 전체에서 자신을 거부한다는 데에 존립한다면 그리고 이 점에 상응하여 '공허 속에 버려져 있음'이 '전체에서 자신을 거부하고 있는 존재자에게 넘겨져 있음'에 존립한다면, 그 경우 '공허 속에 버려져 있음'은 그럼에도 불구하고 거부함에 놓여 있는 가리킴을 밑바탕으로 하여 그 자체 내에서 다른 것과 하나의 구조화된 연관을 맺고 있는 셈이다. 지금까지 이야기된 그 모든 점으로 미루어 볼 적에, 우리는 여기에서 다음과 같은 점을 짐작해볼 수 있다. 즉 거부함 자체에 놓여 있는 이러한 말하기, 즉 **묵혀 있는 가능성들 쪽을 가리켜 보이기**는 결국 이 '공허 속에 버려져 있음'에 속한 '**붙잡혀 있음**'이라고 말이다.

그럼에도 불구하고 자신을 거부하고 있음에 놓여 있는 **말해 알리기**, 즉 현존재의 묵혀 있는 가능성들을 말해 알리는 일은 '붙잡혀 있음'과 무슨 관계가 있는가? 그러나 우리는 무엇보다도 먼저 다음과 같은 점을 상기해보자. 즉 지난번에 논의한 권태의 두 형태들을 각각 해석해낼 때마다 우리는 '붙잡혀 있음'이라는 구조계기에서 매번 하나의 특수한 **시간관련성**을 맞대했었다. 그뿐이 아니다. '붙잡혀 있음'이라는 바로 이 계기가 그때마다 권태의 시간차원적인 본질에 대해서 번득번득 눈뜨게 해주었다. 권태의 그 시간차원적인 본질이 권태의 첫 번째 형태에서는 '머무적거리는 시간흐름에 의해서 붙들려 세워져 있음'이었고, 두 번째 형태에서는 '멈춰 서 있는 시간에 의해서 데려다 세워져 있음'이었다. 그러나 지금 세 번째 형태에서는 어떠한가? 거부된 가능성들을 말해 알리는 일이 이 세 번째 형태를 이루는 특수한 '붙잡혀 있음'과 이미 관계가 있는 일이라고 해도, 여기 이 세 번째 형태에서는 시간에 관해서 아무것도 발견할 수가 없다. 그러면 어떻게 되어 도대체 권태의 이 세 번째 형태는 지난번에 표명한 시간관련성에 관해서는 아무것도 그 자체 내에 가지고 있는 것이 없는가? 시간의 머무적거림도, 우리가 우리에게 허용하고는 하는 특정한 시간을 보내대는 일도 이 세 번째 형태에서는 발견할 수가 없다. 사람들은 차라리 다음과 같이 말하려고 할 판이다. 즉 이렇게 '아무튼 그냥 지루해'라고 하는 자리에서는 누군가에게는 시간이 빠진 채로 있는 심정이며, 사람들은 자신이 시간의 흐름에서부터 끄집어 들어올리워져 있는 느낌이라고 말이다.

겉으로는 정말 그렇게 보인다. 그리고 시간으로부터 이렇게 멀리 떨어진 시각(時角)을 지금의 이 권태에서 아무튼 어떤 식으로든 지워 없애고 그것을 하나의 특정한 이론을 위해서 성급히 잘못 해석하는 일은 거꾸로 뒤집힌 일일 것이다. 그래도 우리는 지금까지 이야기한 것을 실제로 상기해야 하며, 그리고 이때 여태까지의 논의들이 담고 있던 뜻이 비로소 효력을 발휘해야만 한다.

우리는 다음과 같은 사실을 상기해보기로 한다. 즉 우리가 권태의 시간구조 속으로 밀고 들어가보려고 할 때마다 매번 우리는 시간을 지금이라는 점들의 흘러감이라고 보는 통속적 견해를 가지고서는 일을 성사시킬 수 없다는 것을 경험해야 했다. 그러나 이와 동시에, 우리가 권태의 본질에 더 가까이 가면 갈수록 권태는 더욱더 검질기게 시간 속에 뿌리내린다는 것 또한 귀결되어 나왔다. 이것은 권태가 오직 근원적인 시간성에서부터만 개념파악될 수 있다는 우리의 확신을 틀림없이 강화시켜주는 것이다. 우리가 권태의 본질 깊이 속으로 파고드는 예비작업을 시도하려는 지금 이 자리에서 도대체 시간에 관해서는 아무것도 내보여지고 있지 않다. 마치 우리가 권태의 본질 가까이에 와 있는 바람에 우리의 눈이 멀어버리기라도 한 듯이 말이다. 실제로 사정은 그러하다. 그리고 그러한 사정은 여기에서처럼 권태의 이러한 특정한 기분을 다루는 자리에서만 그러한 것이 아니다. 현존재에 관련된 개개의 모든 분야와 장내에서 본질 차원적인 것을 해석해보이는 그 모든 자리에서는 일체의 모든 지식과 특히 일체의 모든 문학적인 앎이 아무런 도움도 되지 못한다. 이전 사람들이 말해놓은 것들을 우리가 제아무리 열심히 긁어모은다고 해도, 이러한 수고는 만약 본질로 눈길을 던질 수 있는 단순성의 능력을 우리가 키우지 않는다면, 우리에게는 도움이 되지 않는다. 겉으로는 마치 아무것도 보고 파악할 것이 더 이상 없는 듯이 보이는 바로 거기에서 그렇다. 지금의 사정이 그러하다. 한편에서 보면, 깊은 권태의 성격에 어느 정도 얼핏 눈길이 던져지고 있으면서도 정작 시간과 시간의 구조에 관해서는 아무것도 내보여지고 있지 않다. 다른 한편에서 보면, 권태 그 자체의 시간적인 본질을 우리는 알려고 하고 있고 그래서 바로 권태의 이러한 시간성격이 힘차게 뛰어나오기를 고대하고 있다.

　이러한 사정에 즈음해서 우리에게 남겨진 일이 하나 있다면 그것은 다음과 같다. 즉 권태의 이 세 번째 형태에서도 그리고 바로 이 세 번째 형태에서야말로 시간차원적인 본질이 은닉되어 있다. 이러한 은닉된 시간차원적인 본질을 권태의 이 세 번째 형태에서는 아직 고려하지 말고, 그것에 대한 시초의 해석을 포기함이 없이, 그리고 그것을 지난번에 다룬 첫 번째와 두 번째 형태들에 피상적으로 상응시키느라 시간구조를 억지로 끌어들이지 말고, 시초의 해석을 그대로 계속 수행해나가는 것이다.

권태의 이 세 번째 형태를 이루는 '공허 속에 버려져 있음'을 우리는 '전체에서 자신을 거부하는 존재자에게 넘겨져 있음'이라고 파악했다. 이러한 거부함이란—그것은 우연적으로 그렇게 '거부'라고 파악된 것이 아니라 오히려 그 본질에 상응해서 그리 파악된 것이다—그 자체에서 볼 적에는 현존재의 묵혀 있는 가능성들을 말해 알리기인데, 거기에서 현존재는 전체에서 자신을 거부하고 있는 존재자에게 넘겨진 채 존재자 한가운데에 처해 있다. 거부된 가능성들을 그렇게 말해 알리는 일에는 다른 것 쪽을 가리켜 보이는, 즉 가능성들 그 자체 쪽을 가리켜 보이는, 즉 현존재의 가능성들로서의 묵혀 있는 가능성들 쪽을 가리켜 보이는 것과 같은 것이 놓여 있다. 이렇게 어떤 것을 말해 알리면서 가리켜 보임이 거부와 함께 같이 가고 있다. 그 점을 지금 좀더 가까이에서 규정해볼 필요가 있다. 왜냐하면 그 점을 그렇게 가까이에서 규정해보아야만 우리는 권태의 세 번째 형태를 이루는 특수한 '붙잡혀 있음'이, 그것도 그것이 '공허 속에 버려져 있음'과 맺는 연관에서 밝게 드러날 터이기 때문이다. 만일 이제 이렇게 현존재의 가능성들을 말해 알리면서 가리켜 보임이 거부와 연관된다면, 그 경우 '말해 알림'이라는 특수한 성격, 그러니까 우리가 찾고 있는 '붙잡혀 있음'의 특수한 성격은 '존재자가 전체에서 자신을 거부하고 있음'이라는 특수한 성격에 의해서 함께 규정되어 있는 셈이다. 이러한 '자신을 거부하고 있음'의 특색은 어디에 존립하는가?

아무튼 그냥 지루하다. 이런 또는 저런 존재자에 의해서 우리가 지루하게 되는 것이 아니다. 우리가 각기 그때마다 때때로 이 특정한 상황에서 우리 자신을 지루해하고 있는 것이 아니다. 오히려, 아무튼 그냥 누군가에게 지루하다. 특정한 상황 속에서 손쉽게 접근할 수 있는 이런 또는 저런 존재자가 우리에게 자신을 거부하고 있는 것이 아니다. 오히려 그 상황 속에서 우리를 곧바로 감싸 안고 있는 모든 존재자가 '어떠하든 상관없음' 속으로 물러나버리고 있다. 그러나 그것에 우연히 맞닥쳐져 그 속에 우리가 존재하고 있는 상황 속에서 우리를 곧바로 둘러싸고 있는 일체의 그런 모든 존재자만이 이렇게 '아무튼 그냥 지루해'가 피어오르는 바로 거기에서 물러나버리는 것이 아니다. 오히려 '아무튼 그냥 지루해'라는 것이 바로 그 상황을 폭발시켜 우리를 하나의 **온전한 폭** 안으로 데려다 세운다. 그것은 '아무튼 그냥 지루해'에 맞닥쳐진 현존재 그 자체에게 **전체에서** 각기 그때마다 개방되어 있고 각기 그때마다 개방되어왔고 각기 그때마다 개방될 수도 있는 바로 그것을 온전히 감싸 안고 있는 그런 폭이다. 이러한 전체에서 존재자가 자신을 거부한다. 그리고 다시 또 이러한 전체에서 존재자는 하나의 특정한 바라봄에서만, 우리가 하나의 특정한 것을 되돌아보는 경우에서만, 우리가 존재자를 가지고서 가령 일을 시작해보고자 특정한 것을 의도하는 [겨누어보는] 데에서만, 자신을 거부하고 있는 것이 아니다. 오히려 이러한 전체에서의 존재자는 앞서 언급한 저 **폭** 안에서 개개의 모든 **바라봄**에 따라, 그리고 개개의 모든 겨누어봄에서 그리고 개개의 모든 **되돌아봄**에게 자신을 거부한다. 그러한 식으로 전체에 걸친 존재자가 어떠하든 상관없게 되어버린다.

그러면 누구에게 존재자가 그렇게 전체에서 어떠하든 상관없게 되어버리는가? 나로서의 나, 이 특정한 의도를 가진 나 등 그러한 나에게가 아니다. 그러니까 이름 없는 그리고 규정 없는 그런 자아에게라는 말인가? 아니다. 그렇지만 그 이름, 그 지위 따위가 무의미해진, 더군다나 어떠하든 상관없음 속으로 함께 휩쓸려 들어가버리기까지 한, 그런 자기에게이다. 그 모든 것이 무의미해진 현존재의 그런 자기는 그렇다고 해서 자신이 규정성을 잃어버리는 것은 아니다. 오히려 거꾸로, 우리의 인격과 관련해서는 '아무튼 그냥 지루해'라고 하는 것으로써 시작되는 이런 독특한 빈곤화가 그 **자기**를 비로소 아무런 꾸밈없이 그대로 그 자신에게로 데려간다. 거기에 존재하고 있는 자기로서 그리고 자신의 현-존재[거기에-존재함]를 떠맡은 가운데에 있는 그런 자기로서 자기 자신에게로 데려가고 있다. 무엇을 위해서인가? 자기 자신으로 존재하기 위해서이다. '아무튼 그냥 지루하다'고 하는 것을 만약 우리가 알고 있다면, 나로서의 나에게가 아니라, 오히려 내 속의 현존재에게 존재자가 전체에서 자신을 거부하고 있는 셈이다.

전체에서 자신을 거부하고 있는 존재자에 의해서 현존재가 그 자체로서 얻어맞고 있다. 다시 말해서 현존재의 존재-가능 그 자체에 속한 바로 그것, 즉 현존재의 가능성을 그 자체로서 건드리는 바로 그것이 얻어맞고 있다. 그런데 하나의 가능성을 그 자체로서 건드리는 바로 그것은 곧, **가능성을 가능하게 해주는 그것**인데, 그것은 이러한 가능적인 것으로서의 가능성 자체에게 가능성을 부여하는 바로 그것이다. 이러한 가장 극단적인 것이자 일차적인 것, 즉 현존재의 모든 가능성들을 가능성들로서 가능하게 해주는 그것, 즉 현존재의 존재가능을, 현존재의 가능성들을 배태하는 바로 그것이, 전체에서 자신을 거부하고 있는 존재자에 의해서 얻어맞고 있다. 그런데 이 말은 다음을 일컫는다. 즉 전체에서 자신을 거부하고 있는 존재자는 나 자신의 임의적인 가능성들을 말해 알리고 있는 것이 아니며, 그러한 것에 대해서 보고하고 있는 것도 아니다. 오히려 이렇게 거부하는 가운데 말해 알림은 일종의 **불러냄(Anrufen)**이니, 즉 내 속의 현존재를 본래적으로 가능하게 해주는 그것이다. 자신을 거부함과 함께 같이 가면서 가능성들을 그 자체로서 이렇게 불러냄은 결코 현존재의 임의적이고 가변적인 가능성들을 막연하게 가리켜 보이는 것이 아니다. 오히려 불러냄이란, 현존재의 모든 본질차원적인 가능성들을 배태하고 이끄는, 즉 그런 가능성들을 가능하게 해주는 그것을 단적으로 또렷이 가리켜 보이기이다. 그렇지만 그런 가능성들을 가능하게 해주는 그것에 대해서 우리는 어떠한 내용도 가지고 있지 않은 것처럼 보인다. 그래서 우리는 그것이 무엇인지를 마치 눈앞의 사물들을 손가락으로 가리켜 그 사물들을 이러저러한 것으로서 규정하듯이 말할 수는 없는 노릇이다. 만일 '아무튼 그냥 지루해'라고 하는 이 기분을 그것의 전체적인 진동폭에 걸쳐 우리 속에 진동 치게 놓아줄 수 있는 능력을 우리가 도대체 가지고 있다면, 현존재를 본래적으로 가능하게 해주는 바로 그것이 띠는 이 기이한 무내용성을 우리는 방해해서는 안 된다. 또는 이렇게 '아무튼 그냥 지루해'에 속한 이러한 무내용성이 일으키는 동요를 치워 없애서는 안 된다. 현존재를 그의 가능성에서 가능하게 해주는 바로 그것을 말해 알리면서 가리켜 보임은 **이러한 근원적으로 가능하게 해주는 그것의 유일한 날끝에다** [우리를] **밀쳐대기**이다. 아무튼 그냥 지루하다. 그 한 가운데에 우리가 처해 있는 그런 전체에서 자신을 거부하고 있는 존재자의 온전한 폭에는, 그렇게 전체에서 개방되는 존재자 한 가운데에서 현존재를 근원적으로 가능하게 해주는 바로 그것에 붙잡혀 있음을 유일하게 날끝 세우는 일이 상응한다. 아무튼 그냥 지루하다. 전체에서 자신을 거부하는 존재자에 의해서 이렇게 위험 속에 던져짐에는 동시에 현존재를 그 자체로서 본래적으로 가능하게 해줌의 이런 극단적인 날끝이 속한다. 이로써 우리는 권태의 세 번째 형태를 이루는 특수한 '붙잡혀 있음'을 다음과 같이 규정지은 셈이다. 즉 **현존재를 하나의 그 자체로서 근원적으로 가능하게 해주는 데에로 밀쳐져 있음**이다.

전체에서 자신을 거부하고 있는 존재자의 이러한 온전한 **폭**, 그리고 현존재를 그 자체로서 가능하게 해주는 바로 그것의 유일한 **날끝**, 이 둘은 한꺼번에, 하나의 고유한 통일을 이루는 가운데, 현존재 안에서 작용하는 바로 그것으로서 개방되고 있는데, 현존재 안에서 작용하고 있는 바로 그것이 '아무튼 그냥 지루해'라고 말해질 수밖에 없는 경우에 그렇다. 현존재 자신을 근원적으로 가능하게 해줌의 근원적인 유일함에다가 현존재를 날끝 세우는 방식으로 존재자를 전체에서 감싸 안으며 한계에 이르기까지 폭을 넓히는 그것, 그것이 곧 지루하게 함이며 권태이다. 그것이 우리가 '아무튼 그냥 지루해'라고 말할 때 우리가 의미하는 것이다. 이렇게 날끝 세우면서 잡아둠과 함께 아울러 폭 안으로 끌어넣는 공허 속에 버려둠이 곧, 우리가 권태라고 이르는 그런 기분에 의한 기분 잡힘의 근원적인 방식이다.

제32절 깊은 권태의 시간성격

우리는 이제 권태의 세 번째 형태를 이루는 두 구조계기들을 끄집어내어 그것들을 그 구조론적 통일성에서 알아볼 수 있도록 해놓았다. 우리는 그러한 일을 시간에 관련짓지 않고서도 해낼 수 있었다. 머무적거리는 시간도, 그리고 우리 자신이 지루해하는 자리에서 우리가 우리에게 허용하는 멈춰 서 있는 시간도, 여기 세 번째 경우에서는 아무런 구실도 못 하고 있다. 이렇게 '아무튼 그냥 지루해'에는 무엇보다도 시계가 관여되지 않는다는 것이 아주 명백하다. 시계를 들여다보는 일이 여기에서는 일체의 의미를 잃어버리고 있다. 그리고 또 자신에게 시간을 낸다거나 전혀 시간을 가지고 있지 않다는 것도 여기에서는 아무런 뜻이 없다. 그러나 그럼에도 불구하고 이러한 권태 속에서 우리가 온갖 시계사용으로부터 그토록 멀리 떨어져 있고, 아무튼 그냥 지루한 바로 지금 우리가 혹시 시간을 가지고 있는지 아니면 시간을 가지고 있지 않는지가 그토록 어떠하든 상관이 없고, 어떠한 방식으로도 우리가 시간에 대해서는 그토록 관심이 없다고 해도, 그래도 우리는 시간에 아주 가까이 있으며, '아무튼 그냥 지루해'라고 하는 자리에서 우리는 시간의 본질 속 깊숙이에서 움직이고 있다. 당장 드러나고 있는 여러 이유에서 우리는 지금 권태의 이 세 번째 형태가 띠는 시간적 차원을 그저 암시하는 것으로 만족해야 한다. 물론 여기에서 요구되어 있는 것을 보면 다음과 같다. 즉 권태의 이 깊은 형태가 띠는 시간성격을 대면하기 위해서 온 힘을 전체 현상에 집중시키라는 것이다.

가. 하나이면서 동시에 세 겹으로 된 시간의 지평에 의해서 옭아매여 있음이 곧 '공허 속에 버려져 있음'의 시간성격임

존재자가 전체에서 자신을 거부하고 있다. 존재자가 전체에서 일종의 어떠하든 상관없음 속으로 물러나버린다. 모든 것이 다 똑같이 많게 그리고 똑같이 적게 여겨진다. 존재자가 우리에게서 빠져나가고 있다. 그러나 그럼에도 불구하고 존재자는 그것이 그것인 바로 그 존재자로서 남아 있다. 일체의 모든 존재자가 다 우리에게서부터 예외 없이 빠져나가고 있다. 각각의 모든 '바라봄(Hinsicht)'에서는 일체의 모든 존재자가, 우리가 무엇을 바라보고 있는지 그리고 또한 어떻게 우리가 그것을 바라보고 있는지와 관련해서 빠져나가고 있고, 각각의 모든 '되돌아봄(Rücksicht)'에서는 일체의 모든 존재자가, 우리가 무엇을 '있어온 것'으로서 그리고 '생겨나온 것'으로서 그리고 '지난 것'으로서 되돌아보고 있는지 그리고 어떻게 우리가 그런 것을 되돌아보고 있는지와 관련해서 빠져나가고 있으며, 일체의 모든 존재자가 각각의 모든 '겨누어봄(Absicht, 의도)'에서는 우리가 무엇을 '올 것'으로서 겨누어보고 있는지 그리고 어떻게 그것을 우리가 겨누어본 가운데 있는지와 관련해서 빠져나가고 있다. 일체의 모든 존재자가 다 빠져나간다. 한꺼번에 바라보고 되돌아보고 겨누어보는 가운데 존재자가 빠져나가고 있다. 바라봄, 되돌아봄 그리고 겨누어봄이라는 이 세 가지 '봄'들은 결코 순전히 지각한다거나 또는 아예 이론적으로 인지한다거나 또는 그 밖에 관조적으로 인지한다거나 하는 따위의 봄들은 아니고, 오히려 현존재의 모든 개개의 행동거지를 위한 봄들이다. 이렇게 '한꺼번에-전체'로 보는 가운데에서 현존재가 끊임없이 움직이는데—설령 그 가운데 어떤 봄은 가로막혀 있고 뿌옇게 덮여 있는가 하면, 어떤 봄은 일면적으로 선호되고 있다고 하더라도—이러한 세 가지 봄들의 '한꺼번'은 '마주즈음(현재, Gegenwart)', '있어옴(어제, Gewesenheit)' 그리고 '올제(미래, Zukunft)로 골고루 나뉘어 나아가고 있다. 이러한 세 가지 봄들은 결코 서로 옆에 나란히 있는 것들이 아니라, 오히려 시간 그 자체의 지평 안에 근원적으로 하나를 이루고 있고 하나로 포개어져 있다. 그것은 근원적으로 보면 **시간의 하나이자 통일적인 지평-일체**이다. 일체의 모든 존재자가 그것이 무엇인 바로 그것과 어떠하게 그것인 바로 그것에서 한꺼번에, 즉 우리가 말한 바로는, **전체에서**, 자신을 거부하고 있다. 이 '전체에서'라는 말은 이제 다음을 일컫는다. 즉 '**근원적으로 하나로 통합하는 시간의 한 지평 내에**'. 오직 존재자가 시간의 하나이면서 동시에 세 겹으로 된 지평에 의해서 감싸 안겨 있는 한에서만, 이러한 '전체에서'가 명백히 가능하다. 만약 존재자가 **전체에서** 자신을 거부할 수 있어야 한다면, 저러한 방식으로 온전히 열어 밝혀져 있는 시간 전체의 지평이 작용하고 있어야만 한다.

그러나 여기에서부터 명백해지는 것은 단지 이것뿐이다. 즉 시간은 결국 전체에 걸친 존재자의 개방성을 가능하게 해주는 데에 관여되어 있지, 전체에 걸친 존재자의 자기거부에는 관여되어 있지 않다. 그러한 방식으로 결국 시간은 존재자가 전체에서 개방되는 곳이면 어디에든 관여되어 있는 셈이다. 그러한 시간의 관여가 반드시 자기거부의 방식으로 일어나야 하는 것은 아니다. 시간지평을 가리켜 보임으로써 우리가 획득한 것이라고는 아무것도 없다. 달리 말해 시간지평을 가리켜 보이는 길 위에서는 세 번째 권태와 시간과의 본질 차원적인 관련성은 결코 내보여지지 않고, 기껏해야 오래 전부터 잘 알려진 하나의 자명성이 내보여지고 있을 뿐이다. 이 자명성에 따르면, 일체의 모든 존재자, 즉 지나간 존재자, 마주즈음한 존재자 그리고 올 존재자를 다 같이 한데에서 파악하기를 우리가 원하는 지금, 이를 위해서는 세 가지 방향 모두에 따른 시간의 지평이 필요하다.

하지만 그러한 경우를 아직 철학 내에서는 결코 귀여겨들어본 적이 없다. 그렇다고 해서 매끈한 자명성이 바로 문제의 심연적인 어려움을 뒤에다 감춰두고 있었던 것은 아니다. 지금의 이 어려움에는 **하나의** 문제만이 걸려 있는 것이 아니라, 오히려 문제의 한 전체적인 차원이 걸려 있다.

우리는 일단 다음과 같은 점을—설령 우리가 지금 그것을 이해하는 정도가 매우 거칠고 대략적이라고 해도—인정해두자. 즉 온전한 시간지평은 존재자가 전체에서 개방될 수 있는 가능조건이라고 말이다. 이때 존재자가 전체에서 어떻게 작용하는지, 혹시 그것이 자신을 거부하면서 작용하는지 아니면 다른 식으로 자신을 내주는지 하는 점은 오롯이 제쳐두기로 한다. 여기에서 '시간은 지평이다'라는 말은 무엇을 일컫는가? 사람들은 그 점을 비교적 쉽게 가리켜 보일 수는 있다. 그러나 그럼에도 불구하고 여기에서 지평이란 무엇을 일컫는지, 지평으로서 기능한다는 것이 어떻게 시간의 본질에서부터 가능한지를 말한다는 것은 어려운 일이다.

그러나 설령 이러한 물음들이 합당하게 제기되어 있고 정리작업되어 있다고 하더라도—이 말은 어떠한 방식으로도 적절한 언급이라고 볼 수 없다—우리는 우리의 문제의 끝에 와 있는 것이 아니라 오히려 우리의 문제를 이제 막 시작하려는 참에 있다. 왜냐하면 혹시 시간지평이 오직 전체에 걸친 존재자의 개방성에만 관여되어 있는 것인지, 아니면 시간지평은 존재자가 전체에서 자신을 거부할 수 있는 데에도 관여되어 있는 것인지 하는 점이 그로써는 아직 판가름 나지 않기 때문이다. 만약 후자의 경우라면, 그것은 다음을 일컫는 것이다. 즉 시간지평은 존재자가 전체에서 개방되는 개개의 모든 자리에 그때마다 관계하고 있는데, 일반적으로 그렇다기보다는 오히려 바로 특정한 양식의 관점에서 그렇다. 그런데 만약 그렇다면 그 말에는 다음과 같은 뜻이 놓여 있다. 즉 시간지평은 우리에게는 여전히 전혀 알려져 있지 않은 여러 가지 양식으로 영향을 미칠 수 있으며, 우리는 시간의 본질의 심연들을 그 일단도 알아채지 못하고 있다.

흡사 존재자를 전체에서 둘러싸고 있는 **시간**의 이러한 지평의 경우 사정은 어떠한가? '지난적', '마주즈음', '올제'! 그러한 것은 마치 존재자 주위에 빙 둘러서서 존재자를 위해서 놀이-공간을 만들어주는 그런 무대배경을 정돈해놓은 것과 같은가? 지평! 그것은 마치 그 내벽으로 내용물을 겨우 에워담고 에워싸는 일 말고는 그 내용물에 대해서 아무런 상관도 하지 않으며 그 내용물에 아무것도 보탤 수가 없고 보태려고도 하지 않는 그릇벽과 같은 것인가? 시간의 이러한 지평의 경우 사정은 어떠한가? **어떻게 시간이 하나의 지평을 가지게 되기에 이르는가?** 시간은 마치 그것에 덮어씌워진 하나의 단단한 껍데기에 부딪히듯이 지평에 부딪히는가? 아니면 지평이 시간 자체에 속해 있는가? 그런데 이렇게 시간 자체를 한계 짓는 그것(호리제인[όρίζειν])은 무엇을 위한 것인가? 어떻게, 그리고 무엇을 위해서 시간이 스스로 그러한 한계를 내주고 형성하는가? 그리고 만약 지평이 단단한 것이 아니라면, 지평은 변화를 겪는 가운데 무엇에 매달려 있는가? 이 물음들은 중심적인 물음들인데, 정말 그것은—우리가 쉽게 알 수 있듯이—시간 일반의 본질을 적중시키는 물음들이다. 그러나 그러한 시간 일반의 본질을 우리는 지금은 맨손으로 논의할 수가 없으며 또 그렇게 맨손으로 논의하기를 원하지도 않는다. 그럼에도 불구하고 지금 우리는, '존재자가 전체에서 자신을 거부함'과 세 번째 권태의 본질 가운데 그러한 거부함에 속한 바로 그 모든 것이 어느 정도로 시간과 연관되어 있는지, 권태의 이 세 번째 형태를 이루는 '공허 속에 버려져 있음'과 '붙잡혀 있음'은 어느 정도로 시간과 연관되어 있는지에 대해서 해명하지 않으면 안 된다. 이러한 해명의 과제로부터 우리는 벗어날 수가 없다. 즉 우리는, 특수한 '공허 속에 버려져 있음' 그 자체가, 그리고 그로써 그것에 속한 '붙잡혀 있음'마저도 시간의 본질에서부터 그리고 오직 시간의 본질에서부터만 가능하다는 사실과 그리고 어떻게 그러한 일이 가능한지를 제시해야만 한다.

아무튼 그냥 지루하다. 이 속에 '공허 속에 버려져 있음'이, 그리고 '전체에서 자신을 거부하고 있는 존재자에게 넘겨져 있음'이 있다. 그렇게 기분잡힌 가운데 현존재는 전체에서 존재자에게서부터 어떻게 해서도 아무것도 얻어낼 수가 없다. 존재자가 전체에서 빠져나가고 있기는 하지만 그렇다고 해서 현존재만이 혼자 버려져 있다는 식으로는 결코 아니다. 존재자가 전체에서 빠져나가고 있다. 이 말은 다음을 말한다. 즉 현존재가 비록 전체에서 존재자 한가운데 거기에 존재하고 있기는 하지만, 즉 현존재가 존재자를 자기 주위에, 자기 위에, 그리고 자기 속에 가지고 있기는 하지만, 현존재는 전체에 걸친 존재자의 이러한 빠져나감에 응할 수 없다. 현존재는 어찌해볼 수 없다. 기분이 그렇게 기분 잡히고 그래서 기분 잡힌 현존재는 전체에 걸친 존재자로부터 어떤 것도 어떤 관점에서든 더는 기대해서 볼 수가 없다. 왜냐하면 존재자에서 어떤 것도 더는 마음을 끌지 못하기 때문이다. 존재자가 전체에서 **빠져나가고** 있다. 그런데 이렇게 존재자에서 자신을 드러내어 알리고 있는 존재자의 이러한 **빠져나감**은 오직, 현존재 그 자체가 현-존재로서 옭아매인 채, 그것도 전체에 걸쳐 옭아매인 채 더 이상 존재자의 빠져나감을 동행할 수 없을 때만 가능하다. 그러니까 바로 이것, 즉 존재자를 전체에서 개방해두고 존재자를 그 자체로서 도대체 접근할 수 있게 해주는 바로 이것, 즉 시간지평 바로 이것이 동시에 자기에게다 현존재를 묶어두고 있고 현존재를 옭아매고 있음에 틀림없다. 아무튼 그냥 지루하다. 어디에서나 현존재는 이러한 기분 속에 있다. 그러나 그럼에도 불구하고 현존재는 어디에서도 이러한 기분 속에 있지 않을 수도 있다. 이러한 기분은 '옭아매어 있음(Gebanntsein)' 특유의 독특함을 띤다. '옭아매고 있는 그것'은 시간지평 말고 다른 아무것도 아니다. 시간이 현존재를 옭아매고 있다. 그러나 흐름과는 구별되어 멈춰 선 채로 남아 있는 시간으로서의 시간이 현존재를 옭아매고 있는 것이 아니라, 오히려 **그러한 흐름과 그 흐름의 멈춰 섬 저편의 시간**, 즉 각기 그때마다 현존재 자신이 전체에 걸쳐 존재하는 시간이 현존재를 옭아매고 있다. 이러한 전체적인 시간이 하나의 지평으로서 옭아매고 있다. 시간에 의해서 옭아매인 채 현존재는, 바로 이렇게 현존재를 옭아매고 있는 시간의 지평 안에서 전체에서 자신을 거부하고 있는 것으로서 자신을 드러내 알리는 존재자에 이를 수가 없다.

아무튼 그냥 지루하다. 시간의 지평에 옭아매인 채 그리고 그럼에도 불구하고 바로 지금의 존재자만을 잘 알고 신경 쓰는 일에, 그것도 그때마다 각기 이것저것을 잘 알고 신경 쓰는 일에 익숙해진 채 현존재는, 이러이러한 존재자가 전체에서 자신을 거부하는 데에도 불구하고, 그에게 이러한 옭아매는 힘을 '설명해줄' 수 있을 만한 것을 아무것도 발견하지 못하고 있다. 거기에서부터 이렇게 '아무튼 그냥 지루해'라고 하는 가운데 우리를 감싸 안고 있는 힘의 수수께끼 같은 차원과 은닉된 차원이 말미암고 있는 것이다. 왜냐하면 이러한 기분 속에서는 정말이지 우리는 권태에 대해서 그리고 권태 속에서 철학하고 있지 않은 것이 예사이기 때문이다. 다만 아무튼 그냥 지루할 뿐이다. 오히려 우리는 이러한 은닉된 옭아매는 힘에 그 힘을 그냥 허용해버리고 있다.

이렇게 해서 다음과 같은 점이 내보여진다. 즉 '공허 속에 버려져 있음'은 오직 시간지평 그 자체에 의해서 옭아매어져 있음으로서만 가능하다. 그렇게 현존재가 옭아매어진 가운데에서는 이렇게 옭아매어져 있는 현존재 때문에 존재자가 현존재에게서부터 빠져나갈 수 있고 자신을 현존재에게 거부할 수 있다. 전체에 걸쳐 자신을 거부하는 존재자 측으로부터 공허감이 피어오르고 있음은 옭아매여 있는 현존재 때문이다. 현존재의 이러한 옭아매어져 있음이 바로—그 점이 곧 이 기분의 독특한 의미인데—그러한 공허감에게 무제한적인 활동의 여지를 허용하고 있음에 틀림없다. 이러한 기분 속에서 현존재를 옭아매고 있는 그것은 특정한 시점이고 이 특정한 시점에 해당 권태가 피어오르고 있는 것이 아니다. 왜냐하면 이러한 특정한 '지금'은 일격에 가라앉고 있기 때문이다. 이에 대한 표식으로서 우리는, 우리가 시계 따위에는 도무지 관심을 두지 않는다는 것을 들 수가 있다. 그러나 마찬가지로 또한 현존재를 옭아매고 있는 그것은 일종의 더욱더 늘어진 '지금', 즉 가령 뻗친 시간이고 이 뻗친 시간 동안에 이 권태가 지속되는 것도 아니다. 권태는 아예 그러한 특정한 시점이니 뻗친 시간이니 하는 것 따위를 결코 필요로 하지 않는다. 권태는 마치 하나의 순간처럼 퍼뜩 우리를 붙잡아 챌 수가 있는데, 그러나 그럼에도 분명 바로 이러한 순간 바로 거기에 현존재의 전체적 시간의 온전한 폭이 있고 그러한 폭은 더군다나 '지난적'과 '올제'에 따라 특별히 분절되어 있거나 경계 지어져 있지 않다. 그러한 폭은 '마주즈음'만으로도 '지난적'만으로도 '올제'만으로도 이루어져 있는 것이 아니며, 그렇다고 해서 이러한 '마주즈음', '지난적', '올제'를 합산해놓은 것도 아니다. 그러한 폭은 오히려 '마주즈음', '지난적', '올적'의 분절되지 않은 통일을 이루고 있는데, 그러한 지평들로 한꺼번에 이루어져 있는 이러한 통일은 단순함을 띤다.

나. 옭아매는 시간에 의해서 순간에로 밀쳐져 있음이 곧 '붙잡혀 있음'의 시간성격임. '공허 속에 버려져 있음'과 '붙잡혀 있음'의 시간차원적인 통일성

아무튼 그냥 지루하다. 우리가 그렇게—그것도 임의적으로 하는 것이 아니라—힘겨운 노력과 번거로움을 감수하면서까지 명시적으로 설명해보려고 시도하는 바로 그것은 기분 속 바로 거기에 단적으로 단순하게 있다. 물론 사정은 다음과 같다. 즉 만약 이러한 권태가 피어올라야 하고 이 권태에 의해서 우리가 두루 조율될 수 있다면, 이 권태를 우리가 실제로 이해하고 있을 경우, 우리는 이 권태를 더욱 생생하게 진동 치게 할 수 있다. 그러나 말해진 것만 가지고서는 우리가 아직 그러한 권태를 이해하고 있다고 볼 수는 없는 노릇이며, 아직 전체를 이해한다고 볼 수가 없다. 왜냐하면 우리는 겨우 권태의 한 계기에 해당하는 시간적 치원, 즉 '공허 속에 버려져 있음'의 시간적 차원만을 가까이 데려와보았을 뿐이기 때문이다. 그러나 우리는 다음과 같은 사실을 알고 있다. 즉 이렇게 존재자가 전체에서 자신을 거부하는 데에는 일종의 강요가 놓여 있다는 것, 즉 현존재를 그 자체로서 가능하게 해주는 바로 그것의 날끝에로 현존재를 밀쳐댐이 놓여 있다는 것이다.

시간은 이러한 권태 속에서 현존재를 낚아채어 옭아매는 바로 그것이다. 시간이 현존재를 이렇게 옭아매어놓음으로써 시간은 전체에 걸친 존재자에게 그렇게 옭아매인 현존재에 대해서 자신을 거부할 가능성을 준다. 다시 말해서 이러한 존재자 한가운데에서 그리고 이러한 존재자와 관련해서 현존재가 행위하고 방임할 가능성들을 묵혀 있는 가능성들로서 현존재에게 이를테면 제안할 수 있는 가능성을 준다. 현존재를 옭아매고 있는 시간의 이러한 힘은 이렇듯 본디 거부하고 있는 그것이다. 그러나 지난번에 언급한 것에 따라서 다시 말해보면, 그것은 동시에 본디 거부되고 있는 그것을 함께 말하고 불러내고 있는 바로 그것이다. 다시 말해서 그것은 피할 수 없는 바로 그것인데, 만약 현존재가 그의 여러 가능성들에 비추어볼 적에 그가 무엇일 수 있는 바로 그것으로, 그리고 그가 어떠하게 존재할 수 있는 바로 그것으로 존재해야 하는 경우에 그렇다. 옭아매고 있는 그것이자 거부하고 있는 그것은, 말해 알리면서 자유로이 내주고 있는 그리고 현존재의 가능성을 그 밑바탕에서 가능하게 해주는 그것임에 또한 틀림없다. 현존재를 옭아매고 있는 그것은, 현존재를 본디 가능하게 해주는 그것을 동시에 거느리고 있다. 아니, 바로 이렇게 현존재를 **옭아매고 있는** 이런 **시간** 그 자체가 곧 현존재를 본질적으로 가능하게 해주는 날끝이다. 그러한 식으로 현존재를 옭아매고 있는 시간은 그렇게 권태 속에서 현존재를 옭아매고 있는 그것으로서 스스로를 드러내 알리고 있으며, 동시에 그 시간은 현존재를 본래적으로 가능하게 해주는 그것으로서 스스로를 말해 알리고 있다. 그런데 옭아매고 있는 그것 그 자체에 의해, 즉 시간에 의해서 바로 거부되고 있는 것으로서 말해 알려지면서도 정작 저 시간에 의해서 이를테면 보이지 않게 된 것으로서 제안되는 바로 그것, 즉 **가능적인 것으로서** 그리고 오직 가능적인 것으로서만, 즉 **자유로이 내주어질 수 있는 것으로서** 알도록 저 시간에 의해서 내주어지고 있고 저 시간에 의해서 말해 알려지면서 자유로이 내주어지고 있는 바로 그것은 바로 **현존재의 자유** 그 자체 말고는 다른 아무것도 아니다. 왜냐하면 현존재의 이러한 자유는 오직 현존재가 **자신을 해방하는**(Sichbefreien) 데에서만 존재하기 때문이다. 그런데 현존재가 자신을 해방하는 일은 각기 그때마다 오직 현존재가 자신을 **자기 자신에로 결단할** 때에만, 다시 말해서 현존재가 자신을 현-존재로서의 자기 자신에게 열어 밝힐 때에만 일어난다. 그렇지만 현존재가 존재자 한가운데에서 각기 이렇게 그 자신의 시간을 이 시간의 삼중적인 시야의 통일성에서 취하고 있는 그런 현존재로서 처해 있는 한, 현존재가 자신을 결단할 수 있는 경우란 오직, 현존재가 이러한 삼중적 시야를 하나의 날끝에로 한데에 모아들일 때, 즉 현존재가 지금 여기에서 이러한 본질적인 시야와 그 자신의 선택된 본질적인 가능성 안에서 자신을 행동에로 결단할 때뿐이다. 그러나 이렇게 현존재가 자기 자신에로 **자신을 결단함**, 다시 말해서 존재해야 할 과제로 자신에게 주어져 있는 바로 그러한 특정한 것으로 각기 그때마다 존재자 한가운데에서 존재해야 하는 데에로 현존재가 **자신을 결단함**, 바로 이렇게 자신을 결단함이라고 함은 곧 **순간**(Augenblick)이다. 왜 그런가? 현존재는 정말이지 다른 사물들 곁에 나란히 눈앞에 있는 것이 결코 아니다. 오히려 현존재는 온전한 시간지평의 개방성에 의해서 존재자 한가운데에 세워져 있다. 현존재는 각기 그때마다 이미 이러한 삼중적인 시야 안에 현존재로서 머물고 있다. 오직 이렇게 시간 안에 머무르는 것으로서만 현존재는 그다음에 그가 무엇일 수 있는 바로 그것으로 존재한다. 만약 현존재가 각기 그때마다 자신의 시간에 즈음해서, 다시 말해서 현존재가 이와 동시에 각기 그때마다 지금 여기에서 바로 그러하게 개방되는 이 존재자와 관련하여, **거기에** 존재하는 경우에, 다시 말해서 이 존재자의 개방성 안에서 현존재가 자신을 열어밝히는 경우에, 다시 말해서 현존재가 자신을 결단하는 경우에 그렇다. 오직 현존재가 자신을 자기 자신에로 결단하는 가운데에서만, 즉 순간에서만 현존재는 그를 본래적으로 가능하게 해주는 바로 그것을, 즉 순간으로서의 시간 자체를 사용한다고 볼 수 있다.

순간이란 곧 결단성의 눈길(der Blick der Entschlossenheit) 말고는 다른 아무 것도 아니며, 이러한 결단성에서 하나의 행동을 위한 온전한 상황이 열리고 열린 채 유지된다. 따라서 옭아매는 시간이 자신 안에 간직하고 있는 바로 그것 그리고 이렇게 자신 안에 간직하고 있으면서 동시에 자유로이 내주어질 수 있는 것으로서 말해 알리고 있고 가능성으로서 알도록 내주고 있는 바로 그것은 곧 옭아매는 시간 자체에 관한 어떤 것, 즉 옭아매는 시간 자체일 수 있는 그리고 옭아매는 시간일 수밖에 없는 그런 가능하게 해주는 그것, 즉 순간이다. 본래적으로 가능하게 해주는 그것의 날끝에로 현존재가 밀쳐져 있음은 곧 옭아매는 시간에 의해서 이 옭아매는 시간 자체 안으로, 즉 시간의 본래적인 본질 안으로, 다시 말해서 현존재의 본래적인 실존의 근본 가능성으로서의 순간에로, 현존재가 밀쳐져 있음이다.

아무튼 그냥 지루하다. 그러한 권태의 거기에서는 전체에서 옭아매고 있는 시간이 자기 자신을 마땅히 깨져야 할 바로 그것으로서 그리고 **순간**에서 유일하게 깨질 수 있는 바로 그것으로서 말해 알리고 있다. 이 순간의 거기에서 시간 자체는 현존재를 행동하도록 본래적으로 가능하게 해주는 그것으로서 작용한다. 이렇게 해서 우리는 비록 거칠게나마, 시간지평 그 자체의 이러한 옭아매는 힘과 그리고 이렇게 자신을 거부하는 가운데에서 함께 말해 알려지는 순간을 밑바탕으로 하여 권태의 세 번째 형태에서는 '공허 속에 버려져 있음'과 '붙잡혀 있음'의 바로 이러한 **통일성**이 철두철미 **시간의 본질**에 의해서 규정되어 있다는 사실을 보게 된다.

225 우리가 여기에서 '순간(Augenblick)'이라는 말로 지칭하는 바로 그것은 키르케고르(Søren Aabye Kierkegaard)가 맨 처음 철학에서 실제로 개념파악한 바로 그것이다. 그의 이러한 개념파악과 더불어 고대 이래로 철학의 아주 새로운 한 시대의 **가능성**이 시작된다. '가능성'이라고 나는 말하고 있다. 무슨 이유에서인지는 몰라도 어쨌든 키르케고르가 유행이 되어버린 오늘날, 이러한 키르케고르-문학, 그리고 그것에 의해서 둘러싸여 있는 그 모든 것

이 키르케고르 철학의 이러한 결정적인 점을 개념파악하는 데에는 전혀 아랑곳하지 않는 지경에까지 우리는 와 있다.

우리는 권태의 세 번째 형태의 시간성격을 끄집어내어 보려는 시도를 벌였다. 지금까지 언급한 그 모든 것에서부터 우리는 다음과 같은 점을 끄집어낼 수 있다. 즉 우리는 이러한 고찰과 더불어 하나의 한계에 부딪히고 있으며, 그리고 그러기에 그 고찰은 필연적으로 그 이전의 모든 고찰들에 비할 때 독특한 어려움을 띠고 있다. 이러한 어려움에 대한 이유로는 다음과 같은 이중적인 이유를 들 수가 있다. 첫째, 그 이유는 이러한 권태 자체의 본질에 놓여 있는데, 다만 이러한 권태가 그 시간성격을 일종의 강조된 의미에서 숨기는 한에서, 어쨌든 두 눈으로 보기에는 숨기는 한에서 그렇다. 둘째, 벌여놓은 제시의 작업을 끝까지 해내야 하는 어려움에 대한 이유는 우리가 물음을 제기하고 있는 양식에, 즉 우리가 시간의 본질에 대해서 미리 충분히 점검하지 않은 채 권태를 두루 거쳐 시간으로 이끌고 있는 우리의 길에 놓여 있다. 달리 말하면, 그 길을 앞서 비추어줄 수 있을 불빛을 가지지 못했는데 우리가 가고 있는 길이 곧장 어둠 속으로 이어지고 있다. 그럼에도 불구하고 우리는 단초의 내적인 필연성을 따르면서 하나의 한계에 부딪히기까지 그 길을 가보아야 한다.

우리는 이미 잘 알려진 구조계기들을 실마리로 삼아 이러한 '아무튼 그냥 지루해'와 관련해서 시간성격을 끄집어내보려고 시도했다. 그때 '공허 속에 버려져 있음'은 '존재자가 전체에서 자신을 거부하고 있음'과 관련되어 있다는 점이 결과로 얻어졌다. 존재자가 그 자체로서, 다시 말해 전체에서 어떤 방식으로든 개방되어 있을 때에만, 존재자는 전체에서 자신을 거부할 수 있다. 존재자가 전체에서 개방되어 있을 가능성은 시간지평 자체가 그것의 모든 차원들에 따라 스스로를 열고 있다는 데에 놓여 있다. 그러나 시간지평이라는 것은 가령 이러한 존재자를 전체에서 감싸 안고 있는 하나의 짐 상자에 지나지 않는 것이 아니다. 오히려 시간지평이 그 자체로서, 즉 현존재의 시간으로서 즉 현존재의 전체적인 시간으로서, 이 현존재를 옭아매고 있음으로써, 즉 '아무튼 그냥 지루해'라는 이러한 권태에 의해 현존재가 두루 조율되는 한에서 시간지평이 이 현존재를 옭아매고 있음으로써, 시간지평 자체는 존재자가 자신을 거부하는 데에 관여되어 있는 것이다. 시간지평이 현존재를 옭아매고 있고, 그래서 현존재는 그가 그 속에 어느 때나 처해 있는 그런 존재자 한가운데에서 더 이상 존재자를 쫓아다닐 수 없다. 더군다나 그는 그가 그 한가운데에 내세워져 있는 이러한 존재자 내부에서 구체적으로 자신을 자기 자신의 관점에서 숙고하기 위한 어떠한 가능성도 더 이상 보지도 못하며 추구하고 있지도 않다. 본디 거부하고 있는 그것은 존재자가 아니라 오히려 시간인데, 시간 자체는 이러한 존재자가 전체에서 개방되어 있도록 가능하게 만들어준다. 이렇게 본디 거부하고 있는 그것은 또한 동시에, 전체에 걸친 존재자 내부에서 그리고 전체에서 존재자 한가운데에서 그때마다 이 현존재로서 자신을 구체적으로 가능하게 해줄 가능성을 현존재에게 내주는 바로 그것으로서만 자기 자신을 함께 말해 알리고 있는 바로 그것이기도 하다. 이렇게 '아무튼 그냥 지루해'라고 하는 가운데에서 개방되고 있는 시간의 그러한 옭아매고 있는 힘은 오직 시간에 의해서만 깨질 수 있다. 시간의 옭아매고 있는 힘이 깨질 때에만, 존재자가 전체에서 자신을 더는 거부하지 않는다. 다시 말해서 그때에만, 존재자가 전체에서 자신의 고유한 가능성들을 내줘버리고 자기 자신을 그때그때의 현존재에게 장악될 수 있게 하며 이 현존재 자신에게 존재자 한가운데에서 그때마다 각기 하나의 특정한 관점에서, 그때마다 각기 하나의 특정한 가능성 안에서 실존할 가능성을 내준다. 시간의 옭아매고 있는 힘은 오직 시간 자체에 의해서만 깨질 수 있을 뿐이다. 즉 그것은 오직 시간의 고유한 본질 가운데 존재하는 바로 그것과 그리고 우리가 키르케고르를 본받아 순간이라고 부르는 바로 그것에 의해서만 깨질 수 있다. 순간이 곧 시간 자체의 한 고유한 가능성인 한에서, 순간은 시간의 옭아매고 있는 힘을 깨며, 그것을 깰 수 있다. 순간이라는 것은 가령 우리가 그것을 순전히 확인하는 것에 지나지 않는 그런 지금이라는 하나의 점이 아니라, 오히려 우리가 벌써 배워서 알고 있는 시야의 세 방향들인 '마주즈음', '올제', '지난적' 안에서 현존재가 쏘는 눈길이다. 순간은 나름의 고유한 양식을 띠는 하나의 눈길인데, 이러한 눈길을 우리는 현존재가 처해 있는 그때그때의 처지 속에서 행동을 하기 위한 결단성의 눈길이라고 부른다.

순간의 본질을 규정하고 순간이 시간성의 본질에, 즉 현존재 자신의 본질에 뿌리를 두고 있음을 규정하는 일을 나는 『존재와 시간』 제65절에서 시도해본 적이 있다. 만약 여러분이 그 저작 전체를 그 내적인 구성에서 자기 것으로 소화해내지 못한 가운데에 있다면, 당연히 여러분은 그 저작의 제65절의 단락들을 따로 유리된 것으로는 이해할 수 없을 것이다. 그렇지만 나는 그 단락들을 그 저작의 자리에서는 해결을 보지 못하고 오히려 이를테면 격리된 방 속에만 갇혀 있는 이러한 [순간이라는] 문제를 처리해내기 위한 별도의 발판으로서 지적하고 있다.

아무튼 그냥 지루하다. **시간지평의 폭 안으로 옭아매어져 있다는 것**, 그리고 그러면서도 가능적인 것으로서 밀치고 나설 때에만 그 자체로서 드러내 알려질 수 있는 그런 본디 가능하게 해주는 **그것으로서의 순간의 날끝에로 밀쳐져 있다는 것**, 그러한 일이 이러한 권태 속에서 일어나고 있다. 권태의 본질에 맞추어볼 적에 그러한 일은, 우리가 단지 이러한 옭아매고 있는 힘에만 맹목적으로 내맡겨져 있다는 식으로 일어나고 있지도 않으며, 우리가 순간을 장악할 수 있다는 식으로도 일어나고 있지 않다. 오히려 '옭아매고 있는 힘'과 '순간', 이 둘을 말해진 채로—즉 거부된 채로 그리고 동시에 말해 알려진 채로—우리가 받고 있다는 식으로 그 일은 일어나고 있다. '옭아매고 있는 힘'과 '순간', 이 둘은—그것은 두 개가 아니라 오히려 같은 하나이다—단일적으로 다음과 같은 **하나의 사실**이다. 즉 우리가, 즉 우리 속에서 현존재가 현존재의 시간성의 시간지평의 폭 안으로 진동

쳐나가고 있고 그래서 바로 그때 현존재는 본질적인 행동의 순간에로 진동 쳐들어올 수가 있다. 그러한 폭과 그러한 날끝 사이에서의 이러한 진동 침이 곧 기분 잡음이며, 기분으로서의 권태이다. 옭아매고 있는 시간지평의 폭은 그 자체로서는 인식되고 있지도 도대체 특별히 파악되고 있지도 않는데, 그러나 그럼에도 분명 그러한 폭은 이렇게 그 자체로는 알아볼 수 없게 남아 있는 이러한 옭아매고 있는 힘 가운데에서 개방되고 있다. 순간의 날끝은 그 자체로서는 선택되고 있지도, 고려되고 있지도, 그리고 의식되고 있지도 않다. 그러한 순간의 날끝이 우리에게는 본디 가능하게 해주는 그것으로서 개방되고 있다. 이러한 본디 가능하게 해주는 그것은 이때 이러한 것으로서는 오직 시간지평 안에 옭아매어져 있는 채로만 남아 있는데, 거기에서부터는 그것이 다음과 같은 것으로서 어렴풋이 예감된 채로 남아 있다. 즉 현존재의 고유한 본질 내에 어쩌면 현존재를 가장 내적으로 가능하게 해주는 것으로서 자유로이 내주어져 있을 **수도** 있는, 그리고 그런 것으로서 자유로이 내주어져 있어야 할 그러나 지금 현존재를 옭아매고 있는 힘 속에는 존재하고 있지 않은 바로 그러한 것으로서 말이다.

권태의 이러한 세 번째 형태가 띠는 시간성격은 우리가 열어 놓은 길 위에서는 이 정도까지 그리고 오직 이 정도까지만 해명될 수 있다. 그런데 그 말은 여기에서 이제 우리가 가고 있는 길의 한계가 드러나고 있음을 일컫는다. 그 길은 점점 더 어렵게 되어가고 있다. 왜냐하면 앞을 내다보는 눈길이 더욱더 어두워지고 있기 때문이다. 이때 '시간성격'이라는 말은 단지, 권태가 다름 아닌 시간에 의해서도 또한 규정되어 있다는 점만을 일컫는 것이 아니다. '시간성격'이라는 말은 오히려, 이러한 **권태의 온전한 구조가 시간 자체에 의해서 가능하게 되고 있다는** 것을 의미하고 있다. 시간 자체, 그것이 지금 우리에게는 더더욱 수수께끼가 되어버렸다. 우리가 시간의 지평에 대해서, 그것의 폭에 대해서, 그것의 지평적 기능―다름 아닌 옭아매는 힘으로서의 기능―에 대해서 사유하고 있고, 또 마침내 이러한 지평과 우리가 순간이라고 부르고 있는 바로 그것과 맺고 있는 연관에 대해서 사유하게 된다면 더욱 그렇다.

제33절 '권태'라는 낱말이 띠고 있는 본질적인 뜻: 깊은 권태 속에서 겨를이 길어지고 있음은 곧 시간지평의 폭이 넓혀져가고 있음이며 한순간의 날끝이 사라져버리고 있음임

그럼에도 이제 우리는 권태의 이러한 세 번째 형태에 대한 해석에서부터 권태라는 낱말에 하나의 본질적인 뜻을 내줄 수 있겠다. 권태(Langeweile)! 겨를(Weile)이 길어지고 있다(lang). 어떠한 겨를이 길어지고 있는가? 임의의 잠깐 동안이 길어지고 있는가? 아니다. 오히려 현존재가 그 자체로서 존재하는 동안의 겨를이, 즉 현존재 그 자체에게 어떠한 머무름이 허락되어 있는지를 재는 겨를이, 다시 말해서 현존재가 이러한 존재자 한가운데에서 이러한 존재자와 맞겨룸을 벌이고 그래서 자기 자신하고 맞겨룸을 벌이면서 존재해야 하는 동안의 바로 그런 겨를이 길어지고 있다. 이러한 전체적인 겨를이 곧 현존재이다. 그러나 그럼에도 분명 그것은 하나의 작은 겨를이다. 그러니 각각의 현존재는 다시 하나의 작은 겨를인 셈이다. 현존재의 이러한 겨를, 다시 말해서 현존재의 고유한 시간은 현존재에게는 우선 대개는, 이를테면 현존재가 단순히 써서 없애고는 하는 바로 그런 것으로서 또는 비록 비본래적인 방식으로 현존재가 의식하는 바로 그런 것으로서 은폐되어 있다. 만약 현존재가 그 자신이 마치 일개인의 장사꾼인 양 그렇게 이러한 겨를을 계산하고 그 겨를이 그렇게 계산되어 보여진다면 그렇다. '아무튼 그냥 지루하다'면, 현존재의 겨를은 권태 속에서, 그것도 특별히 맨 마지막에 언급한 그러한 권태 속에서도 길어지고 있는 셈이다. 이 말은, 현존재의 짧은 시간이 더욱 긴 시간으로서 나타나고 있다는 것을 일컫지 않는다. 인간의 현존재는 객관적으로 단시간 내에서도 본질적이 될 수 있는가 하면, 그가 70세가 되었거나 그 이상의 나이가 되었어도 본질적이지 않은 채로 남아 있을 수 있다. 지금 우리가 다루고 있는 시간의 경우에는 시계나 연대기의 시간이 중요한 것이 아니라, 오히려 **본래적인 시간이 길어지고 있느냐 짧아지고 있느냐**가 중요한 문제이다. 왜냐하면 한 현존재가 얼마나 지속적으로 길게 또는 짧게 존재하는가 하는 양적인 크기가 근본적으로 문제가 되는 것이 아니기 때문이다. '겨를이 길어지고 있다'는 말은 다음을 의미한다. 즉 머무름의 지평은 도대체 우선 대개 우리에게는 일종의 '마주즈음[현재]'의 지평으로서 내보여지며 그리고 또한 그 경우에 그러한 지평은 그저 지금의 것과 오늘날의 것 이상으로서 밖에는 내보여지지 않는데, 바로 그러한 머무름의 지평이 **현존재의 시간성의 전체적인 폭 안으로 넓혀져가고 있다**. 겨를이 이렇게 길어져감에 따라 현존재의 겨를이, 단적으로는 결코 규정될 수 없는 그것의 무규정성에서 개방되고 있다. 이 겨를은 현존재를 꼼짝 못하게 붙잡아두고 있다. 그런데 그렇게 해서 현존재는 그러한 넓은, 그리고 넓혀진 전체적인 폭 안에서 그러한 폭에 의해서 그리고 그러한 폭에 **옭아매어진 채**로 남아 있다는 사실 말고는 아무것도 파악하지 못하고 있다. 겨를이 길어져가고 있다는 것은 곧 **시간지평이 넓혀져가고 있다**는 것인데, 이렇게 시간지평이 넓혀져가고 있다고 해서 그것이 현존재를 해방시켜주고 있다거나 현존재에게서 부담을 덜어주고 있는 것은 아니다. 오히려 정반대로 그것은 이러한 넓혀진 폭으로써 현존재를 **안절부절못하게 짓누르고 있다**(bedrängen). 이렇게 넓혀진 시간의 폭 안에서 시간은 현존재를 안절부절못하게 짓누르고 있으며 그리고 이렇게 해서 시간은 현존재의 **짧음**을 가리키는 독특한 지시를 자체 내에 감싸 닫아버린다. 겨를의 길어짐은 곧 겨를의 **짧음이 사라져버림**이다. 그러나 짧음이라는 것이 길이에 맞추어 양적으로 그만큼 적은 지속으로 생각되고 있지 않다. 오히려 짧음의 **사라져버림**은 곧 행동과 실존함을 위한 각기 그때그때의 한 특정한 순간의 날카로움과 날끝이 사라져버림이다. 그런데 겨를이 길어지고 있는 가운데 짧음이 이렇게 사라져버린다고 해서, 즉 한순간의 날끝 세워져 있음이 사라져버린다고 해서, 곧바로 순간이 사라져가고 있는 것이 아니다. 오히려 여기에서는 단지 가능성만이, 즉 그것에 즈음해서 가능적인 것의 가능성이 곧바로 고조될 수 있는 그 가능성만이 사라져버리고 있을 뿐이다. 순간의 날끝이 사라져버리고 있는 가운데에서도 여전히 순간은 시간의 옭아매고 있는 힘 속에서 본디 거부되고 있는 것으로서, 즉 현존재의 실존을 가능하게 해주는 바로 그것의 본래적인 가능성으로서 밀어닥치고 있다. 이렇게 해서 다음과 같은 점이 내보여진다. 즉 어떻게 권태 속에서 이러한 폭과 짧음이, 즉 시간 안에 뿌리를 두고 있는 이 둘이, 그것들이 서로 독특한 연관을 맺고 있는 가운데 다시금 현존재의 시간성이 존재하는 특수한 양식에서부터, 아니 오히려 현존재의 시간성이 스스로 시간화하는 그런 특수한 양식에서부터 솟아 나오는지 말이다.

제34절 권태의 해석을 위한 날카로워진 지침으로서 그리고 오늘날의 우리 현존재를 사로잡고 있는 특정한 깊은 권태에 대한 물음을 위한 예비로서 깊은 권태에 대한 종합요약적인 '정의'

우리의 분석이 도달한 이 지점에서 우리는 지금까지 분석한 것 전체를 종합요약하여 이렇게 말할 수 있다. 즉 권태란 시간지평의 옭아매는 힘이다. 그러한 옭아매는 힘은 시간성에 속한 순간을 사라져버리게 하며 그로써 그렇게 순간을 시라저버리게 하는 가운데 옭아매고 있는 힘이 옭아매어 있는 현존재를 그의 실존의 본래적인 가능성으로서의 순간에 밀쳐대도록 한다. 이때 이 실존은 오직, 옭아매고 있는 힘의 지평 안에서 바로 전체에서 자신을 거부하는 전체에 걸친 존재자 한가운데에서만 가능하다.

'아무튼 그냥 지루해'의 이러한 내적인 구조를 사람들은 그렇게 형식상 하나의 정의로 표현해볼 수 있다. 그러나 설령 이러한 정의가 좀더 설득력 있는 해석에서부터 자라나온 것이라고 해도, 만약 이 정의가 **해석을 돕기 위한 하나의 날카로워진 지침**으로서가 아니라, 다시 말해서 물음과 더불어 한층 더 부담이 커진, 그런 해석지침으로서가 아니라면, 이 정의는 많은 것을 말해준다고는 볼 수 없다. 즉 자기도 모르게 자기 자신은 뒷전에다 내버려두고 해석된 현존재를 해석해야 할 기분 자체 속으로까지는 결코 직접 옮겨다놓지는 못한 채 다만 그러한 기분의 가장자리에까지만 데려다놓았을 뿐인 그런 해석을 돕기 위한 지침으로서가 아니라, 다만 어떤 것을 단정해서 말해야 하는 일종의 발언명제로서 받아들여지고 있다면 말이다. 우리가 해석하면서 매번 일면적으로 끄집어내보고는 했던 바로 그것—두 구조계기들과 그것들의 이음새—이 물론 지금 거짓으로서 입증되고 있는 것은 아니지만 그래도 지나치게 강조된 것으로서는 입증되고 있는 셈이다. 그것은 우리가 권태를 그 본질의 단일성에서부터 개념파악하는 경우에만, 즉 이 **음새의 잇대어 맞춤**에서부터 그 잇대어 맞추어진 것을 개념파악하는 경우에만, 우리가 올바로 이해하게 되는 바로 그런 것으로서 입증되고 있다. 우리는 기분을 말해진 것에서부터 합성하여 만들어내어서는 안 된다. 오히려 거꾸로 우리는 기분 잡혀 있는 가운데에서 이러한 기분 잡혀 있음에 그 온전한 투명성을 마련해주어야 하는데, 그렇게 기분 잡혀 있는 가운데에서 기분이 그 단일성에서부터 그리고 그 단일성 가운데에 잔류하면서 그 구조로 번져나가고 있다.

그런데 비록 우리가 권태에 대한 이러한 정의를 통례적인 의미의 정의로 허용하고자 하더라도, 이 정의는 일면적으로 권태의 세 번째 형태로부터만 따온 것이어서 그것이 권태의 모든 형태들에 다 들어맞기에는, 그리고 처음에 두루 이야기된 첫 번째 형태와 두 번째 형태에 대해서만이라도 우선적으로 들어맞기에는 결코 충분히 보편적이지 못하다는 것을 말해야 할 것이다. 겉으로 사정은 그렇게 보인다. 이 정의가 권태의 세 번째 형태를 본으로 삼고 있다는 것을 우리는 시인해야 한다. 그러나 이와 동시에 우리는 권태의 세 번째 형태가 권태의 한 임의적인 형태가 아니라, 오히려 첫 번째 형태와 두 번째 형태와 관련해서 볼 적에 더욱 깊은 형태, 다시 말해서 동시에 더욱 본질적인 형태라는 것을 상기해야 한다. 어떤 것의 **본질성(Wesentlichkeit)**을 성공적으로 파악하는 곳에서만 우리는 본질의 가까움에 이르게 된다. 그러나 이와는 반대로, 만약 가능한 한 가장 보편적이고 모든 형태들에 다 들어맞는 그런 본질을, 다시 말해서 가장 공허한 본질을 맨 먼저 그리고 유일한 본질로서 그리고 본래적인 본질로서 발견하려고 애쓴다면, 우리는 결코 본질의 가까움에 이르지 못한다. 만일 **철학이 곧 본질인식**이라고 한다면—그리고 철학이 올바로 이해된 의미에서의 그런 본질인식이라고 한다면—그 경우 철학의 가능성은 철학이 던지는 물음의 본질성에, 그리고 그러한 본질성을 향한 능력 속에 가장 먼저 그리고 가장 결정적으로 근거를 두고 있다고 볼 수 있다. 이 점은 결코 방법에 관련된 사태가 아니라 오히려 목숨걸기에 관련된, 그리고 **철학하는 실존의 목숨걸기 가능성***에 관련된 사태이다. 과연 철학이 본질적인지 아닌지 하는 이러한 물음에 대해서 결정을 내릴 수 있는 차원은 철학함 자체에 놓여 있다. 다시 말해 물음의 본질성, 그리고 그로써 본질차원적인 본질인식의 여러 전망들과 효력범위는 어떤 앞서 떠오른 하나의 방법론적인 영감에서도, 이전 철학의 뒤를 절름거리며 좇아가는 따위의 철학에서도 결정될 수 없으며, 오히려 오직 철학함 자체에서만 결정될 수 있을 뿐이다. 모든 본질적인 행동이—그것이 예술로서든 철학으로서든 또는 종교로서든—전체에 걸쳐 뻗고 있는 가장 밀접한 살붙이 관계에 상응해서 볼 적에 시인에게 해당하는 점, 즉 '시인은 그려낼 뿐 지껄이지는 않는다'는 점은 철학에도 적용된다.

그렇게 볼 적에 이미 우리는 여기에서도—어디에서나 그랬듯이—철학에 대해서 지나치게 많은 것을 다시 또 가볍게 이야기해버린 셈이다. 철학에 대해서 그렇게 말하는 가운데 우리는 결코 말을 충분히 아끼지 않으며,

결코 우리는 철학함 가운데에 충분히 행동하면서 존재하고 있지 않다. 철학함을 철학함 자체에서부터 경험할 때에만 우리는 철학의 본질에 친숙해진다. 그러나 철학적 문헌을 읽고 그것에 관해 비평한다고 해서 우리가 철학함을 경험하게 되는 것이 아니라, 오히려 철학함을 시도하기 위해서 온 힘을 기울일 때 우리는 철학함을 경험하게 된다. 이러한 시도는 한 사람의 철학자가 그 자신을 이해했던 것보다도 우리가 그 철학자를 더욱 잘 이해할 수 있는 자리로 우리를 데려가야 한다. 그러나 그 말은, 우리가 그 철학자를 견책하여 그가 어떠한 선행자들에게 의존하는지를 그에게 따져보인다는 것을 뜻하지는 않는다. 오히려 그 말은 그 철학자가 소유하고 있었던 것 그 이상의 것을 우리가 그에게 덤으로 줄 수 있음을 일컫는다. 철학자로서 다음과 같은 한 인간으로 존재하기 위해서, 즉 자기가 자기 자신을 이해하고 있는 것보다도 더욱 잘 이해되어야 한다는 것이 그의 본질에 속하는 한 인간으로 존재하기 위해서, 내적인 자유를 불러일으키지 않는 사람은 제아무리 박학다식하더라도 철학으로부터는 외면되어버린 사람이다. 철학은 오직 극복되기 위해서 거기에 존재한다. 그런데 철학이 극복될 수 있는 경우는 오직 철학이 비로소 서 있을 때일 뿐이며, 그리고 철학이 자신의 현존재를 통해서 불러일으키는 저항이 더 깊으면 깊을수록 철학은 더욱더 본질적으로 극복될 수 있다. 그러나 극복은 부정확함과 오류들을 증명한다는 의미의 반박을 통해서 일어나는 것이 아니다. 과연 우리가 철학적인 맞겨룸과 논쟁의 이러한 내적인 자유를 도로 획득하고 있는지, 이러한 내적인 자유가 도대체 어떠한 규모로 그때마다 각기 한 시대 안에서 현실화될 수 있는지 하는 점은 아무도 객관적으로 말할 수 없다. 그렇다고 해서 그러한 의문점을 개념파악하여 그것을 올바른 방식으로, 다시 말해서 언제나 간접적으로, 지적하고자 하는 노력이 면제되는 것은 아니다.

그런데 권태의 본질에 대한 해석의 한 상대적인 종착점에 와 있는 것처럼 보이는 지금 이 자리에서 왜 우리는 하필이면 그러한 점을, 다시 말해

철학적 물음의 현실성의 문제를 가리켜 보이고 있는가? 그것은 마치 우리가 지금 권태를 그 자체에서—이를테면 절대적으로—밝혀내 보이기라도 한 것 같은 가상을 물리치기 위함이다. 이와 동시에 긍정적으로는 다음과 같은 점을 앞서 가리켜 보이기 위함이다. 즉 권태의 세 번째 형태의 본질성을 특징짓는 일 자체가 일종의 지금까지는 밖으로 이야기되지 않은 철학적 **목숨걸기**에 달려 있으며, 우리는 그러한 철학적 목숨걸기로부터 달아나서는 안 된다. 그런 까닭에 우리는 이 해석을 우리가 지금 마음대로 처분할 수 있는 하나의 앎으로서, 즉 그것의 도움을 받아 권태란 무엇인가 하는 물음에 대해 어쩌면 다소 조리 있게 대답할 수 있을지도 모른다는 그러한 앎으로서 받아들여서는 안 된다. 오히려 이러한 기분에 대한 분석이 우리에게 우리 현존재의 한 **특정한** 권태에 대해서 물음을 던질 준비를 갖추어주기 위한 예비로서만 우리는 그 해석을 받아들여야 한다. 우리는 권태에 대하여 일종의 사변을 일삼기 시작해서는 안 되고, 오히려 권태에 대한 지금까지의 해석을 우리 현존재의 한 깊은 권태를 보기 위한 준비 또는 그 권태를—이러한 깊은 권태가 존재하는 한—거스르지 않기 위한 준비 안으로 이끌어와야 한다. 그렇기 때문에 우리는 우리가 서론 격의 강의에서 다른 관점에서 언급했던 철학함의 성격을 이와 같이 상기해볼 필요가 있었던 것이다.

우리가 권태의 본질에 대한 정의를 권태의 본질적인 형태에 방향 잡고 있다는 사실은 결코 이러한 정의를 좁히고 있는 것이 아니라 오히려 거꾸로 바로 권태의 이러한 변형들의 참다운 연관을 개념파악할 수 있는 가능성을 마련해주고 있다. 변형, 그것은 결코 허공에 붕 뜬 채 형태들을 임의대로 바꾼다는 것이 아니다. 오히려 변형은 현존재의 일어남(Geschehen des Daseins)에 결부되어 있다. 현존재의 일어남 속에서는 권태가 각기 그때마다 이렇게 저렇게 피어오르고 그러다가 권태는 표면에 달라붙거나 아니면 깊이 속으로 도로 숨어 들어간다. 그러니까 우리는 마치 권태의 세 번째 형태가 일반적인 생김새이고 첫 번째와 두 번째 형태는 이 일반적인 세 번째 형태의 두 가지 특수한 경우들이기라도 되는 양 그렇게 저 획득된 정의를 두 번째 또는 첫 번째 형태에 단순히 적용시킬 수는 없다. 따라서 만약 그렇게 세 번째 형태를 부당하게 첫 번째와 두 번째 형태에다 적용하려는 시도가 허탕을 친다고 해도, 이 점으로부터 우리는 '그러므로 세 번째 형태에 대한 정의는 틀리다'라고 추론해서는 안 된다. 그러나 세 가지로 거론된 형태들을 그렇게 피상적으로 결합시키는 일을 우리가 피한다고 해서, 세 번째 형태로부터 획득한 저 정의를 도대체 어떤 연관 안으로 데려오는 일이 그리 쉽지는 않다.

그렇지만 권태의 세 가지 형태들이 서로 맺고 있는 근원적인 본질연관을 우리가 우선은 볼 수 없다는 주요 장애는 일종의 **선입견(Vorurteil)**이다. 그런데 이러한 선입견은 저 세 가지 형태들에 대해서 지금까지 우리가 나름대로 논의해온 것들을 거치면서 자명하게 되어가고 있고 끊임없이 강화되어가고 있다. 이러한 선입견을 찾아내어볼 필요가 있다.

권태에 대한 해석에서 우리는 우리가 이미 말했듯이, 표면적인 권태를, 즉 '어떤 것에 의해서 지루하게 됨'을 출발점으로 삼았다. 이러한 표면적인 권태로부터 우리는 점점 더 깊은 권태로 소급해 올라갈 수 있었다. '더욱 깊어져감'이 여러 상이한 계기들에 따라 특징지어졌다. 그 모든 점들을 거치면서 이러한 길 위에서 더욱 깊은 권태가 실제로 전개되고 있구나 하는 인상이 생겨나왔다. 마치 첫 번째 형태가 두 번째 형태의 원인이 되며 그리고 두 번째 형태는 세 번째 형태로 넘어가고 그래서 세 번째 형태는 결국 첫 번째 형태에서부터 생겨나온 셈이라도 되는 듯한 인상 말이다. 그러나 정작 이러한 인상은 잘못된 것이다. 권태의 첫 번째 형태가 바로 다른 형태들을, 특히 세 번째 형태를 뒤에다 붙들어두고 밑바닥에 억눌러두는 만큼, 이 첫 번째 형태는 어쩌다 그것이 두 번째 형태를 거쳐가는 가운데에 있다고 하더라도, 세 번째 형태로 넘어가는 법은 거의 없다. 권태의 첫 번째 형태와 이 첫 번째 형태에 딸린 독특한 시간죽이기를 특색 짓는 들먹거림은 가령 이 첫 번째 권태에 순전히 심적으로 곁들여져 나타나기만 하는 하나의 부수현상이 아니라, 오히려 권태의 본질에 속한다. 이 말에는 다음과 같은 뜻이 들어 있다. 즉 어떤 것에 의해서 그렇게 지루하게 되는 가운데에서는 지루해진 사람은—그게 명시적으로는 무엇인지 그는 모르지만—저 '아무튼 그냥 지루해'라는 데에서부터 피해나가고 싶어한다. 다시 말해—지금 우리가 그 점을 좀더 뚜렷하게 보듯이—그 사람은, 앞에서 우리가 특징지어 보았던 세 번째 권태의 그 형태에서, 다시 말해서 '폭'과 '날끝 세움'에서, 현존재가 그 사람 자신 속에서 개방되고 진동 치기에 이를 수 있는 그 가능성으로부터 자기 자신을 빼내고 싶어한다. 다르게 이야기해서, 권태의 첫 번째 형태에서는 바로 저 이해되어 있지 않은 깊은 권태의 가능성이 아직 그 자체로서는 인식되지 않은 채로 남아 어렴풋이 내비쳐 보여지고 있다는 것이다. 권태의 첫 번째 형태가 비록 그 자체로서는 결코 세 번째 형태로 넘어갈 수 있는 것은 아니라고 하더라도, 그래도 거꾸로 뒤집어서 볼 경우 첫 번째 형태는 그 자체가 여전히 세 번째 형태의 가능성 속에 뿌리를 두고 있으며, 이 세 번째 형태의 가능성의 견지에서 볼 적에 저 첫 번째 형태는 무릇 권태의 세 번째 형태에서부터 온다고 볼 수 있다. 첫 번째 형태는 권태가 두 번째 형태와 세 번째 형태로 전개되기 위한 원인도 아니며 동기와 출발점도 아니다. 오히려 거꾸로, 세 번째 형태가 곧 첫 번째 형태의 가능조건이며 그리고 그로써 또한 두 번째 형태의 가능조건이기도 하다. 오직 현존재의 밑바탕에서 이러한 지속적인 가능성—'아무튼 그냥 지루해'—이 숨어서 기다리고 있기 때문에만, 인간은 그 자신이 지루해할 수 있거나 사물들에 의해서 그리고 그를 둘러싸고 있는 사람들에 의해서 지루하게 될 수가 있는 것이다. 오직 현존재의 이러한 깊이에서부터 권태의 각각의 형태가 피어오르기 때문에만, 우리가 그 깊이를 우선은 잘 알지 못하는 것이며 그리고 더더군다나 그 깊이에 주의를 기울이지 못하는 것이고, 그러기 때문에 겉으로 보기에는 권태가 도대체 어떠한 유래도 가지지 않는 것처럼 보이는 것이다. 그러한 까닭에 권태의 형태들은 그 자체가 유동적이라고 볼 수 있다. 즉 거기에서부터 권태가 피어오르는 그 깊이에 따라, 좀 더 정확히 말해, 인간이 자신의 고유한 현존재에게 인정해주는 그런 깊이에 따라, 그때마다 각기 다양한 중간 형태들이 있다. 그렇기 때문에 권태의 두 번째 형태는 하나의 독특한 **중간자리**를 차지하는 셈이다. '어떤 것 곁에서 지루해함'은 일종의 '어떤 것에 의해서 지루하게 됨'으로 될 수도 있고 일종의 '아무튼 그냥 지루해'로 될 수도 있다. 그러나 이 말은, 권태의 두 번째 형태 그 자체가 다른 형태들을 자아낸다는 것을 결코 말하지는 않는다. 만일 이 두 번째 형태가 다른 두 형태들 가운데 한 형태에로 마치 넘어가고 있는 것처럼 보인다면, 그것은 그저 겉으로만 그렇게 보일 뿐이다. 진실로 그리고 근본적으로 볼 적에 그 경우에는—인간이 분주히 휘몰아대고는 하는 그런 활동의 표면과 공간에 인간의 실존을 옮겨다가 앉히느냐 아니면 현존재 그 자체의 차원, 즉 본래적 실존함의 차원에 인간의 실존을 옮겨다가 앉히느냐에 따라—그때마다 인간의 실존을 상응하게 옮겨다가 앉히는 일이 지레 일어나고 있다. 이러한 세 가지 형태들이 그 근원과 맺고 있는 더욱 상세한 관계는 우리의 이 맥락 내에서는 논의할 수가 없으며, 이 과제는 본 강의의 소관사도 아니다.

지금까지 우리는 권태를 여러 상이한 형태들에서 살펴보았다. 심지어 우리는 깊은 권태와 그것의 형태까지도 다루어보기는 했지만, 정작 결정적인 점에 관해서는, 즉 우리 **현존재를 지금** 그리고 **오늘날 규정**하고 있을지도 **모르는** 그러한 권태에 관해서는 전혀 다루지 못했다. 지금까지 우리가 행한 그 모든 작업은 겨우 이를테면 지하통로를 파헤쳐 여는 일에 지나지 않았을 뿐이다. 그런데 우리 현존재 속 안에서 오늘날 무슨 일이 일어나고 있는가 하는 것을 보기 위해서는, 그리고 이 의미를 우리 **현존재의 근본의미**로서 개념파악하기 위해서는—가령 일종의 인간학 또는 문화철학을 의도해서가 아니라, 오히려 철학함의 본래적인 물음을 우리에게 파헤쳐 열어주는 바로 그러한 것으로서 그 의미를 개념파악하기 위해서는—우리는 이렇게 파헤쳐 열린 지하통로 속으로 들어가보아야 한다. 그러므로 바로 그다음의 물음은 다음과 같은 과제에 걸려 있다. 즉 권태의 본질에 대한 잠정적인 설명으로부터 걸음을 떼어, 우리 현존재의 깊은 권태가 근본기분으로서 나타날 가능성을 독특한 양식으로 제시하는 데에로 걸음을 내딛어야 한다.

제35절 하나의 특정한 방식으로 시간화하고 있는 시간성이 곧, 권태에서 본디 지루하게 하고 있는 그것임

그러나 이제는 권태의 근원, 그리고 권태의 여러 상이한 형태들이 그 근원과 맺는 관계가 이러한 기분에 대한 일상적인 이해에는 완전히 숨겨진 채로 남아 있고 또 그렇게 숨겨진 채로 남아 있을 수밖에 없는 까닭에, 본디 지루하게 하는 바로 그것, 즉 **근원적으로 지루한** 바로 그것에 대한 불확실성이 일상적 의식 내에서도 만연하고 있다. 우선 겉으로 보기에는, 지루한 사물과 사람들 따위가 곧 지루하게 하는 그것인 것처럼 보인다. 이 기이한 겉보임새를 치워 없애려는 것은 거꾸로 뒤바뀐 일이며 동시에 아무런 성과도 없을 것이다. 권태의 두 번째 형태에서는 지루하게 하는 그것이 멈춰 서 있는 시간으로서 내보여지고 있다. 거기에서 지루하게 하는 그것은 이미 더 이상 주위의 사물들이 아니며, 그렇다고 '나'라는 인물도 아니다. 지루하게 하는 것은 시간이다. 시간이 곧 특수하게 공허 속에 버려두는 그것이며 잡아두는 그것이다. 물론 그것은 우리가 우리에게 허용한 그 시간이다. 즉 시간은 아직, 우리가 그것을 일상적으로 잘 알고 있다고 믿는 바로 그대로의 형태에 고착되어 있다. 그것은 우리가 계산하는 시간이다. 그러나 지금 권태의 세 번째 형태에서 우리를 옭아매는 방식으로 공허 속에 버려두고 있는 그것은 곧 현존재의 시간 그 자체이며, 그리고 우리를 잡아두면서-밀쳐대는 그것은 곧 이러한 현존재의 시간 그 자체를 그 가능성에서 본 그런 순간으로서의 시간이다. 현존재 자신의 시간성이란, 이 시간성에 본질적으로 고유한 바로 그것과 관련해서 볼 적에, 그것도 현존재를 도대체 가능하게 해줌이라는 의미에서 볼 적에, 그것은 곧 **지평과 순간**이다. 깊은 권태 속에서 **지루하게 하는 그것**, 그러니까—전번에 말한 것에 따르자면—유일하게 그리고 본디 지루하게 하는 그것은 곧 하나의 특정한 방식으로 시간화하는 **시간성**(die Zeitlichkeit in einer bestimmten Weise ihrer Zeitigung)이다.

지루한 것은 존재하는 사물들 그 자체—그것이 개별 사물들이건 아니면 서로 연관되는 사물들이건 간에—도 아니고 확인 가능한 그리고 눈앞에서 발견 가능한 그런 인물로서의 존재하는 인간들도 아닌, 즉 객체들도 아니고 주체들도 아닌, 오히려 **시간성 그 자체**이다. 그러나 이러한 시간성은 '객체들'과 '주체들' 옆에 나란히 서 있지 않다. 오히려 그것은 주체들의 주체성의 가능근거를 이루며, 그것도 다음과 같은 식으로 그렇다. 즉 **주체들의 본질**은 바로, **현존재를 가지고 있어야 함**에, 다시 말해서 애초부터 이미 항상 존재자를 전체에서 감싸 안고 있어야 함에 존립한다. 사물들과 인물들이 시간성에 의해서 감싸 안아져 있고 시간성에 의해서 침투되어 있기 때문에, 그러나 시간성은 그 자체에서 볼 적에는 곧 본디 그리고 유일하게 지루하게 하는 그것이기 때문에, 마치 사물들이 지루한 것처럼 보이고 마치 인물 그 자체가 곧 지루해하고 있는 것처럼 보이는 그런 합당한 겉모양이 고개를 들 수 있는 것이다.

어떻게 이러한 겉모양이 일어나게 되는지, 왜 그것이 필연적이며 그리고 정당한지, 어느 정도로 그렇게 사물들과 인물들이 권태를 야기시킬 수 있고 권태를 불러일으킬 수 있는지 하는 그 모든 의문점은, 권태라는 한 근본기분을 통해 우리에게 형이상학적 근본물음으로서 자라나와야 할 중심 물음들 가운데에 우리가 서 있을 때에 비로소 투명하게 드러내 보일 수 있다.

제36절 권태에 대한 통속적인 평가 및 이 평가가 깊은 권태를 억누르고 있음

권태의 본질과 그 근원이 일상적인 이해에 전혀 알려지지 않은 채 남아 있고 또 그렇게 남아 있을 수밖에 없기 때문에 권태에 대한 통속적인 평가가 238 나돌고 있다. 통속적인 의미에서 볼 적에 권태는 방해 놓는 것이며 불쾌한 것이고 견디기 어려운 것이다. 그러한 모든 것들은 통속적인 이해에 이미 별로 값어치가 없는 것으로, 존중할 것이 못 되는 것으로 배척될 수도 있다. 지루하게 됨은 표면성과 피상성의 한 표식이다. 자신의 삶에 올바른 과제를 세우고 내용을 부여하는 그런 사람은 권태 따위를 두려워할 필요가 없으며 권태로부터 안전하다.

그럼에도 불구하고 사람들은 무엇이 이러한 도덕에서 더 대단한 것인지를—허위적인 자신감 또는 진부함—모르고 있다. 그러나 이 모든 것, 즉 통속적 지성이 권태에 대해서 그런 식으로 판단을 내린다는 사실은 우연이 아니라 오히려 그 나름의 이유를 가진다. 권태를 오해하는 결정적인 이유 중 하나는 통속적 지성이 권태를 하나의 특별한 기분으로 오인하는 데에 있고 이것은 다시 또 현존재에 대한 하나의 그럴싸한 자명한 절대적 견해로 소급되고 있다. 그러나 그보다는 오히려 기분 일반의 본질을 통속적 지성이 오인하고 있다는 데에 그 결정적인 이유가 있다. 기분들, 그것은 우리 마음속에 쾌감 또는 불쾌감을 불러일으키는 바로 그것이며, 그것에 대해서 우리가 적절히 반응을 보이는 바로 그런 것이다. 권태라는 것은 어쨌든 분명 치워 없애야 할 상태로서 간주되는 대단히 불쾌한 것이다.

이때 우리가 오인하고 있는 것은 다음과 같은 두 가지 사실이다. 1. 기분이 그 자체에서 개방된다는 것, 즉 현존재 자신이 그가 어떻게 존재하고 있는지, 어떻게 자기 자신 곁에 그리고 사물들 곁에 처해 있는지가 개방된다. 2. 대개는 현존재의 자유로부터 벗어나 있는 기분이 현존재의 본질의 밑바탕에서부터 피어오를 때에만 기분은 그 자체에서 개방될 수 있다.

그러나 만일 권태와 같은 그런 것이 통속적인 의미로 이해되고 있다면, 그것은 바로 이러한 이해의 지배가 만연되어 있다는 것을 말한다. 이러한 지배의 만연이 깊은 권태를 억누르고 있으며 그리고 그것은, 표면적인 현존재의 분주한 활동의 장 내에서 사람들이 권태를 내리 덮치기 위해서 그곳에서 권태를 보려고 하는 바로 거기에 권태를 묶어두도록 끊임없이 기여하고 있다. 거기에서 다음과 같은 점이 내보여진다. 즉 느낌이나 그 비슷한 것에 대한 견해라는 것은 우리가 생각하듯이 아무런 해가 없는 것이 아니라, 오히려 그 견해는 자신의 가능성을 그리고 자신의 효력범위를, 그리고 자신의 깊이를 본질적으로 함께 결정짓는다.

제5장

오늘날의 우리 현존재를 근본기분으로서 조율하는 하나의 특정한 깊은 권태에 대한 물음

제37절 우리 현존재의 근본기분으로서의 깊은 권태에 대한 물음을 다시 던져봄

깊은 권태에 대한 해석을 통해서 우리는 하나의 독특한 앎 속으로 들어와 있다. 이러한 앎 속에 본질적으로 깃들어 있는 내용은 결코 우리가 하나의 정식 속에 집어넣어 다시 제시할 수 있는 것이 아니다. 왜냐하면 그 내용은 우리가 똑같이 지난 두 달 동안 다른 동물학 강의나 근대사 강의에서 배운 내용처럼 그렇게 축적된 지식들 속에 존립하는 것이 아니기 때문이다. 저들 강의를 들으면 우리는 매시간 한 걸음씩 더 나아갈 수 있으며, 매일같이 한 묶음하고도 몇 쪽이 더 되는 내용을 제공받을 수 있다. 이와는 다르게 여기에서 우리는 매일 그리고 매시간 거의 진척을 보지 못했고 오히려 가면 갈수록 제자리걸음만을 하고 있다. 그뿐이 아니다. 오히려 우리는 어쩌면 우리가 시초에 서 있었던 그 지반만을 닳고 닳도록 밟은 나머지 무지반[심연] 속으로 빠져들어 붕 떠 있는 가운데에 들어와 있는지도 모르며 하나의 기분 속에 들어와 있는지도 모른다. 우리가 얻은 것은 겨우 하나의 기분이라는 말인가. 그리고 그것을 위해서 그토록 많은 시간을 허비했다는 말인가? 그렇다! 어쩌면 우리가 얻은 것은 하나의 기분도 아닐지 모른다. 그저 그런 한 기분의 좀더 **투명한** 가능성만일지도 모른다. 다시 말해서 우리가 얻은 것은 그런 한 기분을 위한 하나의 감수성(Empfänglichkeit), 그것도 현존재 속에 뿌리를 내리고 있기 때문에 이 뿌리에 의해서 그 기분을 가능하게 해주도록 가능성을 공급받아 자라나온 하나의 감수성, 즉 '기분 잡혀 있음'인지도 모른다. 실제로 우리가 만약 이러한 '기분 잡혀 있음'을 그리고 다름 아닌 바로 이 '기분 잡혀 있음'을 획득했다고 한다면, 즉 이런 기분을 위한 좀더 투명한 감수성―그것이 어떠한 형태를 하고 있든지 간에―을 획득했다고 한다면, 그것으로 이미 충분하며, 그것은 결코 우리가 성과로서 계산할 수 있는 것이 아니고 그것에 대해서 내가 여러분 가운데 아무한테나 그때그때 시험할 수 있거나 시험해도 되는 것이 결코 아니다.

그렇게 우리가 획득한 것은 단지, 우리가 권태라고 부르고 있는 바로 이 기분을 위한 좀더 투명한 감수성일 뿐이다. 그리고 이러한 투명성으로써 우리는 어쩌면 다음과 같은 점을 이해하는지도 모른다. 즉 일종의 버둥대는 시간죽이기 속에서 권태를 제압하고 그리하여 자기 자신에게 일종의 건전하고 정직한 생활의 노련미와 대가다움을 스스로 과시해보이는 것은 어려운 일이 아니라는 것, 오히려 정작 어려운 것은 하나의 깊은 **권태를 거스르지 않고**, 그것의 기분 잡음에 자신이 두루 조율되도록 내맡김으로써, 그 깊은 권태로부터 본질적인 것을 귀담아듣는 일이라는 것 말이다. 그런데 만일 이 점을 우리가 이해하고 있다면 그 경우 더더욱 우리는, 하나의 그러한 깊은 권태에 대해서 이야기해보는 과정에서 그리고 그것에 대해서 이야기해봄으로써 그러한 깊은 권태가 확인될 수 있다거나 또는 그것이 거기에 존재하게 된다고는 더는 믿지 않게 될 것이다. 다만 우리가 깊은 권태를 거슬러 행동하지 않을 때에만, 그것은 깨어나게 된다.

그럼에도 불구하고 바로 이러한 **요구**, 즉 현존재 속에서 근원적으로 피어오르는 그런 권태의 본질에 따르며 그리고 그것을 이해하는 데에서부터 직접 귀결되어 나오는 이 요구를 우리는 지금 우리에게서 마주치고 있는데 그것이 오늘날에는 일종의 **불신임**에 봉착해 있다. 모든 일들이 다 마음먹은 대로 밀어붙여지고 모든 사람들이 다 저마다 결심을 입에 올리는 마당에, 현존재에 대해서 거슬러 행동하지 말라는 말인가? 사면팔방으로 현존재의 절박한 일들이 첩첩산중을 이루는 판국에, 거슬러 행동하지 말라는 말인가? 거슬러 행동하지 말라! 이 말은 마비시키는 비굴함, 체념, 몰락의 기분, 절망 따위를 부추기는 외침이 아닌가? 그 말은, 고안 가능한 수단들을 다 동원하여 현존재의 환한 대낮을 조성하는 데에 신경 쏟지 말고 그 대신에 캄캄한 밤과 어둠으로 현존재를 뒤덮으라는 말이 아닌가?

거슬러 행동하지 말라는 요구와 관련한 그와 같은 불신임을 건전한 인간 지성의 판단은 힘들이지 않고 물리친다. 그럼에도 불구하고 물음은 다음과 같다. 즉 '거슬러 행동하지 말라'는 말이 과연 아무런 행함이나 대책도 없이 서 있기만 하여 자신을 아무 기분에 맡겨 달려들도록 그냥 내버려두라는 것을 뜻하는가. '거슬러 행동하지 말라'는 그 말은 이렇게 그냥 내버려두라는 것을 뜻하지 않으며, 저렇게 쉬지 말고 일거리를 찾아 행하라는 것을 뜻하지도 않는다. 즉 그것은 그냥 내버려두라는 수동성을 뜻하지 않으며, 쉼 없이 행하라는 능동성을 뜻하지도 않는다. 오히려 그 말은 수동성과 능동성, 이 둘의 이쪽 편에 있는 어떤 것, 즉 **현존재의 자제함**(Ansichhalten des Daseins)'을 뜻하는 말인데, 그것은 일종의 '**기다림**(Warten)'이다. 이러한 기다림은 어떤 막연한 기다림도 아니고, 오히려 현존재 자신에 대한 하나의 **본질적인 물음 쪽 너머로 향하고 있다**. 우리는 이미 이 물음을 던진 적이 있다(앞의 150쪽[원서 115쪽] 이하를 참조). 그런데 현존재 자신에 대한 그러한 본질적인 물음을 우리는 공공적으로 싸돌아다니면서 자기네 특유의 수단들을 동원하여 자기네의 명예를 날리는 그런 인간들, 문화봉사자들 그리고 이들의 날조를 흉내 내는 그 아류들에 제기한 것은 아니었다. 즉 이러한 인간이 세계의 역사의 진행 가운데 어디에 서 있는지, 지금에 이르기까지 그는 얼마나 성공을 거두었는지 그리고 이러한 견지에서 볼 적에 그는 무엇이 되어야 하는지를 우리는 물은 것이 아니었다. 어디에 인간이 서 있는가 하는 것을 우리는 물은 것이 아니라, 오히려 인간에게 사정이 어떠한지, 인간에서의 현-존재에게 사정이 어떠한지를 우리는 물은 것이었다. 이 물음을 우리는 좀더 특정하게 다음과 같은 물음을 통해서 제기한 적이 있다. 즉 인간이 결국은 자기 자신에게 지루해져버리고 말았는가?

우리는 지금 이 물음을, 그 속에서 현존재의 자제하는 기다림이 표명되고 있는 물음으로서, 다시 말해 이러한 자제함에게 발붙일 데를 주고 있는 물음으로서, 다시 던져보아야 하겠다. 왜냐하면 바로 이렇게 하나의 **물음**이 발붙이게 해줄 능력이 있다는 사실이야말로 평범한 지성과 이른바 생활의 실천 그리고 일체의 기획주의가 결코 이해하고 있지 않는 그리고 이해할 수도 없는 바로 그것이기 때문이다. 저 평범한 지성과 생활의 실천 그리고 일체의 기획주의가 이성적인 방식으로 그나마 달성하는 것은 겨우 **대답**에 지나지 않는다. 대답이란 일종의 고정된 명제이며 일종의 독단이고 일종의 신념이다.

'인간이 오늘날 결국은 자기 자신에게 지루해져버리고 말았는가?'라는 이 물음을 우리는 지금 우리 현존재의 한 근본기분을 마련하기 위한 물음으로서 다시 던져보아야 한다. 지금 다시, 우리가 권태의 본질에 대한 설명을 시도해보았고 따라서 우리가 물음을 좀더 투명하게 반복할 수 있게 된 지금 다시. 좀더 투명하게! 왜냐하면 우리는 지금 1. 일단 권태의 구조와 구조계기들, 즉 '공허 속에 버려져 있음'과 '붙잡혀 있음' 그리고 이 구조계기들의 근원적인 통일성이 도대체 무엇인지를 좀더 뚜렷이 보고 있으며, 2. 이러한 통일성이 근원적으로는 시간성에서부터 솟아 나오고 있고 이 시간성 안에서 권태의 본질이 진동 치고 있다는 사실을 보고 있으며, 3. 권태의 여러 상이한 근본형태들을 보고 있기 때문이다.

'인간이 결국은 자기 자신에게 지루해져버리고 말았는가?'라는 물음을 다시 던져보기 위해서 우리가 지금 즉각 보고 있는 것은 다음과 같다. 즉 혹시 오늘날의 인간이 특정한 사물들에 의해서 지루하게 되고 있는지 그리고 다른 시대들에 비해 더 지루하게 되고 있는지 아닌지 하는 것은 물어질 수 없다. 특정한 사물들, 행동관계들, 사건들에 의해서 인간이 지루하게 되고 있다는 것이 문제가 되는 것도, 특정한 형편에 처하여 인간 자신이 지루해하고 있다는 것이 문제가 되는 것도 아니다. 왜냐하면 여기에서도 권태는 일종의 특정한 시간죽이기 가운데에서 일어나고 있기 때문이다. 좀더 정확히 말해, 일종의 가능적인 지루해함에 대항하여 다소 명시적으로 그리고 의식적으로 시간죽이기로서 취해지는 상황들 속에서 권태가 일어나고 있다. 우리의 물음—인간이 오늘날 자기 자신에게 지루해져버리고 말았는가?—은 오직 다음을 말할 수 있다. 즉 아무튼 그게 결국은 오늘날의 인간 그 자체에서의 현존재에게 지루한가? 우리는 하나의 깊은 권태, 하나의 깊은 권태에 대해서 물음을 던지고 있다. 다시 말해서 우리는 하나의 **특정한** 깊은 권태에 대해서, 다시 말해서 우리 현존재의 한 깊은 권태에 대해서 물음을 던지는 것이지, 깊은 권태에 대해서 아주 대체로 그리고 일반적으로 물음을 던지는 것이 아니다. 만일 우리가 지레 그렇게 일반적으로 물음을 던지고 있었다고 한다면, 그리고 그런 식으로 물음을 던지는 것이, 마치 우리가 권태에 대한 지난번 해석에서 흡사 권태에 대한 하나의 객관적인 처방을 의도하고 있었던 것처럼 그렇게 내비쳐 보이고 있었다고 한다면, 그러한 인상은 지금 드러나고 있듯이 하나의 착각이었던 셈이다. 깊은 권태 그 사체를 우리는 하나의 특정한, 다시 말해서 본질적인 권태에서부터만 이해할 뿐이며, 따라서 거기에서부터 표면적인 형태들에 대한 모든 해석이 또한 방향안내를 받으며 빛을 얻는다. 본질인식은 오직 물음 던짐의 근원성에서부터만 그리고 그 근원성 안에서만 가능하다.

제38절 특수한 '공허 속에 버려져 있음'과 특수한 '붙잡혀 있음'을 방향 삼아 특정한 깊은 권태에 대해서 물음을 던져봄

우리는 우리 현존재의 한 특정한 깊은 권태에 대해서 물음을 던지고 있다. 우리는 그것에 대해서 물음을 던진다. 이러한 물음을 던지기 위한 방침을 우리는 이제 지난번에 이미 제시한 적이 있는 깊은 권태의 본질구조에서부터 취하도록 한다. '공허 속에 버려져 있음'과 '붙잡혀 있음'이라는 구조계기들 그리고 이 구조계기들의 통일성을 방향 삼아 우리는 물음을 던져보기로 한다. 다시 말해서 우리는 깊은 권태의 특수한 '공허 속에 버려져 있음'을 방향 삼고, 깊은 권태의 특수한 '붙잡혀 있음'을 방향 삼은 가운데 그 둘의 통일성의 특수한 밑바탕에 대해서 물음을 던져보기로 한다.

가. 전체에 걸친 본질적인 절박함, 즉 오늘날 우리 현존재의 본질차원적인 압박의 부재(자신을 거부하고 있음)가 곧, 특정한 깊은 권태의 '공허 속에 버려져 있음'임

우리는 이러한 특정한 방향들 내에서 그리고 일부러 거의 도식적으로 물음을 던져보기로 한다. 깊은 권태, 이 깊은 권태가 띠고 있는 '공허 속에 버려져 있음'이란 곧, 전체에 걸쳐 자신을 거부하고 있는 존재자에게로 넘겨져 있음이다. 그래서 그것은 일종의 전체에 걸친 공허감인 셈이다. 우리는 이렇게 물음을 던져보자. 즉 그러한 '전체에 걸친 공허감'이 우리 현존재를 두루 조율하고 있는가? 공허감! 지금까지 이 말로써 의미되는 것을 보면 그것은 곧 완전한 무가 아니라 오히려 '자신을 거부함', '빠져나감'이라는 의미에서의 공허감, 그러니까 부족함, 아쉬움, 절박함 따위로서의 공허감이다. 우리는 하나의 절박함에 의해서 와닿음을 입고 있는가? 우리에게는 하나의 절박함이 와닿고 있는가? 우리는 하나의 절박함보다 더 많은 절박한 일들이 우리에게 와닿고 있다고 대꾸할 것이다. 즉 어디에서나 혼란, 위기,

파국, 절박한 일들이 일어나고 있다. 오늘날의 사회적인 비참함이 그렇고, 정치적인 혼란이 그렇고, 학문의 무기력함이 그렇고, 예술의 밑 빠짐이 그렇고, 철학의 지반 상실성이 그렇고, 종교의 무능력이 그러하다. 어디에서나 절박한 일들이 일어나고 있다는 것은 틀림없다. 그러나 사람들은 이렇게 말할 것이다. 즉 그럼에도 불구하고 유독 절박한 일들만을 보는 것은 일면적이라고 말이다. 왜냐하면 이러한 절박한 일들이 일어나는 것에 못지않게, 이러한 절박한 일들에 대항하여 그것들을 막고 지체 없이 그것들을 질서와 만족의 상태로 바꿔놓으려는 시도와 노력들이 거세게 그리고 떠들썩하게 일며 그리고 그러한 일들이 매번 새로운 시작과 시험을 행하기 때문이다. 이러한 시도와 노력들에 상응하여 어디에서나 개인들만 활동을 벌이는 것이 아니라, 집단들, 동맹들, 동아리들, 계급들, 정당들이 또한 활동을 벌인다. 이 모든 무리들과 이 모든 활동들은 절박한 일들에 대처하여 조직되며 그리고 개개의 모든 조직체마다 나름의 기획들을 가진다.

그런데 현존재의 절박한 일들에 맞서서 오늘날 나타나고 있는 바로 이러한 반응이 현존재의 절박한 상황을 오히려 확증해주는 셈이다. 그러나 이러한 반응은 그러면서도 동시에 또 하나의 다른 것을 확증한다. 절박한 일들에 대처하기 위한 이런 버둥대는 긴급방어는 **정작 '전체에 걸친 절박함'이 고개 들도록 놓아주지 않는다**. 그러니까 저 절박한 일들은 우리가 묻고 있는 **전체에 걸쳐 공허 속에 버려져 있음**을 결코 드러내어 알려줄 수 있는 것들이 아닌데, 만약 이 '전체에 걸친'이라는 말이 결코 개개의 모든 절박한 일들과 비참한 일들을 순전히 합산해놓음을 뜻하는 것이 아닌 경우에 그렇다. 우리는 그러한 전체에 걸친 절박함을 찾고 있다. 그러므로 우리 현존재 속의 한 깊은 권태에 대해서 우리가 던지고 있는 물음, 즉 그 깊은 권태에 상응하는 '공허 속에 버려져 있음'에 대해서 우리가 던지고 있는 물음은 그 모든 개개의 절박한 일들을 가져다대었음에도 불구하고, 발붙일 데가 없이, 즉 하나의 대답을 위해서 그 하나만으로 충분한 그런 전거 하나

없이 남아 있다. 그 물음은 발붙일 데가 없고 자의적이다. 그리고 그것은 당장 앞에 놓여 있는 바로 그것에는 발붙이고 있지 않은데, 정말이지 그 물음은 그런 것으로 만족하려고 하지 않는다.

그런데 어쩌면 '전체에 걸친 절박함'에 대한 우리의 물음이 아직 올바른 방향으로 인도된 것이 아닌지도 모른다. 만약 '전체에 걸친 절박함'에 대한 우리의 물음 위에서 우리가 그토록 아무런 대답도 발견하지 못하고 있다면, 그 경우 우리는 이 물음을 그 자리에서 당장 그만두어버려야 하는가? 아니면 우리가 하나의 가능한 대답을 알아차리지 못하는 것은 물음을 던지고 있는 우리의 방식 때문에 그런가? 우리는 '전체에 걸친 하나의 공허감' 대해서 물음을 던지고 있고, 따라서 우리는 하나의 절박함에 대해서 물음을 던지고 있는데, 이 절박함은 위에서 열거한 저 절박한 일들이 띠고 있는 성격 따위는 아예 가지고 있지 않다. 우리가 물음을 던지고 있는 이러한 절박함은 사회적인 비참함이 아니며 정치적인 혼미도 아니고 학문의 무기력함도 아니고 예술의 밑 빠짐도 아니며 철학의 지반 상실성도 아니고 종교의 무능력도 아니다. 이런 또는 저런 절박한 일이 이렇게 또는 저렇게 안절부절못하게 짓누르고 있음이 곧 절박함은 아니다. 절박함이란 오히려, 아주 깊이 숨어 있으면서 안절부절못하게 짓누르고 있는 그것인데, 좀더 정확히 말해서 그것은 곧, **'우리 현존재의 한 본질차원적인 압박이 전체에 걸쳐 부재하고 있음'**이다.

현존재의 본질차원적인 압박의 부재가 곧, **전체에 걸친 공허감**이다. 그래서 어느 누구도 다른 이와 더불어, 그리고 어떠한 공동체도 다른 공동체와 더불어 하나의 본질적인 행동관계를 그 뿌리에서부터 통일적으로 맺고 있지 못하다. 우리 모두 각자는 하나의 구호 아래에 고용된 직원들이며 하나의 강령을 따르는 추종자들이다. 그러나 어느 누구도 현존재의 내적인 위대함과 그의 필연성들을 책임지는 관리인은 아니다. 이러한 '**공허 속에 버려져 있음**'이 결국 우리 현존재 안에서 진동 치고 있는 셈이다. 이때 공허

하다는 것은 일종의 본질차원적인 압박이 부재하고 있다는 것이다. 우리 현존재 안에 비밀(Geheimnis)이 결여되어 있다. 그리고 그로써, 모든 개개의 비밀이 저마다 간직하고 있는, 그리고 현존재에게 그의 위대함을 주는 그런 내적인 깜짝 놀람이 부재하고 있다. 압박의 부재가 곧 밑바탕에서 안절부절못하게 짓누르고 있는 그것, 그리고 아주 깊이 공허 속에 버려두고 있는 그것, 다시 말해서 **밑바탕에서 지루하게 하는 공허감**이다. 이러한 압박의 부재는 단지 겉으로 보기에만 덮여 가리어져 있을 뿐이고, 그것은 오히려 오늘날 목적을 향해 채근해대고 있는 여러 책동들에 의해서 증명되고 있다. 왜냐하면 결국 조직을 짜고 강령을 만들고 시험을 행하는 그런 모든 활동 속에는 위험으로부터 풀려나 있다는 일종의 편안함이 흡족하게 배어 있기 때문이다. 우리 현존재의 밑바탕에 깔려 있는 이러한 편안함은, 그 수많은 모든 절박한 일들에도 불구하고 우리로 하여금 다음과 같이 믿도록 만들고 있다. 즉 우리는 더 이상 우리 본질의 밑바탕 속에 강하게 존재해야 할 필요는 없다고 말이다. 그래도 우리는 몸에 익힐 수 있는 재주들을 쌓기 위해서 애쓰고는 있다. 현시대는 교육학의 문제와 물음들로 가득 차 있다. 그렇지만 재주를 쌓는 것으로 능력과 힘이 대체될 수 있는 것은 결코 아니다. 만약 그로써 어떤 것이 달성된다고 한다면, 이때 모든 것은 질식해버리고 말 것이다.

나. 압박의 부재 속에서 함께 알려지고 있는 현존재 그 자체의 극단적인 요구(함께 알려지고 있는 순간)가 곧, 특정한 깊은 권태의 '붙잡혀 있음'임

현존재 안에서의 가장 깊은 본질차원적인 절박함은, 하나의 특정한 현실적인 절박한 일이 우리를 안절부절못하게 짓누르고 있다는 것이 아니다. 오히려 하나의 본질차원적인 압박이 자신을 거부하고 있다는 것이며, 이렇게 전체에 걸친 압박이 자신을 거부하고 있음을 우리는 거의 못 알아듣고 있고 그것을 알아들을 수 없다는 것이다. 그리고 그 까닭은, 그렇게 거부하는 가운데에서 **자신을 말해 알리고 있는** 바로 그것이 들을 수 없는 것으로 남아 있기 때문이다. 바로 그것을 우리가 흘려듣고 넘어가기 때문에, 우리는 물음을 여전히 그리고 새삼 다시 던져볼 수 있다. 그런데 우리 현존재의 '공허 속에 버려져 있음'에 못지않게 우리가 다시 좀더 물음을 던져보아야 할 것은 그것과 하나를 이루고 있는 '붙잡혀 있음'에 대해서인데, 그것에 대해서 물음을 던져봄으로써 우리는 우리 현존재의 근본기분으로서의 깊은 권태에 대한 **온전한 물음**을 비로소 획득할 수 있으리라고 본다.

일체의 모든 거부는 오직 다음과 같은 때에만 그 날카로움을 가진다. 즉 거부가 일어나는 가운데에 거부되는 그것이 아주 완강하게 그 자체로서 함께 알려지고 있을 때, 다시 말해서 거부되는 그것이 그 필연성에서 말해 알려지고 있고 앞에 제시되고 있을 때 말이다. 그러나 만일 우리가 오늘날 우리 현존재의 이러한 본질적인 절박함, 즉 압박의 부재를 이해하지 못한다면, 이러한 사정은 거부가 일어나고 있는 가운데에서 함께 알려지고 있는 그것을 우리가 애초부터 들을 줄을 모르고 이해할 줄을 모른다는 데에 있다. 자신에게 아무것도 강요하지 않는 자는 거부와 거부되어 있음을 결코 알 수가 없고, 오히려 그는 편안함이라는 요람 속에 눕혀져 흔들거리고 있다. 이때의 편안함은 자기가 바라는 바를 가지며 그리고 단지 자기가 가질 수 있는 것만을 바랄 뿐이다. 그럼에도 불구하고 우리는 앞에서 제시해보인 우리 현존재의 깊은 '공허 속에 버려져 있음'을 눈앞의 것으로서는 거의 확인해볼 수 없었고 오히려 그것에 대해서 물음을 던지면서 그것에 주의를 환기시켜야 했듯이, 지금 여기에서도 우리는 단지 다음과 같은 정도로만 물음을 던져야 할 것이다. 즉 이러한 압박의 부재 속에서, 다시 말해서 이렇게 존재자가 전체에 걸쳐 자신을 거부하는 가운데에서, 무엇이 함께 알려지고 있는가? 이러한 특수한 '공허 속에 버려져 있음'에는 어떠한 특정한 '붙잡혀 있음'이 속할 수 있는가? 깊은 권태의 특수한 '붙잡혀 있음'을 우리는 다음과 같은 것으로 배워 알고 있다. 즉 현존재를 그 자체로서 가능하게 해주는 바로 그것의 날끝에로, 즉 순간에로, 밀쳐져 있음이라고 말이다. 그러니 우리는 이렇게 물음을 던져보기로 한다. 압박이 저렇게 자신을 거부하는 가운데에서는 어떠한 순간이 '본디 가능하게 해주는 그것'으로서 함께 알려져 있을 수 있고 함께 알려져 있어야 하는가? 저 절박함—전체에 걸친 압박이 부재하고 있다는 그런 절박함—을 옭아매고 있는 힘을 깨기 위해서는, 다시 말해서 저 깊은 절박함에서부터 도대체 처음으로 일단 자라나와 저 깊은 절박함에게 열려 있기 위해서는, 즉 저 깊은 절박함을 '안절부절못하게 짓누르고 있는 절박함'으로서 참으로 경험하기 위해서는, 현존재는 무엇에로 자신을 그 자체로서 결단해야 하는가? 전체에 걸친 저 공허감에 상응하게 인간에 대한 극단적인 요구가 말해 알려져 있어야 하는데, 그것은 어떤 임의적인 요구가 아니며 이런 또는 저런 요구가 아니고 인간에 대한 단적인 요구이다. 그것은 무엇인가? 바로 이러한 내용이다. 즉 인간에게는 현존재가 그 자체로서 요구되고 있다는 것, 즉 인간에게는—거기에 존재해야 함이—과제로 주어져 있다.

    그런데 우리는 아무도 그것을 모르고 있는가? 그렇기도 하고 그렇지 않기도 하다. 우리가 그것을 모르는 경우란, 우리가 다음과 같은 사실을 망각한 한에서이다. 즉 만일 인간이 그가 무엇인 바로 그것이 마땅히 되어야 한다면 바로 그 경우 인간은 각기 그때마다 현존재[거기에 존재함]를 자신의 어깨에 메야 한다. 만일 인간이 자신을 재촉당하도록 대놓고 방치해두기만 한다면, 그리고 이러한 재촉이 아무리 '정신적인' 재촉이라고 하디리도 바로 그 경우 인간은 존재하고 있는 것이 아니다. 현존재[거기에 존재함]란 이를테면 사람들이 차를 타고 운전하며 돌아다니는 것이 결코 아니다. 오히려 현존재[거기에 존재함]란 인간이 고유히게 떠맡아야 하는 바로 그것이다. 그러나 우리는 더 이상 반드시 강하게 존재해야 할 필요는 없으며 더 이상 우리를 반드시 위험에 내던져야 할 필요가 없다는 것이 우리의 의견

247 이기 때문에, 우리는 또한 이미 현존재의 위험지대에서부터 모두가 함께 죄다 슬그머니 빠져나갔다. 그러한 위험지대 안에서는 우리가 현존재를 떠맡으며 우리 자신을 드높이다가 어쩌면 우리 자신이 다칠지도 모른다. 전체에 걸친 압박이 오늘날 부재한다는 사실은 아마도 다음과 같은 점에서 가장 날카롭게 내보여지고 있는지도 모른다. 즉 추측건대 오늘날 어느 누구도 현존재에서 자신을 드높이고 있지 않고, 오히려 현존재를 기껏해야 삶의 비참함에 대해서 탄식하는 데에까지 데려오고 있을 뿐이다. 현존재를 떠맡아 자신을 드높이라는 이러한 요구에로 우리는 새삼 다시 결단 내려야 한다. 이렇게 결단을 내려야 한다는 필연성이야말로, 거부되고 있으면서 동시에 말해 알려지고 있는 우리 현존재의 순간의 내용인 것이다.

그렇다면 현존재는 무엇에로 자신을 결단해야 할 것인가? 현존재 자신을 본디 가능하게 해주는 그것이 그 안에 존립하고 있는 바로 그것에 대한 참다운 앎을 현존재가 몸소 얻느냐 마느냐 하는 데에로 현존재는 자신을 결단해야 한다. 그리고 그것은 무엇인가? 그것은 본디 구속력 있는 것으로서의 자기 자신 앞으로 현존재가 자신을 데려가는 바로 그 순간이 현존재 그 자체에게는 언제나 거듭 닥쳐 있어야 한다는 사실이다. '자기 자신 앞으로 자신을 데려간다'는 이 말은, 어떤 고정된 이상과 딱딱하게 걸려 있는 원형으로의 자기 자신 앞으로 자신을 데려간다는 것이 아니라, 오히려 자신에게 바로 고유한 가능성을 새삼 다시 가져다주어 그 안에서 자신을 떠맡아야 하는 바로 그것으로서의 '자기 자신 앞으로' 자신을 데려간다는 것이다.

그렇다면 전체에 걸친 압박이 이렇게 부재하는 가운데에서 함께 알려지고 있는 그러한 순간이 요구하고 있는 것은 무엇인가? 그것은 순간 자체가 **현존재의 자유의 가장 내적인 필연성**으로서 이해되었으면 하는 것이다. 다시 말해서 그러한 필연성으로서 장악되었으면 한다는 것이다. 무엇보다도 현존재는 비로소 자신을 자유로이 트인 장 안으로 다시 데려와야 하고 자신을 현-존재[거기에-존재함]로서 개념파악해야 한다는 사실, 바로 이러한 사실을 이해해야 한다는 필연성이 함께 알려져 있는 셈이다.

이러한 순간의 극단적이자 첫 번째 가능성을 향한 갈망은, 만약 압박의 부재가 현실적으로 우리를 안절부절못하게 짓누르고 있다면, 이러한 본질 차원적인 압박의 부재와 함께 어우러져 있는 것임에 틀림없다. 그럼에도 불구하고 우리는, 이러한 공허감이 우리를 공허 속에 내버려두고 있고 이와 아울러 우리를 이러한 순간의 날끝에로 밀쳐대고 있다는 사실을 객관적으로 그 자체에서 주장하거나 확인할 수는 결코 없다. 이러한 공허감의 폭과 이러한 순간의 날끝, 이 둘 사이에서 일어나는 진동을 우리는 확인할 수 없다. 다시 말해서 우리는 우리 현존재의 이러한 깊은 권태를 마치 일종의 사실구성요소처럼 기록할 수는 없다는 것이다. 우리는 다음과 같이 물음을 던질 수 있을 뿐이다. 즉 결국 우리 현존재의 이러한 깊은 권태가 두루 조율하고 있지 않은가. 다시 말해서 우리는 다음과 같이 물음을 던질 수 있다. 즉 오늘날의 우리 일상적인 인간성들, 우리 인간존재가 모두 다 혹시 다음과 같지는 않은가. 즉 우리의 인간존재가—그의 모든 행동거지에서 그리고 이것에 의해서 눈이 멀어버려—저 깊은 권태가 피어오를 가능성에 거슬러 행동하고 있다고 말이다. 우리는 다만 다음과 같이 물음을 던질 수 있다. 즉 혹시 오늘날의 인간은 그의 **은닉되어 있는 가장 깊은 절박함의 저 폭**을 절박한 일들에로 좁혀 버리고, 이러한 절박한 일들에 대처해서 즉각 하나의 긴급방어책을 발견함으로써 그 안에서 자신을 진정시키고 달래고 있지는 않은가. 우리는 다음과 같이 물음을 던질 수는 있다. 즉 혹시 오늘날의 인간은 **가장 날카로운 순간의 저 날끝**을 이미 항상 부러뜨린 가운데에 있거나 구부러뜨린 가운데에 있으며 그리고 그가 저 날끝에 대해서 다급하게 반응을 나타내고 급작스레 강령들을 짜냄으로써 저 날끝을 무디게 만들고 그것을 무딘 채로 견지하고 있지는 않은가. 오늘날의 인간은 그러한 다급함과 급작스러움을 순간의 결단성과 혼동하고 있다. 우리는 저 깊은 권태를 오늘날의 인간 현존재 속에서는 확인해볼 수 없고, 다만 다음과 같이 물음을 던질 수 있을 뿐이다. 즉 혹시 오늘날의 인간은 그가 오늘날 띠고 있는 모든 인간성들 속에 그리고 그의 그러한 인간성들을 통해서 저 깊은 권태를 억압하고 있지는 않은가, 그리고 다시 말해서 혹시 오늘날의 인간은—그 모든 심리학과 심리분석에도 불구하고—그의 현존재 그 자체를 스스로 숨기고 있지는 않은가, 아니 오히려 오늘날 심층심리학이라고까지 스스로를 사칭하고 있는 바로 그런 심리학을 **통해서** 정작 오늘날의 인간은 그의 현존재 그 자체를 스스로 숨기고 있지는 않은가. 우리는 오직 그렇게 물음을 던지는 가운데에서만 저 깊은 권태를 이해할 수 있고 그것에 여지를 마련해줄 수 있다. 그러나 이러한 근본기분에 대해서 물음을 던진다고 함은, 오늘날의 인간이 띠고 있는 인간성들을 더 계속해서 정당화하고 촉진시킨다는 말이 아니다. 오히려 그것은 인간에서의 인간성을 해방시킨다는 것, 즉 인간의 인간성을, 다시 말해서 인간의 **본질**을 해방시킨다는 것, 즉 **인간에서의 현존재를 본질적이 되게 놓아준다는** 것을 뜻한다. 이렇게 인간에서의 현존재를 해방시킨다고 함은, 인간을 제멋대로 굴도록 방치한다는 말이 아니라, 오히려 인간에게 현존재를 그의 가장 고유한 짐으로서 지운다는 것을 일컫는다. 오직 자신에게 참되게 하나의 짐을 지워줄 수 있는 그런 사람만이 자유롭다. 이러한 근본기분에 대해서 물음을 던진다는 **말은 근본기분 그 자체가 우리에게 물음을 던지도록 내주는 바로 그것에 대해서 물음을 던진다는** 것을 의미한다. 오직 그렇게 물음을 던지는 가운데에서만 우리는, 이 근본기분이 우리에게 알도록 내주고 있는 바로 그것에 대해서 용기를 낼 것인지 말 것인지에 대해서 우리가 우리 자신을 결단하는 데에로 우리 자신을 데려올 수가 있다. 그러니까 우리는, 이러한 근본기분이 우리에게 무엇에 대해서 물음을 던지도록 내주고 있는가 하는 것을 **현실적으로** 물어야 한다. 즉 우리는, 무엇이 이러한 근본기분 속에서 우리를 **안절부절못하게 짓누르는지** 그리고 이렇게 우리를 안절부절못하게 짓누르면서 동시에 어쩌면 결정적인 가능성으로서는 사라져버리는지도 모르는 그것은 무엇인지를 뒤밟아 물어나가야 한다. 근본기분 속에서 안절부절못하게 짓누르면서 동시에 결정적인 가능성으로서는 사라져버리는 바로 이것을 우리는 마땅히 이해하지 않으면 안 된다. 즉 이 근본기분 속에서 현존재가 그것에 대해서 표명하기를 원하고 있는 바로 그것을 우리는 **낱말에 이르도록** 도와 주어야 한다. 그것이 낱말에 이름으로써 우리가 그것을 가지고서 허튼소리를 늘어놓게 되는 것이 아니라, 오히려 그것이 낱말에 이름으로써 그 낱말이 우리에게 행동하도록 그리고 존재하도록 말 건넨다. 이러한 낱말을 우리는 마땅히 이해하지 않으면 안 된다. 다시 말해서 우리는 **근본기분의 진리**를 마땅히 이러한 본질적인 내용에 기획투사하지 않으면 안 된다.

제2부
깊은 권태라는 근본기분에서부터 전개시켜 내와야 할 형이상학적 물음들을 실제로 물음. '세계란 무엇인가?'라는 물음

제1장
깊은 권태라는 근본기분에서부터 전개시켜 내와야 할 형이상학적 물음들

제39절 오늘날의 우리 현존재의 깊은 권태라는 근본기분이 우리에게 물음을 던지도록 내주고 있는 바로 그것으로서 세계, 개별화 그리고 유한성에 대한 물음들. 이 세 가지 물음들의 뿌리로서 시간의 본질

우리를 안절부절못하게 짓누르려고 하는 바로 그것은 전체에 걸친 압박의 부재이며, 그러한 전체에 걸친 공허감의 쪽이다. '전체에'라는 이 말은 무엇을 일컫는가? 어떻게 현존재가 그처럼 전체에 걸친 존재자 가운데로 데려다가 세워질 수 있는가? 만일 이 '전체에'가 우리 주위로 밀어닥치고 있다면, 이때 무슨 일이 작용하는 것인가? 깊은 권태 속에서 개방되고 있는 이 '전체에'의 이러한 폭을 우리는 **세계**라고 부르기로 한다. 이러한 근본기분이 그 앞에다 우리를 데려다가 세우고 있는 바로 그것을 염두에 두고서 우리는 다음과 같이 물음을 던져야 한다. 세계란 무엇인가?

존재자가 전체에 걸쳐서 자신을 거부하는 가운데에서는 현존재를 본디 가능하게 해주는 그것, 즉 순간이 함께 알려져 있다. 순간이란, 현-존재를 향한[거기에 존재하려는] 현존재의 결단성의 눈길인데, 현존재가 거기에-존재한다고 함은 곧, 온전히 사로잡혀 있는 상황 속에서 현존재가 각기 그때마다 실존한다는 것이며, 이렇게 현존재가 각기 그때마다 일회적으로, 그리고 유일무이하게 실존한다는 것이다. 순간이란 무엇인가? 순간에서, 그리고 순간과 더불어 무슨 일이 일어나는가? 현존재를 그 자신에로 **개별화**한다는 말은 무슨 뜻인가? 만약 우리가 이렇게 물음을 던진다면, 우리는 이 경우 이 근본기분이 우리에게 가능성으로서 말해 알리고 있는 바로 그것을 염두에 두고서 물음을 던지는 것이다.

우리는 **세계**와 **개별화**에 대해서 물음을 던지고 있는데, 그것을 임의의 두 가지의 것으로 놓고서 물음을 던지는 것이 아니다. 오히려 우리는 바로 깊은 권태의 근본기분 속에서 하나의 **근원적인 통일성과 이음새**에서 개방되고 있는, 그리고 그러한 통일성으로서만 유일하게 말해 알리면서 거부하고 거부하면서 말해 알리고 있는 가운데 우리를 두루 조율할 수 있는 바로 그것으로서, 세계와 개별화에 대해서 물음을 던지고 있다.

만일 우리가, 폭과 날끝―지평과 순간―세계와 개별화 사이의 이러한 연관의 필연성이 어디로부터 왜 연유하는가 하는 물음을 던지고 있다고 한다면, 우리는 그 경우 깊은 권태로서의 이러한 근본기분이 우리에게 본디 실제로 물음을 던지도록 내주고 있는 바로 그것을 염두에 두고서 세계와 개별화에 대해서 물음을 던지는 것이다. 폭과 날끝―지평과 순간―세계와 개별화 사이에 성립하고 있는 일종의 '그리고'란 어떠한 '그리고'인가? 왜 결국에는 저 옭아매고 있는 지평의 폭이 순간에 의해서 깨져야 하는가? 그리고 왜 그러한 폭이 오직 이러한 순간에 의해서만 깨질 수 있고 그래서 바로 이렇게 깨져 있는 가운데에서 현존재가 본래적인 실존에 이르게 되는 것인가? 결국 지평과 순간의 통일성과 짜임의 본질은 일종의 **깨짐(Bruch)** 인가? 이렇게 현존재가 자기 자신 안에서 깨져 있음이라는 말은 무엇을 의미하는가? 현존재의 이러한 '깨져 있음(Gebrochenheit)'을 우리는 현존재의 유한성이라고 부르기로 하고 다음과 같이 물음을 던져보기로 한다. 유한성이란 무엇인가? 이 물음과 더불어 비로소 우리는, 저 근본기분 속에서 자기를 표명하기를 원하는 바로 그것을 엄습하고 있는 온전한 물음을 획득하는 셈이다. 저 근본기분 속에서 자기를 표명하기를 원하고 있는 바로 그것이 곧, 깊은 권태라는 근본기분 속에서 에둘러 울리며 우리를 두루 조율하고 있는 현존재의 유한성이 아닌가?

깊은 권태라는 근본기분이 우리에게 물음을 던지도록 내주고 있는 이 세 가지 물음들—세계란 무엇인가? 유한성이란 무엇인가? 개별화란 무엇인가?—을 우리는 이 강의의 시초에 선보인 적 있는데, 그때는 단순히 거칠고 자의적으로 제시되었다. 이 세 가지 물음들은 책에서 나온 것이 아니라는 점, 즉 온갖 잡다한 철학적인 노선들을 정리하여 한데에 모아들인 것이 아니라는 점이 이제 좀더 뚜렷이 드러난다. 그리고 그 세 가지 물음들은 철학의 한 표면화된 전통을 그대로 뒤따라 이야기하는 것이 아니다. 오히려 그 세 가지 물음들은 이제 그 물음들 자신의 가능성을, 다시 말해서 **절박함** 가운데에 처한 우리 현존재의 필연성(Notwendigkeit in der unseres Daseins) 을 폭로하고 있다. 이 세 가지 물음들이 지금 이쪽으로 흘러나오고 있는 것을 우리가 보고 있는 바로 거기에 그것들이 뿌리를 내리고 있을 때에만, 그리고 거기에 그것들이 뿌리를 내린 채 남아 있을 때에만, 이 세 가지 물음들은 진짜이다. 그런데 그것들이 그런 식으로 진짜라고 한다면, 그 경우 이 세 가지 물음들은 새로운 물음들은 아닌 셈이다. 그런데 그것들이 새로운 물음들이 아니라고 한다면, 그 경우 이 세 가지 물음들은 또한 마찬가지로 오래된 물음들도 아니다. 그것들은 오래된 물음들도 아니고 새로운 물음들도 아니며, 오히려 본질적인 물음들이다. 그러나 독창성을 광적으로 추구한다든지 아니면 이와 다를 바 없고 오히려 더 의심스러운 경우로, 합당하지도 않은 독창성을 놓고 논란을 벌이는 일들도, 본질적인 것에서 볼 적에는 모두 이미 어떠하든 상관없이 되어버린 것들이다. 우리에게는 다음과 같은 점만이 지속적인 물음이 될 뿐이다. 즉 과연 우리가 이러한 세 가지 물음들 속에 물음으로서 포함되어 있는 그런 해방의 능력을 경험하고 있는지, 또는 그러한 해방의 능력을 풀어내놓을 수 있는지.

그 세 가지 물음들을 진열해놓았던 것을 보면, 1. 세계란 무엇인가? 2. 유한성이란 무엇인가? 3. 개별화란 무엇인가? 하는 순서로 되어 있었다. 그러나 우리가 그 세 가지 물음들을 전개해온 것을 보면 유한성은 세 번째 물음으로서 떠올랐다. 그런데 어떠한 의미로 그 물음이 세 번째 물음으로서 떠올랐는가? 그것은 **다른 두 물음들을 하나로 결속시켜주는 근원적인 뿌리로서** 그랬다. 유한성에 대한 그 물음이 다른 두 물음들을 한데에 붙들어주는 가장 근원적인 물음인 까닭에, 우리가 그 물음을 진열할 적에는 다른 두 물음들 **중앙**에 그 물음을 배치하는 것이다. 물음을 그러한 식으로 배치하는 것은 유한성에 대한 물음이 지니는 근원성의 성격을 알려 보여주는 것으로 보아야 한다. 그러나 이 세 가지 물음들을 두루 거쳐 물어나가는 순서의 경우에 우리는 유한성에 대한 물음을 세 번째 자리에 올려놓을 수밖에 없는데, 이 말은 또한 다음을 말한다. 즉 첫 번째 물음과 두 번째 물음을 각기 던질 때마다 우리는 이미 이 두 가지 물음들과 더불어 세 번째 물음으로 떠밀리고 있다.

그 세 가지 물음들—세계란 무엇인가? 개별화란 무엇인가? 유한성이란 무엇인가?—을 우리는 우리 현존재의 한 근본기분에서부터 전개해보았다. 바로 이때 저 깊은 권태라는 **근본기분**이 **가능성**으로서 점점 더 날카로워지는 식으로 전개하려고 시도했다. 우리는 이 근본기분을 추정적으로 확인된 어떤 것으로서 뒷전에 내버려두고 있는 것이 아니다. 오히려 이 **세 가지 물음들을 정리해낸다는 것은 다른 것이 아니라 바로 저 근본기분의 가능성을**

날카롭게 하는 것이다. 그런데 이 깊은 권태와 권태 그 자체는 현존재의 시간성 안에 뿌리를 두고 있다. 그러므로 저 세 가지 물음들 그 자체가 그것들의 근원에서 볼 적에 시간의 본질에 대한 물음에로까지 소급해서 미치는 셈이다. 그런데 시간의 본질에 대한 물음은 형이상학이 던지는 그 모든 물음들의 근원이며 그것들의 가능적인 전개의 근원이다. 그렇기는 하지만 과연 형이상학의 문제틀이 어느 때나 반드시 현존재의 시간성에서부터 펼쳐 내와져야 하는가 하는 점은 객관적으로, 즉 어느 정도는 세계역사 전체를 상대로 결정될 수 있는 것이 아니다. 형이상학에 근거를 제시하지 않으면 안 될 다른 필연성의 가능성은 열린 채로 남아 있어야 한다. 그러나 이러한 가능성은 결코 공허한, 논리적으로 형식적인 가능성이 아니다. 오히려 이러한 가능성의 가능적인 것은 오직 인간의 운명에만 달려 있을 뿐이다.

우리가 두루 지나온 도정을 한 번 더 되돌아보자. 지난번에 밝혀진 권태라는 현상, 그리고 특히 깊은 권태라는 현상을 실마리로 삼아서, 그리고 그러한 현상이 발산하는 비교적 밝은 광채에 비추어서 우리는 우리 현존재의 한 근본기분을, 즉 우리 현존재의 한 깊은 권태를 뚜렷이 새겨보려고 했다. 이렇게 뚜렷이 새겨보려는 작업은 물음 던짐이라는 형식 안에서 움직여나갔다. 그때 우리는 깊은 권태의 한 계기, 즉 존재자가 전체에 걸쳐 자신을 거부하고 있음이라는 의미에서의 '공허 속에 버려져 있음'에서부터 발걸음을 시작했다. 우리가 묻고 있는 깊은 권태의 경우에 그러한 '공허 속에 버려져 있음'이라는 계기에 상응하는 것을 보면, 그것은 곧 압박의 부재이며 우리 현존재 안에서의 비밀의 결여인데, 그 안에서 우리 현존재가 잘 알고 있는 것이라고는 그저 여러 절박한 일들일 뿐이며 이러한 여러 절박한 일들 속에서 즉각 움직여대고는 하는 긴급방어 책동들일 뿐이다. 그런데 이런 긴급방어 책동들은 또한 어쩌면 현존재의 한층 더 얕은 표면에서나 움직여대는 것들인지도 모른다. '공허 속에 버려져 있음'의 내적인 성향, 즉 압박의 부재에는, 에돌아 함께 알려지고 있는 '순간'이라는 의미에서의 하나의 탁월한 '붙잡혀 있음'이 상응한다. 전체에 걸친 압박의 부재에 상응해서 이러한 상황에 부득이하게 대처할 가능성이, 즉 인간에게 건네어지고 있는 극단적 요망이라는 부득이한 대처 가능성이 함께 알려져 있는데, 이러한 극단적 요망을 보면, 인간은 자신의 현존재 자체를 다시 명시적으로 고유하게 떠맡지 않으면 안 되고 그것을 어깨에다 매야 한다. 이러한 요망에 대해서 인간은 새삼 다시 자신을 결단해야 하거나, 그렇게 자신을 결단하는 법을 배우지 않으면 안 된다. 그런 결단을 해야 한다고 그 어떤 강의에서인가 말해지기 때문에 그런 결단을 해야 하는 것이 아니라, 오히려 현존재를 안절부절못하게 짓누르고 있는 전체에 걸친 하나의 현실적인 압박에서부터 그런 결단이 일어나는 한에서만 인간은 그런 결단을 해야 한다. 물음을 던지는 이러한 형식 내에서 볼 적에 우리에게 중요한 문제일 수 있는 것은 기껏해야, 이러한 압박과 그것에 속한 순간을 위해서 준비를 다지는 일일 뿐이다. 즉 오늘날의 인간이 그의 반응의 다급함과 그의 강령의 급작스러움으로서 잘못 해석하고 있는 그런 순간을 위해서 우리는 준비를 다져야 한다. 이러한 요망에 즈음해서 중요한 문제는, 인간이 벌일 수 있는 가능한 행동의 그 어느 분야 내에서 인간이 이런 이상을 가지느냐 아니면 저런 이상을 가지느냐 하는 것이 아니라, 오히려 **인간에서의 현존재를 해방시키는** 일이다. 이러한 해방은 동시에, 현존재가 자기를 다시 현실적인 짐으로서 자신에게 부여해야 하는 과제이다. 인간에서의 현존재[거기에 존재함]를 해방시키는 일은 각자가 오직 각기 자신의 본질의 밑바탕에서부터 그때마다 홀로 이행할 수밖에 없다. 그렇다고 해서, 오늘날의 현실성에서부터 우리가 물러나와야 하고 오늘날의 현실성을 경멸 또는 적대시해야 함이 이 요구 속에 깃들어 있다는 말은 아니다. 그러나 그 말은 또한―바로 상대되는 말인지도 모르겠는데―위협받고 있는 문화를 위해서 어느 정도 확실한 비상조치들을 바로 당장에 취해야 한다는 말도 아니다. 인간이 오늘날 자신의 현존재를 몸소 다시 떠맡지 않으면 안 된다는 이 요구를 이해하는 자리에서 우리는 바로 다음과 같은 오해를 애초부터 멀리해야 한다. 즉 일종의 보편적인 친교 맺음을 통해서라면 우리는 비록 비본질적인 것 속에서라도 마침내 그 어디인가에 이르러 본질적인 것에 좀더 가까워질 수 있지 않을까 하는 오해 말이다. 인간이 오늘날 자신의 현존재를 몸소 다시 떠맡지 않으면 안 된다고 하는 이 요구에서 문제되는 것은 오히려, 이러한 부득이한 대처 가능성을 각각의 현존재가 각기 자신의 본질의 밑바탕에서부터 그때마다 홀로 개념파악하고 있다는 것이다. 만일 모든 절박한 일들에도 불구하고 우리 현존재의 압박이 오늘날 부재하고 있다면, 그리고 만일 비밀이 빠지고 없다면, 그 경우 우리에게 맨 먼저 중요한 문제는, 그 속에서 인간이 도대체 자신의 현존재의 비밀과 같은 것을 만나게 되는 그런 기반과 그런 차원을 인간에게 얻어주는 일이다. 이러한 요구에 즈음해서, 그리고 자신의 현존재의 비밀과 같은 것에 좀더 가까워지려고 애쓰는 데에 즈음해서 오늘날의 정상인과 우직한 사람은 점점 겁을 먹고 가끔가다가 어쩌면 눈앞이 캄캄해지는지도 모르는데, 그럴수록 그들은 자신들의 우상에 더욱더 악착같이 달라붙는다. 그것은 전혀 잘못 보고서 하는 소리가 아니다. 이렇게 말고 다르게 보기를 바란다는 것은 하나의 오해일 것이다. 우리는 다시 새로 우리 현존재에게 깜짝 놀람을 가지게 할 수 있는 것을 불러오지 않으면 안 된다. 그런데 만약 세계대전과 같은 일대의 사건이 본질적으로는 흔적도 없이 우리 곁을 지나쳐 가버렸다고 한다면, 그 경우 우리 현존재의 사정은 어떠한가? 그런 사건이 흔적도 없이 우리 곁을 지나쳐 가버렸다는 것은 다음과 같은 사실에 대한 표식이 아닐까? 즉 만약 인간이 미리 몸소 준비해놓지 않은 가운데 있다면, 필시 어떠한 사건도, 그리고 그것이 아무리 큰 사건이라 하더라도, 깨어나게 하는 이 과제를 떠맡을 능력이 안 된다는 사실 말이다. 만약 하나의 깊은 권태라는 이런 근본기분이 깨어 있다고 한다면, 이 근본기분은 이러한 압박의 부재를 우리에게 개방시켜줄 수 있고 또한 동시에 이러한 순간을 우리에게 개방시켜줄 수 있다. 지금 여기에서 우리가 그것에 대한 하나의 표식을 가지게 된 그런 하나의 가능적인 근본기분으로서의 바로 이 근본기분에서부터 '세계란 무엇인가?', '유한성이란 무엇인가?', '개별화란 무엇인가?'라는 세 가지 물음들을 간략히 전개해보기를 시도함으로써 우리가 뚜렷하게 밝혀보이려고 했던 점은 다음과 같다. 즉 이 세 가지 물음들은 결코 책에서 나온 물음들이 아니며, 결코 문학적인 물음들 또는 하나의 철학이나 학파가 정한 그 어떤 노선을 띠는 물음들이 아니고, 오히려 그것들은 현존재 자신의 본질적인 절박함을 제기하고 있는 물음들이다. 이때 여기에서는 다음과 같은 점이 문제된다. 즉 현존재가 어떤 다른 것에 의해서 자기 자신을 마주치게 하기 위해서는, 현존재가 자기 자신에게 다시 새로 투명해져야 한다. 이 말 속에는 동시에 다음과 같은 점이 말해져 있다. 즉 이러한 전체적인 문제틀은, 그것이 이 근본기분에서부터 되살아나고 있는 한, 이 근본기분에 의해서 이미 함께 알려져 있는 물음의 한 차원에 관련되어 있다. 우리는 이렇게 말한다. 즉 권태라는 근본기분은 현존재의 시간성에 뿌리를 둔다. **현존재의 시간성과 그로써 시간의 본질**은 그 자체가 이 세 가지 물음들을 위한 뿌리이며, 이 세 가지 물음들은 그 자체 내에, 즉 그것들 특유의 통일성 내에, **형이상학의 근본물음**을 잇대어 붙이고 있다. 이 근본물음을 우리는 다음과 같이 지칭해본다. 존재에 대한 물음—존재와 시간.

제40절 그 세 가지 물음을 물어야 하는 방식

이렇게 해서 우리는 겉으로 볼 적에는 우리가 지금 **무엇을** 물어야 할지를 알고 있는 것처럼 보인다. 그런데 막상 우리가 이러한 앎을 고집하려고 보니, 우리는 이 앎에 못지않게 긴박한 것, 즉 다음과 같은 점에 대해서 명확함을 얻어내야 함을 쉽게 잊어버리고 있다. 즉 이 세 가지 물음들을 우리는 **어떻게** 물어야 하는지, 그 가능한 대답들에 대해서 우리는 어떻게 태도를 취해야 하는지, 그리고 우리는 **어떻게** 그 가능한 대답들 가운데 하나의 대답을 유일하게 선택해야 좋은지에 대해서 말이다.

우리는 이 물음들에 대한 대답을 가지고서 세계관이라는 건물을 짓고 그 속에 살라고 권할 생각은 하지 않을 것이다. 어쩌면 오늘날의 인간은 우리가 명시적으로 세계관이라고 부르는 바로 그것을 준비할 실제적인 태세, 다시 말해서 성숙된 태세를 아직은 전혀 갖추지 못하고 있는지도 모른다. 또한 마찬가지로 우리는, 이 물음들과 이 물음들에 대한 대답을 가지고서 오늘날의 현존재의 절박함이 제거될 것이라고 믿지도 않을 것이다. 만약 이 물음들이 높이 인다면 절박함은 날카로워지기만 할 것이다. 이때 날카로워진다는 말은 다음과 같이 유일하게 가능적인 의미에서이다. 즉 이러한 물음 던짐이 우리를 가능성의 **가장자리**에 데려다준다는 것, 즉 현존재에게 **현실성**을 다시 내줄, 다시 말해서 현존재의 **실존**을 다시 내줄 그런 **가능성**의 가장자리에 우리를 데려다준다는 것이다. 그러나 현존재의 가능성과 현실성의 이러한 양 극단적인 가장자리 사이에는 물론 가느다란 한 줄의 선이 나 있다. 이 선은 사람들이 결코 미끄럼을 타고 넘을 수 없는 선이다. 그러나 그 선은 인간이 자신의 현존재를 홱 밀치기만 하면 뛰어넘을 수도 있는 선이다. 가능적인 것의 이러한 가장자리로부터 현실성에로 홱 밀치도록 이끄는 것은 오직 개별적인 행동 자체일 뿐이다―**순간**일 뿐이다. 이에 비해서 철학함은 단지 가장자리에까지만 이끌어갈 수 있을 뿐이다. 그러니까 철학함은 언제나 끄트머리 바로 앞자리에서 머물고 만다. 그러나 철학함이 그나마 거기에까지 이끌고 나갈 수 있는 경우는 오직, 철학함이 이러한 끄트머리 바로 앞자리에로 실제로 앞서 달려가보아서 자신의 온전한 잠정성과 유한성을 개념파악해낼 때, 다시 말해서 다음과 같은 점을 개념파악해낼 때일 뿐이다. 즉 철학함은 어쩌면 올바른 것인지도 모르는 몇 가지 연구들을 공허하고 우직하게 늘어놓기만 하고 그 나머지 일은 자비로운 신과 우연에 떠맡겨서는 안 되는데, 그런 나머지 일이야말로 본질적인 일로서 그것은 곧, 여러 가능성들의 가장자리에까지 실제로 이끌고 나가야 하는 일이며 미리 그러한 이끌어나감의 가능성 및 그때마다의 길을 준비해야 하는 일이다.

이로써 이 세 가지 물음들을 우리가 어떻게 물어야 할지가 암시된 셈이다. 이 세 가지 물음들을 묻는 일은 언제나 저 근본기분으로 주의를 환기시키는 데에만 도움이 될 뿐이다. 다시 말해서, 그것은 오늘날의 인간에서의 현존재를 다시 개방하는 데에 도움이 되는데, 그로써 오늘날의 인간은 그가 도대체 어떠한 가능성 안에 서 있어야 하는지를 보게 되며, 그로써 그는 그에게 부득이한 대처 가능성으로서 밀어닥치고 있는 요구를, 즉 현존재에서의 본질적인 것에 거슬러 행동하지 말라는 요구를 성사시키게 된다. 그런데 거슬러 행동하지 않는다고 함은 곧, 자제함(Ansichhalten)을 말한다. 그러나 자제함은 오직, 현존재 자신이 개방되는 그런 진리의 힘 안에서만 일어난다. 그 모든 것이 다 이야기되어 있어야만 우리는 그 세 가지 물음들을 물어나가는 가운데에서 엉겁결에 우리 자신을 잃어버리지 않게 되며, 그래야만 그 물음들이 우리에게는 허공에 붕 뜬 채 자체 내에서만 맴도는 사변에로 변질되지 않는다. 철학함에게 과제로 주어진 것은 인간의 의식을 기술하는 일이 아니라 오히려 인간에서의 현존재를 불러내는 일인데, 이러한 일에 도움이 되도록 저 세 가지 물음들을 그것들의 올바른 길 위에서 지키려는 진지함이야말로, 우리가 어쩌면 필요로 하는지도 모르는 것이며 그 고유한 양식과는 상반되게 학문에 머물러 있는 그런 개념파악적인 침투의 명민함과 엄밀함보다 훨씬 더 본질적인 것이다. 인간에서의 현존재를 불러내는 일은 일종의 마법이나 신비적인 관조를 통해서가 아니라, 오히려 일종의 개념파악적인 물음 던짐의 냉철함을 통해서 일어난다. 물론 이때의 개념파악적인 물음 던짐은 모든 학문적인 연구와는 구별되는 것으로, 그것은 결코 하나의 한정된 분야 속으로 집어넣어져 그 울타리 내에서 이리저리 돌아다닐 수 있는 것이 아니다. 오히려 그것은 물음을 던지는 가운데 맨 처음으로 물음의 여지를 형성해야 하고 물음을 던지는 가운데에서만 유일하게 그 물음의 여지를 열린 채로 견지할 수 있어야 한다.

제41절 이 세 가지 물음들을 건전한 인간지성과 전통이 에워싸고 있음

저 세 가지 물음들—세계란 무엇인가? 유한성이란 무엇인가? 개별화란 무엇인가?—을 우리가 그것들이 우리 앞에 놓이는 대로 적당히 얼버무려 취하고 있는지는 모르겠지만 그래도 그 물음들은 분명 누구나 잘 알고 있는 바로 그 어떤 것에 대해서 묻고 있다. 분명 그렇다. 철학의 모든 물음들은 다 그와 같은 것이어서 사람들은 다음과 같이 말하기가 십상이다. 즉 도대체 아직 일상적 의식에게는 잘 알려져 있지 않은 바로 그 어떤 것에 대해서 철학적인 문제를 더 많이 물으면 물을수록, 그만큼 철학은 더욱더 비본질적인 것 내에서만 움직일 뿐, 중심 가운데에서는 움직이지 않는다고 말이다. 즉 철학이 묻고 있는 그것이 더 잘 알려져 있고 더 자명하면 자명할수록, 그만큼 물음은 더욱더 본질적이다. 그러나 바로 그렇기 때문에 애매성은 더욱더 검질기다. 왜냐하면 일반 지성이 보기에 철학은 마치, 이 일반 지성에게는 그렇지 않아도 어차피 잘 알려져 있는 바로 그것에 대해서 물음을 던지는 것처럼 보이기 때문이다. 그리고 이 일반 지성 자신에게는 본래적으로 이미 더 이상 물음을 던질 필요가 없는 바로 그것에 대해서 철학이 물음을 던지는 것처럼 보일 뿐만 아니라, 또한 일반 지성, 즉 건전한 인간 지성이 흔히 물음을 던지고는 하는 방식으로, 즉 일반 지성이 이러한 자명한 것을 뒤밟아 물어나갈 적에 물음을 던지는 방식으로 철학이 물음을 던지는 것처럼 보이기 때문이다. 사정이 겉으로는 그렇게 보이기는 하지만 실제는 결코 그렇지 않다. 위대하고 참된 모든 철학은 드문 물음들의 둘레 안에서 움직이는데, 그 물음들이 일반 지성에게는 항상 단적으로 동일한 것이지만 각각의 철학함에서는 필연적으로 다르다. 다르다—이 말은 밖에서 볼 적에 다르다는 것이 아니라, 오히려 **동일한 것**이 각기 그때마다 본질적으로 거듭 변화된다는 식으로 다르다는 것을 의미한다. 오직 이러한 **변화** 가운데에서만 철학은 자신의 참된 동일함(Selbigkeit)을 가진다. 이러한 변화는 철학함의 역사의 일어남(Geschehen)에 하나의 **원초적으로 고유한 역사성**을 내준다. 이때의 역사성은 그 나름의 고유한 요구들을 지닌다(희생, 극복됨). 이러한 역사성은, 가령 신문에 게재된 떠들썩한 소문들에서부터 끄집어내온 그런 역사에 대한 표상에 우리가 그것을 접맥시킬 경우에는 결코 개념파악할 수 없고 또한 결코 붙잡아볼 수도 없는 그런 역사성이다. **철학의 역사의 역사성**과 그리고 이에 상응해서, 또 이와는 아주 다른 방식으로 **예술, 종교**의 역사의 역사성은 그 자체로 완전히 상이하며, 이러한 상이성을 바탕으로 해서 다시 또 그것들은, 아직 우리에게는 전체적으로 어둠에 묻혀 있는 그런 총체적인 맥락 가운데에 있다. 그런데 '**변화한다**'라는 말은 다음을 일컫고 있는 것이 아니다. 즉 어떤 대가를 치르더라도 반대를 말해야 한다거나, 어쩌다 이 반대행위에 너무 늦게 합류하게 되는 경우에도 나중에 '난 이미 오래 전부터 반대를 말할 생각이었다'고 해명해야 한다고 흔히 문필가들의 허영심이 이해하는 그런 변화가 아니다. 그런데 철학의 **동일함**은 모두가 동일한 것을 생각하고 모두가 모두에게 그렇다고 말하는 데에 있는 것이 아니다. 통속적인 지성은 철학에서 그러한 동일함―향유적 이상―을 찾고 있지만, 실제로는 그것을 발견하지 못하고 있다. 그래서 이 통속적인 지성에게 남아 있는 다른 가능성이라고는 오직 철학의 역사를 일종의 정신병원으로서 간주하는 것뿐이다. 그곳에서는 그때마다 매번 한 사람이 다른 사람을 쳐죽이고 어떤 다른 견해를 제시한다. 그렇기 때문에 '영원의 철학(philosophia perennis)'이라는 이념 또한 통속적 지성이 철학 밖에서 철학의 역사를 단장하기 위해서 끌어들이는 수단에 지나지 않는다. 그러한 역사는, 만약 거기에서 마치 일상이 똑같은 것을 언제나 똑같은 방식으로 신경 쓰듯이 똑같은 것이 정신의 역사를 통해서 내내 영원히 그렇게 똑같은 방식으로 다루어지지 않을 경우, 통속적 지성에게는 단적으로 이해될 수 없고 접근될 수 없는 것으로 남는다.

그러므로 저 세 가지 물음들은 그 물음들이 **무엇을** 적중시키고 있느냐 하는 점에서만 잘 알려져 있는 것이 아니라, **물음들로서, 주제들로서** 그 물음들은 또한 동시에 철학의 역사로부터도 잘 알려져 있다. 전통과 건전한 지성이 이 세 가지 물음들을 에워싸고 있다. 그러나 전통과 건전한 지성이라는 이 두 힘들은 그러한 물음 던짐을 평준화시켜버리고, 그 물음에서 날카로움을 빼앗아간다. 그리하여 그 두 힘들은 그 유일하게 물음 던짐으로써 자라나오도록 애써야 하는 필연성을 통찰하지 못하게 방해하고 있다.

제2장
세계에 대한 물음을 가지고 형이상학적 물음을 던지기 시작함. 탐구의 길과 그 길에서 봉착하게 될 여러 어려움들

제42절 다음과 같은 세 가지 주도적인 논제들을 비교해가는 고찰의 길: '돌은 세계 없음 속에 존재한다', '동물은 세계 빈곤 속에 존재한다', '인간은 세계 형성 속에 존재한다'

우리는 세 가지 물음들 가운데 첫 번째 물음인 '세계란 무엇인가?'라는 물음을 가지고 시작해보기로 한다. 이렇게 표명된 물음을 우리는 지금도 아직은 일종의 허공에 붕 뜬 물음으로서, 그래서 되는대로 이야기된 물음으로서 취하고 있다. 이 물음에 대한 대답을 어디서 가져와야 할지를 우리는 우선은 모르고 있다. 정말이지 좀더 자세히 눈여겨보면 우리가 무엇에 대해서 물음을 던지고 있는지, 물음 던짐의 어떠한 방향 안에서 움직이고 있는지마저 우리는 전혀 모르고 있다. 첫 번째 해명에 이르는 **가장 가까운 길**은 그와 같은 모든 경우들에서 다 그러하듯이, 우리가 그 낱말에 매달려서 '세계'라는 **낱말의 역사**와 이 낱말의 역사 속에 감추어진 그 개념 형성의 역사를 뒤밟아보는 것이다. 이러한 길을 나는 『근거의 본질에 관하여』(제6판)라는 논문 23쪽에서부터 37쪽 사이에서 시도해보았다. 물론 거기에서 내가 '코스모스(κόσμος)', '문두스(mundus)', '세계(Welt)'라는 개념에 대해서 서술해놓은 것은 다만 그러한 개념의 역사의 특징적인 단계들을 가리켜 보인 것에 지나지 않으며, 특히 그 논문의 주제와 더불어 한정된 제한선들 내에 전적으로 머물러 있을 뿐이다. 그러나 거기에 서술되어 있는 내용은 세계라는 낱말개념에 대한 첫 번째 방향 잡음에는 도움이 될 것이다. 그러나 거기에서 다루어진 것은 좀더 구체적으로 그리고 좀더 폭넓게 서술되어야 할 뿐만 아니라, 세계개념의 역사를 통해서 보완되어야 한다. 더 나은 말로 그것은 세계개념의 역사를 통해서 가장 먼저 기초를 부여받아야 하는데, 그러한 역사는 결코 낱말의 역사 속에 각인되어 있지 않다. 이 후자에 해당하는 낱말의 역사는 단지 외적인 일만을 내줄 뿐이다. 그러나 전자에 해당하는 세계개념의 내적인 역사는 오직 형이상학의 근본문제와 연관해서만 그리고 세계문제에 대해 해명된 하나의 틀을 실마리로 해서만 보여질 수 있다. 나는 지금 여기 이 자리에서는 거기에 서술된 내용을 되풀이하는 일은 그만두기로 한다. 그러나 지금 우리가 문제 삼고 있는 것을 위해서는 도대체 그 논문의 제2장 전체가 중요한 만큼, 그 내용에 대한 지식은 도움이 된다. 세계개념이—밖에서 볼 적에—우선 어떠한 테두리 내에서 움직이고 있느냐 하는 것을 매우 일반적으로만 언급해보자. 가장 잘 알려진 것은 세계와 신의 구별에서 제시되고 있다. 세계란, 신적인 존재자가 아닌 그리고 신적인 존재자 이외의 존재자 전체이다. 그렇다면 이러한 존재자는 또한 동시에 그리스도교적인 의미에서 볼 적에는, 창조되지 않은 것과 대비되는 창조된 것이다. 그렇다면 인간도 그렇게 이해된 세계의 일부분인 셈이다. 그러나 인간은 단지 세계내부에서 발견되는, 세계를 함께 이루고 있는, 세계의 일부분으로서만 간주되는 것이 아니라, 세계를 마주하고 서 있기도 하다. 이러한 '마주하고 서 있음(Gegenüberstehen)'이란 일종의 '세계를 가지고 있음'인데, 세계를 다음과 같은 것으로서 가지고 있음이다. 즉 그 안에서 인간이 움직이고, 그것하고 인간이 맞겨룸을 벌이고, 그것을 인간이 지배하면서 동시에 그것에 인간이 복종하고, 그것에 인간이 넘겨진 바로 그러한 것으로서 세계 말이다. 이렇게 해서 얻어지는 결과는 다음과 같다. 인간이란 1. 세계의 일부분이다. 2. 이러한 일부분으로서 인간은 세계의 주인 이면서 동시에 노예이다.

이러한 구별이 아무리 대략적이기는 해도, 이 구별은 인간이 세계를 대하는 이중적인 태도를 가리켜 보인다―그리고 이 구별은 또한 동시에 세계개념 자체 속에 깃들어 있는 일종의 이중적인 해석 가능성을 가리켜 보이고 있기도 하다. 우리는 '세계'라는 낱말을 우선은, 그리고 오랫동안에 걸쳐서 이러한 이중적인 해석 가능성 내에서 사용하고 있다. 역사학적 고찰이 이러한 연관들을 예리하게 드러낼 수 있다.

세계개념의 이해 속으로 향한 이러한 **역사학적인** 길과는 구별하여, 나는 『존재와 시간』에서 어떻게 우리가 우리의 세계 안에서 우선 대개 일상적으로 움직이고 있는지 그 양식을 해석해보임으로써 세계현상에 대한 하나의 첫 번째 특징규정을 시도했었다. 거기에서 나는 우리에게 일상적으로 손안에 있는 바로 그것에서부터 출발했다. 즉 우리가 사용하고 가동하고는 하는 바로 그것에서부터 말이다. 더군다나 이러한 사용과 가동이라는 행태를 부리는 것을 보면 우리는 그 행태의 독특함에 관해서는 아예 모르고 있다. 우리가 그러한 행태를 기술해야 하는 경우에 우리는 그것을 다른 곳에서부터 유래한 개념들과 물음들을 가지고서 즉각 잘못 해석해버리고는 한다. 이렇게 우리에게 아주 가까운 것 그리고 우리에게 매일 쉽게 이해될 수 있는 이러한 것이 그 바탕에서 볼 적에 이미 우리에게는 먼 것이며 쉽게 이해될 수 없는 것이다. 세계현상을 이렇게 먼저 특징규정해보는 데로부터 시작해서 이 특징규정 작업을 죽 거쳐지나서 세계현상을 문제로서 제시하는 데에까지 밀고 나갈 필요가 있다. 그러나 이러한 해석을 통해서 내가 인간의 본질은 인간이 숟가락과 젓가락을 다루며 시내전차를 타고 다닌다는 데에 존립하는 것이라고 주장하거나 증명하고자 했다면 그것은 결코 당치도 않은 일이다. 『존재와 시간』에서 세계현상을 해명하기 위하여 취한 그 길은 그야말로 꽤 넓고 길게 뻗은 전망을 요구한다. 그런데 이러한 전망이 여기 이 자리—이 강의—에서는 결코 선명하게 드러내 보여질 수 없다.

지금 우리는 오히려 세 번째 길—일종의 비교하는 고찰—을 선택해보기로 한다. 우리는 다음과 같은 말을 들었다. 즉 인간은 **세계의 일부분일 뿐** 아니라, 인간이 세계를 '**가지고 있다**'라는 방식으로 세계의 주인이며 노예이기도 하다고 말이다. 인간은 세계를 가지고 있다. 인간과 마찬가지로 세계의 일부분인 그 밖의 나머지 존재자들, 예컨대 동물들, 식물들, 물질적 사물들, 돌들 따위와 같은 경우에 사정은 어떠한가? 그러한 존재자들은 과연 세계를 가지고 있기까지 한 인간과는 구별되어 단지 세계의 일부분에 지나지 않은 것들인가? 아니면 동물도 세계를 가지고 있는가? 그렇다면 어떻게 가지고 있는가? 인간과 동일한 방식으로 가지고 있는가? 아니면 인간과는 다른 방식으로 가지고 있는가? 이러한 다름은 어떻게 파악될 수 있는가? 돌의 경우에는 사정이 어떠한가? 여기에서는 지금, 비록 아직은 매우 대략적이기는 해도, 구별점들이 내보여지고 있다. 그 구별점들을 우리는 다음과 같은 세 가지 논제들을 통해 단단히 붙잡기로 한다. 1. 돌(물질)은 **세계 없음 속에 존재한다**. 2. 동물은 **세계 빈곤 속에 존재한다**. 3. 인간은 **세계 형성 속에 존재한다**.*

'세계 없음(Weltlosigkeit)', '세계 빈곤(Weltarmut)', '세계 형성(Weltbildung)'의 본질을 작업해 내오려고 시도를 벌이는 동안 우리는 존재자가 세계에 관련되어 있을 수 있기에 적합한 여러 상이한 연관들 내에서 움직여나가기로 한다. 이러한 비교하는 해석을 통해서 우리는 세계 자체의 본질을 유인해내어 비로소 그것에 대해서 우리가 일단 물음을 던질 수 있을 만큼 그것을 우리에게 가까이 데려오는 데에 성공해야 한다. 왜냐하면 마치 세계의 본질에 대한 더 정확하고 더 엄밀한 해석만이 중요한 문제인 양 세계의 문제가 자리잡고 있는 것이 결코 아니라, 오히려 중요한 것은 **세계의 세계적 차원을** **형이상학의 한 근본문제의 가능한 주제로서 맨 처음으로 시야에 데려오는** 것이기 때문이다.

첫 번째로 언급한 역사학적인 길과 그리고 인간의 일상적인 세계이해에 서부터 출발하여 인간의 세계이해의 자리에 남아 있는 두 번째 길, 그리고 이제 우리가 접어 들어가야 할 비교 고찰이라는 세 번째 길 말고도, 우리가 지금은 언급하지 않은 다른 길들이 더 가능하다. 그러나 이 모든 길들은 다 필연적으로 각기 결함들을 지니고 있으며 각기 나름의 고유한 어려움들을 가지고 있는데, 그것도 다음과 같은 까닭에서 그렇다. 즉 그 개개의 길들은 모두 외부에서부터 난 길들이라는 것, 다시 말해서 그 길들은 저마다 통속적 지성의 원리들과 봄의 방식들을 함께 지니고 오는 길들이라는 것, 그래서 시급한 일은, 우리가 길을 두루 달려 지나가는 가운데 이러한 우선적으로 습성화된 봄과 물음 던짐의 양식을 벗어버리든가 아니면 점점 더 뚜렷이 통찰되는 것의 강박 아래에서 그러한 습성화된 양식을 변형시켜야 한다는 것이다. 이것은 형이상학이 안고 있는 개개의 모든 문제에 다 적용되는 것이다. 그리고 그 말에는, 사람들은 형이상학이 안고 있는 개개의 모든 문제를 통속적 지성의 척도들을 가지고서는—과연 형이상학의 문제가 가령 문화적대적인지 아니면 문화친화적인지를—도대체 평가할 수 없다는 뜻이 놓여 있다. 형이상학이 안고 있는 개개의 모든 문제는 일자도 아니고 타자도 아니다. 다시 말해서 그것은—밖에서 볼 적에는—일자이면서 동시에 타자, 즉 "애매하다". 그리고 그것이 이렇게 애매한 까닭은 오직, 형이상학이 안고 있는 개개의 모든 문제가 그 밑바탕에서부터 볼 적에는 그러한 구별들 이편에 서 있기 때문이다.

그래도 겉으로 볼 적에는 세 번째 길—비교하는 고찰의 길—이 그나마 가장 빨리 갈 수 있는 길인 것처럼 보인다. 왜냐하면 그 길은 대단한 탄력성을 갖추고 있는 데다가, 우리는 바로 구별점들을 구별하고 파악하는 가운데에서야 비로소 바로 일치하는 것과 동일한 것을 보게 되기 때문이다. 그렇지만 정작 이 세 번째 길은 특별한 어려움들을 지니고 있다. 이 어려움들 때문에 우리가 끊임없이 곤욕을 치르지 않기 위해서는, 우리가 길을 가기 시작할 때 즈음해서 그 어려움들을 언급하지 않으면 안 된다. 우리는 다만 그 어려움을 일러두기만 하려는 것이지, 그 어려움을 치워 없애려는 것은 아니다.

제43절 생명의 본질을 규정하는 것과 관련된, 그리고 생명에 대한 접근 가능성과 관련된 내용적이고 방법적인 근본 어려움

비교하는 고찰에 물질적 사물들(돌), 동물, 인간이 주제로 서 있다. 따라서 우리가 주제 안에서 움직여나가기 위해서는 우리는 아무튼 이미 이 셋 사이의 본질차원적인 구별점들을 가지고 있어야 한다. 아니면 우리는 적어도 그러한 구별점들을 언제든지 댈 수 있는 가능성만이라도 가지고 있어야 한다. 그러나 이미 동물과 인간의 구별점만 하더라도 그것을 규정하기란 쉬운 일이 아니다. 물론 이 둘 가운데 하나는 이성적인 생명체이고 다른 하나는 비이성적인 생명체라고 말하기는 쉽다. 그러나 물음은 정작 다음과 같다. 즉 여기에서 이성과 비이성이라고 함은 무엇을 일컫는가? 설사 그 점이 해명된다고 하더라도, 과연 바로 이러한 구별점이 가장 본질적이고 형이상학적으로 중요한지 아닌지 하는 점은 불확실한 채로 남아 있다. 동물과 인간의 관계를 묻는 데에 즈음해서, 과연 인간이 원숭이의 후손인지 아닌지에 대해서 결정을 내리는 일은 또한 중요한 문제일 수가 없다. 왜냐하면 원숭이와 인간 사이에는 어떠한 구별점이 존립하는지, 그리고 그 구별점을 어떻게 이끌어내야 할지를 우리가 명확하게 보지 않는 한, 우리는 인간이 원숭이의 후손인지 아닌지 하는 저 물음에 대해서 대답을 내릴 수 없음은 말할 것도 없거니와 그런 물음마저도 한 번 제대로 제기해볼 수 없기 때문이다. 이것은 다음을 말한다. 즉 우리는 어떻게 동물과 인간이 그 어떤 관점에서건 구별되는지에 대해서 정보를 줄 수 있어야 하는 것이 아니라, 오히려 무엇이 동물의 **동물성의 본질**을 그리고 인간의 **인간성의 본질**을 이루며 어떠한 물음을 통해서 우리가 도대체 그러한 존재자의 본질을 적중시키는지에 대해서 정보를 줄 수 있어야 한다. 그리고 우리가 다시금 또 동물의 동물성을 규정할 수 있는 경우는 오직, 생명 없이 존재하는 것과는 구별해서 **살아가는 것의 살아 있음**을 이루는 것은 무엇인지가 명확히 밝혀져 있을 때뿐인데, 생명 없이 존재하는 것은 죽을 가능성조차도 가지지 않는다. 돌은 살아가는 것이 아니기 때문에 죽은 것일 수도 없다.

그럼에도 불구하고 어려움은 '생명이란 무엇인가?' 하는 점과 관련된 일종의 **내용적인** 어려움일 뿐만 아니라, 또한 이에 못지않게 그리고 거기에 한층 더하여 다음과 같은 일종의 **방법적인** 어려움이기도 하다. 즉 어떠한 길 위에서 살아가는 것의 살아 있음이 그 본질에서 접근될 수 있고 접근되어야 하는가? 어떠한 방식으로 우리에게 생명이, 즉 동물의 동물성과 식물의 식물성이 접근되어야 하는가? 동물의 생김새나 동물의 지체 따위를 형태론적으로 기술하는 것으로는 충분하지 못하다. 생리학적인 과정들을 탐구하고 또 거기에 어떤 동물 심리학을 결부시키는 것으로는 충분하지 못하다. 오히려 그렇게 일을 벌이는 모든 자리에서 우리는 이미 다음과 같은 사실을 전제한다. 즉 동물은 살아간다는 것, 동물은 몸짓을 부리면서 동시에 특정한 방식으로 제 자신에게 이러저러하게 존재한다는 것이다. 그 내막을 우리는 어떻게 알아내야 하는가? 동물은 어쩌면 제 자신을 관찰할 수도 없을뿐더러 이러한 관찰들에 관해서 우리에게 이야기해줄 수도 없을 것이다. 그리고 설령 동물이 제 자신을 표현한다고 하더라도, 즉 동물이 우리가 생각하듯이 그 어떤 표현동작과 소리로 제 자신에 관한 것을 우리에게 알린다고 하더라도, 그 경우 이러한 알림은 철두철미 우리의 해석과 설명을 거칠 수밖에 없다.

이렇듯 우리에게 내보여지고 있는 두 가지 근본적인 어려움을 보면 다음과 같다. 1. 생명의 본질은 도대체 **무엇으로서 규정될** 수 있는가? 2. 살아 있는 것 그 자체—동물의 동물성과 식물의 식물성—는 **어떻게 근원적으로**

접근될 수 있는가? 아니면 도대체 여기에는 어떠한 근원적인 접근통로도 없는가? 그렇다면 살아 있는 것에 대한 본질성격규정—이러한 성격규정이 어떻게 주어진 것이든—이 띠고 있는 성격은 어떠한가? 우리의 비교 고찰에 즈음해서 우리는 저 두 물음들을 열린 채로 놓아두어야 한다. 그러나 이 말은 우리가 저 두 물음들에 대해서 어떻게 해서든 우리의 비교 고찰에 즈음해서 우리를 이끌어줄 하나의 대답을 비록 아직은 매우 잠정적이고 구속력이 없는 채로나마 가지고 있지 않으면 안 된다는 것을 일컫는다. 다른 한 쪽에서 보면, 이러한 비교 고찰은 결국 저 두 물음들을 밝혀내고 저 두 물음들에 대한 가능적인 대답을 내오는 일에 곧장 기여할 수 있고 또 그렇게 기여해야만 한다.

이렇듯 우리는 여기에서 끊임없이 원을 맴돌며 움직이고 있다. 이것은 우리가 철학의 영역 안에서 움직이고 있음을 보여주는 표식이다. 어디에서나 우리는 하나의 **원을 맴돌기**만 하고 있을 뿐이다. 이렇게 철학이 원을 맴돌며 움직이는 것은 또한 통속적 지성에게는 거슬리는 어떤 것이다. 통속적 지성은, 마치 사람들이 사물들을 손에 넣게 되듯이 그렇게 곧바로 목적에만 다다르기를 원한다. 원을 맴돌아간다는 것—그것은 아무 데로도 이끌지 않는다. 그러나 그렇게 원을 맴도는 것은 무엇보다도 어지럽게 만들며 어지럼증은 섬뜩하다. 사람들은 마치 자신이 무와 무 사이에 매달려 있는 것 같다고 여기게 된다. 그러니 이러한 원운동은 정말 일어나서는 안 되는 것이며 그래서 어떠한 순환도 일어나서는 안 된다! 그 말은 이미 일반 논리학의 한 규칙을 밀고 있는 것임에 틀림없다. 그렇기 때문에 이러한 순환 없이 일을 꾸려나가고자 하는 것은 학문적 철학이 품은 야심인 것이다. 그러나—하나의 철학적 물음에 즈음해서 아직 어지럼증에 의해서 결코 붙잡혀보지 않은 사람은 아직은 결코 철학하면서 물음을 던지며 있지 않은 사람, 다시 말해서 아직은 결코 원을 맴돌고 있지 않은 사람이다. 이러한 원운동을 하는 자리에서 결정적으로 중요한 것은, 통속적 지성만이 유일하게 보고 있는 바로 그것, 즉 원둘레를 따라서 달리다가 원둘레 위에서 그 동일한 지점으로 되돌아오는 일이 아니라, 오히려 원을 맴돌아가는 가운데 **중심** 그 자체 속으로 눈길을 던지는 일인데, 이러한 일은 원을 맴돌아가는 가운데에서 가능한 일이며 원을 맴돌아가는 가운데에서만 유일하게 가능한 일이다. 그 중심은 오직 그 중심 주위를 맴돌아가는 가운데에서만 중심 그 자체로서 개방된다. 그렇기 때문에 순환적 차원을 철학에서부터 밖으로 끌어내어 논증하고자 하는 모든 시도는 철학으로부터 멀어지게 만든다. 그리고 '그 고찰은 순환적이야'라는 논거를 가지고 행하는 모든 반대는 이미, 이러한 반대가 도대체 철학하는 반대가 아니라는 것을, 그러니까 이러한 반대는 철학을 상대로 말하는 것이 아니라는 것을 입증하는 셈이다. 물론 이제 개개의 모든 순환논증이 다 이미 철학하는 사유(순환과 소용돌이)의 표식인 것은 아니다.

그러므로 만일 우리가 생명의 본질에 관한 그리고 이 생명의 해석 가능성의 양식에 관한 하나의 특정한 근본견해를 전제로 놓고 이러한 전제를 밑바탕으로 하여 바로 생명에 관한 하나의 근본파악에 이르는 길을 닦아나간다면, 그 경우 우리는 하나의 원을 맴돌며 움직인다고 볼 수 있다.

제44절 방학 후 기억을 위한 종합요약: 총괄적 물음으로서의 형이상학, 깊은 권태라는 근본기분을 일깨움, 근본기분에서부터 전개시켜 내와야 할 형이상학적 물음들. 철학함의 근본기분에 관한 이야기를 올바로 이해하기 위한 방향지침들

형이상학—형이상학적 인식은 총괄적 물음 던짐인데, 다음과 같은 두 겹의 의미에서 총괄적이다. 1. 개개의 모든 형이상학적 물음 속에는 각기 그때마다 존재자가 전체에 걸쳐 포함되어 있으며, 2. 형이상학적으로 물음을 던지는 이가 각기 그때마다 물음 속으로 함께 끌어들여져 있고, 물음 던짐과 물어지고 있는 것 자체에 의해서 함께 얻어맞고 있다. 형이상학적으로 물음을 던지는 이가 적중되고 얻어맞는 경우는 오직, 인간이 그의 현존재에서 적중될 수 있고 얻어맞을 수 있는 가능성 안에 그가 붙잡힐 수 있을 때, 즉 **사로잡혀 있음**의 가능성이 그의 본질 안에 놓여 있을 때뿐이다. 사로잡혀 있음의 이러한 본질 가능성은 인간의 본질에 속하는데, 다만 인간의 현-존재[거기에-존재함]가 언제나―그러나 꼭 그렇게만은 아니다―**기분 잡혀 있음**이라고 일컬어지는 한에서 그렇다. 본디 도대체 기분 잡혀 있는 바로 그것만이 기분 상해 있을 수 있다. 기분 상해 있는 바로 그것은 기분 전환될 수 있다. 기분이 있는 바로 거기에서 기분의 변경이 가능하며 그래서 **기분의 일깨움**도 가능하다. 그렇기 때문에 하나의 총괄적 물음 던짐을 전개할 수 있기 위해서 우리는 먼저 사로잡혀 있음의 가능성을 마련해주는 하나의 근본기분을 일깨우지 않으면 안 되었던 것이다. 지금까지 행한 강의의 제1부가 바로 이 과제에 쏠려 있었으며, 그것은 **우리 현존재의 밑바탕에 깔려 있는 하나의 깊은 권태**를 특정한 방향에 맞추어 해석해내는 일이었다. 그러나 강의의 제1부에서 지금까지 행한 논의들은 오직 강의의 제2부에서부터만 그 권리와 무게를 지닌다. 근본기분에서부터 전개시켜 내와야 할 형이상학적 물음들이 제2부에서는 실제로 물어져야 한다. 그러한 물음들로서 우리가 세 가지로 전개해본 물음들을 보면 다음과 같다. 세계란 무엇인가? 유한성이란 무엇인가? 개별화란 무엇인가? 이때 중간에 자리잡은 물음이 가장 근원적이고 가장 중심이 되는 물음이다. 근본기분과 형이상학이 맺고 있는 연관을 우리는 지금 여기에서는 더 이상 추적하지 않겠다. 다만 좀더 폭넓은 이해를 위해서 그리고 철학의 애매성에서부터 우선 필연적으로 생겨나오는 오해들을 피하기 위해서 나는 몇몇 **방향지침**들을 다음과 같이 몇 가지 요점들로 제시하려고 한다.

1. 우리의 물음 던짐의 밑바탕에 우리가 하나의 근본기분을, 즉 이 특정한 근본기분을 놓았다고 해서 그로써 우리가 다음과 같이 주장한 것은 아

니다. 즉 마치 이 근본기분에서부터는 오직 이 세 가지 특정한 물음들만이 가능하다는 듯이, 이 근본기분에서부터 전개된 이 세 가지 물음들이 이 근본기분을 형이상학적으로 다 길어내고 있다고 말이다. 그 세 가지 물음들은 이 근본기분에서부터 단지 길어내어져 있을 뿐이지, 그것들이 이 근본기분을 다 길어내고 있는 것은 아니다.

2. 또한 이 특정한 근본기분이 그 자체로 이 세 가지 물음들에 이르는 유일한 길이라고 주장될 수는 없다. 만약 이 세 가지 물음들이 실제로 형이상학적인 것들이라고 한다면, 바로 그 경우 그것들은 현존재의 **어떠한** 근본기분에서부터라도 전개될 수 있어야만 한다.

3. 그러나 그 세 가지 물음들을 전개하고 두루 물어나가기 위해서 우리가 어떠한 근본기분을 선택하는가 하는 것은 그럼에도 불구하고 우리의 임의에 맡겨져 있지 않다. 그래도 특정한 의미에서 우리는 분명 선택을 하고 있고 이때 우리는 분명 자유롭다. 하지만 가장 깊은 의미에서 우리는 매여 있고 강요되고 있다. 물론 여기에서 선택이라는 것은 결코 앞에 놓여 있는 품목들 가운데에서 임의로 어떤 것을 집어내는 것이 아니다.

4. 오히려 선택이란, 형이상학 자체 속에 놓여 있는 강박, 즉 한 특정한 유한한 현존재의 목숨을 걸어야만 한다는 강박, 아니 다시 말해서 그러한 목숨걸기에 담겨 있는 물음의 피제약성 일체를 떠맡아야만 한다는 그런 강박에 자신을 붙들어 매는 것이다. 그럼에도 불구하고 만일 우리가 그때마다 하나의 특정한 근본기분에서부터 물음을 던지고 있다면, 이 말은 그렇다고 해서 다음을 뜻하고 있는 것은 아니다. 즉 이 특정한 근본기분이 압도적으로 다른 나머지 근본기분들을 덮쳐버리고 있고, 그것들을 멀리 떨어뜨려두며, 그것들의 의미를 깎아내리고 있다고 말이다.

5. 오히려 이와는 반대로 참된 근본기분이라면 어떠한 근본기분이든 그것은 다른 근본기분들을 해방시켜주고 깊게 해주며, 매어주고 풀어준다. 현존재에서 일어나고 있는 기분의 이러한 근본발생에 관해서 오늘날까지도

우리가 알고 있는 것이라고는 너무나 빈약하기만 하다. 그렇다고 해서 결코 우리는 기분의 이러한 근본발생을 일종의 감정의 심리학이라는 것을 통해서 알아내오지는 않을 것이며, 또한 결코 그것을 과장된 반성을 통해서 머리에서 쥐어짜내지도 않을 것이다. 오히려 우리는 단지 현존재 자체를 통해서만 그리고 단지 우리가 거기에 존재할 수 있는 능력을 부추겨 내오는 데까지만 이러한 근본발생에 관해서 경험할 것이다. 따라서 하나의 어떤 근본기분을 유일한 근본기분으로서 절대화하는 것은, 모든 가능한 근본기분들을 서로서로 상대화하여 다루어나가는 것과 마찬가지로, 거꾸로 된 것이라고 볼 수 있다. 그런데 후자, 즉 모든 가능한 근본기분들을 서로서로 상대화하여 다루어나가는 것이 또한 거꾸로 된 까닭은, 도대체 하나의 평면 위에 균등하게 놓고서 서로서로 맞바꿀 수 있는 사물들이 지금 여기에서 문제가 되는 것이 아니기 때문이다.

6. 오히려 근본기분의 이러한 발생은 그 자체가 현존재의 역사 속에 뿌리를 두고 있다. 심지어 그러한 근본기분을 '철학함'이라는 실존의 목숨걸기에서 선택하는 사건마저도 그 뿌리를 현존재의 역사 속에 두고 있다. 그런데 역사라는 것은 계산될 수 없는 것이다. 설령 역사를 헤아리고 움직인다고 하더라도, 그 경우에는 기껏해야 역사를 뒤틀고 억누르기만 할 수 있을 뿐이다. 만일 하나의 형이상학이 그때마다 띠고 있는 근본기분과 이 근본기분이 기분 잡는 양식과 크기가 곧 운명(Schicksal)이라고 한다면, 다시 말해서 그것은 운명이면서 동시에 변화하며 각각의 모든 시대에 대해서 다구속력이 있는 것이 아니라고 한다면, 분명 철학은 어떤 특정한 근본기분에 가장 두드러지게 가까이 머물러 있다고 볼 수 있다. 그런데 그 까닭은, 그런 특정한 근본기분이 곧 철학이기 때문이 아니다. 오히려 철학은, 그 방식에서부터 보면 가령 예술이 그러하듯이, 우리가 '철학은 창조적이어야 한다'고 말할 적에 이러한 말로써 우리가 매우 서투르고 모호하게 의미하고는 하는 바로 그것을 요구하기 때문이다. '창조적'—여기에서 이 말은 비창조

적인 막일꾼과 장사꾼에 비해서 탁월하고 출중하다는 의미가 아니라, 오히려 창작적인 면모를 의미하는데, 이 말 자체 속에 놓여 있는 의무와 이 의무를 지탱하고 있는 자세를 고려해볼 적에 그렇다. 창작은 일종의 자유로운 형성이다. 자유는 오직 하나의 짐을 떠맡고 있는 곳에서만 존재한다. 창작에서는 이러한 짐이 각기 그때마다 창작의 양식에 따라서 일종의 여유이며 일종의 절박함인데, 인간은 그러한 여유와 절박함을 부담스러워하고, 그래서 그런 인간의 심정은 무겁기만 하다. 모든 창작적인 행동은 다 침울함 속에서 존재한다—그 점을 창작적인 행동이 명확히 알고 있든지 모르고 있든지, 그 점에 대해서 창작적인 행동이 장황하게 이야기를 늘어놓고 있든지 늘어놓고 있지 않든지, 아무튼 사정은 그렇다. '모든 창작적인 행동은 다 침울함 속에서 존재한다', 물론 이 말은 '침울한 것이면 어떠한 것이든 다 창작적이다'라는 것을 일컫지 않는다. 창작성과 우울증 사이의 이러한 연관에 대해서 일찍이 아리스토텔레스는 그가 다음과 같이 물음을 제기할 적에 이미 알고 있었다. "철학에서든 정치학에서든, 시문 또는 조형예술에서든, 뛰어난 업적을 세운 사람들이 모두 하나같이 다 우울병자라는 것은 무슨 연유에서인가(Διὰ τί πάντες ὅσοι περιττοὶ γεγόνασιν ἄνδρες ἢ κατὰ φιλοσοφίαν ἢ πολιτικὴν ἢ ποίησιν ἢ τέχνας φαίνονται μελαγχολικοὶ ὄντες)?"[1] 아리스토텔레스가 이때 명시적으로 이름을 들고 있는 사람들은 엠페도클레스, 소크라테스, 플라톤이다. (아리스토텔레스는 '자연적인 우울[μελαγχολία διὰ φύσιν]'과 '정신적인 우울[μελαγχολία διὰ νόσον]'을 구별하고 있다.)

7. 인간 현존재의 창조적인, 본질적인 행동으로서 철학은 **침울**이라는 근본기분 속에 서 있다. 이러한 침울은 철학함의 형식에 해당하는 것이지, 철학함의 내용에 해당하는 것이 아니다. 그리고 그 침울은 철학적 물음 던짐의 내용성을 한정 짓는 하나의 근본기분을 이미 필연적으로 그려 보인다.

---

1) Aristoteles, *Problemata. Aristoteles Opera*(『[자연학적] 문제들에 관하여. 아리스토텔레스 전집』), Immanuel Beker 편집, 베를린, 1831년, 제2권. Λ 1, 953a 10 이하.

오늘날 그러한 연관들을 가리켜 보인다는 것은 특별히 위험스러운 일이다. 왜냐하면 창작물들과 작품들의 유래, 그리고 그것들을 창작하는 양식을 사람들은 심리학적으로 분석하고 있고, 그러한 심리학적인 분석의 길 위에서 창작물들과 작품들을 자기 것으로 만드는 일에 저 연관들에 대한 해설들이 즉각 잘못 쓰이기 때문이다. 우리의 정신적인 삶은 오늘날—자기 자신과 역사를 마주하여—대대적으로 이러한 막다른 골목 속에 처박혀 앞뒤로 꼼짝달싹 못 하고 있으며, 거기에서는 어떤 것이 심리학적으로 그리고 인간학적으로 그것의 유래에서 설명되어 있을 경우 그것은 개념파악되어 있는 셈이고 자기 것으로 만든 셈이라는 그릇된 의견이 판치고 있다. 이렇듯 사람들이 모든 것을 설명할 수 있기 때문에, 겉으로는 마치 사람들이 객관적으로 대처하고 있는 것처럼 보인다. 사람들은 이렇게 심리학적으로 객관적으로 설명한다는 것, 그리고 그 개개의 모든 설명을 그 심리학적인 유래에서부터 타당하도록 해준다는 것은 관용이며 뛰어난 자유라고 믿고 있다. 그런가 하면 그것은 그 밑바탕에서 볼 적에는 가장 편하고 가장 위험부담이 없는 폭군 정치라고 할 수가 있는데, 그러한 자리에서 사람들은 아무것도 모험에 내거는 법이 없으니, 자신의 고유한 견해까지도 모험에 내걸려고 하지 않는다. 왜냐하면 그것에 대해서까지도 사람들은 일종의 심리학적인 설명을 둘러대기 때문이다. 하나의 근본기분을 일깨우려는 시도를 벌이면서, 지금까지 우리가 기분에 대해서 말한 그 모든 것이 이제 우리 시대의 이러한 가장 내적인 부패의 방향으로 떠밀려갈 수가 있으며, 정말이지 흡사 저절로 그리로 미끄러져버릴 수가 있다. 그 모든 깃이 그리로 미끄러져버릴 수가 있는데, 그것도 다음과 같은 까닭에서 그렇다. 즉 이러한 논의들과 더불어 어쩌면 우리는 철학함 자체의 중심에서 움직이고 있는지도 모르며 그리고 우리는 이 논의들이 띠고 있는 애매성의 가장 가까운 데에로 오고 있는지도 모른다.

그러면 그럴수록 우리는 다음과 같은 사실을 더욱더 깊이 이해하는 법을 배워야만 한다. 즉 기분들이 **기분들인** 바로 그것으로 존재하는 경우는 오직, 그 기분들이 **기분** 잡고 있을 때, 즉 그 기분들이 하나의 **실제의 행동**을 규정하고 있을 때뿐이다. 우리의 행동이란 지금 여기에서는 하나의 특정한 물음 던짐이다. 우리는 '세계란 무엇인가?'라는 첫 번째 물음을 특징지어보는 것으로 시작했다. 우리는 다음과 같은 것을 가리켜보았다. 즉 물음을 펼쳐나가는 길에는 다음과 같이 **여러 상이한 길들**이 있다고 말이다. 1. 세계개념의 역사를 역사학적으로 고찰해나가는 길, 2. 세계개념을 우리의 일상적 세계이해에서부터 전개해나가는 길. 우리는 세 번째 길로서 일종의 **비교하며 고찰해나가는 길**을 선택하여 가보기로 한다. 이 길을 가면서 우리가 거치게 될 지점들을 세 가지 논제로 확정 지어보면 다음과 같다. 1. 돌은 세계 없음 속에 존재한다. 2. 동물은 세계 빈곤 속에 존재한다. 3. 인간은 세계 형성 속에 존재한다.

제3장

중간 논제인 '동물은 세계 빈곤 속에 존재한다'로부터 출발하여 비교하는 고찰을 시작함

'세계란 무엇인가?'라는 물음을 정리해내기 위한 길은 일종의 비교해가는 고찰이어야 한다. 그러나 이 물음 자체가 뿌리가 없는 것은 아니다. 근본기분은 곧 그 물음이 지속적으로 머무르는 장소이며, 그 점을 우리는 언제나 거듭 기억해야 할 것이다. '돌은 세계 없음 속에 존재한다', '동물은 세계 빈곤 속에 존재한다', '인간은 세계 형성 속에 존재한다'라는 세 가지 논제들을 비교하며 논의해봄으로써 우리는 잠정적으로 다음과 같은 점을 한정 짓고자 한다. 도대체 세계라는 칭호 아래에서 우리가 이해해야 할 것은 무엇이며, 이렇게 이해하는 자리에서 우리는 어떤 쪽으로 눈길을 던져야 하는가? 우리는 '세계란 무엇인가?' 하고 물음을 던진다. 우리가 그렇게 물음을 던지는 까닭은 아무튼 어떤 대답이건 얻기 위해서, 더군다나 일종의 "정의(定義)"라는 형식의 대답을 얻기 위해서가 아니라, 오히려 하나의 형이상학적 물음을 실제로 전개하기 위해서이다. 올바로 전개된 물음에는 본래적인 형이상학적 개념파악함이 놓여 있다. 다르게 말해, 형이상학적 물음들은 대답 없이—인식된 사실내용을 전달한다는 의미에서의 대답 없이—남아 있다. 형이상학적 물음들이 대답 없이 남아 있는 까닭은 이러한 대답이 성취될 수 없어서, 즉 형이상학이라는 것이 불가능해서가 아니다. 오히려 확인된 사실내용을 전달한다는 의미에서의 대답들이 이 물음들을 만족시켜주기는커녕 그것들을 상하게 하고 숨 쉬지 못하게 하기 때문이다.

그러나 이제 '세계란 무엇인가?'라는 물음을 실제로 전개하기 위해서는 우리는 '세계'라는 말로 우리가 무엇을 의미하는지 그리고 무엇을 위해서 이 칭호를 간직하는지 하는 것에 대한 첫 번째 이해를 획득해야만 한다. 이러한 첫 번째 이해를 제공하기 위해서 우리는 앞에서 언급한 '돌은 세계 없음 속에 존재한다', '동물은 세계 빈곤 속에 존재한다', '인간은 세계 형성 속에 존재한다'라는 세 가지 논제들을 비교하는 고찰―돌, 동물, 인간을 비교해가는 고찰―을 감행하기로 한다. 비교의 관점, 즉 우리가 비교의 눈길을 던지는 바로 그곳은 곧, 앞에서 세 가지로 언급한 돌, 동물, 인간이 그 때마다 세계와 맺는 관련이다. 이러한 관련 또는 무관련의 구별들이 우리가 세계라고 이르는 바로 그것을 부각해줄 것이다. 그러한 비교해가는 고찰은 우선 겉으로는 매우 단순하게 진행할 것처럼 보이며, 앞에서 세 가지로 언급한 돌, 동물, 인간이 마치 한 평면 위에 균등하게 놓여 있는 세 개의 사물들인 것처럼 보인다. 중앙에 우리의 자리를 잡아봄으로써, 즉 '동물은 세계 빈곤 속에 존재한다는 말이 무엇을 일컫는가'라는 물음에서, 우리는 비교하며 특징규정해가는 일을 시작해보기로 한다. 그래서 우리는 이를테면 '돌의 세계 없음'이라는 측면과 '인간의 세계 형성'이라는 측면, 이 두 측면을 향해서 지속적으로 눈길을 던져 이 두 측면에서부터 동물 및 동물의 세계 빈곤 쪽으로 눈을 향해보기로 한다. 비교하는 절차를 택한 우리의 태도와 더불어 우선은 형이상학적 순서에 대한 어떤 것도 결정되지 않았다.

제45절 논제의 명제적 성격 그리고 형이상학과 실증과학과의 관계

가. '동물은 세계 빈곤 속에 존재한다'라는 논제는 동물학을 위한 본질발언이며 전제임. 철학의 원운동

동물과 관련된 주도적인 논제는 이렇다. 동물은 세계 빈곤 속에 존재한다.

그것은―그리고 이에 상응해서 다른 두 명제는―어떤 명제인가? 일종의 동물에 대한 명제이다. 동물은 동물학의 연구 대상이다. 그 명제는 이 동물학에서부터 빌려온 것인가? 왜 이렇게 묻는고 하니, 동물학이란 분명 '동물'이라는 칭호에 의해서 한정 지어져 있는 사실들에 알맞은 연구이며, 그런 사실들에 방향 잡은 태도이기 때문이다. 언급된 논제는 다음의 명제들과 같은 식의 명제이다. 즉 '꿀벌 집단 내에서 일벌들이 자기네가 발견한 먹이터를 알리는 이해전달의 수단은 그 일벌들이 벌집 속에서 벌이는 춤의 한 양식이다' 또는 '포유동물은 일곱 개의 경추를 가지고 있다' 하는 명제 말이다. 그러나 우리는 우리의 저 논제가 단지 곤충이나 포유동물에 대해서 어떤 것을 말하는 것은 아니라는 것을 어렵지 않게 본다. 그 논제는 예컨대 무절지 동물들, 단세포 동물들, 즉 아메바, 적충류, 섬게 등에도 해당되는 논제이다―그것은 **일체의 모든** 동물에, **개개의 모든** 동물에 다 해당되는 논제라는 말이다. 밖에서 볼 적에는 우리의 저 논제가 바로 위에서 언급한 두 명제보다도 더 보편적이라고 이야기할 수 있다. 그런데 왜, 그리고 어떻게 더 보편적이라는 말인가? 그 까닭은 저 논제가 동물성 그 자체에 대해서, 즉 동물의 본질에 대해서 어떤 것을 발언하려고 하기 때문이다― 그것은 일종의 **본질발언**이다. 저 논제가 단지 몇몇 동물들에게만 적용되지 않고 일체의 모든 동물들에 다 적용되기 때문에 그것이 그러한 본질발언인 것이 아니라, 오히려 거꾸로 저 논제가 일종의 본질발언이기 때문에 모든 동물에 다 적용되는 것이다. 보편타당성이라는 것은 언제나 오직 인식의 본질차원성에서부터만 귀결될 수 있을 뿐이지, 그 거꾸로는 아니다.

그런데 저 거론되고 있는 논제 속에 놓여 있어야 할 발언의 본질차원성은, 만약 그것이 그 보편성에서 존립하는 것이 아니라면, 이제 어디에 존립하고 있는 것일까? '동물은 세계 빈곤 속에 존재한다'는 이 명제는 어디에서부터 유래한 것인가? 다시 또 우리는 그 명제가 동물학에서부터 유래한다고 말할 것이다. 왜냐하면 동물학은 동물에 관해서 다루기 때문이다. 그러나 동물학이 동물에 관해서 다루기 때문에 정작 저 명제는 동물학 연구의 결과일 수가 없으며, 오히려 동물학 연구의 전제일 수는 있다. 왜냐하면 도대체 동물의 본질에 속한 바로 그것을 미리 규정하는 일, 다시 말해서 어떠한 장 내에서 동물들에 대한 실증적인 연구가 움직여야 하는지 그 둘레를 한정 짓는 일은 결국 저러한 전제 안에서 이행되기 때문이다. 그런데 만약 저 논제 속에 모든 동물학을 위한 하나의 전제가 놓여 있다고 한다면, 그 경우 그 전제는 동물학을 통해서야 비로소 얻어질 수 있는 것이 아니다. 여기에서부터 다음과 같은 결과가 나오는 것처럼 보인다. 즉 '동물은 세계 빈곤 속에 존재한다'는 이 명제에 대한 논의에서 우리는 온갖 풍부하고 얽히고설켜 있는, 그리고 오늘날 전문가에 의해서는 이미 더 이상 처리될 수 없는 그런 성과들에서부터 벗어나고 있다고 말이다. 겉보기에 사정은 그렇게 보인다. 그러나 이때 우리는 저 논제의 진리 여부를 가려내기 위해서 어떤 표준척도를 가지고 있는가? 우리는 그것을 어디로부터 길어내고 있는가? 그것은 자의적인 것인가? 아니면 개별 연구에 의해서야 비로소 진짜로 판명될 수 있는 하나의 가설인가?

이것도 아니고 저것도 아니다. 저 명제는 동물학에서부터 유래한 것도 아니고 동물학하고 무관하게 논의될 수 있는 것도 아니다. 저 명제는 동물학과 생물학 일반에 특정하게 방향 잡지 않고서 생겨나온 것이 아니면서도 스스로에 대한 보증 방향을 그 안에 가지고 있지 않다. 그렇지만 지금은 이러한 관계를 더욱 상세하게 설명할 형편이 아니다.

지금 이 자리에서는 다만, 저 명제의 독특함과 그러한 명제들에 대해서 통속적 지성이 취하는 태도의 양식만을 지적하고 넘어가겠다. 겉으로는 마치 우리가 그러한 명제들을 해당 과학(동물학)에서부터 취하고 있는 것처럼 보이며 그러면서 동시에 그렇게 취한 명제들을 가지고서 우리가 그 해당 과학에 대해 그 과학의 분야를 비로소 확보해주고 그로써 그것의 가능성을 확보해주려는 것처럼 보인다. 그러니까 우리는 원을 맴돌며 움직이는 셈이다. 통속적 지성이 보고 파악할 수 있는 것이라고는 오직 자기의 눈앞에 곧장 놓여 있는 것에 지나지 않으며, 그래서 통속적 지성은 끊임없이 곧장 앞으로 움직여 나아가려고 자기에게 가장 가까이 있는 것으로부터 그다음 가까운 것에로 곧바로 나아가려고 한다. 사람들은 그것을 일컬어 진보라고 부르고 있다. 원운동을 하는 자리에서도 통속적 지성은 오직 자기의 방식으로만 볼 뿐이다. 다시 말해서 통속적 지성은 원의 선을 따라 움직이며 그리고 원을 따라 가는 것을 일종의 직진해 가는 것으로 여긴다. 정말이지 이 경우에는 어떠한 진보도 없기 때문에 통속적 지성은 자기가 출발했던 지점에 갑자기 맞닥뜨려 어찌할 바를 모르며 그냥 그 자리에 서 있게 되는 바로 그때까지는 자기가 마치 직진해 가고 있는 것으로 여긴다. 그러나 진보가 곧 통속적 이해의 파악기준인 까닭에, 원을 맴돌아 가는 개개의 모든 발걸음은 애초부터 일종의 항의인 셈이며, 불가능성에 대한 하나의 표식인 셈이다. 철학 내에서마저도 원운동에 대한 이와 같은 식의 논증을 가지고서 연구가 이루어지고 있다는 것은 매우 불운한 노릇이다. 그러한 논증이야말로 철학을 통속적 지성의 수준으로 끌어내리려는 경향을 나타내는 표식이다.

  철학의 원운동은 그 본질적인 점을 하나의 원 주위를 죽 따라 달려 나아간다는 데에 가지지 않으며 그리고 자기가 출발했던 그 자리로 되돌아오는 데에도 가지지 않고, 오히려 중심 속으로 눈길을 던지는 시선에 두는데 이러한 시선은 원을 맴도는 가운데에서만 유일하게 가능하다. 이러한 시선이 그 속으로 눈길을 던지는 그런 중심, 다시 말해서 그 한가운데와 그 밑바탕은 오직 그 중심 주위를 맴도는 가운데에서만, 그리고 그 중심 주위를 맴돌고 있는 이에게만 중심으로서 개방된다. 철학하는 사유의 이러한 순환적 차원과 철학하는 사유의 애매성은 연관되어 있다. 이때의 애매성은 치워 없앨 수 있는 것이 아니며, 더더군다나 변증법을 통해서 상쇄해버릴 수도 없는 것이다. 특색 있는 점은, 철학하는 사유의 이러한 순환적 차원성과 애매성을 변증법이라는 길 위에서 상쇄해버리려는 시도를 우리가 철학과 철학의 역사 내에서 언제나 거듭 발견하고, 급기야는 더욱 위대하고 더욱 천재적인 형식 내에서까지도 그러한 시도를 발견하고는 한다는 사실이다. 그런데 철학에서 보이는 모든 변증법은 일종의 당혹스러움의 표현이다.

277   우리는 다음과 같은 점을 본다. 만일 '동물은 세계 빈곤 속에 존재한다'라는 저 논제가 어떠한 동물학적인 논제도 아니고 오히려 일종의 **형이상학적** 논제라면, 형이상학과 개별 과학과의 관계는 애매한 것이며 그리고 애매한 것일 수밖에 없다. 우리는 저 논제의 순환적 차원에서 보여지고 있는 이 독특한 애매성을, 즉 이렇게 동요를 일으키고 있는 그것을 받아들이지 않으면 안 되며 그리고 이제 이 논제를 내용적으로 좀더 가까이 데려와보아야만 한다. 그러나 그러기 위해서는 우리의 철학하는 물음 던짐이 우리가 동물학이라고 부르는 과학과 맺고 있는 관계를 좀더 명확히 규정짓는 것이 아직은 더 필요하다—이것은 모든 과학에 대해서 철학이 맺고 있는 관계에 적용되는 논의이다.

나. 우리의 철학하는 물음 던짐이 동물학 및 생물학과 맺고 있는 관계

동물학—그리고 이처럼 개개의 모든 과학—은 역사적이다. 이것은 동물학이 거두는 성과들에서 내보여지는 진보라는 면에서 볼 적에만 그렇다는 것이 아니라, 이와 마찬가지로 동물학이 물음을 던지는 양식에서 내보여지는 퇴보라는 면에서 볼 적에도 그렇다. 한 학문의 퇴보는 대개 눈에 띄지 않는다. 그러나 퇴보는 진보보다 중심에 더 가까이 있다. 해당 과학 내에서 본래적인 물음 던짐이 거부되고 있음을 매번 퇴보가 마주치는 한에서 그렇다. 즉 어쩌면 아직은 그저 둥둥 떠다니는 상태에서 서로를 붙들고 있는지도 모르는 그런 특수한 개별 연구들의 표면의 자리로 한 학문의 본래적인 형이상학적 중점이 옮아가는 한에서 그렇다. 개개의 모든 과학은 다 역사적이다. 왜냐하면 과학이 자신의 분야를 대하는 근본태도에서나, 분야 일반의 파악에서, 개개의 모든 과학은 바뀌면서 그리고 변화하면서 존재하기 때문이다.

　오늘날—그리고 우리는 언제나 오직 그리고 여기에서도 또한 우리 현존 재에 관해서 이야기하고 있다—우리는 우리가 하나의 나은 처지에 있음을 발견한다. 그것은 물론 탐구의 풍부한 형태성과 활력성에 의한 것이기도 하겠지만, 낫다는 것은 오히려 "생명", 다시 말해서 **동물과 식물의 존재양식** 에 독자성을 되찾아주고 보장해주려는 근본경향에 의한 것이다. 이것은 우리가 자연과학이라고 부르는 학문 전체 내부에서 오늘날 생물학이 물리학과 화학의 독재에 맞서 스스로를 보호하려는 시도를 벌이고 있다는 것을 말한다. 이것은 생물학 내부에서 특이한 구역들과 방향에서 물리학적으로-화학적으로 물음들을 제기하는 것이 정당하지 않으며 이롭지 않다는 것을 뜻할 수는 없다. 물리학과 화학에 맞선 생물학 내에서의 투쟁이라는 것은 오히려 다음과 같은 사실을 말해주고 있다. 즉 물리학과 화학과 같은 이러 한 분과들에서부터는 원칙적으로 "생명" 그 자체가 파악될 수 없다. 그러나 거기에는 다음과 같은 점이 놓여 있다. 즉 "살아 있는 실체"가 먼저 물리학 적으로-화학적으로 설명되고, 그리고 나서 만약 계산이 맞아떨어지지 않고 설명하기 곤란한 것이 그래도 남게 되는 당혹스러운 경우에 또다른 요소가 부득이하게 인정된다는 식으로 일이 진행되는 것이 아니다. 오히려 물리학 적으로-화학적으로는 설명될 수 없는 것 그리고 도대체 파악될 수 없는 그런 것에서부터, 즉 살아 있는 것의 근본구성요소로서의 그런 것에서부터, 그 살아 있는 것의 둘레를 한정 짓는 작업이 이행된다는 식으로 일은 진행 되어간다. 생물학이라는 과학은 자기가 묻고 있는 바로 그것을 아주 새롭게 기획투사해야 하는 과제 앞에 서 있다. (또는 바로 지금 말한 것과는 비록 당장에 부합하는 것은 아니지만 그래도 다른 관점에서 이야기해보면, 오늘 날에는 생명을 일종의 기계장치로서 보는 견해로부터의 해방이 문제되고 있다. 이러한 부정적인 경향은 최근에만 하더라도 '기계론, 생기론, 생명에 대한 목적론적 고찰 따위에 맞선 투쟁'이라는 구호에 의해서 주도되고 있었다. 생명에 대한 이러한 고찰은 또한 생명에 대한 기계론적인 파악과 마찬가지로 커다란 오해들을 안고 있다.) 이로써 또한 이미 다음과 같은 사실이 암시된 셈이다. 즉 이러한 커다란 과제는, 만약 사람들이 순전한 형태학과 생리학에 맞서 이제 동물 심리학을 옹호하고 나서기라도 하고 있다면 진척을 보지 못하고 있는 셈이고, 정말이지 제대로 개념파악마저 되지 못하고 있다. 왜냐하면 동물 심리학과 같은 그런 길 위에서는 동물의 동물성에서부터 이야기가 이루어지는 것이 아니라, 오히려 물리학적으로-화학적으로 먼저 손상을 입고 잘못 해석된 것이 인간에서부터 대충 건네받은 심리학의 도움으로 한 번 더 잘못 해석되고 있기 때문이다.

그러나 이 모든 것에서부터 이미 우리는, 어떤 커다란 어려움들이 **생명에 대한 형이상학적인 해석**을 에워싸고 있는지, 생물학이 자연과학 내부에서 자신의 고유한 본질을 쟁취하기가 얼마나 어려운지를 추측할 수 있다.

개개의 모든 과학의 실존—그리고 생물학의 실존 또한—은 역사적이기 때문에, 생물학의 발생과 그것이 형이상학과 맺는 관계를 다음과 같은 식으로 생각하고 맞추어놓을 수는 없다. 즉 생물학은 생명에 대한 충분한 형이상학적 이론을 갖추어놓을 때까지는 이를테면 자신의 실증적인 탐구작업을 손 놓고 기다린다고 말이다. 마찬가지로 또한 순전히 따로 그 자체로 존립하는 허공에 붕 떠다니는 형이상학적 이론도 오직 추후에만, 이른바 종합요약으로서 의의를 가지는 것이 아니다. 실증적인 탐구와 형이상학은 그런 식으로 분리될 수 있는 것이 아니며 서로 반목하며 싸울 수 있는 것이 아니다. 실증적인 탐구와 형이상학은 하나로부터 다른 하나로 자리가 바뀌어가며 운영이 이루어지는 그런 두 정거장이 아니다. 마치 단지 학문과 형이상학이라는 부문운영들이 문제가 되기나 하듯이, 그래서 형이상학은 개념들을 조달하고 과학들은 사실들을 조달하는 것이기라도 하듯이, 그렇게 실증적인 탐구와 형이상학과의 관계가 합리적으로, 공장을 운영하듯이 설치될 수 있는 것이 아니다. 오히려 과학과 형이상학의 내적인 통일성은 운명(Schicksal)의 한 소관사이다. 이 말은 다음과 같은 이중적인 점을 적중시킨다. 1. 과연 한 시대 속에서 지도자 격의 탐구가가 필수불가결한 부지기수의 노동자들과 기술자 옆에서 실존에 이르느냐 이르지 못하느냐에 한 과학의 가능성을 위한 모든 것이 언제나 달려 있다. 한 탐구가의 지도자적인 품성은, 그가 행하는 발견들이 얼마나 놀라운 것이고 얼마나 비상한 것인가 하는 데에 존립하는 것이 아니라, 오히려 그가 탐구하는 분야의 가장 기초적인 사태내용과 더불어 그가 얼마나 근원적으로 함께 자라나왔는가 하는 데에 존립한다. 가장 기초적인 사태내용과 더불어 한 탐구가가 실제로 근원적으로 함께 자라나와 있기 위해서, 이러한 실제의 근원성이 반드시 정비된 철학과 형이상학에 의해 명시적으로 떠받쳐져야 할 필요는 없다. 이 철학과 형이상학이 본디 의도하는 것은, 의약품처럼 신속하게 사용되는 데에 있는 것이 아니라, 오히려—그렇게 즉각적으로 써먹힐 수 있느냐 없느냐를 떠나서—은근히 자라나올 바로 저 자연적인 근원성에 대비하기 위해 현존재를 훈련시켜야 한다는 예상할 수 없는 과제에 있다. 2. 운명으로서의 하나의 참된 과학의 가능성을 위한 두 번째 근본조건은 다음과 같다. 즉 탐구가와 같은 그러한 인간들을 참고 기다려 거기에-존재[현-존재]하게 해줄 수 있을 만큼 동시대인들이 충분히 깨어 있어야 하고 충분히 강해야 한다. 본질적인 것을 창출할 다른 이들을 거기에 존재하게 해줄 수 있는 바로 이러한 능력과 확신이 오늘날 우리에게 결여되어 있다—이것이 바로 의심스럽게 되어버린 시대가 가시는 특징의 하나이다. 우리는 큰 소문들[센세이션]에 반응을 보이고 있다. 왜냐하면 우리는 오직 큰 소문들만을 갈구하며 그것을 위대함과 혼동하기 때문이다. 큰 소문들을 갈구하는 이러한 굶주림에 상응히게 또한 우리는 찬사를 베푸는 데에도 후하며 제멋대로이다. 그러나 그만큼 또한 우리는 본질적인 것에서 크게 벗어나 있다. 그 까닭은, 우리가 참된 존경의 능력을 좀처럼 내보이지 않으며, 그래서 존경할 만한 것에 대해서 우리들이 서로서로 정보를 나누어 가지지도 않으며, 존경 속에 서로를 좀처럼 강하게 간직하지도 않기 때문이다. 아주 구체적으로 그리고 다행스럽게도 바로 동물학과 관련해 이야기해보면, 수백 명의 자연 전문가와 자연 전공 대학생들 중에 얼마나 많은 이들이 슈페만(Hans Spemann)과 같은 탐구가의 품격으로부터는 조금도 감화됨이 없이 우리 대학의 동물학 연구소를 거쳐가고 있는가? 이때의 감화됨은 공허한 개인숭배에서 드러나서는 안 된다. 오히려 그것은 오직 개인이 그 탐구가의 세계 안에서 움직일 적에 가지는 그런 경건함 가운데에서만 증명될 수 있다.

실증적 탐구와 형이상학의 관계는 조직된 운영이나 협약의 소관사가 아니라, 운명이다. 다시 말하자면 그 관계는 언제나 상호적인 공동유대를 위한 내적인 준비에 의해 함께 규정된다. 내가 이 점을 건드리는 까닭은 이러한 준비 상태가 오늘날의 우리 대학들에는 결정적이기 때문이다. 실증적 탐구와 형이상학, 이 양쪽에서 그러한 준비의 결여를 특징적으로 나타내는 표식들이 있다. 철학 쪽에서 보면 그것은 철학 특유의 '지적인 오만함(Überklugheit)'이다. 이러한 지적인 오만을 부려서 우리는 그저 듣고 읽어서 습득했을 뿐인 개념들 및 개념정식들에 대한 철학적 앎을 밑바탕으로 하여 우리 자신이 뛰어나다고 여기며, 밖에서부터 규정된 과학들에 대해 선생 티를 내며 가르치려고 든다. 철학적 앎은 더 보편적인 앎이며, 그러기 때문에 그것이 뛰어난 앎이라고 추정해볼 수 있다. 그러나 공허한 더 잘 앎의 이러한 지적인 오만함은 결코 사태에서 자라나온, 그 사태들에서부터 투쟁하여 얻어낸 이해가 아니다. 가상철학의 이러한 지적인 오만함에 상응하는 것이 실증적 탐구 쪽에서는 곧, 이른바 사실들을 증거로 끌어다 대는 '고지식함(Verstocktheit)'이며 몰이해이다. 이 몰이해는 하나의 사실이 따로 그 자체만으로는 아무것도 내주는 것이 없다는 것—즉 장 안으로 이끌려지는 개개의 모든 사실은 이미 항상 하나의 해석에 의해 채색되어 있다는 것—을 이해하지 못하고 있다. 철학의 저 지적인 오만함과 과학의 이 고지식함은 서로가 각기 허공에 대고 말을 하는 저 구제할 길 없는 완강함을 낳고 가상의 자유를 낳는다. 여기에서의 자유는 마침내 서로 다른 저 철학과 과학에 각기 고유한 장을 맡겨주기야 하겠지만, 그 밑바탕에서 보면 그것은 그저 불안정성에 지나지 않으며, 이러한 불안정성은 형편없고 불충분한 것이라면 어느 것이나 다 안고 있는 것이다. 이러한 상태가 오늘날의 과학에서 특징적이다. 그리고 그것은 오늘날의 학문 속에 깊이 도사린 위험이다. 이러한 위험은 그것이 본래적으로 인식되어 있지 않고 이해되어 있지 않을 때 더욱더 불길하다. 그런데 이와는 반대로 사람들은 그러한 상태에서 하나의 이상 상태를 위한 시작을 보는데, 그것에 따르면 과학은 일종의 그 자체 안에서 진행되는 기술이 되고 있으며 그리고 철학은 이른바 일반 교양의 한 구성요소가 되고 있다. 현실적인 형이상학과 현실적인 과학 사이에 존립하는 현실적인 공동유대를 우리가 이렇게 예비하지 않고 있다는 것은 분명한 사실이다. 더군다나 얼마 동안은 마치 과학 그 자체가 뒤흔들리기 시작하는 것처럼 보이기도 했다. 그렇기 때문에 이미 '과학들의 토대위기'라는 구호까지 등장했을 정도이다. 그러나 그러한 위기가 진지하게 터져 나오지 못하고 특히 필요한 지속을 획득하지 못하는 까닭은, 새로운 과제들이 안고 있는 그 엄청나고도 기본적인 내용에 상응하는 시야의 폭을 우리가 얻을 수 있을 만큼 그렇게 큰 폭으로 우리 자신이 뒤흔들려지지는 못하고 있기 때문이다. 과학이 그만한 뒤흔들림을 감수하려고 하지 않는 까닭은, 과학이 이미 너무나 실천적-기술적 봉사 가능성에 넘겨져버렸기 때문이다. 한쪽[형이상학]에서는 근본개념들을 만들어내고, 다른 한쪽[실증과학]에서는 사실들을 조달한다는 점은 변함없이 그대로 남아 있다. 그 점들이야말로 오늘날 과학과 철학이 맺고 있는 관계에 대한 본질적인 실존적 이유들이다. 그 점들은, 과학과 철학 사이의 관계에 대해서 꼭 필요한 안전성을 우리에게 마련해주지 않으면 안 될 그런 필연성 안으로 우리가 옮겨놓아질 경우에, 우리로 하여금 제자리를 발견하는 것을 어렵게 만드는 이유들이다.

　이 점들을 미리 지적해 제시함으로써 애초부터 우리는, 과학이란 곧 타당한 명제들의 연관이고 그 타당한 명제들 배후에는 타당하게 하는 다른 또 어떤 것이 놓여 있다는 그릇된 견해에서부터는 벗어나 있는 셈이다. 우리는 과학을 그렇게 파악하지 않고, 오히려 인간 현존재의 한 실존 가능성으로서 파악한다. 이때의 실존 가능성은 인간 현존재에게 필연적인 가능성이 아니라, 오히려 실존의 한 자유로운 가능성이다. 여기에서 우리는 다음과 같은 사실을 본다. 즉 이러한 자유로운 가능성은 그 근본성격을 역사성에 두며, 그리고 그 자유로운 가능성의 전개양식은 조직화의 한 소관사, 즉 철학적 체계의 지배의 소관사가 아니라, 오히려 그때그때의 현존재가 그때마다 짊어지는 운명의 소관사라는 것이다. 이러한 운명 속으로 우리가 들여놓아져 있는 한, 만약 우리가 이에 상응하는 이해를 우리 곁에 심기만 한다면, 우리는 더욱 생생한 철학과 더욱 생생한 과학 사이의 연관을 위한 올바른 관계를 획득하게 될 것이다. 그러한 일은 가르쳐질 수 있는 것이 아니라, 오히려 실존이 얼마나 깊이 성숙해 있느냐에 달린 일이다.

　이러한 연관을 밑바탕으로 하여 우리는 아무튼 일정한 방식으로 동물학에 대해 알아보지 않으면 안 되게 되었다. 그러나 우리는 그 일을 행하되, 탐구의 현황을 보고하고 여러 상이한 이론들을 다루는 식으로 피상적으로 행해서는 안 된다. 오히려 우리가 눈을 떼지 말아야 할 점은 오직 다음과 같다. 즉 살아 있는 것을 다루는 그 모든 분과들은 오늘날 하나의 기이한 변형작업을 하는 가운데에서 개념파악되고 있는데, 이 변형작업의 근본추세를 보면, 그것은 생명에 그 독자적인 권리를 되찾아주려는 쪽으로 나아가고 있다. 그러한 작업은 문제의 전체 역사가 보여주듯이, 아무런 문제 없이 자명하거나 손쉬운 일이 아니다. 생명을, 다시 말해서 동물과 식물의 존재양식을 인간에서부터 해석하거나, 아니면 생명을 다른 한편으로 물질적 자연에서부터 끄집어낸 법칙적인 과정의 도움을 빌려 설명하는 일이 시도되는 것을 우리는 생명문제의 전체 역사 내에서 관찰할 수 있다. 그런데 이 두 설명의 시도에서 잔여물들이 결과로 나오는데, 그것들은 어떻게 설명될 수가 없는 것들이며 대개는 빼놓고 설명되는 것들이다. **생명을 그 자체로부터 그 본질내용**에서 일차적으로 확보해야만 하는 필연적인 과제에 대한 결의 섞인 시도와 통찰은 저 모든 설명에서는 빠지고 없다. 문제의 역사가 보여주듯이 그러한 시도와 통찰이 아무런 문제없이 성공하는 것은 아니라는 사실은 다음과 같은 점을 가리켜 보인다. 즉 이렇게 기이한 혼미스러운 도정들은 사유의 피상성에 기인하는 것이 아니라, 오히려 거기에는 그럴 만한 본질적인 이유들이 존립한다. 다른 한편으로 우리는 다음과 같은 사실을 관찰하고 있다. 즉 물질적인 자연과 인간의 실존 그 중간에 자리를 잡아 그것을 밑바탕으로 하여 생명을 보는 견해는, 인간을 비롯한 모든 것은 다 생명에서부터 해석된다고 하는 총체관을 위한 중심지, 즉 생물학적 세계관이 생겨나는 데에 종종 사용되고는 한다. 최근에 **막스 셸러**는 이렇게 물질적 존재자로부터 시작하여 생명과 정신에 이르는 단계들을 통일적으로 다루어보려는 작업을 일종의 인간학이라는 맥락 내에서 시도한 적이 있는데, 그때 그의 이러한 시도는 인간이란 자기 자신 안에 물리적 존재, 식물과 동물의 존재, 그리고 특수한 정신적인 존재 등 존재자의 모든 단계들을 그 자체로 통일시키는 존재라는 확신에 바탕을 두고 있었다. 나는 이 논제를 **셸러** 입장의 근본오류라고 여기는데, 그것이 **셸러**에게 형이상학에 이르는 길을 필연적으로 못 보게 막아버리고 있음에 틀림없다. 어느 정도까지 사정이 그러한지는 나중에 우리가 다루게 될 논의들에서 보게 될 것이다. 그럼에도 불구하고 다른 한편에서 보면 **셸러**의 물음제기는, 그것이 아무리 강령적인 것으로 머물고 말았다고 하더라도, 많은 점에서는 본질적이며 그 어떤 기존의 물음제기보다도 뛰어나다.

284 제46절 '동물은 세계 빈곤 속에 존재한다'는 논제를
'인간은 세계 형성 속에 존재한다'는 논제와의 관계에서 봄.
세계 빈곤과 세계 형성이 맺는 관계는 결코 우열적인
단계질서가 아님. '세계 빈곤'이란 곧 '세계 없이 지냄'임

이제 이러한 원칙적인 검토에서 원래 우리의 논제 '동물은 세계 빈곤 속에 존재한다'로 다시 돌아와보면, 우리는 이렇게 말해야 할 것이다. 즉 생물학의 최신 탐구를 사람들이 철학적인 시각을 가지고서 읽어낼 줄 안다고 가정해본다면, 그 경우 우리의 논제를 예로 들어 보일 가능성이 생물학의 최신 탐구에 의해서 대대적으로 부추겨지고 있다고 말이다. 또한 그 논제는 개개의 모든 형이상학적인 논제가 다 그렇듯이, 실증적 탐구로 하여금 원칙적인 숙고를 하도록 강요할 수 있는 논제이다. 아니, 더군다나 첫눈에 보기에 이 논제는 바로 가장 설득력 있고 원칙적인 생물학적-동물학적 숙고들에 역행하는 것처럼 보이기까지 한다. 윅스퀼(Jakob Johann von Uexküll) 이래로 **동물의 주위세계**에 관해서 이야기하는 것이 관례처럼 되어 있다는 것을 우리가 상기해본다면, 우리의 논제는 그러한 관례에 거슬러 오히려 '동물은 세계 빈곤 속에 존재한다'고 말하는 것이다. 만약 우리가 지금, 새로운 생명 이론에 대해서 상세하게, 또한 철학적으로 해석해보이면서 보고 하는 일에 관여할 수 있다면, 우리는 그러한 일에서 많은 것을 배울 수 있을 것이며, 그것은 또한 우리가 당면한 문제의 틀을 이해하는 데에도 유익할 것이다. 지금 여기 이 자리에서는 그러한 일은 포기해야만 하겠다. 고찰들의 주요 무게가 생명(동물과 식물)에 대한 주제적인 형이상학에 실려 있지는 않기 때문에, 더욱더 우리는 그것을 포기해야 한다.

'동물은 세계 빈곤 속에 존재한다'는 논제를 우리는 다른 두 논제인 '돌은 세계 없음 속에 존재한다'는 논제와 '인간은 세계 형성 속에 존재한다'는 논제 사이에 세워놓기로 한다. 만약 우리가 이 두 번째 논제를 세 번째

논제와의 관계에서 취한다면, 그 경우 그 두 번째 논제가 무슨 의미로 말해진 것인지 즉각 명확해진다. '세계 빈곤(Weltarm)'—'풍부함'과는 맞구별되는 '빈곤감(Armut)'—'더 많음'에 견주어 '더 적음'. 동물은 세계 빈곤 속에 존재한다. 동물은 덜 가지고 있다. 동물은 무엇을 덜 가지고 있는가? 동물에게 접근될 수 있는 그런 것, 동물이 동물로서 그것과 왕래할 수 있고 그것에 의해서 동물이 동물로서 관심을 가질 수 있고 그것에 대해서 살아 있는 것으로서의 동물이 관련을 맺는 그런 것을 동물은 덜 가지고 있다. '더 많음'과 구별되는, 즉 인간 현존재의 연관들이 갖추고 있는 '풍부함'과는 구별되는 '더 적음'. 보기를 들어보면, 꿀벌에게는 자신의 벌집이 있으며 봉방들이 있고 자신이 찾아다니는 꽃들이 있고 자신과 더불어 떼를 이루고 있는 다른 벌들이 있다. 꿀벌들의 세계는 하나의 특정한 구역에 국한되어 있으며 그 세계가 둘러싸는 범위 내에 그 세계가 고정되어 있다. 개구리의 세계, 피리새의 세계 등의 경우에도 사정은 꿀벌들의 세계의 경우와 매한가지이다. 그러나 각각의 모든 개별 동물의 세계는 그 범위 내에 한정될 뿐 아니라, 그 동물이 접근할 수 있는 바로 그것 속으로 침투할 수 있는 양식에 한정되기도 하다. 일벌은 자신이 찾아가는 꽃들과 그 꽃들의 색깔과 향내를 잘 알고는 있지만, 이 꽃들의 수꽃술을 수꽃술로서 잘 알지는 못하며, 초목의 뿌리들을 알지 못하며, 수꽃술과 꽃잎의 수와 같은 것을 알지 못한다. 이에 비하여 인간의 세계는 풍부한데, 그 범위에서 볼 적에 더욱 크고 그 침투 가능성에서 볼 적에는 더욱 멀리까지 미친다. 즉 인간의 세계는 끊임없이 광범위하게 증가할 수 있을 뿐만 아니라(사람들은 그저 존재자만을 더 가져다가 붙이면 된다), 또한 그 세계는 그 침투 가능성과 관련해서도 점점 더 두루두루 스며들 수가 있다. 그렇기 때문에 세계와의 이러한 연관은 인산이 이러한 연관을 치지하고 있는 그대로, 다음과 같이 성격규정될 수 있다. 즉 우리는 인간이 그것과 행동관계를 맺고 있는 바로 그것의 증가 가능성에 관해서 이야기하고 있는 것이며, 그리고 그 때문에 우리는 세계 형성에 관해서 이야기하고 있는 것이라고 말이다.

만일 '세계 빈곤'-'세계 형성'이라는 구별을 우리가 이러한 형태로 더 가까이 살펴본다면, 그 경우 그것은 그때마다 접근될 수 있는 존재자를 차지하는 데에서 완전성의 단계들을 등급으로 구별지어놓은 것으로서 받아들여질 것이다. 여기에서부터 우리는 이미 세계의 개념까지도 끄집어내는 셈이다. 이때 세계라는 말은 우선, 동물에게 접근 가능한 존재자이든 아니면 인간에게 접근 가능한 존재자이든 간에 아무튼 그때마다 접근 가능한 존재자의 총합을 뜻하며, 그것은 침투의 범위와 깊이에 따라서 달라진다. 또한 '세계 빈곤'은 이것보다 더 높은 가치가 있는 것으로서의 '세계 형성'에 비해서 그 가치가 더 보잘것없다. 거기에 대해 더 계속해서 말할 필요가 없다는 것은 너무나 명백하다. 이러한 사려들은 너무나 자명하고 오래 전부터 너무나 잘 알려져 있어서, 사람들은 그것들에 관해 떠벌릴 만한 것이 뭐가 있는지 그리고 가령 동물의 동물성을 본질적으로 규정하는 데에 이러한 구별이 무슨 기여를 할 수 있는지를 이해하지 못한다. 겉으로는 마치 우리가 이러한 실태를 이를테면 세계와 주위세계라는 특별한 단어들을 끌어들여서 보기 좋게 치장하고 있는 것처럼 보인다.

그렇다. 동물의 세계 빈곤과 인간의 세계 형성에 대한 묘사된 관계는 이렇듯 자명한 것이 가지는 의심스러운 명확성을 띠고 있는데, 그런 명확성이란 잡자마자 이내 곧 사라져버린다. 그러나 그럼에도 불구하고 우리는 이러한 가상적인 명확성을 잘 알고 있어야 하는데 그래야만 우리는 저 이른바 지극히 자연스러운 사려라는 것들이 어느 때나 쉽게 증거로 끌어들이는 것이 무엇인지를 알 수 있기 때문이다. 존재자의 접근 가능성 내에서 등급 지어져 구별되는 관계—'더', '덜', '더 보잘것없는', '더 높은' 따위, 즉 완전성의 단계들의 관계—가 결과로 얻어졌다. 그럼에도 불구하고 대략적으로 숙고해보면, 과연 빈곤감(Armut)이라는 것이 그 자체 반드시 풍부함에 비해서 더 보잘것없는 것인가 하는 의문이 이미 들고 있다. 어쩌면 빈곤이 풍부함에 비해서 오히려 더 높은 것일 수도 있다. 어쨌든 동물과 인간 사이를 이렇게 세계 빈곤감과 세계 형성이라는 성격규정에서 비교하는 것은 결코 완전성과 불완전성에 의거하여 가치를 어림잡고 가치를 매기고 하는 따위의 일을 허용하지 않는다─그렇게 가치를 어림잡는 것이 실제로는 성급하고 적절하지 못하다는 점은 오롯이 제쳐놓고서 본다고 해도 그렇다. 왜냐하면 만일 우리가 한 마리의 매의 눈이 지니는 파악능력을 인간의 눈이 지니는 파악능력과 비교해본다거나 또는 개의 후각능력을 인간의 후각능력과 비교해본다면, 그 경우 존재자에 접근할 가능성들 가운데 어느 가능성이 더 높은 완전성을 띠고 어느 가능성이 더 보잘것없는 완전성을 띠느냐 하는 물음에 직면하여 우리는 즉각 매우 커다란 당혹스러움에 빠지게 될 것이기 때문이다. 인간의 가치를 헤아려 인간을 동물에 비해 더 높은 존재로서 여기는 데에서 우리는 그토록 재빨리 반응을 보이기는 하지만, 그렇게 가치를 매기는 것은 아주 의심스럽다. 특히 인간이 동물보다 더욱 깊이 타락할 수 있다는 점을 고려할 때에 그렇다. 동물은 인간이 타락하는 식으로 그렇게 타락하는 법은 결코 없다. 물론 여기에서부터 귀결되는 것은 결국 '더 높음'이 필연적이라는 것이다. 여기에서부터 우리는 무엇과 관련하여 높이와 깊이에 관해서 우리가 여기에서 이야기하고 있는지가 불분명하다는 사실을 알 수 있다. 본질적인 차원에서 볼 때 도대체 더 높은 것과 더 낮은 것이 있는가? 인간의 본질이 동물의 본질보다 더 높은가? 이 모든 것이 이미 물음으로서는 의문스럽다.

그러나 이러한 통상적인 가치평가가 난시 동물과 인간과의 관계에서만 의문스러운 것은 아니며, 그렇기 때문에 그것의 정당성과 한계들 그리고 그 성과를 검토해볼 필요가 있다. 의문스러움은 동물의 왕국 자체 **내부**에서 가치를 매기는 네에도 존립한다. 물론 여기에서도 우리는 더 높은 동물들과 더 낮은 동물들에 관해서 이야기하는 데에 익숙하다. 그리고 그럼에도 불구하고 아메바들과 적충류들이 코끼리들과 원숭이들보다 더 불완전한 동물이라고 생각하는 것은 일종의 근본적인 오류이다. 각각의 동물과 각각의 동물 종은 다른 동물 및 다른 동물 종과 똑같이 그 자체로서 완전하다. 지금까지 말한 이 모든 것들과 더불어 다음과 같은 점이 뚜렷해지고 있다. 즉 세계 빈곤과 세계 형성에 관한 이야기는 애초부터 일종의 우열적인 단계질서라는 의미로 받아들여질 수는 없다는 것이다. 물론 하나의 관계와 구별이 표현되고 있기는 하지만, 그러나 그것은 다른 견지에서 그렇게 표현되는 것이다. 어떠한 견지에서 그런가? 그 점을 우리는 곧 찾아나서보기로 한다. 그러기 위해서 우리는 빈곤감이라는 개념을 또한 알맞게 규정하며 이 규정된 개념에 세계라는 현상과 연관해서 특수한 뜻을 부여할 필요가 있다. 그렇게 함으로써 우리는 세계 빈곤에 관한 논제를 개념파악하게 될 수 있을 것이다.

빈곤(Arme)은 결코 '더 많음'이나 '더 큼'에 비하여 순전히 '더 적음'이거나 '더 보잘것없음'이 아니다. '빈곤 속에 있음'이라는 말은 단순히, 다른 이들에 비해서 소유하는 것이 아무것도 없다거나 또는 소유하는 것이 거의 없다거나 또는 덜 소유한다는 것을 일컫지 않는다. 오히려 '빈곤 속에 있음'이라는 말은 '없이 지냄(Entbehren)'*을 일컫는다. 이 '없이 지냄'은 다시 또 여러 상이한 방식으로 가능하다—그것은 다음과 같은 견지에서 가능하다. 즉 가난한 사람은 어떻게 없이 지내며, 없이 지내는 가운데 그는 어떤 태도를 취하는지, 없이 지내는 데에 대해 그는 어떤 입장을 취하는지, 어떻게 그는 없이 지냄에 임하는지, 간략히 말해서, 무엇이 없어서 그가 없이 지내며 특히 어떻게 그가 없이 지내는지, 즉 없이 지내면서 그의 심정은 어떠한지—빈곤-감(Ar-mut). 물론 빈곤감이라는 말을 우리가 이렇게 본래적인 의미로, 즉 인간의 빈곤존재에 관련된 의미로 사용하고 이해하는 경우는 거의 드물다. 오히려 빈곤감이라는 그 말을 우리는 '빈곤한(arm)', '절실한(ärmlich)'이라는 말들이 지닌 좀더 넓고 원만한 뜻으로—물이 적은 강줄기—더 많이 사용하고는 한다. 그러나 여기에서도 다른 때에나 들어맞는 일종의 '더 많음'에 대비되는 그런 순전한 '더 적음'은 존립하지 않는다. 오히려 '빈곤한'이라는 말은 '부족하게 가지고 있는', '만족스럽지 못한'을 뜻 288 한다. '빈곤 속에 있음'은 여기에서도 일종의 눈앞에 있을 법하며 으레 눈앞에 있어야 할 바로 그와 같은 것이 빠지고 없음, 그리고 부재하고 있음이다. '빈곤한'이라는 말이 지닌 이 원만한 뜻은 처음에 언급한 뜻과는 구분될 수 있는데, 처음에 언급한 그 뜻은, '심정 어린 채로 있음(Zumutesein)'의 한 양식으로서의 빈곤 속에 있음이었다. 그러한 '심정 어린 채로 있음'의 한 양식을 우리는 '궁색한(armütig)'이라는 낱말을 통해서 표현하되, '굴욕적인(demütig)', '침울한(schwermütig)'과 같은 낱말에 알맞게 표현해야 한다. 그 '궁색한'이라는 낱말로 우리가 표현하는 바는 다음과 같다. 즉 '빈곤 속에 있음'이라는 것은 하나의 순전한 속성이 아니고, 오히려 그것은 인간이 입장을 취하고 태도를 취하는 양식이며 방식이다. 인간의 실존이라는 의미에서의 이러한 본래적인 빈곤 속에 존재함이 비록 일종의 '없이 지냄'이며 그리고 '없이 지냄'이어야 할지라도 그것은 다음과 같은 식으로 그렇다. 즉 '없이 지냄'에서부터는 현존재를 위한 투명성과 내적인 자유의 한 독특한 능력이 길어내어지고 있다고 말이다. 궁색함(Armütigkeit)이라는 의미에서의 빈곤 속에 있음은 소유에 대한 일종의 순전한 무관심이 아니고, 오히려 그것은 '우리는 가진 것이 없는 것 같다'고 하는 그런 특출난 '가지고 있음'이다. '빈곤감'이라는 이 원만한 개념은 명사로서 그 두 가지 뜻을 다 의미하고 있다. 그러니까 그 개념은 강물의 부족함까지도 의미하는 셈이다. 다만 강물이 부족하여 없는 경우에는 강물 그 자체가 그 어떤 방식으로 심정 어린 채 존재하는 것일 수는 없다.

이제 '빈곤감'이라는 표현은 '세계 빈곤'이라는 것과 결합해서는 어떠한 뜻을 가지는가? 동물의 '세계 빈곤감'은 어떻게 이해될 수 있는가? 어떠한 의미로 동물의 왕국은 빈곤한가? 그것이 우선은 불분명하다. 그것을 우리는 언어적인 논의를 통해서는 결정지을 수 없고, 오히려 오직 동물성 자체

쪽을 향해서 눈길을 던지는 시선에서부터만 결정을 내릴 수 있다. 어쨌든 '세계 빈곤'이라는 말로써 순전히 양적으로 더 적다는 것은 표현되어 있지 않다. 그런데 이러한 언급은 동시에 다음을 말하는 것이다. 즉 '세계 빈곤'과 '세계 형성'이라는 칭호들에서 '세계'라는 말 자체는 존재자가 접근될 가능성의 양과 총합 그리고 등급 따위를 일컫기 위한 표현이 아니다.

289 제47절 '동물은 세계 빈곤 속에 존재한다'는 논제를 '돌은 세계 없음 속에 존재한다'는 논제와의 관계에서 봄. '세계 없음'은 '존재자에 이르는 접근통로가 없음'임. 세계를 존재자의 접근 가능성으로서 잠정적으로 성격규정함

그러나 우리는 그럼에도 불구하고 이제 '빈곤 속에 있음'—아무튼 어떻게든 없이 지낸다는 의미에서—이라는 좀더 특정한 개념의 도움을 빌려, 동물의 세계 빈곤이 무엇을 뜻하는지를 이해하는 데에 한 걸음 더 가까이 가려고 시도해볼 수 있다. 만일 '빈곤감'이라는 말이 곧 '없이 지냄'을 뜻한다면, 그 경우 '동물은 세계 빈곤 속에 존재한다'는 논제는 '동물은 세계 없이 지낸다', '동물은 어떠한 세계도 가지고 있지 않다' 정도를 말하는 것이라고 볼 수 있다. 그로써 세 번째 논제—'인간은 세계 형성 속에 존재한다'—와의 관계가 규정되어 있는 셈이다. 왜냐하면 인간은 하나의 세계를 가지고 있기 때문이다.

그러나 그러자마자 이제는 두 번째 논제가 첫 번째 논제—'돌은 세계 없음 속에 존재한다'—에 대해서 가지는 관계가 의문스러워진다. 겉으로 볼 적에는 마치 첫 번째 논제와 두 번째 논제 사이에 도대체 아무런 구별도 더 이상 존립하지 않는 것처럼 보일 정도이다. 돌은 세계가 없는 채로, 세계 없이 존재한다. 즉 돌은 어떠한 세계도 가지고 있지 않다. 돌과 동물, 이 둘은 어떠한 세계도 가지고 있지 않다. 그렇지만 '세계를 가지고 있지

않음'이라는 그 말이 그 두 경우에 똑같은 의미로 이야기되는 것이 아니다. 여기에 하나의 구별이 존립한다는 사실은 '세계 없음(Weltlosigkeit)'과 '세계 빈곤(Weltarmut)'이라는 상이한 표현들로써 제시되어 있다. 그러나 만일 그렇게 동물이 돌과 가까운 것으로 옮겨 놓인다면, 그 경우 이 두 방식들의 구별점에 대해서 결정적인 물음이 제기된다. 그 방식들에 따르면 일단 돌은 어떠한 세계도 가지지 않으며 그리고 그다음으로 동물은 세계를 가지지 않는다. '세계가 없다'는 것과 '세계가 빈곤하다'는 것은 각기 다 '세계를 가지고 있지 않음'이다. '세계 빈곤'은 '세계 없이 지냄'이다. '세계 없음'은 돌의 한 구성틀인데, 그것은 다음과 같은 것이다. 즉 돌은 도대체 세계 **없이 지낼 수조차 없다**. 순전히 세계를 가지고 있지 않다는 것만으로는 여기에서 충분하지 못하다. 없이 지냄의 가능성은 그 이상의 조건들을 요구한다. 그렇다면 '돌은 세계 없이 지낼 수조차 없다'는 말은 무엇을 일컫는가? 이 점을 시급히 해명할 필요가 있는데, 우선은 우리가 움직이고 있는 단계에서 그것을 설명해보기로 한다.

세계란—잠정적으로 우리는 이렇게 말해보기로 한다—각기 그때마다 접근 가능한 존재자이며 왕래 가능한 존재자인데, 이러한 존재자는 접근 가능하며 그것과 더불어 하나의 왕래가 가능하거나, 하나의 왕래가 존재자의 존재양식에 필연적이다. 돌은 세계 없음 속에 존재한다. 예컨대 돌이 길 위에 놓여 있다. 우리는 이렇게 말한다. 즉 그 돌은 땅바닥에 일종의 압력을 가하고 있다고 말이다. 이때 그 돌은 땅에 '맞닿아 있다'. 그러나 우리가 거기에서 '맞닿아 있다'라고 이르는 그것은 '만짐'이 아니다. 돌의 그러한 맞닿음은, 햇볕이 드는 돌 위에 한 마리의 도마뱀이 있을 때 이 도마뱀이 그 돌에 대해서 가지는 **그런** 관련이 아니다. 돌과 땅바닥의 이러한 맞닿음은 우리가 손을 어느 다른 사람의 머리에 얹을 때 경험하는 **그런** 맞닿음은 더욱 아니다. 무엇 위에 놓여 있음, 즉 맞닿아 있음은 이 세 경우들 모두에서 근본적으로 상이하다. 돌의 경우로 되돌아와보면—돌은 땅 위에 놓여 있으면서 땅을 만지고 있지는 않다. 돌에게는 그 땅이 땅으로서 **주어져 있지 않다는** 것은 말할 것도 없거니와 돌에게는 그 땅이 받침대로서, 즉 그 돌을 떠받치는 것으로서 **주어져 있지도 않으며**, 돌은 결코 땅 위에 놓인 가운데 이 땅 그 자체를 탐지할 수도 없다. 돌은 길가에 그냥 놓여 있을 뿐이다. 만약 우리가 그 돌을 집어 들어 풀밭 쪽으로 던질 경우, 그 돌은 풀밭에 그대로 놓이게 될 것이다. 물이 가득 고인 도랑 속으로 우리가 돌을 밀어 넣는다고 해보자. 그 돌은 물속으로 잠겨들어 바닥에 가라앉은 채로 남는다. 돌은 그때그때 형편에 따라서 여기에서 발견되기도 하고 저기에서 발견되기도 하며, 다른 사물들 가운데에서 발견되기도 하고 다른 사물들 사이에서 발견되기도 하는데, 물론 다음과 같은 식으로 그렇다. 즉 돌이 다른 어떤 것 가운데에서 눈앞에 있다고 하더라도, 이 다른 어떤 것은 그 돌에게는 본질상 **접근될 수 없다는** 것이다. 돌이 다른 어떤 것 가운데에서 발견되더라도, 이 다른 어떤 것 그 자체에 다다라 그것을 차지하기 위해서 이 다른 어떤 것에 이르는 그 어떠한 접근통로도 돌은 자신의 돌 존재에서는 도대체 가지고 있지 않기 때문에, 돌은 또한 도대체 없이 지낼 줄도 모른다고 볼 수 있다. 돌은 존재한다. 다시 말해서 돌은 이런 돌이기도 하고 저런 돌이기도 하며 그리고 돌 그 자체가 여기에 있기도 하고 저기에 있기도 하며 또는 돌이 눈앞에 있지 않기도 하다. 돌은 존재한다―그러나 존재자 가운데에서 돌이 그 나름의 양식(눈앞에 있음)에 따라 존재하는 가운데 이 돌에게는 존재자에 이르는 **접근통로가** 본질적으로 **빠져 있음이** 돌의 존재에 속한다. 돌은 세계 없음 속에 존재한다. 한 존재자가 **세계 없음 속에 존재한다고** 함은 이제 다음을 말하는 것이다. 즉 해당 존재자가 존재자 가운데에서 존재하는 가운데 존재자에로 (존재자로서) 접근할 수 있는 통로가 해당 존재자에게는 빠져 있다는 것이 이 해당 존재자의 존재양식에, 이 해당 존재자의 존재양식을 각기 그때마다 곧바로 성격 짓는 것으로서, 속해 있다. 이렇게 돌에게는 접근통로가 **빠져 있다는** 것을 일종의 결함이라 우겨서는 안 된다. 왜냐하면 접근통로가 이렇게 빠져 있다는 것이야말로 특수한 존재를, 다시 말해서 물질적이고 물리적인 자연의 존재연관과 그러한 자연의 법칙성을 가능하게 해주는 것이기 때문이다.

도마뱀은 햇볕에 데워진 돌 위에서 단순히 발견되기만 하는 것이 아니다. 도마뱀은 햇볕에 데워진 돌을 찾아내고, 늘 그 돌을 찾아가고는 한다. 만약 그곳에서부터 도마뱀을 다른 곳으로 옮겨 놓아본다면, 그 경우 도마뱀은 그곳에 그냥 놓인 채로 머물러 있지 않고, 오히려 그것은 먼저의 그 돌을 다시 찾아나선다―과연 도마뱀이 그 돌을 다시 발견하게 되느냐 못 하느냐 하는 것은 아무래도 상관이 없다. 도마뱀이 햇볕에 몸을 쬐고 있다. 우리는 그렇게 말하지만 그럼에도 불구하고, 이때 도마뱀이 마치 우리가 햇볕 속에 있을 때처럼 그런 태도를 취하는지, 도마뱀에게는 과연 해가 해로서 접근될 수 있는지, 도마뱀에게는 과연 바위판이 바위판으로서 경험될 수 있는지 의심스럽다. 그러나 그렇다고 하더라도, 해에 대해서 그리고 따스함에 대해서 도마뱀이 맺는 관련은 햇볕 속에 눈앞에 있는, 그리고 햇볕에 데워져 있는 그 돌에 대해서 도마뱀이 맺고 있는 관련하고는 다르다. 설령 도마뱀의 존재양식에 대해서 심리학적으로 풀어놓은 온갖 거꾸로 뒤바뀐 성급한 해석들을 우리가 피하고 그 해석들에 우리가 느끼는 감정을 '이입하지' 않는다고 하더라도, 우리는 도마뱀의 존재양식에서, 즉 **동물의 존재양식**에서 일종의 **물질적인 사물의 존재양식**과는 대비되는 하나의 구별점을 보게 된다. 도마뱀이 그 위에 엎드려 있는 그 바위판의 광물학적인 성질을 혹시 탐문할 수 있을지 어떨지는 모르겠지만, 도마뱀에게는 그 바위판이 바위판**으로서는** 주어져 있지 않다. 도마뱀이 몸을 쬐고 있는 그 해에 대해서 혹시 도마뱀이 천체 물리학적인 물음들을 제기하여 대답들을 줄 수 있을지 어떨지는 모르겠지만, 도마뱀에게는 그 해가 해로서는 주어져 있지 않다. 그러나 또한 마찬가지로 도마뱀은 단지 바위판 **옆에서** 그리고 예컨대 해와 같은 다른 사물들 **가운데에서만** 마치 그것들 옆에 나란히 놓여 있는 하나의 돌처럼 그렇게 눈앞에 있는 것만도 아니다. 오히려 도마뱀은 바위판과 해와 다른 사물들에 대해서 그 나름의 **고유한** 하나의 **관련**을 맺고 있다. 사람들은 분명 다음과 같이 말하고 싶다는 유혹을 느낄 것이다. 즉 우리가 거기에서 바위판과 해로서 맞대하고 있는 바로 그러한 것들은 도마뱀에게는 다름 아닌 바로 그 도마뱀의 사물들이라고 말이다. 만일 우리가 도마뱀이 바위판 위에 놓여 있다고 말한다면, 그 경우 우리는, 그 위에 도마뱀이 놓여 있는 바로 그것이 그 도마뱀에게는 비록 바위판**으로서는** 알려져 있지 않더라도 도마뱀에게 그것이 **아무튼 그 어떤 방식으로는** 주어져 있다는 것을 넌지시 가리켜 보이기 위해서, '바위판'이라는 낱말을 줄로 그어 지워야 할 것이다. '바위판'이라는 낱말을 줄로 그어 지운다고 함은, '바위판'이라는 낱말이 지칭하는 것과는 다른 어떤 것이 받아들여지고 그것이 '바위판'이라는 낱말이 지칭하는 것과는 다른 어떤 것으로서 간주된다는 것을 뜻한다고도 볼 수 있겠지만, 오히려 줄로 그어 지운다는 그 말은, 도마뱀에게 주어져 있는 그것이 도마뱀에게는 도대체 **존재자로서는** 접근될 수 없다는 것을 뜻한다. 딱정벌레 한 마리가 풀줄기에 붙어 그 풀줄기를 기어 오르고 있다. 이때 이 풀줄기는 그 딱정벌레에게는 어떠한 풀줄기도 아니며, 결코 나중에 농부가 자신이 기르고 있는 암소에게 사료로 주려고 건초로 만들어 묶어놓게 될 그런 가능적인 건초가닥으로서의 한 가닥 풀줄기도 아니다. 오히려 그 풀줄기는 그 위에서 딱정벌레가 여느 먹이감이 아닌 바로 딱정벌레의 양분을 쫓아 더듬어가는 일종의 딱정벌레의 길이다. 동물은 동물로서 각기 자신의 양분과 먹이에 대해서, 자신의 적수에 대해서, 자신의 배우자에 대해서 특정한 관련들을 맺는다. 우리에게 파악되기란 무한히 어려운 그리고 방법적으로 앞서 보는 데에는 하나의 커다란 척도를 요구하는 그와 같은 관련들은 하나의 독특한 근본성격을 띠는데, 그것은 형이상학적으로는 지금까지도 아직 전혀 고찰된 적이 없고 개념파악된 적이 없다. 그러한 근본성격을 우리는 나중에 해석을 끝맺을 즈음에 알게 될 것이다. 동물은 자신의 양분의 범위, 먹이의 범위, 적수의 범위, 배우자의 범위에 대해서 하나의 특정한 관련을 맺을 뿐만 아니라, 또한 동시에 동물은 그의 생명이 지속되는 동안에, 그가 물속에 존재하건 공기 속에 존재하건 물과 공기 둘 다의 속에 존재하건, 각기 그때마다 하나의 특정한 매개물 속에 머무른다. 그것도 그에게 속한 그 매개물이 그에게는 식별되지 않는다는 식으로, 그러나 그에게 알맞은 그 매개물에서부터 곧바로 하나의 낯선 매개물 속으로 그가 옮겨 놓이게 되자마자 즉각 비켜나려고 하고 등을 돌리려고 하는 경향이 유발된다는 식으로 그렇다. 이렇듯 동물에게 접근될 수 있는 것에는 여러 가지가 있는데 그것은 임의적인 것이 아니며 그리고 그 한계는 임의적으로 그어져 있는 것이 아니다. 동물이 **존재하는 양식**, 즉 우리가 '**생명**'이라고 부르는 그런 양식에는 접근통로가 빠져 있지 않은데, 이 접근통로를 통해서 동물은 자신 곁에 또한 나란히 존재하기도 하는 바로 그것에 이르고는 하는 것이며, 이 접근통로를 통해서 동물은 그 가운데로 동물이 존재적인 생명체로서 나오는 바로 그것에 이르고는 한다. 그렇기 때문에 사람들은 이러한 맥락을 밑바탕으로 하여 다음과 같이 말한다. 즉 동물은 자신의 주위세계를 가지고 있으며 그러한 주위세계 속에서 움직이고 있다고 말이다. 동물은 그 생명이 지속되는 동안에 마치 일종의 넓혀지지도 좁혀지지도 않는 그런 통 속에서처럼 그의 주위세계 속에 갇혀 있다.

 만일 우리가 **세계**를 '**존재자에 대한 접근 가능성**'으로서 파악한다면, 그 경우 우리는 동물이 명백히 접근통로를 가지고 있는데도 어떻게 동물이 세계 빈곤 속에 존재한다고—그것도 '빈곤한 채로 있음'이라는 말이 '없이 지냄'을 말한다는 의미에서—주장할 수 있는가? 동물이 존재자를 다르게 접근할 수 있는 것으로, 그리고 좀더 좁은 한계 내에서 접근할 수 있는 것으로 가지고 있을 수 있는지는 몰라도, 동물이 도대체 세계 없이 지내는 법은 없다. 동물은 세계를 가지고 있다. '단적으로 세계 없이 지낸다'는 것은 분명 동물에게는 결코 해당되지 않는 것이다.

제48절 동물이 세계를 가지고 있으면서 세계를 가지고 있지 않음 : 세계개념의 해명을 시작하기 위한 자리를 획득함

지금까지 행한 비교 고찰을 통해서 이미 논제들이 뜻하는 바가 좀더 명확하게 설명되었다. 그러나 다시 말해보면 주도적인 논제, 즉 세계개념에 대한 물음은 더욱더 날카로워졌다. 세계 및 세계에 대한 관련이라는 말 아래에서 우리가 무엇을 이해해야 좋을지에 대한 당혹스러움이 더욱 커졌다. 만일 세계라는 말 아래에서 우리가 이해하고 있는 것이 존재자에 그때마다 접근할 수 있다는 것이라고 한다면, 만일 존재자에 접근할 수 있다는 것이 세계개념의 한 근본성격이라고 한다면, 그 경우 만약 살아 있는 것이란 곧 다른 것에로의 접근의 차원을 띠는 것이라고 한다면, 동물은 인간 쪽에 서 있는 셈이다. 우리는 동물과 인간에게서 일종의 '세계를 가지고 있음'을 발견한다. 다른 한편, 만일 동물의 세계 빈곤에 관한 중간 논제가 정당하게 존립해야만 하는 것이라고 한다면 그리고 빈곤이란 일종의 '없이 지냄'이고 '없이 지냄'은 일종의 '가지고 있지 않음'이라고 한다면, 그 경우 동물은 돌 쪽에 서 있는 셈이다. 그러므로 동물에서는 일종의 '세계를 가지고 있음'과 일종의 '세계를 가지고 있지 않음'이 동시에 내보여지고 있는 셈이다. 그것은 모순되는 일이며 그렇기 때문에 논리적으로는 불가능한 일이다. 그러나 형이상학과 본질적 차원은 건전한 인간 지성과는 다른 논리학을 가진다. 만일 '세계를 가지고 있으면서 세계를 가지고 있지 않음'에 관한 이러한 명제들이 동물과 관련해서 정당하게 존립하는 것이라고 한다면, 그 경우 우리는 한 번은 '세계'라는 말을, 그리고 또 한 번은 '존재자에 접근할 수 있음'이라는 말을 각기 상이한 의미로 사용하는 셈이다. 달리 말해서, 세계개념은 아직 해명되어 있지 않다. 세계개념이 어둠 속에 묻혀 있는 까닭에 우리는 아직 여기에서는 사정을 꿰뚫어 보지 못하고 있다. 그러나 어디에서 해명의 단초를 잡아야 하는지 그 자리는, 즉 해명의 매듭은 그나마 획득되된 셈인데, 우리는 우선 그 매듭을 푸는 일에 힘써야 한다. 매듭을 푸는 일은 오직 매듭의 감김을 우리가 뒤밟아 가보는 식으로만, 즉 '동물은 세계를 가지고 있다'-'동물은 세계를 가지고 있지 않다'는 명제들의 얽히고설킴을 뒤밟아 가보는 식으로만 가능하다. 이를테면 여기에서는 '세계 없음'과 '세계 형성'이라는 극단이 서로 얽히고설켜 있다. 여기에서 문제를 근원적으로 풀어내는 가운데 다음과 같은 점이 드러나야 한다. 세계라는 말은 무엇을 일컬으며 아직 더 중요한 것이 있다면 그것은 무엇인지, 과연 우리는 세계개념과 세계라는 현상을 이해하고 있는지, 아니면 세계라는 그 낱말은 우리에게는 그저 하나의 관용어에 지나지 않는 것인지 하는 점 말이다. 그 얽히고설킴은 동물에 대한 논제가 자리잡고 있는 중간 지점에서 표현되고 있다. 그러니까 동물의 본질 안으로 동물성 안으로 새로이 눈길을 던져볼 필요가 있다. 그러나 그러한 시도를 우리는 이제 더 이상 이미 시초에 그랬던 것처럼 소박하게 벌일 수는 없다. 왜냐하면 동물의 세계는—우리가 이미 그렇게 동물의 세계라고 말하고 있다면—인간의 세계가 띠는 양식이나 등급은 아니라는 결과가 나왔기 때문이다. 그렇다고 해서 동물은 그저 눈앞에 있는 어떤 것은 아니고, 오히려 동물은 그 존재양식에게서 볼 적에 그것이 '어떤 것에로의 접근 가능성'을 가진다는 점에 의해서 규정되고 있다. 물음은 이제 더 정확히 다음과 같다. 동물은 무엇에 대해서 행동을 취하는가? 그리고 동물이 양분으로서 추구하고 먹이로서 몰아대고 적수로서 내쫓는 바로 그것에 대해서 동물은 어떤 관련을 맺는가?

제4장
동물이 띠고 있는 세계 빈곤의 본질을 동물성, 생명 일반, 유기체 등의 본질에 대해서 물음을 던져나가는 길 위에서 규명함

제49절 하나의 다른 존재자(동물, 돌, 인간) 속으로 '자신을 옮겨 앉혀 볼 수 있음'에 대한 방법적인 물음이 곧 동물이라는 존재자의 존재양식에 대한 사태 물음임

우리는 동물이 그 모든 것에 어떻게 관련을 맺고 있는지, 그리고 동물이 관련을 맺고 있는 바로 그것에 해당하는 것이 그 동물에게는 어떻게 주어져 있는지 하는 점에 대해서 정보를 주어야 한다. 그 점에 대해서 우리는 어떻게 정보를 주어야 하는가? 우리가 우리 자신을 동물 속으로 옮겨 앉혀보는 일 말고 달리 무슨 방도가 있는가? 그렇다면 우리는 동물의 존재를 우리 측에서부터 해석하는 위험에 빠지게 되는 것은 아닌가? 그러나 그렇게 잘못 빠져드는 해석은 마지막에 이르러 되돌려질 수 있으리라고 본다. 훨씬 더 중요한 것은 다음과 같은 원칙적인 물음이다. 즉 우리가 우리 자신을 우리와 똑같은 하나의 존재 속으로, 한 인간 속으로 결코 옮겨 앉혀볼 수는 없는데도 불구하고, 우리는 우리 자신을 도대체 동물 속으로 옮겨 앉혀볼 수 있는가? 그리고 돌의 경우에는 사정이 어떠한가? 우리는 우리 자신을 돌 속으로 옮겨 앉혀볼 수 있는가?

어느새 우리는 다시 또 하나의 **방법적인** 물음의 자리에 서 있다. 그러나 이때의 방법적인 물음은 그 나름의 아주 고유한 양식을 띠고 있다. 방법들을 묻는 개개의 모든 물음, 다시 말해서 어떻게 우리가 하나의 사태 쪽으로 나아갈 수 있고 나아가야 하는지, 그리고 어떻게 우리가 그 사태를 뒤밟아 나아갈 수 있고 뒤밟아 나아가야 하는지 그 양식과 방식에 대한 개개의 모든 물음은, 그 밑바탕에서 해당 사태의 **사태 성격**에 대한 물음과 연관되어 있다. 그런데 그 점이 여기 우리의 경우에서는 아주 특출난 하나의 의미를 띠고 있다. 왜냐하면 바로 **사태적인 문제**야말로 우리에게는 **접근 가능성 자체**, 즉 동물이, 인간이 다른 것에 이를 수 있는 그런 접근통로의 차원성이기 때문이다―그러한 접근통로의 차원성이 곧, 동물인 바로 그것, 인간인 바로 그것의 성격이다. 그러니까 이러한 방법적인 물음은 엄밀히 생각해보면 일종의 **사태 물음**이다. 그러므로 인간이 인간 속으로, 동물 속으로, 돌 속으로 자신을 옮겨 앉혀보는 경우에, 그리고 그렇게 자신을 옮겨 앉혀볼 수 있는 가능성의 경우에 사정은 어떠한가 하고 만일 우리가 물음을 던진다면, 그 경우 우리는 그와 동시에 다음과 같이 물음을 던지는 셈이다. 즉 이러한 인간, 동물, 돌이 어떠한 존재양식을 띠고 있길래, 그것들은 그것들 속으로 우리가 우리 자신을 옮겨 앉혀보는 것을 허용하거나 방해하거나 도대체 부적합한 것으로서 물리치는가 하고 말이다.

  인간이 그 자신이 아닌 존재자―그것이 인간 그 자신과 똑같은 양식을 띤 존재자이건 인간 자신과는 아주 다른 양식을 띤 존재자이건 간에―속으로 자신을 옮겨 앉혀볼 수 있는 인간의 이러한 가능성의 경우에 사정은 어떠한가? 우리는 여기에서 이 물음을 그 폭 전체에 걸쳐서 다 펼쳐보이려고 생각해서는 안 된다. 그 물음은 우리의 문제가 앞서 정해놓고 있는 한계 내에 머물러 있어야만 한다. 그러니까 우선은 '동물은 세계 빈곤 속에 존재한다'는 논제를 밝혀 보이는 일이 문제된다. 인간이 자신을 인간 속으로, 동물 속으로, 돌 속으로 옮겨 앉혀볼 가능성을 우리는 다음과 같은 세 가지 물음들을 논의해나가는 길 위에서 해설해보고자 한다. '우리는 자신을 동물 속으로 옮겨 앉혀볼 수 있는가?', '우리는 자신을 돌 속으로 옮겨 앉혀 볼 수 있는가?', '우리는 자신을 인간 속으로 옮겨 앉혀볼 수 있는가?' 이 세 가지 물음들에서 우리는 파악 가능성의 문제에 열중하기보다는 오히려, 파악해야 할 것 자체에 대해서 우리가 여기 이 자리에서 경험하는 바로 그것에 열중해보기로 한다. '자신을 옮겨 앉혀봄'에 관한 이러한 물음을 논의하는 일은 돌, 동물, 인간을 세계 문제와 관련하여 밝혀 보이는 데에만 유일하게 도움이 될 뿐이다. 앞으로 이어질 논의는 특별한 과제를 지고 있는데, 마치 똑같은 방식으로 눈앞에 있는 세 개의 존재자가 문제되는 듯이 시초에는 소박해 보이던 물음의 단초를 치워 없애야 한다는 과제가 곧 그것이다.

인간이 인간 그 자신이 아닌 다른 존재자 속으로 자신을 옮겨 앉혀볼 수 있는 가능성에 대한 물음이 대체로 문제된다. 이때 자신을 옮겨 앉혀본다고 함은, 한 존재하는 인간을 다른 한 존재자의 내면 속으로 실제로 들여놓는다는 것을 의미하지 않는다. 자신을 옮겨 앉힌다고 함은 또한 결코, 다른 존재자를 실제로 대신한다거나 다른 존재자의 자리에 자신을 앉힌다는 것을 의미하지 않는다. 오히려 그 다른 존재자는 그것이 무엇인 바로 그것과 어떠하게 그것인 바로 그것으로서 유지된 채 남아 있어야만 한다. 우리가 이러한 존재자 속으로 자신을 옮겨 앉혀본다고 함은, 우리가 그 존재자가 **무엇인** 바로 그것과 **어떠하게** 그것인 바로 그것과 함께 같이 가본다는 것을 일컫는다 — 이렇게 함께 같이 가보는 가운데에서는 그것과 **함께** 우리가 그렇게 같이 가보는 그 존재자에 대해서 우리는 그 존재자가 어찌 되어가고 있는지를 직접 경험하며, 그 존재자 자체의 사정이 어떠한지에 대해서 정보를 주며, 더군다나 함께 같이 가보는 가운데 어쩌면 우리는 그 다른 존재자가 몸소 그리할 수 있는 것보다도 더 날카롭게 그리고 더 본질적으로 그 다른 존재자를 꿰뚫어 보는지도 모른다. 그렇다면 다른 존재자와 함께 같이 가본다고 함은 더 나아가, 그 다른 존재자로 하여금 제 자신에 이르도록 도와줌―그러나 또한 그 다른 존재자로 하여금 제 자신에 대해서 갈피를 잃도록 내버려둠을 일컫는 것일 수 있다. 따라서 다른 존재자 속으로 자신을 옮겨 앉혀본다고 함은, 그 다른 존재자의 자리에서 그 존재자를 몰아내버리면서 우리 자신이 실제로 그 자리에 들어앉는다는 것을 일컫는 것이 아니다. 다른 존재자 속으로 자신을 옮겨 앉혀본다는 것이 **부정적인 점**에서는 그토록 명확하게 보여지는지는 몰라도, 다른 존재자 속으로 자신을 옮겨 앉혀보는 이러한 일을 긍정적으로 해석하는 것은 아주 혼미스럽기 일쑤이다. 사람들의 생각은 다음과 같다. 즉 우리가 **실제로** 건너편 다른 존재자 속으로 자리를 옮겨 앉고 그로써 이 다른 존재자가 이를테면 우리로 온통 꽉 채워지게 되고 그래서 우리가 차지하던 자리는 텅 비게 된다는 것이 문제가 되는 것이 아니다. 현실적으로 우리는 건너편 다른 존재자 속으로 자리를 옮겨갈 수 없다―오히려 그러한 일은 **오직 생각 속에서만** 일어날 뿐이다. 그리고 그 말은 이제 쉽게 말해서 다음을 뜻한다. 즉 우리는 우리가 마치 그 다른 존재자인 **양 그렇게 행동하는 것처럼** 보이기만 할 뿐이지, 실제로 그런 것은 아니다.

철학 내에서까지도 여러 부문에 걸쳐 널리 퍼져 있는 '자신을 옮겨 앉혀봄'이라는 이러한 견해에는 하나의 근본적인 오류가 가로놓여 있는데, 그 까닭은 바로 '자신을 옮겨 앉혀봄'을 결정하는 중요한 **긍정적인** 계기가 간과되고 있기 때문이다. 이 긍정적인 계기는, 우리가 우리 자신을 이를테면 잊어버리면서 되도록 다른 존재자인 양 행동한다는 데에 놓여 있는 것이 아니다. 그 긍정적인 계기는 오히려 이와는 거꾸로, 우리 자신은 바로 우리 자신이며 그래서 오직 우리 자신만이 유일하게―그 존재자에 대해서―**타자로서** 우리가 몸소 그 존재자와 함께 같이 가볼 가능성을 마련한다는 데에 놓여 있다. 다른 존재자와 함께 같이 가보려고 하고 또 함께 같이 가보아야 하는 사람이 지레 자기 자신을 포기하는 곳에서는 함께 같이 가보는 일이 결코 일어나지 않는다. '어떤 것 속으로 자신을 옮겨 앉혀봄'이라는 말은 자신을 실제로 저 건너편으로 내어 나른다는 것을 의미하지 않으며, 일종의 순전한 사고 실험, 즉 자신을 옮겨 앉혀보는 일이 성사되어 있다고 가정해보는 것을 의미하지도 않는다.

그럼에도 불구하고 물음은 다음과 같다. '우리 자신은 우리 자신이며 그래서 우리가 타자와 함께 같이 가볼 가능성을 마련한다'는 그 말은 여기에서 무엇을 일컫는가? '함께 같이 가본다'는 말은 무엇을 일컫는가? **무엇과 함께** 우리는 같이 가보며, 그리고 **어떻게** 우리는 그것과 함께 같이 가보는가? '다른 존재자 속으로 자신을 옮겨 앉혀본다'는 것을 만약 '그 다른 존재자와 함께 같이 가본다'는 것으로서 우리가 이해한다면, '자신을 옮겨다가 앉혀봄'이라는 그 낱말이 어떤 관점에서는 오해의 소지를 안고 있으며 그 관계에 깃든 결정적인 것의 견지에서 볼 적에는 매우 불충분하다는 것은 분명한 사실이다. 이와 동일한 사정이 '감정이입(Einfühlung)'이라는 낱말에도 적용되는데, 이 낱말은 우리가 타자에 이르기 위해서 우리 자신을 타자의 마음속으로 옮겨놓아야 한다는 것을 말한다. 거기에는 우리가 우선은 타자 바깥에 있다는 사실이 포함된다. '감정이입'이라는 낱말은 인간이 다른 사람들과 그리고 다른 존재자와 맺고 있는 관계에 대해서 근본적으로 잘못 뒤집힌 이론들의 전체 연쇄를 꿰는 실마리가 되어버렸는데, 그나마 오늘날 우리는 그러한 이론들을 조금씩 조금씩 극복해나아가고 있다. 그런데 하나의 낱말을 하나의 주도적인 표현으로 새겨넣고 부각시킨다는 것은 하나의 새로운 인식이 깨어나 있다는 것을 가리키는 것이다. 그래서 이와 꼭 마찬가지로 그러한 표현들이 언어에서부터 소멸한다는 것 또한 종종 오류를 파악하고 그 오류를 포기하는 가운데에서 일어나는 변화를 보여주는 표식이기도 하다. 우리가 오늘날 체험, 의식체험 그리고 의식 따위에 관해서 더 이상 이야기하고 있지 않다는 것은 철학 내에서의 고집과 독선이 아니다. 오히려 실존의 한 변화를 밑바탕으로 하여 우리가 다른 언어에로 밀쳐대어져 있다. 좀더 정확히 말해서, 이러한 변화는 이렇게 다른 언어와 더불어 일어나고 있다. 우리가 오늘날 '감정이입'이라는 낱말을 포기하고 '타자 속으로 자신을 옮겨 앉혀봄'이라는 말을 비록 잠정적으로만 그리고 조건부로만 선택하여 다르게 이야기한다고 하더라도, 그 경우 여기에서 시급한 문제는 동일한 의견과 동일한 사태를 표현할 더 나은 표현을 선택하는 일이 아니다. 오히려 의견과 사태는 다르게 변해버린 가운데 있다. 다른 한편에서 볼 때, '자신을 옮겨 앉힘', '감정이입'과 같은 그러한 표현들이 존재자에 대한 인간의 이러한 근본관련들을 규정하는 지배권을 부여받았다는 사실은 우연이 아니다. 왜 그런지를 우리는 지금은 뒤밟아가볼 수가 없다. 오히려 우리는 '자신을 옮겨 앉힘'이라는 말로 우리가 의미하는 바로 그것—일종의 '함께 같이 가봄'—에 대해서 이렇게 잠정적으로 해명해놓은 것에 따라 다음과 같은 세 가지 물음들, 즉 '우리는 자신을 **동물** 속으로 옮겨 앉혀볼 수 있는가?', '우리는 자신을 돌 속으로 옮겨 앉혀볼 수 있는가?', '우리는 자신을 **다른 사람** 속으로 옮겨 앉혀볼 수 있는가?'라는 물음들을 해설하는 일에 나서보자.

'우리는 자신을 동물 속으로 옮겨 앉혀볼 수 있는가?'라는 **첫 번째 물음**을 우리가 제기할 때, 우리에게 드는 의문점은 무엇인가? 그것은 다름 아닌 바로 이것이다. 즉 과연 우리는, 동물이 듣고 보고 하는 양식대로, 동물이 자기의 사냥감을 공격하고 자기의 적 앞에서 피하고 하는 양식대로, 동물이 자신의 보금자리를 짓고 하는 등의 양식대로, 그렇게 동물과 함께 성공적으로 같이 가볼 수 있는지 하는 점 말이다. 그러니까 그 속으로 우리가 우리 자신을 옮겨 앉혀보려는 그 존재자가 여기에서는 다른 것과 관련을 맺는다는 것—보금자리와 적들에 접근하여 그로써 그 보금자리와 적들과 왕래를 한다는 것—은 우리에게는 의문시되지 않는 셈이다. '우리는 자신을 동물 속으로 옮겨 앉혀볼 수 있는가?'라는 이러한 물음에서 우리는 **도대체 동물과 관련해서는 일종의 함께 같이 가보는 것과 같은 일, 즉 동물의 세계 내에서 동물의 접근과 왕래와 함께 같이 가보는 일이 가능하다는 것**,

즉 그러한 일은 절대로 물음에 걸림돌이 되는 일이 아니라는 것을 의문 없이 전제한다. 우리가 옮겨 앉아볼 수 있는 그러한 하나의 울어리를 동물 그 자체가 이를테면 이리저리 지니고 다닌다는 점은 전혀 의문시되지 않는다. 다만 이러한 특정한 울어리 속으로 우리가 실제로 우리 자신을 성공적으로 옮겨 앉혀볼 수 있는가 하는 것만이 의문점으로 남을 뿐이다. 그렇게 자신을 옮겨 앉혀보는 일을 실현시키는 데에 실제로 필요한 대책들 그리고 현사실적인 한계가 의문점으로 남아 있다.

그렇다면 만일 우리가 두 번째 물음을 제기하고 그래서 '우리가 자신을 하나의 돌 속으로 옮겨 앉혀볼 수 있는가?' 하고 물음을 던진다면, 그 경우 우리는 언어적으로는 첫 번째 물음과 똑같은 형식을 취하고 있음에도 불구하고, 그것과는 완전히 다른 물음 가운데에서 움직이는 셈이다. 지금 두 번째 물음에서 우리가 묻는 것은, 과연 우리가 돌이 존재하는 양식과 방식대로 함께 같이 가볼 수 있는 수단과 길들을 실제로 가지고 있는가 하는 것이 아니라, 오히려 돌 속으로 우리가 우리 자신을 옮겨 앉혀볼 가능성을 과연 돌로서의 돌이 도대체 내밀고 있고 또 내밀 수 있는지, 과연 여기에서는 일종의 함께 같이 가보는 것과 같은 일이 도대체 여전히 의미를 지니는지 하는 점이다. 이러한 물음과 더불어 우리는 대개 하나의 대답을 또한 이미 갖추고 있다. 그 물음에 대해서 우리는 '아니다'라고 대답한다. 즉 우리는 우리 자신을 하나의 돌 속으로 옮겨 앉혀볼 수 없는데, 그것도 바로 그 자체로 가능한 그 일을 하기 위한 수단이 우리에게 결여되어 있기 때문에 그 일이 불가능한 것이 아니라, 오히려 돌 그 자체가 이러한 가능성을 도대체 허용하지 않기 때문에, 즉 돌 속으로 우리가 옮겨 앉아볼 수 있는 어떠한 울어리도 돌 그 자체가 돌 자체의 존재에 속한 것으로서 우리에게 내밀지 않기 때문에 그것이 불가능하다는 것이다. 우리가 대개 그런 식으로 대답하는 까닭을 나는 명시적으로 이렇게 말해보기로 한다. 즉 인간은 순전히 질료적인, 그러나 또한 기술적이기도 한 사물들을 결코 그 자체로서는 받아들이지 않고 오히려 그런 사물들에―어쩌면 오해를 살지도 모르지만 우리가 말하고는 하는 그대로 볼 적에―"혼을 불어넣고는 하는데(beseelen)", 그러한 일이 일어나는 인간 현존재의 길들과 방식들이 실제로 있다. 그러한 일이 일어나는 두 가지 근본 가능성들을 보면, 첫 번째로 그러한 일은 인간 현존재가 그의 실존에서 **신화**에 의해 규정되어 있을 때 일어나며, 두 번째로 그러한 일은 **예술**에서 일어난다. 그러나 혼을 불어넣는 일이 일어나는 이러한 양식을 예외적인 것으로서 처리해버리려고 하거나, 또는 그것을 아예 그저 하나의 비유적인 수법에 지나지 않는 것으로서, 즉 본디 사실에는 상응하지 않고 어떻게든 환상적으로 남아 있고 상상에 기인하는 것으로서, 순전한 가상인 것으로서 처리해버리려고 하는 짓은 근본적으로 거꾸로 뒤집힌 일이다. 여기에서 중요한 문제는 현실성과 가상의 대립이 아니라, 오히려 가능적인 **진리**가 품고 있는 근본적으로 상이한 **양식**들의 구별이다. 그런데 우리의 주제가 의미하는 것에서 볼 적에 우리는 지금 학문적 인식과 형이상학적 인식의 진리 차원에 머물러 있다. 학문적 인식과 형이상학적 인식, 이 둘은 동시에 오래 전부터 일상적인 사려와 판단의 진리성격, 즉 우리의 '자연적인' 인식의 진리성격까지도 규정하고 있다.

우리는 이제 **세 번째 물음**을 제기해보자. 우리는―인간으로서―우리 자신을 다른 한 사람 속으로 옮겨 앉혀볼 수 있는가? 이때 이 물음은 앞에서 먼저 언급한 다른 두 물음들과는 사정이 또 다르다. 하지만 여기에서는 동물의 경우에서 우리가 살펴보았던 것과 비슷한 물음이 앞에 놓여 있는 것처럼 보인다. 여기에서는 다음과 같은 것이 **한층** 덜 의문스럽고, 아니 근본적으로 전혀 의심되지 않는다. 즉 그 어떤 구역들과 형편들 내에서 다른 사람들이 사물들에 대해서 맺고 있는 행동관계는 그 사물들에 대해서 우리가 맺는 행동관계와 별 차이가 없이 아주 똑같고, 더 나아가 다수의 사람들 가운데에서 똑같은 사물들에 대해서 똑같은 행동관계가 발견될 뿐 아니라, 또한 다수의 사람들은 하나의 동일한 행동관계를 서로 **함께 나눌** 수가 있는데, 그렇다고 해서 이때 서로 함께 나뉘어지는 그것이 잘게 썰려나가는 것은 아니다—따라서 다른 사람들이 사물들에 접근할 수 있고 사물들과 왕래하며 다닐 수 있는 그런 통로를 통해서 일종의 함께 같이 가볼 수 있는 통로가 가능하다. 이것은 인간 자신의 직접적인 실존경험을 이루는 하나의 **근본구성요소**이다. 다만 개별적인 경우들에서 다른 사람들과 어느 정도까지 멀리 함께 같이 가볼 수 있고 어떻게 함께 같이 가볼 수 있는지 그 폭과 수단만이 거듭 의문시되고 있을 뿐이다. 왜냐하면 우리가 우리 자신을 다른 사람들 속으로 옮겨 앉혀본다는 것은 쉬운 일이 아니고, 그래서 우리가 다른 사람들과 함께 실제로 같이 가볼 수 있는 경우는 아주 드물다는 점을 우리는 일상적인 현존재 경험에서부터 알고 있으며, 그리고 그것을 우리는 거의 푸념의 의미로 표명하기가 일쑤이기 때문이다.

301 그러나 그럼에도 불구하고 지금 우리가 던져보는 물음, 즉 과연 우리가 우리 자신을 다른 사람 속으로 옮겨 앉혀볼 수 있는가 하는 이 세 번째 물음은 우리가 우리 자신을 동물 속으로 옮겨 앉혀볼 수 있는 가능성에 관련된 저 두 번째 물음과는 동일하지 않다. 저 두 번째 물음의 자리에서 우리는 말없이 다음과 같은 것을 전제하고 있었다. 즉 우리가 우리 자신을 동물 속으로 옮겨 앉혀볼 수 있고 동물과 함께 특정하게 같이 가볼 수 있는 이러한 가능성이 원칙적으로는 존립한다는 것 그리고 다시 말하면—또한 우리가 말하고 있는 것을 그대로 놓고 보더라도—그러한 일은 하나의 의미를 지닌다고 말이다. 그러나 여기 인간의 경우에서는 결코 처음부터 우리가 이러한 전제—한 사람이 다른 한 사람 속으로 자신을 옮겨 앉혀볼 수 있는 원칙적인 가능성—를 만들어볼 수는 없는 노릇이다. 우리가 이러한 전제를 만들어볼 수 없는 까닭은, 다른 사람 속으로 자신을 옮겨 앉혀볼 수 있는 가능성을 가령 그 다른 사람이 마치 돌처럼 그렇게 그의 본질에 따라서 그 자체로부터 가리켜 보여주기 때문이 아니라, 오히려 여기에서 다른 사람 속으로 자신을 옮겨 앉혀볼 수 있는 이 가능성은 이미 근원적으로 인

간의 고유한 본질에 속한 것이기 때문이다. 어느 한 사람이 실존하는 한, 그 사람은 실존하는 인간으로서 이미 다른 사람 속으로 옮겨 앉혀져 있다고 볼 수가 있는데, 설령 어떠한 사람도 실제로는 가까이 있지 않는 경우에도 그렇다. 인간 현-존재, 즉 '인간 속 거기에-존재함(Da-sein)'이라고 함은 그렇기 때문에—오롯이 그런 것은 아니지만 그래도 특히—'다른 사람들 속으로 옮겨 앉혀져 있음'을 일컫는 말이다. 다른 사람들 속으로 자신을 옮겨 앉혀볼 수 있다는 것은 곧 다른 사람들과 함께, 즉 그 다른 사람들 속의 현존재와 함께 같이 가본다는 것으로, 그러한 일은 이미 언제나 인간 현-존재의 밑바탕에서—현존재로서—일어나고 있다. 왜냐하면 현-존재[거기에-존재함]라고 함은 곧 '타인과 함께 같이 있음'을, 그것도 현존재의 방식으로, 다시 말해서 함께 같이 실존함의 방식으로 타인과 함께 같이 있음을 일컫는 말이기 때문이다. '우리 인간이 우리 자신을 다른 한 사람 속으로 옮겨 앉혀볼 수 있는가?' 하는 물음은 그것이 가능한 물음이 아닌 까닭에, 물을 여지가 없는 물음이다. 그 물음은 물으나 마나 한 물음이며, 의미에 걸림돌이 되는 물음이다. 왜냐하면 그 물음은 원칙적으로 볼 적에 불필요한 물음이기 때문이다. 과연 우리가 자신을 다른 사람 속으로 옮겨 앉혀볼 수 있는가 하는 물음에서 만일 우리가 현실적으로는 개념을, 즉 인간의 본질을 사유한다고 한다면, 그 경우 우리는 이미 저지당한 채 그 물음명제를 끝까지 물어나가지 못하는 셈이다. 누구와 함께 같이 있다는 것은 인간 실존의 본질에, 다시 말해서 모든 각 개인에 속한 것이다.

그러나 그럼에도 불구하고 우리가 타인과 힘께 같이 가볼 수 없는 경우가 있는데, 그게 우리에게는 얼마나 잦은 부담이 되고 오랜 부담이 되는지 모른다. 그리고 다른 사람들과 하나의 본질적인 관련을 맺는 가운데 우리가 그 사람들과 힘께 같이 가보는 일이 성공할 때마다 매번 하나의 새로운 약동이 우리 현존재 안에서 일지 않는가? 따라서 '함께 같이 가볼 수 있다 302 는 것', 즉 '자신을 옮겨 앉혀볼 수 있다는 것'은 분명 인간의 경우에도 의문스러운 일인데, **설령** 인간이 그의 존재의 본질에 상응하게 이미 항상 타인과 함께 같이 있음 안에 서 있다고 해도, **아니 바로 그렇기 때문에** 그것은 의문스럽다. 왜냐하면 '인간 현존재는 본래 타인과 함께 같이 있음이다'라는 인간 현존재의 이러한 본질구성 틀에는, 현사실적으로 실존하는 인간은 반드시 현사실적으로 이미 항상 '타인과 함께 같이 있음'의 한 특정한 방식 가운데에서, 다시 말해서 일종의 '함께 같이 가봄' 가운데에서 움직이고 있게 마련이라는 사실이 놓여 있기 때문이다. 그런데 이러한 '서로 함께 같이 가봄'은 이제 여러 가지 이유들로 미루어볼 적에 그리고 부분적으로는 본질적인 이유들로 미루어볼 적에 일종의 '서로 갈라서서-서로 마주서서 감(Auseinander- und Gegeneinandergehen)'이거나, 아니면 우선 대개는 일종의 '서로 옆에 서서 감(Nebeneinanderhergehen)'이다. 바로 이러한 눈에 띄지 않게 자명한 '서로 옆에 서서 감'은 곧 '서로 함께'와 '서로의 속으로 옮겨 앉혀져 있음'이 띠는 특정한 방식인데, 이러한 '서로 옆에 서서 감'이 일으키고 있는 겉모양을 보면 다음과 같다. 즉 이렇게 서로 옆에 서 있는 사이에 우선은 다리가 놓여야 할 것처럼 보인다는 것, 도대체 '서로의 속으로 옮겨 앉혀져 있음'은 아직 존립하고 있지 않는 것처럼 보인다는 것, 한 사람이 다른 한 사람에게 이르기 위해서는 그 사람이 이 다른 사람의 마음속으로 자신을 비로소 옮겨놓지 않으면 안 될 것처럼 보인다는 것이다. 이러한 겉보임새는 사람들이 가능하다고는 거의 여길 수 없을 만한 크기로 이제 철학을 또한 오래 전부터 우롱해오고 있다. 개개인은 따로 그 자체로 개인으로서 존재하며 개별 자아란 곧 자신의 개별 영역과 더불어, 자기 자신에게 우선 먼저 가장 확실하게 주어져 있는 바로 그런 것이라는 독단을 철학이 퍼뜨림으로써, 이러한 겉모양은 마침내 한층 더 철학에 의해서 강화되고 있다. 그로써 마치 이러한 유아론적인 고립화에서부터야 비로소 일종의 '서로 함께'가 우선적으로 마련되어야 할 것처럼 보인다는 의견이 철학적인 대응책으로서 취해지고 있는 셈이다.

인간에 대한 인간의 이러한 근본관계를 개념파악하여 그로써 인간 현존재의 본질성격규정을 개념파악하는 일이 얼마나 결정적으로 중요한지를 여러분은 앞의 맥락에서부터 보고 있는데, 도대체 그러한 일을 통해서 나온 결과를 가지고서 이제 우리는 다음과 같이 더 멀리 물음을 제기해볼 수 있다. 즉 이러한 '타인과 함께 같이 있음'을 자신의 본질에 속한 것으로서 지니는 인간이 어떻게 인간으로서 자신을 하나의 동물 속으로 옮겨 앉혀볼 수 있는가 하고 말이다. 그것도 동물 속으로 인간이 자신을 옮겨 앉혀볼 수 있는 이러한 가능성의 한 독특한 울어리를 동물의 고유한 동물성에 따라서 동물 쪽에서 그 동물이 지닌다는 점이 동물로부터 그 어떤 방식으로 자명하다고 하는 경우에 말이다.

지금 말한 것을 우리는 한 번 더 종합요약해보기로 한다. 우리는 동물의 동물성의 본질에 대한 물음 앞에 서 있다. 이때 우리에게 문제가 되는 것은 이 물음을 하나의 물음으로서 전개해나아가는 일이다. 이 물음에 대한 하나의 매끄러운 대답보다도 물음 자체를 전개해나아가는 일이 우리에게는 훨씬 더 중요하고 본질적이다. 왜냐하면 개개의 모든 대답은 만약 그것이 참된 대답이라면, 조건 지어져 있는 것이며 그로써 그것은 변할 수 있고 바뀔 수 있는 것이기 때문이다. 그러나 철학의 과제로 남아 있고 어느 때나 거듭 철학의 과제인 바로 그것은 다름 아닌 바로, 이 물음이 띠는 근본 어려움을 현실적으로 전개해나아가는 일, 즉 **동물성의 본질**에 대한 이 물음을, 그리고 그로써 **생명 일반의 본질**에 대한 물음을 그 전체적인 의문스러움 가운데에서 개념파악하는 일이다. 오직 이러한 길 위에서만, 그 물음 속에 담겨 있는 문제의 사태내용에 성공적으로 바싹 다가갈 수 있다.

그렇기 때문에 이 고찰들에서 우리는 일부러 문제의 어려움을 자꾸자꾸 여러 아주 상이한 측면들에서부터 설명하려고 시도를 벌이고 있는데, 마지막으로 이러한 시도를 우리는 인간이 다른 사람 속으로, 동물 속으로, 돌 속으로 자신을 옮겨 앉혀볼 가능성에 방향 잡은 길 위에서 벌이고 있다. 바로 이러한 논의가 특별히 의도하는 것은 소박성에서부터 우리가 완전히 해방되려는 데에 있다. 만약 여기에서 문제가 되는 바로 그것, 즉 돌, 동물, 인간이 또는 식물까지도 우리에게는 똑같은 의미로 하나의 평면 위에 균등하게 주어져 있는 것이라고 우리가 시초에 믿고 있었다고 한다면, 우리는 우선은 저 소박성 안에서 움직이고 있었던 셈이다. 이렇게 겉으로 보기에 균등하게 주어져 있는 것처럼 보이는 것의 다양성으로부터 우리가 마치 자연스럽게 그리고 직접적으로 출발하는 것처럼 보였던 것은 실제로는 일종의 겉모양이었으며, 이러한 겉모양은 '우리가 자신을 동물 속으로, 돌 속으로, 사람 속으로 옮겨 앉혀볼 수 있는가?'라는 이 물음을 우리가 물어나가기 시작하자마자 즉각 폭로되고 있다. 이때 우리는 '자신을 옮겨 앉혀봄'이라는 표현을 오히려 '함께 같이 가봄'이라는 표현으로 바꿔 써보았으며 그리고 이때 우리는 즉각 다음과 같은 점을 보았다. 즉 근본적으로 '자신을 옮겨 앉혀봄'이라는 표현은, 어떤 사람이 다른 사람과 함께 같이 가보는 일이 중요한 문제인 곳에서는 어쨌든 알맞은 표현이 아니다. 그러한 '자신을 옮겨 앉혀봄'이라는 표현과 그리고 이를 위한 길잡이 격의 물음제기는 더더군다나 '감정이입'이라는 칭호에서는 알맞지 않다. '우리가 우리 자신을 하나의 동물, 하나의 돌, 한 인간 속으로 옮겨 앉혀볼 수 있는가?'라는 이 세 가지 물음들에서 첫 번째 물음에 대해 다음과 같은 결과가 나왔다. 즉 동물 속으로 인간이 자신을 옮겨 앉혀볼 가능성은 인간에게 원칙적으로는 가능하다는 것, 다시 말해서 이러한 가능성이 인간에게 충분히 의미 있게 물음에 부쳐지기까지 하는 법은 없다는 것이다. 다만 의문스러운 점이 있다면 그것은, 동물 속으로 인간이 자신을 옮겨 앉혀볼 이러한 가능성이 실제로 실현되는가 하는 점이다. 돌과 관련해서 볼 적에 '우리가 우리 자신을 하나의 돌 속으로 옮겨 앉혀볼 수 있는가?' 하는 물음은 원칙적으로 불가능하며, 그렇기 때문에 하나의 돌 속으로 자신을 실제로 옮겨 앉혀볼 수 있는 길을 묻는다는 것은 더더군다나 의미가 없는 일이다. 인간과 관련해서 보면 인간이 자신을 다른 사람 속으로 옮겨 앉혀볼 수 있다는 의미에서 다음과 같은 결과가 나온다. 즉 '인간이 자신을 다른 사람 속으로 옮겨 앉혀볼 수 있는가?' 하는 이 물음은 불필요한 물음이며, 어떤 의미에서 그것은 자기가 무엇을 묻고 있는지를 모르고 있다. 왜냐하면 만일 이 물음 속에서 인간이 그의 본질에서 현실적으로 의미되어 있다고 한다면, 또 인간존재는 '타인 속으로 옮겨 앉혀져 있음', '타인과 함께 같이 있음'이라고 일컬어지는 한, '인간이 자신을 다른 사람 속으로 옮겨 앉혀볼 수 있는가?' 하는 이 물음은 떨어져나가기 때문이다. 이러한 '서로 함께 같이 있음'이 실제로 실현되느냐 하는 물음은 결코 감정이입의 문제가 아니며 그리고 '자신을 옮겨 앉혀봄'에 관한 어떠한 이론적인 문제도 아니고, 오히려 그 물음은 현사실적 실존의 한 물음이다. 이 물음에 대한 논의에서부터, 그리고 이 물음에 대한 바로 마지막 논의에서부터 우리는 동시에 감정이입 및 이 감정이입에 연관된 일체의 모든 것에 관한 미혹적인 이론의 가능근거를 또한 보았다. 감정이입에 관한 이러한 이론은 다음과 같은 의견을 밑바탕으로 하여 성립한다. 즉 인간은 다른 사람과의 관계에서 우선은 홀로 하나의 고립된 존재로 있다. 원칙적으로 한 사람을 다른 사람에게로 다다르게 해주고 다른 사람이 이 사람에게로 다다르게 해주는 하나의 다리가 도대체 맨 먼저 찾아져야 할 것이다. 그런데 이러한 고립화라는 겉모양은, 실제로 인간들은 서로의 속으로 독특하게 옮겨 앉혀져 있는 가운데에서 움직이고 있는데, 이러한 하나의 독특한 '옮겨 앉혀져 있음'은 '서로 무관심하게 옆에 서서 감'이라는 성격을 띤다는 사실에서부터 생겨나는 것이다. 인간과 인간이 애초에 서로 떨어져 놓여 있다는 이러한 겉모양은 철학이 다음과 같은 독단을 부추김으로써 강화되고 있다. 즉 인간은 우선은 주체이고 의식이며 그리고 이러한 의식으로서 인간은 이 주체에 맨 먼저 그리고 단적으로 확실하게 주어져 있는 바로 그것이라고 말이다.

인간은 우선은 주체이고 의식이며 이러한 의식으로서 인간은 그 자신에게 맨 먼저 그리고 가장 확실하게 주어져 있다는 이 이론은 그 바탕에서 보면 데카르트에게서 일어난 형이상학의 근거놓기 작업에 연관된 전혀 다른 전망들과 의도들에서부터 생겨나온 것이다. 이 이론은 근대철학 전반을 두루 꿰어왔고 칸트에 와서는 비록 본질적인 변화는 아니지만 그래도 독특한 하나의 변화를 겪었다. 이 변화는 그다음에 가서는, 고립된 자아 주체로부터 출발하는 단초를 헤겔 철학 내에서 절대화하는 길로 안내했으며, 그런 까닭에 우리는 헤겔 철학을 또한 절대적 관념론이라고도 부르는 것이다. 만일 인간을 이러한 의미에서 우리가 데카르트 이래의 근대 관념론이 자명하게 여겼던 것처럼 그렇게 주체와 의식으로서 간주한다면, 그 경우 인간의 근원적인 본질 쪽으로 밀고 나아갈 수 있는, 다시 말해서 인간 속 현존재를 개념파악할 수 있는 근본 가능성은 애초부터 포기되는 셈이다. 나중에야 추가로 이루어진 일체의 모든 수정들은 아무런 도움도 되지 못하며, 오히려 그것들은 헤겔의 절대 관념론 내에서 형성된 가운데에 있는 것과 같은 자리로만 몰려들 뿐이다. 여기에서 나는 이러한 맥락들을 역사적인 의미에서는 더 이상 상세히 다루어나갈 수가 없다. 다만 다음과 같은 정도만을 지적하고 넘어가겠다. 즉 인간 대 인간의 관계가 안고 있는 이러한 문제를 다루는 자리에서는 인식 이론의 물음이, 그리고 어느 한 사람을 다른 사람을 통해서 파악하는 것이 문제가 되는 것이 아니라, 오히려 존재 자체의 한 문제, 다시 말해서 형이상학의 한 문제가 중요한 문제이다. 칸트와 그를 계승하는 이들에게서는 형이상학적으로는 원칙적으로 충분하지 못한 하나의 인간 개념—인간을 자아로서 파악하고 있는 개념—과 인간의 인격성 개념이 **절대인격**에로, **절대정신**에로 소급되고 있으며, 그리고 이 불충분한 정신 개념에서부터 다시 또 거꾸로 인간의 본질이 규정되고 있다. 이러한 절대적 체계학의 폐쇄성은 이 체계학의 단초와 출발점이 띠는 의문스러움을 알아보지 못하게끔 착각을 불러일으킨다. 여기에서의 단초와 출발점은, 거기에서 인간의 문제, 즉 인간 현존재의 문제가 도대체 본디 문제로 되어 있지 않다는 데에 놓여 있다. 그런데 **칸트**로부터 시작하여 절대적 관념론에 이르는 **헤겔**의 이러한 행보는 서양철학 전개가 빚어낸 유일한 귀결(Konsequenz)이다. 그러한 귀결은 **칸트**를 통해서 **가능하게 된** 것이며 **필연적이게 된** 것이다. 왜냐하면 **칸트** 자신에게는 인간 현존재의 문제가, 즉 유한성이 본래적인 문제로, 다시 말해서 철학의 중심적인 문제로 되지 않았기 때문이다. 그 까닭은 **칸트** 자신이—『순수 이성 비판』제2판이 보여주듯이—이러한 길, 즉 개념파악되어 있지 않은 하나의 유한성을 뿌리치고 나와 스스로 하나의 무한성 안에 안주하는 데에 이르는 길을 두둔했기 때문이다. 나는 이러한 맥락들을 더 상세하게 다루어나갈 수 없다. 그 맥락들은 『칸트와 형이상학의 문제』라는 나의 저작 속에서 다루는데, 거기에서 나는 유한성이라는 문제가 형이상학에 대해서 가지는 필연성을 전개하려는 시도를 벌였다. 더 나은 칸트 해석을 제시하는 것이 나에게는 중요한 일이 아니었다. 신칸트주의자들이나 고전 칸트주의자들이 **칸트**에 대해서 무엇을 사유하고자 원하는가 하는 것은 나하고는 전혀 상관이 없는 일이다. 저 앞에서 언급한 귀결은 하나의 필연적인 귀결이며, **헤겔**이 그 귀결을 어떻게 마무리 짓는지 그 양식을 보면 그것은 경탄할 만한데, 그럼에도 불구하고 그것은 귀결로서는 이미 일종의 권한 밖의 무한성을 알리는 표식인 셈이다. 유한성에는 '앞뒤가 안 맞음(In-Konsequenz)'이—결함으로서가 아니라, 그리고 당혹스러움으로서가 아니라, 오히려 영향력으로서— 속한다. 유한성은 변증법을 불가능하게 만들며, 변증법을 겉모양으로서 입증한다. 유한성에는 '뒤이어지지-않음', '근거가-빠져 있음', '근거가-감추어져 있음'이 속한다.

자아와 의식(현존)에 대한 이러한 물음은 그러므로 결코 인식 이론의 물음이 아니며, 그렇다고 해서 분과로서의 형이상학의 한 물음도 아니다. 오히려 그것은 그 속에서 일체의 모든 **형이상학**이 가능적으로 존재하는, 다시 말해서 필연적으로 존재할 수밖에 없는 그런 물음이다.

307 제50절 세계를 가지고 있으면서 가지고 있지 않음이란 곧 '옮겨 앉혀져 있음'을 들어줄 수 있음이며 '함께 같이 가기'를 거부해야 함임. '가질 수 있으면서 가지고 있지 않음'으로서의 빈곤(없이 지냄)

우리는 이렇게 물음을 던져보자. 자신을 옮겨 앉혀볼 가능성을 이렇게 돌, 동물, 인간과 연관 지어 논의해봄으로써 우리는 동물의 세계 빈곤의 본질에 대한 문제의 규명을 위해서 무슨 결과를 얻었는가? 타자 속으로 옮겨 앉혀져 있음은 인간 현존재의 본질에 속한 것이다. 이 점을 우리가 눈여겨본다면, 인간이 자신을 동물 속으로 옮겨 앉혀볼 수 있는 가능성에 대한 특별한 문제를 위해서 우리는 하나의 본질적인 방향을 잡은 셈이다. 그럼에도 불구하고 그것이 우리에게 무슨 도움이 되는가? 만일 우리가 어쨌든 우리 자신을 동물 속으로 옮겨 앉혀보아야 한다면, 과연 우리를 안절부절못하게 짓누르고 있는 어려움이 그렇게 해서 치워 없어졌다고 볼 수 있는가? 그 점에 대해서 우리는 우선 이러한 논의에서부터는 어떠한 이득도 직접적으로 얻어내지 못했다. 물론 사정은 그렇기는 하다. 그러나 다른 점에 대해서는 사정은 그렇지 않은데, 이미 우리가 그것에 대해서 마찬가지로 끌어들인 것을 보면 다음과 같다. 즉 우리가 우리 자신을 동물 속으로 아무튼 어떤 방식으로건 옮겨 앉혀볼 수 있는 가능성을 우리는 아주 자명하게 전제하고 있으며, 이러한 전제는 자명한 권리를 가진다. 이러한 전제가 자명하다는 이 말은 결국 이제, 인간의 본질에는 '다른 사람 속으로 옮겨 앉혀져 있음'이 속해 있을 뿐만 아니라 또한 '동물 속으로—살아가는 것 속으로—옮겨 앉혀져 있음'도 속한다는 점을 일컫는 것이 아닌가? 만약 그렇지 않다면, 우리가 동물 속으로 그렇게 우리 자신을 옮겨 앉혀보는 일이 가능하다는 그 자명한 전제를 만들고 있다고 우리가 말하는 경우 그 말이 뜻하는 바는 달리 무엇이겠는가? 그렇다고 해도 그 말은, 우리가 말없이 이러한 가능성을 약속하고 있다거나 또는 더욱이 우리가 이러한 가정과 이렇게 가정할 수 있는 권리 속에서 아무튼 어떤 방식으로건 의견을 같이하고 있다는 것을 일컫는 것일 수는 없다. 오히려 우리는 애초부터 우리가 우리 자신을 동물 속으로 옮겨 앉혀보는 식으로 태도를 취하고 있다. 우리는 우리의 전체적인 실존 가운데에서 동물과 행동관계를 맺고 있으며 그리고 일정한 방식으로는 식물과도 행동관계를 맺고 있는데, 다음과 같은 식으로 그렇게 하고 있다. 즉 우리는 우리 자신을 애초부터 특정한 의미에서 이러한 '옮겨 앉혀져 있음' 가운데에서 알고 있으며, 또 해당 존재자와 함께 같이 갈 수 있다는 것은 우리에게는 애초부터 의문스러운 일이 아니다.

  눈에 잘 띄는 예로 집짐승의 보기를 하나 들어보기로 하자. 집짐승들이 그렇게 집짐승들이라고 불리는 까닭은 집짐승들이 집에서 모습을 보이기 때문이 아니라 오히려 그것들이 집에 속하기 때문에, 다시 말해서 그것이 집을 위해서 일정한 방식으로 일을 맡기 때문이다. 그러나 집에 집짐승들이 속해 있는 방식을 보면, 그것은 집에 지붕이 속해 있는 방식과는 같지 않은데, 지붕이 궂은 날씨로부터 집을 보호해주는 것을 보면 그렇다. 집짐승들은 우리가 집에서 기르는 것들이며 집짐승들은 **우리와 함께 같이** '**살아가는**' 것들이다. 그런데 만일 '살아간다'는 말이 '동물의 방식으로 **존재한다**'를 뜻한다면, 우리는 집짐승들과 함께 같이 살아가는 것은 아닐 것이다. 그렇지만 우리는 집짐승들과 **함께 같이 존재하고는** 있다. 그러나 이러한 '**함께 같이 존재함**'은 '함께 같이 실존함' 또한 결코 아닌데, 개가 실존하지 않고 그저 살아가기만 하는 것을 보면 그렇다. 우리가 이렇게 동물들과 함께 같이 존재함으로써, 우리는 동물들을 우리의 세계 안에서 움직이도록 놓아두는 셈이다. 우리는 '개가 밥상 밑에 앉아 있다', '개가 계단을 뛰어 올라가고 있다'고 말한다. 그러나 그 개는—밥상을 밥상으로서, 계단을 계단으로서 대하고 있는가? 그러나 그럼에도 불구하고 그 개는 우리와 함께 계단을 같이 올라가고 있다. 그 개는 우리와 함께 먹이를 같이 먹고 있다—아니, 우리는 먹이를 먹고 있는 것이 아니다. 그 개는 우리와 함께 식사를 같이하고 있다―아니, 그 개는 식사를 하고 있는 것이 아니다. 그런데 그럼에도 불구하고 우리와 함께 같이하고 있다니! '함께 같이 감', '옮겨 앉혀져 있음'―그리고 그럼에도 그것이 아니다.

그런데 만일 동물과 관련하여 인간 측에서부터 어떤 근원적인 옮겨 앉혀져 있음이 가능하다고 한다면, 이 경우 이로써 동물도 자기의 세계를 가지고 있다는 것이 말해진 셈이다. 아니면 그렇게 말하는 것이 지나친 것은 아닌가? 바로 이러한 '지나친 것'이야말로 우리가 끊임없이 오인하는 바로 그것은 아닌가? 그런데 왜 그런가? 동물 속으로 옮겨 앉혀져 있다는 것은 인간의 본질에 속한 것일 수 있으며, 그것은 우리가 우리 자신을 동물의 세계 안으로 옮겨 앉혀 본다는 것을 말하는 것일 필요는 없다. 이제 물음은 이미 다음과 같이 더욱 날카로워지고 있다. 즉 '동물 속으로 옮겨 앉혀져 있음'에서 우리는 어디로 옮겨 앉혀져 있는가? 무엇과 함께 우리는 같이 가고 있으며 그리고 이러한 '함께 같이'라는 말은 무엇을 일컫는가? 함께 같이 간다는 것은 어떠한 양식으로 간다는 것인가? 동물 쪽에서 이야기해 보면, 이렇게 인간으로 하여금 동물 속으로 옮겨 앉혀져 있도록 허용하고 요구하는 바로 그것, 그리고 그럼에도 불구하고 동물과 함께 같이 가기를 인간에게 다시 또 거부하고 있는 바로 그것은 동물에서는 무엇인가? 일종의 '옮겨 앉혀져 있음'을 들어줄 수 있다는 것과 그리고 일종의 '함께 같이 가기'를 거부해야 한다는 것은 동물 쪽에서 보면 무엇인가? 이렇게 가지고 있으면서도 가지고 있지 않다는 것은 무엇인가? '가지고 있음'과 '가질 수 있고 들어줄 수 있음'이 어떤 방식으로든 가능한 바로 거기에서만, '가지고 있지 않음' 및 거부의 가능성이 존립한다. 지금까지 우리가 아주 형식론적으로 표현한 바로 그 점, 즉 동물의 경우에는 세계를 가지고 있으면서 다시 또 세계를 가지고 있지 않다는 것이 어떤 방식으로든 존재한다는 그 점은 이제 일종의 '들어줄-수 있음'으로서, 그것도 본질차원에서 보면 일종의

'옮겨 앉혀져 있음을 들어줄-수 있음'으로서 드러나고 있는데, 그것은 '함께 같이 가기를 거부해야 함'과 연관되어 있다. '가지고 있음'이 가능한 바로 거기에서만, '가지고 있지 않음'이 존재한다. 그리고 '가질 수 있는 데에 가지고 있지 않음'이 바로 '**없이 지냄**(Entbehren)'이요, '**빈곤**(Armut)'이다. 그러니까 '동물 속으로 인간이 옮겨 앉혀질 수 있음'—그럼에도 불구하고 그것은 다시 또 함께 같이 가기는 결코 아니다—은 그 근거를 동물의 본질에 두는 셈인데, 그러한 본질을 우리는 세계 빈곤에 관한 논제를 통해서 적중시켜보려고 하고 있다. 그러한 사정을 종합요약해보면 다음과 같다. 동물 속으로 옮겨 앉혀질 수 있음의 한 울어리를 동물이 바로 그 자신에게서 내보이고 있다. 그것도 그의 현존재에 저 '옮겨 앉혀져 있음'이 속하는 그런 인간이 또한 이미 어떤 방식으로든 동물 속으로 옮겨 앉혀져 있다는 식으로 그렇다. 동물 속으로 옮겨 앉혀질 수 있음의 한 울어리를 동물이 내보이고 있다. 좀더 정확히 말해, 동물은 그 자체가 곧 이러한 울어리인데, 이 울어리는 그러면서도 일종의 함께 같이 가기는 거부하고 있다. 동물 속으로 가능적으로 옮겨 앉혀질 수 있음의 한 울어리를 동물은 가지고 있는데, 그러면서도 동물은 우리가 세계라고 부르는 바로 그것은 가지고 있을 필요가 없다. 동물은 돌과는 구별되어 어쨌든 '옮겨 앉혀질 수 있음'의 가능성을 가지고 있다. 그러면서도 동물은 한 인간 대 다른 한 인간의 경우에 해당하는 그런 '자신을 옮겨 앉힘'과 같은 의미로 '자신을 옮겨 앉힘'을 가능하게 해주는 바로 그것은 가지고 있지 않다. 동물은 그 어떤 것을 가지고 있으며 또한 그 어떤 것을 가지고 있지 않다. 다시 말해서 동물은 그 어떤 것이 없는 채로 지낸다. 우리는 그 점을 이렇게 표현해보기로 한다. 즉 동물은 세계가 빈곤한 채로 존재한다고, 즉 동물은 원칙적으로 세계가 없는 채로 지낸다고 말이다.

동물의 세계 빈곤이란 무엇인가? '없이 지냄'이라는 것을 한층 더 가까이에서 규정하고 난 지금도 여전히 우리는 아무런 만족스러운 대답을 가지고 있지 못하다. 왜 그러한가? 그 까닭은 '없이 지냄'이라는 형식적인 개념에서부터 우리는 세계 빈곤의 본질을 추려낼 수 없기 때문이다. 이러한 빈곤이 파악될 수 있는 경우란 오직, 세계가 무엇인지를 먼저 우리가 알고 있을 때뿐이다. 오직 그때에만 우리는, 동물은 무엇이 없는 채로 지내는지, 따라서 세계 빈곤이라는 말은 무엇을 뜻하는지를 말할 수 있게 된다. 우리는 먼저 세계개념을 인간의 본질의 자리에서, 그리고 주장된 세계 형성의 자리에서 찾아내야 한다—먼저 긍정적인 점을 찾아내고, 그러고 나서 부정적인 점과 결점을 찾아내야 한다.

이러한 길이 너무나 자연스럽고 너무나 자명한 나머지 우리는, 왜 우리가 이 길을 진작에 걸어오지 않았는지 의아해하고 있다. 하지만 지금도 우리는 그 길로 접어들어가지는 않을 터인데 고집 때문에 그러는 것은 아니다. 오히려 우리는 **동물성 자체를 밝혀 보임으로써 세계 빈곤의 본질에 좀 더 가까이 이르고자 시도한다.** 혹시 이때 그럼에도 불구하고 암묵적으로 인간에 방향을 잡는 것이 중요한지 아닌지, 그리고 그것이 어떠한 중요한 역할을 하는지는 논의하지 않은 채 그대로 놓아두기로 한다.

우리의 과제를 해결하는 데에 동물의 본질양식 쪽을 향해서 원초적으로 고유한 눈길을 던지는 시선이 없어서는 안 된다는 점을 우리는 다음과 같은 사실에서 끄집어내어보기로 한다. 인간의 세계 형성 쪽을 향해서 눈길을 던지는 가운데 우리가 세계의 본질을 해명한다고 가정해보자. 이때 세계 없이 지낸다는 것이 도대체 무엇을 말하는지를 우리가 순수한 추론을 통해 알아낼 수 있다고 가정해보자—그 경우 그 모든 일은, 만약 우리가 동물성의 본질 쪽을 향해 눈길을 던지는 가운데, 동물은 세계와 같은 것 없이 지낸다는 사실과 그리고 어떻게 그러한지를 우리가 제시하지 못하는 한, 우리를 목적에 데려다줄 수는 없을 것이다. 바로 이러한 노력, 즉 동물성을 **원초적으로 고유하게** 성격규정하는 작업을 우리는 피해가서는 안 된다. 그런데 이 말은 다음을 뜻한다. 즉 **특별히 동물을** 고려해서라도 우리는 살아 있는 것의 본질을 규정하는 과제를, 즉 **생명의 본질을 성격규정하는 작업**을 감행하지 않으면 안 된다. 우리는 지금까지 그 일을 해왔는가? 아니면 적어도 시도라도 해보았는가? 분명히 우리는 그리하지 않았다. 그 점과 관련해서 지금까지 우리가 아직 동물학의 성과들, 인식들, 견해들을 다루어보지 않았다는 사실을 눈여겨보아야 한다. 설령 특수 물음은 포기하더라도, 우리는 동물성과 생명 일반에 대해서 **동물학의 근본논제들**에 조언을 구해야 한다.

제51절 유기체의 본질을 밝혀 보이기 시작

가. 기관을 작업도구로서, 유기체를 기계로서 보는 견해의 의문스러움.

도구, 작업도구, 기계를 본질적으로 구별해놓은 데에 대한 대략적인 해명

살아 있는 것 그 자체에 대한 가장 낯익은 성격규정은 살아 있는 것을 무기물과는 대비되는 유기물로서 규정하는 데에 있다. 물론, 우리가 만약 무기화학과 유기화학을 생각한다면, 그리고 유기화학이 살아 있는 것 그 자체라는 의미에서의 그런 유기물에 관한 학문과는 전혀 다른 학문이라는 사실을 생각해낸다면, 무기물과 유기물의 저 구별은 즉각 의문스러워지게 되며 오해를 사게 될 것이다. 유기화학이 그렇게 일컬어지는 까닭은 바로 그 유기화학에 유기물이 살아 있는 것이라는 의미로는 원칙상 접근 불가능한 것으로 남아 있기 때문이다. '유기적(organisch)'이라는 말에서 무엇이 살아 있는 것의 성격으로서 의미되는지는 우리가 '유기체적(organismisch)'(비록 이 낱말이 특별히 마음에 드는 것은 아니지만)이라는 말을 할 때 더 잘 표현되어나온다. 근본논제를 보면 다음과 같다. 즉 '살아가는 일체의 모든 것은 유기체(Organismus)이다.' '살아가는 개개의 모든 것은 각기 하나의 생명체이며, 그리고 이 생명체가 곧 유기체이다.' 거기에는 동시에 다음과 같은 점이 놓여 있다. 즉 하나의 '살아 있는 실체', 하나의 살아가는 덩어리, 하나의 '생명 질료' 따위와 같은 개념은 일종의 비개념이라는 것이다. 왜냐하면 이러한 뜻의 '질료'와 '실체'라는 말로써 정작 살아 있는 것의 유기체적인 차원은 부인되고 있기 때문이다. 살아 있는 것*은 언제나 유기체이다. 살아가는 것*을 각기 그때마다 이러한 하나의 살아가는 것으로서 그것의 단일성에서 규정하는 바로 그것은 그 살아가는 것의 유기체적 성격이다. 생명의 단일성은 세포가 아니다. 다세포 생물은 사람들이 생각해왔던 것처럼 그렇게 세포들의 한 떼가 아니다. 오히려 단세포 생물이나 다세포 생물도 그것들이 **유기체들**이라는 점에서는 각기 나름의 **단일성**을, 다시 말해서 각기 나름의 특수한 **본질 전체성**을 띠고 있다.

하지만 유기체란 무엇인가? 실제로 이러한 성격은 살아 있는 것의 본질을 담아내기에 충분한가? 이 물음은 우리에게는 다음을 말한다. 즉 세계 빈곤이라는 칭호 아래 우리가 동물에다 본질계기로서 서술한 바로 그것을 우리는 동물의 유기체 성격을 바탕으로 하여 이해하게 되는가? 아니면 이와는 거꾸로 동물의 세계 빈곤이 곧 동물의 유기체 성격의 가능조건인가? 아니면 우리는 유기체 성격과 세계 빈곤을 어느 한쪽으로도 서로 관련지을 수 없는가?

유기체란 곧 기관을 가지고 있는 바로 그것이다. '기관(Organ)'이라는 말은 '작업도구'를 일컫는 그리스어 오르가논(ὄργανον)에서 온 것이다. 그리스어 에르곤(ἔργον)은 독일어의 '작업(Werk)'과 동일한 낱말이다. 기관이란 곧 작업도구이다. 그 때문에 근대의 지도적인 생물학자들 가운데 한 사람인 **빌헬름 루**는 유기체를 작업도구들의 한 복합체라고 정의한다. 그러니까 유기체란 그 자체가, 우리가 말할 수 있는 그대로 보면 일종의 "복합적인" 작업도구인 셈이다. 이때 복합적이라는 것은 여러 상이한 부분들이 서로서로 얽혀들어 있고 그래서 그것들이 하나의 통일적인 총체적 수행을 결과로 낳는 한에서 그렇다. 그런데 그 경우에 유기체는 기계와는 또 어떻게 구별되는가? 그리고 다시 그 기계는 작업도구와는 또 어떻게 구별되는가? 만일 개개의 모든 작업도구가 다 기계는 아니라면 말이다. 그리고 더 멀리 나아가, 개개의 모든 도구는 다 작업도구인가? 하나의 임의적인 물질조각과 질료조각을 도구성격을 띤 사물과 구별짓는 것은 무엇인가? 유기체의 본질을 밝혀 보이려는 시도에 즈음해서 우리는 이미 존재자의 여러 상이한 양식들의 전체적인 계열과 맞닥뜨리고 있는데, 그 계열을 보면 다음과 같다. 순전히 물질적인 사물, 도구, 작업도구, 장비, 기구, 기계, 기관, 유기체, 동물성— 이것들은 어떻게 구별되는가?

이 물음—그것은 우리가 끊임없이 풀려고 애쓰는 바로 그 물음과 동일한 물음이 아닌가? 다만 지금은 다음과 같은 점이 내보여지고 있다. 즉 물질적인 질료 조각(돌)과 동물 사이에는 도구, 작업도구, 기계 등과 같은 다른 존재양식의 다른 존재자들을 끼워넣을 수 있지 않은가? 작업도구, 기계와 같은 바로 그러한 표상들과 개념들이야말로 생명에 대한 설명이 그리로 곧잘 쉽게 소급해 올라가고는 하는 바로 그러한 것들인데, 그 설명은 그러한 것들의 구별들을 지워 없애고 그 구별들을 관철되지 못하게 하는 만큼, 그럴수록 우리는 저 도구, 작업도구, 기계와 같은 것들이 맺는 연관들에 대해서 논의하는 일을 회피해서는 안 된다. 좀더 정확히 물음을 던져보자. 도구, 작업도구, 기계와 같이 이제 새로 떠오른 양식의 존재자들이 우리가 세계라고 부르는 바로 그것과 맺고 있는 관련을 고려에 넣을 때 사정은 이제 어떠한가? 그러한 양식의 존재자들은 돌처럼 그렇게 단순히 세계 없음 속에 존재하지도 않으며, 그렇다고 해서 각기 그때마다 세계 빈곤 속에 존재하지도 않는다. 그럼에도 불구히고 우리는 도구, 즉 넓은 외미에서의 사용사물들이 세계가 없는 것들인데, 세계가 없는 것들로서 그것들은 동시에 **세계귀속적인** 것들이라고 말해야만 한다. 그 말은 일반적으로 보면 다음을 말한다. 즉 도구(유송도구, 작업도구 등 그리고 더더군다나 기계)—그러한 것은 오직 인간에 의해서 **만들어내어진 것**(Erzeugnis)으로서만 그것이 무엇인 바로 그것이요, 어떠하게 그것인 바로 그것이다. 그 말에는 이점이 놓여 있다. 즉 그렇게 도구를 만들어내는 일은 오직, 우리가 **세계 형성**이라고 부르는 바로 그것이 밑바탕에 깔린 곳에서만 가능하다. 존재자의 도구적 차원성, 그리고 그것이 세계와 맺는 연관을 우리는 지금 여기에서는 더 자세히 논의할 수 없다. 그 점에 대해서 나는 『존재와 시간』 제15절 이하에서 주제를 통해서 특별히 방향안내를 하면서 다루었다.

그러나 사정이 그렇다면 그 경우 다음과 같은 점이 의문스럽다. 즉 우리가 유기체들을 과연 작업도구들과 기계들로서 파악해도 되느냐 하는 것이다. 만약 이것이 원칙적으로 배제되어 있다면, 그 경우 생물학 내에서는 생명체를 우선은 하나의 기계처럼 받아들이고 그다음 거기에 그것을 넘어선 초기계적인 기능들을 더 끌어들이는 식의 수법 또한 불가능할 것이다. 설령 그러한 수법이 순수 기계역학적인 이론보다 생명현상들을 더 많이 고려에 넣고 있다고 하더라도, 그러한 수법이 오인하는 중심 문제, 즉 우리가 언제나 거듭 그리로 내몰리고 있는 그런 중심 문제를 보면 다음과 같다. 즉 살아가는 것이 근원적으로 띠는 그런 고유한 본질성을 파악하고 말하는 일이 과연 '동물은 세계 빈곤 속에 존재한다'는 논제를 통해서 수행되는지, 아니 그 일이 그렇게 수행됨으로써 적어도, 생명 일반의 본질을 구체적으로 해석하기 위한 현실적인 궤도가 열리게 되는지 말이다.

설사 유기체가 작업도구로서, 그리고 기계로서 개념파악될 수는 없다고 하더라도, **도구와 기계의 본질을 성격규정해보는 일**은 이와 같은 다른 양식의 존재자에 대비해서 유기체를 더욱 날카롭게 부각시킬 가능성을 제공한다. 물론 유기체가 어디에서부터 어떻게 긍정적으로 규정되는지가 더 계속해서 물어져야 한다. 우리는 여러분 자신이 앞으로 계속해서 사용할 수 있는 간단한 예를 통해서 그 연관들을 밝게 비추어보기로 한다.

망치는 일종의 작업도구이다. 다시 말해서 망치는 대체로 일종의 도구인데, 어떤 것을 위해서 쓰일 수 있음이 그 본질에 속하는 그런 어떤 것이다. 도구를 그 고유한 존재성격에 따라 보면 그것은 '무엇을 위한 어떤 것'이며, 그것도 여기에서는 어떤 것을 제작하기 위한 어떤 것, 그리고 이에 상응해서 어떤 것을 복구하기 위한, 수리하기 위한 어떤 것이다. 그러나 그것은 또한 손작업으로 가공된 재료라는 의미에서의 제품들을 부수는 데에 쓰일 수 있는 어떤 것이기도 하다. 그러나 개개의 모든 도구가 다 좁은 의미에서의, 그리고 본래적인 의미에서의 작업도구는 아니다. 보기를 들면 펜대는 일종의 필기도구이고 썰매는 일종의 운송도구이다. 그렇다고 해서 그것들이 기계는 결코 아니다. 도구라고 해서 모두 작업도구는 아니다―또한 개개의 모든 작업도구와 개개의 모든 도구가 다 기계인 것도 아니다. 물론 이에 비해서 오토바이나 비행기처럼 하나의 운송도구가 일종의 기계일 수는 있다. 그러나 꼭 그렇지만은 않다. 필기도구도 일종의 기계일 수는 있다(타자기). 그러나 꼭 그렇지만은 않다. 일반적으로 말해서 이 말은, 개개의 모든 기계가 다 일종의 도구이지만, 그러나 거꾸로 개개의 모든 도구가 다 기계는 아니라는 말을 일컫는다.

그러나 만일 개개의 모든 기계가 다 일종의 도구라고 한다면, 그 경우 그 말이 개개의 모든 기계가 다 일종의 작업도구라고 말하는 것은 아니다. 그러므로 기계와 작업도구가 서로 한데에 맞아떨어진다고는 볼 수 없으며, 그렇다고 해서 작업도구와 도구가 서로 한데에 맞아떨어진다고도 볼 수 없다. 그렇기 때문에 기계를 작업도구들의 한 복합체로서 파악하거나 하나의 복합된 작업도구로서 파악하는 것은 애초부터 불가능하다. 그리고 유기체가 기계와 상이하다는 것과 기계가 도구와 상이하다는 것이 또 아주 완전히 다르다고 한다면, 그 경우 유기체를 작업도구들의 한 복합체로서 보는 정의는 더더욱 그 자체로 유지되지 못하고 허물어지고 만다(그런데 이때 그 정의는 루와 같은 매우 공적이 많은 연구자 쪽에서 본 정의, 즉 "발달기계역학"[1] 쪽에서 본 정의이다). 오늘날 가장 총명한 생물학자들 가운데 한 사람

---

1) Wilhelm Roux, *Gesammelte Abhandlungen über Entwickelungsmechanik der Organismen* (『유기체들의 발달기계역학에 관한 논문 모음집』), 제1권: 논문 1-12, 주로 기능적 적응

인 윅스퀼과 더불어 기계를 그저 '불완전한 유기체'로서 지칭해보려고 한들, 사람들이 유기체를 살아 있는 것 그 자체의 구성들로서 단단히 붙드는 한, 그러한 지칭은 불가능한 일이다.

기계는 일종의 도구이며 그 자체가 곧 무엇을 위해서 쓰일 수 있는 것이다. 모든 도구는 아무튼 어떤 방식으로든 만들어내어진 것(Erzeugnis)이다. 기계를 만들어내는 일을 우리는 기계제작이라고 부른다. 우리는 또한 유비적인 방식으로 기구(도구, 장비, '음악'기구) 제작에 관해서 이야기하기도 한다. 제작은—가령 순전히 쌓기만 하는 일로서가 아니라 오히려 만들어내는 일로서—하나의 계획에 따라서 절차를 밟아나간다. 개개의 모든 계획이 다 일종의 제작계획은 아니다(운행시간, 군사작전계획, 복구계획). 도구를 만들어내는 경우에는 계획이 도구의 유용성에 의해서 앞질러 규정되어 있다. 이러한 유용성은 도구를 비롯해서 또한 기계가 무엇을 위해 쓰여야 할지가 미리 앞당겨 취해져 있는 가운데 그 쓰임새[무엇을 위해서]에 의해서 규제된다. 개개의 모든 도구는 오직, 하나의 연관 안에서만 그것이 무엇인 바로 그것과 어떠하게 그것인 바로 그것으로 존재한다. 그 연관은 그때마다 사용사태 전체성에 의해서 규정되어 있다. 망치가 못의 머리와 맺고 있는 그런 간단한 연관의 밑바탕에도 사용사태의 한 맥락이 깔려 있는데, 이 맥락이 계획단계에서 고려에 넣어지고 일정한 설계를 통해서 먼저 수립된다. 우리는 대개 '계획'이라는 말을 얽히고설켜 있는 하나의 연관을 기획투사한다는 의미로 사용하고는 한다. 작동 가운데에 있는 기계의 개별 부분들이 어떻게 서로 이쪽으로 밀고 저쪽으로 밀리면서 자리바꿈을 하게 되는지를 미리 앞질러 전체구조틀로 배열해보는 일이 기계의 제작을 계획하는

에 관한 논문들. 제2권: 논문 13-33, 태아의 발달기계역학에 관한 논문들, 라이프치히, 1895년. W. Roux, *Vorträge und Aufsätze über Entwickelungsmechanik der Organismen*(『유기체들의 발달기계역학에 관한 강연과 논문 모음집』), 제1호: 발달기계역학, 생물학의 새로운 지류, 라이프치히, 1905년.

단계에서 행해진다. 따라서 기계란 일종의 복잡한 도구라는 말인가? 그러나 도구의 기계적인 성격에서 결정적인 것은 전체구조틀의 복합화가 아니라, 오히려 여러 특정한 움직임들에 맞추어져 설정된 전체구조틀의 독자적인 진행이다. 전체구조틀의 독자적인 진행에는 하나의 특정한 역학적인 동력추진의 가능성이 속한다. 특정하게 잇대어 맞추어진 여러 진행들이 하나의 진행연관 안으로 데려와지는데, 이 하나의 진행연관의 단일성은 기계적 차원의 도구가 수행해야 하는 바로 그것에 의해서 앞서 그려져 있다. 그런데 제작될 수 있고 제작되어야만 하는 것이라고 해서 모두가 다 기계는 아니다. 그러므로 사람들이 우리에게 집을 거주기계라고 하고 의자를 앉는 기계라고 하자고 제안한다면, 그것은 단지 오늘날 사유와 이해의 기반상실성이 널리 퍼져 있음을 알려주는 또 하나의 표식일 뿐이다. 더군다나 그러한 정신 나간 생각 속에서 위대한 발견과 새로운 문화의 조짐까지 보는 사람들도 있는 지경이다.

도구, 작업도구, 기계―우리는 장비와 기구와 같은 중간 현상들은 제쳐두기로 한다―사이에 존립하는 본질구별들을 아무튼 이렇게 대략적으로나마 해명해놓은 것을 밑바탕으로 해서 이미 우리는 물음을 다음과 같이 좀 더 뚜렷이 던질 수 있게 되었다. 즉 생명체의 기관들은 '작업도구들'인가? 그리고 유기체로서의 생명체는 일종의 기계인가? 생명체의 기관들이 작업도구라는 점이 설사 맞는다고 하더라도, 그렇다고 해서 거기에서부터 유기체로서의 생명체가 일종의 기계라는 점이 귀결된다고 보기는 어렵다. 물론 생물학 내에서는 그 두 지지 점들이 다 받아들여진다. 때로는 그 점들이 이론 속에서 명시적으로 받아들여지는가 하면, 또 때로는 특별한 물음제기들의 밑바탕에다 사람들이 거리낌 없이 깔아놓고는 하는 일반 표상들이라는 의미로, 즉 이를테면 합법적인 보호막이 없이 함부로 다루어지고는 하는 표상들이라는 의미로 그 점들이 받아들여진다. 감각작업도구들로서의 감각기관들, 소화작업도구들에 관해서 사람들은 마치 이 개념들이야말로 세계와 관련해 가장 명료한, 그리고 여기에서는 가장 정당한 사태라는 듯이 그렇게들 이야기하고는 한다. 특히 동물들이 그것으로 보고 듣고 맛보는 그런 눈, 귀, 혀 따위를 분명 해부학적으로 확인하는 것을 보면 그렇다. 사실적으로 확인될 수 있는 이러한 감각작업도구들은 이미 다음과 같은 사실에 대한 증거가 된다. 즉 동물은 자기의 감성을 통해서 다른 동물들과 관련을 맺는다는 것, 그리고 우리 쪽으로부터 동물 속으로 옮겨 앉혀질 수 있음의 한 범위를 동물이 갖추고 있다는 것 말이다. 그래서 사람들은—필시 동물학자는 이렇게 말할 것이다—도구, 작업도구, 장비, 기계 사이에 온갖 논리적, 추상적 구별을 짜맞추어 넣을 수 있다. 그것은 나에게 아무런 도움도 못 된다. 그렇다고 해서 그것이 내게 결정적으로 중요한 사실을, 즉 동물은 감각작업도구들과 감각기관들을 내보인다는 사실을 치워 없애지는 않는다. 확실히 그렇다—그러나 다음과 같은 물음이 남아 있다. 과연 작업도구와 기관은 동일한 것인가? 여기에서는 낱말의 뜻이 혼란스럽다는 사실을 동물학자가 아무리 예증으로 내세우더라도 정작 그 동물학자가 희생의 제물이 되는 것은 아닌가—이 점, 즉 작업도구와 기관이 설명되어 있지 않고 구별되어 있지 않다는 이 점은 과연 사실들을 탐구하는 데에 현실적으로 그리 중요하지 않은 것인가? 아니면 결국에 가서 볼 때 그 점은 사실들을 탐구하는 데에 결정적인 것이지 않은가?

나. 생명의 움직임을 기계역학적으로 파악하는 데에 대한 의문스러움

이렇게 감각기관들과 감각작업도구들로 이중적으로 해석될 수 있는 경우에 상응하는 유비어로서 생물학에서는 **생명과정**(Lebensprozess)이라는 말이 있다. 그러한 감각 도구들이 눈앞에 있다는 것과 마찬가지로, 살아 있는 것(동물)이 움직임 가운데 있다는 것, 생명체에는 과정이 있다는 것도 분명 사실이다. 생명과정이란 여러 진행들로 이루어진 하나의 전체구조틀인데, 그러한 진행들의 근본양식으로서 사람들은 반사(Reflex)를 든다. 그래서 사람들은 반사굽이들을 낱낱이 그것들의 연관에서 탐구해내는 일을 자신의 과제로 삼을 수 있다. 이때 유기체는 반사굽이들의 다발로서 입증된다. 살아 있는 것은 분명 움직임 가운데 있으며, 그 움직임들은 분명 기계역학적으로 파악될 수 있고 추적될 수 있으며, 그리고 분명 이때 여러 풍부한 성과들과 필시 중요한 성과들도 촉진되어 나타날 것이다. 그러나—생명의 움직임에 대한 이러한 기계역학적인 파악의 가능성은 아직, 생명의 특수한 움직여짐이 애초부터 적중되어 있어서 거기에서부터 생명의 움직임에 대한 개개의 모든 구체적인 물음이 규정된다는 점에 대해서는 아무것도 증명하지 못한다. 동물을 반사굽이들의 한 다발로서 기술하는 것이 가능하다고 해서, 그로써 유기체가 그 자체로서 두루 탐구되어 있다는 것, 아니 유기체가 그나마 대략적으로라도 파악되어 있다는 것이 증명되는 것은 결코 아니다. 다음과 같은 점이 원칙적으로 한 번 더 강조되어야 한다. 즉 **해명되어 있지 않은 불충분한** 이론들을 실마리로 하여 사실들을 연구할 때마다 늘 필연적으로 어떤 것이 생겨나온다. 성과들은 성과들이다. 확실히 그렇다. 만일 우리가—오늘날 빈번하게 그렇게 하듯이—결과와 성공을 겨누고 있다면, 그 경우 학문은 그러한 결과와 성공을 위해서 봉사해온 셈이 된다. 그러나 중요한 문제는 다음과 같은 물음이다. 그 성과들은 해당 사태분야의 이해 그 자체를 위해서는 무엇을 말해주는가? 동물, 식물 그리고 물질의 **본질구성요소**가 띠는 기본적인 단순성에 대한 인식을 위해서 그러한 성과들은 무엇을 제공하는가? 앞에서 언급했던 점을 이렇게 또 한 번 상기해볼 필요가 있었던 까닭은, 선번에 언급한 적이 있는 철학의 오만함 그리고 자기가 다루고 있는 사실들에 학문 자신이 파묻혀 있음, 이 둘 사이로 고찰과 논의를 큰 오해 없이 파헤쳐나간다는 것이 지금 행하고 있는 고찰과 앞으로 행할 고찰의 자리에서 쉬운 일이 아니기 때문이다.

종합요약하면서 우리는 이렇게 말할 수 있다. 즉 유기체는 기관들을 가지고 있다. 확실히 그렇다—그러나 그 기관들은 작업도구들인가? 유기체는 일종의 과정이다. 확실히 그렇다—그러나 움직여짐의 근본성격이 기계역학적인 운동 개념의 도움으로 파악될 수 있는가? 따라서 그다음 과제로서 무엇이 귀결되어 나오는가? 기관들은 순전한 작업도구들이 아니라는 것, 유기체는 순전한 기계가 아니라는 것을 동물학과 생물학에서 인정할 수 있도록 시도해보아야 할 것이다. 그 말은 그러니까 다음을 뜻한다. 즉 유기체는 기계 이상의 어떤 것이며, 기계 배후에 그리고 기계를 넘어서 있는 어떤 것이다. 그럼에도 불구하고 이러한 과제는 불필요한 것이다. 왜냐하면—명시적으로나 비명시적으로나—그러한 점은 생물학 내에서도 인정되고 있는 것이기 때문이다. 그러나 바로 이러한 인정이 일어나고 있다는 **사실** 그리고 **어떻게** 그러한 인정이 일어나고 있는가 하는 것을 보면 가장 불운하기 짝이 없다. 왜 그런가? 그 까닭은 초기계적인 것을 이렇게 인정함으로써 살아 있는 것의 고유한 본질이 겉으로는 고려에 넣어지고 있는 것처럼 보인다. 그러나 바로 그럼으로써 최초의 단초가 치워져 없어지기는커녕 오히려 인준을 받고서 근본규정 속으로 함께 받아들여져 그곳에서 더욱 강화되어 돌아옴으로써 생명의 본질에 관한 근원적인 이론을 더더욱 잘못 세우거나 또는 어떤 초기계적인 힘들을 가져다대는 데(생기론)에로 잘못 이끌고 있기 때문이다.

제52절 동물의 능력이 지닌 가능성의 성격에 대한 물음으로서 기관의 본질에 대한 물음. 도구의 유용성은 '어떤 것을 위한 완숙성'이고 기관의 유용성은 '어떤 것을 해낼 수 있음'임

그런데— 구체적으로 물음을 던지자면—어느 정도로 기관은 작업도구가 아닌가? 어느 정도로 기관은 비록 그것이 하나의 작업도구는 아니더라도 그 밖에 또 어떤 것, 즉 다음과 같은 의미에서 그 밖에 또 어떤 것인가? 즉 유기체가 작업도구에로 또 어떤 것을 가지고 와서 그 작업도구에 그렇게 기관의 낙인을 찍는다는 의미에서 말이다. 그러니까 유기체가 하나의 초기 계적인 전체구조틀이라는 의미에서 말이다. 기관, 예를 들어, 눈은 분명 보기 위해서 있다. 이러한 '보기 위함'은 눈에 덧붙여지는 임의의 속성으로 간주되는 것이 아니라, 오히려 그것은 눈의 **본질**이다. 눈—보는 기관— 은 보기 위해서 있다. 그런데 바로 '무엇을 위한 유용성'을 우리는 도구의 성격으로 확정했다. 따라서 눈이란 일종의 도구, 즉 일종의 보는 도구라는 말인가? 눈의 도움으로 어떤 것이 산출되지 않음을 볼 때 눈은 필시 작업도구는 아니기는 하다. 아니면 '눈은 일종의 도구이다'라는 말은 완전히 틀린 말은 아닌가? 그래도 우리는 다음과 같이 말할 수는 없는 것일까? 즉 눈은 망막 상을 산출해내어 그로써 가시적인 것과 시야를 산출한다고 말이다. 눈—보기 위함. 눈에 의해서 봄이 산출되는가? 눈의 작업도구적인 성격에 대해서 결정을 내릴 수 있으려면 우리는 다음과 같이 좀더 뚜렷이 물음을 던져보아야 한다. 즉 동물이 눈을 가지고 있기 때문에 동물은 볼 수 있는가? 아니면 동물이 볼 수 있기 때문에 동물은 눈을 가지고 있는가? 무엇 때문에 동물은 눈을 가지고 있는가? 왜 동물은 그러한 것을 가지고 있을 수가 있는가? 오직 동물이 볼 수 있기 때문에 그렇다. 눈을 보유하고 있다는 것과 볼 수 있다는 것은 동일한 것이 아니다. **볼 수 있음**이 비로소 눈의 보유를 가능하게 하며 그러한 보유를 특정한 방식으로 필수적이게 만든다. 그런데 어느 정도로 그리고 무엇을 밑바탕으로 해서 동물은 볼 수 있는가? 이러한 가능성을, 즉 이러한 **능력**[할 수 있음]을 가능하게 해줌은 어디에 놓여 있는가? 하나의 가능성— 볼 수 있음 —이라니, 그것은 도대체 어찌된 것인가? 이러한 가능성은 어떠한 성격을 띠는가? 원칙적으로 물음을 던져보면 다음과 같다. 즉 도대체 하나의 존재자가 **어떻게** 존재하길래, 이러한 **볼 수 있음**이라는 **가능성**이 그 존재자의 존재양식에 속할 수 있는가?

'볼 수 있음'은 동물이 본질차원적으로 지니는 하나의 가능성이다. 그렇다고 해서 거기에서부터 각각의 모든 동물이 다 눈을 가지고 있어야 한다는 점이 귀결되어나오지는 않는다. 그 말에서는 오히려 다음과 같은 점만이 말해지고 있을 뿐이다. 즉 '볼 수 있음'은 가능성으로서 그 자체가 곧 동물성에 근거한다. 그렇지만 동물성이 반드시 이러한 특정한 가능성에로 전개될 수 있어야 하는 것은 아니며 동물 속에서 반드시 눈이 생겨나올 수 있어야 하는 것은 아니다. 그러나 동물성은, 도대체 그 존재양식에서 보면, 다음과 같은 식이어야 한다. 즉 동물성에는 보고 듣고 냄새 맡고 만지고 할 수 있는 것과 같은 가능성들이 속한다. 그러한 가능성들에서부터 우리는 어떻게 이러한 '능력'이라는 가능성의 성격을 파악해야 하는가?

이를 위해서 우리가 출발점으로 삼아야 할 것은 가장 가까운 것, 즉 기관이다. 기관은 하나의 그러한 능력[할 수 있음]에 명백히 속하며, 우리가 그렇게 말하듯이, 기관은 보는 데에, 듣는 데에 쓰이며, 보고 듣고 하는 것을 '가능하게 해준다'(애매성!). 이러한 유용성을 밑바탕으로 하여 기관은 도구, 작업도구에 가장 가까우며 대개는 그런 것과 동일시되고는 한다. 기관과 작업도구, 이 둘이 그 유용성의 성격과 관련해서 가장 가깝게 서 있는 바로 여기에서 하나의 **결정적인 구별**을 볼 필요가 있다. 기관, 예를 들어 눈은 보는 데에 쓰인다. 펜대, 즉 일종의 필기도구는 글씨 쓰는 데에 쓰인다. 두 번 다 모두 일종의 '무엇을 위한 쓰임'이다. 확실히 그렇다—그 둘은 서로 다른 것을 위한 쓰임, 즉 '봄'과 '글씨 쓰기'를 위한 쓰임이다. 그러나 그 둘이 그렇게 상이함에도 불구하고 그 둘은 다 일종의 인간의 행위라는 점에서는 일치를 본다. 그럼에도 불구하고 우리가 정작 다루어야 할 것은 동물성에 관한 것, 동물의 기관들에 관한 것이다. 우리도 모르는 사이에 우리는 지금 인간에 대해서 이야기하고 있다. 그럼에도 불구하고 여기에서는 바로 다음과 같은 점이 의문시되고 있다. 즉 과연 우리가 인간에서 '봄'이라고 칭하는 그것이 동물에서 '봄'이라고 칭하는 그것과 동일한가 하는 점 말이다. 인간과 동물, 이 둘은 눈을 보유하고 있고 더군다나 이 둘의 눈의 해부학적인 구조까지도 서로 상응함에도 불구하고, 인간의 '봄'과 동물의 '봄'은 동일하지 않다. 설령 우리가 동물의 '봄'에 남아 있고 그러한 '봄'을 그 온전한 수수께끼 차원 속에 그냥 내버려두면서 그 봄의 기관(눈)을 필기도구와 동일시하더라도, 우리는 쉽게 하나의 구별을 보게 된다. 이때의 구별은 기관과 도구가 제각기 그때마다 **무엇을 위해서 쓰이는가** 하는 데에 놓여 있을 뿐만 아니라, 또한 다른 데에도 놓여 있다. 펜대는 **따로 그 자체로** 존재하는 어떤 것이며, 여러 **상이한** 사람들이 사용을 위해서 손에 넣을 수 있는 어떤 것이다. 이에 반해서 기관인 눈은 그것을 필요로 하는, 그리고 그것을 사용하는 사람들을 위해서 그런 식으로 눈앞에 있는 것이 결코 아니다. 오히려 각각의 모든 생명체는 각기 그때마다 오직 **자기의** 눈을 가지고서만 볼 수 있다. 이러한 눈과 일체의 모든 기관들은 마치 일종의 사용사물처럼, 즉 일종의 도구처럼, 그렇게 따로 그 자체로 눈앞에 있는 것이 아니다. 오히려 그것들은 거기에서 그것들을 사용하고 있는 그런 존재자 속에 내장되어 있다. 그러므로 우리는 다음과 같이 말함으로써 하나의 **첫 번째 구별**을 보고 있는 셈이다. 즉 기관이란 곧 사용자 속에 내장된 일종의 작업도구라고 말이다.

그런데 거기에 내장되어 있다고 함은 무엇을 뜻하는가? 어디에 내장되어 있다는 말인가? 유기체 속에 내장되어 있다는 말인가? 그런데 우리가 기관과 도구의 구별을 해명함으로써 정작 찾고 있는 것은 바로 유기체의 본질이다. 그렇기 때문에 우리는 잠정적으로 다음과 같이 다르게 물음을 던져야 한다. 기관이 사용자 속에 내장되어 있다는 것만으로 기관은 그 작업도구적인 성격을 잃어버리는가? 아니면 기관은 노내체 처음부터 작업도구적인 성격을 전혀 본질적으로 가지지 않는가? 이 물음은 오직, 우리가 앞에서 제시한 기관의 유용성과 도구의 유용성의 구별, 눈의 유용성과 펜대의 유용성의 구별을 새로이 밝혀낼 때만 판가름 날 수 있다. 그러나 그러기 위해서는—지금 우리가 보듯이—기관이 쓰이는 데와 도구가 쓰이는 데가 서로 다르다는 것을 지적하는 것만으로는 불충분하며, 또한—대략적으로 이야기해서—기관과 도구가 눈앞에 존재하는 양식 및 방식, 즉 '내장되어 있음'과 '독자적으로 있음'을 특징짓는 것만으로도 불충분하다. 오히려 만약 구별이 도구 그 자체와 기관 그 자체의 구별이어야 한다면, 그 경우 그 구별은 단지 도구와 기관이 무엇을 위해 쓰이느냐 하는 데에만 놓여 있는 것이 아니라, 오히려 그 구별은 **유용성** 자체의 성격에 놓여 있음에 틀림없다. 무엇을 위해서 쓰이는 식으로 존재하는 바로 그것은 어떤 다른 것에 하나의 **가능성**을 내준다. 쓰이는 것이 이러한 의미로 **가능성**을 내주면서 존재할 수 있는 경우는 오직, 그 쓰이는 것이 쓰이는 것으로서 하나의 **가능성**을 가지고 있을 경우일 뿐이다. 이 말—'하나의 가능성을 가지고 있다'라는 말—은 여기에서는 '하나의 속성이 갖추어져 있다'는 것을 일컫는다고 볼 수는 없다. 오히려 그 말은 '나름의 고유한 본질에 따라서 그리 있다'는 것을 일컫는다고 볼 수 있다. 즉 이러한 '그리 있음(Sosein)'에는 '가능성을-가지고 있음'이 놓여 있다는 것, 즉 '그리 있음'이란 곧 '가능성을-가지고 있음' 말고는 다른 아무것도 아니라는 것이다. '무엇을 위해서 쓰임'은 도구의 경우에서도, 기관의 경우에서도 우리가 그것을 보고 그 기관이나 도구를 기관으로서 또는 도구로서 인식하는 그런 어떤 눈앞의 특징이 아니며, 또한 도구나 기관이 띠는 여러 속성들 가운데 하나로서 더 추가되거나 덧붙여지기도 하는 속성도 아니다. 오히려 도구나 유기체나 그 **본질**을 유용성에 두고 있으며 유용성에서 그 본질을 발견한다.

322 '펜대존재'라고 함은 글씨 쓰기를 위해서 특정한 방식으로 있음을 일컫는다. 그러한 관점에서 펜대가 이 특정한 도구로 만들어져 있고 산출되어 있다. 펜대가 만들어지는 가운데 특정한 유용성에 다다랐을 때, 즉 이 특정한 가능성을 내미는 데에 다다랐을 때, 비로소 펜대는 마무리되어놓인다. 도구를 산출한다고 함은 도구를 마무리해놓는다는 것으로서 도구를 이중적인 의미에서 **마무리해놓는다**. 도구는 **완성된** 것으로서 마무리되어 놓여 있다. 이러한 '완성되어 있음'은 바로 '마무리되어 놓여 있음'에 존립하는데,

이 점에 따르면, '마무리된(fertig)'이라는 말은 또한 동시에 '완숙성을 갖춤(Fertigkeithaben)', 즉 어떤 것에 능숙하고(geschickt) 쓸모가 있음을 말한다. 바로 이렇게 마무리해놓는 가운데 특정하게 마무리되어 놓여 있게 됨이 도구에다 완숙성을, 즉 글씨 쓰기를 위한 능숙함을 내준다. 하지만 우리는 '능숙함'이라는 이 두 번째 뜻의 마무리되어 놓여 있음(Fertigkeit)'―예를 들면 "솜씨"― 이라는 말을 도구와 사물들에 대해서 곧바로 사용하지는 않으며 오히려 인간의 행위에 대해서 그 말을 사용하고 어쩌면 동물의 존재양식에 대해서도 그 말을 사용하는지도 모른다. 어쨌거나 나는 언어의 폭력성을 마다하고 싶지 않으며 도구가 쓰여질 수 있는 특수한 양식과 방식을 지칭하기 위해서 '완숙성(Fertigkeit)'*이라는 표현을 요구하고 싶다. 그 까닭은 '완숙성'이라는 말은 또한 동시에 마무리하고 산출하고 하는 가운데 그리고 마무리하고 산출하고 하는 자리에서 마무리되어 놓여 있게 됨을 말하는 것일 수도 있기 때문이다. 이 경우 그러한 마무리해놓는 일은 마무리된 것을 따로 그 자체로 눈앞에 있는 것으로서, 그리고 사용을 위해서 손에 넣을 수 있는 것으로서 이쪽으로-곁에다 세워놓는다. 도구는 무엇을 위한 쓰임의 가능성을 내민다. 즉 도구는 각기 그때마다 무엇을 위한 하나의 특정한 완숙성을 갖추고 있는데, 이러한 완숙성은 일종의 마무리해놓는 일에 근거한다. 펜대를 비롯해서 개개의 모든 도구는, 그러한 도구가 존재하는 경우, 본질차원적으로는 마무리된 어떤 것이며 그리고 그 말은 그러한 펜대라는 도구가 글씨 쓰기를 위해서 마무리되어 놓여 있다는 것을 말한다. 도구에는 이러한 특수한 정의된 의미에서의 완숙성이 속한다. 펜대는 도구로서 글씨 쓰기를 위해서 마무리되어 놓여 있기는 하지만, 그러나 그러한 펜대는 글씨 쓰기를 해낼 어떠한 능력도 가지고 있지 않다. 펜대는 펜으로서는 글씨 쓰기를 해낼 수 없다. 중요한 것은 우리기 도구에 돌리는 능력의 한 특정한 양식으로서의 '완숙성(Fertigkeit)'을 '해낼 수 있음(Fähigkeit)'*과 구별하는 일이다.

무엇을 위한 쓰임의 가능성들은 가능성들로서는 그것들이 띠는 가능성의 성격에서 서로 다르다. 하나의 도구가 가지고 있으면서 내미는 그런 가능성은 가능성으로서는 다음과 같은 가능성, 다시 말해 우리가 일종의 '해낼 수 있음'에 돌리는 능력과는 다르다. 도구는 일종의 완숙성을 띠고 있다. 기관은—우리는 이렇게 주장한다—각기 그때마다 일종의 '해낼 수 있음'을 가지고 있다. 과연 우리가 이러한 어법으로써 아주 적절하게 이야기하고 있는지 아닌지는 곧 드러날 것이다. 우선은 가능성을 가지고 있음과 [가능성을-]내밈의 이 두 번째 양식을 좀더 상세하게 해설하고 그리하여 그것을 기관과 유기체의 본질 쪽으로 이끌어들이는 일이 시급하다. 그렇게 해서 또한 동시에 기관이 도구, 작업도구 그리고 기계와 구별될 수 있을 것이다.

도구는 각기 그때마다 일종의 특정한 완숙성을 띠고, 기관은 각기 그때마다 일종의 '해낼 수 있는 능력'을 가진다. 하지만 눈을 예로 들어보면, 특정한 기관으로서 여태까지 우리가 눈을 펜대하고는 구별해왔음에도 불구하고, 마치 펜대가 글씨 쓰기를 해낼 능력을 가지고 있지 않은 것과 마찬가지로 눈도 따로 그 자체만으로는 보기를 해낼 능력을 가지고 있지 않다. 특히 우리는 그렇지 않아도 다음과 같은 말을 했다. 즉 볼 수 있는 가능성은 그 자체가 기관으로서의 눈의 가능조건이라고 말이다. 기관도 바로 그 자체로는 봄을 해낼 능력은 가지고 있지 않다는 바로 이러한 실상들을 우리는 그나마 단단히 붙들고 있어야 한다. 그리고 우리가 '완숙성'과 '해낼 수 있음'과의 이러한 구별을 곧추세우기를 원한다고 해서 이를 위해 저 실상들을 억눌러버려서는 안 된다. 그럼에도 불구하고—펜대와 마찬가지로 눈도 따로 그 자체로는 일종의 해낼 능력은 가지고 있지 않다고 하는 말을 우리가 한다고 해서, 우리가 저 실상을 단단히 붙들고 있다고 볼 수 있는가? 우리가 눈을 그렇게 따로 그 자체로 취한다고 해서 눈을 눈으로서 취하고 있다고 볼 수 있는가? 아니면 여기에는 이미, 단지 기관으로서의 눈을 일종의 따로 그 자체로 손에 넣을 수 있는 도구와 대등하게 놓는 일만을 가능하게 할 뿐인 결정적인 실책이 놓여 있는 것은 아닌가? 하나의 눈은 따로 그 자체로는 도대체 눈이 아니다. 그 말에는 다음과 같은 점이 놓여 있다. 즉 눈은 처음에 따로 그 자체로 일종의 작업도구였다가 그 뒤 그것이 다른 데에 또 내장되기도 하는 것은 결코 아니다. 오히려 눈은 유기체에 속하며 유기체에서부터 생겨나온다. 그렇다고 해서 이 말은, 유기체가 기관들을 마무리해놓는다는 것을 뜻하고 있는 것은 아니다.

기관은 해낼 수 있는 능력들을 가지고 있는데, 그것은 기관들이 다름 아닌 바로 **기관들로서**, 다시 말해서 **유기체에 속한 것으로서** 그렇다. 이에 반해서 작업도구는 그것이 다른 것에 속한다는 것을 본질적으로 배제하는데, 그것이 다른 것에 속함으로써 '해낼 수 있음'이라는 성격을 가지게 되는 것은 아니라는 의미에서 그렇다. 그러나 다른 쪽에서 볼 적에 기관이 기관으로서, 즉 유기체에 속해 있고 유기체에서부터 움터나오는 것으로서, 만일 어떤 것을 해낼 수 있는 능력들을 가진다고 한다면, 그 경우에는 기관이 일종의 해낼 수 있는 능력을 가지고 있는 것이 아니라, 오히려 **유기체가 해낼 수 있는 능력들을 가지고 있다고** 좀더 엄밀하게 말해져야 할 것이다. 유기체는 보고 듣고 하는 따위의 일들을 할 수 있다. 기관들은 '그저' 봄을 위한 것에 지나지 않지만, 그렇다고 해서 기관들이 작업도구들인 것은 결코 아니다. 기관들은 **덧붙여져 있는** 것이 아니다. 즉 기관들은 해낼 수 있는 능력 속으로 추후에 내장시켜놓은 것이 아니다. 오히려 기관들은 그러한 해낼 수 있는 능력에서부터 움터나와 그러한 해낼 수 있는 능력 속에서 피어오르고 그러한 해낼 수 있는 능력 가운데에 머무르다가 그러한 해낼 수 있는 능력 속으로 꺼져든다.

기관과 해낼 수 있는 능력 사이의 이러한 관계를 우리는 어떻게 이해해야 하는가? 다음과 같은 점이 뚜렷해지고 있다. 즉 우리는 기관이 해낼 수 있는 능력을 가지고 있다고 말해서는 안 되고 오히려 **해낼 수 있는 능력이 기관들을 가지고 있다고** 말해야 한다. 우리는 앞에서 다음과 같은 말을 한

적이 있다. 즉 도구는 일종의 특정한 완숙성을 띠고 기관은 일종의 해낼 수 있는 능력을 가진다고 말이다. 이제는 오히려 그와는 거꾸로 말하는 것이 더 적절하다는 것을 우리는 보고 있다. 즉 도구는 마무리되어 놓아지는 가운데 무엇을 위한 하나의 특정한 완숙성을 획득한 가운데에 있고 그러한 완숙성을 보유한 가운데 있다. 이와는 거꾸로 기관은 일종의 해낼 수 있는 능력의 소유이다. 이때 소유하고 있는 자는 '해낼 수 있는 능력'이지, 기관이 아니다. '해낼 수 있음'이 스스로 기관들을 마련하는 것이지, 기관들에 '해낼 수 있는 능력들'이 갖추어진다거나 또는 심지어 '완숙성'들이 갖춰지는 것은 아니다.

제53절 '해낼 수 있음'과 이에 속한 '기관' 사이의 구체적인 연관이 곧 도구의 유용성과는 구별되는 '일 맡고 있음'임

그런데 '해낼 수 있음'이 스스로 기관들을 마련한다고 함은 무엇을 일컫는가? 존재할 수 있음의 특정한 양식으로서, 즉 가능성들을 가지고 내주고 함의 특정한 양식으로서의 해낼 수 있는 능력은 단지 능력의 한 양식으로서의 그런 성격에서 '어떤 것을 위한 완숙성'과 구별되는 것은 분명 아니다. '해낼 수 있음'과 '무엇을 위해서 마무리되어 놓여 있음'은 근본적으로 서로 다른 존재양식을 드러내어 알린다. 우리의 눈길이 쏠리고 있는 방향을 따라 보고 냄새 맡고 포착하고 먹어대고 소화시키고 하는 따위를 '해낼 수 있음', 그리고 이 해낼 수 있음에 속한 '기관들' 및 좀더 정확하게는 이 해낼 수 있음에 기관들이 속한 바로 그 방식, 이 둘 사이의 좀더 구체적인 연관을 우리는 끄집어내려고 시도해야 한다. 어쩌면 이 '해낼 수 있음'에 기관들이 속한 바로 그 양식과 방식에 결정적인 문제가 놓여 있는지도 모른다.

사람들은 첫눈에 얼핏 보고는, 유기체는 자기의 기관들을 몸소 산출하며 그로써 그것은 항상 다른 것에 의해서 산출되기 마련인 도구와는 다르게 자기 자신까지도 산출한다고 말하고 싶다는 유혹을 느끼게 마련이다. 이미 그렇기 때문에 유기체는 예컨대 기계와는 구별되는데, 기계는 그것 자체와는 구별되는 인간의 존재양식을 가진 설계제작자를 필요로 한다. 기계가 도대체 기계로 존재하기 위해서 그것은 설계제작자를 필요로 할 뿐 아니라 또한 운전지침도 필요로 한다. 기계가 몸소 운전상태로 스스로를 조절하여 맞추고 그 운전상태로 스스로를 전환시킬 수 없는 데에 반해서, 유기체는 자기의 고유한 움직여짐을 제어하고 끌어들이고 그 방향을 다른 쪽으로 돌리기도 한다. 그리고 마지막으로 기계는, 만일 그것이 손상을 입은 상태라면, 다른 기계에 의한 재생산과 수리를 필요로 하는데, 다시 그러한 일은 기계를 생산할 능력이 있는 그러한 자의 존재양식에 의해서만 일어날 수 있다. 반면 유기체는 일정한 한계 내에서 자기 자신을 재산출하고 갱신한다. **자기산출** 일반, **자기제어** 그리고 **자기갱신**은 명백히 유기체를 기계와 대비하여 특징짓는 계기들이다. 또한 그것들은 동시에, 유기체가 어떠한 방향에서 독특하게 유기체로서 일을 해낼 수 있고 일할 능력이 있는가 하는 것을 볼 수 있게 해준다.

방금 말한 것은 그 실상들에서 분명히 의심할 나위가 없다. 또한 기계와 대비하여 유기체의 독특함이, 그리고 그로써 기계의 부분들은 기계에 속해 있는 것이라는 점과 대비하여 기관들은 유기체에 속해 있는 것이라는 점도 지적되고 있다. 그러나 그럼에도 불구하고 이러한 지적은 위험하다. 그 까닭은 그러한 지적이 다음과 같이 결론을 내리는 쪽으로 이끌어갈 수가 있고 또 언제나 거듭 그러한 쪽으로 이끌고 있기 때문이다. 만일 자기산출, 자기제어, 자기갱신을 해낼 수 있는 이러한 능력을 유기체가 가지고 있다면, 그 경우 유기체 속에는 하나의 고유한 작용과 하나의 힘, 하나의 목적인자(엔텔레키[Entelechie]) 그리고 일체의 그 모든 것을 다 야기시키는 생명의 원동력("자연 요인")이 놓여 있어야 한다는 결론 말이다. 그런데 이러한 견해를 가지고서는 우리는 이미 문제의 끝에 와 있는 셈이다. 다시 말해서

326 그 견해는 더는 문제를 허용하지 않는다. 이렇듯 생명의 본질규정이라는 본래적인 문제는 아예 더는 고개를 들지 못한다. 그 까닭은 이제 생명이 어떤 작용계기에 떠넘겨져버리기 때문이다. 더군다나 일종의 그러한 힘과 목적인자를 끌어다대는 것으로써는 아무것도 설명되는 것이 없다는 것을 우리는 그렇지 않아도 이제는 유념하지 않은 채 그냥 내버려두고 있다. 특히 기계론과는 구별되는 이른바 생기론 내에서 유기체의 본질을 해명하려고 퍼뜨려온 이러한 시도들을 거슬러 물음은 다음과 같이 열려 있어야 한다. 자기산출과 자기제어 그리고 자기갱신— 우리가 앞에서 말했듯이—과 같은 앞에서 언급한 실상들 쪽으로 눈길을 던질 때 과연 그리고 어느 정도 **유기체의 해낼 수 있는 능력과 기관들, 이 둘 사이의 본질연관이 밝혀 보여질 수 있는가?** 만약 그 일이 성공한다면, 그 경우 '완숙성'과는 구별되는 '해낼 수 있음' 일반의 본질이 좀더 뚜렷이 밖으로 드러나야 할 것이다.

그런데 만일 그 자체 의심의 여지가 없는 그런 실상들을 밑바탕으로 하여 유기체를 해명하는 저 소박한 설명에 대해서 우리가 실제로 끄떡없기를 원한다면, 그 경우 우리는 분명 더욱 **구체적으로** 유기체의 구조 그리고 그 유기체에 속한 기관들의 다양성과 양식 속으로 파고들어가야 할 것이다. 무엇보다도 먼저 우리는 사람들이 '중심 신경 계통', '신경 제어', '자극', '유발'과 같은 칭호들 아래에서 익숙히 알고 있는 바로 그런 연관, 즉 개별 기관들이 유기체의 중심제어와 맺는 연관을 연구해보아야 한다. 그리고 그러한 연관 속에 담겨 있는 일체의 내용, 즉 기관들의—예컨대 감각기관, 영양섭취기관의—해부학적인 조직구성을 관찰해서 얻은 것들을 연구해야 한다. 그것들을 우리는 되도록 수많은 형태의 기관을 통일적으로 내보이고 있는 그런 유기체들에서 가장 빨리 수행해낼 수 있을 것이다. 확실히 그렇다—여기에서는 주위 사정을 둘러볼 필요가 있다. 우리의 관찰이 순전한 개념들 속에서 순수 추상적인 고려가 되는 것을 원하지 않는 경우에 특별히 그렇다. 그러나 그럼에도 불구하고 우리의 원칙적인 의도를 위해서 우리는 하나의 **다른** 길을 선택해도 좋을 것이다. 아니 우리는 이 다른 길을 선택할 수밖에 없을지 모른다. 이 길은 앞에서 밟아온 그런 길에 비할 때 결코 쉬운 길은 아니다. 하지만 그런 만큼 이 길은 본질적인 실상들과, 그리고 그로써 문제들을 좀더 기본적으로 그리고 좀더 강하게 볼 수 있도록 해줄 것이다. 철학적으로 보아 기관의 본질로로 눈길을 던질 수 있도록 우리에게 여건을 마련해주기에 가장 적합한 것은 더욱 복잡하고 더욱 탄탄하게 조직된 고등동물들이 아니라 오히려 하등동물들, 즉 이른바 **단세포**의 원형질 동물들[원생동물들], 즉 겉으로 보기에는 아무런 기관도 가지지 않은 것 같은 그러한 아메바와 적충류와 같은 단세포의 원형질 동물들이다. 여기에서 나는 원형질의 문제는 깊이 파고들지 않을 것이다. 그것에 대한 대략적인 개념을 일반 교양적인 지식으로서 전제하기로 한다.

원형질(Protoplasma)이라는 개념, 그리고 그 명칭이 동물학에서 생겨난 것이 아니라 오히려 식물학에서 생겨난 것이라는 사실은 우연이 아니다. 이른바 하등 동물들, 즉 아메바와 적충류는 단지 하나의 유일한 세포로 이루어진 원형질만을 지니고 있다. 사람들은 내부원형질(Endoplasma)과 외부원형질(Ektoplasma)을 구별한다. 원형질 동물에는 형태와 구조가 빠져 있다. 그러한 원형질 동물은 확고한 동물형태를 내보이지 않는다. 그렇기 때문에 우리는 변이동물들(Wechseltierchen)에 관해서 이야기하고는 한다. 변이동물들은 자기의 필수적인 기관들을 각기 그때마다 몸소 형성해야 하는데, 그렇게 일단 하나의 기관이 형성되면 그것을 다시 없애버린다. 그러니까 변이동물의 기관들은 일시적인 기관들이다. 아메바들의 경우가 그러하다. 적충류의 경우에 일정한 기관들은 존속한다. 그것도 포착하거나 앞으로 움직여 나아가는 운동에 관련된 기관들은 모두 다 존속하는 데에 반해서 영양을 섭취하는 일을 맡은 식물적인 기관들은 고정되어 있지 않다(짚신벌레[Paramaecium]). 이에 비해서 다른 기관들은 원형질에 의존한다. "개개의 조각 주위에 일종의 수포가" 각기 그때마다 형성되는데, "그 수포가 처음에는 입이 되었다가, 그다음에는 위가 되고, 그다음에는 창자가 되었다가, 마지막에는 항문이 된다."[2] 이로써 우리는 기관들의 한 특정한 순차적인 단계를 얻은 셈이다. 기관들은 그러한 특정한 순차적인 단계 속에서 자기 자신을 없애버린다. 여기에서부터 설득력 있게 얻어지는 결과는 이것이다. 즉 먹고 소화시키고 하는 일을 해낼 수 있는 능력들이 그때그때의 기관들보다 더 이르다. 그러나 또한 동시에 이러한 해낼 수 있는 능력— 우리가 이 능력을 이 능력이 속한 전체적인 과정의 연관 내에서 '영양섭취'라는 말로 바꿔 쓰고 있기도 한데—은 그 자체가 하나의 규제된 능력이며, 정말이지 그것은 과정들의 한 특정한 귀결과 연관된 규제적 차원성이다. 먼저 입이 생겨나오고 나서 그다음에 위가 생겨나오는 것이지, 위가 먼저 생겨나오고 그다음에 입이 생겨나오는 것이 아니다.

328　그러나—사람들은 다음과 같이 반대의견을 제기할 수도 있을 것이다—우리가 여기에서 단세포 동물들에서부터 끌어다대는 바 그것은 바로, 유기체가 자기의 기관들을 산출하고 다시 또 그것을 없애버린다는 점, 그러니까 유기체가 자기의 기관들을 마무리해놓는다고 하는 점에 대한 가장 훌륭한 전거가 아닌가? 그러니까 기관은 일종의 도구이며 그러한 기관이 각기 그때마다 몸소 다시 또 어떤 것을 산출하는 일을 맡는 한에서, 기관은 일종의 작업도구(소화작업도구)이다. 앞서 언급한 경우들에서 마무리되어 놓인 기관이 단지 잠시 동안만 눈앞에 존재한다고 해서 그러한 사실이 기관과 도구 사이에 존립하는 본질적인 구별을 근거제시할 수 있는 것은 아닌데, 특히 자기가 마무리해놓은 기관들을 지속적으로 지니는 그런 동물들이 있다는 것을 보면 그렇다. 확실히 그렇다. 마무리되어 놓인 하나의 망치 그 자체가 얼마나 오랫동안 현실적으로 존재하며 그리고 언제 그 망치가 없어져버리게 되는가 하는 것은 어떤 의미에서는 어떠하든 아무 상관이 없다.

---

[2] Jakob von Uexküll, *Theoretische Biologie*(『이론적 생물학』), 제2판(전면개정판), 베를린, 1928년, 98쪽.

망치는 어차피 하나의 망치인 것이다. 기관들의 경우에는 기관들이 얼마나 오랫동안 존재하며 언제 그 기관들이 생겨나오는가 하는 것은 사실상 어떠하든 아무 상관이 없다. 원형질 동물이 영양을 섭취하는 과정에서 위(胃)가 형성되고 나면 그 위는 창자를 위해서 소멸되어야 한다. 고등동물의 경우에서 볼 수 있는 것과 같은, 고정되어 있는 것으로서의 기관들은 생명의 지속에 결부되어 있다. 다시 말해서 그러한 고정되어 있는 것으로서의 기관들은 동물이 살아 있는 바로 그동안에 해당하는 그런 객관적으로 확인 가능한 시간에 일차적으로 결부되어 있을 뿐 아니라, 그 기관들은 살아가는 것으로서의 동물이 해낼 수 있는 지속 내에서, 그리고 그러한 지속을 위해서 존재한다. 이렇게 유기체와 기관들이 시간과 맺고 있는 관계의 문제를 비록 우리가 지금은 파고들어가지는 않더라도, 그나마 우리가 대충 고려해 본 것만으로도 다음과 같은 사실이 분명해진다. 즉 **기관과 도구는 서로가 근본적으로 아주 다르게 시간과 관계를 맺는다**. 더더군다나 만약 시간성격이 존재양식을 위해서 형이상학적으로 중심적이라면, 이러한 사실은 기관의 존재의 양식과 도구의 존재의 양식 사이에 존립하는 본질적인 구별을 근거제시한다고 볼 수 있다.

   그런데 우리가 제기하고 있는 특별한 물음—혹시 원형질 동물들을 통해서 곧바로 기관들의 도구성격이 입증되는 것은 아닌지—과 관련하여 우리는 이제 무엇보다도 다음과 같이 다시 또 강조해볼 수 있을 것이다. 즉 기관들이란 결코 다 만들어져 설치되는 것이 아니며, 그래서 기관들은 결코 거기에나 또는 어디인가에 설치된 채로 남아 있는 것이 아니다. 오히려 기관들은, 그것들이 무엇인 바로 그것과 어떠하게 그것들인 바로 그 점에서 동물의 생명과정에 꽉 달라붙은 채로 남아 있는 것이다. 그 밖에도 다음과 같은 점이 지적되어야 한다. 즉 원형질 동물들, 예컨대 '가짜 발(위족, 헛발, Pseudopodes)'은 앞으로 움직여나가기 위해서 스스로 어떤 것을 만들어내고 이렇게 만들어진 것이 여분의 원형질 속으로 늘 다시 또 녹아들어서 그것과 '도로 섞이기는' 한다. 그러나 그렇다고 해서 어느 한 동물의 가짜 발이 다른 동물의 가짜 발과 접촉할 경우, 그 동물의 가짜 발과 이 다른 동물의 가짜 발이 동일한 질료로 이루어져 있음에도 불구하고, 결코 그 동물의 가짜 발이 이 다른 동물의 가짜 발 속으로 흘러 넘어들어가 이 다른 가짜 발의 세포내용과 섞이지는 않는다. 이 말은 다음을 말하고 있다. 즉 그 기관은 만지기와 앞으로 움직여나가기를 해낼 수 있는 **능력 가운데에 간직된 채로** 남아 있으며 그리고 또한 오직 이러한 해낼 수 있는 능력에 의해서만 그 기관은 철회될 수 있고 없애어질 수 있다.

그런데 생겨나온 기관들이 고정되어 놓여 있는 곳, 그리고 일종의 지속되는 동물형태가 드러나 알려지는 곳에서는 사정이 어떠한가? 여기 이 경우, 즉 일체의 모든 고등동물의 경우에서는, '변경되지 않음'과 '지속됨'이 우리로 하여금 기관들을 따로 그 자체로 여기도록, 그것도 작업도구들로서 여기도록 우리를 잘못 이끌 수도 있을 것이다. 그리고 실제로 언제나 거듭 우리를 그런 쪽으로 잘못 이끌고 있다. 우리는 고정되어 놓여 있는 것들로서의 그런 기관들이 띠고 있는 '변경되지 않음'과 '지속됨'이 우리를 그런 쪽으로 잘못 이끈다고 말하고 있다. 다시 말해서 이러한 '변경되지 않음'과 '지속됨'이라는 계기들이 불러일으키는 겉모양을 보면, 그 기관들은 마치 동물의 전체 삶이 바뀌어가는 가운데에도 남아 있는, 눈앞의 어떤 것처럼 보인다는 것이다. 그런 기관들의 도움을 빌려 동물들이 비교적 다양한 활동을 할 수 있다는 점을 들어 사람들이 아직도 그것과 기관들을 비교하는 경우에 특히 사정은 그러하다. 만일 관찰자가 기관을 유기체에서 취하지 않는다면, 그는 기관들에 저 '눈앞에 있음'이라는 특정한 양식을 돌려씌우는 쪽으로 잘못 이끌려질 것이다. 그러나 자기가 이 점에 유의하지 않는다는 데에 대해서는 모든 관찰자가 다 아니라고 할 것이다. 그럼에도 불구하고 결정적인 점은, 유기체가 어떻게 이해되고 있느냐 하는 것이며 그리고 유기체가 근원적으로 이해되고 있어서 거기에서부터 과연 살아 있는 것의 특수한 존재양식이 드러나 알려지고, 이 특수한 존재양식이 일종의 작업도구가 띠고 있는 '손안에 있음' 및 '주위에 널려 있음'과는 근본적으로 상이한 매우 특수한 존재성격을 기관의 '변경되지 않음'과 '지속'에 지정해주느냐 하는 것이다. 겉으로 보기에는 기관들이 마치 지속적으로 눈앞에 있는 것처럼 보이지만, 그래도 그 기관들은 오직 우리가 **생명**이라고 이르는 그런 존재의 **방식**으로만 주어져 있을 뿐이다.

우리는, 해낼 수 있는 능력에 기관 자체가 달라붙은 채로 남아 있다고 하는 데에, 다시 말해서 기관이 마무리된 어떤 것으로서 다른 데로 옮겨 놓여지는 것이 아니라고 하는 데에 기관의 특색이 있다고 말했다. 그러나 해낼 수 있는 능력에 기관이 단지 이렇게 소극적인 의미로 달라붙은 채로 남아 있는 것이 아니라, 오히려 해낼 수 있는 능력에 기관은 적극적으로 속해 있다. 우리는 이렇게 말한다. 즉 해낼 수 있는 능력이 기관에게 일을 맡긴다고 말이다. 좀더 뚜렷하게, 그리고 우리의 주도적인 물음과 연관 지어 이렇게 말할 수 있다. 즉 개개의 모든 도구에서나 작업도구에서도, 그리고 개개의 모든 기계에서도, 우리가 관찰하는 '무엇을 위함(Umzu)'이라는 성격은 기관의 경우와 도구의 경우에는 근본적으로 상이하다. 펜대가 글씨 쓰기를 위해서 쓸모가 있듯이 그렇게 눈이 봄을 위해서 쓸모가 있는 것은 아니다. 오히려 기관은 이 기관을 형성해주는 해낼 수 있는 능력을 위해서 일을 맡고 있다. 마무리되어 놓여 있는 완숙한 것은 그 자체로서 **무엇을 위해서 쓸모가 있다**. 해낼 수 있는 능력 속에서, 그리고 해낼 수 있는 능력에서부터 생겨나오는 기관은 일을 맡고 있다. '유용성(Dienlichkeit)'과 '일을 맡고 있음(Diensthaftigkeit)'*은 같은 것이 아니다. 기관은 이 기관을 형성하는, 해낼 수 있는 능력에 언제나 일을 맡고 속해 있는 것이지, 결코 해낼 수 있는 능력을 위해서 그저 쓰일 수 있기만 한 것이 아니다. 이렇듯 기관을 특징지어 주고 있는 '무엇을 하기 위함'이라는 성격이 '해낼 수 있는 능력을 위해서 일을 맡고 있음'을 말하는 것이라면, 그 경우 '해낼 수 있는 능력' 그 자체가 이러한 '일을 맡고 있음'을 가능하게 해주고, 몸소 하나의 근원적인 일 맡음의 성격을 가지고 있음에 틀림없다. 이렇게 해서 우리는 비로소 '완숙성'과는 구별되는 '해낼 수 있는 능력'이 띠고 있는 가능성의 성격에 좀더 가까이 온 셈이다.

완숙한 것이 마무리되어 놓여 있다고 함은 1. 완숙한 것이 완성되어 있고 2. 그것이 어떤 것을 위해서 쓸모가 있을 뿐 아니라 3. 그것이 그 특수한 존재(도구존재)에서 그 자체로서는 더는 어찌할 수도 없다는 것이다. 즉 그것은 그것으로서는 다 되어 놓여 있다. 다시 말해서 그것은 다름 아닌 바로 산출된 것으로서 존재하며 남아 있고 오직 그러한 산출된 것으로서만 가져다가 사용될 수 있다. 그 도구존재에서 보면 그 완숙한 것은 그나마 하나의 사용을 가능하게 하며, 각기 그때마다 그러한 사용을 앞서 지시한다. 그러나 그러한 사용 자체에 대해서는, 즉 그러한 사용이 과연 일어나느냐, 그리고 그러한 사용이 일어난다면 어떻게 일어나느냐에 대해서, 그 도구는 마음대로 어찌하지 못할 뿐 아니라, 도구 존재는 그 자체로도 결코 그러한 사용을 촉구하고 나설 수 없다. 도구는 그저 쓸모만 있는 것일 뿐이며, 그로써 도구는 그 존재에서 다 되어 놓여 있는 셈이다. 만약 도구가 그것에 가능한 유용성의 특수한 방식으로 쓰여야 한다면, 그 경우 만들어내는 행동과는 상이한 다른 행동을 먼저 추가로 가지고 와서 이 행동을 통해서 비로소 도구에서부터 이 도구의 가능적인 쓰임을 끄집어내어야 할 것이다.

비록 망치가 망치질을 위해서 마무리되어 놓여 있기는 해도 망치존재가 일종의 망치질을 촉구하여 나서는 것은 아니다. 마무리되어 놓여 있는 망치는 하나의 가능적인 망치질 바깥에 놓여 있다. 이에 반해서 예를 들어 눈처럼 하나의 해낼 수 있는 능력에 속해 있는 바로 그것이, 즉 '봄'이라는 해낼 수 있는 능력을 위해서 일을 맡고 있는 바로 그것이, 그렇게 해낼 수 있는 능력을 위해서 일을 맡고 있을 수 있는 까닭은 오직, 그 해낼 수 있는 **능력이 그 자체로 일을 맡고 있고 그 자체가 일을 맡길 수 있기** 때문이다. 그런데 해낼 수 있는 능력이 무슨 일을 맡기고 어떻게 일을 맡기는지 하는 바로 그 점의 생성이 그 해낼 수 있는 능력 자체를 이끌고 한계 짓는다. 완숙한 것은 쓸모가 있다. 해낼 수 있는 것은 그 해낼 수 있음 그 자체에서 일을 맡고 있다. 해낼 수 있다고 함은 자신을 자기 자신에게로, 즉 자기의 고유한 '무엇을 위해서'에로 옮겨놓는다는 것이며 앞당겨 옮겨놓는다는 것이다. 완숙한 것의 존재, 즉 완숙성은 그러한 것을 모른다. 망치는 그 특수한 망치 존재에서 결코 이러한 특수한 행동으로서의 망치질―이 망치질을 위해서 망치가 쓸모가 있는 것인데―로 이를테면 자신을 앞당겨 올 수 없다. 이에 반해서, 해낼 수 있는 것 그 자체의 독특함은 곧, 자신을 자기 자신에로, 즉 '무엇을 위해서'로 앞당겨 옮겨놓는 데에 있다. 이로써, 산출되고 사용되는 사물들의 그 모든 '마무리되어 놓여 있음'과는 구별되는 '해낼 수 있음'이 우리를 그 속으로 몰아넣고 있는 그런 아주 새로운 연관이 열려 보여진 셈이다. '해낼 수 있음'으로부터 시작하여 이 '해낼 수 있음' 안에 놓여 있는 존재양식에 이르는 이 발걸음을 내디딜 때 비로소 우리는 '해낼 수 있는 능력'이 띠고 있는 이 특수한 가능성을 개념파악하는 데에 성공하며, 기관을 그것이 유기체에 속해 있다는 데에서 한정 짓는 데에 성공하고, 그로써 다음과 같은 물음을 결정하는 데에 성공할 것이다. 즉 과연 그 경우 우리가 유기체를 파악하게 되듯이 그렇게, 유기체가 곧 동물의 세계 빈곤의 가능조건인지, 아니면 이와는 거꾸로 동물의 세계 빈곤이야말로 '왜 일종의 살아 있는 것이 곧 유기체일 수 있으며 유기체이어야만 하는지' 그 까닭을 우리로 하여금 비로소 개념파악할 수 있도록 해주는 바로 그것인지라는 물음 말이다. 만약 후자의 경우가 맞다면, 그 경우 그로써 동시에 다음과 같은 점이 또한 입증되는 셈이라고 볼 수 있다. 즉 '동물은 세계 빈곤 속에 존재한다'는 논제는 동물성 일반에 대한 본질표명의 하나이지, 동물이 지니는 그 어떤 성질을 임의로 발언해놓은 것이 아니다.

기관의 본질을 밝혀내 보이는 가운데 우리가 한 걸음 더 멀리 나가기에 앞서서, 우리는 지금까지 얻어낸 통찰들을 종합요약해보기로 한다. 도구나 기관이나 이 둘은 우리가 형식상 '무엇을 위함'이라는 말로 표현하는 성격을 내보인다. 이 둘은 그 자체 내에 가능성들을 지니고 있으며, 그러한 가능성들을 하나의 특정한 사용을 위해서 내밀고 있다. 이렇게 가능성들을 내밀고 있음이 그 둘에게는 어떤 추후적인 속성이 아니다. 마치 망치가 우선은 망치로 있고 그것이 그 밖에 또 따로 쓸모가 있는 것이 아니듯이 말이다. 오히려 유용성은 바로 그 망치의 특수한 존재에 속한다. 그러나 도구가 가능성을 내미는 양식 및 방식과 기관이 가능성들을 내미는 양식 및 방식은 서로 근본적으로 다르다. 도구와 기관이 띠고 있는 가능성의 성격과 존재양식은 '어떤 것을 위한 완숙성'과 '어떤 것을 해낼 수 있는 능력'으로서 구별된다. 도구, 예를 들어 펜대는 글씨 쓰기를 위해서 마무리되어 놓여 있지만, 정작 글씨 쓰기를 해내지는 못한다. 또한 기관도, 우리가 기관을 따로 그 자체로 취하는 한에서는, 보고 포착하고 하는 등의 일을 해내지 못한다는 사실을 우리는 보았다. 이러한 사실은 다음을 가리켜 보인다. 즉 기관이 내미는 특수한 가능성은 그 자체에서는 일종의 유기체에 기관이 속해 있다는 데에 의존하고 있다. 이때 다음과 같은 점이 드러난다. 즉 기관이 몸소 내보이고 있는 해낼 수 있는 능력은 기관에게 기관으로서 속해 있는 것이 아니라, 오히려 이와는 거꾸로 기관이 하나의 해낼 수 있는 능력에 속해 있는 것이다. 해낼 수 있는 능력이 자신에게 자기의 특정한 기관들을 조달한다. 하나의 해낼 수 있는 능력이 각기 그때마다 자기의 기관들을 자신에게 조달한다는 이런 의미에서만 우리가 '유기체 속으로의 기관들의 내장'에 관해서 이야기할 수 있다. 그래서 해낼 수 있는 능력이 기관을 자기 자신에게 내장하는 셈이고 기관을 자기 자신에게 간직하는 셈이다. 기관이 유기체 속에 간직되는 한에서만 그것은 기관이다.

유기체에 대한 규명의 여부는 과연 우리가 기관과 유기체 사이의 내적인 연관을 밝혀낼 수 있느냐 하는 데에 달려 있다. 그러한 해명에 이르는 하나의 길이 다음과 같은 성격규정에서부터 얻어지고 있다. 즉 유기체는 스스로 자기를 제어하고, 스스로 자기를 산출하며, 자기를 갱신한다. 여기에서 '자기성(Selbstheit)'이라는 성격이 내보여진다. 이러한 자기성이라는 성격은 곧장, 이 자기성을 성급하게 설명해버리거나 우리[인간]의 고유한 자기에 빗대어서 일종의 동물 혼에 관해서, 일종의 힘에 관해서, 일종의 생명력에 관해서 이야기하는 쪽으로 길을 안내해왔다. 유기체가 자기성의 한 성격을 내보인다고 하는 이러한 실상과는 상관없이 우리는 우선 그와 같은 설명을 제쳐놓아야 한다. 그리고 우리는 해낼 수 있는 능력의 내적인 구조에서부터 시작하여 이러한 해낼 수 있는 능력에 의해 규정되어 있는 유기체의 본질을 향해서 앞으로 밀고 나가기를 시도해보아야 한다.

우리는 단세포 생물을 언급함으로써 기관과 유기체의 관계를 제시해보았다. 여기에서 드러나는 것은 다음과 같다. 즉 해낼 수 있는 능력들, 그리고 예컨대 소화과정에서나 성장 발육하는 경우에서 보이는, 해낼 수 있는 능력들의 전체적인 순서는 기관들보다 더욱 이르다. 여기에서부터 다음과 같은 반대의견이 자라나왔다. 즉 유기체가 기관들을 산출하며, 이 기관들은 그렇기 때문에 작업도구로서 관찰될 수 있다. 그러나 우리는 기관들이 유기체로부터 자유로이 주어지는 것이 아니라 오히려 유기체 속에 간직되는 것이라는 사실을 보았다. 이렇게 '속에 간직됨(Einbehaltenwerden)'은 자립적인 도구와 대비되는 결함이 아니라, 오히려 그것은 형이상학적으로 말해서 하나의 더 높은 규정이다. 기관은 해낼 수 있는 능력에 달라붙은 채로 남아 있다. 즉 기관은 해낼 수 있는 능력과 관련해서 일을 맡고 있다. 기관은 해낼 수 있는 능력을 위해서 눈앞에 있는 그런 쓸모 있는 것이 아니다. 오히려 기관은 해낼 수 있는 능력과 더불어 일을 맡고 있다. 그러한 사정은, 해낼 수 있는 능력 그 자체가 일종의 일 맡음의 성격을 띠고 있다는 점에서, 즉 유기체 자체와 관련해서 표현되고 있다. 우리는 기관이 가지고 있거나, 기관의 밑바탕에 놓여 있는 해낼 수 있는 능력이 가지고 있는 이러한

'일을 맡고 있음'을 도구의 유용성과 대비해서 좀더 정확하게 논의해보아야 한다.

제54절 완숙한 도구가 하나의 방침 밑에 놓여 있는 것과는 다르게, '해낼 수 있는 것'은 규칙을 지니고 옴. 자기가 무엇을 할 수 있는 데에로 자신을 앞으로 몰고 나아감이 곧 해낼 수 있는 능력의 충동성격임

완숙한 도구는 그것의 가능적 사용의 견지에서 볼 때 일종의 밖으로 말해졌거나 아니면 밖으로 말해지지 않은 방침(Vorschrift) 밑에 놓여 있다. 방침은 도구의 완숙성으로부터 주어지는 것이 아니고, 오히려 도구를 만들어내는 작업과 도구의 특수한 도구성격을 이미 규정해온 계획에서부터 언제나 차용되는 것이다. 그에 반해서 해낼 수 있는 것은 방침 밑에 놓여 있지 않고 오히려 몸소 규칙을 지니고 오면서, 그리고 조절하면서 존재한다. 해낼 수 있는 것은 '무엇을 해낼 수 있음'에로 자기 자신을 특정한 방식으로 앞으로 몰고 나아간다. '자기가 무엇을 해낼 수 있는 데(Wozu)'에로 이렇게 자신을 앞으로 몰고 나아감과 앞으로 몰고 나아가 있음은, 오직 '해낼 수 있음'이 도대체 충동에 따르는 경우에만, '해낼 수 있는 것'에서 가능하다. 해낼 수 있는 능력은 언제나 충동(Trieb)이 존재하는 바로 거기에서만 존재한다. 그리고 충동이 존재하는 바로 거기에서만, 비록 아직은 매우 불규칙적이고 시험적이기는 해도, 해낼 수 있는 능력이 또한 이미 어떻게든 존재하며, 거기에서는 다시 또 길들이기의 가능성이 존립한다. '무엇을 해낼 수 있는 데'에로 자신을 앞으로 몰고 나아간 채로 머무는 이런 충동에 따른 머무름은 완숙성과는 바로 아무런 관계도 없는 반면 '해낼 수 있음'에게는 일종의 '두루 재어봄(Durchmessung)'이라는 성격을, 즉 형식적인 의미에서 보면 일종의 '차원(Dimension)'이라는 성격을 내준다. 차원이 아직 공간적인 의미로 취해지는 것은 아니지만, 그러나 충동이 띠고 있고 일체의 모든 해낼 수 있는, 일을 맡고 있는 것이 띠고 있는 이러한 차원적인 성격은, 일종의 날아다닐 수 있는 공간이라는 의미에서건 또는 물고기가 몸 담은 일종의 특수한 공간이라는 의미에서건 아주 특정한 방식으로 하나의 공간을, 즉 구조상 완전히 서로서로 구별되어 있는 공간들을 동물이 두루 재어볼 수 있다는 데에 대한 가능조건이다. 도구에 따른 지시가 가리키는 '무엇을 위함(Umzu)'에는 충동이 빠져 있다. 망치는 그 형태 및 재료에 따라보건대 망치질을 위해 쓰이는 것이다. 나름대로 고유하게 무엇을 해낼 수 있는 데에로, 그리고 그로써 이렇게 두루 재어보는 해낼 수 있는 능력의 존재에로, 자신을 앞으로 몰고 나아가는 일은 이미 곧 자신을 조절하는 일이다. 조절은 해낼 수 있는 능력에 의해서 수행되는 바로 그것을 추후적으로 조정하는 것이 아니라, 오히려 앞으로 몰고 나아가면서 조정한다. 앞으로 몰고 나아가면서 밖으로 몰아 내오는 가운데 조절은 그때그때의 해낼 수 있는 능력에 속한 가능적인 촉진들(Antriebe)의 잇달음들을 조정한다. 이러한 조절은 해낼 수 있는, 예컨대 봄을 해낼 수 있는 그런 능력이 띠고 있는 근본성격에 의해서, 다시 말해서 하나의 근본충동에 의해서 철두철미 지배되어 있는데, 이 근본충동은 촉진들의 전체적인 잇달음을 두루 관통하여 몰아 나아가고 또 촉진시킨다. 그러나 충동에 따른 그런 해낼 수 있는 능력에서부터 그때마다 자라나오는 이러한 **촉진들**은 그 자체가 그저 생명의 움직임들—영양섭취, 앞으로 움직여나아감—을 순전히 야기시키기만 하는 그런 동인들이 아니라, 오히려 **충동들**로서 촉진늘은 언세나 움직임 전체를 애초부터 두루 관통하여 나아가면서 그리고 몰고 나아가면서 존재한다. 그렇기 때문에 바로 이러한 충동들은 결코 그저 기계적인 것들에 지나지 않는 것이 아니다. 비록 충동들이 아무리 떼어질 수 있다고 하더라도, 다시 말해서 충동들의 특수한 존재가능과 그로써 그 충동들의 존재양식이 그 속에 포함되어 놓여 있는 그런 충동구조가 이제 그 충동들에게서 무시되고 있다고 하더라도 그렇다. 충동구조에 적용될 수 있는 수학이란 원칙적으로 결코 없다. 즉 충동구조라는 것은 원칙적으로 수학화될 수 없는 것이다.

해낼 수 있는 능력 그 자체 내에 각기 그때마다 놓여 있는 조절이란 그러므로 자신을 각기 그때마다 앞서 붙잡아 나아가는, 충동에 따라 단계 지어진 그런 덮침(Übergriff)들의 한 구조이다. 그러한 덮침들을 통해서 움직임들의 잇달음의 순서가 앞서 그려져 있고, '해낼 수 있는 능력'이 발휘되기 시작할 때 그 움직임들은 생겨난다. 해낼 수 있는 능력은—그 특수한 존재에서 보면—이렇게 자신을 앞으로 몰고 나아가는 가운데에서는 이미 언제나 가능적인 수행영역을 앞서-취한 가운데에 있다. 이 모든 경우에서 의식과 영혼적인 것에 관한 사상을 아주 멀리해야 하며, "합목적성"에 관한 사상도 마찬가지이다. 다른 한편으로는 즉각 다음과 같은 점에도 주목해야 한다. 즉 지금까지는 '해낼 수 있는 능력'과 충동의 본질이 아직 그 궁극적 본질근거들 속으로까지 깊숙이 파헤쳐지지 않았다. 그래도 도구의 유용성과는 구별되는 그런 '일 맡고 있음'을 밑바탕으로 하여 일종의 기관이라고 우리가 부르는 바로 그것의 이러한 '일 맡고 있음'을 납득시켜볼 수 있을 정도까지는 '해낼 수 있는 능력'과 충동의 본질이 파헤쳐졌다. 또한 이제 기관으로부터 유기체에로 소급해가기 위한 지평이 이미 열려졌다.

제55절 일을 맡고 있는 해낼 수 있는 능력으로 미루어 일 맡겨진 기관의 수행에 관해서 물어봄

해낼 수 있는 능력이 띠고 있는 충동성격에 기초해서 보면, 해낼 수 있는 능력은 그 자체가 곧 일을 맡고 있는 것이지, 가령 눈앞에 있는 어떤 것처럼 무엇을 위한 쓸모가 있는 것이 아니다. 왜냐하면 하나의 충동은 결코 눈앞에 있는 법이 없고, 오히려 몰고 나아가는 것으로서 충동은 본질에 따라 볼 적에 무엇에 이르는 길을 가는 가운데에 있는 것이며, 무엇에로 몰고 들어가는 가운데 **자신을 밑에 두면서** 있는 것이며, 그 자체가 곧 일 맡음이며 일을 맡고 있는 것이기 때문이다. 따라서 하나의 해낼 수 있는 능력 그 자체가 생겨나게 해주는 바로 그것(하나의 기관)과 그리고 하나의 해낼 수 있는 능력이 자기에 관련시키는 바로 그것은 그러한 일 맡음에로 설정되거나 아니면 그러한 일 맡음으로부터 면제된다―예컨대 퇴화된다. 하나의 작업도구는 퇴화될 수 없는데, 그 까닭은 작업도구는 결코 일을 맡고 있지 않기 때문에, 즉 작업도구는 '해낼 수 있는 능력'이라는 가능성을 가지고 있지 않고 단지 쓸모만 있는 것이기 때문이다. 그리고 그러기 때문에 작업도구는 그저 파괴될 수 있을 뿐이다. 일 맡겨진 것의 가능적인 수행, 다시 말해서 기관의 가능적인 수행은 오직 근원적으로 일을 맡고 있는 그런 해낼 수 있는 능력에서부터만 수행으로서 개념파악될 수 있고 물어질 수 있다. 그러므로 예를 들어 **꿀벌 눈의 수행과 기관 성격은 꿀벌이 지닌 그런 특수한 봄을 해낼 수 있는 능력에서부터 규정되고** 그로써 개념파악될 수 있는 것이지, 가령 그와는 거꾸로 '봄을 해낼 수 있는 능력'이 꿀벌의 "눈"에서부터 규정되고 그로써 개념파악될 수 있는 것은 아니다. 꿀벌 눈의 해부학적인 구조는 인간 눈의 그것과는 다르다. 꿀벌의 눈은 동공도, 홍채도, 수정체도 가지고 있지 않다. 그럼에도 불구하고 다른 경우에서와 마찬가지로 여기 이 경우에서도 봄의 기관에게서 늘 반복되어 나타나는 구성조직의 원리가 발견된다. 해부학적인 구성조직은, 올바로 이해된 동물성의 본질, 그리고 꿀벌이라는 동물존재의 특별한 양식이 애초에 이미 시야에 들어와 있을 때에만 그리고 오직 그런 한에서만, 꿀벌의 봄의 양식에 대한 "추론"에 대해서 하나의 발판을 제공할 수가 있다. 아니면 우리는 일종의 곤충의 눈이라는 더욱더 구체적인 다른 경우를 취해보자. 이 경우는 어느 한 놀라운 실험을 통해서 더욱 상세하게 설명될 수 있다. 개똥벌레가 볼 때 생겨나는 망막상이 개똥벌레의 눈에서 성공적으로 관찰되었고 심지어 그 망막상이 성공적으로 촬영되기까지 했다. 창문 밖을 내다보는 한 마리의 개똥벌레의 눈에 맺힌 망막상이 관찰되었다(실험의 기술이 어떠했는지에 대해서 여기 이 자리에서는 자세히 언급할 수 없다). 그 망막상이 찍힌 사진에는 창문과 창문틀 그리고 창문 격자의 모습이 비교적 뚜렷이 재현되어 있고, 유리창에 붙어 있는 'R'이라는 커다란 문자가 재현되어 있으며 그리고 심지어 창문을 통해서 드러나 보이는 교회탑의 모습까지도 그 윤곽이 아주 흐릿하게나마 재현되어 있다. 창문 밖으로 눈길을 던지고 있던 개똥벌레의 망막이 바로 그러한 모습을 제공하고 있다. 곤충의 눈은 이러한 '모습'을 그려낼 수 있다. 그러나 여기에서부터 우리는 개똥벌레가 무엇을 보고 있는지를 끄집어낼 수 있는가? 결코 그렇지 못하다. 봄을 해낼 수 있는 능력을 우리는 기관의 수행에서부터는 결코 규정할 수 없다. 그리고 우리는 기관에 의해서 수행되는 것이 어떻게 '볼 수 있음'이라는 일을 맡게 되는지 그 양식을 기관의 수행에서부터는 결코 규정할 수 없다. 개똥벌레의 주위환경 그 자체가 도대체 규정되지 않는 한, 우리는 '기관'과 '해낼 수 있는 능력', 이 둘 사이의 연관을 도대체 문제 삼아볼 수조차 없다. 그리고 이 개똥벌레의 주위환경 그 자체를 규정하는 일은 다시 또, 일종의 주위환경이라는 것이 동물에게는 도대체 무엇을 말하는지 그 점을 해명하는 일을 요구한다. 곤충의 눈, 그리고 그래서 개개의 모든 기관 그리고 이에 상응해서 기관을 이루는 개개의 모든 유기적인 부분은 그 수행성격에서부터 볼 적에 다음과 같은 점에 의해서 규정되어 있다. 즉 그러한 것은 곤충이 지닌 '봄을 해낼 수 있는 능력'의 일 맡음 가운데에 설정되어 있다는 것, 다시 말해서 그러한 것은 이를테면 주위환경과 보고 있는 동물, 이 둘 사이로 비자립적인 어떤 것으로서 끼워넣어져 있다는 것이다. 그러나 이때 그것은 밖으로부터 끼워넣어지는 것이 아니고, 오히려 그러한 것은 그때그때의 해낼 수 있는 능력이 충동에 따라 두루 재어보면서 나아가는 길 위에서 이 해낼 수 있는 능력에 의해서 끼워넣어진다. 그 모든 점으로 미루어볼 적에 우리는, 동물의 경우에서 해낼 수 있는 능력이 띠고 있는 이러한 특수한 성격 속으로 파고들어가는 일이 얼마나 절실하고 불가피한지를 한층 더 많이 알게 된다.

그러나 어려움은 곤충이 무엇을 보는지를 규정하는 데에 존립할 뿐 아니라, 곤충이 어떻게 보는지를 규정하는 데에도 존립한다. 왜냐하면 우리의 '볼 수 있음'이 결국 동물의 그것과는 아주 다른 가능성의 성격과 존재양식을 보유하고 있는 데에 비해, 동물의 '봄'과 '볼 수 있음'은 일종의 '해낼 수 있는 능력'인 한, 우리는 우리의 봄을 무턱대고 동물의 봄과 비교해서는 안 되기 때문이다.

기관들은 동물에게 사물처럼 눈앞에 놓여 있는 것이 아니라, 오히려 그것들은 해낼 수 있는 능력들의 일을 맡고 있는 가운데에 있다. 이러한 '일을 맡고-있는 가운데'라는 말을 아주 엄밀하게 받아들여야 한다. 기관들은 그것들의 존재에서, 즉 그것들이 나고 자라고 퇴화하는 양식에서, 전적으로 이러한 해낼 수 있는 능력 그 자체에 속한 일 맡음에 달라붙어 있다. 그에 반해서 쓸모 있는 것은 결코 일을 맡고 있는 법이 없지만, 그럼에도 불구하고 '일을 맡고 있는 것'이 '쓸모 있는 것'으로 잘못 해석될 수는 있다. 일종의 '일을 맡고 있는 해낼 수 있는 능력'에 대한 이러한 잘못된 해석은 기관을 작업도구로서 파악하는 가운데 일어난다. 그러한 잘못된 해석은, 좀더 정확히 보면, 작업도구에서도 기관에서도 눈에 띄는 그런 성격— 무엇을 위함(Um-zu)—에 대한 일종의 하위규정(Unterbestimmung)이다. 해낼 수 있는 능력 그 자체가 그 본질에서 주목되지 않은 채 남아 있다.

제56절 지금까지 해명된 해낼 수 있는 능력의 본질을 유기체의 본질 (전체성의 성격)에 대한 규정을 위해 더욱 깊숙이 파고들어 밝혀보임 : 동물이 '자신을-자기것으로-만들 수-있음'의 방식으로 존재하는 양식으로서 자기것다운 면모 또는 자기것다움

우리는 이제 기관에 대한 이러한 특징규정에서부터—기관의 일 맡고 있음과 그리고 그것이 해낼 수 있는 능력에 속해 있음을 밑바탕으로 하여―유기체의 본질을 추론해낼 수 있는가? 우선 우리는 도대체 기관으로부터, 그러니까 잘 알려져 있는 것으로부터는 잘 알려지지 않은 것으로서의 유기체를 **추론해낼** 수 없는데, 그것도 우리가 유기체를 **개념파악한** 상태에 있지 않다면 더욱 그렇다. 그런데 그러한 개념파악 속에서는 바로 기관이 **유기체에 속해 있음**이 눈에 들어온다. 다른 말로 하자면, 어떤 살아 있는 것이 지니는 해낼 수 있는 능력에 대해서 말했던 그 모든 것 속에서 우리는 이미 언제나 유기체의 관점에서, 이 유기체 자체는 명시적으로 성격규정하지 않은 채 이야기해온 셈이다. 유독 자명한 것처럼 보이는 기관으로부터 시작해서 잘 알려지지 않은 유기체에 이르는 그런 추론은 쓸데없을뿐더러 불가능하기도 하다. 그러나 그럴 경우, 이미 항상―비록 흐릿하게나마―시야 속에 들어와 있는 유기체의 본질을 명시적으로 이해하는 일이 더욱더 필연적이게 된다. 이러한 이해의 과제가 겉으로 볼 적에는 아무리 단순하게―흡사 사람들이 이미 항상 눈앞에 두었던 것을 새삼스레 눈여겨보기라도 하듯이―보일지라도, 여기에서의 봄과 개념파악함의 양식은 아주 어려운데, 특히 그것이 단순히 살펴봄이나 응시함과 같지 않기 때문에 그렇다. 어쨌든 그러한 봄과 개념파악함은 통속적 지성에게는 낯설고 부담스러운 것이다. 그러한 봄과 개념파악함이 움직이는 영역, 그리고 그것의 성공과 실패가 판가름 나는 장은 논쟁(Argumentation)인데, 만약 이 논쟁이 오래 전부터 눈이 멀어버린 상태에 있다면, 그 논쟁은 끝없이 계속 탁상공론만을 일삼을 수도 있다. 눈이 멀어버림을 아무도 눈치채지 못하는데, 이럴 때 논쟁 소리와 말소리는 대개 점점 더 요란해지기 마련이다.

모든 토론과 의견 그리고 이미 말해진 적이 있는 것 등에 **앞서** 다르게 제기되는 물음과 개념파악함의 이러한 양식은 **후설**(Edmund Husserl)에 의해서 거듭 일깨워졌다. 그리고 그것은 다시 말해서 더욱더 근본적이게 되었다. 물음과 개념파악함의 그러한 양식은 **현상학**의 한 특징이며, 어쩌면

현상학의 결정적인 특징 그 자체인지도 모른다. 그러한 양식은 **자명하다는** 339
바로 그 이유 때문에 **위대한 것**이며, 그리고 그러한 이유 때문에 그것은 필수적인 장식물로 존재하는 바로 그런 것을 위해서 쉽게 그리고 완강하게 간과되어버리고는 한다.

그러므로 기관의 본질을 해석하는 가운데 우리가 언제나 거듭해서 이미 유기체를 필연적으로 함께 그리고 앞서 이해한다고 한다면, 우리가 이러한 유기체를 제대로 파악하게 되는 경우란, 지금까지 밝혀진 것을 오직 올바른 방식으로 끝까지 다 길어낼 때이지, 이른바 추론을 통해서 다른 것을 찾아나설 때는 아니다. 그런데 결정적으로 중요한 점은 해낼 수 있는 능력과 이 능력이 띠고 있는 충동 및 일 맡음의 성격을 해명하는 데에 놓여 있었다. 그러므로 그와 같은 정도로 해명된 **해낼 수 있는 능력의 본질을 더욱더 깊숙이 파고들어가서** 추적해보는 일이 꼭 필요하다. 이때 사태 자체가 우리에게 올바른 길을 안내해준다.

해낼 수 있는 능력에 대해서 지금까지 이야기된 것을 상기해볼 경우, 이때 우리의 관심을 끌거나 이미 우리의 관심을 끌었던 어떤 점을 우리는 보게 된다. '어떤 것을 해낼 수 있는 능력이 있음'은 일종의 특정한 방식으로 두루 재어보면서 충동에 따라 **자신을 앞에 내놓음**(Sichvorlegen)이며, 앞에 내놓으면서 자신을 '자기의 고유한 자신을 위해서(das eigene Wozu)' 안으로, 즉 자기 자신 안으로 **앞에 내놓음**이다. 해낼 수 있음—바로 이 말에는 이러한 '자신을 자기 자신 안으로'라는 뜻이 들어 있다. 이 '자기'라는 말을 우리는 이미 기계와 대비하여 유기제의 고유한 특색을 언급하는 자리에서 맞닥뜨린 적 있다. 그때 우리는 그런 고유한 특색으로 **자기-산출, 자기-제어, 자기-갱신**을 언급했는데, 그와 같은 특색은 정말이지 '**자기-보존**(Selbsterhaltung)'이라는 잘 알려진 개념 속에도 **표현**되어 있다. 이 '자기'라는 말을 맞닥뜨리던 그때 그 자리에서 우리는 이 '자기'라는 말을 비밀스러운 힘, 엔텔레키(Entelechie, 목적인자) 또는 자아성 등으로서 너무 성급하게 해석하는 것을 물리친 적이 있다. 하지만 그렇다고 해서 해낼 수 있는 능력을 해석하는 자리에서 우리의 시도가 이미 이러한 '자기'라는 말을 비껴 지나가버린 것은 아니다. 확실히 아니다―그러나 물음은 다음과 같다. '자기'라는 말로써 지칭하는 바로 그것을 우리는 어떻게 적합하게 과정할 것인가?

'자기'라는 말을 할 경우, 이때 우리는 우선 '나 자신(ich selbst)'이라는 말을 떠올리게 된다. '자기'라는 것을 우리는 '고유한 자아'로서, '주체', '의식', '자기의식'으로서 간주한다. 그리고 그런 한에서 다시 또 우리는, 유기체에 끌어다 댄 이러한 자기 차원적인 것을 밑바탕으로 하여 이 유기체에 일종의 '자아' 또는 '영혼'이라는 말을 밑에 가져다 놓는 그런 경계에 걸쳐 있는 셈이다.

그럼에도―해낼 수 있는 능력이 띠고 있는 자기 성격, 다시 말해서 그것이 충동에 따라 자신을-자기-자신-안으로-앞에 내놓는다는 자기 성격을 우리는 비껴 지나가버리지 않기로 한다. 그러한 자기 성격은 해낼 수 있는 능력 그 자체의 구조 안에 놓여 있다. 이러한 자기 차원적인 것의 성격이란 우선 무엇을 말하는가? 해낼 수 있는 능력은―자신을 자신 안으로 앞으로 몰고 나아가면서―자신을 '자기의 자신을 위해서(ihres Wozu)'를 재보는 가운데로 옮겨놓는다. 그러나 그럼에도 불구하고 해낼 수 있는 능력이 자신에게서 떠나가버리는 것은 아니다. 즉 해낼 수 있는 능력은 사라져 없어지지 않는다. 오히려 거꾸로, 이러한 충동에 따른 '그리로(Hinzu)'에서 해낼 수 있는 능력 그 자체는 '자기것으로 만들 수 있는 자신(sich zu eigen)'이 되며 그러한 자신으로 남는다―그것도 그 어떤 이른바 자기의식이라는 것이 없이, 또는 그 어떤 반성이라는 것조차 전혀 없이, 자기 자신에게로 그 어떤 소급연관도 맺음이 없이 그렇다. 그러기에 우리는 이렇게 말해보기로 한다. 즉 해낼 수 있는 능력은, 본질차원적인 이러한 '자신을-자기것으로-만들 수-있음'에 바탕해서 보자면, 자기것-다운(eigen-tümlich) 것이라고 말이다. 우리는 '자기(selbst)'와 '자기성(Selbstheit)'이라는 표현을 특수하게 인간의 자기것다움, 인간의 '자신을-자기것으로-만들 수-있음'을 지칭하기 위한 것으로 남겨두기로 하고, 그래서 다음과 같이 말해보기로 한다. 각각의 모든 자기적 차원, 넓은 의미에서 보건대 인격(Person)이라는 성격을 가진 각각의 모든 존재자(각각의 모든 인물)는 자기것-답다고 말이다. 그러나 자기것다운 것이라고 해서 그 모든 것이 다 자기 차원적이고 자아 차원적인 것은 아니다. 동물이 자신을 자기것으로 만들 수 있는 양식과 방식은 인격성이 아니며, 반성과 의식이 아니며, 오히려 단순히 그저 **자기것다운 면모**(Eigentum)이다. 자기것-다움(Eigen-tümlichkeit)은 각각의 해낼 수 있는 능력이 띠고 있는 근본성격의 하나이다. 해낼 수 있는 능력은 자신에게 속해 있고, 그 자신에 의해서 자리잡혀져 있다. 자기것다움은 그 어떤 별나고 특별한 속성이 아니라, 오히려 **존재할 수 있음**의 한 양식, 즉 **자신을-자기것으로-만들 수-있음**의 방식으로 존재할 수 있음의 양식이다. 우리가 한 왕의 왕다운 면모에 관해서, 다시 말하면 왕의 왕임에 관해서 이야기하듯이, 우리는 동물의 특수한 '자신을-자기것으로-만들 수-있음'이라는 의미에서 **한 동물의 자기것다운 면모**에 관해서도 이야기한다. 이로써 언뜻 보기에 우리는 동물적인 것의 자기성의 성격을 그저 언어적으로만 멀리 떼어놓아 그로써 거친 오해의 원천 하나를 멀리 떼어놓은 것처럼 보인다. 동물의 자기것다운 면모란 다음을 말한다. 즉 동물은, 그리고 우선은 동물의 어떤 것을 해낼 수 있는 능력이 있음은 자신을 자기것으로 만들 수 있다. 어떤 것을 향한 충동에 따른 몰아침(Drang)이 자기 자신을 자신 뒷전에 내버려 둠으로써 동물이 자신을 잃어버리는 것이 아니라, 오히려 동물은 자신을 바로 충동 속에 간직하고 있고 또 이러한 충동과 몰아댐 속에서 동물은, 우리의 표현에 따르면, 그 자신으로 존재한다.

341 제57절 유기체란 곧 기관을 조달해낼 수 있는 능력에로 자신을
분절시킬 수 있는 능력이 부여된 존재임—즉 기관을
조달해낼 수 있는 능력이 부여된 자기것다움의 존재양식임

그러나 이제 동물은 다만 하나의 유일한 해낼 수 있는 능력만을 결코 내보이는 법은 없고, 오히려 영양섭취, 발육, 유전, 이동, 적수와의 싸움 등과 같은 여러 해낼 수 있는 능력들을 내보인다. 따라서 다 형성된 동물에게서 개별기관이 아무리 자립적으로 존재하는 것처럼 보일지라도, 유기체와 관련해서나 그 나머지 다른 기관들과 관련해서도 개별기관은 따로 유리된 것으로 간주되어서는 안 된다. 동물은 여러 해낼 수 있는 능력들을 내보인다는 점이 강조됨으로써 일종의 다수가 지적되어야 할 뿐만 아니라, 이러한 다수성의 **단일성**이 띠는 특수한 양식도 지적되어야 한다. 해낼 수 있는 능력들이 유기체의 자리에 사물처럼 눈앞에 놓여 있는 것이 아니라, 오히려 해낼 수 있는 능력들이 **무엇으로서** 그리고 **어떻게 존재하는가** 하는 것, 즉 그것들의 **존재**는 오직 '어떤 것을 해낼 수 있음'에서부터만 꺼내어 보여질 수 있다. 그리고 오직 이러한 존재양식에서부터만 또한 여러 해낼 수 있는 능력들이 하나의 유기체의 단일성 안에 모두 함께 **존재하는** 바로 그 방식이 규정될 수 있다. 유기체로서 지칭하고 있는 바로 그것을 아무리 우리가 해낼 수 있는 능력들을 성격규정하던 자리에서 이미 시야에 담고 있었다고 하더라도, 해낼 수 있는 능력들의 가능적인 단일성에 관한 바로 이러한 문제가 우리에게 나타나게 된다. 이와 마찬가지로 다음과 같은 결과가 얻어지게 된다. 즉 설령 우리가 루의 정의와는 다르게 유기체를 충동들의 한 묶음으로서 규정하고 있더라도, 그 경우에도 우리는 유기체를 개념파악하고 있는 것이 아니다. 이 점은 도대체 생명체를 유기체로서 성격규정하는 것이 결정적인 자리에서는 좌절되어버리고 만다는 것, **유기체의 성격이 더욱 근원적인 동물성의 구조** 하나를 소급지시하고 있다는 사실을 암시한다. 그

러한 소급진행의 개개의 단계들을 뒤밟아 이행할 수 있는 경우는 오직, 도구의 유용존재와는 구별하여 해낼 수 있는 능력, 일 맡음, 충동에 따름 등 우선 특징지어 주어져 있는 것을 우리가 출발점으로서 삼을 때뿐이다.

기관이 해낼 수 있는 능력을 구비하고 있는 것이 아니라, 오히려 해낼 수 있는 능력들이 기관들을 자신에게 조달하는 것이다. 그리고 다시 또, 볼 수 있는 등의 능력을 해낼 수 있는 것은 다시금 개별적인 해낼 수 있는 능력 그 자체가 아니라, 오히려 **유기체**이다. 그러니까 그것, 즉 유기체가 해낼 수 있는 능력들을 가지고 있다는 말인가? 결코 그렇지 않다. 만일 우리가 지금 알게 모르게 다시 해낼 수 있는 능력들을 얹혀진 속성들로서 여기고 유기체를 밑바탕에 놓여 있는 버팀대로 여긴다면, 어쨌든 아니다. 유기체는 해낼 수 있는 능력들을 가지고 있는 것이 아니다. 다시 말해서 유기체는 유기체로 있다가 거기에 또 곁들여 기관들이 갖춰지는 것이 아니라는 말이다. 오히려 "동물은 유기적으로 조직되어 있다(das Tier ist organisiert)"라는 말은, 동물은 **능력이 부여되어 있다**(das Tier ist be-fähigt)는 것을 의미한다. '유기적으로 조직되어 있음(유기적으로 조직된 존재, Organisiertsein)'은 '**능력이 부여되어 있음**(능력이 부여된 존재, Befähigtsein)'을 일컫는다. 이것은 동물의 존재는 '할 수 있음(Können)'이라는 것, 즉 '해낼 수 있는 능력들에로, 다시 말해서 충동에 따라 일 맡는 식으로 자신을 자기것으로 만들면서 머무름의 여러 방식들에로 자신을 분절시킬 수 있음'을 말한다. 이러한 해낼 수 있는 능력들은 다시 또 자신에게서 기관들을 움트게 할 수 있는 가능성을 가진다. 이렇게 기관들을 조달해낼 수 있는 능력들에로 자신을 분절시킬 수 있는 능력이 부여되어 있음이 유기체 그 자체를 특징규정하고 있다.

우리는 다음과 같은 점을 발견했다. 즉 해낼 수 있는 능력 그 자체는 자기것답다고 말이다. 해낼 수 있는 능력은 '자기것다움'이라는 성격을 띠고 있다. 그래서 해낼 수 있는 능력이 존재할 수 있는 경우는 오직 다음과 같은 때뿐이다. 즉 능력이 부여된 것이, 즉 유기체가 이러한 **자기것다움**에 의해서 규정되어 있을 때, 즉 유기체가 자신을 자기 자신의 자리에 간직해둘 수 있는 가능성을 가지고 있을 때, 그때뿐이다. 오직 그때에만 능력부여된 것은 자신을 해낼 수 있는 능력들에로 분절시키는 가운데 이 능력들을 능력부여된 자신의 자기간직함의 단일성 안에 그 자체로 모두 함께 간직한다. 자기 자신이 반성 없이 자기것다운 면모로 존재할 수 있는 그런 **자기것다움**은 따라서 해낼 수 있는 능력들을 위해서 **능력을 부여할 수 있는 가능성의 조건**이며, 그리고 그로써 기관들에게 일 맡길 수 있는 가능성의 조건이다. 따라서 유기체란 "작업도구들의 한 복합체"도 아니고 기관들을 하나로 합쳐놓은 것도 아니며, 그렇다고 해서 해낼 수 있는 능력들의 한 묶음도 아니다. 그렇다면 '유기체'라는 명칭은 도대체 더 이상 이런 또는 저런 존재자를 지칭하기 위한 이름이 아니고, 오히려 그것은 **존재함의 한 특정한 근본양식**을 알려주고 있다. 우리는 이러한 존재양식을 다음과 같이 말해봄으로써 짧게 특징지어보기로 한다. 즉 기관을 조달해낼 수 있는 **능력이 부여된 자기것다움**이라고 그러나 만일 어떤 작용하는 힘으로, 일종의 영혼에로 그리고 의식에로 소급해올라감을 피해야 한다면, 이러한 동물의 '자신을-자기것으로-만들 수-있음'—자기것다운 면모의 양식—을 우리는 어떻게 파악할 수 있는가?

343   해낼 수 있는 능력의 구조를 해석하는 자리에서 우리는 자기것다움에—'자신을-자기것으로-만들며-머무름'이라는 성격에—마주쳐 있다. 해낼 수 있는 능력에는 하나의 특정한 '그리로(Hin-zu)'가 놓여 있으며 그것은 여기에서는 '충동에 따라 어떤 것으로부터 떠남(Weg-von)'이다. 유기체로부터 떠나—그러나 유기체가 이렇게 어떤 것을 해낼 수 있는 능력이 있음 속에서, 자기-로부터-떠나, 이 자신을 곧바로 **간직하며** 그리고 자신의 **특수한 단일성**을 보존할 뿐 아니라 이 특수한 단일성을 자신에게 맨 처음으로 준다고 하는 식으로 그렇다. 그러나 사람들은 이렇게 말할 것이다. 즉 유기체

는 그럼에도 이렇게 능력이 부여된 자기것다움은 아니고, 오히려 해낼 수 있는 능력들을 이렇게 저렇게 사용함이라고 말이다. 동물은 결코 가능성들 속에는 머무는 법이 없다. 오히려 동물은 보고 듣고 움켜잡고 좇고 숨어서 기다리고 달아나고 번식하고 하는 등을 하는 데에로, 다시 말해서 해낼 수 있는 능력들을 실현시키는 데에로 온다. 우리는 바로 여기에 놓여 있는 현실적 동물의 현실성을 규정하려는 것이다. 하지만 의도되고 있는 것은 어쨌든 동물의 **존재양식**이라는 점을 우리는—앞으로도 계속 그렇겠지만—강조해두기로 한다.

그럼에도 우리는, 과연 우리가 해낼 수 있는 능력 그리고 이 해낼 수 있는 능력이 해낼 수 있는 실제적인 실행 사이의 관계를 그렇게 무턱대고 가능성과 현실성이라는 도식으로 데려올 수 있는지, 또 과연 그렇게 데려와도 되는지 하는 점은 일단 논의하지 않은 채 놓아두기로 한다. 결국 동물의 현실성의 본질에는 바로 가능존재 또는 어떤 특정한 의미에서의 능력이 속한다고 볼 수 있다. 이때 각각의 모든 현실적인 것이, 그것이 존재하는 한 앞서 도대체 가능적이어야 한다는 식으로만 그렇다는 것이 아니다. 즉 가능성이 아니라—오히려 **해낼 수 있는 능력**이 있음이 동물의 **현실존재**에, **생명의 본질**에 속해 있다. 오직 해낼 수 있는 능력이 있고 여전히 해낼 수 있는 능력이 있는 바로 그것만이 살아 있는 것이다. 더는 해낼 수 있는 능력이 없는 바로 그것은 해낼 수 있는 능력이 과연 사용되고 있느냐 사용되고 있지 않느냐의 문제를 떠나, 더는 살아 있는 것이 아니다. 도대체 해낼 수 있는 능력이 있음의 방식으로 존재하지 않는 바로 그것은, 죽은 것일 수조차 없다. 돌은 결코 죽은 것이 아니다. 왜냐하면 돌의 존재는 일 맡음과 충동에 따름이라는 의미에서 보자면 그 어떠한 해낼 수 있는 능력이 있음이 아니기 때문이다. "죽은 물질"이라는 말은 일종의 비개념(Unbegriff)이다. 해낼 수 있는 능력이 있음이란, 말하자면 현실적인 것과 대비되는 유기체의 가능성이 아니라 오히려 동물 그 자체가 **존재하는** 양식—동물의 존재—의 한 구성적인 계기이다. 동물의 존재의 본질에 속한 이 모든 것을 우리는 그것의 내적인 가능성에 따라 탐문할 수 있고 또 탐문해야 하며, 그리하여 특히 해낼 수 있는 능력 그 자체의 내적인 가능성까지 탐문해야 한다. 그래서 우리는 고찰을 해나가는 가운데 가능성들에서 보이는 아주 서로 다른 양식들의 독특한 등급구분을 가지게 된다. 우리는 해낼 수 있는 능력이 있음을 '가능성들을-가짐'과 '가능성들을-내줌'이라고 지칭한 적이 있다. 바로 이 '가능성들을-내줌', 이 특수한 가능존재, 이 특수한 능력을 우리는 그것의 내적인 가능성에 따라, 즉 해낼 수 있는 능력이 있음의 본질에 속한 내적인 가능성에 따라 탐문해보기로 한다.

제58절 동물의 댓거리와 얼빠져 있음

가. 동물의 해낼 수 있음이 능력을 발휘할 데로서 댓거리를 앞서 가리켜 보임. '행동'이라는 인간의 자기 행동관계와는 구별되는 '몰아댐'으로서의 동물의 맞댓거리*

우리는 해낼 수 있는 능력이 동물의 존재양식을 구성하는 계기임을 잘 알고 있음에도 불구하고, 해낼 수 있는 능력이 그때마다 그런 능력으로서 능력을 발휘할 데(Wozu)가 어디인지, 그리고 이러한 발휘할 데 자체를 어떻게 다시 규정할 것인지 하는 점을 우리가 고찰하지 않는 한, 해낼 수 있는 능력이 있음을 비롯하여 지금까지의 해석이 우리를 안내해온, 그 모든 것을 이렇게 고찰하고 규정하는 자리에는 여전히 하나의 빈틈이 남아 있다. 우리는 보고 포착하는 등의 일을 해낼 수 있는 능력에 관해서 이야기해보도록 한다. 봄, 들음, 포착, 소화, 쫓음, 둥우리 틀기, 번식—이러한 일들은 무엇인가? 그것은 자연 안에서 진행되는 과정들이며 생명의 과정들이다. 확실히 그렇다. 그러나 하나의 돌이 햇볕에 데워지는 경우, 이것도 마치 하나의 나뭇잎이 바람에 이리저리 나부끼는 경우와 마찬가지로 하나의 과정인가? 모든 것은 다 "과정들"이요, 자연사건들이다. 그러나 이러한 보편적인 명명이 그토록 당연하기는 하지만, 이를테면 보는 일이 돌이 데워지는 일하고는 전적으로 다른 과정이라는 점을 우리가 주의해서 본다면, 저러한 명명은 즉각 너무나 공허한 말이 되어버리고 만다. 달리 말하자면, 그 명명이 명명된 그것에 대해서 어떤 것을 우리에게 말해주어야 하는 한, 그 명명은 아무래도 좋은 그런 것이 아니다. 물론 일체의 모든 명명과 용어는 특정한 의미에서 임의적이다. 그러나 그럼에도 그때마다 임의적으로 선택된 용어가 과연 **적합한지** 그렇지 않은지 하는 점은 그때마다 오직 명명되고 의미된 **사태** 쪽을 향한 시선에서만 결정된다. 대개의 경우에 그렇듯이 그러한 명명이 하나의 특정한 **사태적인** 해석을 동시에 요청할 때, 그것이 명명으로서 이미 **사태적인** 파악 자체를 위해서 출발점과 방향을 내줄 때, 바로 그때 저러한 임의성은 즉각 소멸한다. 살아 있는 언어의 경우 어디에서나 사정이 그와 같아서 우리는 용어와 명칭들에 관해 토론을 벌일 수가 있다. 그러나 우리가 하나의 명칭이 의미하는 **사태내용**으로 소급해 올라가는 즉시, 우리는 그런 명칭의 적합성 여부에 관해서는 더 이상 논쟁을 벌일 수 없게 된다. 만일 우리가 가령 쫓음이라든가 포착함, 봄 따위를 순전히 사건들의 한 경과라는 의미에서의 한 과정으로 여긴다면, 우리는 동물의 특수한 존재에서 결정적으로 중요한 점을 보지 못하고 빠뜨리는 셈이 된다는 점을 우리는 어렵지 않게 이해할 수 있다.

  돌이 햇볕에 데워지고 나뭇잎이 바람에 맴돌이치고 지렁이가 두더지 앞을 피해 지나가고 개가 파리를 휙 잡아채는 것을 우리가 관찰하는 경우, 이때 우리는 '사건들의 과정 및 진행들이, 운동단계들의 한 계열이 여기에서 일어나고 있구나' 하고 말할 수 있다. 그러나 사건들을 파악하며 앉아 있는 그와 같은 자리에서 우리가 동물들에게서 결정적으로 중요한 점을 못 보고 빠뜨리고 있다는 점을 우리는 어렵지 않게 본다. 즉 지렁이가 피해 지나간다는 지렁이의 움직임의 특수한 점과 두더지가 뒤쫓는다는 두더지의 움직임의 특수한 점 등이 그것이다. '피해 지나감'과 '뒤쫓음' 따위를 우리는 그 어떤 매우 복잡한 이론 역학이나 수학을 통해서 결코 설명하지 못할 것이다. 여기에서 움직임 본연의 매우 독특한 양식 하나가 우리에게 내보여지고 있다. 피해 지나가고 있는 지렁이가 두더지로부터 시작되는 운동들의 연결된 순서에 단순히 연관되어 눈앞에 발견되고 있는 것이 아니라, 오히려 지렁이는 이 두더지 앞을 피해 지나가고 있는 것이다. 거기에서는 어떤 일이 단순히 벌어지고 있는 것이 아니라, 오히려 피해 지나가고 있는 지렁이가 이 두더지를 거슬러 특정한 방식으로 피해 지나가는 것으로서 댓거리하고 있으며, 그리고 이 두더지는 거꾸로 지렁이를 뒤쫓음으로써 그 지렁이를 거슬러 댓거리하고 있다. 우리는 그러기에 보고 듣고 하는 것 등을 비롯해서 심지어 소화섭취와 번식까지도 일종의 댓거리(Benehmen)로서, 일종의 맞댓거리(Sichbenehmen)로서 지칭해보기로 한다. 하나의 돌은 그와 같은 방식으로는 댓거리할 수 없다. 그나마 인간은 처신한다―인간은 잘 처신하거나 아니면 잘못 처신한다. 그러나 우리 인간의 처신이―이러한 고유한 의미에서 보건대―그와 같은 식일 수 있는 까닭은 오직, 우리 인간의 처신이 일종의 **행동관계**이기 때문이다. 즉 인간의 존재양식은 전혀 다른 양식이기 때문에, 즉 '댓거리'가 아니고 오히려 '무엇하고의 관계 맺음'이 인간의 존재양식이기 때문에만 그렇다. 인간이 **존재**하는 **양식**을 우리는 **행동관계(Verhalten)**라고 이름하기로 하고, 동물이 존재하는 양식을 댓거리(Benehmen)라고 이름하기로 한다. 이 양자는 근본적으로 서로 다르다. 바로 그 자체로 보자면 거꾸로 뒤바꾸어 보는 것도, 즉 **동물의 행동관계**에 관해서 이야기해보는 것도 언어상으로는 가능하다. 그런데 왜 우리가 댓거리라는 첫 번째 양식을 우선으로 삼는가 하는 점은 사태적인 해석에서부터 입증되어야 한다. 어떤 것을 해낼 수 있는 능력이 있음은 댓거리를 해낼 수 있는 능력이 있다는 것이다. 이때의 해낼 수 있음은 충동에 따른다. 즉 그것은 해낼 수 있는 능력이 그 능력을 발휘할 그런 데에로, 즉 하나의 가능적인 댓거리에로 자신을 앞으로 몰고 나아감이며 그리로 몰고 나아가 머무름이다. 즉 그것은 '그때마다 이렇게 저렇게 댓거리하도록 몰아대는' 그런 어떤 데에로 몰아대어져 있음이다. 동물의 댓거리는 인간의 행동관계와 같은 **행위**와 **행동**은 아니고, 오히려 일종의 '**몰아댐**(Treiben)'인데, 이 말로 우리는 다음과 같은 점을 암시하고 있다. 즉 흡사 동물의 모든 몰아댐이 '충동에 따른 몰아대어져 있음'을 성격규정하는 듯하다.

그러나 여기에서 다시 또 순수하게 언어적으로 따져보자면 [몰아댐이라는] 그 용어는 자의적이라고 볼 수 있겠는데, 만약 우리가 어떤 눈보라[눈발이 휘몰아침]에 관해서 이야기하는 것을 떠올려보면 그렇다. 거기에서는 꼭 유기체적인 어떤 것의 존재양식이 보여져야 할 까닭이 없다. 그 점으로부터, 전반적으로 볼 적에 언어라는 것은 논리학의 관할 아래에 있지 않다는 것, 오히려 비일관적일 수 있다는 것이 언어와 의미의 본질에 속한다는 것, 달리 말해서 언어라는 것은 인간 유한성의 본질에 속하는 어떤 것이라는 사실들이 나온다. 신에게 말을 하면서 사유한다는 것은 절대적인 모순이다.

이제 '해낼 수 있도록 몰아대어져 있음'이라는 유기체의 몰아댐이라는 댓거리의 성격을 파악해볼 필요가 있다. 해낼 수 있음은 동물의 존재가능으로서 곧 **댓거리해낼 수 있는 능력**이 있음이다. 거꾸로 말해보자면, 존재양식이 '댓거리'로서 나타나고 있는 바로 거기에서는 존재자가 그렇게 해낼 수 있어야 하고 또 그런 능력이 부여되어 있어야 한다. 그렇기 때문에 우리는 댓거리라는 것을 특징짓는 일에서부터 출발할 수도 있었으며, 그리고 댓거리 속에서 '하나의 해낼 수 있음에 의존하고 있음'을 제시할 수도 있었다. 그중에서 우리가 택한 길은 첫 번째 길이었다. 그것은, 해낼 수 있음이 가령 동물을 그 순전한 가능성에서 기술해주는 것이 아니라 오히려 동물의 현실성이 그 자체로 하나의 어떤 것을 해낼 수 있는 능력이 있음이라는 사실을 설명하기 위해서였다. 동물이 자신을 한참 몰아댈 때 충동이 소멸해버리는 것이 아니다. 동물의 몰아댐 속에서 오히려 바로 충동에 따름이 바로 그것이 그것인바 그것으로 존재한다.

나. 동물이 자기 안에 자리잡고 있음은 곧 얼빠져 있음.

얼빠져 있음(유기체의 자기것다움의 본질)은 곧 댓거리의 내적인 가능성임

해낼 수 있음이 능력을 발휘할 수 있는 바로 그러한 데(wozu)를 이렇게 앞서 가리켰으니 거기에서부터 이제 우리는 물음이 되는 바로 그 점, 즉 어떻게 유기체가 해낼 수 있으미로서 그리고 댓거리하미로서 자신을 자기것으로 만들 수 있는지 하는 그 점을 구체적으로 묻기 위해서—그러한 유기체의 자기것다움의 본질에 대하여 물음을 던지기 위해서—계속 이어지는 연관을 끄집어내기로 한다. '댓거리'라고 함은 그 자체로 보자면 '능력이 부여되어 있음(몰아댐, 몰아대어져 있음)'이다. 자, 그런데 해낼 수 있음에 관해서는 다음과 같이 말해졌다. 거기에는 일종의 '자신을 간직해둠(Sichbehalten)', '해낼 수 있는 존재가 자기 자신-곁에-머무름', '해낼 수 있는 존재의 자기것다움'이 놓여 있다고 말이다.

이러한 성격은 따라서 댓거리에도 서술되어야 한다. 댓거리— 동물이 해낼 수 있는 능력을 발휘할 바로 그러한 데로서의 댓거리— 속, 즉 이러한 몰아댐 속에서는, 동물이 자신으로부터 떠나 자신을 몰아대는 것이 아니라, 오히려 동물은 자신을 안에 간직하고 자신 안에 자리잡는다는 식으로 바로 그렇게 존재하기 때문이다. 댓거리와 댓거리의 여러 방식들은 무엇인가로 뻗어나가는, 그리고 동물로 하여금 평탄한 길로 앞서 달려나가게 하는 그 어떠한 빛줄기도 아니다. 오히려 댓거리한다는 것은 다름 아닌 바로 일종의 '안에-간직함(Ein-behalten)'이요, '안에-자리잡음(Ein-nehmen)'이며, 그것도 반성 없이 그렇게 한다는 것이다. 동물이 자신 안에 자리잡고 있다는 것을 바탕으로 해서만 댓거리라는 것이 도대체 존재양식으로서 가능하다. 행동관계를 맺는 인간의 인격성으로서의 자기성이라는 것과는 무관한

'동물의 특수한 자기-곁에-있음', 즉 이렇게 '동물이 자기 안에 자리잡고 있음'—거기에서는 모든 또 개개의 모든 댓거리가 가능하다—을 우리는 '얼빠져 있음(Benommenheit)'이라고 특징짓기로 한다. 동물이 자신의 본질에 따라 얼빠져 있는 한에서만 그 동물은 맞댓거리할 수 있다. 동물의 방식으로 맞댓거리할 수 있는 가능성은 우리가 '얼빠져 있음'으로 지금 제시하는 동물의 바로 이러한 본질구조에 근거한다. 얼빠져 있음은, 동물이 그 자신의 본질에 따라서 하나의 주위환경 속에서—그러나 결코 하나의 세계 안에서가 아닌—맞댓거리한다는 데에 대한 가능조건이다.

통상적으로 우리는 '얼빠짐(Benommenheit)'이라는 낱말을 짧은 시간 또는 상당히 긴 시간 동안 지속될 수 있는 인간의 한 특정한 마음의 상태를 지칭하는 데에 사용하고는 한다. 그로써 우리는 이 낱말이 의식과 실신 사이의 중간상태를 뜻하는 것이라고 말한다. 이 같은 의미에서 얼빠짐이라는 것은 정신병리학의 한 개념이기도 하다. 여태까지 이야기된 것에 따라보건대, 우리가 '얼빠져 있음'을 동물의 본질구조로서 이야기하는 지금 이 자리에서 문제는 이것이 아니다. 즉 인간의 자기경험에서부터 잘 알려져 있는 일종의 지속적인 상태로서의 바로 저 상태를 단순히 동물에 옮겨놓고서 그리고 그것을 아예 '인간과는 달리 동물이라면 지속적으로 얼빠진 채로 있을 것이야'—이 말은 그럼에도 동시에, 동물이 근본적으로는 그러한 상태로부터 벗어날 수도 있다는 것을 말한다—라는 뜻으로 말하는 것은 아니다. '얼빠져 있음'이라는 그 낱말로써 오히려 우리는 **동물성** 그 자체의 한 **본질계기**를 의미하지, 그저 지속적으로 동물 속에 상존하고 있는 하나의 상태를 의미하지는 않는다. 설령 우리가 이러한 얼빠져 있음의 본질을 밝혀 보이는 자리에서마저도 어떤 방식으로건 인간적인 상태를 염두에 두고 있다고 할지라도, 우리는 그럼에도 이러한 구조의 특수한 내용을 동물성 자체에서부터 길어내오지 않으면 안 된다. 이 말은 다음을 말한다. 즉 얼빠져 있음의 본질은 동물 바로 그 자체의 댓거리의 관점에서 경계 지어져야 한다. 그러나 '얼빠져 있음' 자체는, 해낼 수 있음에 속한, 다시 말해서 충동에 따라 일을 맡는 '자신을-자기-안에-옮겨놓고-앞에 옮겨놓음'에 속한 그런 존재양식으로서 파악된다.

우리는 이렇게 말한다. 즉 얼빠져 있음이 존재자의 본질구조를 이루는 바로 거기에서만, 댓거리라는 존재양식이 두루 통용되는 유력한 존재양식으로 발견된다고 말이다. 존재함의 이러한 양식이 동물에게서는 우리가 보고 듣고 포착하고 쫓고 도망가고 삼키고 소화시키고 하는 것으로 그리고 그 밖의 모든 유기적인 과정들로서 잘 알고 있는 그러한 것으로서 나타난다. 이러한 사정을 다음과 같이 볼 수는 없다. 즉 심장박동이 동물에서는 포착하고 보고 하는 것하고는 다른 과정이라고, 즉 심장박동은 인간에게서와 유사하고, 포착하고 보고 하는 것은 일종의 화학적인 과정과 유사하다고 말이다. 오히려 존재의 총체성이, 즉 단일성 안에서 존재하고 있는 바로 그것의 전체가, 댓거리로서 개념파악되어야 한다. 얼빠져 있음이라는 것은 동물에 붙어 다니는 이따금 동물이 그 속으로 빠져들고는 하는 그런 모종의 상태가 아니며, 또한 그 속에서 동물이 그저 지속적으로 있는 그런 상태도 아니고, 오히려 그것은 동물존재 자체의 내적인 가능성이다. 이제 우리는 이렇게 물음을 던져보기로 한다. '얼빠져 있음'이라는 말로써 우리가 의미하는 바로 그것이 보고 포착하고 하는 것 등에서는 어느 정도로 드러나 알려지고 있기에, 우리는 이러한 '행위'를 댓거리라고 지칭하는가? 우리는 얼빠져 있음을 댓거리에 붙어 다니는 그런 하나의 상태로 간주하지 않고, 오히려 댓거리 그 자체의 내적인 가능성으로서 간주하기로 한다.

이러한 문제를 더 멀리까지 뒤밟아가기에 앞서서 한 번 더 우리는, 우리가 그 문제를 오직 하나의 매우 특정한 방향에서만, 그러니까 일면적으로만 추적하고 있다는 점에 주목해야 한다. 동물성에 대한 완벽하고 빈틈없이 상술된 본질규정을 내놓으라는 요구는 어떠한 방식으로건 성립될 수 없다. 이러한 본질해석이 아무리 독립적으로 동물성에서부터 길어내어져야 한다고 하더라도, 다른 한편에서 보면 그러한 본질해석은 이미 충분히 설명된 형이상학의 문제틀 속에 전적으로 뿌리를 박고 있다.

제59절 동물적인 댓거리의 '⋯⋯에 관련되어 있음'을 인간적인 행동의 '⋯⋯에 관련되어 있음'과 구별해나가는 구체적인 길 위에서 댓거리의 구조를 밝혀내보임

우리는 이제 이렇게 물음을 던져보기로 한다. 보고 듣고 하는 것에서는 '얼빠져 있음'이 어느 정도로 알려지는가? 얼빠져 있음이라는 말은 '동물이 자기 안에 자리를 잡고 있음'에 대한 근본성격을 의미한다. 보고 포착하고 포획하고 하는 따위의 일은 언제나 무엇인가를 하려는 충동에 따라서 일 맡는, 해낼 수 있는 능력의 촉진되어 있음에서부터 일어난다. 어떤 것을 해낼 수 있음은 그때마다 이렇게 또는 저렇게 댓거리해낼 수 있는 능력이 있음으로서, 댓거리 자체를 두루 관통하여 몰아대는 것으로 존재하며 댓거리 자체에 의해서 몰아대어져 있다. 즉 댓거리는 그 자체가 일종의 '어디로 몰아대어져 있음(Hingetriebensein)'이라는 것이다―그리고 그 말은 동시에 '어디로부터 몰아대어져 있음(Weggetriebensein)'을 말한다. 일반적으로 보자면, 보고 듣고 포착하고 하는 것 따위는 그 자체로 일종의 '⋯⋯에 관련되어 있음(Bezogensein auf⋯⋯)'인데, 그것도 다음과 같은 의미에서 그렇다. 즉 '포착하기(Greifen)'는 따로 그 자체로 하나의 움직임으로 있다가 그러고 나서 이러한 움직임이 경과하여 그 밖에 또 포착되는 바로 그것하고 연관을 맺게 되는 것이 아니다. 오히려 그 움직임은 바로 그 자체로 일종의 '⋯⋯을 향한 움직임(Bewegung nach⋯⋯)'이며, 일종의 '⋯⋯을 향한 포착'이다. 본다는 것은 눈에 보이는 것을 봄이며, 듣는다는 것은 귀에 들리는 것을 들음이다.

물론 사람들은 그 말이 근본적으로 볼 때 더할 나위 없이 자명하다고 말할 것이다. 그러나 그럼에도 바로 이러한 자명한 것을 올바르게 파악하는 데에 모든 것이 달려 있다. 이 자명한 것은 여태껏 아직 개념파악되지 않았으며, 그것도 다름 아닌 우리가 동물의 댓거리라고 부르는 바로 그것과 관련해서 볼 때 그렇다. 그와 같은 댓거리라는 것 속에 놓여 있는 '관련되어 있음'이라는 것이 어떤 것인지, 그리고 특히 동물의 맞댓거리가 그 동물이 들고 포착하는 바로 그것에 관련되어 있음은 일종의 사물들에 관련되어 있음이기도 한 그런 사물과의 인간의 행동관계와는 어떻게 구별되는지 하는 점을 당장 살펴볼 필요가 있겠다. 냄새를 맡는 가운데 동물은 어떤 냄새가 나는 것에 관련되어 있으며, 그것도 무엇인가를 해내려는 쪽으로 능력을 발휘하는 방식으로 그렇다. 이러한 충동에 따라 '……을 해내려는 쪽으로(Hin-auf……)'는 동시에 그 자체가 일 맡는 식이다. 냄새를 맡는다는 것은 그 자체 또 하나의 다른 댓거리에 일 맡기[봉사하기] 위함인 것이다.

이제 댓거리의 자기것다움을 시야로 데려오기 위해서 우리는 방법적으로 다음과 같은 점을 염두에 두어야 한다. 즉 우리가 머리에 떠올리고 있는 댓거리의 방식들은 그것들의 내적인 지속의 성격에 따라 보건대 우선은, 우리 인간들의 행동관계에 마치 정확하게 상응하는 것처럼 보이지만 고등동물들이 내보이는 그대로의 행동관계의 방식들과는 동떨어져 있다는 것이다. 그러므로 우리는 꿀벌이 댓거리하는 것을 전거로 끌어다 대보기로 하겠는데, 그 까닭은 곤충들이 생물학의 문제들 내에서는 하나의 탁월한 기능을 가지고 있기 때문이기도 하다.

가. 동물시험에서부터 댓거리의 구체적인 보기를 들어봄

하나의 구체적인 보기를 들어보자. 먹을 것을 모으는 일벌은 꽃으로부터 꽃으로 옮겨가는 방식으로 날아다닌다. 그런데 그것은 어떤 꽃에서 그 꽃과 가장 가까운 장소에 있는 다른 꽃으로 옮겨가는 방식으로 그러는 것은 아니다. 그렇다고 해서 제멋대로 그러는 것도 아니다. 오히려 하나의 클로버 꽃에서 다른 클로버 꽃으로 옮겨가는 방식으로 그러는데, 이때 일벌은 물망초라든가 그 밖의 다른 꽃들은 그냥 그 위를 지나쳐 날아간다. 사람들은 이렇게 말한다. 꿀벌은 몇 날이고 몇 주일이고 내내 한 종류의 꽃에 지속적으로 머무는데, 다만 그러한 사정은 한 꿀벌 집단에 속한 몇몇 꿀벌들에게만 해당되고, 동일한 벌집에 속한 다른 벌들은 다른 꽃들을 찾아간다고 말이다. 사정은 모든 일벌들이 동일한 꽃을 동일한 시간에 찾아낸다는 것이 아니라, 오히려 여러 상이한 벌들이 여러 상이한 꽃들을 찾아낼 수 있다는 것이며, 이때 그 벌들은 자기네가 찾아낸 그 꽃에 지속적으로 머문다는 것이다. 이렇게 날아다니는 일은 꿀벌들의 댓거리의 하나이다. 이렇게 꽃에 지속적으로 머물 때 꿀벌은 그때마다 향기가 나는 쪽을 따라 날아간다. 색깔도—제한적으로나마—한몫을 담당한다. 날아다님, 즉 가능적인 댓거리의 한 방식은 결코 이리저리로 마구 날아다니는 것이 아니고, 오히려 향기가 나는 쪽을 따라 날아감이다. 먹을 것을 찾아 몰아대어진 가운데에서 일어나는 이러한 '무엇 쪽을 따라(Hin-zu)'는 그저 또는 일차적으로 배고픔에서부터 일어나는 것이 아니라, 오히려 [먹을 것을] 저장하기 위해서 일어나는 것이다. [먹을 것을 찾아] 몰아대어져 있음에서는 '집단에 귀속되어 있음'이 내보여진다. 꿀벌은 예컨대 클로버 꽃 속에서 꿀 한 방울을 발견한다. 꿀벌은 그것을 빨아들이다가 빨아들이는 것을 그치고는 그 자리를 뜬다.[3] 그리 대수롭지도 않은 것에 대해서 우리가 이야기를 늘어놓는 이유는 무엇인가? 실상은 간단하다—그리고 그럼에도 그것은 철두철미 수수께끼투성이이다. 왜냐하면 우리는 다음과 같이 묻지 않을 수 없기 때문이다. 즉 왜 꿀벌은 그 자리를 뜨느냐 하고 말이다. 사람들은 이렇게 대답할 것이다. 즉 꿀이 더 이상 거기에 없기 때문이라고 그렇다고 치자. 하지만 꿀이 더 이상 없다는 것을 꿀벌은 확인하는가? 이렇게 확인한 것을 근

---

[3] Jakob von Uexküll, *Theoretische Biologie*(『이론적 생물학』), 앞의 곳, 141쪽.

거로 그 꿀벌은 그 자리를 떠나 날아가는가? 만일 그 꿀벌에게서 사정이 그러하다면, 그 꿀벌은 한 번이라도 꿀을 눈앞에 있는 것으로서 확인해본 적이 있어야 할 것이다. 꿀이 눈앞에 있는지 없는지를 꿀벌이 확인한다고 하는 데에 대한 표징이라도 있는가? 분명히 있다. 왜냐하면 그 꿀벌은 비록 꽃향기에 이끌려 꽃에 머물러 있었음에도 불구하고, 꿀을 빨아들이기를 시작했으며 그리고 어느 특정한 순간에 빨아들이기를 그쳤기 때문이다. 그렇지만 그것이 꿀벌이 꿀을 **눈앞에 있는** 것으로서 확인한 적이 있다는 데에 대한 증명인가? 결코 그렇지 않다. 특히 이러한 행위를 하나의 몰아댐과 몰아대어져 있음으로서 그리고 댓거리로서―댓거리로서 그리고 눈앞에 있거나 더는 눈앞에 없는 꿀에 대한 꿀벌의 행동관계로서는 아니고―해석할 수 있는 가능성이, 아니 그렇게 해석해야 할 필연성이 성립하는 경우에 그렇다. 그러나 이와는 반대로, 꿀벌의 이러한 몰아댐을 눈앞에 있는 꿀에 대한 행동관계로서 해석한다는 것, 그리고 꿀을 눈앞에 있는 것으로서 그리고 더는 눈앞에 없는 것으로서 확인해보는 일로서 그 몰아댐을 해석한다는 것은 무엇을 이야기하는가? 만일 꿀벌의 그러한 몰아댐이 어떤 것을 눈앞에 있는 것으로서 확인하는 것이 아니라면, 만일 순전히 눈앞에 있는 것을 꿀의 한 특정한 존재양식으로서 확인하는 일이 배제되어 있다면, 이 경우 그럼에도 만약 꿀벌이 꽃, 향기, 벌집 등에, 다시 말해서 꿀벌의 주위환경 전체에 특정하게 관련을 맺고 있다는 것이 분명하다면, 꿀벌의 댓거리, 즉 꿀벌이 어느 쪽을 따라 날아가고 벌집 속으로 귀가하고 하는 것은 무엇에 의해서 그리고 어떻게 이끌려지고 제약되고 있는가?

특정한 시험들을 통해서 확실해진 하나의 **다른 경우**를 우리가 머리에 떠올려보면, 사태연관은 더욱 뚜렷해진다. 사람들은 꿀벌이 눈앞에 있는 꿀을 한 번에 다 빨아들일 수 없도록 꿀을 대접에 가득 채워놓고 그 앞으로 꿀벌을 데려왔다. 그 꿀벌은 꿀을 빨아들이기 시작했으며 이렇게 빨아들이기를 잠시 계속하다가 돌연 빨아들이기를 중단하고는 아직 눈앞에 남아 있는 나머지 꿀을 뒤에 남겨놓은 채 그 자리를 떠나 날아가버렸다. 이러한 해 대기를 우리가 적절하게 설명하고자 한다면, 우리는 틀림없이 이렇게 말할 것이다. 즉 그 꿀벌은 눈앞에 놓여 있던 그 꿀을 전부 자기가 먹어치울 수 없음을 확인한 것이라고 말이다. 그 꿀벌은 눈앞에 아직도 꿀이 여전히 너무나 많이 남아 있음을 확인했기 때문에 돌연 해대기를 중단했다. 하지만 다음과 같은 점이 관찰되었다. 즉 만약 사람들이 한 마리의 꿀벌이 꿀을 빨아들이는 동안 그 꿀벌의 꽁무니를 고의로 잘라낼 경우, 이때 그 꿀벌은 꼼짝도 하지 않고 꿀을 계속 들이키게 되며 그동안 그 꿀벌의 몸에서는 꿀이 뒤로 계속 흘러나오게 된다. 이것은 꿀벌이 눈앞에 꿀이 너무나 많이 남아 있다는 것을 어떠한 방식으로도 확인하는 것이 아니라는 사실을 설득력 있게 내보여준다. 그 꿀벌은 눈앞에 꿀이 너무나 많이 남아 있다는 것을 확인하지도 않으며 그렇다고 해서—훨씬 더 가까이 놓여 있는 바로 그것—자신의 꽁무니가 없어졌다는 것마저도 확인하지 못한다. 오히려 그 꿀벌은 단순히 먹을 것에 의해서 얼빠져 있을 뿐이다. 이러한 **얼빠져 있음**은 오직, **충동에 따라서** '무엇을 하는 쪽으로(Hin-zu)'가 앞에 놓여 있을 때에만 가능하다. 그러나 이렇게 내몰려져 있는 가운데 얼빠져 있음은 눈앞의 존재를 확인해볼 가능성을 동시에 배제시켜버린다. 먹을 것에 의해서 얼빠져 있음은 동물로 하여금 먹을 것을 그 자신에게 마주 세우지 못하도록 막는다.

그렇다면 이제는 꿀벌의 꽁무니가 잘려나가지 않은 경우에 꿀벌은 왜 꿀을 빨아들이는 것을 돌연 중단하는가? 우리는, 그 까닭은 꿀벌이 꿀을 충분히 가지고 있기 때문이라고 말할 것이다. 그러나 지금 이 경우에는 왜 꿀벌이 꿀을 충분히 가지고 있으며, 꽁무니가 없는 경우에는 왜 꿀벌이 꿀을 충분히 가지고 있지 않은가? 왜냐하면 이러한 '충분히 가지고 있음'은, 꿀벌의 꽁무니가 없어지지 않았을 경우에, 즉 꿀벌의 몸이 유기체적으로 온전하게 남아 있을 경우에 유발되기 때문이다. 이러한 '충분히 가지고 있음'은, 꿀벌의 꽁무니가 없을 경우에는 그 꿀벌 속에서 유발될 수 없다. 그런데 이러한 '충분히 가지고 있음'이란 무엇인가? '배불러 있음(Gesättigtsein)'이다. 이러한 배부름이 곧 몰아대기를 억제하는 그것이다. 그렇기 때문에 사람들은 포식장애(Sättigungshemmung)에 관해서 이야기하고는 한다. 어떻게 이러한 배부름이 일어나게 되는지, 과연 배부름이라는 것이 일종의 반성적인 과정인지 아니면 일종의 화학적인 과정인지 아니면 다른 그 어떤 것인지 하는 점은 논란의 여지가 있다. 우리에게는 지금 그 점이 결정적으로 중요한 것이 아니다. 다만 이 점을 볼 필요가 있다. 즉 배부름이 충동을 억제하는 것인 한에서는 그래도 배부름은 먹을 것에 관련되어 있다. 그러나 배부름은 그 자체로는 결코, 그리고 원칙적으로는 결코 먹을 것이 눈앞에 있다거나 또는 먹을 것이 아주 많이 남아돈다는 데에 대한 확인이 아니다. 배부름은 몰아대어져 있음의 아주 특정한 양식, 다시 말해서 몰아대어져 있음의 한 특정한 억제이면서, 그러나 빨아들임으로서의 몰아댐이 관계하고 있는 바로 그것에는 관련되어 있지 않은 그런 '억제되어 있음'이다. 꿀벌의 몰아대기와 댓거리는, 꿀벌이 자기의 몰아댐을 그리로 몰고 가는 바로 그것, 즉 빨아들임으로서의 댓거리가 관련을 맺고 있는 바로 그것이 눈앞에 있는가, 눈앞에 없는가를 확인하는 것을 통해서 조절되는 것이 아니다. 그 말은 다음을 일컫는다. 즉 꽃에 앉아 [꿀을] 빨아들임은 **눈앞에 있거나 눈앞에 없는 어떤 것으로서의 꽃에 대해 행동관계를 맺음이 아니다**. 우리는 이렇게 주장해보기로 한다. 즉 몰아대기는 일종의 억제(충동 그리고 들뜸)를 밑바탕으로 하여 조정된다고 말이다. 이 말은 동시에 다음을 뜻한다. 즉 몰아대기가 단순히 그쳐버리는 것이 아니라, 오히려 '능력이 부여되어 있음'의 몰아대어져 있음이 다른 충동으로 방향 전환된다. 몰아대기란 객관적으로 눈앞에 놓여 있는 사물을 확인하면서 그쪽으로 방향을 맞추는 것이 아니라, 오히려 일종의 **댓거리**이다. 몰아대기는 일종의 댓거리이다. 그로써 다음과 같은 점이 부인되는 것은 아니다. 즉 댓거리에는 '향기가 나고 꿀이 있는 그쪽으로'와 같은 어떤 것, 즉 일종의 '**무엇에로의 관련**'이 거기에 속해 있다고 하는 점 말이다. 그러나 댓거리에는 '그런 쪽으로 확인하면서 방향을 맞춤'은 결코 속해 있지 않다. 좀더 정확히 말해서, 댓거리에는 '꿀을 하나의 눈앞에 있는 것으로서 인지함' 따위는 결코 속해 있지 않고, 오히려 자기것다운 '얼빠져 있음'이 속해 있는데, 이것은 그럼에도 불구하고 무엇인가에 관련되어 있다. 충동은 얼빠져 있다. 어느 정도로 그러한가? 계속 빨아들임은 충동이 향기와 꿀에 의해서 얼빠져 있다는 것을 내보여준다. 그렇지만 만일 빨아들임이 돌연 중단될 경우, 그때 '얼빠져 있음'도 분명 그치게 될 것이다. 결코 그렇지가 않다. 오히려 몰아대기는 다만 벌집 속으로 되돌아가기로 방향만 전환될 뿐이다. 이렇게 벌집 속으로 되돌아가기는 빨아들이기와 마찬가지로 얼빠져 있다. 즉 그것은 얼빠져 있음의 다른 방식에 불과한 것, 다시 또 말하자면 꿀벌의 한 댓거리이다.

 우리는 여기에서, 어떻게 꿀벌은 꿀을 빨아들이는 이러한 충동을 벌집 속으로 되돌아가는 데에로 방향을 바꾸는지, 즉 우리가 흔히 하는 말로 이야기하자면, 어떻게 꿀벌은 도대체 자기가 방향을 잡아 벌집 속으로 되돌아가는 길을 발견하는지를 언급하는 것으로 만족해야겠다. 엄밀히 생각해 보건대 방향 잡기는 오직, 공간 그 자체가 열려 있고 이로써 방위들과 이 방위들 속에서 확정될 수 있는 장소들이 분간될 가능성이 주어져 있는 바로 거기에만 있다. 꿀벌이 목초지로부터 벌집 속으로 귀향하는 경우에 꿀벌이 공간을 날아 지나간다는 사실을 설령 우리가 확인하더라도, 물음은 그 꿀벌이 꿀벌로서 자기가 귀소하는 방식으로 댓거리하는 가운데 과연 하나의 공산을 공간으로시 얼이젖히는지, 그리고 그 공간을 자기가 **날아가는 공간으로서** 날아 지나가는지와 같다. 확실히 그렇다고 사람들은 말할 것이다. 그러나 이때 사람들은, 꿀벌이 이렇게 가로질러 날아가는 공간이 가령 총에서 발사된 한 발의 탄환이 가로질러 날아가는 공간과는 다른 양식이라는 것을 우선은 더 이상 해설하지 못한다. 동물이 도대체 하나의 공간을 그와 같은 공간으로서 가지고 있는가 하는 그런 **동물적 공간**의 문제는 더군다나 외따로 길어올려질 수 없다. 문제는 오히려, 바로 저 물음을 위해서 비로소 올바른 기반과 방향을 획득하고, 다음과 같이 물음을 던지는 일이다. 즉 동물성에 대한 보편적인 본질규정을 떠받치는 기반은 어떠한 것이기에 그 기반을 바탕으로 하나의 공간에 대한 동물의 가능적인 관계가 물어질 수 있는가 하고 말이다. 우리는 꿀벌이 이렇게 공간을 날아 지나가는 것만을 확인하는 것이 아니라, 꿀벌이 귀소-할 수 있다는 것도, 즉 '귀소능력(Heimkehrfähigkeit)'도 확인한다. 이 점에 관해서 우리는 이제 바로 다음에 이어지는 것과 관련지어 더 상세하게 다루도록 한다.

되돌아가는 길을 발견할 수 있는 이러한 능력, 도대체 방향을 잡을 수 있는 능력은, 모든 것을 유보해서 말해보자면 예컨대 철새들이나 또는 가령 개의 육감인 경우 언제나 거듭 우리의 놀라움을 불러일으킨다. 그러나 우리가 꿀벌의 예에 머물러 꿀벌의 본거지가 어떤 모습을 띠는지를 조사해 볼 경우, 우리는 꿀벌의 본거지가 일련의 벌통들로 성립하고 있음을 보게 된다. 양봉가는 꿀벌들이 자기네 본래의 벌통을 오인하지 않도록 흔히 벌통들을 따로따로 구분하여 알록달록하게 색을 칠해놓고는 한다. 그래서 사람들은 꿀벌들이 색깔 쪽을 향해서 방향을 맞춘다고 말할 것이다. 그러나 사정은 그럼에도 제한된 정도에서만 그렇다. 왜냐하면 예컨대 꿀벌은 파란색, 자주색, 보라색을 구별할 줄 모르며, 마찬가지로 빨간색과 검은색도 거의 구별할 줄 모르기 때문이다. 따라서 꿀벌은 단지 특정한 색깔들만을 구별할 수 있을 뿐이다. 만약 저 언급된 색깔들이 서로 나란히 있다면, 꿀벌들은, 반드시 그렇지는 않지만, 그냥 날아 지나가버리고 만다. 왜냐하면 꿀벌들은—이미 확인되었듯이—향기 나는 쪽을 향해서도 방향을 맞추기 때문이다. 그 향기는 꿀벌들이 몸소 퍼뜨리는 것이며, 그러한 향기가 꿀벌들이 여러 상이한 집단들로 구별되는 것을 가능하게 한다. 더 정확히 말하자면, 그 꿀벌들이 그 속에 귀속되어 있는 자기네 집단을 찾아내는 것을 가능하게 한다. 사람들은 꿀벌들이 종종 벌통의 출입구 앞에서 꽁무니를 높이

쳐든 채 이리저리로 날아왔다가 날아갔다고 함으로써 출입구를 자기네들의 향기로 덮는 것을 관찰할 수가 있다. 그럼에도 불구하고 꿀벌들이 그냥 날아 지나가버리고 마는 것을 여러 실험들이 보여줄 뿐 아니라 벌통의 출입구 앞 꿀벌들이 날아드는 판대기 위에 빈번히 누워 있는 죽은 꿀벌들을 볼 수 있는데, 그 죽은 꿀벌들은 벌통의 파수꾼들에 의해서 침입자들로 몰려 박멸된 것들이다.

살펴본 이 모든 것들로써 입증된 사실은 다음과 같다. 즉 색깔과 향기가 꿀벌들의 귀로와 귀소에 한몫씩 한다. 그러나 꿀벌의 한 집단이 날 수 있는 영역이 수 킬로미터—물론 3-4킬로미터를 넘지는 않는다—에 이르며, 그 정도의 거리에 떨어져 있는 곳에서부터도 꿀벌들이 자기네 본거지를 발견한다는 사실을 고려할 경우, 벌통의 보이는 면에다 칠해놓은 색깔이나 꿀벌들이 출입하는 벌통의 틈 구멍에서 배어나는 향기가 이를테면 집으로 몰려오는 꿀벌들을 돌아오게 끌어당길 수는 없다는 점이 확연히 드러난다. 356 도대체 또다른 어떤 것이, 그리고 이 또다른 어떤 것이 짐작건대 일차적으로 되돌려 이끌기에 한몫한다는 사실을 베테(Albrecht Bethe)의 시험들이 보여주는데, 이 시험들에 대해서는 라들(Emanuel Rádl)이 비로소 1905년의 저서 『동물들의 굴광성에 대한 연구들』에서 진상을 규명할 수 있었다.[4]

우선 여러 어려움들을 조명해주는 그 **시험**은 다음과 같다. 하나의 벌통을 어떤 한 방식으로 설치해놓는다. 꿀벌 집단은 [이렇게 설치된 벌통의] 그 자리에 익숙해진다. 시간이 좀 지난 뒤에 벌통을 몇 미터 후방으로 밀어서 옮겨놓는다. 이때 목초지 위에 덩그러니 놓인 그 벌통을 꿀벌들이 멀찍이 볼 것이며 그 벌통이 약간 밀려나 있음에도 불구하고 꿀벌들은 목표에 정확히 날아올 것임을 가장 먼저 추측해볼 수 있다. 그리고 그럼에도 꿀벌들의 날아옴은 조금 전에 벌통이 놓여 있던 바로 그 텅 비어버린 풀밭 자리

---

4) Emanuel Rádl, *Untersuchungen über den Phototropismus der Tiere*(『동물들의 굴광성에 대한 연구들』), 라이프치히, 1905년.

쪽을 향한 채로 남아 있다. 이것은 설사 벌통이 단지 몇 미터 뒤로 밀려나 있어도 마찬가지이다. 이제 꿀벌들은 텅 빈 그 자리에서 놀라 주춤하게 되며 그리고 몇 번 주위를 헤매고 난 다음에야 비로소 그 벌통을 발견한다. 꿀벌들은 방위표식들, 즉 나무 등에 의해서 이끌려지는 셈인가? 방위표식들이 한몫할 수도 있다. 그러나 정작 왜 꿀벌들이 텅 빈 자리로 날아오는가 하는 점은 방위표식들을 가지고서는 설명이 안 된다. 그러나 특히 설명이 안 되는 점은 방위 표식 따위 없이 황량하고 드넓은 평지 위에서도 꿀벌들은 귀로를 발견한다는 것이다. 무엇이 꿀벌들을 이끌며, 무엇이 꿀벌들을 마치 이러한 방향 속으로 몰아넣는가? 벌통의 색깔도 냄새도 아니며, 이정표도, 꿀벌들이 목표로 삼을 수 있을 만한 대상들도 아니다. 그렇다면 무엇인가? 태양이다.

우리는 우선 철학적 해석 없이 다만 시험에 대한 보고내용만을 보기로 한다. 우리는 우선 본거지로 날아올 수 있는 능력을 색깔, 향기 그리고 이정표 따위를 배제하고 설명하는 것을 보기로 한다. 꿀벌들이 벌통을 떠나 먹이터로 날아갈 즈음, 꿀벌들은 그네들 자신에 대해서 태양이 위치한 방향을 자기에게 점찍어둔다. 꿀벌들이 벌통 속으로 되돌아오기까지 걸리는 시간은 대개 몇 분에 불과하다. 따라서 태양의 위치는 그사이에 미미할 정도로만 바뀔 뿐이다. 만일 꿀벌이 예컨대 먹이터로 날아갈 즈음에 태양이 왼쪽으로 30도가량 아래로 뒷전에 있었다면, 꿀벌들이 본거지로 되돌아올 즈음에 그 꿀벌들은 태양이 자기네보다 오른쪽으로 똑같은 각도가량 아래로 전면에 위치하게끔 날아 들어온다. 일종의 그와 같은 몰아대기는, 꿀벌들이 꿀을 눈앞에 있거나 더 이상 눈앞에 없는 것으로서 확인한다고 꿀벌들에게서 분명히 추정할 수 있었을 때보다도 훨씬 더 놀랍지 않은가?

그러나 어쩌면 관찰된 것이 놀라운 것이 아니라 단지 관찰에 대한 설명이 놀라운 것인지도 모른다. 오직 감행된 마지막 해결책—이렇게 태양의 도움을 빌려서 감행되는 마지막 해결책—만이 어쩌면 놀라운 것인지도 모른다. 그 까닭은 꿀벌이 본거지로 날아온다는 것을 우리는 그러한 마지막 해결책을 통하지 않고서는 달리 어떻게 설명할 수 없기 때문이다. 그렇기 때문에 사람들은 이러한 설명에 대해서 정말로 의심할 수도 있을 것이다. 그럼에도 저 끌어댄 설명이 올바르다는 것을 확신해주는 더욱 기본적인 시험이 하나가 있다. 먹이터에 도착한 한 마리의 꿀벌을 사람들이 즉각 붙잡아서 어두운 작은 상자 속에 감금했다가 몇 시간이 지난 뒤 태양의 자리가 하늘에서 이미 결정적으로 변경되었을 때 다시 날려 보내줄 경우, 이때 상자 속에서 풀려난 그 꿀벌은 벌통을 틀린 방향에서 찾아나서게 된다. 하지만 그 꿀벌이 갈피를 잡지 못한 채 제멋대로 어디로인가 날아가버리지는 않는다. 오히려 그 꿀벌이 날아오르는 방향은 도착 당시의 방향으로부터 정확히 태양의 변경된 위치에 상응하는 각도만큼 벗어나 있다. 그 말은 태양의 새로운 자리와 관련하여 그 꿀벌이 흡사 함께 가지고 온 도착 당시의 옛 각도로 날아 돌아온다는 것을 일컫는다. 어디로 날아 돌아오는가? 이러한 방향에서는 그 꿀벌이 벌통을 만날 수 없기 때문에, 그 꿀벌은 흡사 각도를 유지한 채로 날아다니기를 끝없이 계속할 것이다. 결코 그렇지 않다. 오히려 그 꿀벌은 벌통으로부터 먹이터까지 뻗어 있는 비행경로에 상응하는 만큼의 길이를 가로지르는 하나의 구간을 따라 일직선으로 날아 돌아온 뒤 멈춘다. 이렇게 멈춘 자리에서 그 꿀벌은 이제 윙윙거리면서 이리저리 돌며 찾아 헤매다가 마침내, [벌통과의] 간격이 그다지 크게 벌어져 있지 않게 될 때, 그 벌통을 발견한다. 사람들은 꿀벌이 태양이 위치하는 방향만을 자기에게 짐찍이두고 그것을 각도로 유지하는 것이 아니라, 비행경로의 길이까지도 자기에게 점찍어둔다고 말한다. 그래서 우리는 꿀벌이 귀소능력을 수행해낸다는 의미로 그렇게 방향을 잡고 댓거리하는 방식들 가운데 아주 독특한 하나의 방식을 보기로 한다.

꿀벌이 태양에 의해서 얼빠져 있는 가운데 방향과 되돌아오는 방향, 그리고 각도를 얼마나 대단하게 받아들이는지를 계속되는 시험이 내보여준다. 만약 사람들이 예컨대 포획된 꿀벌이 든 작은 상자를 꿀벌이 그 상자 속에 갇힌 사이에 벌통이 있는 쪽으로 되가지고 와서 그 상자를 벌통 뒤에다 약간 거리를 두어 세워놓은 다음, 상자 속에 갇혀 있던 그 꿀벌을 날아가게 풀어줄 경우, 이때 풀려난 그 동물은 벌통이 제법 가까이 있음에도 불구하고 그가 먹이터에서부터 벌통을 찾아나섰던 당시의 방향대로, 그것도 특정한 경로를 따라 날아간다. 물론 그러한 일은 벌통이 어느 황량한 지대에 놓여 있는 경우에만 일어난다. 이에 반해서 주위에 나무들이 우거져 있고 집들이 들어서 있는 등 낯설지 않은 곳에서는 꿀벌이 이 나무들과 집들을 이정표들로서 따르지, 자기를 방향충동에 내맡겨버리지 않는다.

나. 댓거리에 대한 보편적인 성격규정 : 얼빠져 있음은 곧 어떤 것을 어떤 것으로서 인지할 모든 가능성이 박탈되어 있음이며 무엇인가에 의해서 압도되어 있음임. 존재자의 개방성에서부터 동물은 제외되어 있음

우리는 그와 같은 시험들을 충분히 높이 평가할 수는 없겠지만, 그렇다고 주어진 설명을 저 통상적인 철학적 총명함을 가지고서 성급하게 책망하려고 생각하지는 않는다. 오히려 그러한 시험들을 통해서 제시되고 판명된 실상을 본질적인 문제 앞으로 데려올 필요가 있다.

이러한 몰아대기에서는 무슨 일이 벌어지는가? 그러한 몰아대기는 우리에게 동물의 댓거리와 그리고 주장되었던 얼빠져 있음에 대해서 무엇을 말해주는가? 꿀벌은 태양의 위치, 비행경로의 각도와 길이 등을 자신에게 점찍어둔다고 만약 사람들이 말한다면, 이 경우 다음과 같은 점을 생각할 수가 있다. 즉 '자신에게-점찍어두기(Sich-merken)'라는 것은—다른 것은 제쳐두고서 보자면—언제나 일종의 '어떤 것을 위해서 어떤 것을, 즉 어떤 것을 의도하여 어떤 것을 자신에게-점찍어두기'이다. 여기 이 경우에서는 '어느 특정한 지점에 있는 그 벌통으로 되돌아오는 길을 발견하기를 의도하여 어떤 것을 자신에게-점찍어두기'이다. 그러나 정작 그러한 점에 관해서 꿀벌은 아무것도 모른다. 왜냐하면 꿀벌은 정반대로 벌통이 있는 장소하고는 아무런 관련이 없이, 함께 가지고 온 방향과 이 방향의 길이를 따라 날기 때문이다. 꿀벌은 자기가 체류했던 그 장소를 통해서 앞서 표시된 하나의 방향을 못 박아두는 것이 아니라, 오히려 하나의 방향에 의해서 홀려 있고, 이 방향을 자기에게서부터 끄집어내 몰아댄다―어디로 몰아대는지는 모른 채 말이다. 꿀벌은 특정한 사물들, 즉 벌통, 먹이터하고는 아예 행동관계를 맺고 있지 않다. 그러나 꿀벌은 태양하고는 행동관계를 맺고 있으며― 혹시 사람들이 이렇게 말할 수 있을지 모르겠지만―꿀벌은 그래서 각도를 잘 알고 있음이 틀림없다. 이 모든 점들과 더불어 우리가 풀 수 없는 어려움들 속으로 들어와 있다는 것은 분명한 사실이다. 그러나 그럼에도 불구하고 우리는 이러한 독특한 댓거리를 현실적으로 밝혀 보이는 일을 단념해서는 안 된다. 하나의 댓거리를 따로 그 자체로 유리시켜 취하고 그렇게 유리된 댓거리에서부터 어떻게 꿀벌이 태양하고 행동관계를 맺는지를 이해할 수 있게 만든다고 해도 우리가 진척을 보는 것은 아니라는 사실을 우리가 명확히 알고 있는 한, 그 독특한 댓거리를 현실적으로 밝혀 보이는 일은 성공할 수 있다. 이 모든 관련들은 어쩌면 개개의 모든 동물양식에서 아주 상이한 동물의 독특한 '얼빠져 있음'에 의해서 규정되어 있는지도 모른다. 그래서 다음과 같은 의문이 떠오른다. 댓거리에 대한 보편적인 성격 규정을 위해서 이러한 시험에서부터, 즉 현실적인 실상들에 대한 이와 같은 연구 조사에서부터 우리가 끄집어내오는 것은 무엇인가? 그리고 꿀벌의 특수한 존재 전체를 우리 자신에게 밝혀 보이기 위해시, 그리고 이때 이동하고 꿀을 빨고 먹이를 찾아나서고 하는 것 따위에만 해당되지 않고 개개의 모든 댓거리의 양식에 다 해당되는 모든 댓거리의 근본성격을 밖으로 끄집어내놓기 위해서 우리는 댓거리를 어느 정도까지 해설할 수 있는가? 만약 하나의 그와 같은 근본성격을 확보하는 데에 우리가 성공할 경우에, 우리는 확보한 그 근본성격에서부터 '얼빠져 있음' 또한 개념파악하게 될 것이다. 그래서 거기에서부터 우리는 유기체의 본질, 그리고 더 나아가서는 동물의 세계 빈곤을 투명하게 내보일 수 있게 될 것이다.

꿀벌은 태양과 날아듦의 지속과 같은 것 자체를 파악함이 없이, 그리고 그렇게 파악해놓은 것을 고려하는 데에 써먹음이 없이 태양과 그러한 지속에 단순히 내맡겨져 있을 뿐이다. 그와 같은 데에 꿀벌이 내맡겨져 있을 수 있는 까닭은 오직, 꿀벌이 먹을 것을 날라오려는 근본충동에 의해서 몰아대어져 있기 때문에만 그렇다. 바로 그와 같은 '몰아대어져 있음' 속에서—그리고 가령 확인과 고려를 밑바탕으로 하지는 않은 채—꿀벌은 태양이 자기에게 불러일으키는 바로 그것에 의해서 얼빠져 있을 수 있다. 이렇게 방향에 의해서 몰아대어져 있음은 먹을 것을 날라오려는 근본충동 속에, 다시 말해서 본거지로 돌아오려는 충동[귀소본능] 속에 또한 단계 지어져 있고 단계 지어진 채 머물러 있다. '본거지로 돌아오려는 이러한 충동'이 '방향에 의해서 몰아대어져 있음'을 이미 항상 앞질러온 셈이다. 이러한 '방향에 의해서 몰아대어져 있음'은 그렇기 때문에 본거지로 돌아올 가능성이 벌통 주위의 낯익은 환경에 의해서 보장된 곳에서는 즉각 포기되고 말며, 아예 몰아대기에로 오지 않는다. 그러나 먹을 것을 날라오려는 이러한 근본충동도 이 충동에 딸린 '본거지로 돌아오려는 충동'과 더불어 벌통에 대한 일종의 파악과 앎에 근거하는 것이 아니다. 꿀벌은 어떠한 몰아대기에서건 먹이터, 태양, 벌통과 관련되어 있다. 그러나 이렇게 그러한 것들과 관련되어 있다는 것은 저 먹이터, 태양, 벌통 따위를 먹이터로서, 태양으로서 등 그런 것으로서 인지한다는 것은 결코 아니다. 오히려—사람들은 이렇게 말할지도 모른다—다른 어떤 것으로서 인지하는 것일 터이다. 그러나 그렇지 않다. 도대체 어떤 것으로서 그리고 눈앞에 있는 것으로서 인지하지 않는다. 여기에서 무엇에 관련되어 있음은 인지함이 아니라, 오히려 일종의 댓거리, 즉 일종의 몰아댐이다. 그러한 것을 우리가 그렇게 파악할 수밖에 없는 까닭은 동물에게는 어떤 것을 어떤 것으로서 인지할 가능성이 박탈되어 있기 때문이다. 그것도 지금 그리고 여기에 그 인지 가능성이 박탈되어 있는 것이 아니라 '도대체 주어져 있지 않다'는 의미에서 그렇다. 어떤 것을 어떤 것으로서 인지할 가능성이 동물에게는 박탈되어 있다. 그러나 그렇다고 해서 동물이 다른 것과 단순히 무관련 속에 있는 것이 아니라, 오히려 바로 그 다른 것에 의해서 압도되어 있고 얼빠져 있다.

이렇듯 동물의 얼빠져 있음은 첫째로 '어떤 것을 어떤 것으로서 인지할 수 있는 개개의 모든 가능성이 본질차원적으로 박탈되어 있음'을 뜻하며, 둘째로 그와 같은 박탈되어 있음 속에서 바로 무엇인가에 의해 압도되어 있음을 뜻한다. 그러니까 동물의 '얼빠져 있음'이란 일단 [동물의] 존재양식을 지칭한다. 이 존재양식에 따라서 동물은 자신을 다른 것과 관련지을 때 이 동물에게는 그것을, 즉 그 다른 것을 그것으로서 그리고 도대체 그것으로서, 하나의 눈앞에 있는 것으로서, 하나의 존재자로서 대할 가능성, 그리고 그런 것으로서의 그것에 자신을 관련지을 가능성이 박탈되어 있다. 또는 우리가 언어상 이렇게도 말하듯이 그래서 얼빠져 있다. 그리고 자신을 그 것과 관계짓는 바로 그것을 어떤 것으로서 인지할 이러한 가능성이 동물에게 정작 박탈되어 있는 까닭에, 동물은 이러한 단적인 방식으로 다른 것에 의해서 압도될 수 있는 것이다. 그렇다고 해서 이제 그와 같은 얼빠져 있음을 일종의 경직된 고정되어 있음으로, 흡사 동물이 마술에 걸려 있다는 식으로 해석해서는 안 된다. 오히려 이 얼빠져 있음은 거동을, 다시 말해서 일종의 몰아대어져 있음이 순수하게 충동에 따라 그때마다의 충동에로 방향 전환하는 것을 가능하게 해주고 잎시 그녀 보여주는 것이다.

이렇게 몰아대어져 있는 댓거리는 물론 자신을 **그 자체로서의 눈앞의 것**에 관련짓지 **않는다**—그리고 그러한 댓거리는 얼빠진 것으로서 그러한 것에 자신을 관련지을 수 없다. ㄱ 자체로서의 눈앞의 것—그것은 그 눈앞에 있음에서의 눈앞의 것, 즉 **존재자로서의 눈앞의 것**을 일컫는다. 얼빠져 있음 속에서 동물의 댓거리에게 존재자는 **개방되어 있지 않으며**, 즉 열려 드러나 있지 않으며, 그러나 바로 그런 까닭에 닫혀 있지도 않다. 얼빠져 있음은 이러한 [개방] 가능성을 벗어나 있다. 우리는 동물에게는 존재자가 닫혀 있다고 말할 수는 없다. 그렇게 말할 수 있는 경우가 있다면 그것은 다만, 열려 드러날 수 있는 그 어떤 가능성이 존속할 때, 그러한 가능성이 아직은 너무나 미미할 때뿐이리라. 그러나 동물의 얼빠져 있음은 동물에게 존재자가 열려 드러나 있느냐, 닫혀 있느냐 하는 그런 가능성 바깥에 동물을 본질적으로 가져다가 세운다. '얼빠져 있음은 동물성의 본질이다'라고 하는 이 말은 다음을 뜻한다. 동물은 그 자체로서 존재자의 개방성 안에 서 있는 것이 아니다. 동물의 이른바 주위환경도 동물 자신도 존재자로서 개방되어 있지 않다. 동물은 그의 얼빠져 있음을 밑바탕으로, 그리고 충동다양성 내부에서 그가 해낼 수 있는 능력들 전체를 밑바탕으로 휘몰아대어져 있는 까닭에, 동물은 그가 아닌 존재자 및 그 자신인 존재자로 자신을 개입시킬 가능성을 원칙적으로 가지지 않는다. 이러한 휘몰아대어져 있음을 바탕으로 해서 동물은 흡사 자기 자신과 주위환경 사이에, 이런 또는 저런 것이 존재자로서 경험됨이 없이 매달려 있다. 하지만, 이렇게 존재자의 개방성을 가지고 있지 않다는 것은 곧 개방성이 박탈되어 있다는 것으로, 그 말은 동시에 무엇인가에 의해서 압도되어 있음을 의미한다. 동물은 무엇인가에 관련되어 있다고, 얼빠져 있음과 댓거리는 무엇인가에 일종의 '**열려 있음(Offengeit)**'을 보여주고 있다고 우리는 말해야 한다. 무엇에게라는 말인가? 압도되어 있음이라는 특수한 열려 있음 속에서 충동에 따른 얼빠져 있음이라고 하는 몰아대어져 있음에 흡사 부딪히고 있는 듯한 바로 그것은 어떻게 지칭될 수 있는가? 동물이 댓거리하는 가운데 그것과 자신을 관련짓는 바로 그것을 우리는, 그것이 존재자로서 개방되어 있지 않다고 하더라도, 어떻게 규정해야 할 것인가?

이러한 물음에 대한 대답을 통해서 비로소 우리는 해낼 수 있는 능력, 충동, 댓거리 등에 대한 충분히 완비된 성격규정에 이르게 된다. 그러나 그 물음을 가지고 우리가 묻고 있는 것은 무엇에 동물이 관련되어 있고 어떻게 동물이 그것에 관련된 채 머무르는가 하는 점에 대한 것만은 아니다. 그 물음—흡사 동물로부터 떠나 특별히 동물은 아닌 다른 것을 향해서 물음을 던지는 듯한 그 물음—속에서 우리가 묻고 있는 것은 '동물이 그 다른 것에 홀려 있음의 본질(Wesen der Eingenommenheit)'에 대한 것, 다시 말해서 얼빠져 있음의 근본성격에 대한 것이다.

제60절 댓거리와 얼빠져 있음의 열려 있음, 그리고 동물이 자신을 무엇인가에 관련짓는 '그 무엇에로'

댓거리의 열려 있음(Offengeit)에 대한 이 물음에 다시금 하나의 구체적인 버팀목을 대주기 위해서 우리는 맨 처음에 살펴보았던 보기, 즉 꿀벌이 꿀을 빨아들이고 빨아들이기를 멈추고 하는 것에 대한 보기로 되돌아가본다. 그런데 사실 꿀벌의 이러한 댓거리에 대한 이야기도 우리는 단지 다음과 같은 물음까지밖에 데려와보지 못했다. 즉 꿀벌의 그러한 댓거리에서는 눈앞에 있는 꿀을 꿀로서 확인하는 일이 과연 주도적인 기능을 하는가, 아니면 그렇지 않는가 하는 물음 말이다. 더 나아가 방향을 잡을 수 있는 능력에 대한 고찰은 우리에게 다음과 같은 점을 고쳐시켰다. 즉 동물이 다른 것에 관련되어 있음은 동물이 마치 방향을 잡는 경우에서처럼 어떤 것을 향해서 자신을 맞추는 바로 그러한 곳에서도, 일종의 **얼빠져 있음** 속에서 성립한다는 점이다. 이제 필요한 일은 이러한 댓거리와 동물적 몰아대기 일반을 하나의 근본성격을 끄집어내놓음으로써 더 가까이 데려오는 것이다. 그러나 근본성격을 더 가까이에서 규정하는 일은 이제 **얼빠져 있음의 열려 있음**에 대해서 묻고, 동물의 얼빠져 있음 **그것에게 열려 있는** 바로 그것의 본질에 대해서 묻는 그러한 물음 속으로 합류해 들어간다.

가. 댓거리가 띠고 있는 제거의 성격

물론 지금 우리는 방향을 잡을 수 있는 능력의 문제를 더 이상 뒤따라가보지는 않기로 한다. 그러나 그 문제와 관련해서 우리는 그럼에도 어떤 본질적인 것에 대해서 다음과 같은 가르침을 받았다. 동물의 여러 충동들, 동물이 댓거리하는 여러 개별적인 방식들을 따로 유리된 채로 취해서는 안 되고, 오히려 겉보기에 따로 떼어 보아야 하는 해석에서일지라도 그 속으로 동물이 몰아대어져 있는 휘몰아댐 전체를 염두에 두어야 한다는 점이 그것이다. 태양에 대한 댓거리가 일종의 점찍기로서 일어나서 어떤 적합한 행위가 그다음에 뒤따라 나오는 것이 아니다. 오히려 먹이를 날라 오도록 몰아대어져 있음에서부터만, 그리고 그렇게 몰아대어져 있는 가운데에서만 이미 태양에 의한 얼빠져 있음이 일어나고 있는 것이다. 여러 충동들과 몰아댐의 여러 방식들(먹을 것을 찾아나서기, 먹이를 숨어서 기다리기 등)은 가령 여러 상이한 방향들에 따라 밖으로 계속 서로 갈라져 나아가면서 방사되는 것이 아니라, 오히려 개개의 모든 충동은 그 자체로 보자면 다른 충동 쪽을 향한 **몰아붙여져 있음**(Zugetriebenheit)에 의해서 가정되어 있다. 충동에서 충동으로 몰아붙여져 있음으로서의 몰아대어져 있음은 동물을 하나의 테(Ring)* 안에 붙여두고 몰아대는데, 그 테 너머로 동물은 뛰쳐나가는 법이 없고, 그 테 내부에서 어떤 것이 동물에게 열려 있다. 개개의 모든 충동에 따른 댓거리가 무엇인가에 관련되어 있다는 것이 확실하면 확실할수록, 동물이 모든 댓거리 속에서 **그 자체로서의 어떤 것**에 자신을 결코 **본래적으로 개입시킬 수 없다**는 것 또한 매우 분명하다. 그 내부에서 동물의 충동들이 서로 상대편 쪽을 향해 몰아붙여져 있는 그런 테에 의해서 동물은 **휘둘려 싸여 있다**. 그러나 이렇게 그 자체로서의 어떤 것에 자신을 개입시킬 수 없다는 것은 결코 부정적으로만 규정될 수는 없다. 그 자체로서의 어떤 것에 자신을 개입시킬 수 없다는 것은 얼빠져 있음과 이 얼빠져 있음의 열려 있음을 위해서 긍정적으로 무엇을 말해주는가? 댓거리가 '무엇인가에 자신을 개입시킨다'는 것을 결코 내보이는 법이 없을 뿐만 아니라, 심지어 정반대로 댓거리는, 그것과 댓거리가 관련을 맺고 있는 바로 그것을 **제거한다**는 성격을 띠고 있다. 댓거리의 이러한 **근본특징**, 즉 '제거(Beseitigen)'는 일종의 '없애버림(Vernichten)'—먹어치움(Auffressen)—일 수도 있고 그렇지 않으면 일종의 '……앞에서 피해버림(Ausweichen vor……)'일 수도 있다.

여기에서도 사람들은 어떻게 일체의 모든 동물적인 움직임이 이러한 '제거'라는 근본성격 속에서, 또는 우리가 이렇게도 말하듯이 '무엇인가에 자신을 개입시키지 않음'이라는 근본성격 속에서 움직이고 있는지를 내보여주는 구체적 현상들의 계열을 다시 또 끌어댈 수 있다. 모든 댓거리 속에 깃들어 있는, 이러한 독특하게 제거한다는 성격에 대한 가장 두드러진 보기들 가운데 하나가 곧 우리가 성 충동이라고 부르는 그런 충동의 범위 내부에서 곤충들이 하는 행동관계이다. 다수의 암컷이 교미하고 난 뒤에 수컷을 먹어치운다는 사실은 잘 알려져 있다. 교미가 끝난 뒤에는 성의 성격이 소멸하며, 수컷은 먹이의 성격을 가지게 되고 제거된다. 이 다른 동물[수컷]은 처음에 언급한 동물[암컷]에 비하면 순전히 살아 있는 동물로서 거기에 있는 것이 아니고, 오히려 성의 동료로서 또는 먹이로서, 어쨌든 그 어떤 '떨려남(weg)'의 형태를 띠고서 거기에 있는 셈이다. 댓거리 그 자체는 그 자체로 보자면 그때마다 각기 일종의 제거이다. 그러나 그렇다고 해서, 그리고 바로 그렇게 돼서 동물의 어떤 순수 부정적인 행동관계의 인상이 생겨나오는 것은 아니다. 물론 그렇다. 여기에서 문제가 되는 것은 도대체 하나의 행동관계도 아니고 어떤 부정적인 행동관계도 아니다. 그리고 그것이 도대체 행동관계가 아니기 때문에, 그것은 긍정적이지도 않다. 이 말은 우리에게는 방법적으로 다음을 뜻한다. 즉 일체의 모든 댓거리에서 이러한 제거라는 성격의 본질을 투명하게 드러내 보이려고 시도할 경우, 우리는 부정적인 해석을 '자신을-무엇인가에 개입시키지 않음'이라는 의미로 받아들여야 하며 긍정적인 설명도 마찬가지로 원칙적으로 보건대 비판적으로 받아들여야 한다.

그러나 계속 이어지는 이론적인 논의들에 앞서 사람들은 우선 다음과 같은 이의를 제기할지도 모른다. 맷거리를 일종의 제거하는 맷거리로서 해석하는 본질해석은 그럼에도 경험이 말해주는 것하고는 여러 가지로 아주 다르다고 말이다. 보금자리를 짓는 데에 동물이 어떻게 몰두하고 어떻게 자신을 개입시키는지, 보금자리를 복구하거나 새끼를 양육하거나 가령 놀이를 벌이거나 등을 하는 데에 동물이 어떻게 꼼꼼하게 자신을 개입시키는지를 우리는 눈으로 분명 보고는 한다. 여기에서는 그 어떠한 제거도 내보여지지 않을 뿐만 아니라, 심지어 그것에 동물이 자신을 관련지을 수 있는 바로 그러한 것을 추구하는 일이 [제거와는] 다른 맷거리방식들 속에서 발휘된다. 그런 까닭에 우리는 이러한 문제를 그 어려움에서 더욱 상세하게 조명해보아야 한다.

사람들은 어떻게 동물들이 그리고 곤충들이 자신을 빛에 관련짓는가 하는 것을 지적할 수 있을 것이다. 여기에서 사람들은 빛을 좇는 동물들과 빛을 멀리하는 동물들을 특별히 구별한다. 후자의 맷거리양식―빛을 피해 도망가기―은 분명 '어떤 것 앞에서 피해버림'이라는 형태를 띤 제거의 한 방식으로서 설명될 수 있다. 그러나 빛을 좇는다는 것은 아주 확실히 결코 제거가 아니다. 확실히 아니다―그러나 그럼에도 다음과 같이 물음이 제기되어야 한다. 즉 빛을 좇음은 어떠한 충동연관 속에 성립하는가? 가령 빛 그 자체가 빛 자체 때문에 탐색된다는 말은 결코 아무것도 의미하는 바가 없다. 맷거리가 띠는 제거라는 성격을 올바로 이해하기 위해서는 우리는 맷거리의 개별 방식들을 따로따로 유리시켜서는 안 된다. 그 경우, 빛을 좇는 것들에 속한 들신선나비(Trauermantel)가 이때 자기가 맷거리하는 것이 곧 그늘로부터 벗어나는 하나의 길이라는 식으로 언제나 그렇게 맷거리한다는 사실이 내보여진다. 빛에 대해 맷거리함에서 다시 또 이 들신선나비를 데리고 이끄는 것은 빛의 세기가 아니라, 오히려 빛을 받는 면적의 크기이다. 그러나 이 경우에도 빛 쪽으로 향한다는 것은 빛을 그 자체로서 파악한다는 것이 아니다. 오히려 빛을 좇는 일은 애초부터 그와 같은 추구가 방향을 잡고 그러한 추구를 지속적으로 가능하게 해주는 일에 봉사함이다. 그렇기 때문에 빛은 결코 자신을 그 자체로서 그 동물에게 드러내어 알릴 기회를 애초부터 가지고 있지 못하다. 그래서 라들—우리는 동물의 굴광선(Phototropismus)에 대한 훌륭한 연구들을 그에게 힘입고 있다—은 다음과 같은 사실을 발견했다. "몇몇 민물 게들의 자리에 비추어드는 빛은 그 민물 게들이 헤엄치며 다니는 곳의 형편을 완전히 바꾸어놓는다. 왜냐하면 그 동물들은 언제나, 그것들의 눈이 광원 쪽을 향해 방향이 맞추어져 있다는 식으로, 즉 그것들의 눈이 처해 있는 장소는 아무래도 좋다는 식으로 그렇게 자태를 나타내기 때문이다. 만약 빛이 밑에서부터 비춰든다면, 그 민물 게들은 거꾸로 물속에 엎드려 있게 될 것이다."[5] 그러나 바로 여기에서 지속적인 관계로서 고개를 들고 있는, 빛에 대한 민물 게의 이러한 관련은 이 동물을 그 자체로서의 빛으로 풀어놓아주는 것이 아니라, 오히려 거꾸로 사정은 다음과 같다. 즉 빛에 대한 이러한 관련이 바로 이 동물이 동물로서 자기에게 고유하게 남아 있도록 가능하게 해주고 있다. 그 동물은 흡사 빛 속에서 자신의 댓거리와 자기것다운 면모를 긁어들이는 듯하다.

그러나 동물이 근본적으로 빛을 좇는다는 사실에 대한 가장 두드러지고 가장 일상적인 증거물은 아마도 빛 속으로 날아드는 나방일 것이다. 만약 나방이 빛 속으로 곧장 날아들어가서 빛 속에서 죽어버리는 경우라면—사람들은 이러한 댓거리보다 더 직접적인 '자신을-어떤 것에 개입시킴'을 생각해볼 수 있을까? 사람들은 다음과 같이 생각해볼 수도 있을 것이다. 이 동물은 밝은 표면을 좇는 것이 아니라, 오히려 빛의 세기 및 광원 그 자체를 좇고 있다고 말이다. 그러나 그럼에도 다음과 같은 점이 말해져야 한다.

---

[5] Jakob von Uexküll, *Umwelt und Innenwelt der Tiere*(『동물들의 환경세계와 내부세계』), 제2판(증보판), 베를린, 1921년, 207쪽.

즉 바로 이렇게 빛을 좇는 동물이 빛을 좇는 가운데 자신을 빛에 개입시키지 않기 때문에, 즉 빛을 그 자체로서 파악하고 있지 않기 때문에, 바로 그러한 까닭에 그 동물은 빛 속으로 돌진한다. 이때 이해를 돕기 위해서, 빛을 좇는 일체의 모든 놈(양의 굴광성)은 빛을 받고 있는 장의 크기에 의해서 조종되며 빛을 피해 도망가는 일체의 모든 놈(음의 굴광성)은 빛의 세기에 의해서 조종된다는 점에 주목해볼 수 있겠다. 잘 알려져 있다시피 이미 다윈(Charles Robert Darwin)은 다음과 같은 물음을 제기했다. 왜 나방들은 촛불 속으로는 날아들면서 달을 향해서는 날아가지 않는가? 나방들은 빛을 좇는 놈들이다. 그러니까 나방들은 광원에서 발산되는 빛의 세기에 따라서 가는 것이 아니라, 오히려 빛을 받고 있는 표면을 따라서 간다. 달은 그것이 발산하는 빛보다도 더 강하게 작용하는 큰 표면을 비춘다. 이에 반해서, 촛불은 이 촛불의 빛에 [나방들이 자신들의] 무게를 실을 수 있을 정도의 큰 표면들을 비출 수 있는 능력이 안 된다. 그래서 빛을 좇는 동물들은 이러한 촛불의 빛에 희생이 되고 만다.

 우리는 [동물들이] 빛에 대해 댓거리하는 것을 단지 댓거리의 한 방식으로서만 보기를 들어가며 다루어보았을 뿐이다. 이렇게 동물들이 빛 속에서 독특하게 방향을 잡고 빛에 대해 댓거리하는 것을 지적해보임으로써, 우리는 단지 동물에게는 색깔과 향기와 마찬가지로 빛 또한 아주 독특한 중요성을 띤다는 점만을 또다시 지적해야 한다. 그럼에도 불구하고, 그리고 바로 그러한 까닭에 동물의 댓거리는 비록 이러한 댓거리가 특정하게 어떤 것 쪽을 향한 것이기는 하지만, 이러한 댓거리 자체가 그것에 이 댓거리가 관련짓고 있는 바로 그것을 하나의 그러한 것으로서 파악할 수도 있으리라고 해석될 수는 없다. 이 모든 것에도 불구하고 우리의 해석은 일종의 자의라는 인상을 풍긴다. '빛 쪽으로'라는 말을 우리는 '어둠으로부터 떠나'로서 파악하고, '어둠 쪽으로'라는 말을 '빛으로부터 떠나'로서 파악한다. 그런데 왜 도대체 우리는 이제 '어디인가 쪽으로'라는 말보다도 오히려 하필이면

'어디인가로부터 떠나'라는 말에 우위를 두며, 왜 이와는 거꾸로 하지 않는가? 그 까닭은 단지 '어디인가로부터 떠나'라는 말이 우리의 앞서 파악된 견해에 꼭 맞기 때문인가? 결코 그렇지 않다. 엄밀하게 따진다면, 오히려 둘 다 적합한 말들이 아니다. 이로써 우리는 앞에서 이미 표명한 비판의 요구를 또한 제거에 대한 추정적으로 자명한 긍정적 해석과 대비해서도 따르는 셈이다. 그러나 그럼에도 우리가 댓거리에 깃들어 있는 제거의 성격에 관해서 이야기할 때 왜 그것이 겉보기에 마치 부정적인 것처럼 보이는 것일까? 그러한 제거라는 성격에서는, 댓거리하미가 그것에 자기를 관련지으면서 자기가 그것에 대해 댓거리하고 있는 바로 그것으로부터 [자신을] 밀어떨쳐뜨림(Abstoß)이 어느 정도 표현되어나오기 때문에 그렇다. 이러한 '자신을 밀어떨쳐뜨림(Sich-abstoßen)'이라는 말에서는 동물이 그 자신 속으로 흘려들어가 있다는 것이 드러나 알려지고 있다. 동물이 그 자신 속으로 흘려들어가 있다는 말은 주위환경에 대한 개개의 모든 관련이 다 잘려버린 가운데 유기체가 자기 속에 싸서 넣어진다는 것을 뜻하지 않는다. 그렇다고 해서 댓거리에 속한 관련이라는 것이 주위환경 속 눈앞에 있는, 그리고 눈앞의 것으로 존재하는 바로 그러한 것으로 몰입함도 아니다. 모든 댓거리 속에 깃들어 있는 이러한 제거, 즉 '제쳐-둠(Auf-der-Seite-Lassen)'이 그 수수께끼 같음 속에서 우리에게 촉구하는 물음은 다음과 같다. 무엇에 댓거리가 관련되며, 그리고 이러한 관련은 어떠한가? 아니면 우리는 이제 이렇게 물음을 던져볼 수도 있다. 그것으로 동물 그 자체가 **휘둘려 감싸**지고 있는 바로 그 테는 어디에, 그리고 어떻게 있는가? 만약 이때 다른 것에 대한 관련이 그저 견지되어 머무르기만 하는 것이 아니라 오히려 바로 이러한 휘둘러 감쌈에 의해서 그 관련이 지속적으로 쟁취되고 있다면, 이러한 휘둘러 감싸기는 어찌 된 것인가?

우리는 다시 한번 더 댓거리의 제거성격을 밝혀보이기 위해서 하나의 기본적인 고려에서부터 출발하려고 시도해보자. 사람들은 이렇게 말할 수도 있을 것이다. 만약 댓거리라는 것이 철두철미 제거라고 한다면, 이 경우 댓거리에서 의도되는 것은, 흡사 눈앞의 것을 결코 그냥 내버려두지 않고 그것을 치워내고 그로써 흡사 텅 빈 것에 이르고자 하는 것이라고 말이다. 제거하면서 댓거리한다는 것은 이렇듯 텅 빈 것을 지속적으로 조달함이다. 그렇지만 텅 빈 것과 같은 것에 대한 관련은 오직 존재자 그 자체에 대한 관련이 성립하는 바로 거기에서만 가능하며 거꾸로, 오직 존재자 그 자체에 대한 관련이 가능한 곳에서만 텅 빈 것을 찾아나설 수 있는 가능성이 주어져 있다. 만일 우리가 제거라는 것을 텅 빈 것을 찾아나선다는 것으로서 파악하고자 하면, 이 경우 먼저 동물의 댓거리가 근본적으로 존재자 그 자체에 대한 행동관계로서 파악되어 있어야 할 것이다. 그런데 바로 이것이 불가능하다. 그러나 여기에는 동시에, 동물은 존재자에 대해서 아무래도 상관없다는 식으로 관계를 맺지 않는다는 사실이 놓여 있다. 이렇게 아무래도 상관이 없다는 것 또한 존재자 그 자체에 대한 하나의 관련일 것이기 때문이다. 만일 댓거리가 존재자에 대한 어떠한 관련도 아니라면, 이 경우 댓거리라는 것은 무(無)에 대한 관련인 셈인가? 아니다! 그러나 만일 댓거리가 무에 대한 관련이 아니라면, 이 경우 댓거리가 그때마다 관련을 맺는 바로 그것은 그럼에도 **존재하고 있는** 어떤 것이어야 하며 그리고 **존재하고 있는** 어떤 것이다. 확실히 그렇다—그러나 물음은 다음과 같다. 혹시 바로 댓거리라는 것이 다음과 같은 식으로 무엇인가에로의 관련은 아닌가? 즉 '자신을-개입시키지-않음'으로서의 댓거리가 **그것에** 자신을 관련짓고 있는 바로 그것은 동물에게는 **어떤 방식으로건 열려** 있는데, 그렇다고 해서 이 말은 결코, 그것이 **존재자로서 개방되어** 있다는 것을 일컫지는 않는다. 동물이 어떤 식으로건 존재자와 관계를 맺고 있다거나 관계를 맺을 수도 있다는 데에 대해서 우리는 아무런 표식도 가지고 있지 않다. 그러나 마찬가지로 분명 동물은 타자에 자신을 관련짓고 있는 어떤 것으로서 드러나 알려지는데, 그것도 다음과 같은 식으로 그렇다. 즉 동물은 이 타자에 의해서 어떤 식으로건 와닿아지고 있다고 말이다. 내가 그 점을 강조하고 있는 까닭은, 동물적인 댓거리에서의 바로 이러한 '무엇인가에로의 관련'이 비록 존재자의 개방성이 본질차원적으로 결여되어 있기는 하지만, 지금까지 유기체의 개념과 동물의 본질개념 속에서는 도대체 원칙적으로 간과되어 있거나 단지 추후적인 계기로서만 그러한 개념 속에 끼워넣어졌기 때문이다. 댓거리의 이러한 근본성격을 충분히 파악하느냐 못 하느냐에 유기체를 그 자체로서 충분히 규정할 가능성이 달려 있다. 만일 동물이 존재자 그 자체에 대해서 관계를 맺지 않는다는 것이 댓거리의 사정이라고 한다면, 이 경우 댓거리 속에는 존재자를 그 자체로서 **존재하게 해주는** 그런 일은 도대체 **결코** 놓여 있지 않은 셈이다―그런 일은 도대체 결코, 즉 어떠한 양태로도 놓여 있지 않으며, 또한 존재하게 해주지 않는 일마저도 결코 놓여 있지 않다. 그렇다면 댓거리의 근본성격에 대해서 필연적으로 오해를 살 만한 그 명칭―제거(Be-seitigen)― 은 다음과 같은 원칙적인 의미에서 받아들여져야 할 것이다. 즉 댓거리는 제거하는 것, 다시 말해서 그것도 무엇인가에 관련되어 있는 것이기는 한데, 결코 그리고 본질차원적으로 결코, 존재자가 존재자로서 개방될 수 있다는 식으로 그렇지는 않다. 이러한 해석을 가지고서 이제 우리는 댓거리와 얼빠져 있음의 본질에 부딪쳐보기로 한다. 댓거리라는 것이 비록 맹목적이기는 하지만, 우리가 다음과 같이 말해도 된다는 의미로 그런 것은 아니다. 즉 분명 동물이 보기에 존재자가 거기에 있을지라도, 동물은 사유하지 않기 때문에, 즉 동물은 이성을 가지고 있지 않기 때문에, 그것은 존재자를 파악할 수 없다고 말이다.

나. 동물의 댓거리가 일종의 들뜸테를 가지고 자신을 휘둘러 쌈

그러나 만일 동물과 동물의 댓거리에는 그래도 하나의 **주위환경**과 같은 어떤 것이 **열려** 있다고 한다면, 이 경우 다음과 같이 의문이 떠오른다. 과연 우리는 이 주위환경이라는 것을 설명할 수 있는가?

충동에 따라서 일 맡는 식으로 어떤 것을 해낼 능력이 있음은, 즉 자신 속으로 흘러들어가는 그런 능력부여의 전체는 충동의 한 몰아붙여져 있음이다. 이러한 몰아붙여져 있음이 동물을 휘둘러 싸고 있으며, 그것도 이러한 **포위**(Umring)가 바로 댓거리를 가능하게 해준다는 식으로 그렇게 휘둘러 싸고 있는데, 이 댓거리 속에서 동물은 타자와 관련되어 있다. 타자와 관련되어 있다—이때 타자는 존재자로서 개방되어 있는 것이 아니다. 어떤 것을 해낼 수 있는 능력이 있음은 결코 존재자에 대한 행동관계가 아니다. 존재자가 자신을 존재자로서 이러저러하게 동물에게 드러내어 알림을 밑바탕으로 해서, 어떤 것을 해낼 수 있는 능력이 있음이 알맞게 댓거리하는 데에로 옮겨가는 것은 절대 아니다. 그러나 타자가 동물과 일종의 기계적인 관련을 맺고 있는 것도 아니다. 왜냐하면 동물은—어떤 것을 해낼 능력이 있는 것으로서—자신을 타자에게 열면서 타자에 대응하기 때문이다. 다시 말해서 그 자체로 보자면 어떤 것을 해낼 수 있는 능력이 있음이란, 해낼 수 있는 능력과 같은 것을 그때그때의 댓거리에로 부추겨주고 그것을 댓거리 속에 촉진된 채로 견지해주는 역할 속으로 타자가 올 수 있도록 해준다. 어떤 것을 해낼 수 있는 능력이 있음과 이로써의 댓거리는 부추김들에 열려 있고 구실들에 열려 있으며 어떤 것을 해낼 수 있는 능력에 각기 그때마다 이러저러한 구실을 주는, 다시 말해서 그런 능력을 들뜨게 하는 바로 그와 같은 것에 열려 있다. 그것에 동물의 댓거리가 자신을 관련짓는 바로 그러한 것에 댓거리가 열려 있는 만큼, 바로 그것에 동물의 댓거리가 자신을 관련짓는다. 바로 그러한 타자가 동물의 이 같은 열려 있음 안으로 받아들여지는데, 그것은 우리가 **들뜸**(Enthemmung)*이라고 지칭하는 방식으로 일어난다. 어떤 것을 해낼 수 있는 능력이 있음이 동물의 존재양식을 철저히 지배하는 까닭에 바로 그렇게 존재하는 그것은 만약 그것이 타자에로의 관련 속으로 오게 될 경우 오직 해낼 수 있는 능력에 '와닿는', 즉 그것에 '구실을-주는' 바로 그와 같은 것하고만 마주친다. 그런 것 이외의 다른 모든 것은 애초부터 동물의 포위망 속으로 침투할 수가 없다. 여기에서는 아직 내용적으로 개별적인 것은 전혀 문제가 되지 않고, 오히려 동물이 그것과 도대체 관련 속에 있을 수 있는 바로 그러한 것의 근본성격이 문제된다.

그러나 억제력이 없다는 것이 바로 충동을 특징짓는 점이라면, 구태여 충동이 이제 비로소 들떠지게 된다고까지 말할 필요가 있는가? 그보다는 차라리 우리는 동물이 그것에 부딪히는 바로 그 타자가 충동을 억제한다고 이야기하는 것이 나을 것이다. 충동들에게는 억제력이 없다는 점에 관해서 우리가 어느 정도 정당하게 말할 수 있는 경우는, 우리가 가령 충동들의 결과에 관심을 두어 그 충동들이 무엇 쪽으로 무엇을 몰아대는지를 보고 이렇게 충동들이 그리로 몰아대는 바로 그것을 우리가 동시에 바로 그것에 대한 그리고 바로 그것 속에서의 우리의 가능적인 행동관계―지배[자제] 등―에 관련지어 데려와보는 때에나 그렇다. 이와는 다르게 만약 우리가 충동을 그 자체에서―충동에서부터 유발될 수 있는 그런 몰아댐에서가 아니라―충동의 구조에서 취해볼 경우, 다음과 같은 사실이 드러난다. 즉 충동은 바로 내적인 긴장과 흥분, 일종의 놀람과 마비됨을 가지고 있는데, 이러한 것 등은 하나의 몰아대기로 되기 위해서, 그리고 그로써 그 흔한 통속적 의미로 억제에서부터 벗어나 있을 수 있기 위해서, 본질적으로 들뜸을 필요로 한다.

충동에 따라 해낼 수 있는 능력으로서 댓거리가 마주치는 바로 그것은 언제나 어떠한 식으로거 들뜨게 하는 그것이다. 그와 같은 식으로 들뜨게 하며, 오직 들뜨게 하면서만 댓거리에 관련지어지는 바로 그것은 자기의 고유한 방식을 밑바탕으로 하여―우리가 그것을 이렇게 말해도 된다면― "자신을 내보임"이라는 방식을 밑바탕으로 하여, 저 댓거리에게서 흡사 지속적이고 필연적으로 빠져나가는 듯하다. 이렇듯 들뜨게 하는 그것이 본질 차원적으로 빠져나가듯이, 즉 길에서부터 벗어나듯이, 구실을-주는 그것에 대한 관련도 일종의 '자신을-거기에-개입시키지-않음'이다. 이것은 결코 머무름 그 자체에 이르는 법이 없으며, 그렇다고 변경 그 자체에 이르지도 않는다. 동물이 자신의 충동의 몰아붙여짐에 의해서 휘둘려 싸여 있다는 것은 그 자체로 보건대 일종의 들뜨게 하는 그것에 열려 있음이다. 그러므로 '자신에게-테 씌우기(Sich-Einringen)'는 결코 자신을 포낭 속에 싸서 넣는다는 것이 아니라, 오히려 바로 일종의 그 내부에서 이런저런 들뜨게 하는 그것이 들뜨게 할 수 있는 그런 하나의 포위망을 **열면서 끌어당기기**이다. 동물의 댓거리는 자신을 절대— 우리에게는 언뜻 그렇게 보일 수도 있겠지만— **눈앞의** 사물이나 이 사물들의 축적에 관련짓는 법이 없다. 오히려 동물의 댓거리는 하나의 **들뜸테**(Enthemmungsring)를 가지고 자기 자신을 휘둘러 싸는데, 이 테 안에서 동물의 댓거리가 구실로서 마주칠 수 있는 것이 무엇인지가 앞서 그려져 있다. 이렇게 자신을 휘둘러-싼다는 것이 동물에 속해 있는 까닭에, 동물은 자기로부터 언제나 자신의 들뜸테를 함께 가지고 오며 그것을 평생토록 여기저기 지니고 다닌다. 좀더 정확히 말하면— 동물의 삶이란 바로 이러한 포위망 주위에 테를 두름이다. 특정하게 분절되어나온 여러 들뜸들의 다양성이 그 포위망의 범위 내에서 위로 떠오를 수가 있다. 개개의 모든 동물은 이러한 들뜸테를 가지고 자신을 휘둘러 싸는데, 가령 추후적으로 즉 동물로서의 한 생애를 이미 살고 난 연후에 그러는 것이 아니라 오히려 이러한 포위망 두르기는 동물의 가장 내적인 조직화와 동물의 근본형태에 속한다. 동물의 포위망 내부에서 떠오를 수 있는 여러 가능적인 들뜸의 방향에는 동물이 각기 그때마다 전체에 의해서 압도되어 있다는 점이 놓여 있다. '압도되어 있음(Hingenommenheit)'은 들뜸의 다양성에 열려 있다. 그러나 이러한 열려 있음은, 댓거리가 존재자로서의 그것과 관련지을 수 있는 바로 그것이 개방되어 있다는 것은 아니다. 들뜸의 다양성에 열린 채로 압도되어 있다는 것은 그 자체로 보자면 존재자를 인지할 수 있는 가능성이 박탈되어 있다는 것을 말한다. 이렇게 자신을 휘둘러 싼다는 데에는, 들뜸의 다양성에 열린 채 자기 속으로—이른바 동물의 한 "내면" 속으로가 아니라, 오히려 자신을 여는 충동이 그 안으로 몰아붙여져 있는 그런 테 안으로— 흘려들어가 있다는 점이 놓여 있다.

이러한 물음을 가지고서 우리는, 우리가 인간의 **세계 형성**과 동물의 **세계 빈곤**이라는 말로써 표현하는 바로 그런 구별 쪽을 향해 키를 잡아보기로 한다. 다만 이때 세계 빈곤이라는 말에서의 빈곤은 거칠게 말해서, 그럼에도 불구하고 풍부함이다. 문제의 어려움은 우리가 동물의 이러한 세계 빈곤과 동물의 이러한 자기것다운 포위망 두르기를 우리의 물음 내에서 언제나 다음과 같은 식으로 해석할 수밖에 없다는 데에 있다. 즉 물음을 던지는 자리에서 우리는, 동물이 그것에 자신을 관련짓는 그것의 무엇인 바로 그것과 그것에 동물이 자신을 어떻게 관련짓는 바로 그것이 마치 하나의 존재자인 것처럼, 그리고 관련이 마치 동물에게 개방되는 하나의 존재관련인 것처럼 그렇게 물음을 던지고 있다는 것이다. 사정이 그렇지 않다는 것이 다음과 같은 논제를 부득이하게 요구한다. 즉 **생명의 본질은 오직 일종의 헐어내는 고찰의 의미에서만 접근될 수 있을 뿐**이라고 말이다. 이것은 생명이 인간 현존재에 비해 열등하다거나 등급이 더 낮다는 것을 말하는 것이 아니다. 오히려 생명이라는 것은 열려 있음의 풍부함을 간직하고 있는 영역인데, 어쩌면 인간의 세계는 그것이 얼마만큼 풍부한지를 전혀 모르는지도 모른다.

댓거리는 무엇인가에 충동에 따라 관련되어 있으면서 무엇인가에게 열려 있다. 그러나 충동에 따른 몰아대기로서 댓거리는 동시에 오직, 충동에 따른 몰아대기에로 데려오는, 다시 말해서 들뜨게 할 수 있는 바로 그와 같은 것에 의해서만 와닿아질 수 있고 적중될 수 있을 뿐이다. 들뜨게 하는 바로 그것, 즉 충동의 억제되어 있음을 풀고 몰아대기를 들뜨게 하는 그것에로 몰아붙이게 해주어서 동물로 하여금 특정한 충동들 속에서 움직이게 하는 바로 그것, 즉 이러한 들뜨게 하는 그것은 이때 반드시 자신의 본질에 따라 도로 물러나게 마련이다. 즉 이러한 들뜨게 하는 그것은 동물에 대해서 하나의 가능적인 대상으로서 마주 서 머물러 있는 것이 결코 아니라는 말이다—그것은 변경되지 않은 채로 남아 있지도 않으며 변경되지도 않는다. 들뜨게 하는 그것의 '빠져나감'에 상응하는 것이 댓거리에서는 본질차원적으로 '들뜨게 하는 데에 **자신을 개입시킬 수 없음**'이라는 것인데, 그것은 다음의 의미에서 그렇다. 즉 들뜨게 하는 그것이 마치 눈앞에 있는 어떤 것처럼 대상적으로 된다는 의미에서 그렇지는 않다는 뜻이다.

동물의 존재양식이 댓거리이며 이 댓거리에는 상관적으로 들뜨게 하는 그것이 귀속해 있기 때문에만, 오직 그렇기 때문에만 동물은 **자극들**에 의해서 적중될 수 있다. 사람들은 자극성 또는 흥분성(예민성)을 다름 아닌 바로 "살아가는 실체"를 특징짓는 표식으로서 지칭해왔다. 가장 탁월한 생리학자들 가운데 한 사람인 요하네스 뮐러(Johannes Müller)는 그 자신이 쓴 『인간 생리학 교본』[6]에서 생명의 바로 이러한 특성을 여러 상이한 방향들에 따라 논의해놓았다. 그러나 오늘날에 이르기까지 생리학 내에서뿐 아니라 심리학 내에서도 자극 및 자극성의 본질은 충분히 규정되지 않았다. 다시 말해서 자극 및 자극성의 본질이 그 구조 조건들에로 소급되어 데려와지지 않았다. 자극성 일반의 가능조건들은 어떠한 것인가 하고 물음을 던져야 할 과제는 오늘날에 이르기까지 인식되지 못한 실정이다. 자극과 자극됨이 예컨대 하나의 충동을 들뜨게 할 수 있는 가능성의 조건이 아니라, 오히려 이와는 거꾸로, 오직 들뜸과 테 씌움이 일어나는 곳에서만, 오직 거기에서만 자극성은 가능하다. 하지만 사람들은 그래도 자극효과를 기계적인 원인-작용관련들과 구별하는 데에는 익숙한데, 그것은 사람들이 다음과 같이 말함으로써 그렇게 된 것이다. 즉, 기계적인 압력과 충격의 경우에는 언제나 동시에 반대압력과 반대충격이 있게 마련인 데에 반해서, 자극은 자극되는 것으로부터는 그 자극에 상응하는 반발작용을 입지 않는다. 자극

---

6) Johannes Peter Müller, *Handbuch der Physiologie des Menschen*(『인간 생리학 교본』), 제2권, 제4판(개정판), 코블렌츠, 1844년.

하는 바로 그것은 흡사 방해를 입지 않은 채 남는 듯하다.

자극과 자극관련들에 대한 이러한 통상적인 해석이 얼마나 여전히 기계적인 관련들과의 비교에 지나치게 방향 잡혀 있는지를 사람들은 어렵지 않게 볼 수 있다. 그러나 그 점은 도외시하더라도—이 해석이 이러한 자극관련에서 바로 결정적으로 중요한 관계를 덮어 가리고 있기 때문에, 그 해석은 잘못된 것이다. 자극되고 있는 바로 그것이, 자극을 유발하고 있는 것과 자극하고 있는 것과 관련해서, 하나의 반발작용, 말하자면 하나의 반대자극을 도로 내주고 있지 않다는 것은 분명하다. 그러나 그 말을, 자극적인 것은 애초부터 도대체 자극을 발휘할 수 있을 바로 그것에 곧바로 관련되어 있는 것이 아니며 꼭 관련될 필요도 없는데, 그것도 이렇게 가능적인 자극에로 이어지는 관련이 꼭 충동에 따른 관련일 필요는 없다는 식으로 받아들여서는 절대로 안 된다. 자극할 수 있는 바로 그것에 자극적인 것이 이렇게 **선행적으로 관련되어 있음**이 이미 **충동 및 충동에 따른 대응의 성격을** 가지는 경우에만, 도대체 자극을 유발하는 것과 같은 어떤 것이 가능하다. 오직 그렇게 해서만, 도대체 자극들에 대한 감수성이 띠는 독특한 분화와 다양성이 잘 이해될 수 있다. 이때 이러한 감수성은 언제나 그 근거를, 들뜸테에 의해서 그때마다 각기 경계 지어져 있는 충동의 휘몰아대어져 있음의 폭과 방향에 두고 있다. 다른 말로 하자면, 오직 여기 이 점에서부터만 우리는 다음과 같은 독특한 사실을 이해할 수 있다. 즉 개별 동물들과 동물의 양식들은 가능적인 자극들이 띠고 있는 매우 특정한 다양성에로 제한되어 있다는 것, 다시 말해서 자극들의 가능적인 들뜸테는 감수성 또는 비감수성의 매우 특정한 방향들로 분화되어 있다는 것이다. 설령 하나의 자극이 객관적으로 말해서 아무리 강렬하며 크다고 할지라도, 하나의 특정한 동물은 특정한 자극들에 절대 접근될 수 없다. 그것은 동물 앞에 어떤 장애물이 설치되어 있어서가 아니라, 오히려 동물은 자신의 얼빠져 있음의 단일성 안에서 이러한 방향으로 충동들을 함께 데리고 오는 법이 없어서 그런 것이다. 동물은 들뜸의 특정한 가능성에 충동에 따라서 열려 있지 않다.

이렇듯 우리가 보고 있는 점은 다음과 같다. 가능적 들뜸의 범위, 또는 우리의 표현대로, 들뜸테의 범위는 동물이 몸소 함께 가지고 오는 것이라는 것, 그리고 동물 자신은 존재자 내부에서 그때마다 사실적으로 살아가는 동안 내내 가능적 자극성의, 다시 말하면 그에 앞서, 가능적 들뜸의 매우 특정한 포위망을 제한적으로 끄집어내어 자신에게 두른다. 개개의 모든 동물은 그와 같은 포위망을 가지고서 자기 자신을 휘둘러 싼다. 그것도 가령 동물이 우선은 이러한 포위망을 아예 두르지 않고 살아가며 또 그렇게 살아갈 수 있다가 어느 정도 나중에야 비로소 이러한 포위망이 동물들에게서 자라나온다는 식으로 그렇게 추후적으로 포위망을 가지고 자기 자신을 휘둘러 싸는 것이 아니다. 오히려 개개의 모든 생명체는, 아무리 겉으로 보기에 단순하게 존재하는 것처럼 보일지라도, 삶의 각각의 계기마다 그와 같은 가능적 들뜸의 포위망에 의해서 휘둘려싸여져 있다. 좀더 정확히 우리는 이렇게 말해야 한다. 즉 생명[삶]은 다름 아닌 곧, 동물이 각기 그때마다 자기것다운 의미로 자기 자신 곁에 존재함이 없이도, 그것에 의해서 동물 자신이 자리잡혀 있는 바로 그러한 포위망을 가지고 자신을 테 두르는 것으로서 존재한다고 말이다.

제61절 마지막으로 유기체의 본질개념을 한정 지어봄

가. 유기체란 곧 얼빠져 있음의 단일성 안에서 댓거리할 수 있는 능력이 있음임. 주위환경에 매여 있음(들뜸들에 열린 채 자신을 휘둘러 쌈)은 댓거리의 본질구조임

이렇게 우리는 동물의 얼빠져 있음을 성격규정함으로써 이미 유기체의 내적인 조직에 더욱더 가까이 와 있다. 이제야 비로소 우리는 유기체의 올바른 개념을 마지막으로 여기에서 필요한 한도 내에서 한정 지어볼 수 있게 되었다. 부정적으로 보자면 우리는 이렇게 말해야 한다. 즉 유기체라는 것은 작업도구들로 이루어진 복합체도 아니며, 충동들을 한데에 묶어놓은 것도 아니다. 긍정적으로 보자면, 우리는 유기체란 곧 얼빠져 있음의 단일성 안에서 댓거리할 수 있는 능력이 있음이라고 말할 수 있다. 사람들이 유기체의 조직을 꼭 마치 전체적인 동물 형태의 조직처럼, 즉 좁은 의미에서의 동물 신체의 조직처럼 파악해보려고 시도하는 경우, 바로 이때까지도 여전히 사람들은 유기체에 대한 근본성격규정을 하는 데에서 원칙적으로는 길을 잃고 헤매는 셈이다. 왜냐하면 동물이라는 것은 우선 하나의 유기체로 있다가 그리고 나서 이러한 유기체 말고 또 어떤 자신의 주위환경에 매여 들어가는 그런 것으로서 있는 것이 아니다. 오히려 **주위환경에 매여 있다는 것**, 즉 **들뜸들에 열린 채 자신을 휘둘러 쌈**다는 것은 곧 댓거리의 내적인 본질에 속한다. 다시 말해서 그것은 해낼 수 있는 능력이 있음이 바로 그것을 해낼 수 있는 능력의 존재인 바로 그것에 속한다. '자신을-휘둘러 쌈'은 동물의 근본능력부여인데, 이러한 근본능력부여 속으로 일체의 모든 다른 능력부여 가능성들이 흡사 잇대어져 있으며, 그 능력부여에서부터 일체의 모든 다른 능력부여 가능성들이 밖으로 자라나온다. 유기체의 조직은 능력들을 형태학적으로, 생리학적으로 형태를 뜨고 꼴로 만들고 조정하는 데에 성립하는 것이 아니다. 오히려 **자신을 휘둘러 쌈**이라는 그리고 그로써 가능적 들뜸의 한 범위에 매우 특정하게 열려 있음이라는 그런 **근본능력부여** 안에 유기체의 조직은 바로 맨 처음으로 성립한다. 그러나 이러한 근본능력부여는 예전에 해낼 수 있는 능력에 대해서 이야기되었던 것에 따라보자면, 때때로 그리고 추후에 나타나는 숨겨진 하나의 자질이 아니다. 오히려 저 포위망을 두를 수 있는 능력이 있음이란 곧 동물의 수명을 점철하는 각각의 계기 속에 깃들어 있는 현실성의 근본계기이다. 만약 사람들이 이에 반하여 유기체를─대개 이런 일이 일어나듯이 그리고 오늘날 특별히 곧잘 이런 일이 일어나고 있듯이─육체나 신체의 형태차원적인 통일로서 여기고 있다면, 이 경우 유기체의 결정적인 구조는 바로 아직까지도 파악되지 않은 셈이다. 요즘에는 동물의 주위환경을 특수하게 동물적인 주위환경으로서 탐구하고 이러한 주위환경에 동물이 매여 있음을 강조하는 노력이 사람들 사이에서 몇 배로 그리고 효과적으로 행해지고 있다. 그러나 그럼에도 유기체에 대한 구속력 있는 첫 번째 성격규정에 이르고자 하는 결정적인 발걸음은 가령 네덜란드의 생물학자인 바위텐데이크(Frederik Jacobus Johannes Buytendijk)가 쓴 다음의 문구에서 표현되는 식으로 사람들이 맥락들을 보는 한, 온데간데없는 셈이다. "그러니까 동물의 세계를 전반적으로 볼 적에 동물이 자신의 주위환경에 매여 있음은 육체의 통일과 아주 밀접하다는 점이 내보여지고 있다."[7) 바위텐데이크의 이 말을 거슬러 우리는, 동물이 주위환경에 매여 있음은 무엇인가와 거의 아주 밀접하기만 한 것은 아니며 육체의 통일과 똑같이 밀접한 것도 아니고, 오히려 동물의 육체의 통일은 동물 육체의 단일성으로서는 바로 '얼빠져 있음'의 단일성에 근거한다고 말할 수 있다. 다시 말해서 지금의 경우에서 보자면, 그 내부에서 비로소 그때마다 하나의 주위환경이 동물에게 넓게 자리를 펼칠 수 있는 바로 그러한 **들뜸테를 가지고** [동물이] 자기를 휘둘러 싼다는 것의 단일성에 저 육체의 통일이 근거한다. 얼빠져 있음이 유기체의 근본본질이다.

우리는 **얼빠져 있음**의 특징적인 구조계기들을 다음과 같이 여섯 항목으로 종합요약해보기로 한다.

1. 얼빠져 있음은 '박탈되어 있음(Genommengeit)'이다. 그것도 존재자가 개방될 수 있는 가능성이 본질차원적으로 박탈되어 있다는 것이지, 그러한 개방 가능성이 단지 지속적으로, 또는 일시적으로만 박탈되어 있다는 뜻은

---

7) Frederik Jacobus Johannes Buytendijk, *Zur Untersuchung des Wesensunterschieds von Mensch und Tier*(「인간과 동물의 본질적 차이에 대한 연구에 관하여」). 다음 책에 수록. *Blätter für Deutsche Philosophie*(「독일 철학을 위한 단상들」. 제3권, 베를린, 1929/30년, 47쪽.

아니다. 하나의 동물은 그저 댓거리만 할 수 있을 뿐, 결코 어떤 것을 어떤 것으로서 인지할 수는 없다. 하나의 동물이 보거나 지각한다는 사실이 우리의 주장을 반증하는 것은 아니다. 근본적으로 보자면 동물은 어떠한 지각도 가지고 있지 않다.

2. 얼빠져 있음은 (동물이 그렇게 댓거리하면서) 동시에 몰아댐이 '압도되어 있음(Hingenommenheit)'이다. 이렇게 몰아댐이 압도되어 있는 가운데 동물은 타자와 관련을 맺고 있다. 그러나 동물의 입장에 서서 말할 때, 결코 우리는 이 타자를 하나의 존재자로 개념파악해서는 안 된다. 이 존재자를 우리는 오직 언제나 언어로 명명하는 방식으로만 우리 가까이 데려올 수 있을 뿐이다. 그러나 개개의 모든 언어에서 다 그렇듯이, 언어적인 명명에는 언제나 이미 존재자에 관한 이해가 놓여 있다는 것은 더 이상 설명이 필요 없다.

3. 얼빠져 있음은 첫 번째 항목과 두 번째 항목에서 성격 지어진 것인 동시에, 서로서로 몰아부쳐져 있는 충동들의 전체 속으로 '홀려들어가 있음(Eingenommenheit)'이다. 동물의 특수한 자기존재(아주 형식적인 의미에서 취해진 '자기')란, 곧 휘몰아대기의 방식으로 '자신을 자기것으로 만들 수 있는 존재', 즉 자기것다운 면모이다. 동물은 자신을 몰아대는 가운데 각기 그때마다 이러저러하게 휘몰아대어진다. 그러한 까닭에 '압도되어 있음'은 결코 일종의 '존재자에 자신을 개입시키기'가 아니며, 또한 '그 자체로서의 자기 자신에 자신을 개입시키기'도 아니다. 그러나 이러한 휘몰아대기는 절대 하나의 폐쇄된 포낭 속에서 발생하는 것이 아니라, 오히려 그 자체가 충동들의 압도당하여 있음을 밑바탕으로 하여 언제나 다른 것과 연관되어 있다. 휘몰아대기 속으로 홀려들어가 있으면서도 동물은 그래도 어쨌든 그것에 이 동물이 열려 있는 바로 그것에로 열려 있는 가운데 몰아대기를 몰아댄다.

4. 얼빠져 있음 속에서 타자에게 열려 있음으로써 동물은 하나의 포위망

을 가지고 오는데, 이 포위망 내부에서 동물은 어떤 것을 해낼 수 있는 능력을 그때마다 들뜨게 하고 충동의 방향 전환을 부추기는 그런 것에 의해서 와닿아질 수 있다.

5. 이러한 '들뜸테(Enthemmungsring)'는 결코 동물에게 입혀져 있는 딱딱한 갑옷이 아니다. 오히려 그것은 동물이 자신의 삶을 영위하는 동안에 그것으로 자신을 휘둘러 싸는 바로 그와 같은 것인데, 그것도 동물이 이러한 포위망과 이 포위망 속에 흘러들어 있는 휘몰아댐을 테 두른다는 식으로 그렇게 휘둘러 싸는 바로 그와 같은 것이다. 좀더 정확하게 보자면, 휘몰아댐 전체를 휘둘러 싸는 포위망을 이렇게 테 두른다는 것은 생명의 한 본질성격이며, 그것은 우리가 생명체와 관련한 통속적 경험에서부터 익숙히 알고 있는 바로 그것, 즉 자기보존과 종족보존 이외의 다른 무엇도 아니다. 이제 지금 이 자기보존과 종족보존이 얼빠져 있음의 본질에, 즉 동물성 그 자체에 구조적으로 귀속되어 있다는 점에서 개념파악되고 있는 것이다. 자기보존(Selbsterhaltung)이라는 개념은 다윈론에 의해서 우연히 강조되어 있었던 것이 아니다. 그리고 이러한 의미에서 볼 때 그 개념은 인간에 대한 일종의 경제적 고찰의 관점에서 우연히 자라나온 것이 아니다. 그런 까닭에 자기보존이라는 개념은 많은 점에서 오해의 소지가 있으며, 다윈론 전체가 보여주듯이 생물학에서 오해하여 물음을 던질 구실까지도 내주었다.

6. 이렇게 성격규정된 얼빠져 있음이 곧 댓거리의 가능조건이다. 그러나 이것은 동시에 방법적 견지에서 보자면, 다음을 말한다. 즉 하나의 어떤 무엇인가를 해낼 수 있는 동물적인 능력과 그로써의 하나의 특정한 기관 및 이 기관의 조직구성 등에 대한 개개의 모든 구체적인 물음은 동물의 얼빠져 있음이 띠고 있는 이러한 구조 전체의 단일성 안으로 소급해서 물음을 던져야 한다. 왜냐하면 얼빠져 있음이라는 이러한 근본착상이 일차적인 것이며, 이 일차적인 것의 근거 위에서 비로소 개개의 모든 구체적인 생물학적 물음이 정착할 수 있기 때문이다.

이 여섯 항목들이 각기 의미하는 바를 간단한 꼴로 적어보면 다음과 같다. 1. 박탈되어 있음, 2. 압도되어 있음, 3. 홀려들어가 있음, 4. 하나의 어떤 다른 것에 열려 있음, 5. 그로써 주어진 포위망의 구조, 그리고 마지막으로 6. 얼빠져 있음은 각각의 댓거리 양식을 위한 가능조건이라고 하는 사실의 지적.

물론 이로써 그것이 **동물성의 본질**에 대한 최종적인 해명이며 그것에 대해서 결코 더 이상 영영 물음이 다시는 던져질 수 없다고 말하는 것은 아니다. 하지만 그것은 분명 **생명의 본질과 관련된 근본착상**에 대한 하나의 **구체적인 특징규정**이며, 그 속에서 생명의 본질에 관한 개개의 모든 숙고가 움직이고 있다. 그리고 이러한 특징규정은 정작 19세기에는 탐구의 왕성한 힘에도 불구하고 멀리 빗나간 채로 남아 있었다. 그것도 생명에 관한 이러한 착상이 잘 알려지지 않았었기 때문에 그랬던 것이기는커녕, 오히려 그 근본착상이 기계적-물리적 자연고찰의 패권에 눌려버렸기 때문에 그랬던 것이다. 바로 그 자체로 잘 알려져 있는 것을 진지하게 다루려는 용기, 다시 말해서 생명의 본질을 그것의 진짜 고유한 내용에서 전개할 용기가 결여되었다. 독창성(Originalität)이라는 것은 언제나 이미 되풀이되어 보아지고 사유되었던 본질적인 것을 올바른 순간에 결정적으로 다시 또 보고 다시 또 사유하는 바로 거기에 성립한다. 그러나 인간의 역사는 그렇게 다시 보아진 것이 자신의 시대에 다시 또 파묻혀버리지나 않을까 하고 염려하게 마련이다. 실제로 위대한 양식의 연구가의 한 사람인 **카를 에른스트 폰 베어**(Karl Ernst von Baer)는 비록 아직은 근대철학적이고 신학적인 방향설정 속에 휩싸여 있기는 했지만, 바로 19세기의 전반기에 본질적인 것을 보았다. 그러나 그의 연구와 그 연구의 영향은 우선은 다윈론에 의해 억눌리고 말았으며, 형태학과 생리학 내에서 순전히 분석적으로 분절되고 강화된 방법으로 파묻혀지고 말았다. 그런데 그와 같은 방법은 건축계획, 다시 말해서 유기체의 본질을 그 근본구조에서 미리 개념파악하지 않고도, 그리고 건축계획을 건축되는 집 앞에 내걸지 않고도 기본단위가 되는 초석들에로 소급해감으로써 유기체를 조립할 수 있다고 믿고 있었다—그리고 부분적으로는 오늘날 아직까지 그렇게 믿고 있다. 두 세대 전부터 비로소 이러한 물음제기—이 물음제기가 오늘날 여전히 여러 겹으로 구체적인 연구를 조종한다—를 극복하려는 움직임이 본래적인 의미에서 일어나고 있다. 이러한 움직임이 여러 구체적인 연구들과 실험의 길 위에서 일어나고 있다는 사실은 한층 더 크게 중요시할 만한 일이다—철학의 걸음마 끈으로부터 벗어나 있고 싶어하는—그리고 대체로 당연히—그런 실증학문 자체의 변화 가능성과 관련해서 보자면 어쨌든 크게 중요시할 만한 일이다. 그러나 그럼에도, 만일 사람들이 새로 발견된 사실들을 오늘날의 생물학의 변화에서 유력한 힘이라고 믿는다면, 그것은 근본적으로 하나의 오해이다. 근본적으로 그리고 무엇보다도 물음제기가 달라졌고 봄의 양식이 달라졌다—그리고 그것에 따라 사실들이 달라졌다. 봄과 물음의 이러한 변화는 학문에서는 언제나 결정적으로 중요하다. 한 학문의 위대함과 그 학문의 살아 있음은 이러한 변화의 능력을 발휘할 수 있는 힘에서 드러난다. 봄과 물음의 이러한 변화는 그러나 사람들이 그러한 변화를 입장들의 교체로서 여기거나 학문의 사회학적인 조건들의 변동으로서 여길 경우, 오해되어버리고 만다. 그러한 입장들의 교체나 사회학적 조건들의 변동 따위와 같은 것은 실로 오늘날 대다수의 사람들이 학문에서 가장 많이 그리고 배타적으로 관심을 기울이고 있는 바로 그것—학문의 심리학적인 그리고 사회학적인 제약성—이다. 그러나 그와 같은 것은 겉만 번지르르한 건물의 정면에 불과하다. 그와 같은 사회학은 현실적인 학문과 이런 현실적 학문에 대한 철학적 이해에 관계를 맺고 있는데, 이는 마치 정면 벽을 타고 올라오는 어느 도둑이 건축기사들의 창문 또는—그리 높이 올라가지 않고서도—정직한 수공업자의 창문을 넘보는 것과 같다.

나. 생물학 내에서 이행되어온 두 본질적인 발걸음:
   한스 드리슈, 야콥 요한 폰 윅스퀼

그 시초부터 현재에 이르기까지 그 발전되어온 문제를 실마리로 삼아 생물학의 역사를 추적해보는 일은—언제나 그렇듯이—교훈적이다. 그렇게 추적해봄으로써 그 문제 자체가 그 구체적인 충만과 효력범위에서 한층 더 많이 두드러지게 부각되어 나타날 수 있을 것이다. 나는 그와 같은 일은 포기하겠다. 그리고 다만 생물학이 걸어온 두 결정적인 발걸음만을 언급해보겠다. 그러한 발걸음들을 가리켜 보임으로써 동시에 다음과 같은 점이 제시될 수 있으리라고 본다. 즉 여러분이 그 문제를 나의 개인적인 발상으로 여기지 말아줄 것을 바란다는 뜻에서 내가 여러분에게 그 문제를 제시해보인 적이 있듯이, 그 문제의 제시가 어떠한 내적인 맥락 속에 성립하고 있는 것인가 하는 점 말이다. 생물학 내에서 마지막 두 세대에게는 결정적이었던 이 두 발걸음은 물론 유일한 것은 아니나, 우리의 문제를 위해서는 결정적으로 중요한 것이다. 그 첫 번째 발걸음은 유기체가 띠고 있는 전체성이라는 성격에 대한 인식에 해당한다. 이미 수십 년 전부터 본래적인 연구에서 이러한 구조연관이 잘 알려진 뒤로 전체성은 오늘날 유행이다시피 되어버렸다. '전체성(Ganzheit)'이라고 함은 다음을 일컫는다. 즉 유기체는 기본단위 요소들과 부분들로 합성된 어떠한 총합이 아니다. 오히려 유기체의 생성과 조직구성은 단계마다 유기체의 전체성 자체에 의해서 이끌려진다. 두 번째 발걸음은, 동물이 그 자신의 주위환경에 매여 있음에 대한 탐구가 띠는 본질적인 중요성에 대한 통찰이다. 이 두 발걸음은—그러나 두 번째 발걸음보다는 첫 번째 발걸음이 훨씬 더—생명에 대한 여전히 지배적인 기계론적인 이론과 탐구의 틀 내에서 결과로서 일어난 것들이다. 이 기계론적인 이론과 탐구는 살아 있는 깃의 원초적 기본단위로서의 세포로 소급해갔다. 그래서 그것은 우선 그 살아 있는 것의 본질에서 오인되어버린, 그리고 하나의 파편 더미로 부서져버린 그런 유기체를 그런 데[세포]에서부터 합성하려고 시도했다. 그리고 이때 더 나아가 세포 자체도 여전히 물리-화학적으로 고찰했다.

첫 번째 발걸음은 바다섬게 배아(胚芽)에 대한 한스 드리슈(Hans Driesch)의 획기적인 탐구들에서부터 자라나왔다. 그의 이 탐구들은 실험적인 태생학을 위한 하나의 특출난 대상을 기술한다. 이러한 성과들을 드리슈는 『형태발생적 과정들에 대한 장소규정』[8]이라는 연구에서 원칙적인 면에 따라 정리해냈다. 이 시험들을 여기 이 자리에서 소개해보일 수는 없다. 나는 다만 원칙적인 성과만을 그것이 우리의 문제틀과 직접적으로 연관이 되는 방식으로 특징지어보겠다. 배아의 한 세포군이 이후의 운명에 이르는 규정은 전체와 연관해서, 그리고 이러한 전체를 고려해서 일어난다. 그런데 배아의 세포군이 일단 생겨나오면, 발달은 주위환경에는 상관없이 일단 접혀들어간 방향으로 계속 전개되어나아간다. 우리는 여기에서 **전체의 이념**—규정하는 요인으로서의 전체성 그 자체—이 명확히 돌출하는 것을 본다. 그것은 드리슈가 남긴 연구들의 주요성과인데, 그것은 유기체 일반의 문제를 위해서뿐 아니라 발달의 문제를 위해서도 결정적인 중요성을 띤다. 그럼에도 불구하고 그것은 오늘날 더 이상 확정적인 결과가 아니다. 오히려 **슈페만**의 똑같이 천재적인 탐구들을 통해서 하나의 성과가 새로운 토대 위로 들어올려지고, 유기체의 동물적인 발달 및 단일성의 문제를 아주 새로운 방향으로 몰아가고 있다.

물론 이제 **드리슈**의 인식은 그것이 생물학의 보편적인 문제에 대해서 가지는 중요성에도 불구하고 동시에 또한 정작 더 큰 위험을 띠고 있다. 드리슈의 인식은 단지 하나의 발걸음에 지나지 않으며, 어디까지나 근대적인 문제틀 내에서의 한 발걸음일 뿐이다. 왜냐하면 이러한 실험들을 통해서

---

[8] Hans Driesch, *Die Lokalisation morphogenetischer Vorgänge. Ein Beweis vitalist. Geschehens*(『형태발생적 과정들에 대한 장소규정. 생기론적 발생에 대한 하나의 증명』), 라이프치히, 1899년.

마치 생명에 대한 옛 견해가 확증받는 것처럼 보였기 때문이다. 생명에 대한 옛 견해에 따르면, 유기체는 합목적적으로 규정되며 사람들은 이러한 합목적성을 설명해야 한다. 이렇듯 드리슈는 자신의 실험들에서부터 사람들이 새로운 생기론이라고 지칭하는 그 생물학적 이론에 떠밀리고 만 셈이다. 그리고 이 생물학적 이론은 일종의 특정한 힘, 즉 하나의 소질[목적요인]으로 소급됨으로써 성격규정된다. 이 이론은 오늘날 생물학 측으로부터 광범위한 분야에서 기피되고 있다. 생기론은 생물학적인 문제들에게는 기계론과 마찬가지로 위험스럽다. 기계론이 목적추구성에 대한 물음이 나타나지 못하도록 하는 반면, 생기론은 이 문제를 너무 일찍 중단해버린다. 그러나 이러한 추구성의 전체적인 구성요소를 사람들이 전혀 아무것도 설명하는 것이 없는 어떤 힘에로 소급해가기 이전에 수용하는 일이 중요하다. 그렇지만 이러한 구체적인 연구들은 그것들에 연결되어 있는 철학적 이론은 도외시한다고 해도 결정적인 중요성을 띠게 되었다. 드리슈의 이론이 띠고 있는 어려움들은 우리에게는 본질적인 것이 아니다. 우리에게 본질적인 것은 살아 있는 것의 매 삶의 단계에서 유기체는 그 자체로서 자신의 권리를 보장받는다는 점뿐이다. 유기체의 단일성과 전체성은 입증된 접합들의 추후적인 결과가 아니다. 그러나 만약 우리가 유기체에 대한 우리의 본질규정(얼빠져 있음)을 상기해본다면, 우리는 지금 여기에서 비록 유기체가 전체성으로서 파악되고 있기는 하지만 그럼에도 환경에 대한 관련이 근본구조에로까지 수용되고 있지는 않은 식으로 그렇다는 점을 보게 될 것이다. 유기체의 전체가 흡사 동물신체의 겉표면과 일치하는 듯하다. 하지만 그렇다고 해서 동물이 다른 것과 관련되어 있다는 사실을 드리슈나 다른 탐구자가 각기 그때마다 간과했다고 말하고 있는 것은 아니다. 그러나 이러한 사실을 익숙히 알고서 하나의 길을 더 계속해서 가노라면 우선은 동물의 그러한 관련의 본질을 통찰하는 데에 이르게 되고 그다음으로는 이러한 관련이 유기체의 구조 그 자체에 대해 가지는 본질성을 통찰하는 데에 이르게 될 것이다. 그러나 그것은 먼 길이다.

이러한 관련을 밝혀 보이는 방향으로 두 **번째 발걸음**이 성공적으로 일어난다. 이 발걸음은 거의 동시대에 **윅스퀼**의 여러 연구들을 통해서 수행되었는데, 그 연구들의 거의 대부분은 『생물학지』[9)]에 수록되어 있다. 생물학은 실로 이미 오래 전부터 생태학(Ökologie)이라고 하는 하나의 분과를 익숙히 알고 있다. '에콜로기(Ökologie)'라는 낱말은 집이라는 뜻의 '오이코스(οἶκος)'라는 말에서 나온 것이다. 에콜로기라는 낱말은 동물이 어디에서 어떻게 집처럼 포근하게 있는가 하는 데에 대한 탐구, 즉 동물들이 자기네 주위환경과 관련해서 살아가는 방식에 대한 탐구를 뜻한다. 그런데 바로 이렇게 동물들이 자기네 주위환경과 관련해서 살아가는 방식이 다윈론에서는 피상적인 의미로, 그리고 적응에 대한 물음을 실마리로 해서 이해되고 있다. 이와 같은 탐구는 다윈론에서 다음과 같이 근본적으로 그릇된 견해를 전제로 삼는다. 즉 동물은 눈앞에 있으며, 그러다가 그것은 눈앞에 있는 하나의 세계에 자기를 적응시키고 그렇게 자기를 적응시킨 그 세계에 따라 적절히 태도를 취하며, 거기에서부터 가장 우수한 것이 가려내어진다는 것이다. 그렇지만 여기에서 문제가 되는 것은, 단지 특정한 삶의 조건들을 내용적으로 확인하는 것만이 아니라, 오히려 **동물이 자신의 주위환경에 대해 맺고 있는 관련의 전체구조**틀이다. 윅스퀼의 이러한 작업에서도 이론 및 이론적-철학적 해석의 수단은 그리 중요한 것이 아니다. 정작 중요한 것은 오히려, 그가 관찰하고 적합하게 기술한 것들이 놀라울 만치 확실하고 풍부하다는 것이다. 그의 연구들은 오늘날 꽤 높이 평가받고 있기는 하지만, 그럼에도 아직까지 원칙적인 중요성을 획득하지는 못했다. 즉 그의 연구들에서부터 유기체에 대한 또 하나의 더욱 철저한 해석이 마련되지는 못했다. 유기체를 더욱더 철저히 해석할 경우, 유기체의 전체성은 동물의 신체

---

9) *Zeitschrift für Biologie*(『생물학지』), 창간호, Wilhelm Kühne와 Carl von Voit 편집, 뮌헨과 라이프치히, 1896년 이후.

전체성에 의해서 길어 올려지지 않는다. 오히려 신체 전체성이 근원적인 전체성의 바탕 위에서 비로소 그 자체로 이해되는데, 이러한 근원적인 전체성에서의 전체가 곧, 우리가 '들뜸테'라고 지칭했던 바로 그것이다. 지배적인 생물학에서부터 오늘날 철학이 자기것으로 만들 수 있는 결실이 가장 풍성한 것으로 윅스퀼의 구체적인 탐구들과 맞겨룸을 벌이는 일이 속한다는 사실을 우리는 염두에 두어야 한다. 그런데 그 대신에, 우리가 이제 가령 윅스퀼의 해석들에서부터 철학적인 결함을 뒤에서 따지고 앞에서 지적하려고 시도한다면, 그것은 유치한 짓일 것이다. 윅스퀼은 이러한 구체적인 고찰들을 "동물들의 주위세계와 세계내부"[10]라는 글에서 소개했다.

바로 윅스퀼 자신이 일종의 '주위세계(Umwelt)'라는 것에 관해서 말하고 있고, 심지어 동물의 '세계내부(Innenwelt)'라는 것에 관해서까지 말하고 있다는 이 사실이, 우선 그가 의미하는 바로 그것을 단순하게 뒤따라가는 것을 막지 않는다. 사실상 그가 의미하고 있는 것은 우리가 '들뜸테'라고 지칭한 바로 그것 이외에 다른 아무것도 아니다. 물론 만약 이제 똑같은 방식으로 인간의 세계에 관해서도 이야기가 된다면, 이 경우 전체가 철학적으로 곤란한 문제가 된다. 더군다나 동물이 관련 맺는 바로 그것이 인간에게서와는 다르게 주어져 있다고 윅스퀼은 언제나 거듭 매우 날카롭게 강조하는 생물학자 중 한 사람이다. 하지만 바로 여기가 결정적인 문제가 은닉된 채로 놓여 있는 지점이며 그래서 그것을 끄집어 밖으로 내와야 한다. 왜냐하면 문제는 단순히 동물적 세계가 인간의 세계에 비해서 **질적으로 다르다**는 깃민이 이니며, 더더군다나 문제는 폭, 깊이, 넓이 등과 같은 양적인 구별이 아니기 때문이다 — 문제는 과연 그리고 어떻게 동물이 자기에게 주어져 있는 것을 다르게 받아들이느냐 하는 것이 아니라, 오히려 과연 동물이 도대체 어떤 것을 어떤 것으로서, 어떤 것을 존재자로서 인지할 수 있느냐

---

10) Jakob von Uexküll, Umwelt und Innenwelt der Tiere("동물들의 주위세계와 세계내부"), 앞의 책, 207쪽.

없느냐 하는 것이다. 만약 동물은 그렇게 할 수 없다면, 이 경우 동물은 하나의 심연에 의해서 인간과는 분리되어 있는 셈이다. 그렇다면 또—단순히 전문용어의 선택 문제가 아니라—다음과 같은 설이 원칙적인 물음이 된다. 즉 과연 우리는 동물의 세계에 관해서—주위세계 및 심지어 내부세계에 관해서—이야기해도 되는지, 아니면 동물이 관련 맺는 바로 그것은 다르게 규정되어야 하는 것은 아닌지 말이다. 물론 그러한 규정은 여러 가지 이유로 미루어볼 때 오직 세계개념을 실마리로 해서만 가능할 뿐이다.

이 두 발걸음을 우리는 한 번 더 종합요약해서 보기로 한다. **첫 번째 발걸음**은 유기체를 하나의 전체성으로서 본 인식에 해당한다—물론 그것은 이미 아리스토텔레스에게서 제기되었던 인식이기는 하지만, 지금 여기에서는 생명의 특정 문제들과 연관된 한층 더 구체적인 인식이다. 문제는 기능적인 의미에서의 전체성이다. 전체성은 유기체의 지속과 유기체의 움직임의 매 계기에서 효력을 발휘한다. 따라서 전체성이라는 것은 순전한 결과로서만 기본단위들을 한데에 접합시키는 것과 구별되는 것이 아니다. **두 번째 발걸음**은 유기체가 자신의 주위환경에 필연적으로 매여 있음에 대한 통찰에 해당한다. 유기체가 자신의 주위환경에 필연적으로 매여 있다는 것은 다윈론에서는 '적응'이라는 전문용어로 토의했던 현상이다. 그러나 이때 유기체가 눈앞에 있는 어떤 것이며 그리고 그것이 그 밖에 또 주위환경과 관련을 맺고 서 있는 것이라는 점이 전제되었던 한, 그 현상은 이러한 [적응이라는] 정형에서는 바로 문제를 빗나간 채로 놓아두어버렸다는 의미에서 수용했을 뿐이다. 유기체는 어떤 것으로 따로 그 자체로 있다가 그다음에 또 자기를 주위환경에 적응시키는 것이 아니다. 오히려 이와는 거꾸로, 유기체는 그때마다 하나의 특정한 주위환경 안으로 자기를 순응시킨다. '무엇인가에 열려 있음'이 유기체의 본질에 속해 있는 한에서만, 그리고 전체 댓거리를 두루 꿰뚫고 있는 그러한 '무엇인가에 열려 있음'을 밑바탕으로 해서 하나의 여지가 마련되고 이 여지 내부에서 만나게 되는 것이 이러저러하게 만나질 수 있는 한에서만, 다시 말해서 그 여지 내부에서 만나게 되는 것이 들뜸의 기능에서 동물에게 영향을 미칠 수 있는 한에서만, 유기체는 하나의 특정한 주위환경 안으로 자기를 순응시킬 수 있다.

다. 지금 다루고 있는 유기체의 본질해석이 띠고 있는 불완전성 : 살아 있는 것의 움직임에 대한 본질해석이 빠지고 없음

어떻게 이 두 발걸음이 오늘날의 생물학 내에서 우리를 유기체의 충분한 본질규정에 이르도록 떠밀고 있는지가 명확해졌음에 틀림없다. 그것은 그 안에서 자기가 움직이고 있는 바로 그 형이상학적 차원이 충분히 열어젖혀져 있고 두루 침투되어 있는 경우에만 오로지 오늘날 자신의 전체적인 무게를 부지할 수 있는 그러한 문제이다. 그리고 그것은 우리가 비로소 막 개념파악하기 시작한 과제이기도 하다. 그래서 우리는 지금 막 앞에 내놓은 유기체의 본질해석을, 동물의 얼빠져 있음이라는 관점 아래 결코 한순간도 과대평가하지 않을 것이다. 무엇보다도 그 본질해석이 불완전하기 때문에 그렇다. 그 본질해석이 피상적인 견지에서 불완전하다는 것이 아니다. 오히려 생명을 본질규정하는 데에 결정적으로 중요한 문제 앞으로 우리를 새로이 방향 잡아 데려가지 못하기 때문에 불완전하다는 것이다. 이 점을 우리는 방향설정의 완전함을 위해서 간략하게 언급하고 넘어간다. 모든 생명은 다 유기체일 뿐 아니라, 똑같이 본질적으로 과정(Prozeß), 즉 형식적으로 보자면 운동이다. 그러나 어떠한 의미에서 운동인가? 경과의 잇달음으로써 그런가? 결코 아니다. 사람들이 생명의 진행을 어느 때건 그렇게 받아들일 수 있기는 하지만 그럼에도 아니다. 이미 일상적 경험이 동물의 탄생, 성장, 완숙, 노쇠 그리고 죽음을 알고 있다. 그로써 고유한 양식의 움직임이 우리에게 드러나 알려지고 있는데, 더구나 다음과 같은 식으로 알려지고 있다. 즉 우리가 이제 그것을 이해하고 있는 바로는 유기체는 가령 오직 이러한 움직임 속으로 빠져들기만 하는 것이 아니라, 이 움직임이 동물 그 자체의 존재를 규정하고 있다. 이것은 다음을 말한다. 즉 충동들이 몰아대어져 있음, 얼빠져 있음의 전체 안에서 휘모는 충동을 몰아대기, 포위망 주위를 테 두르기 등, 이러한 움직임은 얼빠져 있음에 속한다. 이러한 얼빠져 있음은 어떤 정지된 상태가 아니며, 동물 속에 두루 깔려 있는 단단한 골격이라는 의미에서의 구조가 아니다. 오히려 얼빠져 있음은 그 자체로 보자면 하나의 특정한 움직임, 즉 그때마다 각기 자기를 펼치기도 하고 움츠리기도 하는 그런 움직임이다. 얼빠져 있음은 동시에 움직임이며, 이 움직임은 유기체의 본질에 속한다.

이제야 비로소 유기체의 본질에 대한 물음 주위로 몰려들고 있는 그런 넘치는 문제들을 예감하기 위해서라면, 우리는 탄생, 성장, 노쇠 등과 같은 이미 언급되었던 계기들은 제외하고 단지 '유전(Vererbung)'이라는 근본사태만을 가리키기만 하면 된다. 탄생, 성숙, 노쇠, 죽음 등은 우리가 역사적인 존재로서 잘 알고 있는 인간의 존재를 너무 잘 상기시킨다. 그래서 사람들은 언급된 저러한 생명과정의 현상에 직면하여 심지어는 유기체를 역사학적 본질로서 이야기할 정도까지에 이르렀다(보베리[Theodor Boveri]).[11] 개별적인 동물개체의 삶의 과정에는 어떠한 역사 양식[종]이 앞에 놓여 있는가? 그 양식은 역사를 주는가? 양식[종류]이란, 결코 현실적이고 가능적인 개별 개체들이 그 속으로 가져다 넣어지는 그런 하나의 논리적인 도식에 불과하지 않다. 양식[종]의 **성격**은 오히려 살아 있는 것의 본질차원적인 **존재성격**의 하나이다. 이러한 존재성격은 다름 아닌 동물성의 근본구조로서 우리가 알게 되었던 바로 그것, 즉 '얼빠져 있음', '들뜸테 두르기' 등에서 표출된다. 양식[종]에 귀속되어 있음으로 말미암아 개별동물의 포위망은 이 개별 동물이 그렇지 않고 개별적으로 있었을 그때보다 더 멀리까지 밖으로 퍼져 있을 뿐만 아니라, 양식[종] 그 자체도 그로써 자기 주위환경에

---

11) Theodor Boveri, *Die Organismen als historische Wesen*(『역사학적 존재로서의 유기체들』), 뷔르츠부르크, 1906년.

대해서 더 잘 보호되어 있고 더 잘 적응되어 있다. 그렇다면 그러한 양식[종]은 어떤 역사를 가지고 있으며 동물의 왕국 전체는 어떤 역사를 가지고 있는가? 동물의 존재에서 우리는 도대체 역사에 관해서 이야기할 수 있고 또 이야기해도 되는가? 만약 그렇지 않다면, 이러한 움직임은 어떻게 규정되어야 하는가? 여러분은 다음과 같은 점을 본다. 즉 하나의 물음이 다른 물음을 낳으며 하나의 물음이 다른 물음보다 더 본질적이며, 각각의 모든 [본질]물음은 다른 물음보다 대답이 더 빈약하다는 사실 말이다. 만약 우리가 이러한 본질물음들의 영역에서부터 동시에 오늘날의 구체적인 생물학적 탐구 속으로 되돌아와 사유할 경우, 이때 우리는 어떻게 여기에서도 모든 것이—아주 어렵게 천천히— 움직이고 있음을 보게 된다. 그 유명한 그리고 악명 높은 발달(Entwicklung)이라는 개념의 효력발휘 가능성과 효력범위가 의문시되고 있을 뿐만 아니라, 무엇보다도 **슈페만**의 탐구들에 의해서 밝혀졌듯이, 전혀 새로운 현상들이 내보여지고 있다. 그는 유기체의 조직 **발생성격**의 문제를 더욱 포괄적이고 더욱 깊이 놓인 기반 위로 데려왔다.

 우리는 의도적으로 유기체의 본질을 규정해야 하는 과제를 수행하는 자리에서 유기체 그 자체가 띠고 있는 움직임의 성격에 대한 물음을 멀리했다. 움직임의 성격에 대한 이러한 물음은 임의적인 물음이 아니며, 예컨대 추후적으로 끼워넣는 방식으로는 결코 처리될 수 있는 물음도 아니고, 오히려 생명의 본질에 대한 물음과 가장 밀접하게 얽혀 있는 물음이라고 하는 바로 이러한 사실은 생명의 가장 깊은 본질에 속하는, 그리고 우리가 **죽음**(Tod)이라고 지칭하는, 그런 계기를 가리켜 보임으로써 보여질 수 있다. 과연 생명의 본질에 대한 물음이 죽음의 문제를 충분히 개념파악했느냐 하는 것과 과연 죽음의 문제를 올바른 방식으로 생명의 본질에 대한 물음 안으로 데리고 들어갈 수 있느냐 하는 것은 생명의 본질에 대한 물음의 적절성과 근원성을 검사하기 위한 시금석이다. 물론 생명을 죽음에서부터 설명하려는 것은 죽음을 생명에서부터 설명하려는 것과 마찬가지로, 잘못된 생각일 것이다. 하지만 죽음은—그 죽음이 보이는 생명 파기라는 겉보기의 부정성을 밑바탕으로 해서 보면—생명의 문제 내에서는 우선, 생명이 보이는 겉보기의 긍정성을 드러나게 한다는 방법적인 기능을 가진다. 어떠한 손실이든지 간에 손실은 이전에 소유하고 있던 것을 비로소 그 자체로서 제대로 인식하게 해주고 소중히 여기게 해주듯이, 죽음이 비로소 바로 생명의 본질을 밝게 드러나게 해준다. 그러나 죽음이 과연 오직 그리고 일차적으로 부정적인 것이냐 하는 물음을 우리가 설사 도외시한다고 해도, 죽음은 바로 생명의 움직임 속 가장 깊은 곳에 도사리고 있으며, 죽음과 관련해서— 유일하게 죽음과 관련해서만은 아니지만 — 생명 움직임의 문제가 펼쳐질 수 있다. 생명의 본질에 대한 물음을 유기체의 본질 방향에서 던진다는 것에 못지않게, 생명의 본질에 대한 물음을 죽음의 본질에 대한 물음의 방향에서 던진다는 것은 똑같이 본질적이다. 그리고 유기체를 역사적인 또는 심지어 역사학적인 본질로서 이야기한다는 것이 의문스럽게 남아 있는 것과 마찬가지로, 동물의 경우에서의 죽음과 인간의 경우에서의 죽음이 설사 이 양 죽음 사이에 물리-화학적, 생리학적 일치들이 확인될 수 있다고 해도, 과연 동일한 것이냐 하는 점은 의문스럽다. 지금까지 이야기된 것으로도 다음과 같은 점이 어렵지 않게 드러난다. 즉 얼빠져 있음은 곧 생명의 근본구조로서, 그것은 '죽음'과 '죽음에 이름'의 아주 특정한 가능성들을 앞서 그려 보인다. 동물의 죽음은 일종의 **사망**(Sterben)인가, 아니면 일종의 **끝나버림**(Verenden)인가? 우리가 사망이라는 말을 인간에게 서술하는 한, 동물의 본질에는 '얼빠져 있음'이 속하기 때문에 동물은 사망할 수 없고 다만 끝나버릴 수 있을 뿐이다. 그렇기 때문에 핵심문제는 자연적 생리학적 죽음의 본질에 대한 물음인 셈이다. 개별적으로 살아가는 개체는 그 자체로 보자면—외부적인 손상, 질병, 위험 등은 도외시할 때—이러한 자연적 생리학적인 죽음으로써 죽음에 치닫게 된다. 이 점과 관련해서 오늘날 생물학 내에 다양하고 귀중한 많은 관찰들이 있다고는 하지만, 그 관찰들은 아직 동물성의 본질과 생명 일반의 본질이라는 근본문제하고는 전혀 아무런 내적 연관 없이 고찰된 것들이다.

우리가 제기할 수 있는 물음의 한계성을 상기할 때, 이 정도로 충분할 것이다. 그럼에도 불구하고 우리는 이 한계성을 '동물은 세계 빈곤 속에 존재한다'라는 **주도적 논제**를 해명하고 전개하는 데에 활용할 수 있다. 특히 우리가 여태껏 행한 고찰이 우리의 저 논제와 어떤 관계를 맺고 있느냐 하는 점을 우리가 얻은 유기체의 본질성격규정에서부터 성공적으로 판가름 지을 수 있을 때 비로소 우리는 그 고찰을 열매 맺게 할 수 있다. '동물은 세계 빈곤 속에 존재한다'라는 이 논제는 다만, '얼빠져 있음'에 의해 규정되어 있는 유기체의 본질규정에서부터 추론된 하나의 명제에 불과한가? 아니면 이와는 거꾸로 유기체의 그런 본질규정이 저 논제에 근거하고 있는가? 그것도 그 본질규정을 우리가 이끌고 가본 데에까지에서만이 아니라, 도대체 저 논제가 유기체의 본질(동물성)에 대한 가장 근원적인 원칙들 가운데 하나를 표현하고 있다는 식으로 그렇게 유기체의 본질규정이 저 논제에 근거하는가?

제5장

'동물은 세계 빈곤 속에 존재한다'라는 주도 논제를 앞에서 얻어낸 유기체의 본질해석에서부터 펼쳐보임

제62절 얼빠져 있으면서 열려 있음은 곧, 들뜨게 하고 있는 그것을 가지고 있으면서 세계는 가지고 있지 않음임

우리는 이 자리에서 이제부터 '세계 빈곤(Weltarmut)'이 무엇을 뜻하는지를 꼭 해설할 필요가 있다. 이 물음을 우리는 유기체의 본질규정에 도움을 빌려 동물성을 해명하려는 쪽으로 방향을 바꿨던 바로 그 자리에서 다시 집어올리지 않으면 안 된다. 앞에서의 우리의 고찰은 문제를 생물학과의 구체적인 연관 안에 붙잡아두기 위해서 실행되었다. 그러나 그 말은 그 실행이 지금 막 내보여주었듯이 단순히 결과들을 모아다가 선보였음을 뜻하지 않았다. 오히려 이러한 결과들 속에서 원칙적인 물음들을 우리의 문제 쪽으로 방향 잡아 발견하고 그로써 동물성의 본질을 우리에게 가까이 데려온다는 것을 뜻했다. 왜냐하면 세계개념과 '동물은 세계 빈곤 속에 존재한다'라는 논제와 관련된 당황스러움이, 동물성의 본질을 동물 자체에서부터 끄집어내 보일 수 있을 만큼의 필연성을 결과로 낳았기 때문이었다. 그런데 세계개념과 관련된 그 당황스러움은 어디에 성립하고 있었는가?[1] 우리는

---

1) 이 책의 342쪽[원서 261쪽] 이하 참조.

이제 이러한 당황스러움을 유기체의 구조에 대한 고찰을 밑바탕으로 삼아 제거하고, 그래서 동물의 세계 빈곤에 관한 논제를 이해하며, 그러고 나서 거기에서부터 세계문제를 전개할 수 있는 그런 능력을 갖추고 있는가?

문제의 틀은 그때에만 하더라도 다음과 같았다. 즉 만일 우리가 세계 아래에서 존재자를 그때마다의 접근 가능성에서 이해한다면, 그리고 만일 존재자에 대한 접근 가능성이 세계의 한 근본성격이라고 한다면, 그 경우 동물은 만약 동물이 타자에 대해서 접근적이라고 가정한다면, 인간 측에 서 있는 셈이라고 말이다. 그 경우 동물과 인간에게서는 일종의 '세계를 가지고 있음'이 발견될 것이다. 다른 한편, 만일 동물의 세계 빈곤에 관한 저 중간 논제가 정당하게 성립해야 한다면, 그런데 만일 빈곤이 일종의 없이 지냄이고 없이 지냄은 일종의 '가지고 있지 않음'이라고 한다면, 이 경우 동물은 세계를 벗어나 있는 것으로서 세계를 가지고 있지 않은 그런 돌의 측에 서 있는 셈이다. 동물에서는 일종의 '세계를 가지고 있음'과 일종의 '세계를 가지고 있지 않음'이 동시에 존재한다. 이와 같은 결과가 그 자체 모순적이고 불가능한 것이든가, 아니면 오히려 우리가 '동물은 세계를 가지고 있고 세계를 가지고 있지 않다'라고 문제를 정식화하는 가운데 "세계"라는 말—존재자에 대한 접근 가능성으로서의 세계—을 상이한 뜻으로 사용하고 있든가, 사정은 이 두 경우들 가운데 하나이다. 그렇다면 세계개념은 충분히 해명되어 있지 않았던 셈이다.

이제는 우리가 그와 같은 해명에 다다랐는가? 사실상 그렇다고 볼 수 있다. 그러나 그와 같은 해명은 그럼에도 동물에서 일종의 '가지고 있음'과 '가지고 있지 않음'에 관해 이야기하는 데에서부터 우리를 풀어놓아주지 않는다. 물음은 오직 다음과 같다. 과연 우리는 이때 '세계를 가지고 있음과 세계를 가지고 있지 않음'에 관해서 이야기해도 되는가? 우리는 세계란 곧 존재에 대한 접근 가능성을 뜻한다고 말하고서는 다음과 같은 사실을 지적했다. 즉 동물은 그럼에도—개가 계단을 뛰어 올라오는 경우에—다른 것과 자신을 관련짓고 있다는 것, 그러니까 무엇인가에 대한 접근을 가지고 있다고 말이다. 그뿐만이 아니다. 우리는 심지어 이렇게까지 말할 수 있다. 즉 동물은 존재자에 대한 접근을 가지고 있다고 말이다. 찾아낸 보금자리, 포획되고 있는 먹이 따위는 아무것도 아닌 것이 아니라, 오히려 하나의 존재자이다. 만약 그렇지 않다면 새는 둥지 위에 앉을 수 없을 것이며 고양이는 결코 쥐를 붙잡을 수 없을 것이다―만약 그러한 둥지와 쥐가 존재자가 아니라면 말이다. 동물은 존재자에 대한 접근을 가진다.

그러나 이제 우리는 동물의 '얼빠져 있음'에 대한 해석에 근거해서 어디에 오해가 놓여 있는지를 보고 있다. 물론 동물은 일종의 '무엇인가에 대한 접근'을 가지고 있으며, 그것도 현실적으로 존재하고 있는 바로 그러한 것에 대한 접근을 가지고 있다―그러나 바로 그러한 현실적인 것을 존재자로서 경험할 수 있고 명백히 가질 수 있는 능력을 갖추고 있는 것은 오직 우리[인간]뿐이다. 만일 우리가 도입 부분에서, 세계는 여러 다른 것들 중에 존재자에 대한 접근 가능성을 말한다고 주장했다면, 세계개념에 대한 이러한 성격규정은 오해의 소지가 있다. 왜냐하면 여기에서 세계의 성격이 덜 규정되어 있기 때문이다. 우리는 세계라는 것이 존재자에 대한 접근 가능성을 뜻하는 것이 아니라, 오히려 **여러 다른 가능성 가운데에서 존재자가 그 자체로서 접근될 수 있는 가능성**을 말한다고 말해야 한다. 그러나 세계의 본질에 존재자가 그 자체로서 접근될 수 있는 가능성이 속한다면, 존재자가 개방될 수 있는 가능성이 박탈되어 있다는 의미에서 동물의 얼빠져 있음의 경우에는 비록 그것에 동물이 자신을 관련짓고 있는 바로 그것이 우리[인간]의 경험에서 지속적으로 존재자로서 경험될 수 있음에도 불구하고, 동물은 그 본질상 어떠한 세계도 가지고 있지 않은 셈이다. 비록 동물이 어떠한 세계도 가지고 있을 수 없음에도 불구하고, 동물은 충동에 따라 댓거리한다는 의미에서 일종의 '무엇인가에 대한 접근'을 가지고 있다. 그러므로 우리는 이전에 이야기했던 것과는 구별해서, 이제는 동물의 얼빠져 있음에서 보자면 바로 동물은 들뜸테 안에서 만나게 되는 일체의 그 모든 것과 관련을 맺고 있기 때문에, 바로 그 때문에 동물은 인간 측에 서 있지 않은 것이며, 바로 그 때문에 동물은 어떠한 세계도 가지고 있지 않은 것이라고 말해야 한다. 하지만 동물이 이렇게 세계를 가지고 있지 않다고 해서 동물이 이제는 돌 측으로 떠밀려버리는 것은 아니다―그것도 원칙적으로 아니다. 왜냐하면 압도된 채로 얼빠져 있는, 다시 말해서 들뜨게 하는 그것에 의해서 압도된 그런 충동에 따라 해낼 수 있는 능력은 곧 비록 그것이 '무엇인가에-자신을-개입시키지-않음'이라는 성격을 띠기는 하지만, 무엇인가에 열려 있는 것이기 때문이다. 이에 반해서 돌은 그와 같은 가능성마저도 가지지 못한다. 왜냐하면 '무엇인가에-자신을-개입시키지-않음'의 경우에는 일종의 '열려 있음'이 전제되고 있기 때문이다. 이 모든 것에는 다음과 같은 사실이 놓여 있다. 즉 돌의 세계 없음의 경우에는 심지어 세계가 빈곤한 채로 있을 가능조건마저도 결여되어 있다. 세계가 빈곤한 채로 있을 이러한 내적인 가능성―이러한 가능성의 한 구성적인 계기― 은 댓거리 하면서 압도되어 있음이라는 충동에 따른 열려 있음이다. 이러한 열려 있음을 동물은 그의 본질 속에 보유하고 있다. 얼빠져 있음에서의 열려 있음은 동물이 본질차원적으로 가지고 있는 그것이다. 이러한 가지고 있음을 밑바탕으로 해서 동물은 없이 지낼 수도 있으며, 빈곤할 수도 있고, 그 자신의 존재에서 빈곤에 의해서 규정되어 있을 수 있다. 이러한 가지고 있음은 물론 세계를 가지고 있음은 결코 아니고, 오히려 그것은 들뜸테에 압도되어 있음―들뜨게 하는 그깃을 기지고 있음 ―이다. 그러나 이러한 가지고 있음은 곧 들뜨게 하는 그것에 열려 있음이기 때문에, 그렇지만 어떤 것에 이렇게 열려 있음에는 들뜨게 하는 그것을 존재자로서 명백히 가질 수 있을 가능성이 박탈되어 있기 때문에, 바로 그 때문에 열려 있음을 가지고 있음이 곧 일종의 가지고 있지 않음인 것이다. 그것도 일종의 세계를 가지고 있지 않음인 것인데, 이때 세계에는 존재자가 그 자체로서 개방될 수 있을 가능성이 속하기 때문에 그렇다. 따라서 동물 속에는 세계를 가지고 있음과 세계를 가지고 있지 않음이 동시에 있는 것이 결코 아니고, 오히려 '들뜨게 하는 그것의 열려 있음을 가지는 가운데 세계를 가지고 있지 않음'이 있다. 그러니까 세계를 가지고 있지 않다는 것은 순전히 인간에 비해 세계를 덜 가지고 있다는 것이 결코 아니다. 오히려 그것은 '도대체-가지고 있지-않음'인 것이다―하지만 이렇게 도대체 가지고 있지 않음이라는 것은 일종의 '가지고 있음이 아님'이라는 의미에서, 다시 말해서 일종의 '가지고 있음'에 바탕 해서 그렇다는 것이다. 이에 반해서 돌에 대해서는 도대체 이러한 '가지고 있지 않음'을 우리는 붙여줄 수가 없는데, 왜냐하면 돌의 존재 양식은 댓거리의 열려 있음에 의해서 규정되어 있지 않을 뿐 아니라 결코 행동관계라는 '명백한 가짐'에 의해서 규정되어 있지 않기 때문이다.

제63절 동물의 없이 지냄과 동물의 빈곤한 채로 있음으로서의 '세계를 가지고 있지 않음'에 대한 이의 제기와 그에 대한 논박

이렇게 해서 예전에 앞에서 주장되었던 가지고 있음과 가지고 있지 않음의 단일성이 이제는 더욱더 적합하게 동물의 본질의 관점에서 파악되었다. 그러나 그럼에도 이제 '동물은 세계 빈곤 속에 존재한다'라는 우리의 논제를 거슬러서 가장 날카로운 의심이 곧바로 솟아오른다. 우리는 우리 자신에게 다음과 같은 이의를 제기해보아야 한다. 확실히 동물 속에서는 인간과는 다른 '가지고 있지 않음'이 발견된다. 이와 마찬가지로 동물의 이와 같은 '가지고 있지 않음'은 확실히 돌의 경우하고는 본질적으로 다르다. 그러나 과연 동물의 이와 같은 '가지고 있지 않음'이 곧 '세계에 대한 **없이 지냄**'이고 '세계에 대한 본질차원적인 **빈곤하게 있음**'인가? 그런데 동물이 세계 없이 지낼 수 있는 경우는 오직 적어도 동물이 세계를 알고 있을 때뿐일 것이다. 그러나 정작 이것은 동물에게는 부인되는 것이다―그것은, 그 본질에 세계 형성이 속하는 인간조차도 우선 대개는 세계 그 자체를 본래적으로 알고 있지 않은 만큼, 더욱더 부인될 수밖에 없다. 사정이야 어떻든지 간에 비록 세계가 동물에게는 본질차원적으로 닫혀 있다고 해도, 우리는 이 경우에도 일종의 '가지고 있지 않음'에 관해서 이야기할 수는 있는데, 그렇다고 해서 이러한 '가지고 있지 않음'을 일종의 없이 지냄으로 이해해서는 결코 안 된다. 그렇기 때문에 동물의 세계 빈곤에 관한 논제는 무리이다. 그럼에도 불구하고 만약 우리가 그 논제를 계속 고집한다면, 그것도 근거를 가지고서 그렇게 고집한다면, 그 경우 동물성을 이렇게 세계 빈곤을 통해서 성격규정하는 것은 결코 동물성에 대한 진정한 성격규정이 아니다. 즉 동물성 자체에서부터 길어내어져 동물성의 한계 내에 머물러 있는 성격규정이 아니다. 오히려 세계 빈곤이라는 것은 인간과의 비교 속에서 생겨 나온 성격의 하나이다. 오직 인간에서부터 볼 적에만 동물은 세계가 빈곤한 것이지, 동물존재가 그 자체에서 세계 없이 지냄은 아닌 것이다. 한층 더 뚜렷이 그리고 더욱 폭넓게 이야기하자면 다음과 같다. 즉 만일 없이 지냄이라는 것이 특정한 변형된 형태의 일종의 시달림이라고 한다면, 그 경우, 만약 '세계 없이 지냄'과 '세계 빈곤 속에 있음'이 동물의 존재에 속한다고 한다면, 전체 동물의 왕국과 생명 일반의 왕국을 도대체 하나의 시달림과 하나의 아픔이 두루 헤집고 있어야 할 것이다. 이에 관해서 생물학은 단적으로 아무것도 아는 것이 없다. 그와 같은 것에 관해서 우화를 만들어내는 일은 어쩌면 시인의 특권인지도 모른다. "그것은 학문하고는 아무런 상관도 없다." 그렇나면 동물의 세계 빈곤에 관한 논제는 동물성에 대한 본질에 맞는 고유한 해석이 결코 아니며, 오히려 그저 일종의 비교하는 예시에 불과하다. 사정이 그러하다면 우리는 그로써 또한 이미 다음과 같은, 여러 번 제기되었던 물음에 대한 대답을 얻은 것이나 다름없다. 즉 동물의 유기체의 성격—'얼빠져 있음'이라고 바꿔 쓴 의미에서 본 동물의 유기체의 성격—이 세계 빈곤의 가능조건인가? 아니면 이와는 거꾸로 세계 빈곤이 유기체 및 이 유기체의 내적인 가능성을 위한 조건이며 본질근거인가? 분명히 전자가 맞다. 즉 '얼빠져 있음'이 곧 세계 빈곤의 가능조건이다. 왜냐하면 만약 유기체의 본질이 '얼빠져 있음'에 놓여 있다면, 그리고 만약 '얼빠져 있음'에 존재자가 그 자체로서 개방될 수 있을 가능성이 박탈되어 있음이 하나의 본질계기로서 속해 있다면, 그런데 만약 존재자의 개방성이 세계의 한 성격에 속한다면, 우리는 이제 '얼빠져 있음'에는 세계의 박탈되어 있음이 하나의 본질계기로서 속해 있다고 말할 수밖에 없기 때문이다. 그런데 단지 유기체의 본질전체성―'얼빠져 있음'―의 한 구성적인 계기만을 이루고 있을 뿐인 바로 그것은 본질전체 그 자체를 위한 가능근거일 수 없다. 세계 빈곤이 곧 '얼빠져 있음'의 가능조건이 아니라, 오히려 이와는 거꾸로 '얼빠져 있음'이 곧 세계 빈곤의 가능조건이다. 이 명제조차도 우리는 좀더 완화시켜서 더욱 적절히, 동물성의 본질로서 얼빠져 있음은 세계 형성이 귀속하고 있는 그런 인간에서부터 동물이 고찰되고 있는 한, 동물성을 세계 빈곤을 통해서 그저 비교하기만 하면서 특징규정할 수 있기 위한 그런 가능성의 조건이라고 말해야 한다. 따라서 '동물은 세계 빈곤 속에 존재한다'라는 우리의 논제는, 동물성의 본질에 관한 하나의―아니면 온전히 **바로 그**―형이상학적 근본-명제인 것하고는 거리가 먼 채로 남아 있는 셈이다. 저 명제는 어쨌든 동물성의 본질규정들에서부터 귀결된 하나의 명제이며, 게다가 그것은 오직 동물이 인간성과의 비교에서 고찰되는 경우에만 귀결될 수 있을 뿐이다. 그와 같은 귀결명제로서 그 명제는 그것의 근거로 소급될 수 있으며 그래서 그것은 동물성의 본질로 이끌어줄 수 있다. 그것은 또한 우리의 논의들에서 그 명제가 담당하던 실제적인 기능이기도 했다. 만일 이러한 숙고들이 공박될 수 없는 것이라면, 그 경우 우리는 결국에 그 논제의 뜻을 충분히 축소해야 할 뿐 아니라, 아예 그 논제를 포기해야 한다. 왜냐하면 그 논제가―바로 동물성의 본질 자체에 주목할 때―길을 잘못 안내하기 때문이다. 다시 말해서 그 논제는 마치 동물의 존재가 그 자체에서, 그리고 바로 그 자체로 일종의 없이 지냄이고 빈곤존재인 것 같은 거꾸로 된 생각을 일깨우고 있기 때문이다.

그렇지만 왜 우리는 이 논제의 성격에 그토록 장황하게 몰두하고 있는가? 그 논제에 대한 내용적인 논의가 우리를 목표로 실질적으로 데리고 온 것만으로도 충분하다. 그 논의는 그 모든 것에도 불구하고 우리를 세계개념에 대한 해명에 더욱 가까이 데려다주었다. 물론 우리는 세계의 본질에 대해서 긍정적으로는 아직 제대로 거의 경험하지 못했다. 단지 동물에 대해서만, 동물이 세계를 가지고 있지 않다는 것에 대해서만, 즉 동물의 얼빠져 있음에 대해서만 알게 되었을 뿐이다. 그러니까 우리가 알고 있는 것이라고는 그저 사태의 부정적인 측면에 불과하다. 그러나 그럼에도 우리는 우리 자신이 곧 긍정적인 측면 자체라는 점, 즉 우리 자신은 세계를 가지는 가운데 실존하고 있다는 점을 고려해야 한다. 그렇기 때문에 동물의 경우에서의 '세계를 가지고 있지 않음'을 논의하는 자리에서 겉보기에는 마치 순전히 부정적으로 보인 세계에 대한 성격규정을 거치는 동안 이미 우리 자신의 고유한 본질이 비록 명시적인 해석에서는 아니더라도, 두드러지게 드러나는 데에로 끊임없이 이르고 있었던 셈이다. 우리 자신까지도 이때─우리가 원했든 원하지 않았든 간에─시야 안에 함께 들어와 서 있었다. 그리고 그러한 일은 어떤 임의적이고 우연적인 자기관찰에서나 인간에 대한 전승된 정의의 형식을 띠고서 일어났던 것이 아니다. 오히려 밖으로부터는 마치 특수한 물음들 속에서 잃어버렸던 것처럼 보였던 그 모든 논의의 자리에서도 우리는 우리 안의 현존재를 그것이 하나의 근본기분 안에서 두드러지게 밝히 드러났듯이 그렇게, 상기해낼 수 있는 지속적인 가능성을 가지고 있었다. 아니면 그사이에 우리는 이러한 근본기분을 망각해버리고 말았는가? 그 근본기분은 단세포 생물들 또는 꿀벌들의 방향감지 양식하고는 전혀 관련이 없는 완전히 다른 것으로서 그저 하나의 삽화처럼 우리의 뒷전에 놓여 있을 뿐인가? 아니면 만약 우리가 물음을 전개시켜보았다고 한다면, 다시 말해서 우리가 지금 동물의 경우에서의 '세계를 가지고 있지 않음'을 우리의 '세계를 가지고 있음'과 대비해서, 즉 바로 그 깊은 권태가 우리에게 개방해 보이는 그런 저 '전체에서'와 대비해서, 비교해보았다고 한다면, 그 근본기분은 여전히 우리를 기분 잡고 있고 그래서 우리는 끊임없이 이미 그 근본기분에서부터 세계의 본질에 대해서 물음을 던지고 있으며, 그 안으로 즉 그 근본기분 안으로 시선을 던지고 있는 셈인가? 그러니 추정적으로 그저 부정적이었던 바로 그 성격규정—'세계를 가지고 있지 않음'에 관한 논의—이 어쩌면, 우리가 인간의 세계 형성으로 시선을 던지는 가운데 세계의 본질을 밖으로 끄집어내놓으려고 시도하자마자 비로소 제대로 효력을 발휘하고 있는지도 모르는 일이다.

우리는 지금까지 세계의 본질에 관해 그저 미약하게만 알고 있을 뿐이고 세계의 가능근거에 관해서는 아예 아무것도 모른다. 그리고 우리는 세계현상이 형이상학 내에 가지는 중요성에 관해서는 더더군다나 아무것도 모른다. 그러나 사정이 그러하다면, 우리는 이제 '**동물은 세계 빈곤 속에 존재한다**'라는 우리의 **논제**를 '동물은 어떠한 세계도 가지고 있지 않다'라는 무차별한 명제—이때 '가지고 있지 않음'은 순전한 가지고 있지 않음이지, 어떠한 없이 지냄도 아니다—로 **바꾸어 평준화할 어떠한 권리도** 적어도 아직은 가지지 않는 셈이다. 우리는 오히려 세계의 본질에 관한 본래적이고 명시적인 형이상학적인 이해가 우리에게 촉구하는 다음과 같은 **가능성을 열린 채로 놓아두어야** 한다. 동물의 경우에서의 '세계를 가지고 있지 않음'을 그래도 하나의 **없이 지냄**으로 이해하여 동물 그 자체의 존재양식 속에서 하나의 **빈곤존재**를 발견할 것을 우리에게 촉구하는 가능성 말이다. 생물학이 그와 같은 것에 대해 모른다는 사실은 형이상학에 대한 반증이 아니다. 어쩌면 시인만이 그와 같은 것에 관해 때때로 말하는지 모른다는 사실은 형이상학이 흘려버려서는 안 될 하나의 논거이다. 결국 바울이 (「로마서」 8장 19절에서) '피조물과 창조의 간절한 탐지(ἀποκαραδοκία τῆς κτίσεως)'에 관해 적고 있는 저 말로부터 어떤 것을 이해하기 위해서는, 구태여 그리스도교적인 신앙이 필요한 것은 아니다. 그러한 탐지의 길은 「에스라」 4장 7절, 12절에서도 말해지듯이 이러한 장구한 세월 속에서 좁다랗고 비참하게 그리고 힘겹게 점철되어 있는 그런 길이다.[2] 그러나 **동물의 세계 빈곤을 동물성 자체의 내적인 문제로서** 전개할 수 있기 위해 염세주의가 또한 꼭 필요한 것은 아니다. 왜냐하면 들뜨게 하는 그것에게 동물이 열려 있음으로써 이 동물은 그 얼빠져 있음에서 본질차원적으로 하나의 타자 안으로 내놓아져 있기 때문이다. 물론 이 타자는 그 동물에게는 존재자로서도 비존재자로서도 각기 그때마다 개방될 수 있는 것은 아니지만, 들뜨게 하는 그것으로서 그 타자는 그 속에 포함된 모든 들뜸의 변화들과 더불어 하나의 **본질차원적인 뒤흔들림**을 동물의 본질 속으로 가져온다. 앞에서 우리는 존재자가 개방될 수 있을 가능성이 박탈되어 있음은 얼빠져 있음의 한 구조계기만을 형성할 뿐이고 그러기 때문에 그것은 전체 그 자체의 본질근거일 수는 없다는 것을 강조했는데, 만약 그렇다면 거기에 대해서 이제는 다음과 같이 대답할 수 있겠다. 즉 결국 우리는 아직 이러한 박탈되어 있음의 뜻을 결정할 수 있을 만큼 유기체의 본질차원적인 조직을 충분히 해명하지 못했으며, 생명과정이라는 근본현상과 그로써 죽음이라는 근본현상을 함께 끌어들이지 않는 한, 우리는 유기체의 본질차원적인 조직을 해명하지 못한다고 말이다.

그러므로 '동물은 세계 빈곤 속에 존재한다'라는 논제는 문제로서, 즉 우리가 지금 그것에 공세를 취하고 있지는 않으나, 더 계속해서 비교해나아가는 고찰의 발걸음을, 다시 말해서 세계문제에 대한 본격적인 설명을 이끌어나갈 문제로서 존립해 남아 있어야 한다.

---

[2] *Die Apokryphen und Pseudepigraphen des Alten Testaments*(『구약성서의 외전과 위작들』), Emil Kautzsch 편역, 제2권, *Die Pseudepigraphen des Alten Testaments*(『구약성서의 위작들』), 튀빙겐, 1900년, 신판 1921년, 369쪽.

제6장
'인간은 세계 형성 속에 존재한다'라는 논제를 논의해서 나아가는 길 위에서 세계문제를 주제적으로 설명해들어감

제64절 세계현상이 첫 번째로 띠는 성격들: 존재자가 존재자로서 개방되어 있음, 그리고 '로서'. 존재자에 대한 관련이란 곧 '[만나게 되는 바로 그것을] 존재하게 해주고-존재하게 해주지 않음'임(무엇과의 행동관계, 태도, 자기성)

만일 우리가 '동물은 세계 빈곤 속에 존재한다'라는 논제를 논의하는 데에부터 '인간은 세계 형성 속에 존재한다'라는 논제를 논의하는 데에로 넘어가본다면, 그리고 우리가 지금까지 이야기된 것으로부터 세계의 본질을 특징 규정하기 위해서 가지고 온 것이 무엇인가 하고 자문해본다면, 결과로서 얻게 되는 것은 정형적 차원에서 보면 다음과 같다. 세계에는 존재자가 그 자체로서 개방되어 있음이, 즉 존재자가 존재자로서 개방되어 있음이 속한다. 그 말에는 다음과 같은 점이 놓여 있다. 이러한 수수께끼 같은 '로서(als)'가, 즉 '존재자가 그 자체로서'가, 형식적으로 정형화해보자면 '어떤 것이 어떤 것으로서'가 세계와 함께 어우러지고 있다. 그런데 이러한 '어떤 것이 어떤 것으로서'가 동물에게는 근본적으로 닫혀 있다. 도대체 존재자가 존재자로서 개방된 바로 거기에서만 이러저러한 특정한 존재자를 이러저러한 것으로서 특정하게 경험할 수 있을— 순전한 지식을 넘어서 존재자를 경험한다는 그런 넓은 의미에서 경험할 수 있을—가능성이 존립한다. 결국, 존재자가 존재자로서 개방되어 있는 바로 거기에서 이 존재자에 대한 관련은 '만나게 되는 바로 그것을 **존재하게 해주거나 존재하게 해주지 않음**'이라는 의미에서 '**자신을-거기에-개입시킴**(Sich-darauf-Einlassen)'의 성격을 필연적으로 띠고 있게 마련이다. [만나게 되는 바로 그것을] 그렇게 존재하게 해주는 바로 거기에서는 동시에 '존재하게 해주지 않음'의 가능성이 있다. '어떤 것을 존재자로서 존재하게 해줌'에 의해서 철저히 지배되고 있는 그와 같은 '어떤 것에 대한 관련'을 우리는 얼빠져 있음에서의 댓거리하고는 구별하여 '**행동관계**(Verhalten)'라고 부르기로 한다. 그러나 일체의 모든 행동관계는 오직 '머물러 있음(Verhaltenheit)', '머무름(Verhaltung)'에서만 가능하며, 그러한 태도(Haltung)는 오직, 하나의 존재자가 자기(Selbst)라는 성격을 띠는 곳에서만, 다시 말해서 우리가 인격이라고 말하기도 하는 그런 성격을 띠는 곳에서만 있다. 이것들은 이미 세계현상이 띠고 있는 다음과 같은 중요한 성격들이다. 1. 존재자가 존재자로서 개방되어 있음, 2. '로서', 3. 존재자에 대한 관련, 즉 '존재하게 해줌과 존재하게 해주지 않음', '무엇인가에 대한 행동관계', 태도와 자기성. 동물성과 생명 일반 내에서는 그러한 성격들 가운데 어떤 것도 발견되지 않는다. 그러나 세계현상의 이러한 중요한 성격들은 우리에게 우선 오직, 우리가 이러한 성격들과 맞부딪치는 바로 거기에 세계라는 현상이 존재한다는 점만을 말해주고 있을 뿐이다. 그렇지만 세계란 **무엇이며** 그리고 그것은 **어떻게** 존재하는지, 과연 그리고 어떠한 의미로 우리는 도대체 세계의 존재에 관해서 이야기해야 하는지 등 이 모든 점은 다 어둡다. 빛을 조달하기 위해서 그리고 그로써 **세계문제의 깊이** 속으로 밀고 들어가기 위해서, 우리는 **세계 형성**이 무엇을 의미하는지를 드러내보이려고 시도해본다.

제65절 여러 상이한 양식의 존재자가 구별 없이 눈앞의 것으로서 개방되어 있음, 그리고 존재자에 대한 현존재의 근본관계가 일상성 안에서 잠자고 있음

이 점을 보기 위해서 우리는 잘 알려진 사실에서부터 출발하기로 한다. 세계가 존재하는 바로 거기에 존재자가 개방되어 있다. 그러므로 우리는 우선, **존재자가 어떻게 개방되어 있는지**, 거기에서 무엇을 우리는 존재자로서 "우리 눈앞에 가지고 있는지" 물음을 던져보아야 한다. 지금까지 동물성의 논제에 대해서 상의해온 바로 그것이 이제 우리에게 다음과 같은 사실을 보여주었다. 다양한 존재자가 우리에게 개방되어 있다 — 물질적인, 생명이 없는, 살아 있는 자연, 역사, 인간의 작품, 문화 등. 그러나 이 모든 것은 그저 다양한 것으로서 서로 나란히 또는 뒤섞여, 균일하게 하나의 세계라는 무대 위에 우리 앞에 세워져 있는 것이 아니다. 오히려 존재자 속에는 어느 정도 **근본적으로 상이한 존재자의 "양식들"**이 있는데, 그 양식들은 우리가 그것에 대해서 근본적으로 **상이한 입장**을 취하는 그런 연관들을 앞서 그려 보인다.

하지만 이러한 상이성이 우리에게 그냥 그대로 의식되는 것은 아니다. 이와는 반대로, 우선 대개 우리는 우리 현존재의 **일상성** 안에서 존재자를 이상할 정도로 구별 없이 우리에게 다가오게 하며 우리 눈앞에 있게 한다. 그렇다고 해서 우리에게 모든 사물들이 구별 없이 서로 뒤섞여버리는 식으로는 아니다—이와는 반대로 우리는 우리를 둘러싸고 있는 존재자의 내용적인 다양성에 민감하다. 즉 우리는 변화에 결코 만족하는 법이 없으며 새로운 것과 타자를 탐낸다. 그러나 그럼에도 이때 우리를 둘러싸고 있는 존재자는 아주 넓은 의미에서 바로 눈앞의 것으로서 균일하게 개방되어 있다 — 육지와 바다, 산들과 산림이 눈앞에 발견되며, 그 모든 것 속에서 동물들과 식물들이 눈앞에 발견되고, 인간과 인간의 작품이 그 곁에서, 그 밑에서 우리 자신이 눈앞에 발견된다. 아주 넓은 의미에서 바로 눈앞에 있다는 존재자의 이러한 성격을 깊숙이 파고들어 그것을 충분히 드러내어 알릴 수는 없다. 왜냐하면 그러한 눈앞의 것이 우리 일상성 안에 만연되고 있고, 눈앞의 것의 그와 같은 만연 속으로 우리 자신이 함께 끌어들여져 있듯이, 눈앞의 것의 그러한 성격은 존재자의 본질적인 성격이기 때문이다. 바로 눈앞에 있는 것의 이러한 균등화된 균일성 안에서 존재자가 개방되어 있을 수 있다는 사실은 인간의 일상에 대해서 독특한 안정성과 확고부동성 그리고 거의 부득이한 강제성을 부여하며, 하나의 존재자로부터 다른 존재자에게로 이행해가는 것을 일상에게 필연적으로 쉽도록 보장해준다. 이때 존재자의 그때마다의 존재양식은 그 전체적인 본질성에서 중요시되지 않는다. 우리는 시내 전차에 올라타고, 다른 사람들과 함께 이야기를 나누고, 개를 소리쳐 부르고, 별들을 바라다본다. 이 모든 일은 하나의 유형을 띤다―사람들, 차량들, 사람들, 동물들, 천체, 이 모든 것은 바로 눈앞에 있는 것의 균일성 안에 있다. 그러한 점들은 일상적 현존재가 띠는 성격들인데, 철학은 지금까지 그러한 성격들을 무시해왔다. 왜냐하면 이렇게 너무나 자명한 것이 우리 현존재 안에서는 가장 막강한 힘을 가지고, 그런 까닭에 이 가장 막강한 힘을 가진 것이 철학에는 불구 대천의 원수이기 때문이다. 그렇기 때문에 우리에게 존재자의 무차별한 다양성이 그때마다 맨 먼저 그리고 유력하게 **접근되는** 양식과 방식은 사람들이 그 속에서 사물들에 관해서 이야기하고 사물들에 관한 정보를 퍼뜨리는 그 무차별한 의미에서의 알게 됨이다. 이 말은 존재자에 대한 인간의 한 **근본관계**―그것이 무생물에 관계하는 것이건, 살아 있는 것에 관계하는 것이선, 인간 자신에 관계하는 것이건 간에―가, 그것이 그때마다 존재자 자체를 요구하듯이, 먼저 깨어나지 않고서도 **존재자에 대한** 하나의 **행동관계**가 일어난다는 것을 뜻한다. 일체의 **모든** 존재자에 대한 일상적인 행동관계는 해당 존재자의 고유한 양식에 상응하는 **근본관계들** 안에서 움직이지 않는다. 오히려―저 근본관계들에서부터 보자면―뿌리가 뽑힌, 그러나 그 때문에 지나치게 민활하고 효과적인 그런 행동관계 안에서 움직인다. 변동적인 형태와 변덕스러운 규모를 띠는 이러한 일상성이 왜 인간 현존재에게 필연적인지, 그리고 왜 그러한 일상성이 그렇기 때문에 그저 부정적일 뿐인 어떤 것으로서 경시되어서는 안 되는지 하는 점은 여기에서는 결정될 수 없다. 우리는 다만 다음과 같은 점을 보는 법을 배워야 한다. 즉 거기에 인간 자신도 속해 있는 그 존재자에 대한 인간 현존재의 근본관계들은 일상성에서부터— 물론 이 일상성에 의해 저 근본관계들이 근거제시되고 지탱되는 것은 아니지만—가능하다는 것, 다시 말해서 깨어날 수 있다는 것 말이다. 따라서 존재자의 개방성의 근본양식들이 있고 그로써 존재자 그 자체의 양식들이 있는 셈이다. 존재 자체의 근본적으로 상이한 양식들이 있고 이에 따라 존재자의 근본적으로 상이한 양식들이 있다는 이해는 동물성에 대한 해석을 통해 우리에게 바로 날카롭게 형성되었다. 그러므로 우리가 앞에서 행했던 고찰 전체는 하나의 새로운 기능으로 옮겨간다. 이제 동물성을 해석할 당시 그 자리에서 획득해낸 것을 그것의 효력이 미치는 전체 범위에 걸쳐 눈에 띄게 드러낼 필요가 있다. 그런데 이것은 정말이지 세계의 본질의 한 계기를 이루는 존재자 그 자체의 개방성에 대해서 물음을 던지기 위함이다. 그렇지만 이때, 이제 동물성은 세계 빈곤 그 자체와 관련해서 시야에 들어와 있는 것이 아니라, 오히려 개방되어 있는 존재자의 한 영역으로서 시야에 들어와 있다는 점에 주의해야 한다. 이때 그 존재자가 개방되어 있기 때문에 그 존재자는 그럼에도 불구하고 우선은 우리가 그 안에서 움직이고 있지는 않은 하나의 특정한 근본관계를 우리에게 요구하고 있다.

제66절 살아 있는 자연의 고유한 개방성 그리고 현존재가 살아 있는 것의 포위망의 맥락 안으로 그 살아 있는 것에 대한 독특한 근본관계로서 옮겨앉혀져 있음. 그리고 세계의 문제

우선 상기해보아야 할 것은 인간이 다른 사람들 속으로, 동물들 속으로, 살아 있는 것 일반 속으로, 그리고 무생물 속으로 옮겨앉혀져 있는 상이한 방식이다. 만약 우리가 '얼빠져 있음'의 근본구조, 이 얼빠져 있음과 더불어 그때마다 주어지는 들뜸테의 근본구조를 염두에 둘 경우, 우리가 이제 더욱더 명확하게 보게 되는 것은 인간이 동물 속으로 옮겨앉혀져 있을 수 있는 가능성과 관련된 것이다. 각각의 모든 동물과 각각의 모든 동물 종은 각각의 고유한 방식으로 포위망을 쟁취하여, 그것으로 하나의 구역을 테 두르고 거기에 자신을 적응시킨다. 바다섬게의 포위망은 꿀벌의 포위망하고는 아주 다르며, 꿀벌의 포위망은 박새의 포위망하고 또 다르고, 박새의 포위망은 또 다람쥐의 포위망하고는 다르며, 이 다람쥐의 포위망은 또 등. 그러나 그 내부에서 댓거리의 연관과 휘모는 충동이 움직이는 동물들의 이러한 포위망들은 단순히 서로 곁에 나란히 또는 서로 아래위로 나란히 층을 이루고 있는 것이 아니라, 오히려 서로의 속으로 침범하고 있다. 예컨대 떡갈나무 껍질 속에 구멍을 내는 나무벌레는 **자신의** 특수한 포위망을 가지고 있다. 그러나 그 자신, 즉 그 나무벌레는, 그리고 다시 말해, 이러한 자신의 포위망을 가지고 있는 그 나무벌레 자신은 또, 이 벌레의 냄새를 맡고 있는 딱다구리의 포위망 내부에 있다. 그리고 그 모든 것과 더불어 이 딱따구리는 일하는 이 딱따구리를 쫓아버리는 다람쥐의 포위망 안에 있다. 동물의 왕국을 덮고 있는 이 얼빠진 포위망들 전체의 열려 있음의 맥락은 이제 우리에 의해서 비로소 어렴풋이 알려지는 내용과 연관들의 어마어마한 풍부함하고는 상이할 뿐 아니라, 그 모든 것에도 불구하고 원칙적으로 보자면 세세를 형성하는 인간 현존재기 만나는 식외 존재자의 개방성하고도 근본적으로 상이하다.

인간의 일상성과 그의 분주함에게 존재자의 양상은 아주 다르다. 앞에서 특징 지은 그런 구별 없음 속에서 우리에게 접근될 수 있는 모든 존재자를 일상성 안에서 우리는 그 안에서 동물들이 또한 체류하고 있고 거기에 동물들이 또한 관련들을 짓고 있는 영역으로 동시에 간주하기도 한다. 그렇다면 그 경우 우리는 다음과 같이 생각하는 셈이다. 즉 바로 그 개별 동물들과 동물 종들은 이렇게 바로 그 자체로 눈앞에 있는 존재자에 자신을, 그리고 그 모든 동물에게 그리고 이와 아울러 모든 인간에게 똑같은 방식으로 눈앞에 있는 것에 자신을 여러 상이한 방식으로 적응시키며, 모든 동물들의 이러한 여러 상이한 적응을 밑바탕으로 해서 동물들과 동물 종들의 변이들이 그 결과로 생겨난다고 말이다. 자신을 가장 잘 적응시키는 것이 다른 것들보다 더 오래 살아남는다. 그렇다면 이러한 적응에서 존재자의 상이한 양식에 따라 각기 그때마다 동물의 조직이 발달하게 된다(변이). 그럴 경우 이러한 변이는 가장 잘 적응된 것이 더 오래 살아남는다는 것과 연관해서, 성장하면서 완성되어가는 쪽으로 진행된다. 이렇게 원형질에서부터 고등동물 종들의 풍부함이 발달해온 셈이다.

이와 같은 발달론이 안고 있는 다른 내적인 불가능성들은 도외시한다고 해도, 우리가 지금 보는 것은 그 무엇보다도 이것이다. 즉 이 발달론은 동물성의 본질(얼빠져 있음―포위망)에 모순되는, 아주 불가능한 전제 위에 터한다. 그 전제는 모든 동물들에게는 존재자가 그 자체로서 주어져 있다는 것, 그리고 존재자 그 자체가 더군다나 모든 동물에게 바로 그 자체로 균일하게 주어져 있고 그래서 그것에 자신을 적응시키는 일은 오직 동물의 경우에만 성립한다는 것이다. 그러나 이러한 관점은 우리가 동물들과 동물 존재를 동물성의 본질에서부터 이해하자마자 붕괴되고 만다. 동물들에게는 존재자가 바로 그 자체로 눈앞에 있지 않을 뿐만 아니라, 동물 측에서 보자면 동물들은 그들의 존재에서 우리에게 **눈앞에 있는** 어떤 것이 아니다. 동물의 왕국은 우리에게 '옮겨앉혀져 있음'의 아주 특수한 방식을 요구하며, 동물의 왕국 내부에서는 얼빠진 포위망들의 독특한 옮겨앉혀져 있음이 서로의 속을 지배한다. 이러한 '옮겨 앉혀져 있음'의 근본성향이 비로소 동물 왕국의 제국적 성격을 이룬다. 다시 말해서 그러한 근본성향이 비로소 자연 및 존재자 일반 전체 안에서 동물의 왕국이 군림하는 양식과 방식을 이룬다. 동물들의 포위망들이 이렇게 동물들 자신의 테 두름에서부터 자라나 오면서 서로의 속으로 맞물려 들어가는 일은, 그 무엇보다도 순전한 눈앞에 있음과는 상이한 존재의 한 근본양식을 내보이고 있다. 만일 개개의 모든 그와 같은 테 두름의 와중에서 생명체가 자연 자체로부터 어떤 것을 다시 또 자신의 포위망 안으로 끼워넣는다는 사실을 염두에 둘 경우, 이때 우리는 이렇게 말할 수밖에 없다. 즉 이렇게 포위망들을 테 두르는 가운데, 살아 있는 것이 존재자 일반의 내부에서 띠고 있는 하나의 내적인 지배성격이 우리에게 개방된다고, 즉 자연이 생명 자체 속에서 살아와 자기 자신 너머로 내적으로 고양되는 면모가 우리에게 개방된다고 말이다.

이렇듯이 자연—생명이 없는 자연뿐 아니라 심지어 살아 있는 자연까지도—은 결코 인간 존재가 자신의 비본질을 몰아내버리기 위해서 그 위에 층을 쌓고 있는, 그런 마루판이나 가장 밑바닥 층이 아니다. 그러나 자연은 만약 그것이 과학적-이론적 고찰의 대상으로 만들어지는 경우, 흡사 눈앞에 있는 벽처럼 그렇게 눈앞에 있는 것도 아니다. 살아 있는 그리고 살아 있지 않은 자연은 현존재의 일상성에는 아주 넓은 의미에서 눈앞에 있고 너무도 자명하여, 사람들은 이러한 파악을 자연적 파악이라고 말한다. 그리고 이러한 파악은 우리로 하여금 특수한 자연성을 자연 자체에서부터 보도록 길을 잘못 놓는다. 그러나 그럼에도—형이상학적으로 보자면—자연에 대해서 인간이 맺고 있는 존재관계는 전적으로 다른 존재관계이다. 이러한 자연은 객체들의 충일 속에 인간 주위에 나뒹굴고 있는 것이 아니다. 즉 그리 자명힌 것이 아니다. 오히려 인간 현존재란 곧 그 자체에서 볼 때 살아 있는 것의 포위망의 맥락 안으로 독특하게 옮겨앉혀져 있음이다. 이때 다음과 같은 점을 유의해야 한다. 내용적으로 공통점을 띠는 존재자의 한 벽 맞은편에 우리가 이제 동물들과 대등하게 세워져 있어서, 마치 동일한 것의 관점들에 한 다양성만이 주어진 양 동물들은 자기네끼리 그리고 동물들 사이에서 우리가 그 벽을 동일한 것으로서 각기 그때마다 상이하게 보고 있는 것이 아니다. 그렇다. 포위망들은 포위망들끼리 비교될 수 있는 것이 결코 아니다. 그리고 그때마다 개방되는 포위망의 맞물림 전체는 만약 다른 경우라면 개방되어 있을 그런 존재자 사이로 우리를 향해서 내리 덮칠 뿐 아니라 우리를 하나의 특수한 방식 속에 붙잡아둔다. 그렇기 때문에 우리는 이렇게 말한다. 인간은 존재자의 한가운데에서 독특한 방식으로 실존하고 있다고 말이다. '존재자의 한가운데에서'라는 말은 다음을 일컫는다. 살아 있는 자연이 우리 자신을 인간으로서 하나의 아주 특수한 방식으로 붙잡아두고 있는데, 살아 있는 자연이 우리에게 행사하는 특별한 영향력과 인상을 바탕으로 해서 그렇게 하는 것이 아니라, 오히려 우리의 본질에서부터 그러하다는 것이다. 이때 우리가 우리의 본질을 근원적인 관계 속에서 경험하든 그렇지 않든 그것은 상관이 없다.

살아 있는 자연의 존재양식을 이렇게 아주 대략적으로 성격규정해본 것에서부터 우리는 이미 다음과 같은 점을 보고 있다. 즉 우리는 앞으로 존재자 전체에 관해서 마치 그것이 어떤 영역들을 한데에 모아놓은 양 이야기하는 것을 삼가야 한다는 사실이다. 따라서 **존재**의 여러 상이한 **양식들의 다양성**은 그 가능적인 **단일성**의 견지에서 보자면 하나의 아주 특수한 문제를 제기하는 셈이다. 그런데 이 문제는 오직 우리가 하나의 충분한 세계개념을 전개시켰을 때에만 도대체 문제로서 다루어질 수 있다.

지금 내놓은 특징규정은 그 자체로는 단지 우리가 거의 예상하지 못한 그런 하나의 **문제전망**을 대략적으로 암시하고 있음에 지나지 않는다. 그러나 이를 위해서 **세계문제**를 충분히 전개하고 그로써 **유한성의 문제**를 충분히 전개하는 것이 불가피하게 전제된다는 사실만이라도 우리가 개념파악했한다면, 그나마 우리는 그러한 문제전망 안으로 철학적으로 대담하게 들어가려고 시도해도 될 것이다.

제67절 개방성의 일어남에 대한 물음은 세계에 대한 물음을 위한 출발점임. 세계 형성에 대한 물음과 세계에 대한 물음을 깊은 권태에 대한 해석에 의해서 열려진 방향에로 되돌림

우리는 이 문제를 우리의 단초 방향에서, 즉 세 논제들의 방향에서 전개해 보고자 한다. 다시 말해서 우리는 우리가 두 번째 논제를 논의하는 자리에서 경험한 적이 있는 바로 그것에서부터 출발하여 더 멀리 발걸음을 내딛어보고자 한다. 우리가 두 번째 논제를 논의하는 자리에서 경험한 바로 그것에 따르면 세계가 띠고 있는 하나의 성격은 존재자에 대한 접근 가능성, 그것도 존재자가 그 자체로서 접근될 수 있을 가능성이다. 세계의 본질이 이러한 규정 안에서 다 길어내어지지는 못한다. 정말이지 물음은 다음과 같다. 과연 언급된 저 성격이 세계의 가장 깊은 본질에 관해서 그 어떤 것을 알려주고 있는지, 아니면 그것도 여전히 일종의 **결과규정**은 아닌지 말이다. 우리는 그 점을 지금은 그대로 놓아두고 다른 것에 주목하겠다.

'세계란 여러 다른 것 가운데에 특히 존재자에 대한 **접근 가능성**(Zugänglichkeit)이다'라고 말한다면, 그 경우 우리는 그로써 이미 이른바 **자연적 세계개념**을 거슬러 이야기하는 셈이다. '세계'라는 말로써 우리가 통상적으로 의미하는 것은 **존재자의 총체**, 즉 거기에 있는 그 모든 것을 다 합한 것이다. 한 인간이 세계에 이르러 세계의 빛에 눈을 뜬다. 이 말은 다음을 뜻한다. 즉 그 사람 자신이 다른 존재자 가운데 하나의 존재자가 되며, 그것도 그 사람 자신이 인간으로서 이 다른 존재자들을, 그리고 그것들 가운데에서 자기 자신도 발견한다는 식으로 그렇다. 세계―여기에서는 바로 그 자체로 존재하는 것의 합계인데, 그럼에도 그것이 밖으로 말해져 있지 않다. 왜냐하면 그것은 가장 자연스러운 것으로 간주되기 때문이다. 즉 그것은 일상성의 현사실적 무구별성 안에 존재하는 것 모두이다.

그러나 이것은 의도적으로 앞에서 제시된 세계개념을 의미하지 않는다.

오히려 그것은 그 자체로 존재하는 것을 의미하는 대신, 존재자가 그 자체로서 **접근될 수 있는** 가능성을 의미한다. 따라서 존재자도 분명 세계에 속하기는 하지만, 오직 존재자가 접근될 수 있는 한에서만, 즉 존재자 자체가 그와 같은 접근을 허용하고 가능하게 해주는 한에서만 그렇다. 그러한 그것은 오직 존재자가 그 자체로서 **개방될 수 있는** 경우에만 들어맞는다. 여기에는 다음과 같은 사실이 놓여 있다. 즉 존재자가 미리 개방되어 있는 것이 아니라, 존재자는 [개방되기 이전에] **닫혀** 있고 **숨겨져** 있다. 접근 가능성은 가능적인 개방성에 근거한다. 그렇다면 **세계**란 바로 그 자체로 존재하는 것을 뜻하는 것이 아니라, 오히려 개방되어 있는 존재자를 뜻하는가? 아니다. 세계란 오히려 각기 그때마다 현사실적으로 개방되어 있는 존재자의 **개방성**이다.

    그런데 존재자의 이러한 개방성은 어떤 것인가? 어디에 그리고 어떻게 존재자의 개방성이 존재한다는 말인가? 존재자의 개방성이라는 것은 말하자면 존재자 자체를 밖으로 나오게 부추기는 일종의 재배식물인가? 존재자의 개방성이란, 마치 돌멩이에 단단함이, 살아 있는 것에 성장이, 사각형에 직각이 속하듯이, 존재자의 내용적 속성의 하나인가? 만약 우리가 여느 분야에서부터 앞에 제시된 그 어떤 존재자에 관해서 정보를 내주어야 할 경우, 우리가 이 존재자를 아무리 상세하게 연구한다고 할지라도 우리는 결코 그 존재자의 개방성을 그 존재자의 속성으로서 지칭하려고 생각하지는 않는다. 우리는 그러한 생각을 하지 않을 뿐만 아니라, 이러한 개방성에 아예 맞닥뜨리지도 않는다. 개방성은 이렇듯 이러한 의미로 우리에게 알려져 있는 것이 아니다. 왜냐하면 개방성은 존재자에서 존재자로서 눈앞에 발견되는 것이 아니기 때문이다. 그렇다면 개방성은 어디에 존재하는가? 존재자 뒤에, 아니면 존재자 위에 존재하는가? 그것이 아니라면 도대체 존재자의 영역 바깥에 또 어떤 것이 존재한다는 말인가? 그러나 우리는 그럼에도 존재자의 개방성에 관해서 이야기하고 있다. 따라서 개방성이란 곧 존재자 자체와 더불어 일어나는 바로 그와 같은 것이다. 이러한 것은 언제 어떻게 일어나는가? 그리고 어떤 존재자와 더불어 일어나는가? 그 존재자는 임의적인가? 아니면, 존재자의 개방성이 일어날 경우, 아주 특정한 존재자가 반드시 개방되어 있어야만 존재자의 개방성과 같은 것이 일어날 수 있는가? 더 나아가서, 만일 개방성이 일어난다고 한다면 그리고 개방성은 세계의 한 성격이라고 한다면, 그 경우 세계와 같은 것이 그때마다 비로소 생겨나오며 그래서 존재자는 세계 없이도 존재할 수 있다는 것인가? 세계가 그때마다 비로소 형성되고 있기 때문에 우리는 세계 형성에 관해서―인간은 세계 형성 속에 존재한다라고―말하고 있는 것인가?

이 모든 점들은 세계의 본질을 밝혀내기 위한 길 위에서는 결정적인 중요성을 띠는 물음들인데, 특히 세계의 본질을 밝혀내는 이러한 일을 우리가 개방성이라는 성격의 자리에서 시작하고 있는 경우에 그렇다. 그러나 동시에 우리는 그 물음들을 가지고서는―겉으로 보기에― 손에 잡히는 것은 하나도 붙잡지 못했다. 즉 그 물음들은, 통속적 지성이 말하는 바로는 "추상적"이다. 우리는 이러한 통속적 지성에 응할 수 있고 응해도 되는가? 우리는 세계문제를 더욱 납득하기 쉽게 전개해야 하는 것은 아닌가? 확실히 그렇다. 그러나 우리는 통속적 지성을 위해서 그렇게 해야 하는 것이 아니라, 오히려 문제의 전체적인 넓이를 눈에 띄게 드러내보이기 위해서 그렇게 해야 한다. 그러한 일은 그럼에도 우리가 두 번째 논제를 다루어놓은 것에 상응하여 단순하게 인간의 본질에서부터 **세계 형성**이라는 현상을 **밝혀낼** 때 분명 가장 빨리 성사될 것이다. 우리가 동물성에 대해서 물음을 던졌듯이, 이제 우리는 인간성과 인간성의 본질에 대해서 물음을 던진다. 그리고 우리가 두 번째 논제를 다루던 자리에서 생물학과 동물학에 조언을 구했듯이, 여기 이 자리에서는 이제 인간학에 조언을 구하기로 한다. 그로써 우리는 여러 문제들, 논제들, 입장들이 폭넓게 수많은 형태를 띠면서 또한 서로 얽히고설켜 있기도 한 그런 구역에 발을 들여놓는 셈인지도 모른다. 우리가 내내 우리 자신을 넘어서야만 우리는 간신히 목적지에 이르게 되는지도 모른다. '인간이란 무엇인가'라는 물음을 거쳐나가는 하나의 지리한 예비가 필요한지도 모른다. 그러한 인간의 본질에 대한 지식은 어디에 수록되어 있는가? 우선은 그리고 본래적으로 보자면, 그것은 정작 인간학, 심리학, 성격학 등의 속에 수록되어 있지 않다. 오히려 인간의 전체 역사—이러한 역사는 가령 전기적 역사학으로서 있는 것이 아니며 도대체 역사학으로서 있는 것이 아니라, 오히려 개개의 모든 인간의 행동 그 자체 속에 놓여 있는 근원적인 전승 가운데에 있다—속에 수록되어 있는데, 단 그것이 기록되어 널리 보도될 수 있든 아니든 간에 그렇다. 인간 현존재는 각기 그때마다 이미 자기 자신 속에 자신에 대한 진리를 함께 지니고 있다. 우리는 오늘날 인간의 자기 인식의 성격과 관련된 이러한 근본 맥락들을 보는 것으로부터는 여전히 멀리 떨어져 있으며, 그리고 여전히 주관적인 반성, 그리고 그와 같은 반성을 조장하는 형성물들 속으로 너무나 깊이 얽혀들어 있다. 이러한 주관적인 반성과 형성물들을 단순히 이론적으로 틀리다고 증명할 수는 없으며, 오히려 필요한 것은 뿌리뽑기를 통한 제거이다. 다시 말해서 뿌리뽑혀 있음이 경악이 되도록 그렇게 뿌리뽑기를 통한 제거가 필요하다는 말이다. 그렇지만 지금 여기 이 자리에서는 하나의 다른 길을 열어야 하겠다.

따라서 인간의 본질에 대해서 물음을 던진다고 함은 동물 대신에 인간을 주제로 삼는다는 것을 말하는가? 사정은 명백히 그렇다—그러나 그럼에도 우리가 인간의 본질에 대해서 물음을 던지는 경우, 우리는 **우리 자신**에 대해서 물음을 던지는 것이다. 그러나 그 말은, 우리가 객체들을 향해서 머물러 있는 대신에(동물과 돌) 이제 이러한 물음을 가지고서 "주체들" 쪽으로 우리 몸을 향한다는 것, 즉 성찰한다는 것을 일컫는 것만은 아니다. 그 말은 오히려 그것을 존재해야 함이 우리 자신에게 과제로 주어져 있는 바로 그러한 존재자에 대해서 우리가 물음을 던진다는 것을 일컫는다. 여기에는 다음과 같은 사실이 포함되어 놓여 있다. 즉 우리가 인간에 대해서 올바로 물음을 던지는 경우는 오직 우리가 우리 자신에 대해서 올바른 방식으로 물음을 던질 때뿐이라는 사실 말이다. 물론 그로써 우리가 이때 우리 자신을 전체적인 인간성으로 간주한다거나, 심지어 그러한 인간성의 우상으로 간주한다고 하는 점이 말해진 것이 아니다. 오히려 그 반대이다. 즉 거기에서 두드러지는 사실은 인간이 인간에 대해서 던지는 모든 물음은 처음이나 끝이나 인간의 **그때마다의 실존**의 한 소관사라는 것이다. 이러한 물음―인간이 무엇이냐―은 개별 인간을 그리고 더더군다나 물음 던지는 자를 인간의 보편적인 본질의 한 임의적인 개별 경우의 안정된 무관심성 속으로 도로 가라앉히지 않는다. 오히려 이와는 거꾸로, 오직 개별인이 자기를 자신의 현존재 안에서 개념파악할 때에만 인간의 저 보편적인 본질이 그 자체로서 본질적이게 된다. 인간이 무엇이냐 하는 물음은 그것이 실제로 제기될 경우, 인간을 명시적으로 **그의 현존재**에게 떠맡긴다. 현존재에 이렇게 떠맡긴다는 것은 내적인 **유한성**에 대한 지표이다. 408

  인간의 본질에 대한 물음이 곧 우리 자신에 대한 물음이라는 점을 하필 오늘날 가리켜 보일 수밖에 없는 까닭은, 바로 이러한 문제틀이 오늘날 통속적 지성에 의해서 관례적인 오해에 내맡겨져 있기 때문이다. 이 통속적 지성은 거기에서 하나의 극단적인 주관주의를 보고 그것에 거슬러 이른바 객관적인 구역들과 세력들을 거만한 속셈을 가지고서 장 안으로 끌어들임으로써 더욱더 객관적으로 사유하려고 열심히 애쓰고 있다. 다시 말해서 자연석으로 더욱더 과학적으로 시유하려고 애쓴다.

  세계 형성에 대한 물음은 곧 인간에 대한 물음이며, 인간은 곧 우리 자신이다. 따라서 세계 형성에 대한 물음은 곧 **우리 자신에 대한 물음**이며, 그것도 우리의 사정이 어떠한가 하는 데에 대한 물음이다. 그러나 우리가 그런 식으로 이미 물음을 던진 적이 없는 것은 아닌데, 그것도 특히 앞에서 **우리 현존재의 근본기분의 일깨움**을 다루던 자리에서 그랬다. 그러므로 우리는 이미 준비를 갖추고 있는 셈이니, 인간학에 대한 토론은 포기할 수가 있다.

그러나 우리는 그럼에도 이 강의의 제1부에서 인간의 본질에 관해서는 아무것도 말한 것이 없으며 우리가 세계 형성과 세계라고 부르는 바로 그것에 관해서는 더더욱 그렇다. 물론이다. 우리는 그런 것에 관해서 아무것도 **말하지** 않았다. 그러나 이것은 결코 우리가 그때 그와 같은 것을 전혀 맞닥뜨린 적이 없음을 말하는 것이 아니라, 다만 그와 같은 것이 우리의 눈에 띄지 않았음만을 말할 뿐이다. 눈에 띄는 것과 눈에 띄어야 하는 것은 틀림없이 다른 것에 비해서 두드러져 보일 수 있게 마련이다. 결국 지금까지 동물의 본질로서 제시되었던 '얼빠져 있음'은 흡사, 그 위에서 이제 인간성의 본질이 두드러지게 보여질 수 있을, 그것도 바로 우리가 몰두하고 있는 '세계—세계 형성'이라는 견지에서 인간성의 본질이 두드러지게 보여질 수 있을 적합한 배경인 셈이다. 마침내 다음과 같은 사실이 드러나게 된다. 심지어 우리가 방금 추상적 물음이라고 제쳐놓았던 바로 그것까지도, 즉 존재자의 **개방성**과 그 **일어남**의 양식의 문제까지도, 이미 우리는 다루어 본 것이나 다름이 없다.

이로써 우리 고찰의 내적인 맥락은 막을 내린다. 다음과 같은 점이 더욱 더 명료해진다. 즉 어떻게 세계문제 자체가 이러한 근본기분에서부터 움터 나오는지, 즉 어떻게 세계문제 자체가 우선 어쨌든 이러한 근본기분에서부터 아주 특정한 지침을 제공받는지 하는 점 말이다. 인간 현존재의 한 근본기분으로서의 **깊은 권태**에 대한 해석을 우리에게 열어젖힌 적이 있는 그 **방향**으로 우리가 **되돌아가는** 사이에, 우리는 우리가 이전에 잠정적인 성격들로서 특징지어놓았던 세계개념의 그 계기들을 이제 근원적으로 머리에 떠올려야 한다는 과제에 직면하게 되었다. 어떻게 이러한 근본기분과 이 근본기분 속에 포함되어 놓인 바로 그 모든 것이 우리가 동물의 본질로서 주장했던 바로 그것, 즉 '얼빠져 있음'에 비해서 두드러지게 보여질 수 있는가 하는 점이 드러나게 된다. 동물의 본질에 비해서 이렇게 근본기분을 두드러지게 부각하는 일은, 우리가 깊은 권태의 한 특색으로서 특징지었던, 그리고 전체에서의 존재자 내부에 현존재의 **옭아매어 있음**으로서 지칭했던 바로 그것하고의 가장 가까운 가까이에 동물의 본질을, 즉 얼빠져 있음을 언뜻 밀어놓는 것처럼 보이는 바로 그때 우리에게 더욱더 결정적으로 중요해진다. 그 두 본질구성틀들 사이의 이러한 가장 가까운 가까이는 단지 착각에 불과하다는 점, 즉 그 두 본질구성틀 사이에는 어떠한 의미에서의 매개를 통해서도 결코 다리를 놓을 수 없는 하나의 심연이 가로 놓여 있다는 점도 물론 드러나게 된다. 그렇다면 틀림없이 그 두 논제들과 그로써 세계의 본질이 완전히 무너져내리고 마는 것이 우리 눈에 번쩍 뜨일 것이다.

제68절 세계개념에 대한 잠정적인 제한규정 : 세계란 곧 존재자가 그 자체로서 전체에서 개방되어 있음임. 세계 형성에 대한 일반적인 해명

앞에서 제시된 바대로 보자면 우리는 권태를 다루었지, 그 어떤 임의적인 기분을 다루지는 않았다. 설사 우리가 이러한 전체적인 고찰을 이제 인간 본질에 대한 하나의 근본적인 방향 잡기로서 요구한다고 하더라도, 우리는 우선은 분명 이렇게밖에는 말할 수 없다. 즉 권태를 논의하던 자리에서 우리가 하나의 기분을 우리에게 가까이 데려온 적이 있다고 할지라도, 또한 그때 우리가 가까이 데려온 것이 어쩌면 인간의 한 근본기분이었는지도 모른다고 하더라도, 우리가 그때 우리에게 가까이 데려와보았던 것은 단지 그것에서부터 **전체적인 인간**을 추론해서는 안 되는, 하나의 영혼적인 데에다가 일시적인 가능적 체험에 불과한 것이었다고 말이다. 그렇지만 우리는 이미 도입 고찰들에서부터 다음과 같은 사실을 알고 있다—그리고 우리는 이러한 앎을 권태를 구체적으로 해석함으로써 해명한 적이 있다. 즉 기분들 그 자체는 영혼적 삶의 순전한 울림들이나 딸림 현상들이 아니라, 오히려 누군가에게 사정이 이러저러하다는 식의 현존재 자신의 근본방식들이며, 현존재가 이러저러하게 개방된다는 식의 현존재의 방식들이다. 그런 까닭에 우리는 권태를 심리학의 한 객체로서는 결코 다루어볼 수 없었다. 바로 그렇기 때문에 우리는 또한 심리학의 이러한 객체로부터 인간 전체를 결코 추론해낼 수도 없다. 더군다나 이러한 추론을 우리는, 기분이 우리를 훨씬 더 근본적으로 그리고 훨씬 더 본질적으로 우리 자신에게로 데려가는 한 이행할 필요가 없다. 기분 속에서는 누군가에게 사정이 이러하고 저러하다. 그 말이 일컫는 바로 그것이 우리에게 깊은 권태를 내보이고 있다. 현존재가 우리 속에서 개방된다. 그 말은 또다시, 우리가 보통 우리에게는 의식되지 않은 채로 남아 있을 법한 바로 그러한 어떤 사건에 관해서 정보를 받는다는 것을 말하는 것이 아니라, 오히려 다음을 말한다. 즉 현존재가 자기 자신을 전체에서의 존재자 앞에 세운다는 것이다. 기분 속에서는 누군가에게 사정이 이러하고 저러하다 ─여기에는 그러니까 다음과 같은 점이 놓여 있다. 기분은 바로 **전체에서의 존재자**와 우리를 전체 한가운데에 처해 있는 것으로서의 우리 자신에게 개방시킨다. 기분 잡혀 있음과 기분은 영혼적 상태들에 대해서 어떤 것을 알게 되는 것이 결코 아니다. 오히려 그것은 전체에서의 존재자의 그때마다의 특수한 개방성 안으로 **밖으로 나오게 됨**(Hinausgetragenwerden)이며, 그 말은 현존재가 이러한 전체의 한가운데에 각기 그때마다 처해 있는 그대로 현존재 그 자체의 개방되어 있음 안으로 밖으로 나오게 됨을 뜻한다.

반복해서 나는 깊은 권태의 본질적인 계기들을, 즉 우리 권태의 구체적이고 특수한 형태에서 보자면 '**공허 속에 버려져 있음**'과 '**붙잡혀 있음**'을, '**옭아매여 있음**'을 그리고 '**순간에로 밀쳐져 있음**'을 상기해보기로 한다. 그러한 모든 계기들은 어떻게 이러한 기분 안에서 현존재의 온전한 심연이 현존재 한가운데에서 열어젖혀지느냐 하는 점을 우리에게 보여주었다. 바로 존재자의 개방성과 세계에 대한 우리의 물음과 관련하여 우리가 충분히 준비를 갖추고 있을 뿐만 아니라 물음 던짐의 올바른 태도로 벌써 옮겨 놓여 있다는 점을 지금 보기 위해서, 우리는 깊은 권태의 저 모든 계기들을 상기하면서 헤아려야 하고 철저히 헤아려야 한다. 이렇게 '누군가에게 사정이 이러저러하다'는 것은 현존재 그 자체의 한 개방성을 위한 공식으로서 입증된다. 근본기분들은 그러한 개방성의 **특출난** 가능성들이다. 개방되는 바로 그것이 평범한 기분들과는 달리, 더군다나 기분 잡혀 있지 않음과는 달리 더 풍부하고 더 다양하다는 데에 그 특출남이 놓여 있기보다는, 오히려 다름 아닌 개개의 모든 기분 속에서 일정한 방식으로 개방되어 있는 바로 그것이 특출나게 되는 것이다. 우리는 그것을 어떻게 지칭해야 좋을까? 그것은 저 '**전체에서**(im Ganzen)'이다. 이 독특한 '전체에서'라는 것은 그럼에도 불구하고 우리가 깊은 권태에 대한 해석을 잠정적으로 마무리 지었을 때, 우리에게는 수수께끼로 남아 있던 바로 그것이었다. 이 '전체에서'라는 것은 우선 개념으로는 포착되기 어려울 뿐 아니라, 이미 일상적인 경험에도 포착되기 어렵다. 그것도 그것이 아직 최고의 사변만이 밀고 들어갈 수 있는 그런 접근하기 어려운 구역 안에 멀리 떨어져 놓여 있기 때문이 아니라, 오히려 그것이 너무나 가까이 놓여 있는 나머지 그것에 대해서 우리가 그것을 탐지할 만한 거리를 가지고 있지 못하기 때문에 그렇다. 이러한 '전체에서'라는 말을 우리는 존재자에 대해 쓰는데, 그것도 좀더 정확히 말하자면, 그때그때의 존재자의 개방성에 대해서 쓰고 있다. 여기에서부터 우리는 다음과 같은 점을 끄집어낼 수 있다. 즉 맨 처음에 도입한 세계개념은 매우 불충분한 것이었으며 그래서 이제부터는 하나의 더 넓은 규정을 경험하게 된다. 소박한 세계개념으로부터 출발하여 우리는 고찰의 진행을 고정하는 하나의 특정한 **순차적인** 단계를 확인할 수 있다.

소박한 세계개념은 다음과 같이 이해되어 있다. 즉 세계란 곧 **존재자를**

말하는 것이나 다름이 없는데, 심지어 그것이 '삶'하고 '실존'하고 구별되지 않는 식으로 단순히 존재자를 말하는 것이나 다름이 없다. 그때 우리는 동물이 살아가는 양식과 방식을 특징지은 것에서 다음과 같은 사실을 보았다. 즉 만일 우리가 세계와 인간의 세계 형성에 관해서 의미 있게 이야기할 경우, 세계란 어쨌거나 **존재자의 접근 가능성**과 같은 어떤 것을 말하는 것임에 틀림없다. 그러나 우리는 또다시, 우리가 이러한 성격규정과 더불어 하나의 본질적인 어려움과 애매성 안에 빠졌다는 사실을 보았다. 만일 우리가 세계를 그렇게 규정한다면, 우리는 어떤 의미에서는 동물이 세계를 가지고 있다고, 즉 우리가 **우리 측에서부터** 존재자로서 경험하는 어떤 것에 대한 접근을 동물은 가지고 있다고 말할 수도 있을 것이다. 그러나 이에 반해서, 설사 동물이 어떤 것에 대한 접근 가능성을 가지고 있을지는 몰라도, 존재자 그 자체에 대한 접근 가능성은 가지고 있지 않다는 점이 내보여졌다. 여기에서부터 다음과 같은 점이 귀결된다. 즉 세계란 본디 **존재자가 그 자체로서 접근될 수 있음**을 뜻하는 것이다. 그런데 이러한 접근 가능성은 **존재자 그 자체의 한 개방성**에 근거한다. 결국 성과로서 다음과 같은 점을 얻었다. 즉 이러한 존재자 그 자체의 한 개방성이라는 것은 그 어떤 임의적인 양식의 개방성은 결코 아니고, 오히려 그것은 **존재자가 그 자체로서 전체에서 개방되어 있음**이다.

그로써 우리는 세계개념에 대한 하나의 잠정적인 제한규정을 가지게 된 셈이다. 그것이 우리에게 이제 세계현상에 대한 해석을 위한 개별 발걸음들을 앞에 보여준다는 의미에서, 그 잠정적인 제한규정은 일종의 방법적인 기능을 더 많이 가지고 있다. 세계란 존재자 총합이 아니며, 존재자 그 자체의 접근 가능성이 아니며, 접근 가능성의 밑바탕에 놓여 있는 존재자 그 자체의 개방성이 아니다—오히려 세계란 곧 존재자 그 자체로서 전체에서 개방되어 있음이다. 우리는 근본기분을 해석하던 자리에서도 이미 우리에게 밀어닥친 적이 있는 그 계기에서부터, 즉 이 기이한 '**전체에서**'라는 것에서 고찰을 시작해보려고 한다.

세계는—비록 될 수 있는 대로 불명료하게이기는 하지만—우리가 그것을 제시하면서 우선적으로 파악하려는 그대로 보자면 언제나 **전체성**의 성격을, 즉 둥글게 하기의 성격을 띤다. 이러한 '전체에서'—그것은 존재자 바로 그 자체의 한 속성인가, 아니면 단지 존재자의 개방성의 한 계기일 뿐인가, 아니면 그 둘 중에 그 어느 것도 아닌가? 우리는 좀더 잠정적으로 이렇게 물음을 던져보기로 한다. 설사 '전체에서의 존재자'라는 말이 순전히 총합을 뜻하지는 않는다고 해도, 소박한 세계개념이 의미하는 그대로 보자면, 그것은 도대체 바로 그 자체로 존재하는 그것들의 총체성이라는 의미에서 존재자 전체를 뜻하는 것은 아닌가? 만약 이것이 의미되고 있다면, 우리는 하나의 근본기분 안에서 존재자가 전체에서 우리에게 개방되어 있다고는 도대체 결코 이야기하지 못할 것이다. 비록 근본기분이 매우 본질적이라고 하더라도, 근본기분은 바로 그 자체로 존재하는 것의 총체성에 대해서는 결코 우리에게 알려주는 법이 없을 것이다. 그러나 만약 이러한 '전체에서'라는 것이 바로 그 자체로 존재하는 것의 내용적인 전체가 아니라면, 그 경우 이 '전체에서'는 무엇을 뜻하는가? 우리는 이렇게 대답할 것이다. 그것은 우리에게 개방되는 존재자 그 자체의 형태라고 말이다. 그렇기 때문에 '전체에서'라는 말은 곧 '전체라는 형태로'를 말하는 셈이다. 그럼에도 여기에서 형태란 무엇을 일컬으며, 그리고 '우리에게 개방되는'이라는 말은 무엇을 의미하는가? 형태라는 것은 단지, 존재자가 우리에게 곧바로 개방되어 있는 정도까지 존재자 주위에 추후적으로 둘러쳐지는 하나의 테두리에 지나지 않는가? 그리고 이러한 추후적인 테두리는 무엇을 위한 것인가? 존재자는 바로 우리에게서와는 다르게 개방되어 있는가? 그리고 만약 그렇다면, 그 말은 존재자가 우리에 의해서 주관적으로 파악되고 있음을 뜻하는 것이나 다름이 없으며, 그래서 우리는 세계란 바로 그 자체로 존재하는 것에 대한 인간적인 파악의 주관적인 형태이며 형태구성요소라고 말할 수 있게 되는가? 만약 논제의 내용이 '인간은 세계 형성 속에 존재한다'라고 적혀 있다는 것을 우리가 염두에 둔다면, 사실상 그 모든 것은 저러한 결과에 이를 수밖에 없지 않은가? 그로써 알기 쉽게 이렇게 말해진 셈이다. 즉 세계란 그 자체로 존재하는 어떤 것이 아니고, 오히려 일종의 인간이 만들어낸 것이며 주관적이다. 그것은 우리가 지금까지 세계문제와 세계개념에 대해서 말했던 것에 대한 하나의 가능한 해석일 수 있다. 물론 지금 이것은 바로 결정적으로 중요한 문제를 파악하고 있지 못하고 있다.

우리는 지금 '세계 형성'이라는 말로써 무엇이 의미되고 있는지를 일반적으로 말해봄으로써 문제의 입지를 앞서 가리키며 특징규정해보려고 한다. 세계는—논제에 따르면—세계 형성에 속한다. 존재자가 그 자체로서 전체에서 개방되어 있음, 즉 세계는 형성되며, 세계는 오직 하나의 그와 같은 형성에서만 그것인 바로 그것으로 존재한다. 누가 세계를 형성하는가? 논제에 따르면 인간이다. 그런데 인간이란 무엇인가? 인간은 혹시 하나의 합창단을 만들듯이 세계를 형성하는가? "인간"이— 우리가 익숙히 알고 있는 그런 인간이 세계를 형성하는가, 아니면 우리가 대개는 그를 그이로서는 잘 모르는 그런 인간으로서의 인간이 세계를 형성하는가? 인간 자신이 그의 인간 존재에서 어떤 것에 의해 가능하게 되는 한에서 인간은 세계를 형성하는가? '가능하게 해줌'은 정작 우리가 세계 형성으로서 단초 잡고 있는 바로 그것에서는 부분적으로만 성립하고 있기라도 하다는 말인가? 물론 사정은 인간이 실존하고 있고 인간이 여러 다른 것 가운데에서 또한 한번 세계를 형성하는 생각을 해낼 수도 있다는 식이 아니다. 오히려 세계 형성이 일어나고 있고 이러한 세계 형성에 바탕 하여 비로소 한 인간이 실존할 수 있다. 인간으로서의 인간은 세계를 형성하면서 존재한다. 이 말은 마치 인간이 거리를 싸돌아다니듯이 그렇게 세계를 형성하면서 존재한다는 것이 아니라, 오히려 인간 속의 **현-존재**[인간 속 거기에 있음]가 세계를 형성하면서 존재한다는 것을 일컫는다. 세계 형성이라는 말을 우리는 의도적으로 다양한 의미로 사용하고 있다. 인간 속의 현존재는 세계를 **형성한다**. 즉, 1. 현존재는 세계를 건립한다(herstellen). 2. 현존재는 세계에 관한 하나의 그림을, 세계에 관한 하나의 모습을 내준다. 즉 현존재는 세계를 그려낸다(darstellen). 3. 현존재는 세계를 이루어낸다(ausmachen). 즉 현존재는 포용하는 자, 감싸 안는 자이다.

세계현상에 대한 더욱 정확한 해석을 통해서 우리는 형성함의 이러한 세 겹의 뜻에 전거를 가져다대게 될 것이다. 만일 우리가 세계 형성의 이러한 세 겹의 의미에 관해서 이야기한다면, 그러한 일은 언어를 가지고 벌이는 하나의 놀이인가? 물론 그렇다. 다만 좀더 정확히 말해, 그것은 언어 놀이에 참여하여 벌이는 일종의 공동 놀이이다. 이러한 언어 놀이는 장난삼아 해보는 놀이가 아니다. 오히려 그것은 일체의 모든 "논리학"에 앞서 놓여 있는, 그리고 정의형성의 규칙들을 준수하는 것보다도 더 깊은 구속력을 요구하는 법칙성에서부터 발원한다. 물론—철학함이 언어와 함께 이렇게 긴밀히 공동 놀이를 벌이는 자리에는 장난의 위험과 이 장난의 함정 속에 걸려들 위험이 바로 곁에 나란히 도사리고 있다. 그러나 그럼에도 불구하고 우리는—우리가 나중에 더 보게 되겠지만—일상적인 말과 그 개념들의 마력에서부터 벗어나오기 위해서는, 저러한 놀이를 감행하지 않으면 안 된다. 그럼에도 불구하고 세계란 바로 그 자체로 존재하는 것을 인간 측에서 파악하는 주관주의적인 형식이며 그래서 바로 그 자체로 존재하는 것은 아예 있지도 않으며 모든 것은 다 오직 주관 속에서만 연출된다는 점을 설사 우리가 인성하려고 든다고 하더라도, 그 경우 다른 무엇보다도 특히 다음과 같은 점이 물어져야 할 것이다. 즉 인간에게 그것에 대하여 존재자가 미리 개방되어 있지 않고서야 어떻게 인간이 도대체 존재자를 주관적으로 파악하는 데에 이르겠는가? 존재자 그 자체의 이러한 개방성은 어찌 된 일인가? 만일 이미 이러한 개방성에 '전체에서'가 속해 있다고 한다면, 그 경우 그 '전체에서'라는 것은 인간의 주관성을, 다시 말해서 여기에서는 인간의 그때마다의 순간적인 임의를 벗어나 있는 것은 아닌가?

그런데 세계의 본질에 대한 주도적인 물음에 대한 대답에는 한 걸음도 가까이 가지 못한 채 이렇게 우리를 혼미스럽게 하는 그 모든 물음 속을 우리가 내내 온통 헤매며 다니고 있는 까닭은 무엇인가? 통속적 지성은 그렇게 생각한다. 그리고 통속적 지성이 그런 식으로 생각하는 까닭은, 그것이 세계의 본질에 대해서 묻는 물음의 대답을 애초부터 '오늘 주식 거래소 시세는 어때?' 하는 식으로 묻는 물음의 대답과 동일한 의미로 취하고 있기 때문이다. 어쩌면 우리는 이렇게 너무나 순진한 의견으로부터 자유로워지고 싶어할지도 모르며, 그래서 세계의 본질에 대한 물음이 하나의 간단한 확인을 거쳐 대답될 수 있기를 요구하고 싶은 유혹을 받는다. 예컨대 우리가 앞에서 논의한 권태라는 근본기분을 더 계속 해석해 '존재자가 전체에서 개방되어 있음'을 뜻한다고 정보를 주는 식으로 말이다. 우리가 결국에는 이러한 근본기분에로 되물어 왔다는 **사실**은 분명하다. 그렇지 않다면 그 동일한 것에 대한 해석이 이 강의의 맥락에 아무 소용이 없을 것이다. 그러나 과연 우리가 이러한 되물음을 위해서 충분히 준비를 갖추고 있는가 하는 것은 하나의 다른 물음이다. 그 물음이 불붙게 되는 경우는 우리가 다음과 같은 사실을 상기할 때이다. 즉 근본기분에 대한 해석은 인간에 대한 하나의 개념(영혼, 의식)의 확고한 기반 위에서 우리에게 어떤 영혼적인 체험을 더욱 가까이 가져다주지는 않았다. 오히려 이와는 정반대로 이러한 근본기분은 우리에게 인간 현존재를 조망할 수 있는 근원적인 전망들을 열어 보여주었다. 따라서 우리가 세계문제에 임하기 위한 준비를 갖추는 일은 다음과 같은 점에 성립하고 있어야 할 것이다. 즉 존재자의 개방되어 있음 또는 전체에서의 개방되어 있음과 관련하여 이제 떠오른 물음들을 우리는 이러한 하나의 전망의 방향에서 단초 잡고 있다는 것, 다시 말해서 우리는 적합하지는 않으나 그럼에도 불구하고 아직은 너무나 자연스러운 태도 속에서 알게 모르게 그리고 자명하게 움직이고 있는 것이 아니라는 것이다. 우리가 문제를 본래적으로 파악할 수 있게 된 바로 지금 우리는 하나의 위기 속에 서 있다. 철학적 인식이 본래적으로 튀어나와야 할 순간에 결정적으로 중요한 것은 포착하는 일이기보다는 오히려 고찰의 입지를 숙고하는 일—그것은 일종의 방법적인 반성하고는 아무런 관련도 없다—이라는 사실은, 개개의 모든 학문적 방향 잡음에 비해서 일체의 모든 철학함을 탁월하게 특징짓고 있다. 만일 우리가 지금 서 있는 이러한 비판적인 자리를 숙고할 경우, 그러한 일은 오직 문제를 사태적으로 풀어헤치는 맥락 안에서만 일어날 수 있다.

제69절 개방성의 한 구조계기인 '로서'에 대한 첫 번째 형식적 해석

가. 관련 및 그 관련마디의 전체구조틀인 '로서'가 발언문장과 맺는 연관

그렇지만 지금까지의 개념들 내에서 무엇이 부적합한 것으로서 슬며시 미끄러져들어올 수 있었는가? 세계란 곧 '존재자가 그 자체로서 전체에서 개방되어 있음'이라고 우리는 말했다. 우리는 전에 이미 다음과 같은 점을 지적한 적이 있다. 즉 이러한 성격규정에서는 어떤 수수께끼 같은 것이 떠오르는데, 이러한 '그 자체로서', '존재자가 그 자체로서', '어떤 것이 어떤 것으로서', 'a가 b로서' 등이 그것이다. 이러한 아주 기본 단위적인 '로서(als)'는—그래서 우리는 아주 간단히 이렇게 말할 수 있다—동물에게는 거부되어 있는 바로 그것이다. 우리는 개방성[개방되어 있음]의 본질, 그리고 그로써 이 개방성에 좀더 가까운 규정들을 뒤밟아 사유해보아야 한다. '전체에서'라는 말은 이 수수께끼 같은 '로서'와 연관되어 있다. 만일 우리가 "'로서'라는 것은 무슨 영문인가"라고 물음을 던진다면, 우리는 우선 "그것은 일종의 언어적인 표현형태이다"라고 대답할 것이다. 우리는 그러한 대답에 수긍해도 되는가? 그러한 수긍은 사태들 대신에 순전한 낱말들 속에서 철학하는 것이 되어버리는 것은 아닌가? 하지만 우리는 이내 곧, 우리가 이러한 '로서', 'a가 b로서', '존재자가 그 자체로서' 등의 말을 거론하는 자리에서, 비록 우리가 단번에 어떤 것에 대해서 명확한 정보를 제공할 수 있는 입장에 있지는 않더라도, 그 어떤 것을 사유하고는 있다는 것을 확연히 알게 된다. 너무나 불필요한 일인지는 몰라도, 이러한 '로서'가 라틴어에서도 본질적인 말이며—콰(qua, '로서'), 엔스 콰 엔스(ens qua ens, 존재자로서의 존재자)—그리고 그리스어에서는—헤(ἦ, '로서'), 온 헤 온(ὄν ἦ ὄν, 존재자로서의 존재자)—더더욱 그러하다는 점을 참고해볼 수 있다. 따라서 '로서'라는 말은 결코 우리 언어[독일어]가 가지고 있는 순전한 괴벽에 불과하지 않다. 오히려 그것은 명백히 현존재 자신의 의미 안에 어떻게든 근거 제시되어 놓여 있는 것이다. '로서(als)', 콰(qua), 헤(ἦ) 하는 이러한 언어적 표현이 뜻하는 것은 무엇인가? 물론 우리는 이러한 불변화 품사를 주시하다가 오랫동안 충분히 주시하고 난 다음 그 배후에서 어떤 것을 발견한다는 식으로 조치를 취해서는 안 된다. 오히려 중요한 것은 다름 아닌 바로, 이러한 '로서'가 거기에서부터 그리고 거기에 대해서 하나의 특수한 뜻의 각인으로서 자라나와 있는 그 근원적인 맥락을 밝게 부각시키는 일이다.

그러나 '로서'라는 말이 하나의 '관련(Bezieung)'을 뜻한다는 것, 즉 '로서'라는 말은 따로 그 자체로 주어져 있지 않다는 것을 우리는 어렵지 않게 확인할 수 있다. '로서'는, 이 '로서' 속에 들어 있는 바로 그 어떤 것을 지시하며, 이와 마찬가지로 그것은 그것이 **그것으로서** 있는 바로 그 **다른 어떤 것**을 지시한다. '로서'에는 하나의 관련이 놓여 있으며, 그로써 두 개의 **관련마디**가 놓여 있는데, 이 관련마디는 단지 두 개의 마디라기보다는 오히려 첫 번째 마디가 하나의 마디라면 두 번째 마디는 다른 마디이다. 그러나 관련과 관련마디가 띠는 이러한 **전체구조틀** 자체는 허공에 붕 떠다니지 않는다. 그것은 어디에 속하는가? 우리가 그 내막을 알게 되는 경우란, 우리가 'a가 b로서'라는 말을 돌려서 표현하여 이렇게 말할 때이다. 즉 'b인 한에서 a'라고 말이다. 이렇듯 '로서'라는 말은 오직, 존재자가 이미 앞에 주어져 있을 때에만 그 기능을 시작할 수 있으며, 그다음에 그것은 이 존재자를 이러저러하게 형성된 것으로서 명시적으로 만드는 데에 쓰인다. 하나의 b로 존재하는 a가 앞에 주어져 있다. a의 이러한 b-존재[임]는 '로서'라는 말에 **명시적으로** 부각된다. '로서'라는 말로써 무엇이 의미되는지를 우리는, 우리가 그것을 언어적으로 명료히 하기 이전에, 근본적으로 이미 알고 있다. 우리는 그것을 예컨대 'a는 b이다(a ist b)'라는 단순한 문장에서 알고 있다. 이러한 발언의 이해에서는 a가 b로서 이해되고 있다. 이렇듯 '로서'는 그 구조상 단순한 발언문장에 속한다. '로서'란 곧 단순한 **발언문장**이라는 의미에서의 문장구조의 한 구조계기이다.

그런데 단순한 문장이라는 것은 그것에 관해서 사람들이 그것은 **참** 또는 **거짓**이라고 말하는 형성물이다. 그러나 하나의 문장이 참인 경우는 그 문장이 그것에 대해서 발언하는 바로 그것과 그 문장이 **일치**할 때, 다시 말해서 그 문장이 그것과의 발언하는 일치를 통해서 우리에게 사태가 무엇이며 어떻게 존재하는지에 관해 드러내어 알려줄 때이다. 그런데 무엇인가에 관해 드러내어 알려준다고 함은 곧, '공개적으로 알림', '개방시켜줌[드러내어 밝혀줌]'을 뜻한다. 그 문장이 참인 까닭은, 그 문장이 **사태의** 한 **개방성**을 함유하기 때문이다. **개방시켜주는 문장**의 구조는 그 자체 내에 이러한 '로서'를 지닌다.

그렇지만 우리는 다음과 같은 점을 보았다. 즉 존재자의 개방성이란 언제나 곧, '존재자가 그 자체로서 개방되어 있음'임을 말이다. '로서'는 개방성에 속하며 그리고 이러한 개방성과 너불이 '로서'는 공통의 고향을 우리가 단순한 문장—'a는 b이다'—이라고 부르는 그런 형성체 안에 같이 둔다. 따라서 만약 우리가 이러한 '발언' 형성물의 구조를 뒤밟아 나아간다면, 우리는 '로서'와 그리고 이 '로서'가 개방성과 맺는 연관에 대해서, 그리고 그래서 이 개방성 자체에 대해서, 그리고 그로써 세계의 본질에 대해서 올바른 규명을 단숨에 얻게 될 것이다.

나. 형이상학이 세계문제를 비근원적으로 전개한 데에 대한 이유는 형이상학이 로고스에 그리고 논리학에 방향 잡음임

발언, 판단이 고대철학에서는 '로고스(λόγος)'라고 불린다. 그런데 로고스— 그것은 논리학의 본 주제이다. 그리고 세계에 관한 우리의 문제—이에 따르면 세계란 우선은 '존재자가 그 자체로서 전체에서 개방되어 있음'을 뜻한다—는 이러한 구조를 긴밀하게 밝혀 보이는 데에 즈음해서 로고스의 문제로 소급해서 이끌려진다. 세계의 본질에 대한 물음은 형이상학의 한 근본물음이다. 형이상학의 근본물음으로서 세계물음은 논리학에로 소급해 이끌려진다. 따라서 논리학은 형이상학의 본래적인 기반인 셈이다. 이와 같은 맥락이 너무나 진저리나도록 명백하여, 만일 그러한 맥락이 옛날부터 철학 속으로 끈질기게 파고들지 않았다면 사람들은 틀림없이 의아해할 것이다. 그리고 사실상 그렇다—바로 막 세계문제의 도움을 빌려 전개한 바로 그것, 즉 이러한 맥락은 전체 서양 형이상학과 이 형이상학의 물음들을 위한 기반이며 궤도이다. 이때 로고스와 이 로고스의 진리에 관한 모든 문제들을 형이상학의 문제들로서, 다시 말해서 존재에 대한 물음들로서 논의하는 일을 논리학이 앞에 보여주는 한에서 그렇다. 그러나 그 말은 우리가 첫눈에 헤아려보는 것보다 더 많은 것을 뜻한다. 이러한 실상에 대한 가장 날카로운 지표는 다음과 같은 사실에 주어져 있다. 즉 우리는 오늘날, 도대체 근원을 전혀 사유함이 없이, 우리가 본래적인 것으로 인식하여 형이상학의 문제로 삼는 존재의 그러한 기본요소들을 알게 모르게 그리고 음미해 보지도 않은 채 범주들이라고 지칭해버리고 있다. 카테고리아(κατηγορία), 즉 그리스어로 '발언'이라는 것은 로고스에 특정한 방식으로 들어오는 계기들을 의미하는데, 그와 같은 계기들을 로고스는 카테고리아들(κατηγορίαι)로서 필연적으로 함께 말하며, 그러한 함께 말해진 것은 나름의 특정한 가능성들을 가지고 있다. 존재규정들은 범주들로서, 다시 말해 존재자의 규정들로서 파악되며, 존재자가 로고스에 대해 어떤 관계에 있느냐 하는 관점에서 파악된다. 로고스로 쏠린 형이상학의 이러한 근본방향이 철학을 두루 지배할 뿐 아니라—"범주들"로서의 존재규정들—학문적 사유 일반을 두루 지배하며, 존재자에 대한 모든 설명하고 해석하는 행동관계를 다 지배한다. 그럼에도 불구하고 우리는 이렇게 우리에게 자명하게 되어 버린, 그리고 아주 강화된, 논리학과 형이상학 사이의 이러한 연관은 과연 정당하게 성립하는지, 아니면 혹시 하나의 **더욱더 근원적인 문제틀**이 있는지 또는 있어야 하는 것인지와 같은 물음을 제기해보아야 한다. 그리고 가장 넓은 의미의 논리학에 형이상학이 방향 잡게 된 연유를 정작 형이상학 안에서의 통상적인 물음제기가 혹시 다음과 같은 점에, 즉 세계문제의 독특함에 대한 통찰이 지금까지는 억제되어 있었다고 하는 점에 감사하고 있는 것은 아닌지 말이다.

'로서'의 구조계기를 계속 물어나가기에 앞서, 우리는 그 '로서'라는 것과 주도적인 세계문제 사이의 연관을 한 번 더 끄집어내보기로 한다. 우리는 세계문제를 '인간은 세계 형성 속에 존재한다'라는 논제로 정식화하고 있다. 그로써 인간과 세계 사이에 하나의 연관이 드러나 알려진다. 인간의 본질을 규정하는 일은 어쩌면 이러한 세계 형성의 문제를 전개하는 일과 동일한지도 모른다. 인간에 대한 임의의 정의를 세계문제에 끌어다대서는 안 되고, 오히려 적어도 우리는 인간으로 향한 하나의 시야의 위치를 자기것으로 만들어 그 안에서 인간 자체의 본질을 의문시해보아야 한다. 우리는 하나의 성의를 고수해서는 안 되고, 오히려 문제를 하나의 근본기분에서부터 전개시켜보아야 한다. 특히나 이러한 근본기분 자체는 인간 현존재 그 자체를, 다시 말해서 동시에 이 인간 현존재가 그 한가운데에 처해 있는 그런 전체에서의 존재자를 개방해주려는 경향을 가진다. 설령 세계문제의 과제가 아무리 그것의 장소와 그 문제의 기반의 견지에서 확보되더라도, 이제 분명 하나의 결정적인 어려움이 생겨난다. 우리는 근본기분에 대한 해석이 인간의 영혼적인 속성을 확인하면서 기술하는 일이 결코 아니었음을 기억하고 있다. 그 당시에 성립했던 어려움, 즉 인간에 대한 물음에서 올바른 태도를 획득하는 어려움이 지금 여기 이 자리에서 더욱 날카로워지고 있다. 우리는 세계를 '존재자가 그 자체로서 그리고 전체에서 개방되어 있음'이라고 간주함으로써 문제를 확보해놓고 있다. 우리는 여기에서 두 개의 규정을 두드러지게 부각했다. 즉 '존재자가 그 **자체로서**'라는 계기와 그리고 '**전체에서**'라는 계기가 그것이다. 이제는 문제를 다음과 같은 식으로 전개해볼 필요가 있다. 즉 이러한 양 구조계기들의 내적인 유대성을 그것들의 근거에서부터 개념파악하여 그로써 현상 안으로 진입할 수 있는 하나의 돌파구를 낸다는 식으로 말이다. 만일 '어떤 것으로서'라는 구조계기를 해명해야 하는 이러한 과제에 우리가 구체적으로 착수한다면, 그 경우 이 과제는 겉으로는 자명한 것처럼 보일 것이다. 특히나 그 과제는 우리를 잘 알려진, 그리고 철학의 역사 내에서는 빈번하게 다루어졌던 그런 맥락 속으로 이끌어들일 것이다. '로서'는 일종의 관련이며, 그리고 관련으로서 그것은 관련마디들에 관련되어 있다. 즉 그것은 하나의 관련인데, 우리가 그 관련을 '그것이 b인 한에서의 a', 'a의 b-존재[임]'와 연관된 '로서'라고 기술할 때 그 관련의 성격이 우리에게 밝혀진다. 그렇다면 a의 그와 같은 b-존재[임]는 'a는 b이다(a ist b)'와 같은 문장 속에 성립하고 있는 셈이다. 이렇듯 문장 자체 속에는 필연적으로 이미 a를 b로서 파악하는 일이 밑바탕에 깔려 있다. 그로써 우리는 '로서'가 문장, 로고스, 판단과 맺고 있는 그런 연관에 마주치고 있다. 로고스라는 이러한 현상은 철학 일반 내에, 특히 논리학 내에 잘 알려져 있을 뿐만 아니라, 이성, 라치오(ratio, 근거)라는 넓은 의미에서의 로고스는 존재의 문제틀이 거기에서부터 전개되어 나오는 그런 차원이기도 하다. 그러한 까닭에 헤겔, 즉 서양 형이상학의 마지막 위대한 형이상학자인 그에게는 형이상학이 이성에 관한 학문으로서의 논리학과 합치를 이루고 있다.

421   앞에서 특징지은 형이상학의 기반과 형이상학이 문장의 진리에 방향을

잠음이 설사 어떤 관점에서 볼 때 필연적이기는 하지만, 그럼에도 그것은 근원적이지 않다. 이러한 비근원성은 지금까지 세계문제를 올바로 전개하는 일을 억눌러왔다. 이렇게 자명하게 되어버린 형이상학과 논리학 사이의 이러한 연관은 세계 문제에 접근할 수 있게 해주는 그런 문제틀을 전개하는 일을 방해하는데, 우리는 그 점을 즉각 알아보지 못하고 있다. 그렇기 때문에 우리는 비록 우리의 문제틀 속으로 어떤 부적합한 물음제기들이 이미 슬며시 미끄러져들어와 있다고 하더라도 놀랄 필요는 없다. 우리는 다음과 같은 점에 대해서 의아해할 필요가 없다. 즉 '로서'의 문제를 이렇게 잠정적으로 설명함으로써 우리 자신은 이미 하나의 **부적합한 물음제기** 안에서 움직이고 있는데, 그러한 물음제기는, 그것이 유일한 것으로 확정되어 버릴 때, 불운이 되고 만다.

제70절 모든 형이상학적 문제들과 개념들의 이해를 위한 원칙적인 방법적 고려. 그러한 방법적인 고려가 범하고 있는 오해의 두 가지 근본형태들

가. 첫 번째 오해: 철학적 문제를 넓은 의미에서 어떤 눈앞의 것으로서 논의함. 철학 개념들의 근본성격으로서 형식적 지시

우리는 방금 말한 것을 간략히 살펴보려고 한다. 특히 이 기회에 우리는 일체의 모든 형이상학적 문제들과 개념들의 이해를 위해서 방향을 지시해줄 하나의 원칙적인 **방법적** 고려에 부딪혀보기로 한다. 나는 **칸트**가 형이상학 밑에 근거를 놓는 작업을 진척시키던 중에 처음으로 밝게 드러내보였던 하나의 **깨달음**을 간략히 소개하겠다. **칸트**는 처음으로 형이상학적 개념들에서의 한—그것도 필연적인—"가상"을 제시한 석이 있는데, 그것은 이러한 개념들을 무효로 매도하지는 않지만 다른 한편에서 보자면 형이상학을 위해서 하나의 특별한 문제틀을 반드시 만들게 마련인 하나의 가상이다. 칸트는 그러한 가상을 변증법적 가상이라고 지칭한다. 지금은 "명칭"이 중요한 것이 아니라, 사태가 중요하다. 이성의 변증법적 가상 아래에서 **칸트**가 이해하고 있는 것은 다음과 같이 독특한 점이다. 즉 인간의 사유에는 어떤 궁극적인 것과 가장 보편적인 것을 의미하는 개념들이 주어져 있다는 것, 그리고 모든 구체적인 사유를 주도하며 어떤 의미에서는 근거제시하는, 바로 이러한 궁극적이고 가장 결정적인 개념들은 본질적으로 보자면 그 개념들이 본디 의미하는 바로 그것에 대한 어떤 직관을 통해서 그 개념들의 합당함을 입증할 수 있는 가능성을 결여하고 있다는 것이다. 이러한 입증의 가능성이 결여되어 있기 때문에, 그런데 지성은 이러한 결여를 보지 못하기 때문에, 즉 입증이 도대체 필요한 것으로 간주되는 것이 아니라 오히려 선험을 밑바탕으로 하여 수행된 것으로 간주되기 때문에, 지성은 하나의 가상으로 빠져든다. **칸트**는 이러한 변증법적 가상의 문제를 초월론적 원리론의 제2부에서, 다시 말해서 초월론적 변증론에서 언급한 적이 있다. 이러한 초월론적 가상의 문제가 과연 뿌리 깊게[철저하게] 충분히 전개되고 있고 근거제시되고 있는가 하는 점은 더 이상 논의하지 않은 채 놓아두기로 한다.

  우리에게 본질적으로 중요한 것은 다른 것이다. **칸트**가 제시한 이 변증법적 가상보다도 훨씬 더 결정적이고 근원적인 것은 하나의 **다른** 가상이다. 그것은 **개개의 모든** 철학적 사유에서 확정되며 이 철학적 사유를 오해에 내맡기는 가상이다. 꼭 '남에게 전달하기'를 뜻할 필요는 없는 바로 그것이 낱말로 오고 표명되는 바로 거기에서만 철학함은 살아 있다. 개념 속에서 이렇게 낱말로 온다고 함은 가령 어떤 숙명적인 불가피함이 아니라, 오히려 이러한 본질적인 인간 행동의 본질이며 힘이다. 그런데 철학함이 밖으로 표명될 경우, 이때 철학함은 오해에 내맡겨지게 된다. 여기에서 오해란 가령 온갖 전문용어들이 띠는 상대적인 다의성과 변화무쌍함 속에 놓이는 오해만이 아니다. 오히려 통속적 지성에게 철학적으로 표명된 것으로서 마주 다가오는 그 모든 것을 통속적 지성이 마치 어떤 눈앞의 것으로서 다 논해버림으로써 이 통속적 지성이 그리로 어쩔 수 없이 빠져들고 마는 바로 그런 본질적인 사태적 오해이다. 특히나 그런 어떤 눈앞의 것이 겉보기에는 마치 본질적으로 존재하는 것처럼 보이기 때문에, 통속적 지성은 애초부터 그런 어떤 눈앞의 것을 그가 일상적으로 관장하는 사물들과 동일한 수준에서 취한다. 이때 그러한 통속적 지성이 생각하지 않고 이해할 수도 없는 사실은 다음과 같다. 즉 그것에 관해서 철학이 다루는 바로 그것은 도대체 오직 인간 현존재의 한 변화 가운데에서만, 그리고 그런 변화에서부터만 열어 밝혀 보여진다는 것이다. 그러나 철학적인 발걸음마다 요구되는 인간의 이러한 변화에 대해서 통속적 지성은 고분고분한 법이 없이 일종의 자연적인 나태함을 좇는데, 이러한 나태함은 칸트가 일찍이 인간 본성 속에나 있는 "부패한 부위"[1]라고 지칭한 적이 있는 바로 그것에 근거한다. 우리의 주도적인 문제와 연관 지어 이야기하자면 그 말은 다음을 일컫는다. 즉 우선 '세계'라는 칭호 아래에서—그리고 어쩌면 여기에서는 그 어디에서도 볼 수 없을 만큼 아주 힘차게—우리는 바로 그 자체로 눈앞에 있는, 그리고 우리가 어느 때나 증거로 끌어댈 수 있기 위해서 확인하기를 바라는 바로 그런 어떤 것을 찾아나서게 된다. 사정은 그렇지 않지만 그러나 그럼에도 불구하고 우리에게는 그러한 의미로 길을 잘못 들려는 경향이 있다는 것을 시초부터 제대로 볼 필요가 있다. 그렇지 않고 다르게 말하자면 다음과 같다. 즉 세계의 본질에 대한 철학적 인식은 어떤 눈앞의 것에 관해서 알게 됨이 절대 아니고, 오히려 물음 던짐으로서 물음을 받는 것을 결코 하나의 눈앞의 것이 되게 하는 법이 없이, 특정하게 방향 지어진 물음 던짐 속에서 어떤 것을 개념파악하면서 열어밝혀 보임이다. 세계 및 그와 같은 것을 적합한 방식으로 주제 안으로 가지고 들어와 그 속에 그것을 견지하

---

1) Kant, *Die Religion innerhalb der Grenzen der bloßen Vernunft*(『순전한 이성의 한계 내에서의 종교』), 칸트 전집, Ernst Cassirer 편집, 제6권, 베를린, 1923년, 178쪽.

기 위해서는 이러한 특정하게 방향 지어진 물음 던짐 자체가 필연적이다.

만일 우리가 이제 예전에 이야기했던 것을 되돌아보면서, 우리가 미리 앞에서 걸어가본 '로서' 구조의 성격규정에서 본디 이행한 것이 무엇이었는가 하고 자문해본다면, 그 점을 다음과 같이 알아들을 수 있을 것이다. 즉 세계는 '존재자가 그 자체로서 전체에서 개방되어 있음'이라는 성격에 의해서 암시되었다고 말이다. 개방되어 있음[개방성]에는 '로서'—존재자가 그 자체로서, 그런저런 것으로서—가 속한다. '로서'에 대한 더 자세한 해설은 우리를 **발언**과 발언진리로 안내했다. 그런데 우리는 '로서'를 어떻게 해설했는가? '로서'를 우리에게 가까이 데려오기 위한 첫 번째 발걸음은 어떠한 것이었는가? 우리는 이렇게 말했다. '로서'는 따로 그 자체로 성립하고 있는 것이 아니라, 그것은 하나의 마디로부터 다른 마디로 이어지는—어떤 것이 어떤 것으로서—하나의 관계이다. 이러한 성격규정은 우리가 '로서'를 사실상 하나의 관련의 형식 속에서 대체로 우리에게 좀더 가까이 데려와볼 수 있는 한에서 형식적으로 옳다. 그러나 '로서'에 대한 이러한 가장 공허한 규정—'로서'-관련—과 더불어, 우리는 이미 '로서'의 고유한 본질을 놓쳐 버렸다는 점을 어렵지 않게 본다. 왜냐하면 두 개의 마디 사이의 한 관련은 '그리고'—a와 b—이기도 하고, 더 나아가 '또는'—c이거나 d—이기도 하기 때문이다. 이제 사람들은 이렇게 대꾸할 것이다. 즉 일종의 '관련'이라는 의미로 '로서'를 성격규정하는 것은, '그리고'-관련과는 대별되는 것으로서 이러한 관련의 특수한 특징규정이 만회되어야 하고 첨가되어야 한다는 점이 고려에 넣어지는 한, 위험스럽지 않다고 말이다. 그러나 바로 여기에서 개개의 모든 형식적 성격규정이 띠는 불운함이 드러난다. 왜냐하면 우리가 '로서'의 특수한 성격을 드러내어 알리려고 시도할 때조차도 과연 우리가 '로서' 일반의 본질을 적중시키는가 하는 점이 의문스럽기 때문이다. 그 점이 의문스러운 까닭은 '로서'를 겉으로는 아무런 해도 없어 보이는—왜냐하면 어느 때나 올바른 것이기 때문에—하나의 관련이라는 의미로 성격규정하는 것을 통해서는 이미 전체 현상이 평준화되어버렸기 때문이다. 그 말은 다음을 뜻하고자 하는 것이다. 즉 만일 어떤 것이 예컨대 관련으로서 특징지어지는 경우, 이때 그 안에서 해당 관련이 다름 아닌 그것인 바로 그것일 수 있는 **차원**은 은폐되어버렸다. 차원이 이렇게 은폐됨으로 해서 그 관련은 개개의 모든 임의적인 다른 관련들과 대등하게 놓이게 된다. 우리는 그 관련을 애초부터 자명하게도, 가장 넓은 의미로 눈앞에 있는 바로 그러한 어떤 것과 어떤 것 사이로 나 있는 바로 그 어떤 것으로서 간주한 적이 있다. 그뿐 아니라 그 관련에 관한 공허하고 형식적 이념은 동시에 관련마디들의 임의적이면서 또한 공허하기도 한 다양성에 속한 것으로 생각되는데, 이때 그러한 관련마디들의 존재양식은 완전히 무차별한 것으로 간주된다—다시 말해서 그것은 이전에 이야기된 것에 따르면, '어떤 것이 어떤 것으로서'라는 가장 넓은 의미에서의 **눈앞의 것**이라는 의미로 간주된다. 거기에서부터 우리는 그다음 아주 안전하게 더 계속해서, 이러한 관련 그 자체를 표명하는 발언으로 몰아대어졌다. 우리가 범주적 문장이라고 익숙히 알고 있는 발언의 그런 저 단순한 형식은 단지, 존재자에 대한 구별 없는 행동관계 및 이러한 행동관계가 일상성 안에서 벌이는 담화 내에서 기본 단위가 되는 그런 문장형식에 불과하다(논리학, 문법학, 말과 언어). 그렇기 때문에 만일 우리가 '로서'를 이러한 특징규정을 통해 '관련'으로서 해설했다고 한다면, 그 경우 거기에는 다음과 같은 사실이 놓여 있는 셈이다. 즉 우리는 이러한 관련을 위한 **차원**을 알게 모르게 **눈앞의 것 일반의 영역**으로서 여기고 있다. 여기에서부터 우리가 여전히 '로서'의 본질에 언젠가는 마주치기를 바란다는 것은 가망이 없는 짓이다—단, 만일 우리가 사전에 이미 '로서'의 참된 본질에 관한 무엇인가를 본 적이 있다면 사정은 다르다.

그럼에도 불구하고 우리는 '로서'를 앞으로도 계속 일종의 관련이라고 부를 수 있으며, '로서'-관련에 관해서 이야기할 수 있다. 다만 우리는 **형**

식적 성격규정은 본질을 내주고 있기는커녕 오히려 거꾸로 바로 다음과 같은 결정적인 과제만을 겨우 지시할 뿐이라는 점을 고려에 넣어야 한다. 즉 관련의 차원을 형식적 성격규정을 통해서 평균화해버리는 대신에, 거꾸로 관련을 이 관련의 고유한 차원에서부터 개념파악해야 한다는 바로 그러한 과제 말이다. '로서'를 일종의 관련이라는 의미로 특징짓는 것은 '로서' 그 자체에 대해서는 아무것도 발언해주지 않고, 단지 하나의 독특한 과제에 대한 지침만을 함축할 뿐이다. 그렇기 때문에 나는 '로서'에 대한 그와 같은 성격규정과 연관 지어 **형식적 지시**(formale Anzeige)에 관해서 이야기해 보겠다. 그러한 형식적 지시라는 것이 철학의 개념성 전반에 대해 미치는 효력범위는 여기 이 자리에서는 설명될 수 없다.

다만 한 가지는 언급되어야 한다. 왜냐하면 세계문제의 이해를 위해―그러나 다른 두 물음[개별성과 유한성의 물음]의 이해를 위해서도―그것이 특별한 중요성을 띠고 있기 때문이다. 일체의 모든 철학적 개념들은 다 **형식적으로 지시하면서** 존재하며, 그리고 그러한 개념들이 그렇게 여겨지는 경우에만 그 개념들은 개념파악함의 진짜 가능성을 내준다. 일체의 모든 학문적인 개념들과는 구별해서 **철학적 개념이 띠고 있는 이러한 근본성격**으로써 무엇이 의미되고 있느냐 하는 것은 하나의 특별히 절박한 보기를 통해서 해설되고 있다―**죽음**의 문제에서, 그것도 인간의 죽음의 문제에서 그렇다. 나는 이러한 죽음의 문제를 『존재와 시간』 제46절 이하에서 아주 특정한 맥락 속에서 전개한 적이 있는데, 그 맥락은 지금은 무시될 수가 있다. 아주 대충 우리는 이렇게 말할 수 있다. 즉 인간 현존재는 이렇게든 저렇게든 죽음을 향한 존재라고 말이다. 인간은 항상 어떠한 방식으로건 죽음, 다시 말해서 그 자신의 죽음과 관계를 맺고 있다. 거기에는 다음과 같은 사실이 놓여 있다. 즉 인간은 그 자신의 현존재의 가장 극단적인 가능성으로서의 죽음 속으로 앞서 달려가볼 수 있으며 거기에서부터 자신을 그 자신의 현존재의 가장 고유하고 온전한 자기성 안에서 이해할 수 있다. 현존재를 이해한다고 함은, 자신을 '거기에-존재함'에로 이해함, 거기에-존재할 수 있음을 의미한다. 현존재의 이러한 가장 극단적인 가능성에서부터 자신을 이해한다고 함은 곧, 가장 극단적인 가능성 안으로 내세워져 있음의 의미 안에서 행동한다는 것을 일컫는다. 이렇게 앞서 달려가보면서 자신의 가장 고유한 죽음에로 자유로움(트여 있음, Freisein)이 현존재의 본래적인 자기존재의 방식으로서 특징지어졌다. 즉 일상적인 자기망각적 분주함의 비본래성과는 구별되는 실존의 본래성으로서 특징규정되었던 것이다. 설사 우리가 문제를 그 맥락에서부터 찢어내어 오직 그 문제가 띠는 특별한 내용과 그 문제를 설명해 들어가는 붓놀림만을 시야에 담아낸다고 하더라도, 결정적인 점을 개념파악하는 것은 그리 어려운 일이 아닐 것이다. 그리고 그럼에도—미혹되는 법이 없는 안전성과 더불어 언제나 거듭 오해가 고개를 들게 된다. 그 점에 대한 이유는 독자에게 명민함이 부족하다는 데에 있는 것이 아니고, 설명된 것으로 파고들어갈 준비가 부족하다는 데에 있는 것도 아니다. 이 경우에는 또한—내가 상상하고 있듯이—해석의 설득력이 부족하다는 데에 있는 것도 아니고, 오히려 통속적 지성의 '자연적인 나태함'에 있다. 철학적인 책들을 읽을 때나 그러한 책들에 대해서 논문을 쓰고 그러한 책들에서 논증할 때 우리 각자는 저 통속적 지성에 사로잡힌 채 우리 각자가 철학하고 있는 것으로 여긴다. 언급되고 있는 문제의 경우에 그러한 일은 다음과 같은 식으로 벌어진다. 즉 만일 죽음 속으로 앞서 달려가봄이 인간 실존의 본래성을 이루고 있다고 한다면, 그 경우 인간은 본래적으로 실존하기 위해서는 끊임없이 죽음을 생각해야 한다. 만일 인간이 그러한 일을 시도할 경우, 인간은 실존을 도대체 버텨낼 수가 없을 것이며, 그리고 이러한 본래적인 실존함의 유일한 방식이 있다면 그것은 자살일 것이다. 그러나 인간의 본래적인 실존의 본질을 자살에서, 즉 실존의 말살에서 찾는 것은 일종의 모순이며 또한 마찬가지로 미친 귀결이다. 이렇듯 앞에서 본래적인 실존을 죽음에로 앞서 달려가봄이라고 해석한 것은 그 자체로 이미 불가능한 인생관의 순전한 제멋대로의 자의인 셈이다. 여기에서 오해는 어디에 놓여 있는가? 오해는 잘못된 추론에 놓여 있지 않고, 오히려 근본태도에 놓여 있다. 이 근본태도는 비로소 특별하게 자리잡혀지는 것이 아니라, 오히려 자연적인 순조로운 삶(Dahinleben)에서부터 생겨나오는 것이다. 애초에 이러한 근본자세에서부터 사람들은 그와 같은 자연적인 순조로운 삶 따위를 돌, 식물, 동물 등과도 나란히 곁에 주어져 있는, 인간들이 띠고 있는 속성들에 대한 일종의 보고로서 간주하고 있다. 인간 속에는 죽음에 대한 하나의 관계가 **눈앞**에 있다. 이러한 관계에 관해서는 다음과 같이 주장된다. 즉 그러한 관계는 인간의 본래적인 실존을 이루고 있다고 말이다. 다시 말해서, 인간 속에서 **눈앞**에 있는 죽음과의 이러한 관계는 하나의 지속적인 상태가 되어야 한다는 점이 요구되고 있는 셈이다. 그런데 거기에 그렇게 있는 인간들은 버텨낼 수가 없을 테고 그럼에도 그러한 인간들이 바로 눈앞에 있고 종종 매우 기쁘게 존재하기 때문에, 실존에 대한 저 암울한 견해는 불가능하다.

  애초부터 보이지 않게 영향력을 행사하고 있는 이러한 근본태도와 더불어 이미 죽음, 죽음에 대한 인간의 관계가 마치 어떤 **눈앞의 것**처럼 간주되고 있다. 항상 눈앞에 있는 바로 그것이 통속적 지성에게는 본래적으로 존재하는 것이기 때문에, 통속적 지성은 실존의 본래성을 다름 아닌 바로 죽음에 대한 관계의 항상 눈앞에 있음에서, 그러한 죽음에 대한 지속적인 사유에서 본다. 우리 중 누구도 그것으로부터 면제될 수 없는 이러한 근본태도에서 애초부터 간과되어 있는 사실은 다음과 같다. 실존, 인간 실존함의 근본성격은 **결단성**(Entschlossenheit)에 놓여 있으며, 이 결단성은 내가 가지고 있는 어떤 눈앞의 상태가 아니고 오히려 거꾸로 결단성이 나를 가지고 있다. 그런데 결단성은 그것이 무엇인 바로 그러한 것으로서는 오직 언제나 **순간**(Augenblick)으로서, 즉 현실적인 행동의 순간으로서 존재한다. 그러나 결단성의 이러한 순간들은 시간화하는데, 그 까닭은 그러한 순간들이 시간차원적인 어떤 것이기 때문에, 언제나 오직 현존재의 시간성 속에서만 존재하기 때문이다. 물론 통속적 지성도 시간에서 순간을 보기는 하지만, 순간을 단지 계기로서만 볼 뿐이며 계기를 그 일상성에서 그저 잠시 눈앞에 있는 바로 그것으로서 볼 뿐이다. 그러한 통속적 지성은 순간의 본질을 볼 수 있는 안목이 없는데, 한 현존재의 시간 전체를 참작해보건대 순간의 본질은 순간의 드묾에 터한다. 순간들의 드묾과 이러한 드묾의 탈자적인 폭을 통속적 지성은 파악할 능력이 없다. 왜냐하면 이 통속적 지성에게는 기억의 힘이 없기 때문이다. 통속적 지성은 단지 그러한 드묾에 대한 기억만을 가지고 있을 뿐인데, 그 기억 속에 통속적 지성은 이전에 눈앞에 있던 것을 지금은 더는 눈앞에 있지 않은 것으로서 보관하고 있다. 결의된 행동의 드묾이라고 우리가 부르는 바로 그것은 순간의 한 탁월함인데, 이러한 탁월함으로 말미암아 순간은 곧바로 그 자신의 시간성에 대해서 하나의 매우 특수한 관련을 가진다. 왜냐하면 순간이 시간화하고 있지 않은 곳에서는 아무것도 눈앞에 없는 것이 아니고 오히려 언제나 이미 일상성의 시간성이 있기 때문이다. 그렇기 때문에 사정은, 마치 인간이 죽음 속으로 앞서 달려가보는 일을 버텨내지 못하기 때문에 그가 그러한 일에서부터 비로소 다시 그 자신의 행동의 비본래성에로 도로 몰래 빠져나갈 수밖에 없다는 식이 아니라, 오히려 이렇게 비본래성에로 되돌아간다는 것이 곧 순간을 꺼버리는 것이다. 그러한 꺼버림은 어떤 외적인 원인들에서부터 마침내 고개를 들게 되는 것이 아니고, 오히려 그것은 순간의 순간성 속에 본질차원적으로 근거제시되어 있다. 그러나 현존재의 일상성도—이 일상성이 비본래성 안에 머무는 한—순간과 이 순간의 타오름에 비하자면 분명 일종의 되가라앉음이다. 그러나 그 자체에서 보자면 일상성은 절대 어떤 부정적인 것은 아니며, 특히나 그저 눈앞에 있는 어떤 것도 아니고, 본래적 행동의 순간들에 의해서 중단되어버리게 될 하나의 지속상태이다. 본래적 실존과 비본래적 실존, 순간과 무순간성 사이의 전체적 연관은 인간 속에서 벌어지는 어떤 눈앞의 것이 아니라, 오히려 현존재의 전체적인 연관이다. 그러한 전체적인 연관을 깨트려 여는 **개념들**은 오직, 그 개념들이 어떤 눈앞의 것이 띠고 있는 성질들과 장식들을 뜻하는 것들로서 간주되지 않고 오히려 다음과 같은 것을 **지시함(Anzeigen)**으로서 간주될 때에만, 이해될 수 있다. 즉 이해는 존재자에 대한 통속적 견해들로부터 비로소 뿌리쳐 나와 고유하게 그 자신 속의 현-존재에로 변화해야 한다. 이러한 개념들—죽음, 결단성, 역사, 실존—각각에는 이러한 변화에 대한 요구가 놓여 있으며, 그것도 개념들에 대한 추후적인 이른바 윤리적 적용으로서가 아니라, 오히려 개념파악 가능한 것의 차원을 선행적으로 열어밝혀 보임으로서 그렇다. 그 개념들은, 그 개념들이 진짜로 획득되는 한, 언제나 단지 그러한 변화에 대한 요구만을 호소하도록 해주기만 할 뿐, 정작 그러한 변화를 몸소 야기시킬 수는 결코 없기 때문에, 그 개념들은 지시하면서 존재한다. 그 개념들은 현존재 속 안까지 내보여준다. 그런데 현-존재란 언제나—내가 그것을 이해하고 있는 바로는—나의 현-존재이다. 그 개념들은 이러한 지시에서는 그래도 그것들의 본질에 따라 각기 그때마다 인간 속의 개별 현존재의 구체화 속 안까지 내보여주기는 하지만, 그러나 이러한 구체화를 그 내용 면에서 결코 이미 함께 데리고 오는 법은 없기 때문에, 그 개념들은 **형식적으로 지시하면서** 존재한다.

　이제 이러한 개념들을 지시에 구애됨이 없이 그것들의 내용에서 취하는 것이 어느 때나 가능하다. 그러나 그럴 경우 그 개념들은 그것들이 의미하는 바로 그것을 내주지 않을 뿐 아니라—본디 불운한 일은 다음과 같다—그 개념들은 토대가 없는 물음제기들을 위한, 진짜 그리고 엄밀하게 한정지어졌다고 추정되는 출발이 되고 만다. 이에 대한 특색 있는 하나의 보기를 든다면, **인간의 자유**의 문제, 그리고 이 문제를 눈앞의 것의 존재양식에 방향 잡은 인과개념의 테두리 내에서 논의하는 일이다. 심지어는 자연의 인과성과는 대비하여 자유 속에서 그리고 자유로서 **다른 것**을 찾는 그런 자리에서도, 사람들은 바로 애초부터 이미 하나의 **인과성**을 찾고 있다. 다시 말해서 사람들은, 자유롭다고 지칭되는 존재자의 실존 성격과 현존재 성격을 가리켜 보이는 지시에 따르지 않고, 자유를 문제 삼는다. 이러한 [자유의] 문제에서 다음과 같은 점이 내보여질 수 있으리라고 본다. 즉 설사 그가 하나의 가상을 보고 있다고는 하지만, 얼마나 **칸트**가 그럼에도 곧바로 근원적인 형이상학적 가상의 희생이 되고 있는가 하는 점 말이다. 초월론적 변증론 내에서 보여지는 자유문제의 바로 이러한 운명은 다음과 같은 점을 똑똑히 내보여주고 있다. 즉 철학자는 이러한 형이상학적 가상 앞에서는 결코 안전이 보장되어 있지 않다는 것, 그리고 개개의 모든 철학은 문제틀을 뿌리 깊게 전개하려고 더 많이 분투하면 분투할수록 이러한 가상의 희생이 될 수밖에 없다는 것이다. 이러한 구체적인 보기에서 **우리가** 그 앞에 직면해 서 있는 바로 그 독특한 어려움이 뚜렷이 드러나고 있는데, 만일 우리가 **세계**의 문제를 가지고서, 그리고 '인간은 **세계 형성 속에 존재한다**'라는 논제를 가지고서 우리가 말하려는 바로 그것을 개념파악해야 하는 경우에 그렇다.

지금까지 수행한 방법적 중간고찰을 우리는 한 번 더 종합요약해보기로 한다. 우리는 세계 형성의 문제를 겉보기에는 단지 방법적으로만 예비하는 것처럼 보이는 자리로 옮아갔다. 그러나 이러한 예비작업은 마치 사태물음으로부터 분리된 서술이 문제였던 것인 양, 그런 식으로 방법적인 것은 아니었고, 오히려 가장 속 깊이에서부터 사태 자체와 함께 자라나와 있는 그런 방법이 문제였다. 나는 우선 형이상학 정초를 위한 칸트의 업적을 언급하는 것으로써 문제를 설명했는데, **칸트**의 그러한 업적은 변증법적 가상을 제시하는 데에 성립하고 있었다. 개념들의 한 특정한 양식에 관련되고 여기에서는 다시 또 하나의 특정한 계기에, 즉 개념들이 직관적으로는 입증될 수 없다는 데에 관련된 이러한 변증법적 가상과 대비해서, 우리는 하나의 더욱 근원적인 가상에로, 즉 그 필연성에서 보자면 인간의 본질에서부터 개념파악될 수 있는 그런 하나의 가상에로 소급되어 가 있었다. 우리는 여기에서 이러한 가상을 근거제시하는 데에로 파고들 수는 없다. 우리가 몰두하고 있는 물음은 다만 이것이다. 어떻게 우리는 우리의 구체적인 문제, 즉 세계의 본질에 대한 물음을 의도하는 가운데 이러한 가상을 적어도 제한적으로나마 모면할 수 있는가? 그러기 위해서는 철학적 개념들이 띠고 있는 관행적인 성격을 숙고해보는 것이 필수적인데, 그러한 숙고에 따르면 철학적 개념들은 모두가 형식적으로 지시하면서 존재한다. 철학적 개념들은 지시하면서 존재한다. 이 말 속에는 다음과 같은 점이 말해져 있다. 즉 이러한 개념들의 뜻 내용은 이 뜻 내용의 관련사항을 직접적으로 의미하며 말하는 것이 아니라, 오히려 하나의 지시만을, 즉 하나의 언급만을 내줄 뿐이다. 그런데 그러한 지시는 이해하는 자가 이러한 개념맥락으로부터 자기 자신을 현존재에로 변화시키는 일을 이행하라는 요구를 받는다는 점을 가리켜 보인다. 그러나 사람들이 이러한 개념들을 지시에 구애됨 없이 마치 일종의 학문적인 개념처럼 지성의 통속적 파악 내에서 취하는 한, 철학의 문제제기는 온갖 개별문제 속에서 길을 잘못 들어서게 된다. 우리는 그 점을 우리가 '로서'를 해석하던 자리에서 짧게 보기를 들어 설명한 적이 있다. 우리는 이렇게 말했다. 즉 '로서'라는 것은 일종의 관련이며 그리고 그로써 그것은 참이거나 또는 거짓인 문장을 소급지시한다고 말이다. 그렇게 해서 우리는 '로서'와 문장의 진리가 맺는 하나의 연관을 가지게 되었으며, 그로써 우리는, 우리가 세계개념에서 존재자의 개방성으로서 확정해놓은 적이 있는 바로 그것을 가지게 되었다. 죽음이라는 구체적인 보기에서 우리는 다음과 같은 점을 좀더 뚜렷이 드러내보였다. 즉 통속적 지성이 자연적으로 범하는 실책이 어디에 놓여 있길래, 그러한 통속적 지성은 그와 철학적 설명으로서 만나게 되는 바로 그 모든 것을 다 그 자신의 의미에서 취하는지, 즉 눈앞의 것으로서의 존재자가 띠고 있는 그런 성질들에 대한 발언으로서 취하는지 말이다. 그렇기 때문에 가능적인 이해가 완전히 허물어지고 만다는 사실은, 사람들이 죽음을 인간의 한 가능적인 속성으로서 파악하자마자 암시되는 그런 연역들에서부터 얻어진 결과였다. 내가 여기에서 죽음에 대해 넌지시 언급한 바로 그것은 자유의 본질에 대한 물음에서와 동일한 결론을 가지는 것인데, 이러한 [자유의] 문제가 칸트에게서는 더더군다나 거꾸로 뒤바뀐 궤도 속으로 밀어 넣어졌다는 점에서 그렇다.

여기에서 형식적 지시에 대해 짧게 설명해놓은 것은 이제 하나의 특출난 의미에서 세계개념에도 적용된다. 세계라는 말로써 의미되고 있는 바로 그것은, 바로 그 자체로 눈앞에 있는 존재자가 아닐 뿐 아니라 이와 마찬가지로 그것은 일종의 어떻게든 바로 그 자체로 눈앞에 있는 현존재의 구조도 아니다. 세계현상을 우리는 결코 직접적으로 시야에 담아낼 수는 없다. 하지만 여기에서도 세계현상에 관해서 수행된 하나의 해석에서부터 지시에 구애됨이 없이 하나의 내용을 가려내어 그것을 더 계속 말해질 수 있는 하나의 객관적인 정의 속에 보관해둘 수는 있다. 그러나 만약 그렇게 될 경우 이해하는 자는 개개의 모든 철학적 개념 속에 깃들어 있는 결말을 지침으로 내주지 않기 때문에, 그때 그 해석은 토착적인 힘을 빼앗겨버리고 만다.

나. 두 번째 오해 : 철학 개념들의 거꾸로 뒤바뀐 연관과 이 철학 개념들의 고립화

이러한 태만함을 밑바탕으로 하여 철학적 사변은, **철학 개념들의 거꾸로 뒤바뀐 하나의 연관**—그것은 오해의 두 번째 계기이다—을 찾아나서는 자리로 옮아갔다. 칸트가 형이상학의 정초작업을 행한 이래로 서양철학 내에서 체계로 향하는 추세가 전례가 없는 규모로 널리 퍼졌다는 사실을 우리는 너무나 잘 알고 있다. 그것은 하나의 눈여겨볼 만한, 그리고 그 추세의 동기들이 오랫동안 규명되지 않은 현상이다. 그러한 추세는 다음과 같은 점과 연관되어 있다. 즉 철학의 개념성은 만약 이 개념성이 그 내적인 본질에서 취해지지 않는 경우, 하나가 다른 것을 가리키는 성격을 가지는데, 이러한 가리킴은 하나의 연관을 내재적으로 이 연관 자체 속에서 찾도록 종용한다. 그러나 이제 형식적으로 지시하는 모든 개념들과 해석연관들은 이해하는 자를 이 이해하는 자 속의 현존재에 호소하기 때문에, 그로써 이러한 개념들에 아주 고유한 하나의 연관까지도 주어져 있는 셈이다. 그러한 개념들의 고유한 연관은, 우리가 그와 같은 개념들을 지시에 구애됨이 없이 서로서로 변증법적으로 반목시켜서 이를테면 현존재의 한 체계와 같은 그런 것을 안출해낼 경우에 혹 얻어질 수 있을지 모르는 그런 관련들 속에 놓여 있는 것이 아니다. 오히려 개념들의 근원적이고 유일한 연관은 이미 **현존재 자신에 의해서 수립되어 있다.** 연관의 살아 있음은, 현존재가 각기 그때마다 얼마만큼 자기 자신에로 오느냐(그것은 주체적인 반성의 정도와 동일하지 않다) 하는 데에 달려 있다. 연관은 그 자체 역사적이고, 현존재의 역사 속에 은닉되어 있다. 그렇기 때문에 현존재에 대한 형이상학적 해석에는 현존재의 체계가 주어져 있는 것은 결코 아니고, 오히려 내적인 개념적 연관이 곧 역사로서 변모하는 그런 현존재 역사 자체의 연관이다. 형식적으로 지시하는 개념들, 그리고 더더욱이 근본개념들은 그러기 때문에 하나의 특출난 의미에서 보자면 **절대 외따로 고립화되어 취해질 수 없다.** 현존재의 역사성은 하나의 체계학보다도 개별 개념들에 대한 개개의 모든 고립화와 고립화된 분리를 훨씬 더 허용하지 않는다. 그렇게 개별 개념들을 외따로 떼어내고자 하는 쪽으로 쏠리는 경향 역시 마찬가지로 통속적 지성 속에 놓여 있으며, 그러한 경향은 만나는 일체의 모든 것을 다 눈앞의 것으로서 간주하려는 추세에 독특한 방식으로 잇대어 붙여져 있다. 여기 이 점에 대해서도 우리는 하나의 보기—통속적 지성에 대한 거부를 예로 설명하기 위해서가 아니라, 오히려 올바른 이해의 어려움과 그런 이해의 요구를 위해서 시각을 날카롭게 하기 위한, 잘 이해된 하나의 보기—를 들어보기로 한다.

여기 이 자리에서는 보기를 단지 다음과 같이 대략적으로만 암시할 수밖에 없다. 현존재[거기에 존재함]란 다른 무엇보다도 특히, 존재하면서 존재자 그 자체에 대해서 행동관계를 맺음, 그것도 이러한 행동관계가 현존재의 '존재적으로-있음'을 함께 이루는 식으로 그렇게 행동관계를 맺음을 일컫는다. 현존재의 그와 같은 존재를 우리는 **실존**이라고 지칭한다. 현존재가 무엇으로 존재하느냐 하는 것은 현존재가 **어떻게** 존재하느냐, 다시 말해서 실존하느냐 하는 데에 놓여 있다. 현존재의 무엇-임, 즉 현존재의 본질은 현존재의 실존에 놓여 있다(『존재와 시간』, [원서] 42쪽).* 존재자 그 자체에 대한 인간의 일체의 모든 행동관계는 그 자체에서 보자면 오직, 존재하고 있지 **않은** 것을 그 자체로서 이해할 수 있는 능력이 그러한 행동관계에 있을 때에만 가능하다. 존재하고 있지-않은 것과 무성(Nichtigkeit)은 오직, 이해하는 현존재가 애초부터, 그리고 바탕에서부터 **무**(Nichts)에 대해서 태도를 취하고 있을 때에만, 즉 무 안으로 벗어나와서 그 속에 머물러 있을 때에만 이해될 수 있다. 바로 존재자를 존재자로서 존재하기 위해서는 그리고 존재자를 그것의 위력에서 존재자로서 가지기 위해서는 그리고 존재자가 그것의 위력에서 존재자로서 존재하기 위해서는, 무의 가장 내적인 힘을 이해할 필요가 있다. 만약 이제 통속적 지성이 현존재와 현존재의 실존의 근본연관들을 이렇게 밝혀 보이는 자리에 찾아들어와서 거기에서 무의 소리, 그리고 '현존재가 무 안으로 벗어나와 그 속에 머물고 있다'라는 소리를 듣게 된다면, 그 경우 통속적 지성은 단지 무―하나의 어떻게든 눈앞에 있는 것―만을 듣게 될 뿐이며 그리고 현존재마저도 단지 눈앞에 있는 어떤 것으로서만 알아차리게 될 뿐이다. 그래서 통속적 지성은 이렇게 결론을 내린다. 즉 인간은 무 속에서 눈앞에 있다고, 즉 인간은 본디 아무것도 가진 것이 없으며 그러기 때문에 인간은 그 자체가 아무것도 아니라고 말이다. 그와 같은 주장을 하는 철학은 순전한 허무주의이며, 모든 문화의 적이다. 그렇다. 그것은 전적으로 옳은 말이다. 사람들이 일어난 일들을 신문에 난 그대로 이해하고 있다면, 여기 이 경우에서는, 무 안에 머물러 있음은 하나의 다른 눈앞의 것과 관련해서 현존재가 가지고 있는 그런 눈앞의 속성은 결코 아니고 오히려 그것은 현-존재 그 자체가 자신의 존재-가능을 시간화하는 하나의 근본방식이라고 하는 사실이 주목되는 대신에, 무가 고립화되고 현존재가 무 안에 눈앞의 것으로서 세워져 있다. 무란, 아무 것도 눈앞의 것으로 존재하게 하지 못하는 허무한 것이 아니라, 오히려 그것은 유일하게 존재 속 안으로 밀쳐들여 현존재인 우리를 힘차게 존재하도록 지속적으로 밀어붙이는 힘이다.

만일 영리하고 심지어 내면까지 풍부한 사람들이 의미를 단적으로 거꾸로 뒤집는 그와 같은 해석에로 빠져들고 있다면, 이때 새로이 내보여지는 사실은 다음과 같다. 즉 만약 그때마다 현존재의 변화가 일어나지 않는다면, 그것도 일종의 가르침이라는 걸음마 끝에서 일어나지 않는 것이 아니라, 오히려 일종의 자유로이 귀 기울일 수 있음에서부터 일어나지 않는다면, 파악의 온갖 명민함은 물론이거니와 서술의 온갖 강렬함마저도 효력이 없이 남아 있는 셈이다. 그러나 그로써 다음과 같은 점이 말해진 것이라고 볼 수 있다. 즉 통속적 지성의 측에서 이렇게 오해를 범하고 있는 자리에서는 내 연구작업에 대한 어느 한 적대자와 비평가의 관계가 문제시되는 것이 아니라, 오히려 우리 각자가 끊임없이 결전을 벌여야 하는 그런 관계가 문제시되고 있다—그러나 이른바 추종자가 이른바 적대자보다는 훨씬 더 진지한 법인데, 그러기 때문에 철학자는, 만약 그가 그 자신의 과제를 이해하는 경우, 추종자와 적대자 이 양자를 똑같이 중요하게, 다시 말해서 똑같이 중요하지 않게 여겨야 한다. 현실적인 이해는 결코 뒤따라 흉내 내어 말하는 데에서 증명되는 것이 아니라, 오히려 이해를 하나의 현실적인 행동에로, 즉 객관적인 활동에로 옮겨놓는 힘에서 증명된다. 이때 이러한 객관적인 활동은 결코 그리고 절대 철학적 문헌을 늘리는 데에 일차적으로 성립하지 않는다. 그러므로 이러한 맞겨룸과 그리고 통속적 지성의 유형들에 대한 언급이 도움이 되는 경우는 오직, 우리가 다음과 같은 사실을 개념파악하고 있을 때뿐이다. 통속적 지성은 아예 말 못하는 자이거나 아니면 사물들의 소리를 뚜렷이 들을 수 있는 행운을 가지지 못한 그런 사람들의 소관사가 아니라, 오히려 우리 모두가 각기 서로 상이한 단계에서 이러한 곤경 가운데에 처해 있다.

따라서 만약 우리가 지금 세계문제를 주제적으로 설명해들어가기를 시도할 경우, **세계**라는 말 아래에서 어떤 **눈앞의 것**을 이해하지 **말아야** 할 뿐 아니라 또한 세계현상을 **따로 고립시켜서** 보지 **말아야** 한다는 것이 중요하다. 그렇기 때문에 우리는 우리의 주제에 맞추어 동시에 이미 **세계, 개별화** 그리고 유한성의 내적인 **연관**들이 밖으로 드러나도록 일을 도모하지 않으면 안 된다. 그러나 그 밖에도 우리는 문제를 현실적으로 관철하면서 전개해나아가는 가운데 이러한 문제 속 깊이로 안내해야 하는 어려움을 마다해서는 안 된다. 겉으로는 편한 것처럼 보일지는 몰라도 그러나 그 자체 불가능한, 세계의 본질에 대해서 직접적으로 이야기를 들려주는 따위의 일은 우리는 포기해야만 한다. 왜냐하면 우리는 세계에 관해서―그리고 개별화와 유한성에 관해서도―직접적으로는 아무것도 알 수 없기 때문이다.

지금까지 이야기한 것을 되돌아보면서 우리는 우리가 취했던 방법적 고려를 한 번 더 간략하게 종합요약해보기로 한다. 우리는 철학 개념들에 대해서, 즉 이 철학 개념들이 뜻하는 양식과 방식에 대해서, 다음과 같은 하나의 보편적인 중간 고찰을 감행해보았다. 즉 철학 개념들은 이 개념들 속에서 의미되고 있는 그것을 일종의 눈앞에 있는 것으로서 직접 뜻하는 것이 아니라, 오히려 철학 개념들의 뜻 기능은 형식적 지시의 성격을 가진다. 그럼으로써 이해하는 자는 애초부터, 이해해야 할 것을 자신의 고유한 현존재 속에서 개념파악하라고 하는 요구를 받은 셈이다. 그렇다고 해서 그 말이, 개개의 모든 철학 개념이 다 현존재에 관련될 수 있는 그런 개념들이라는 것을 말하고 있는 것은 아니다. 우리는 철학 개념들 그 자체를 지배하고 있는 오해들을 여러 상이한 보기를 들어가며 드러내보였는데, 죽음, 자유, 무 개념들이 그것들이었다. 우리는 통속적 지성의 파악 추세 속에 놓여 있는 오해의 두 가지 근본형식들을 알게 되었다. 통속적 지성은 의미되고 있는 그것을 1. 그때마다 하나의 눈앞의 것으로서, 그리고 2. 그때마다 하나의 따로 고립된 것으로서 간주하려는 추세를 띠고 있다. 이제 죽음, 자유, 무와 마찬가지로 세계라는 개념도 특수한 철학적 의미에서 이해되어야 한다. 그리고 이 세계라는 개념을 설명해들어가기에 바로 앞서서, 이렇게 오해를 드러내보이는 일은 특별한 중요성을 띤다. 왜냐하면 이러한 세계라는 칭호는 의미되는 그것을 눈앞의 것으로서, 즉 세계를 총합으로서 개념 파악하도록 특별히 종용하고 있기 때문이다.

제71절 발언문장의 구조에 대한 하나의 해석으로부터 출발하여 '로서'의 근원차원 안으로 소급해들어가야 하는 과제

우리는 세계란 존재자가 그 자체로서 전체에서 개방되어 있음을 뜻한다고 말했다. 그 문제를 전개하기 시작한 자리는 '로서'였다. 우리는 '로서'가 문장의 한 구조계기라는 사실을 발견했다. 좀더 정확히 말하자면, '로서'는 개개의 모든 문장발언 속에서 언제나 이미 이해되어 있는 바로 그런 것을 표현한다. 그러나 그로써 이미, 과연 '로서'는 일차적으로 문장 및 문장의 구조에 속한 것인지, 아니면 그것은 오히려 문장구조에 의해서는 전제되어 있는 것은 아닌지 하는 점이 의문시된다. 그렇기 때문에 이러한 '로서'가 그 속에서 근원적으로 움직이고 있고, 그 속에서 이 '로서'가 발원하는 그런 차원에 대해서 긍정적으로 물음을 던져볼 필요가 있다. 그런데 이러한 근원 속으로 소급해들어가는 일은, 우리가 '존재자의 개방되어 있음'이라는 말로써, 우리가 '전체에서'라는 말로써, 의미하고 있는 바로 그것이 그 안에서 본질적으로 존재하고 있는 바로 그런 전체적인 연관을 우리에게 열어

보여주어야 한다. 그러나 이렇게 '로서'의 근원 속으로 소급해들어가는 일을 현실적으로 이행하기 위해서, 우리는 취해진 단초 내에서 다음과 같이 더욱 날카롭게 둘러보아야, 다시 말해서 물어보아야 한다. 즉 문장구조 그 자체가 우리에게 되돌아가도록 가리키고 있는 쪽은 어디인가 하고 말이다.

그런데 문장발언에 대한 이러한 해석에서는 여러 상이한 길들이 가능하다. 지금 우리는, 언제나 이미―비록 어둡게나마― 우리의 물음의 중심점에 서 있었던 하나의 현상에로, 즉 '전체에서'에로, 우리를 동시에 안내하는 그런 길을 선택해보기로 한다. 'a는 b이다'라는 문장이 만약 이 문장의 **밑바탕에 놓여 있는 경험인 a를 b로서 경험하는** 데에서부터 자라나올 수 있는 것이 아니라면, 그 문장은 그 문장이 의미하고 있는 그 무엇에서 그리고 의미되는 것을 그것이 의미하는 그 방식에서, 가능하지 않을 것이다. 따라서 만약 '로서'가 문장이라는 언어적인 형태에서 고유하게 표현되어 있지 않다고 해서, 그것이 곧 이해하는 문장이행의 밑바탕에 이미 '로서'가 놓여 있지 않다는 것을 입증하고 있는 것은 아니다. 왜 '로서'가 문장의 밑바탕에 놓여 있어야 하는가? 그리고 어떻게 '로서'가 문장의 밑바탕에 놓여 있는가? 도대체 하나의 문장이란 무엇인가? 우리는 문장들과 문장에 관해서 여러 겹의 뜻으로 이야기하고는 한다. 일단 우리가 익숙히 알고 있는 것은 기원문, 의문문, 명령문, 평서문이다. 그러나 그다음으로 우리는 원칙, 결론, 정리와 보조정리도 잘 알고 있다. 이 두 부류에서 '문장'이라는 말은 서로 상이한 어떤 것을 뜻한다. 첫 번째 경우에서 우리는, 우리가 특정한 기호(의문기호, 감탄기호, 마침기호)를 통해서, 그러나 무엇보다도 우선 하나의 특정한 억양과 리듬을 통해서, 형상화하고 구분짓는 그런 언어적인 표현의 특정한 방식들을 의미한다. 첫 번째 부류로써 우리는 인간의 한 특정한 행동관계― 기원, 의문, 명령, 간청, 발견, 확인―가 그 안에서 밖으로 이야기되는 그런 언어적인 표현의 단일성들을 의미한다. 이 점에 비해서 두 번째 경우에서 우리는, 문장들의 양식들이 인간의 행동관계의 여러 상이한 방식들을 표현에로 데려오는 것들인 한에서, 문장들의 양식들을 의미하고 있는 것이 아니라, 오히려 우리는 문장들에서는 어떤 것이 어떤 것 위에 확립되는(그러니까 "아래 놓여지는") 한에서, 문장들을 의미한다. 이러한 두 번째 뜻에서 보자면 문장은 차라리 규약이라는 의미로 의미되는 셈인데, 이때에는 물론 논리학의 원칙은 어떤 한 협회의 규약과는 구별된다.

첫 번째 부류에서는, 즉 묻고 명령하고 발언하고 하는 따위의 말함과 정립함에서는 우리는 **정립함**(Setzen)의 **방식들**을 가진다. 두 번째 부류에서는 우리는 단지 **정립된 것**(das Gesetzte)에만 유념할 뿐이다. 즉 한 서술의 한 총체적 내용에 연관된 문장내용과 그 내용의 성격에만 유념할 뿐이다. 만일 우리가 예컨대 **스피노자**(Baruch Spinoza)의 주저인 『윤리학』을 머리에 떠올려본다면, 그 경우 우리는 문장들의 매우 특정한 연쇄를 보는 셈이다. 만일 우리가 '우리는 단지 정립된 것에만 유념할 뿐이다'라고 말한다면, 그 말은 원칙들, 결론들과 보조정리들에는 정립함의 한 특정한 방식이 속해 있지 않다는 것을 일컫는 것이 아니다. 즉 이 모든 문장들은 그것들의 보편적인 성격에 따라보건대 발언문장들이며, 그래서 첫 번째 등급에 속하는 것들이다. 이와는 거꾸로 첫 번째 부류의 문장들의 양식들도―거기에 정립되는 바로 그런 어떤 것에 대한 인간의 행동관계들이 자신의 입장을 표명하는 방식들로서―하나의 내용을 가지고 있는데, 비록 기원문들, 명령문들 그리고 의문문들의 내용을 그 구조에서 파악하기가 어렵다고 해도 그렇다. 왜냐하면 하나의 소망 속에서 소망된 것이 기원문의 내용은 아니기 때문이다. 하나의 기원문에서는 소망된 것에 대해서 나 자신의 입장을 표명하는 것은 아니고, 오히려 나는 나 자신의 입장을 소망된 것으로서 소망하면서 표명한다. 그러나 말하는 자 자신의 입장을 표명함이라는 이러한 계기는 개개의 모든 발언문장에도 다 놓여 있다. 우리가 비록 말해진 것에 애초부터 유념하고 있지 않는 곳인 그런 일상적인 말이 진척되는 가운데에서는 그러한 계기를 아예 뒤편에 놓아두고 있다고 해도 그렇다.

'문장'이라는 칭호 아래에서 우리는 다음과 같이 두 겹의 점을 구별한다. 1. 정립함의 방식으로서의 문장, 2. 정립된 것으로서의 문장. 이러한 구별이 문장문제에 대한 주제적인 논의의 관점에서 볼 때 아무리 불충분하다고 해도, 우선은 우리의 문제를 위한 하나의 암시로서 그 구별에 우리는 만족할 수 있겠다. 만일 우리가 그러한 문장문제를 논의하기 위해서 하나의 특정한 문장형태를, 즉 **단순한 발언문장**을 가려내본다고 할 때, 그렇게 그것이 가려내어지게 되는 까닭은, 이러한 문장형태가 예전부터 문장에 관한 철학적 이론 내에서 하나의 범례적인 역할을 맡아왔기 때문에 그런 것이 아니다. 오히려 이러한 문장형태가 말 일반―로고스―에 관한 학설(논리학)을 결정적으로 규정하게 된 바로 그러한 데에로까지 이르게 했던 이유들 때문에 그렇다. 이러한 이유들은 어떠한 것인가? 우리는 그것들을 이미 잘 알고 있다. 일상적 현존재의 근본성향은 존재하는 것을 바로 눈앞에 있는 것으로서 구별 없이 대하는 그런 행동관계이다. 그와 같은 행동관계가 우선 대개 그 속에서 자신의 입장을 표명하는 그런 합당한 말의 형태는―그것이 대화에서든, 이야기를 들려주기에서든, 보고에서든, 학문적인 논의에서든 간에―'a는 b이다(a ist b)'라는 발언의 이러한 무차별적인 표준형태이다. 이러한 형태를 띠고서 로고스가 맨 처음으로 밀고 나오기 때문에, 그것도 인간이 일상적으로 서로 함께 말을 하는 가운데에서마저도 바로 눈앞에 있는 바로 그런 어떤 것으로서, 그리고 더 나아가, 주로 대개는 눈앞에 있는 그런 말의 양식으로서 그렇게 밀고 나오기 때문에, 이러한 로고스가 로고스에 관한 철학적인 이론을, 즉 논리학을 규정하는 것이다. 아니, 더 나아가서 발언문장으로서의 로고스에 관한 논리학적인 이론이 말과 언어로서의 로고스 일반에 관한 이론 내에서, 다시 말하면 문법학 내에서, 패권을 넘겨받았다. 넓은 의미에서의 언어들에 관한 학문으로서 보편적이고 특별한 문법학의 내적인 구성과 근본개념들 그리고 물음제기들은 수 세기 이래로 그리고 오늘날까지도 아직 해당 논리학의 지배를 받는다. 그로써 언어학 전체가 그리고 그로써 문헌학이 하나의 취약한 기초 위에 머물고 있다는 사실을 우리는 오늘날 겨우 더디게나마 개념파악하기 시작하고 있다. 그러한 점이 일상적으로는 문헌학 내에서 하나의 단순한 사태상황에서 내보여지고 있다. 하나의 운문이 문헌학의 대상이 되는 경우, 문법학의 수단은 작동이 멎어버리며, 그리고 이러한 수단은 곧바로 고도의 언어적인 형성화의 형성물에 직면하게 된다. [문법학의] 그와 같은 분석들은 대개는 상투어들이나 아니면 우연적으로 주워올린 문학적인 관용구에서 끝나버리고 만다. 그리고 그럼에도 불구하고 여기에서도 서서히 이러한 기초들이 뒤흔들리기 시작하고 있으며, 그리고 새로운 것은 아직 시험 중에 있고 우연적이다. 여기에서도 우리는 변화의 한 과정을 보는데, 문헌학이 새로운 기초들 위로 옮겨 놓여지고 있음이 그것이다. 그러나 여기에서도 다음과 같은 의아스러운 일이 나타난다. 즉 젊은이나 늙은이나 마치 도대체 아무 일도 일어나고 있지 않은 양 그렇게 거동하고 있다.

우리는 서양에서 논리학의 역사는 발언문장이라는 의미의 로고스에 대한 그리스인들의 이론에 의해서 규정되어 있으며, 거기에서부터 언어들 일반에 관한 학문이 규정되어 있다고 말했다. 하지만 설사 우리가 그렇게 말했다고 하더라도, 그 점과 동시에 다음과 같은 사실이 그래도 언급되어야 한다. 즉 **플라톤**을 통해서 본질적인 충격들을 받아들인 가운데 가장 먼저 문장의 구조에 대한 통찰로 밀고 들어갔던 동일한 **아리스토텔레스**가 자신의 수사학에서도 웅대한 과제를 인식했으며, 문장적이지 않은 말의 형태들과 그런 말의 형성들을 일종의 해석작업의 관할 아래에 본격적으로 두기 시작했다. 물론, 이러한 시도에 하나의 고유한 전개 가능성을 열어두기에는 여러 근거들에서 논리학의 힘이 너무도 강했다.

이러한 **문장의 문제**에서 하나의 특수한 물음과는 전혀 다른 것이 문제되고 있다는 점을 내보이기 위해서라면 이 정도의 언급으로도 분명 충분하리라고 본다. 그 문제는 그 자체 속에 고대 논리학과 한판 맞겨룸을 벌여야 한다는 과제를 포함하고 있다. 그런데 이러한 과제는 일단 고대 논리학을 고대 형이상학으로 도로 데려가보지 않고서는 아예 착수될 수도 없다. 이러한 과제를 하나의 다른 방향에서 보자면, 그것은 동시에 넓은 의미에서 문헌학을 정돈하는 작업이라고 할 수 있다. 그와 같은 정초작업 아래에서 우리가 이해하는 것은 문법적인 규칙들과 자음변화들을 집중적으로 파고드는 일도 아니고, 문필가들을 그대로 흉내 내어 문학에 대해서 수다를 떠는 일도 아니다. 오히려 로고스를 위한 열정인데, 그러한 열정에서는 인간이 자신의 본질 속 가장 깊숙한 데에서 그 자신의 입장을 표명하고, 그리하여 그러한 표명과 더불어 자신을 동시에 그 자신의 행동, 그 자신의 실존의 본질적인 가능성들의 투명성과 깊이와 위기에로 끄집어내세운다. 그렇다. 겉보기에 손작업적인 것처럼 보이는 문헌학의 그 모든 작업은 오직 여기에서부터만 그 자신의 내적인 자격을 부여받으며, 그리고 비록 상대적이지만 참다운 자신의 필연성도 부여받는다.

'로서'에 대한 첫 번째 해석을 시도하는 가운데 우리는 **발언문장** 쪽으로 인도되었다. 이제 다음과 같은 점이 내보여진다. 즉 이러한 발언문장은 인간의 말 내에서는 그리고 특별히 일상성의 말 내에서는, 즉 눈앞의 것에 대한 현존재의 일상적인 행동관계의 말 내에서는, 그래도 하나의 필연적인 형성물이기는 하다. 그러나 바로 그렇기 때문에 그것은, 통속적 지성이 그것으로써 철학함을 에워싸는 모든 위험스러움들과 유혹들을 그 자체 속에 숨기고 있는 그런 형성물이다. 말의 이러한 형태는 **어떠한 근원적인 형태가** 아니라는 점, 즉 문제를 직접적으로 내보이는 형태가 아니라는 점을 분명 말하고 있음에도 불구하고, 왜 우리는 도대체 말의 이러한 형태에로 파고들어가고 있는가? 왜 우리는 즉각 '로서'의 문제를 올바른 차원 안으로 밀어넣지 않는가? 그 끼닭은, **이러한 차원을 전혀 다른 것으로서** 보는 것이 중요하기 때문이다. 이 전혀 다른 것은 오직, 이것을 우리가 그 안에서 자명하게 움직이고 있는 바로 그런 것과 대비하여 부각시킬 경우에만 발생할 수 있다. 그러나 '로서'와 '전체에서'가 그 속에 바탕을 두고 있는 이 전혀 다른 것을 우리는 단순히 문장구조에 맞서 지키려고 하는 것이 아니라, 오히려 우리는 이 **문장구조를 두루 거쳐지나** 저 전혀 다른 것에로 밀고 나아가려고 하는 것이다. 우리는 발언문장에로 파고들어 가보기로 한다. 왜냐하면 이러한 문장형태가 일상적인 말함의 본질에 속하기 때문이며, 그리고 우리는 이러한 문장형태가 띠고 있는 독특한 점과 유혹적인 점을 오직, 우리가 이 문장형태를 두루 거쳐지나 하나의 전혀 다른 것으로 밀고 나아갈 수 있는 능력이 있을 경우에만, 현실적으로 개념파악하기 때문이다. 그리고 이러한 전혀 다른 것에서부터 비로소 그와 같은 의미에서의 문장의 본질이 개념파악될 수 있다. 그로써 다음과 같은 점이 말해진 셈이다. 즉 어디에 문장구조 자체가 그 고유의 내적인 가능성에 따라 성립하고 있는가 하는 점을 시급히 내보일 필요가 있다. 문장 그 자체가 그 안에서 이미 움직이며 머물고 있는 바로 그런 연관들을 시급히 드러내보일 필요가 있다—그러한 연관들을 문장 그 자체가 비로소 만들어내는 것이 아니라, 오히려 문장이 그 자신의 고유한 본질을 위해서 그러한 연관들을 필요로 한다. 이러한 단초와 함께 문장과 로고스가 이미 하나의 전혀 다른 차원 안으로 들어오고 있다. 문장과 로고스는 이제 더 이상 문제틀의 중심이 아니다. 오히려 문장과 로고스는 이제 하나의 더 멀리까지 미치는 차원 안으로 해체되는 바로 그것이다. 물론 문장문제에 대한 이러한 전체적인 고찰은 여기에서는 세계문제에로 안내하기에 알맞은 그런 맥락들에 제한되고 있다.

제72절 아리스토텔레스에게서 발언문장(로고스 아포판티코스)에 대한 성격규정

우리의 과제가 전승과의 긴밀한 유대성을 확보하기 위해서, 그러나 동시에, 문제의 기본단위가 되는 것을 그것의 전체적인 단일성에서 드러내보이기 위해서, 나는 발언문장에 대한 성격규정을—**아리스토텔레스**가 그것을 그 자신의 여러 논문들에서 제시한 그대로—이야기의 실마리로 삼아보겠다. 그렇지만 미리 앞서 한 번 더 문제를 상기해보자면 이렇다. 즉 세계란 곧 존재자가 그 자체로서 전체에서 개방되어 있음이다. 거기에서는 '로서'와 '전체에서'라는 말이 두드러지게 부각되었다. 이 둘은 개방성과의 연관 안에 서 있다. '로서'는 일종의 '관련'이라는 의미로 파악되었으며, 이 '관련'이라는 말은 단지 '로서'에 대한 **형식적 지시**로서만 소개되었을 뿐이다. 이러한 관련은 문장의 구조에 귀속되어 있다. 문장이란 참 또는 거짓인 바로 그런 것이다. 다시 말해서 발언되는 바로 그것에 맞추는 가운데 발언되는 바로 그것을 드러내어 알리는, 즉 발언되는 바로 그것을 개방시키는 바로 그런 것이다. '로서-관련'과 문장구조와 문장진리 사이의 이러한 연관들의 전체는 우리가 올바로 살펴볼 경우, **아리스토텔레스**가 로고스에 관해서 제시하는 그런 첫 번째 결정적인 해석에서 환히 드러나게 된다. 물론 그렇게 해서 우리가 '로서-현상'이나 '전체에서'라는 저 성격을 그냥 눈으로 보고 손에 쥐게 되는 것은 아니다.

어떻게 로고스의 문제를 내가 형이상학의 의도와 맥락 안에서 전개하는가 하는 데에 대해 대략적인 방향을 안내하기 위해서 나는, 내가 로고스의 문제를 다루어놓았던, 그것도 지금의 형식에서 **벗어나는** 형식으로 다루어놓았던 자리들을 지적해보겠다. 즉 우리의 문제맥락 내에서 물음의 다른 방향들을 추적해보면 다음과 같다. 『존재와 시간』의 제7절 가, 제33절과 제44절—『칸트와 형이상학의 문제』*의 제7절, 제11절, 그리고 그 책의 제3장 전체—『근거의 본질에 관하여』의 제1장, 존재에 대한 형이상학적 물음과 연관 지어서 본 **라이프니츠**에게서의 로고스의 문제 말이다. 그것들은 단지 문제의 역사 내에 머물러 있는 주요 체류지들일 뿐이며, 정작 문제틀 자체의 전개에 대해서는 아무런 완벽한 방향안내도 제시해주고 있지 못하다.

가. 로고스를 일반적인 어법에서 보자면 그것은 곧 '뜻함(세마이네인)' 및 '이해할 수 있게 내줌'으로서의 말이다. 함께 모아 간직하면서 일치에 이르는 사건(게네타이 심볼론—카타 신테켄)이 곧 말의 조건임

우리는 우선, 아리스토텔레스가 로고스에 대해 일반적으로 무엇을 말하는지를 주목하기로 한다. 로고스란 곧 말, 즉 이야기된 것과 말할 수 있는 것의 전체를 일컫는다. 그리스인들은 우리가 가지고 있는 '언어(Sprache)'라는 낱말에 상응하는 어떠한 낱말도 본래 가지고 있지 않았다. 말로서의 로고스는 우리가 '언어'라는 낱말 아래에 이해하고 있는 바로 그것을 의미하지만, 동시에 어휘의 전체보다 그 이상의 것을, 즉 말할 수 있고 따라서 이야기할 수 있는 근본능력을 의미한다. 그래서 그리스인들은 인간을 '초온 로곤 에콘(ζῷον λόγον ἔχον)'— 본질적인 소유로서 말의 가능성을 가지고 있는 생명체—이라고 특징짓는다. 동물은 이러한 말의 가능성이 결핍된 생명체로서 '초온 알로곤(ζῷον ἄλογον)'이다. 인간에 대한 이러한 정의가 그 후 인간에 대한 전통적인 견해로 넘어갔는데, 그 견해에 따르면 우리가 지금 전개해보일 수는 없는 여러 이유들로 말미암아 후세에 '로고스'가 라틴어 '라치오(ratio)'로 번역되었다고 한다. 그다음에는 다음과 같이 말해졌다. 즉 인간은 '아니말 라치오날레(animal rationale)', 즉 하나의 '이성적인 생명체'라고 말이다. 여러분은 이 정의에서부터 인간이 말과 언어에서부터 정의되던 고대에서만 하더라도 결정적으로 중요했던 문제가 어떻게 후의 정의에서는 실종되어버리고 그저 추후적으로만 언어가 다시 소개되는가, 그리고 전체적인 문제틀이 그 때문에 뿌리뽑힌 채 남아 있게 되는가 하는 점을 보게 된다. 그것에서부터 인간이 그의 본래적인 점에서 이해되는 현상을 만일 고대에서만 하더라도 로고스가 서술해내고 있다고 한다면, 그리고 만일 우리 자신이 '인간의 본질은 세계 형성적이다'라고 말한다면, 그 안에서 표현되는 것은 다음과 같다. 즉 만일 도대체 이 두 논제들이 어떤 연관을 가지고 있다면, 로고스와 언어 그리고 세계는 긴밀한 연관 안에 서 있다. 심

지어 우리는 더 멀리까지 나아가 인간에 대한 이러한 고대의 정의를 인간에 대한 우리의 정의에 연관 지어볼 수 있다. 우리는 두 번째 논제에 대한 논의에서부터 다음과 같은 말을 들었던 적이 있다. 즉 동물은 하나의 열려 있음에 의해서 성격규정되어 있다는 것, 즉 동물은 우리가 포위망이라고 부르는 바로 그것에 대해서 동물 자신이 맞댓거리하는 가운데 성격규정되어 있다는 것 말이다. 동물에게는, 동물이 그것에 열려 있는 바로 그것을 하나의 존재자로서 인지하는 능력이 결여되어 있다. 그러나 로고스가 '누스(νοῦς)'에 연관되어 있고 '노에인(νοεῖν)'에, 즉 어떤 것을 인지함에 연관되어 있는 한, 우리는 이렇게 말할 수 있다. 즉 '무엇인가에 열려 있음'이 '**어떤 것을 어떤 것으로서 인지함**'의 성격을 띠는 **방식으로**, 인간에게는 일종의 '무엇인가에 열려 있음'이 속한다. 존재자에 자신을 관련지음의 이러한 양식을 우리는 동물의 댓거리와는 구별해서 행동관계(Verhalten)라고 지칭한다. 이렇듯 인간은 하나의 '초온 로곤 에콘(ζῷον λόγον ἔχον)'이며, 동물은 이에 반해 '알로곤(ἄλογον)'인 것이다. 아무리 우리의 해석과 물음제기가 고대의 그것하고는 전혀 다른 것이라고 하더라도, 우리의 해석과 물음제기는 사태적으로 볼 때 아무런 새로운 것도 말하는 것이 없다. 오히려 철학 내에서는 어디에서나 그리고 어느 때나 그렇듯이, 그것은 순수하게 동일한 것이다.

그러면 이제 언어를 뜻하는 것이나 다름이 없는 이런 일반적인 어법에서의 로고스란 무엇인가? 아리스토텔레스는 이렇게 말한다. "῎Εστι δὲ λόγος ἅπας μὲν σημαντικός."[2] 즉 개개의 모든 말, 모든 말함은 뜻해야 할 어떤 것을, 즉 우리가 이해하는 바로 그와 같은 것을 내줄 가능성을 자체 속에 가진다. 일체의 모든 말함은—그것의 본질과 그것의 가장 내적인 과제에 따라 보자면—이해 가능성의 차원 안으로 세워놓는 것이다. 말과 언어는

---

2) Aristoteles, *Organon*(『기관들』), Theodor Waitz 편집, 라이프치히, 1844년, 제1권, *Hermeneutica (de interpretatione)*(『해석론[해석에 관하여]』), 제4장, 4, 17a 1.

바로 이러한 이해 가능성의 차원을, 즉 상호적인 자기입장표명, 간청, 소망, 물음, 이야기 들려주기 등의 차원을 형성한다. 말은 이해할 수 있게 내주며 이해를 요구한다. 말의 본질에 따라 보자면, 말은 인간들끼리의 자유로운 관계 맺음과 행동에로 향해 있다.

로고스는 이해할 수 있게 내준다. 말의 이러한 본질기능은 하나의 고유한 성격을 가지는데, 그것을 아리스토텔레스는 다음과 같이 말할 때 짧게 암시한다. "λόγος ἅπας μὲν σημαντικός, οὐχ ὡς ὄργανον δέ, ἀλλ᾽ ὥσπερ εἴρηται κατὰ συνθήκην."³⁾ 즉 말의 이러한 '이해할-수 있게-내줌'은, 우리가 기관에서 익숙히 아는 것과 마찬가지로 그렇게 활동에로 옮김, 강제로 어떤 일을 수행하는 그런 기능발휘가 아니다. 다시 말해 '피제이(φύσει, 자연적인 기능)'가 아니다. 말함이란, 이를테면 소화 또는 혈액순환과 같은 진행들의 한 경과가 아니다—ἀλλὰ κατὰ συνθήκην. 말의 본질을 통찰하는 데에 결정적으로 중요한 이러한 표현에 대해 아리스토텔레스는 앞에서의 그 구절에서 다음과 같이 해설한다. 로고스란 "κατὰ συνθήκην, ὅτι φύσει τῶν ὀνομάτων οὐδέν ἐστιν, ἀλλ᾽ ὅταν γένηται σύμβολον, ἐπεὶ δηλοῦσί γέ τι καὶ οἱ ἀγράμματοι ψόφοι, οἷον θηρίων, ὧν οὐδέν ἐστιν ὄνομα."⁴⁾ 즉 언어의 어떠한 낱말도, 마치 이를테면 동물에게서 한 울부짖음이 어떤 생리학적인 상태를 밑바탕으로 유발되듯이 그렇게 하나의 순전한 자연적 연관을 밑바탕으로 하여, 즉 하나의 자연적 진행을 밑바탕으로 하여, 낱말인 바로 그것으로 존재하는 것이 아니다. 오히려, 언제나 하나의 심볼(Symbol)이 발생할 때면(ὅταν γένηται σύμβολον), 낱말이 존재하며 개개의 낱말이 존재한다. 설사 동물들이 자신으로부터 내는 분절되지 않은 소리가 어떤 것을 알려주고는 있다고 해도, 심지어 동물들이—우리가 비록 적합하게 말하고 있는 것은 아니지만 그래도 흔히 말하듯이 그렇게—자기네끼리 의사소통

---

3) 같은 곳.
4) 앞의 책, 제2장, 16a 27 이하.

까지도 할 수 있다고 해도, 동물들이 자신으로부터 내는 이러한 발설들은 결코 낱말이 아니며, 오히려 그것은 순전한 프소포이(ψόφοι), 즉 소음들이다. 그것들은 어떤 것이 빠지고 없는, 즉 뜻(Bedeutung)이 빠지고 없는 음성적 발설(포네[φωνή])이다. 울부짖고 있는 거기에서 동물은 [어떤 것을] 의미하고 있거나 이해하고 있는 것이 아니다. 그러한 점이 다음과 같은 사실로 이끌었다. 즉 사람들은 음성적인 발설, 그리고 뜻이 달라붙은 낱말 사이의 구별을, 후자의 표현이 말해주듯이 서로 연결시켜서, 인간은 음성적인 발설 외에도 이것과 결부하여 그가 이해하는 하나의 뜻을 또 가진다고 말한다. 이로써 문제가 애초부터 거꾸로 뒤바뀐 연관 안으로 떠밀려져버렸다. 그러나 사정은 정작 그와는 거꾸로 되어 있다. 우리[인간의] 존재는 애초부터 우리가 이해하며 이해 가능성을 형성한다는 식으로 존재한다. 우리[인간]의 존재가 그와 같은 식으로 존재하기 때문에 우리가 또한 밖으로 끄집어내놓기도 하는 그런 발설들이 하나의 뜻을 가질 수가 있다. 소리들에 뜻이 깃들어 있는 것이 아니라 오히려 이와는 거꾸로, 이미 형성된 그리고 형성되고 있는 뜻들에서부터 비로소 소리의 각인이 형성된다. 물론 로고스가 포네(φωνή, 음성적 발설)이기는 해도, 일차적으로 포네[음성적 발설]이다가 그다음에 거기에 어떤 것이 덧붙여지는 것이 아니다. 오히려 이와는 거꾸로 로고스는 일차적으로 어떤 다른 것이며, 그러면서 무슨 포네이기도 한 것이다. [로고스는] 일차적으로 무엇인가? '카타 신테켄(κατὰ συνθήκην)'이다. 동물의 음성적 발설(포네)과 넓은 의미에서의 인간의 말 사이에는 하나의 본질적인 구별이 성립한다는 사실을 아리스토텔레스는, 인간의 말은 '카타 신테켄'이라고 말함으로써 암시한다. 그것을 그는 '오탄 게네타이 심볼론(ὅταν γένηται σύμβολον)'이라고 해석한다. '카타 신테켄'은 하나의 심볼론(σύμβολον)의 게네시스(γένεσις)에 기인한다.

물음은 다음과 같다. '오탄 게네타이 심볼론'이라는 말로 아리스토텔레스가 이해하는 것은 무엇인가? 그는 거기에 대해서는 우리에게 어떠한 더 상세한 설명도 내주지 않는다. 그러나 만약 우리가 심볼론(σύμβολον)이라는 말이 무엇을 일컫는지를 묻는다면, 우리는 **아리스토텔레스**가 여기에서 머리에 떠올리고 있는 그 연관 속으로 파고들어갈 수 있는 통찰을 획득할 수 있다. 우리는 '심볼론'을 상징(Symbol)으로 번역하거나 오늘날 나돌고 있는 상징의 한 개념을 심볼론의 자리에 가져다가 앉히거나 하는 일을 경계하지 않으면 안 된다. 심볼론이라는 말은 '하나를 다른 것과 한데에 함께 던져놓기(Zusammenwurf)', '어떤 것을 다른 어떤 것과 한데에 함께 붙이기(Zusammenhalten)', 다시 말해서 '서로 맞붙이기(Aneinanderhalten)', '서로 그리고 서로에로 잇대어 맞추기(An- und Ineinanderfügen)' 등을 뜻한다. 그러기 때문에 심볼론이라는 말은 이음새(Fuge), 솔기(Naht), 관절(Gelenk) 등과 같은 정도를 뜻한다고 볼 수가 있겠는데, 그렇다고 해서 하나가 다른 것과 단순히 한데에 함께 데려와져 있는 것은 아니며, 오히려 서로 맞붙여져 있고, 그래서 서로가 서로에게 꼭 맞아 있는 것이다. 심볼론(σύμβολον)이라고 함은 한데에 함께 붙여진 채 서로 간에 꼭 맞아 있고 그러면서 이때 서로 간에 속하는 것으로서 입증되는 바로 그것이다. '심볼라(σύμβολα)', 즉 구체적인 근원적 의미에서의 상징들이란, 예컨대 서로 친한 두 사람이 자기네끼리 나누는 한 반지의 두 반쪽들인데, 그 두 사람은 이것을 각기 자신의 자식에게 유산으로 물려준다. 그래서 나중에 그 두 사람의 자식들은 만약 이들이 서로 마주치게 되면, 반지의 그 반쪽들을 한데에 함께 붙여보면서 그 반쪽들이 서로 꼭 맞는 한 자신들을 서로에게 속하는 관계로, 다시 말해서 그네들의 아버지 대에서부터 맺어진 친한 사이로서 다시 또 인식하게 된다. 여기에서는 이 낱말에 대한 그 이상의 뜻의 역사를 더 계속해서 추적할 수는 없다. 심볼론의 내적인 뜻은 '서로 맞붙여져 있고 동시에 함께 속하는 것으로서 입증됨' 또는 우리가 일반적으로 이야기하고 있는 그대로 보자면 '한데에-서로 간에 함께 맞붙여보는(비교해보는) 자리에서 일치에 이름'과 같다.

이제 **아리스토텔레스**는 이렇게 말한다. 말(Rede)이 말인 바로 그것으로 존재하는 경우, 다시 말해서 말이 이해 가능성의 한 원을 이루는 경우는 하나의 '심볼론'의 한 '게네시스'가 존재할 때, 즉 '한데에 함께 붙여지게 됨'이 발생하고 그 속에서 동시에 하나의 '일치에 이름'이 놓여 있을 때이다. 하나의 일치에 이르는 일과 한데에 함께 붙여보는 일이 발생할 경우에만, 그리고 그러한 일들이 발생하는 한에서만 말과 낱말은 상징의 발생 속에 존재한다. 이러한 발생이 곧 말의 가능조건이다. 하나의 그와 같은 발생은 비록 동물들이 소리를 밖으로 내기는 하지만, 동물들에게는 결여되어 있다. 동물들의 소리는 어떤 것을 지칭하고는 있다. 즉, 우리가 흔히 말하듯이 그것은 어떤 것에 관해서 알려주고는 있다. 그러나 그럼에도 불구하고 발설들은 낱말이 아니다. 즉 발설들은 어떠한 뜻도 가지고 있지 않으며, 뜻해야 할 아무것도 내줄 수가 없다. 뜻해야 할 어떤 것을 내주는 일을 가능하게 하는 것은 오직 상징의 발생뿐, 즉 그 속에서 애초부터 하나의 '한데에 함께 붙여보는 일'이 일어나는 그런 전체적인 발생, 즉 **'인간이 자신을 어떤 것과 한데에 함께 붙여보는 일'**뿐인데, 다음과 같은 식으로 그렇다. 즉 인간은 그가 자신을 그것에 한데에 함께 붙여보는 바로 그것과 의미함의 방식으로 일치에 이를 수 있다. 인간이 다른 존재자와 행동관계를 맺고 다른 존재자와의 이러한 행동관계를 밑바탕으로 하여 그가 이 다른 존재자를 그 자체로서 의미할 수 있는 한, 인간은 자신을, 그것도 인간 그 자신의 본실에 따라서 하나의 다른 것과 한데에 함께 붙인다. 그와 같은 발생 내부에서 소리들이 자라나오는 한, 그리고 그 소리들이 이러한 의미함에로 자라나오는 한, 그 소리들은 그것들에게로 흡사 다가오는 듯한 그런 뜻들에 봉사하는 데에 나서게 된다. 발설 속에서 그 자체로서 의미되고 있고 의미함이 하나로 포개면서 그것과 일치에 이르는 바로 그런 어떤 것만이 한데에 함께 붙여지게 된다. '한데에 함께 붙이면서 일치에 이르게 함'의 이러한 근**본연관**에서부터, 그리고 그러한 근본연관으로 자라나오는 소리들이 곧 낱말들이다. 애초부터 의미 가능하게 있고 그 자체로서 파악 가능하게 있는 바로 그와 같은 것과 그렇게 일치에 이르는 가운데 그리고 그렇게 일치에 이르는 데에서부터 낱말들, 즉 말이 발생한다. 애초부터 의미 가능한, 그리고 그 자체로서 파악 가능한 바로 그와 같은 것에 여러 사람들이 동시에 함께 서로 일치에 이를 수 있고 일치에 이르러야 하는데, 말 속에서 의미되어 있어야 할 바로 그것으로 그렇다. 로고스가 심볼론(σύμβολον)의 게네시스(γένεσις) 속에 바탕을 두기 때문에 로고스는 카타 신테켄(κατὰ συνθήκην), 즉 '합치(Übereinkunft)'에서부터 존재하는 것이다.

아리스토텔레스가 '심볼론'이라는 칭호 아래에서 아주 어둡게 그리고 아주 대충 그리고 각별한 설명 없이 천재적인 시각을 가지고서 보고 있는 바로 그것은 곧 우리가 오늘날 초월(Transzendenz)이라고 부르는 바로 그것 이외의 다른 것이 아니다. 그 자신의 본질상 초월하고 있는 그런 존재자에게만 언어는 주어져 있다. 그 점이 곧 '하나의 로고스는 카타 신테켄에서부터, 즉 합치에서부터 존재한다'라는 아리스토텔레스의 논제가 띠고 있는 의미이다. 아리스토텔레스의 이러한 논제를 해석하며 사람들이 무엇을 만들어내왔는지에 대해서 나는 이야기하고 싶지 않다. 그렇지만 사람들이 바로 여기 이 지점에서 혼미 속으로 해석을 몰고 갔다는 사실은 우연이 아니다. 왜냐하면 로고스의 본질에 대해서 숙고할 때 사실상 아리스토텔레스 앞에는 두 가지 이론들과 논제들이 대두되어 있는데, 이때 마치 아리스토텔레스가 그 논제들 가운데 한쪽 편을 든 것 같은 인상을 주기 때문이다. 로고스는 피세이(φύσει)가 아니라고, 즉 그 어떤 물리적인 발생과 경과의 산물이 결코 아니며 소화작용이나 혈액순환과 같은 것이 아니라고 아리스토텔레스는 말한다. 오히려 로고스는 그 자신의 '게네시스'를 전혀 다른 것에서, 즉 '피세이'에서가 아니라 오히려 '카타 신테켄'에서 가진다. 초기의 이론으로부터 보자면, 언어는 테세이(θέσει)라는 점이 거기에 상응한다. 즉 낱말들은 자라나는 것이 아니라, 마치 유기적인 진행들처럼 발생하고 형성되는 것이 아니라, 오히려 하나의 합의(Vereinbarung)를 밑바탕으로 하여 낱말인 바로 그것으로 존재한다는 것이다. 아리스토텔레스가 '카타 신테켄'을 말하는 한에서, 겉으로는 마치 그가 다음과 같은 의견을 가지고 있는 것처럼 보인다. 즉 언어는 소리들이 밖으로 끄집어내와지고 인간들이 '우리는 그것을 이런 저런 것으로 이해하려고 한다'라고 합의를 보는 그런 방식으로 형성된다고 말이다. 그렇게 벌어지기는 한다. 하지만 그것은 아리스토텔레스가 아주 훨씬 더 깊이 보았던 언어 자체의 발생(게네시스[γένεσις])의 내적인 본질을 적중시키지 못하는 의견이다. 물론 이때 아리스토텔레스는 어떤 방식에서는 이러한 이론들로부터 출발하고 있기는 하지만, 그러나 그는 새로운 결정적 발걸음들을 내딛음으로써 그 이론들을 극복해나가고 있다. 인간들 서로 간의 **본질차원적인 합치**에서부터 낱말들이 자라나오는데, 그러한 본질차원적인 합치에 따라 인간들은 함께 서로 더불어 존재하는 가운데 그들을 둘러싸고 있는 존재자에게 열려 있어, 그러한 존재자에 대해서 그들 개개인의 의견이 일치할 수도 있고 또 동시에 일치하지 않을 수도 있다. 오직 이렇게 근원적이고 본질차원적으로 일치에 이름을 밑바탕으로 해서만 말이 그 본질기능에서, 즉 세마이네인(σημαίνειν)에서, 즉 '이해 가능한 것을 이해할 수 있게-내줌'에서, 가능하다.

나. 제시하는 말(로고스 아포판티코스)을 그것이 띠고 있는 '탈은폐함(알레테우에인)—은폐함(프세위데스타이)'의 가능성에서 살펴봄

이렇게 해서 우선 우리는, 이러한 아주 넓은 의미에서 로고스의 내적인 가능성이 어디에 터하고 있는지에 대한 이해를 얻었다. 그런데 이제 아리스토텔레스는 이렇게 말한다. "λόγος ἅπας μὲν σημαντικός", 즉 개개의 모든 로고스는 이해할 수 있게 내주기는 한다 —"ἀποφαντικὸς δὲ οὐ πᾶς",[5] 즉 그

---

5) 앞의 책, 제4장, 4, 17a 2 이하.

런데 개개의 모든 말이 다 제시하는 말은 아니다. 다시 말해서 그것이 이해할 수 있게 내줌의 방식으로, 그것이 의미하는 바로 그것을 그 자체로서 다만 제시하기만 할 뿐인 그런 특수한 경향을 띠는 말은 아니다. 로고스 아포판티코스(λόγος ἀποφαντικός), 즉 '제시하는 말'이라는 것은 일단, 우리가 **발언문장**으로써 의미하는 바로 그것이다. 일종의 '제시하지 않는 로고스'라는 것은 예컨대 에우케(εὐκή), 즉 '부탁함'이다. 만일 내가 부탁하면서 말을 한다면, 이때의 말은 내가 어떤 것에 대한 지식을 늘려주려는 의도로 다른 이들에게 어떤 것을 가르치려는 것이 아니다. 그렇다고 해서 부탁이라는 것은 내가 어떤 것을 소망하고 있고 하나의 소망에 의해서 채워져 있다는 사실에 관해서 전달하는 것도 아니다. 이러한 말은 순전한 소망이 아니다. 오히려 '어느 한 다른 이에게 부탁함'이라고 하는 구체적인 실행이다. 아리스토텔레스는 이렇게 말한다. "οἱ μὲν οὖν ἄλλοι ἀφείσθωσαν, ῥητορικῆς γὰρ ἢ ποιητικῆς οἰκειοτέρα ἡ σκέψις, ὁ δὲ ἀποφαντικὸς τῆς νῦν θεωρίας."[6] 즉 제시함의 성격을 가지지 않는, 즉 어떤 것이 무엇이고 어떻게 존재하는지를 확인하면서 보이게 해줌의 성격을 가지지 않는 말함의 이러한 양식들에 대한 탐구, 곧 이러한 로고스에 대한 탐구는 수사학과 시학에 속한다. 그런데 이러한 발언하는 로고스야말로 이제 우리가 현시점에서 고찰해야 할 대상이다.

개개의 모든 로고스는 '세만티코스(σημαντικός)'이며, 그런 까닭에 로고스란 곧 '포네 세만티케(φωνὴ σημαντική)', 즉 '음성적으로 발설되면서 이해 가능성을 형성함'이다. 그러나 그렇다고 해서 모든 '로고스 세만티코스'가 다 '아포판티코스'인 것은 아니다. 이제 물음은 다음과 같다. 어떠한 로고스가 제시적(apophantisch)이며 그리고 무엇에 의하여 로고스가 그와 같은 제시적인 것으로 존재하는가? 개개의 다른 모든 말들과는 대조적으로 '발

---

[6] 앞의 책, 제4장, 17a 5 이하.

언하는 말'을 두드러지게 눈에 띄게 하는 것은 무엇인가? 아리스토텔레스는 이렇게 말한다. '아포판티코스'란 오직 "그 속에서 참임과 거짓임이 발견되는 그런 로고스이다(λόγος, ἐν ᾧ τὸ ἀληθεύειν ἢ ψεύδεσθαι ὑπάρχει)."[7] 이것은 통상적인 번역이며 그것은—자연스러운 번역이다. 그래서 만일 사람들이 그러한 식의 번역에서 벗어날 경우, 그것은 자의적인 일로 간주된다. 그러나 우리는 그러한 식의 번역에서 벗어날 수밖에 없다. 왜냐하면 겉보기에 그저 단어만을 옮겨놓은 것처럼 보이는 그 번역은, 그리스인들이 이러한 규정에서 이해하던 바로 그것을, 그리고 우리를 로고스의 문제로 맨 처음 안내해줄 수 있는 바로 그것을 전혀 그리고 아예 내주지 않기 때문이다. 아리스토텔레스는 "ἐν ᾧ……ὑπάρχει"라고 말한다. 즉 하나의 말 속에서 '알레투에인 헤 프세위데스타이(ἀληθεύειν ἢ ψεύδεσθαι)'가 단순히 발견됨으로써 그 말이 발언적인 것이 아니라, 오히려 '알레투에인 헤 프세위데스타이'가 하나의 말의 **밑바탕에 깔려 있는 것으로서**, 즉 그 말의 근거와 본질을 함께 형성하는 것으로서, 그 말 속에 놓여 있음으로써, 그 하나의 말이 발언하면서 존재한다는 것이다. 아리스토텔레스는 '프세위데스타이(ψεύδεσθαι)'라는 낱말을 '스스로 속임(sich zur Täuschungmachen)', '스스로 속이면서 있음(in sich täuschend sein)'과 같이 중간태로 사용한다. 특히 '속이면서 있을 수 있음'과 같은 것이 그 본질에 속하는 그런 로고스는 제시하면서 존재한다. '속인다' 함은 '어떤 것을 꾸며댐', 즉 '어떤 것을 그것이 아닌 어떤 것으로서 둘러댐', 또는 '그러저러한 것이 아닌 어떤 것을 그러하게 존재하는 어떤 것으로서 둘러댐'을 일컫는다. 이러한 '속임', 즉 로고스의 본질에 속하는 '속이면서 있음', 즉 이렇게 '어떤 것을 그것이 아닌 어떤 것으로서 둘러댐', 즉 이러한 '속임'은 따라서 속여대어지는 바로 그것과 관련해서 보자면 일종의 '은폐함(Verbergen)'이다. '은폐할 수 있음'이

---

7) 앞의 책, 제4장, 17a 2 이하.

그 가능성에 속하는 그런 로고스는 제시하면서 존재한다. 우리는 이렇게 말해야만 한다. 그러한 로고스의 가능성에 '은폐할 수 있음'이 속해 있는 까닭은, 아리스토텔레스가 다음과 같이 강조하기 때문이다. 즉 '알레테우에인 헤 프세위데스타이', 즉 어느 하나 아니면 다른 하나, 분명 둘 중에 하나는 그 자체 속에 어느 하나 아니면 다른 하나에로의 가능성을, 즉 은폐하려거나─아니면 은폐하지 않고 오히려 은폐되어 있음에서부터 곧바로 끄집어내오려는, 그러니까 은폐하지 않고 오히려 탈은폐하려는─알-레테우에인(ἀ-ληθεύειν)하려는─가능성을 가진다.

탈은폐하거나 아니면 은폐할 수 있음이 그 본질에 속하는 그런 로고스는 제시하면서, 그러니까 아포판시스적으로 존재한다. '아포판시스적'이 말하는 바로 그것, 즉 '제시하면서'라는 것은 이러한 탈은폐하거나 은폐할 수 있는 가능성에 의해서 특징지어져 있다. 왜냐하면 은폐하는 로고스 역시 제시하면서 존재하기 때문이다. 만일 은폐하는 로고스가 그 내적인 본질상 제시하면서 존재하는 것이 아니라면, 은폐하는 로고스는 결코 속여대는 로고스가 될 수 없을 것이다. 왜냐하면 만일 내가 어느 다른 사람에게 어떤 것을 둘러대려고 할 경우, 바로 그때 나는 사전에 이미 그에게 어떤 것을 제시하려는 태도를 취하고 있지 않으면 안 되기 때문이다. 그 다른 사람은 도대체 애초부터 내 말을 그와 같은 제시하려는 경향을 띤 말로서 여길 것임에 틀림없다. 오직 그렇게 해서만 나는 그에게 어떤 것에 대해서 속여댈 수가 있는 것이다. 이로써 로고스의 본질에 대한 해석의 문제가 앞서 그려 보여졌다. 우리는 다음과 같이 물어야 한다. 은폐하려거나 아니면 탈은폐하려는 이러한 내적인 가능성은 어디에 근거하는가? 만일 우리가 이 물음에 대한 대답을 얻기만 한다면, 그때 우리는 다음과 같은 물음에 대해서도 대답할 수 있을 것이다. 즉 우리가 '로서'-구조로서 지칭하고 있는 바로 그것은 로고스의 내적인 구조와 어떻게 관계를 맺는가? '로서'-구조는 단지 로고스의 한 속성에 불과한가? 아니면 그것은 더욱 근원적인 어떤 것, 즉 도대체 하나의 로고스가 이 로고스인 바로 그것일 수 있는 가능조건인가?

이러한 물음을 뒤밟아가기 이전에, 우리는 지금까지 로고스에 대해서 이야기한 것을 한 번 더 종합요약하고, 동시에 우리를 안내하고 있는 주도적인 문제를 상기해보기로 한다. 동물은 자신의 댓거리를 온통 휘몰아대는 가운데 이러한 댓거리 속에서 그가 그것에 관련되어 있는 바로 그것에 의해서 **압도되어 있다**. 그러니까 동물이 **그것과** 관련을 맺고 있는 바로 그것은 그 동물에게는 결코 그것의 무엇임에서 그 자체로서는, 즉 그것이 무엇인 바로 그것과 어떠하게 그것인 바로 그것으로서는, 즉 **존재자로서는 주어져 있는 법이 없다**. 동물의 댓거리는 결코 어떤 것을 어떤 것으로서 인지함이 아니다. 어떤 것을 어떤 것으로서 취할 수 있는 이 가능성을 만약 우리가 세계현상의 한 특색이라고 말하는 한, '로서'-구조는 세계구조의 한 본질규정이다. 이로써 '**로서**'가 **세계문제의** 한 가능적인 단초로서 주어져 있는 셈이다. 우리는 형식적으로 '로서'-구조를 발언문장에로 소급해 데려가보았다. 이 발언문장이라는 것은 인간이 하는 말의 표준이 되는 형식인데, 이 형식이 고대철학에서 맨 처음으로 숙고된 이래로 말의 이론, 즉 논리학을 규정해왔을 뿐만 아니라, 또한 문법학도 규정해왔다. 그러기에 우리가 '로서'-구조와 발언 사이의 연관의 문제를 로고스에 방향 잡아 설명해들어갈 때, 그러한 방향 잡음은 어떤 멋대로의 역사학적 관심에서 그렇게 하는 것은 아니고, 오히려 문제의 기본적인 성격 속 안으로 안내하려는 의도를 띠고 있다. 우리는 '로서'와 로고스의 연관의 문제를 **아리스토텔레스가** 로고스에 대해서 말하고 있는 바로 그것에 방향 잡아 고찰하고 있다. 왜냐하면 **아리스토텔레스와** 더불어 고대의 숙고는 그 최고점에 다다랐기 때문이다. 그는 처음으로 그 문제를 옳바른 토대 위로 데려와 그 문제를 포괄적으로 해석했다. 그래서 만약 우리가 제대로 볼 수 있는 안목을 가지고 있다면, 우리는 **아리스토텔레스의** 그 해석에서부터 우리의 문제를 위한 확실한 방향노선들을 끄집어내올 수가 있다. 아주 일반적으로 이야기해서, **아리스토**

텔레스에 따르면 로고스란 곧 말함과 이야기함 일반의 가능성이다. 바로 이 점에서부터 보건대 말을 넓은 의미에서 인간 자체의 한 본질계기로서 간주하고 그로써 인간을 '초온 로곤 에콘(ζῷον λόγον ἔχον)'으로서 정의하는 것, 즉 무엇인가에 열려 있고 그리로 자신이 열려 있는 바로 그것에 대해서 자신의 입장을 표명할 수 있는 하나의 생명체로서 인간을 정의하는 것은 고대인에게는 당연한 일이다. 이것은 로고스에 대한 파악이 일반적으로 띠는 성격이다. 이제 로고스의 **관행적인** 본질을 어디에서 보아야 할 것인가 하는 물음이 일게 된다. '로고스 세만티코스(λόγος σημαντικός)'란, 그 자체에서 뜻할 수 있게 내주는, 즉 이해 가능성의 한 범위를 형성하는 발설이다. 물음을 좀더 멀리 던지면 이렇다. '세만티코스'란 무엇을 일컫는가? 아리스토텔레스는 이러한 발생사건이 하나의 자연진행이 아니라, 오히려 하나의 어떤 **합치(Übereinkunft)**를 밑바탕으로 하여 일어나는 바로 그 어떤 것이라고 말한다. 합치의 본질은 상징의 발생이 일어나는 데에 존립하며, 상징의 그러한 발생을 우리는 인간이 그것과 행동관계를 맺고 있는 바로 그것과의 인간의 합치로 해석한다. 존재자와의 합치를 밑바탕으로 해서 인간은 자신의 이해를 발설로 데려와 뜻들의 각인들인 그 소리연관들을, 즉 우리가 단어와 낱말이라고 부르는 그 발설들을, 인간은 형성할 수 있고 또 형성해야만 한다. 개개의 모든 말함은 이러한 상징의 발생(심볼론[σύμβολον]의 게네시스[γένεσις])에 의해서 규정되어 있다. 그러나 개개의 모든 말이 다 '로고스 아포판티코스', 즉 하나의 '**발언하는 말**'은 아니다. 이와 같은 발언하는 말의 경향은 이야기함의 상관사항을 그 자체로서 제시하는 데에 있다. 그렇다면 그와 같은 로고스는 무엇에 의해서 규정되어 있는가? 그것은 다음과 같은 사실에 의해서 그렇다. 즉 그와 같은 로고스에서는 '알레테우에인 헤 프세위데스타이', 즉 '**탈은폐함 또는 은폐함**'이 발견된다. 그러니까 '제시하는 로고스'란 곧, 그 자체 속에 탈은폐함과 은폐함의 가능성을 가지는 그런 로고스이다. 잘 주의해보아야 할 점은 다음과 같다. 탈은폐하려거나 은폐하려는 이러한 가능성은 로고스의 우연적인 속성이 아니고, 오히려 그것은 로고스의 내적인 본질이다. 제시하는 로고스는, 그것이 은폐하는 경우에서 조차도 반드시 제시하면서 존재한다. 거짓 판결을 내리기 위해서는, 즉 속이기 위해서는, 나는 내가 말을 하는 한, 어떤 것을 제시하는 데에로 나 있는 그런 경향 속에서 살고 있지 않으면 안 된다. 은폐함조차도 하나의 제시하려는 경향 속에 그 근거를 둔다. 다른 사람은 내 말이 그에게는 어떤 것을 전달해주고 있는 것임에 틀림없다고 하는 식으로, 그렇게 내 말을 받아들인 적이 있어야 한다. 탈은폐함의 밑바탕에도 은폐함의 밑바탕에도 제시하려는 경향의 성격이 놓여 있다.

다. '통일성을 형성하면서 어떤 것을 어떤 것으로서 받아들임(신테시스 노에마톤 호스페르 헨 온톤[σύνθεσις νοημάτων ὥσπερ ἕν ὄντων])', 즉 '로서'-구조란 곧 제시하는 로고스의 탈은폐—은폐의 가능성을 위한 본질근거임

이제 우리가 아포판시스적 로고스의 이러한 구조를 뒤밟아가려고 한다면, 우리는 이렇게 물음을 던져야 한다. 이 특수한 '로고스 아포판티코스'는 로고스의 일반적인 본질, 즉 '세마이네인(σημαίνειν)'하고는 어떤 연관을 맺고 있는가? 이제 우리가 들은 바로는, 말 일반의 본질, 즉 아포판시스적이 아닌 말과 아포판시스적인 말의 본질은 '세만티코스' 속에, 즉 '심볼론의 게네시스' 속에, 즉 일종의 한데에 함께 붙이는 합치라는 근본연관의 발생 속에 놓여 있다. 만일 하나의 어떤 말이 **아포판시스적인 말로** 된다면, 그 경우 이러한 '세만티코스'는 앞에서 특징지은 방식으로 변화해야만 할 것이다. 다시 말해서 뜻과 익미된 것 사이에서 **단순히 일반적으로** 하나의 일치가 발생하는 게 아니라, 오히려 '로고스 아포판티코스'의 뜻과 내용은 뜻해진 것과는 다음과 같은 식으로, 즉 로고스 아포판티코스가 말로서 그리고 말함 속에서 뜻해지는 것 자체를 **제시하려는** 식으로, 그렇게 일치에 이른다. 이제 이 경우 말함의 경향은 곧, 그것에 대해서 말해지고 있는 바로 그 것[말의 상관사항]을 **보이게 해줌**, 그러한 '보이게 해줌' 오직 이것뿐이다. '발언문장'은 그 자체, 즉 그 자신의 말의 의도에 따라서 탈은폐하거나 은폐하거나 하면서 존재하는 그런 말이다. 이러한 성격규정이 아주 기본적인 만큼, 이것은 로고스-문제 전반에 대한 이해를 위해서 결정적으로 매우 중요하다. 거기에는 그 동일한 로고스-문제 전체의 역사를 가늠할 수 있는 척도, 즉 그러한 역사가 그것이 뿌리내린 토양으로부터 오늘날에 이르기까지 어느 정도 멀어져버리고 말았는지를 가늠할 수 있는 척도가 놓여 있다. 논리학에 대한 일체의 모든 개혁들은, 만약 그 개혁들이 이러한 문제틀의 가장 내적인 것을 수용하는 데에서부터 자라나온 것이 아니라면, 그저 우연적인 것으로만 머물 수밖에 없다. 단 하나만을 암시해보면 다음과 같다. 여러 이유들에서 철학은 오늘날 **헤겔** 철학을 쇄신한다는 맥락 내에서 변증법으로 그리고 변증법적 방법을 쇄신하는 데에로 몰려들고 있다. 변증법은 하나의 의사표시, 즉 로고스와 이의제기, 판결과 반박 속에서 움직인다. 하나의 이야기함, 즉 하나의 로고스가 다른 하나의 로고스에 반대하여 거슬러 놓이는 가능성, 즉 로고스와 로고스의 '안티케이스타이(ἀντικεῖσθαι)'는 오직, 무엇이 로고스 자체인지를 우리가 알고 있을 때에만 이해될 수 있다. 오직 그때에만 우리는 과연 변증법이 정당한지 그리고 필연적인지 아니면 그것이 어쩌면 로고스의 문제를 개념파악하고 있지 않기 때문에 일종의 임시변통에 불과하지는 않은지 하는 점을 알게 된다. 오늘날 철학 내에서 그리고 심지어 신학 내에서까지도 이러한 문제에 대해서 무엇인가를 하도록 사람들을 부추기는 것을 볼 때, 그것은 모든 상상을 뛰어넘어선다.

로고스의 문제틀에서부터 우리는 '로서'와 '전체에서'의 문제를 전개하기 위한 **하나의** 갈래만을 추적해보기로 한다. 우리가 얻어낸 귀결은 이것이다. 즉 로고스 아포판티코스의 특출난 점은 '탈은폐할 수 있거나 또는 은폐할 수 있음'이다. 하나 아니면 다른 하나를 할 수 있을 이러한 **가능성**이 로고스의 긍정적 본질을 이룬다. 우리는 이제 이러한 본질의 근거에 대해서 묻기로 한다. 탈은폐 또는 은폐를 할 수 있을 이러한 가능성은 어디에 근거하는가? 로고스에게서 탈은폐함 또는 은폐함이 가능하기 위해서는, 로고스는 그 자체 내에서, 즉 그것의 가장 내적인 본질구조상, 어떻게 존재하고 있어야 하는가? 그 점에 대해서는 **아리스토텔레스**가 자신의 논문『생명의 본질에 관하여』8)에서(이 가운데에서도 문제 전체에 비추어 사소하다고는 볼 수 없는 그런 자리에서) 정보를 내주고 있다. 거기에서는 생명의 본질과 살아 있는 것의 단계들이 다루어지고 있다(앞에서 다룬 로곤 에콘[λόγον ἔχον]―알로곤[ἄλογον]을 참조할 것). 그렇다면 로고스 아포판티코스에 대한 이론이 이 논문에서도 언급되고는 있지만, 로고스 아포판시스에 대한 이론 그 자체 내에서 정보가 주어지고 있는 것은 아닌 셈이다. 기이한 점은『생명의 본질에 관하여』라는 이 논문에 바로 로고스에 관해서 이야기가 되고 있다는 사실이다. 그러나 그것은 더 이상 기이한 것이 못 되는데, **아리스토텔레스**가 생명의 개념을 다음과 같은 의미로 매우 폭넓게 파악하고 있음을 우리가 생각한다면 그렇다. 즉 그는 생명이라는 개념 속에 식물존재, 동물존재 그리고 인간존재를 파악하고 있다. 이 논문의 제3권에서는 바로 인간이라는 의미에서 살아가는 것이 다루어지고 있다. 인간의 특출난 점은 로고스이다. 그러한 까닭에 이 논문에서 로고스에 관해서 다루어지는 것이다. 그 논문에서 **아리스토텔레스**는, 로고스의 가능성, 즉 참이거나 또는 거짓일 수 있는 가능성이 어디에 근거하는지에 대해 정보를 준다. 그는 이렇게 말한다. "ἐν οἷς δὲ καὶ τὸ ψεῦδος καὶ τὸ ἀληθές, σύνθεσίς τις ἤδη νοημάτων ὥσπερ ἓν ὄντων."9) 즉 그것과 관련하여 은폐하는 것과 마찬가지로 탈은폐하는 것도 가능하게 되는 바로 그것의 장 안에서는 벌써, '인지된 것을 한

---

8) Aristoteles, *De anima*(『생명의 본질에 관하여』), Wilhelm Biehl 편집, 제2판(Otto Apelt 편집), 라이프치히, 1911년.
9) 앞의 책, 6. 430a 27 이하.

데에 함께 앉혀놓는 일(한데에 함께 붙잡아들임)'이 일어나고 있는데, 인지된 것이 이를테면 하나의 통일성을 형성하는 식으로 일어난다. 탈은폐할 수 있거나 은폐할 수 있는 **가능성의 근거**는 이렇게 '**하나의 통일성을 형성함**'이다. 탈은폐 또는 은폐가 일어나는 거기에 '로고스 아포판티코스'가 존재한다. 이러한 로고스 아포판티코스가 존재하는 거기에—로고스 아포판티코스의 가장 내적인 가능성에 속하는 것으로, 즉 저 탈은폐함과 은폐함의 밑바탕에 놓여 있는 것으로 "종합(Synthesis)", 즉 '한데에 함께 앉혀놓기', '한데에 함께 붙잡아들이기(하나의 모두 함께를 그 자체로서 정립하기, 즉 통일성을 형성하기)', '하나의 모두 함께를 인-지함', 통일성—그것도 인지된 것의 통일성—이 일어나고 있다. 로고스의 밑바탕에는 일종의 '인지함(Vernehmen)'이, 즉 '노에시스(νόησις)', '누스(νοῦς)'가, 즉 일종의 '어떤 것을 인지함'이 놓여 있다—또는 로고스는 그 본질상 '무엇인가를 인지함'이다(앞에서 다룬 '심볼론' 참조). 로고스는 그 내적인 가능성에 따라 보면 '누스' 속에, 즉 라틴어로는 '라치오(ratio)' 속에 근거하는데, 이러한 라틴어 번역에서부터는 로고스가 그것이 곧 누스라는 이유로 누스와 동일시되는 결과가 생겨난다. 그러기에 '초온 로곤 에콘(ζῷον λόγον ἔχον)'이라는 인간에 대한 정의가 '아니말 라치오날레(animal rationale)'로 번역되는 일이 또한 유래하게 된다. 요컨대 일종의 '**통일성을 형성하면서 인지함**(인지하면서 통일성을 형성함)'은 탈은폐할 수 있거나 은폐할 수 있는 가능성을 위한 본질근거일 뿐 아니라, 탈은폐함과 은폐함, '이 둘 중에 하나' 또는 '이 둘 다'를 위한 본질근거이며, 그래서 탈은폐함과 은폐함, 이 각각 그 자체를 위한, 즉 오직 이러한 '이 둘 중에 하나' 또는 '이 둘 다' 속에만 있는 바로 그것 자체를 위한 본질근거이다.

이제 물음은 다음과 같다. 이러한 논제를 아리스토텔레스는 어떻게 근거 제시하고 있으며, 그리고 탈은폐함과 은폐함이 필연적으로 그 가능근거로서 하나의 '신테시스(σύνθεσις)'를 요구한다는 사실을 그는 어떻게 제시하고 있는가? 신테시스란, 짧게 말해서, '프세위도스(ψεῦδος)'를 위한 가능근거이다. 그렇기 때문에 아리스토텔레스는 직접적으로 이렇게 말할 수 있다. "τὸ γὰρ ψεῦδος ἐν συνθέσει ἀεί."10) 즉 "속임(은폐함)이 일어나고 있는 거기에 저 인지하면서 통일성을 형성함이 존재한다." 논제의 내용은 겨우 그 뿐이다. 아리스토텔레스는 즉각 다음과 같이 근거제시를 한다. "καὶ γὰρ ἂν τὸ λευκὸν μὴ λευκόν, τὸ μὴ λευκὸν συνέθηκεν."11) 즉 "왜냐하면 만약 어느 누군가가 말을 하는 경우에, 그것도 그가 '하얀 것은 하얗지 않아'라고 말하면서 다른 사람을 속이려고 드는 경우에, 이미 그는 '하얗지 않음'을 '하얀 것'과 함께 하나의 통일성에로 데리고 온 셈이기 때문이다." '어떤 것이 그렇지, 저런 것이 아니야'라고 속이면서 말할 수 있으려면, 도대체 이러한 '한데에 함께(Zusammen)'가 애초에 형성되어 있어야 한다. 원칙적으로 말해서 도대체 어떤 것을 제시하기 위해서는—그것을 그것이 존재하는 그대로 그렇게 제시하건 그것이 아닌 그대로 그렇게 제시하건 간에—다시 말해서 어떤 것을 제시하면서 탈은폐할 수 있거나 은폐할 수 있기 위해서는 제시하려는 바로 그것이 애초에 이미 그 규정들의 통일성 안에서 인지되어 있어야만 한다. 그 규정들에서부터 그리고 그 규정들 속에서 그것은 명시적으로 규정될 수 있으며, 그것도 '그러저러한 것으로서'라는 성격을 띠고서 규정될 수 있다. 제시하려는 바로 그것은 그렇기 때문에 애초에 이미 그러저러한 것으로서 인지되어 있는 셈이다. 이러한 맥락에서 아리스토텔레스가 신테시스에 관해 이야기하는 것이라면, 그 경우 그가 의미하는 것은 우리가 '로서'-구조라고 칭하고 있는 바로 그것이다. 물론 그는 이러한 문제의 차원 속으로 명시적으로 밀고 들어감이 없이 그것을 의미하고 있다. '로서'-구조, 즉 '선행적으로 통일성을 형성하면서 어떤 것을 어떤 것으로서 인지함'은 로고스의 참임과 거짓임을 위한 가능근거이다. 까만 칠판을

---

10) 앞의 책, 6. 430b 1 이하.
11) 앞의 책, 6. 430b 2 이하.

내가 이미 어떤 통일적인 것으로서 시야에 간직하고 있어야만, 인지된 그 것이 판단 속에 따로따로 떼어놓아질 수 있다.

처음 '로서'를 도입하면서 피상적으로 그것을 성격규정할 때 우리는 단지 이렇게 말할 뿐이었다. 즉 참임 또는 거짓임이 서술되는 발언문장이 나타나는 곳에서 '로서'가 발견된다고 말이다. 이제는 이미 로고스 내부의 한 맥락이 뚜렷이 드러나 보여지는데, 그것도 다음과 같은 식으로 그렇다. 즉 만약 로고스 아포판티코스가 알레테스(ἀληθές)와 프세위도스(ψεῦδος)를 통해서 두각을 나타내는 것이라면, '로서'-구조 자체가 곧 로고스 아포판티코스의 가능조건이다. '로서'는 로고스에 달라붙어 있거나 접붙어 있는 로고스의 한 속성이 아니라, 오히려 거꾸로, '로서'-구조가 그 측에서 도대체 이러한 로고스의 가능조건이다.

라. 긍정하면서 부정하는 발언이 통일성을 형성하면서 어떤 것을 어떤 것으로서 인지함이란 곧 일종의 따로따로 떼어내면서 한데에 함께 붙잡아들임임(신테시스-디아이레시스)

하지만 지금까지 로고스에 대해서 해석해놓은 것을 우리의 문제 방향 속에서 온전히 다 길어내기 위해서는, 우리는 한층 더 명확히 보아야 한다. '로서'가 아리스토텔레스에게는 '신테시스(σύνθεσις)'라는 칭호 아래에 놓여 있다. 그런데 그것은 '로서'에서 하나의 관련이 생각된다고 우리가 이미 제시하기로 했던 바로 그 점과 동일한 것 아닌가? 그런데 이제는 다음과 같은 점이 내보여지고 있다. 즉 신테시스는 단순히 형식적 의미에서의 한 관련이 아니다—관련은 일체의 모든 것이며 각각의 모든 것이다. '로서'는 일종의 신테시스에, 즉 일종의 '관련지음(Beziehen)'에 속한 것이며, 그것도 '신테시스 노에마톤(σύνθεσις νοημάτων)'에, 즉 일종의 '표상들을 결합함'에, 즉 일종의 '인지하면서 통일성을-형성함' 또는 일종의 '통일성을 형성하면서 인지함'에 속한 것이다. 그러나 만일 '로서'-구조가 그와 같은 종합에 속한 것이라면—어떻게 그러한지는 불명료한 채로 남아 있다—그 경우 우리는 거기에서부터 아직 더 많은 점을 끄집어내올 수 있다. '신(σύν)'이라는 말은 일종의 '한데에 함께(Zusammen)', 즉 일종의 '통일성(Einheit)'을 의미한다. 그것도 '조각들을 한데에 함께 끼워 맞춤'과 같은 통일성은 명백히 아니며, 그러니까 하나의 **근원적인** 통일성, 즉 부분들 이전에 하나의 전체성으로 있는 통일성이다. 신(σύν)은 곧 '전체성'이며 전체성은 곧 **전체에서**'인가? 이리하여 '로서'-구조 자체가 우리가 여기에서 물음을 던지고 있는 두 번째 것, 즉 '전체에서'하고의 한 본질연관을 내보인다.

우리는 이것을 문제로서 그냥 놓아두기로 한다. 왜냐하면 '로서'-구조를 신테시스에 지정하려는 우리의 시도는 **아리스토텔레스**가 프세위도스와 신테시스의 연관에 대해서 직접 다음과 같이 말하고 있음을 우리가 유념할 경우, 우선 최고로 의문스러워지기 때문이다. "ἐνδέχεται δὲ καὶ διαίρεσιν φάναι πάντα."[12] 즉, "사람들은 내가 신테시스라는 칭호 아래에서 제시한 적이 있는 그 모든 것들을 또한 '디아이레시스(διαίρεσις)'라고도, 즉 '**따로따로 떼어냄**(Auseinandernehmen)'이라고도 칭할 수 있다. 다시 말해서 그와 같은 것으로서 파악할 수 있다." 이것을 우리는 우선 하나의 보기를 들어 설명해보기로 하겠는데, 그것도 **아리스토텔레스** 자신이 끌어다대는 바로 그것에 의존해서 보자면 다음과 같다. 하얀 것은 하얗지 않다. 여기에는 '하양'과 '하얗지-않음'을 선행적으로 한데에 함께 붙잡아들이는 일이 밑바탕에 놓여 있다. 그리고 바로 이렇게 한데에 함께 붙잡아들이는 일은 또한 일종의 따로따로 떼어내는 일이기도 하다. 우리가 하나를 다른 하나와 함께 한데에 붙들 수 있는 경우는 오직, 이렇게 한데에 함께 붙드는 일이 그 자체 내에서는 일종의 따로따로 붙드는 일로 남아 있을 때뿐이다. 신테시스 노에마톤이란 곧, 그 자체 내에서 보자면, 즉 본래적으로는, 또한 이미 디

---

12) 앞의 책, 6. 430b 3 이하.

아이레시스이기도 하다. '인지함(Vernehmen)'이란 곧, 그 자체 내에서 보자면, '따로따로 떼어내면서 한데에 함께 붙잡아들임'이다. 이와 같은 것으로서 인지는 곧, 로고스, 다시 말해서 로고스 아포판티코스의 탈은폐하거나 또는 은폐할 가능성을 위한 본질근거이다.

이러한 구조연관을 아리스토텔레스는 '로고스 아포판티코스'에 대한 자신의 논문의 시작에서 짧게 다음과 같이 표현한다. "περὶ γὰρ σύνθεσιν καὶ διαίρεσίν ἐστι τὸ ψεῦδός τε καὶ τὸ ἀληθές."[13] 즉 "제시하는 말의 탈은폐함과 은폐함은 오직, 이렇게 한데에 함께 붙잡아들이면서-따로따로 떼어내면서 인지함이 일어나는 곳에서만 존재한다." 그는 더 나아가 『형이상학』에서는 이렇게 말한다.[14] 즉 '알레테스'도 '프세위도스'도 "περὶ σύνθεσιν …… καὶ διαίρεσιν"이라는 것— 무엇인가의 곁에 서 있다는 것, 즉 무엇인가에 의존한다는 것, 즉 '한데에 함께 붙잡아들임'과 '따로따로 떼어냄'에 근거한다는 것이다. 그는 '신테시스(σύνθεσις)' 대신 '쉼프로케(συμπλοκή)' 또는 '시나프테인(συνάπτειν)'이라는 표현을 사용하기도 한다. 어떤 것, 즉 인간의 행동관계는 그 자체 곧 '한데에 함께 붙잡아들임'이자 '따로따로 떼어냄'인데 차례차례로 그렇게 하는 것이 아니라, 오히려 인간의 단일적인 구조에 따라서 그렇게 한다는 것이 어떻게 가능한지, 그 점이 문제이다. 이 문제를 전개한다는 것은 곧 '로서'의 본질을 해석한다는 것 그리고 그로써 세계 일반을 이루고 있는 본질구성요소의 한 부분을 해석한다는 것 말고 다른 어떤 것이 아니다.

다음과 같은 점을 눈여겨볼 필요가 있다. 즉 '로고스 아포판티코스'가 행하는 개개의 모든 '알레테우에인'은 '신테시스'와 '디아이레시스' 위에 근거하며, 개개의 모든 '프세위데스타이'도 마찬가지로 그렇다. 이러한 통찰은

---

13) Aristoteles, *Organon*(『기관들』, 앞의 책, *Hermeneutica (de interpretatione)*(『해석론[해석에 관하여]』), 제1장, 16a 12 이하.
14) Aristoteles, *Metaphysica*(『형이상학』, 앞의 책, E4, 1027b 19.

사태적인 문제 일반뿐 아니라 로고스 전반에 대한 **아리스토텔레스**의 학설을 해석하는 데에도 널리 효력을 미치는 중요성을 띤다(「해석에 관하여」 제5장 참조). **아리스토텔레스**는 로고스 아포판티코스를 그것이 수행하는 근본 활동의 관점에서 '아포판시스(ἀπόφανσις)'—어떤 것을 그것이 그것인 바로 그것 또는 그것이 아닌 바로 그것에서 그리고 그것에 따라 제시함(「해석에 관하여」 제5장, 17a 20)—와 같이 짧게 칭하기도 한다. 따라서 '하프레 아포판시스(ἁπλῆ ἀπόφανσις)'는 다음과 같이 두 가지 근본형식을 가진다. 즉 그것은 '아포판시스 티노스 카타 티노스(ἀπόφανσις τινος κατά τινος)'이거나 또는 '아포판시스 티노스 아포 티노스(ἀπόφανσις τινος ἀπό τινος)'이다. '파시스(φάσις)', 즉 로고스는 그것에 따르면 '카타파시스(κατάφασις)'이거나 또는 '아포파시스(ἀπόφασις)'이다(「해석에 관하여」 제5장, 17a 23-6a 26). 제시하는 것은 '가져다대어 가리키면서[지정하면서]' 제시함이거나 또는 '빼앗아 가리키면서[부정하면서]' 제시함이다. 즉 그 칠판은 까맣다, 그 칠판은 빨갛지 않다. 제시함은 제시할 필요가 있는 그것에 어떤 것을 **승인한다**는 식일 수 있거나, 또는 제시하는 가운데 제시해야 할 것에게서 어떤 것을 **부인한**다는 식, 즉 '칠판은 빨갛지 않다'라고 **빼앗아 가리키는** 식일 수 있다. 두 번 다 칠판을 그 자체로서 제시하는 일이 일어나고 있으며, 그리고 두 번 다 일종의 **탈은폐하는** 제시함, 즉 참된 제시함이 일어나고 있다. '칠판은 까맣지 않다, 칠판은 빨갛다.' 이 경우에서도 일종의 '가져다 댐'과 '빼앗음'이 일어나는데, 두 번 다 제시하려는 성향에 따라 일어나고 있으며, 두 번 다 **은폐하면서**, 즉 거짓으로 제시하면서 일어나고 있다. 여기에서부터 다음과 같은 점이 귀결되어 나온다. 즉 만약 개개의 모든 참된 로고스와 개개의 모든 거짓된 로고스가 카타파시스이거나 아포파시스일 수 있다면, 그리고 만약 개개의 모든 참된 로고스와 개개의 모든 거짓된 로고스가 그 자체로서는 '신테시스-디아이레시스-인지함(σύνθεσις-διαίρεσις-Vernehmen)' 속에 근거한다면, 이러한 '신테시스-디아이레시스-인지함'이 개개의 모든 카타파시스와 개개의 모든 아포파시스의 밑바탕에 깔려 있는 셈이다. 개개의 모든 '카타파시스-발언'은 그 자체 내에서 보자면 신테시스이자 디아이레시스이며, 이와 마찬가지로 개개의 모든 아포파시스 역시 신테시스이자 디아이레시스이다. 그리고 카타파시스가 어쩌다 하나의 신테시스이고 아포판시스가 어쩌다 하나의 디아이레시스인 것은 아니다. 이러한 구별들은 매우 상이한 차원들 속에 놓여 있다. 더 나아가 신테시스와 디아이레시스의 구별은 결코 아포판시스의 유형들에 대한 구별이 아니라, 오히려 바로 하나의 구조와 하나의 구조화된 현상의 근원적이고-단일적인 본질을 분절하는 구별이다. 그리고 이러한 하나의 구조화된 현상을 우리는 '로서'라는 칭호 아래에서 찾고 있다.

지금까지 로고스-학설에 대해 주어진 전개를 밑바탕으로 하여, 우리는 내적인 맥락을 개괄하기 위해서 문제를 **도식적으로** 확정할 수 있다. **아리스토텔레스**는 로고스 일반에서부터 출발한다. 로고스의 본질은 '세만티코스', 즉 '뜻함(Bedeuten)'이다. 거기에서부터 **아리스토텔레스**는 '로고스 아포판티코스'라는 특별한 로고스에로 자리를 옮겨가고 있다. 우리가 바로 앞에서 막 들은 그대로, 개개의 모든 발언하는 문장은 일종의 '승인함'이거나 또는 일종의 '부인함'이다. 만약 우리가 참된 판단의 자리에 머물러 있다면, 칠판은 빨갛지 않다. '카타파시스'와 '아포파시스'는 '로고스 아포판티코스'의 두 형식들이다. 이 두 형식들은 그 자체 내에서 보자면 그 근본성향상 제시하면서 존재한다. 부정문인 경우조차도 내가 말하려고 하는 것은 무엇이 칠판인지 또는 칠판이 아닌지 하는 점이다. 이 두 형식들은 참일 수 있거나 거짓일 수 있는 가능성 안에 성립한다. 이제 이러한 참임 또는 거짓임 그리고 그로써 로고스 아포판티코스의 총체적 구조는 '신테시스' 속에 근거하는 셈인데, 이 신테시스는 그 자체 내에서는 동시에 '디아이레시스'이다. 이러한 [신테시스와 디아이레시스의] 구조의 단일성이 곧 '누스(νοῦς)'의 본질이다. 이러한 기초부여의 연관을 우리는 반드시 기억하고 있어야만 하는데,

그럼으로써 우리는 앞으로 더 계속 이어질 해석을 이해할 수 있다. 그리고 그 해석이 진행되는 가운데 우리는 하나의 새로운 계기에 부딪칠 것이고 그 계기에서부터 '로서'-구조를 전체적으로 펼쳐보일 것이다.

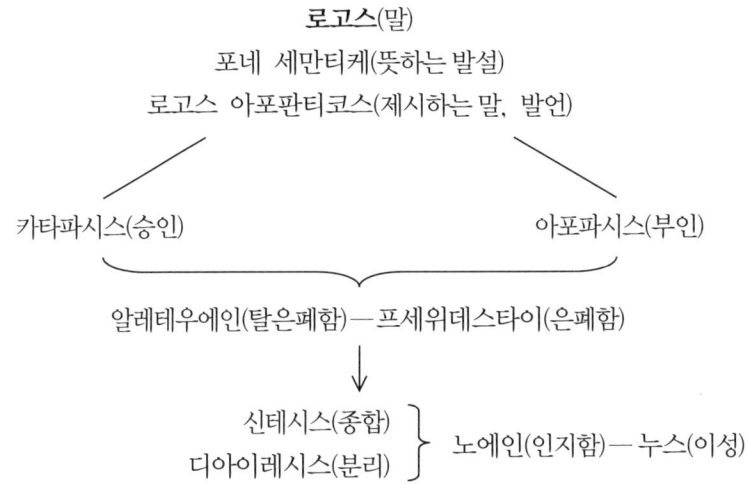

마. 발언의 제시(아포판시스)란 곧, 존재자를 그것이 무엇인 바로 그것으로서 그리고 어떠하게 그것인 바로 그것으로서 보이게 해줌임

우리는 도입부에서, '로서'는 일종의 관련이라고 말했다. 이제 우리가 우선 보게 된 것은 다음과 같다. 즉 이러한 관련이 '신테시스'에 해당한다는 것, 즉 그것은 한데에 함께 붙잡아들이는 그런 하나의 관련이다. 그러나 그뿐이 아니다. '한데에 함께 붙잡아들임'은 그 자체 내에서 보자면 일송의 '따로띠로 떼어냄'이다. 그러나 이러한 두 겹의 구조뿐만 아니라, 한층 더 나아가 '노에인'은 일종의 '인지함(누스)', 즉 일종의 인지하면서 한데에 함께 붙잡아들임이자 따로따로 떼어냄이다. 거기에는 다음과 같은 것이 놓여 있다. 즉 따로따로 떼어진 것은 그것의 한데에 함께 그 자체 내에서 그 자체로서 인지되어 있다. a는 b이다(a ist b). 다시 또 하나의 구체적인 보기를 들어보면 그것은 다음과 같다. '이 칠판은 안 좋은 위치에 있다', 안 좋은 위치에 서의 칠판, 그것이 무엇인 바로 그것으로서 그리고 어떠하게 그것인 바로 그것으로서 그리고 바로 그것 자체 내에서의 칠판. 여기 이 경우에 우리는 다음과 같은 점을 잘 주의해서 보아야 한다. 즉 그 안 좋은 위치가 비로소 칠판에까지 연관되어 생각되고 그래서 그것이 그 칠판과 하나로 어우러지게 되는 것이 아니라, 오히려 이와는 거꾸로이다. 처음부터 칠판이 이러한 어우러져 있음 내에서 받아들여져 있으며 그리고 이러한 통일성에 바탕하여 그리고 이러한 통일성의 관점에서 칠판이 따로따로 떼어지게 된다—그러나 이 말은 그 통일성이 그냥 머물러 남아 있다는 식으로 그렇다는 것이 아니라, 오히려 그 통일성이 스스로를 곧바로 **알려준다**는 식으로 그렇다는 것이다. '한데에 함께 붙잡아들임'으로서 '신테시스'라는 말은 근원적인 '아직 그리고 이미 한데에 함께'라는 견지에서 붙잡아들임(고유한 양식의 통일성 형성)을 말한다. 아리스토텔레스는 이렇게 말한다.15) "πῶς δὲ τὸ ἅμα ἢ τὸ χωρὶς νοεῖν συμβαίνει, ἄλλος λόγος. λέγω δὲ τὸ ἅμα καὶ τὸ χωρὶς ὥστε μὴ τὸ ἐφεξῆς ἀλλ' ἕν τι γίγνεσθαι." 즉 "그러나 이제 어떠한 방식으로 이러한 '노에인'이 일어나는지 하는 바로 그것은 일종의 '모두 함께(zumal)'라는 말 속에 그리고 이와 동시에 일종의 '떼어지는(getrennt)'이라는 말 속에, 다시 말해서 일종의 '한데에 함께 붙잡아들임'과 동시에 '따로따로 떼어냄'이라는 말 속에 들어 있는데, 이것은 다른 연구의 대상이다. 내가 여기에서 일종의 '인지함'을 일종의 '모두 함께'라는 말 속에서 그리고 이와 동시에 일종의 '떼어지는'이라는 말 속에서 이야기하는 의도는 다음과 같은 사실을 밝히 드러내보이기 위함이다. 즉 이러한 노에인에서는 어떤 일이 차례차례 잇달아 일어나는 것이 아니라는 것, 즉 처음에는 한데에 함께 붙잡아들이는 일이 일어나다가 그다음에 따로따로 떼어놓는 일이 일어나는 것이 아니

---

15) 앞의 책, E4, 1027b 23 이하.

라, 오히려 이러한 단일적인 구조를 통해서 하나의 통일성이 발원하고 있다는 것이다." 그 때문에 우리는, 이성은 그 본질상 통일성을 형성하면서 존재한다고 말할 수 있다. 아리스토텔레스는 그 점을 『생명의 본질에 관하여』에서 다음과 같이 표명한다. "τὸ δὲ ἕν ποιοῦν, τοῦτο ὁ νοῦς ἕκαστον."[16] 즉 "하나와 통일성 일반을 형성하는 일은 그때마다 이성의 내적인 과제이다." 이러한 문제 전체의 효력범위를 여러분은 내가 다음과 같은 것을 언급하자마자 즉각 보게 된다. 즉 '헨(ἕν, 하나)'은 존재 일반의 한 본질규정이다. 헨이 있는 곳에 '온(ὄν, 존재)'도 있다. 그렇기 때문에 여기에는 이미 존재에 대한 물음을 가리켜 보이는 하나의 근본지시가 놓여 있는 셈이다.

그런데 이렇게 한데에 함께 붙잡아들이면서 따로따로 떼어내면서 인지하는 가운데 인지되는 것은 무엇인가? 인지되고 있는 것과 인지될 수 있는 것이 그 자체로서 그리고 일반적으로 띠는 **근본성격**은 어떠한 것인가? 이 물음에 대한 대답은 제안될 수 있는 것이 아니라, 오히려 '로고스 아포판티코스'의 내적인 구조, 즉 '아포판시스'에서부터 일별될 수 있다. 로고스 아포판티코스는 두 근본형식을 띠는데, **아리스토텔레스**는 그것을 「해석에 관하여」 제6장의 시작에서 다음과 같이 짧게 서술하고 있다. "κατάφασις δέ ἐστιν ἀπόφανσίς τινος κατὰ τινος. ἀπόφασις δέ ἐστιν ἀπόφανσίς τινος ἀπό τινος. ἐπεὶ δὲ ἔστι καὶ τὸ ὑπάρχον ἀποφαίνεσθαι ὡς μὴ ὑπάρχον καὶ τὸ μὴ ὑπάρχον ὡς ὑπάρχον καὶ τὸ ὑπάρχον ὡς ὑπάρχον καὶ τὸ μὴ ὑπάρχον ὡς μὴ ὑπάρχον, καὶ περὶ τοὺς ἐκτὸς δὲ τοῦ νῦν χρόνους ὡσαύτως."[17] 제시함은 가져다대어 가리키면서 그리고 **빼앗아 가리키면서** 존재한다. 그리고 여기에는 여러 상이한 가능성들이 있는데, 우리는 지금 그 가능성들을 일일이 다 다룰 수는 없겠고, 다만 거기에서 막 하나의 **관행적인 근본특징**

---

16) Aristoteles, *De anima*(『생명의 본질에 관하여』), 앞의 곳, 6, 430b 5 이하.
17) Aristoteles, *Organon*(『기관들』), 앞의 곳, *Hermeneutica (de interpretatione)* (『해석론[해석에 관하여]』), 제6장, 17a 25 이하.

이 고개를 들고 있는 것을 보는 한에서만, 그 가능성들을 다음과 같이 다루어볼 수 있겠다. 즉 제시란 곧, '눈앞에 있는 것'을 '눈앞에 있지 않은 것'으로서, '눈앞에 있지 않은 것'을 '눈앞에 있는 것'으로서, '눈앞에 있는 것'을 '눈앞에 있는 것'으로서, 그리고 '눈앞에 있지 않은 것'을 '눈앞에 있지 않은 것'으로서 제시함(형식적 부정판단, 형식적 긍정판단, 참된 긍정판단, 참된 부정판단)이다. 즉 제시란 곧, '눈앞에 있는 것' 또는 '눈앞에 있지 않은 것'을 그 자체로서 또는 그 자체가 아닌 것으로서 제시함이다. 좀더 일반적으로 말하자면, **제시란 곧 눈앞에 있는 것을 그 자체로서 보이게 해줌이다.** 그런데 눈앞에 있는 것의 '눈앞에 있음'이란 곧 '현전성(Anwesengeit)', 그것도 '지속적 현전성'인데, 그것은 고대가 존재자의 존재 아래에서 이해하던 바로 그것이다. '아포판시스'란 곧, 존재자를 존재자로서, 즉 존재자를 그것이 무엇인 바로 그것으로서, 그리고 그것이 그때마다 어떠하게 그것인 바로 그것으로서, **보이게 해줌**이다. 그러나 제시하는 가운데 발언은 바로 지금 눈앞에 있는 것에만 국한되는 것이 아니라, 오히려 저 언급한 보이게 해줌의 가능성들은 존재자를 그때그때의 지금이라는 시간 밖에서도 대면한다. 즉 보이게 해줌의 저 가능성들은 '토 뉜 헤파르케인(τὸ νῦν ὑπάρχειν)'[18]만이 아니라, '지나가버린 것'과 '미래의 것'까지도 대면한다.

나는 마지막으로 수행한 해석의 발걸음을 한 번 더 종합요약해보겠다. 나는 '로고스 아포판티코스'에 대한 관행적인 특징규정이 어떻게 '참임 또는 거짓임' 또는 '참일 수 있거나 거짓일 수 있음'인지를 짧게 서술했다. 그러고 나서 우리는 '참임 또는 거짓임'의 가능성이 어디에 근거하는가 하는 물음으로 자리를 옮겨갔다. 우리가 들은 이야기는 "로고스란 그 자체 내에서 보자면 곧 '신테시스'이다"라는 점에 저 가능성이 근거한다는 것이었다. 사람들이 이러한 맥락을 가장 뚜렷이 설명할 수 있는 경우는 로고스의 이

---

18) 앞의 책, 제3장, 16b 9.

중 구조에 대해서 아리스토텔레스가 말하는 바로 그 점을 사람들이 함께 유념할 때인데, 아리스토텔레스는 이렇게 말한다. 즉 개개의 모든 '로고스 아포판티코스'는 일종의 '카타파시스'이거나 또는 '아포파시스', 다시 말해서 일종의 '가져다대어 가리키면서 제시함'이거나 또는 '빼앗아 가리키면서 제시함'이다. 그러한 제시함을 사람들은 나중에 아주 적절하지 않게 긍정판단과 부정판단으로서 지칭했다. 개개의 모든 '가져다대어 가리킴'과 '빼앗아 가리킴'은 그것이 애초부터 어떤 것을 어떤 것에 함께 결합시킨다는 데에 의존한다. 그래서 참임과 거짓임은 '신테시스'에 근거하는 셈이다. 더 나아가 아리스토텔레스는 우리가 신테시스를 '디아이레시스'로서 지칭할 수도 있다고 말한다. 어떤 것을 서로 함께 결합시킬 수 있기 위해서는, 나는 그것을 동시에 따로따로 붙들고 있어야만 한다. 그래서 개개의 모든 '가져다대어 가리킴' 속에는 하나의 신테시스와 하나의 디아이레시스가 놓여 있는 셈이다. 사정은, '가져다대어 가리킴', 즉 'a는 b이다'라는 긍정판단이 유일하게 신테시스에 의해서만 구성되어 있고, 'a는 b가 아니다'라는 부정판단은 디아이레시스에 의해서만 구성되어 있다는 식이 아니다. '긍정판단'이 그 자체 내에서는 결합시키면서-따로따로 붙들면서 존재하는 것과 마찬가지로, '빼앗아 가리키는 판단' 또한 따로따로 붙들면서-결합시키면서 존재한다. 그래서 로고스의 내적인 구조는 신테시스와 디아이레시스로 소급되는 셈인데, 이 신테시스와 디아이레시스에 관해서 우리는 다음과 같이 주장했다. 즉 신테시스와 디아이레시스는 우리가 '로서'-구조로 단초 잡았던 바로 그것과 연관되어 있다고 말이다. 로고스 구조의 전체적인 골격의 노식을 일단 확정 짓고 난 다음, 우리는 계속해서 다음과 같은 물음에로 자리를 옮겨갔다. 즉 이러한 제시하는 행동 가운데에서 제시되는 것은 **무엇인**지, 일체의 모든 제시함은 **무엇**과 관련을 맺는지 말이나. 거기에서 막 다음과 같은 점이 귀결되었다. 즉 일체의 모든 제시함은 하나의 눈앞에 있는 것을 눈앞에 있는 것으로서 제시함이거나, 또는 하나의 눈앞에 있지 않은 것을 하나의 눈앞에 있지 않은 것으로서 제시함이거나, 또는 하나의 눈앞에 있지 않은 것을 눈앞에 있는 것으로서 제시함이거나, 또는 하나의 눈앞에 있는 것을 눈앞에 있지 않은 것으로서 제시함이다. 이러한 모든 변화는 눈앞에 있는 것이 눈앞에 있거나 눈앞에 있지 않다는 식으로 눈앞에 있는 것과 관련을 맺고 있다. 즉 그 모든 변화는 눈앞에 있는 것이 바로 지금 눈앞에 있다는 식으로만 눈앞에 있는 것과 관련을 맺고 있는 것이 아니라, 오히려 눈앞에 있는 것이 또한 눈앞에 있었거나 눈앞에 있게 된다는 식으로도 눈앞에 있는 것과 관련을 맺고 있다. 그렇기 때문에 제시란 곧 '아포파이네스타이(ἀποφαίνεσθαι)', 즉 일종의 '시야에 데려옴(Zugesichtbringen)', 말하자면 '이해하는 봄과 파악함에로 데려옴', 즉 일종의 '눈앞에 있는 것을 그것이 눈앞에 어떠하게 있는 그대로 시야에 데려옴'이다. 그런데 눈앞에 있는 것의 눈앞에 있음은 어떤 것의 현전성으로서 파악되고 있으며, 그리고 어떤 것의 현전성은 고대 그리고 그 이후에도, 우리가 존재라는 말로써 지칭하는 바로 그것을 본래 뜻하는 것으로 간주되고 있다. 아포판시스, 즉 로고스의 근본활동이란 곧 존재자를 그것이 어떠하게 있는 그대로, 그리고 그것이 존재자로서 무엇인 바로 그것으로서 시야에 데려옴이다. 발언은 지금 '현재의 것'에만 국한되는 것이 아니라, '기존의 것'과도 관련을 맺고 있으며 그리고 '존재하게 될 바로 그것'과도 관련을 맺고 있다.

바. 단순 발언에 대한 종합요약적인 본질규정과 단순 발언의 개별적인 구성성분들에 대한 규정(오노마, 레마)

그래서 아리스토텔레스는 단순 발언에 대한 본질규정을 다음과 같이 종합요약한다. "ἔστι θὲ ἡ μὲν ἁπλῆ ἀπόφανσις φωνὴ σημαντικὴ περὶ τοῦ ὑπάρχει τι ἢ μὴ ὑπάρχειν, ὡς οἱ χρόνοι διήρηνται."[19] 즉, 그러니까 단순 발언이란

---

19) 앞의 책, 제5장, 17a 22 이하.

곧 어떤 것을 뜻하는, 그것도 의미하면서 어떤 것을 발언하는 그런 하나의 발설인데, 이러한 발설은 그러면서 어떤 것의 눈앞에 있음을 다루거나 눈앞에 있지 않음을 다루며, 그것도 그때마다 시간들이 따로따로 붙들려져 있는 방식으로―그러니까 문법적으로 말하자면, 현재형, 완료형, 미래형으로 따로따로 붙들려져 있는 방식으로―다룬다.

'로고스 아포판티코스'의 이러한 단일적 구조에서부터 우리는 **아리스토텔레스**가 로고스의 개별적인 **구성성분들**에 대해 진술하는 것이 무엇인지를 비로소 개념파악해볼 수 있다. 로고스의 구성성분들에 대한 이러한 성격규정은 나중에 논리학과 문법학의 자리로 옮겨갔다. 발언의 구성성분들이란, 우리가 흔히 말하듯이, 주어(Subjekt)와 술어(Prädikat)이다. 아리스토텔레스는 그것을 우선은 '오노마(ὄνομα)'로서, 그리고 '레마(ῥῆμα)'로서 다르게 성격규정한다. 이 둘을 구별하는 기준으로 특징적인 것은 곧 시간이다. 좀더 정확히 말하자면, 그 가운데 하나(레마)에서는 '시간-안에-있음'이 함께 뜻해지며 그것도 본질적인 것으로서 뜻해진다. 다른 하나(오노마)에서는 그렇게 함께 뜻하는 일이 울려나오지 않는다. 오노마라는 것은 곧 낱말, 이름, 즉 어떤 것을 명명하는 바로 그러한 것을 뜻한다. 우리는 명사를 말하고는 하는데, 비록 그것이 어긋나게 표현될 수 있다고 해도 그렇다. 왜냐하면 정말이지 동사도 명사의 기능을 취할 수 있기 때문이다. 이제 하나의 오노마, 하나의 이름, 또는 더 나은 말로 순전히 어떤 것을 명명하기만 하는 낱말이란 무엇인가? "Ὄνομα μὲν οὖν ἐστὶ φωνὴ σημαντικὴ κατὰ συνθήκην ἄνευ χρόνου, ἧς μηδὲν μέρος ἐστὶ σημαντικὸν κεχωρισμένον."[20] 즉 명명이란 이제, 일치에 이름을 밑바탕으로 하여 뜻하기를 행하는 하나의 발설인데, 그렇게 명명하는 가운데 그 발설은 시간 그 자체를 명명하는 법이 없다. 그것은 동시에 일종의 '포네 세만티케(φωνὴ σημαντική)'이다. 즉 그것은 소리

---

20) 앞의 책, 제2장, 16a 19 이하.

의 한 전체인데, 그 가운데에서 따로 그 자체로 취해진 어떠한 개별적인 부분의 소리도 어떤 것을 뜻하는 법이 없다. 아리스토텔레스는 후자의 성격을 '칼립포스(Kallippos)', 즉 우리 말로 옮기면 '아름다운 말[馬]'이라는 그리스인의 이름에서 다음과 같이 드러내 보인다. 즉 낱말 전체를 이루는 개개의 음절들과 성분들은 이러한 맥락 속에서 따로 그 자체만으로는 아무것도 뜻하는 것이 없다. 왜냐하면 그 단일적인 이름은 그 자체 내에 하나의 단일적인 뜻 또한 가지기 때문에, 즉 그 이름은 그 이름을 가진 하나의 특정한 사람을 의미하기 때문이다. 반면 '카로스 히포스(καλὸς ἵππος)'는 '그 말[馬]은 아름답다'라는 문장으로 풀어질 수 있기 때문에, 그것은 하나의 로고스이다. 바로 이 경우에는 로고스의 개별 부분들이 그때마다 어떤 것을 따로 그 자체로 뜻한다. 명명에 대한 이러한 해석에서 훨씬 더 중요한 점은 아리스토텔레스가, 명명한다고 함은 시간 없이 뜻함이라고 말한다는 사실이다. 명명함을 그가 어떻게 이해하는가 하는 것은 로고스의 두 번째 구성성분에 대한, 즉 '레마(ῥῆμα)'에 대한 반대 정의에서부터 유추해볼 수 있다. "Ῥῆμα δέ ἐστι τὸ προσσημαῖνον χρόνον, οὗ μέρος οὐδὲν σημαίνει χωρίς, καὶ ἔστιν ἀεὶ τῶν καθ᾽ ἑτέρου λεγομένων σημεῖον."[21] 즉 일종의 말함, 즉 일종의 동사란 곧 시간을 덧붙여 의미하는 바로 그것인데, 그것의 본질에는 시간을 덧붙여 의미하는 일, 즉 동사 속에서 보통 의미되는 바로 그것에 시간을 덧붙여 의미하는 일이 속한다. 동사 속에서 보통 의미되는 바로 그것은 언제나 하나의 뜻인데, 그 뜻은 그것에 대해서 이야기되는 바로 그와 같은 것[이야기의 상관사항]에 그 뜻이 관련된다는 식으로 그렇게 뜻한다. 개개의 모든 동사는 그렇게 그 내적인 뜻에 따라 어떤 것에로, 즉 그것에 대해서 말이 되는 바로 그 어떤 것에로, 즉 존재자로서, 즉 그러저러하게 존재하는 것으로서, 밑바탕에 놓여 있는 바로 그런 어떤 것에로 나아간다. 그러니까

---

21) 앞의 책, 제3장, 16b 6 이하.

우리는 다음과 같은 사실을 보는 셈이다. 즉 '레마'와 '오노마'는 시간이라는 기준에 의해서 구별된다. 비록 아리스토텔레스가 그 점을 계속 더 추적하지는 않았더라도, 여기에는 매우 결정적으로 중요한 하나의 통찰이 들어 있다. 동사를 성격 짓는 두 개의 본질계기들은 '시간을 함께 의미하기', 그리고 '이렇게 뜻하는 가운데 언제나 어떤 것에, 즉 그것에 대해서 말이 되는 바로 그런 어떤 것[말의 관련사항]에, 즉 존재자에 관련되어 있기'와 같다. 이 점은 존재자에 대한 일체의 모든 정립이 필연적으로 시간에 관련된다는 사실을 넌지시 가리켜 보인다. 그렇기 때문에 합당하게도 우리는 동사를 독일어로 'Zeitwort(시제어)'라고 부른다. 그 계기들은 로고스의 양 구조계기들인데, 이것은 우리가 계속 더 맞부딪치게 될 문제를 위해서 중요한 계기들이다.

만일 이와 같이 개개의 모든 발언이 곧 존재자를 그것이 무엇인 바로 그것과 그것이 어떠하게 그것인 바로 그것에 따라 제시하는 것이라면, 그와 같이 발언하는 말에서는 필연적으로 그리고 언제나 어떻게든 존재자의 존재에 관해서—그것이 '지금 존재'이건 '어제 존재'이건 '존재하게 됨'이건 간에—말이 되는 셈이다. 발언 중에 존재자가 그 존재에서 말이 되고 있다는 사실은 언어적으로는 '이다(ist)' 속에서 표현된다. 그러나 이러한 '이다'가 빠지고 없는 경우—'그 칠판은 안 좋은 위치에 있다', '새가 날아가버린다—에도, 그때마다 '레마(동사)'는 하나의 특정한 시간형식 속에 성립할 뿐 아니라, 이러한 시간형식과 함께 이미 '그것에 대해서 말이 되는 바로 그것이 그때마다 시간-안에-있다는 것'이 함께 뜻해진다.

사. 발언에서 '이다'가 뜻하는 것으로서 '결합되어 있음(신테시스)'

발언이란 곧 '제시하는 발언'으로서, 그것은 가져다대어 가리기기나 빼앗아 가리키면서 존재하며, 더군다나 각기 그때마다 탈은폐하거나 은폐하면서 존재한다. 그때마다 존재자는 이러저러하게 존재하는 것으로서 또는 이러저러하게 존재하지 않는 것으로서 탈은폐되어 있거나 은폐되어 있다. 물론 말의 이러한 형식에서는 각기 그때마다 존재자에 대해 말해져 있기는 해도, 거기에는 동시에 존재—'이다'—에 관해서도 말이 되고 있다. 발언에서는 존재에 대해서는(über)—보통—말해지지 않지만, 그래도 존재에 관해서는(von) 말해진다. 즉 발언에서는 존재자에 관해서, 그것이 어떠하게 그것인 바로 그것으로서, 즉 존재에서 말해진다. 그리스인들은 그 점을 날카롭게 다음과 같이 표현한다. 발언에서는 'ὄντα ὡς ὄντα'에 관해서, 즉 존재자가 존재자로서 각기 그때마다 존재하는 그대로 그렇게 존재자에 관해서 말이 되고 있다고 말이다. 즉 존재자가 그 자체의 견지에서 말이 되고 있다는 것이다. 우리가 알게 된 그 두 겹의 해석 가능성 아래에서 우리가 우선 첫 번째로 말하고 있는 점은 존재자로서의 존재자에 관해서 말이 되고 있다는 것이다. 그런데 이와 동시에 두 번째로 보자면, 형이상학적인 중심 맥락 내에서 **아리스토텔레스**는 '온 헤 온(ὂν ᾗ ὄν)'을 겨냥하는 하나의 고찰에 관해서 이야기하는데, 이 '온 헤 온'이라는 것은 우리가 형식적으로 '존재자로서의 존재자'라는 말로써 다시 또 표현하는 바로 그것이다. 첫 번째 경우에 내가 향해 있는 쪽은 존재자 자체이다. 즉 나는 존재자의 성질들 곁에 머물러 있다. 이에 반해서 두 번째 경우에서는 내가 존재자를 관찰하고 있는 경우 그것이 하나의 존재하고 있는 것인 한, 나는 그것의 속성들을 탐구하고 있는 것이 아니라, 오히려 그것을 그것이 **존재하고 있는 한**에서, 즉 그것이 그 **존재**에 의해서 규정되어 있다는 관점에서 취하는 것이다. 나는 존재자를 그 존재의 관점에서 관찰하고 있다. 발언에서는 존재자가 의미되어 있으며, 그리고 이 존재자를 '탈은폐함'과 '은폐함'이 겨냥하고 있다. 그리고 그럼에도 불구하고 존재가 함께 이해되어 있고 함께 의미되어 있다—잠정적으로 그리고 추후적으로 그런 것이 아니라, 오히려 탈은폐하고 있는 것 속에서, 즉 보기를 들자면 '눈[雪]은 변하는 것이다'라는 말 속에서, 곧바로 존재가 함께 이해되어 있고 의미되어 있다.

'이다(ist)'가 여기에서는 하나의 중심적인 역할을 담당한다. 따라서 '이다'가 발언의 한 본질적인 구조계기로서 귀결되어나오는 셈인데, 이러한 계기는 논리학에서의 '이다'에 주어졌던 지칭 속에서 이미 표현되고 있는 바로 그것이다. '이다'는 언어이론적으로 보자면 '연계사(copula)', 즉 '끈(Band)' 또는 '결합(nexus)'이다. 즉 그것은 주어와 술어를 결합하는 바로 그것이다. 그런데 언어적인 것은 그 자체 뜻하면서 존재한다. 그런 언어적인 것 속에서 무엇이 의미되는가? 의미된 것을 우리는 어디에서 발견하는가?

  '로고스 아포판티코스'에 대한 지금까지의 해석이 이미 우리에게 가져다 준 것을 우리가 단단히 붙들어보면 다음과 같다. 즉 '신테시스'와 '디아이레시스'가 있고, 이것은 '알레테우에인'과 '프세위데스타이'의 가능조건이며, 그리고 이것은 각기 그때마다 '카타파시스' 또는 '아포파시스'의 형식을 띤다. 그 모든 것은 하나의 '노에인', 즉 하나의 '인지하면서 제시함'에 근거하는데, 그것도— 귀결되어 나온 것을 그대로 보면—'휘파르콘(ὑπάρχον)'에 관해서, 즉 존재하는 것에 관해서, 그것도 여러 상이한 시간들 안에서, 인지하면서 제시하는 데에 근거한다. 그리고 마지막으로—이렇게 말에서 존재자에 대해서 제시하면서 인지하면서 맺는 그 모든 행동관계에서는 '이다'에 관한, 즉 존재(존재자뿐만 아니라)에 관한 하나의 주도적 이해함이 내보여진다. 이러한 '존재'는 어디에 속하는가? 로고스의 구조 전체 내에서 '존재'의 사정은 어떠한가? 특히 우리가 근본구조로서 알게 된 바로 그것에 대해서—신테시스와 디아이레시스에 대해서, '로서'에 대해서 '존재'는 어떤 관계를 맺고 있는가? '이다', 즉 연계사는 어찌된 일인가?

  우선 당분간 이렇게 강조하는 것이 지나치지는 않다. 즉 우리는—'이다'가 무엇을 뜻하는가 하는 그런 문제가 아무리 눈에 띄게 두드러지지는 않는다고 해도—하나의 결정적으로 중요한 자리에 서 있다. 다음과 같은 이중의 의미에서 결정적으로 중요하다. 1. 일반적으로 말과 언어로서, 즉 인간에게 특출난 것으로서, 넓은 의미에서의 로고스는 분명 **세계와 상관이**

있다는 점이 이미 귀결되어 나왔다. 만약 **세계 형성**이 마찬가지로 인간에게는 특출난 것이라면, 아니 아예 세계 형성이 언어의 가능성을 그 자체 내에 간직하는 식이라면 그렇다는 것이다. 세계가 [형성되어] 있는 바로 거기에 존재자를 존재자로서 대하는 행동관계가 있다. 그런 식으로 존재자가 개방되어 있는 바로 거기에 존재자가 그 자체로서, 즉 존재하고 있는 것으로서, 존재하고 있지 않은 것으로서, 존재해온 것으로서, 존재하게 될 것으로서 다루어질 수가 있다. 존재자에 관해서 **존재**와 같은 것이 하나의 진기한 **다양성**에서 말해질 수 있다. 바로 이렇게 로고스 속에서, 즉 언어 속에서 그리고 그로써 인간의 세계 형성 내에 존재가 말해질 수 있다는 사실을 단순 문장은 '이다'에서 표현에로 내온다. 거기에서부터 다음과 같은 점이 이해될 수 있다. 즉 존재에 대해서 물음을 던지는 형이상학을 위해서 발언이 하나의 중심적인 뜻을 획득할 수 있는 까닭이 왜 다름 아닌 바로 발언이 '이다'를 이마에 써붙이고 다니기 때문인가 하는 점 말이다. 이러한 '이다'에 의해서 특출나게 특징지어져 있는 로고스가 겉으로는 마치 형이상학적으로 중요한 하나의 뜻을 가지는 것처럼 보이는 바로 그 까닭에, **우리가 머무는 자리가 이제는 오히려 다음과 같은 하나의 두 번째 의미를 띠는 셈이다.** 2. 발언 속에서는 '이다'와 존재가 너무나 뻔히 드러나 보여지게 된다는 이유로 과연 발언이 존재, 세계의 본질 등에 대한 물음에서 주도권을 요구해도 되는지, 아니면 이와는 **거꾸로** 혹시 이렇게 드러나 있는 존재의 형식과 '이다'의 형식이 설사 정당하게 그리고 필연적으로 존재를 개방 가능한 것으로서 함유하고 있을지는 몰라도 그러나 이러한 개방 가능성은 **근원적인 개방 가능성은 아니라**는 사실을 시급히 볼 필요가 있는 것은 아닌지 시급히 물음을 던져 해명해놓아야 한다. 요컨대 연계사의 문제를 대하는 자세에서, 즉 연계사의 문제를 다루고 그것을 전체 안에 정돈해 넣는 양식과 방식에서 형이상학이 판가름 나고 있다는 것이다. 우리는 형이상학이 **아리스토텔레스** 이래로 존재의 문제를 문장의 '이다'에 방향 잡고 있다는 사실을 알고 있으며, 이러한 전통을 근본적으로 개혁해야 한다는 어마어마한 과제 앞에 우리가 서 있다는 사실도 알고 있는데, 그 과제는 동시에 전통을 그 제한된 권리 내에서 제시해야 함을 일컫는다. 거기에서부터 여러분은 문장 속의 '이다'가 뜻하는 바로 그것에 대해서 무미건조하게 묻는 물음에서 마치 특수한 문제처럼 겉으로 보여지는 그 문제가 얼마나 파급효과가 큰 뜻을 가지는지를 추측해낼 수 있을 것이다.

이러한 문제를 우리에게 중요한 전망들에 따라 체계적으로 전개해나아가기 이전에 우리가 우선 좀더 들어보려는 점은 **아리스토텔레스**가 여기에서 얼마나 멀리까지 보았느냐 하는 것과 문장 속의 이 기이한 '이다'가 과연 그의 이목을 끌었는가 하는 점이다. 나는 **아리스토텔레스**에게서 '이다'와 존재가 어떻게 파악되는가에 관해 하나의 짧은 해석을 제시하려고 시도하겠다. 그럼으로써 여러분은, 오늘날 철학에 대한 문학적인 수다와는 도대체 관련지을 수 없는 고대의 단순한 해석들 속에서 어떻게 가장 중심적인 문제들이 아류들인 우리 자신으로서는 결코 더는 다다를 수 없는 안정성과 묵직함 속에 장악되어 있는가 하는 점도 헤아려볼 수 있을 것이다.

우리는 우선 '이다'가 로고스 내에 어떻게 성립하는지, 그리고 로고스 내에 '이다'는 본디 무엇을 뜻하는지 하는 물음에 대해 하나의 대답을 **아리스토텔레스** 자신으로부터 받아보려는데, 그는 그 대답을 「해석에 관하여」라는 논문의 제3장 말미에 다음과 같이 정식화한다. "Αὐτὰ μὲν οὖν καθ' ἑαυτὰ λεγόμενα τὰ ῥήματα ὀνόματά ἐστι καὶ σημαίνει τι (ἵστησι γὰρ ὁ λέγων τὴν διάνοιαν, καὶ ὁ ἀκούσας ἠρέμησεν), ἀλλ' εἰ ἔστιν ἢ μή οὔπω σημαίνει· οὐδὲ γὰρ τὸ εἶναι ἢ μὴ εἶναι σημεῖόν ἐστι τοῦ πράγματος, οὐδ' ἂν τὸ ὂν εἴπῃς αὐτὸ καθ' ἑπητὸ ψιλόν. αὐτὸ μὲν γὰρ οὐδέν ἐστι, προσσημαίνει δὲ σύνθεσίν τινα, ἣν ἄνευ τῶν συγκειμένων οὐκ ἔστι νοῆσαι."[22] 이 말을 번역과 동시

---

22) 앞의 책, 제3장, 16b 19 이하.

에 해설해보면, 아리스토텔레스가 여기에서 말하는 점은 다음과 같다. 만일 우리가 시제어들을 바로 그 자체로 그리고 따로 그 자체로 표명할 경우, 그러니까 "새가 날아간다"라고 말하는 대신에 순전히 "날아간다"라고만 말할 경우, 그 시제어들은 명사들이요, 명명들이요, '날아감', '서 있음' 따위이며 그래서 그것들은 어떤 것들을 뜻하는 말들이다. 왜냐하면 그와 같은 낱말들을 바로 그 자체로 그리고 따로 그 자체로 말하고 표명하는 사람—'날아감'이라고 표명하는 사람— 즉 'ἵστησι τὴν διάνοιαν' 하는 사람은 사유를 멈춤에로 데려오기 때문인데, 다른 때 같으면 그 사유는 언제나 일종의 줄곧 사유함이요, '그것 저것은 그러저러하다'라는 발언의 형식 속에서 움직인다. (그러기 때문에 일종의 발언하고 판단하는 사유를 아리스토텔레스는 '디아노에인[διανοεῖν]', 즉 줄곧 나아가는 사유, 즉 하나로부터 다른 하나에로 계속 나아가는 사유라고도 칭한다.) 순전히 명명만 하는 자리에서는 나는 하나로부터 다른 하나에로 옮아가고 있는 것이 아니다. 오히려 사유는 어떤 것 곁에 머물러 있으며, 거기 그 자리에 서 있는 채로 남아 있다. 즉 사유는 명명되는 것 자체를 의미한다는 말이다. 사유는 줄곧 나아가면서 있지 않다. [그렇게 머물러 있는 사유에] 상응하여 만약 그와 같은 낱말을 듣고 있는 사람도 멈춰 서 있다면(ἠρέμησεν), 그 사람은 명명되고 있는 바로 그것 곁에 멎어 있는 셈이다. 즉 그는 'a는 b이다'라는 식의 계속 나아감의 방식으로 다른 하나에로 계속 나아가는 것이 아니라는 말이다. 따라서 명칭들은 따로 그 자체로 취해져 있는 것은 아니지만, 그럼에도 불구하고 그 명칭들은 명명되는 것, 즉 '날아감'이 존재한다는 사실 또는 존재하지 않는다는 사실을 아직은 뜻하지 않으며, 그런 사실을 아직은 의미하지 않는다. 이러한 명명들 속에서 사용되는 낱말들은 어떤 것에 관해서 '그 어떤 것이 날아가면서 있다'거나 '날아가고 있다'는 사실을 말하고 있지 않다. 그러나 동사가 순전한 부정형 속에서 사용되는 경우, 즉 '날아가면서 있다'와는 구별되어 '날아감'이 '새'처럼 흡사 이름과 명사로서 사용되는 경우에 거기에 여전히 빠지고 없는 것은 무엇인가? 추가로 등장하거나 아니면 동사의 형태로 표명될 수 있는 이러한 '있다'라는 말로써 의미되는 것은 무엇인가? 아리스토텔레스는 우선 부정적으로 이렇게 말한다. '에이나이(εἶναι)'와 '메 에이나이(μὴ εἶναι)', 즉 이러한 '있다'와 '있지 않다'는 '프라그마(πρᾶγμα)', 즉 하나의 어떤 그러저러하게 존재하는 것, 하나의 사태, 하나의 사물이 아닌데, 심지어 '존재하면서-있음'이라는 것을 바로 그것 자체에서 아무런 꾸밈이 없이 따로 그 자체로 그대가 말하고 명명하는 경우마저도 그렇다. 왜냐하면 존재라는 것은 바로 그 자체로는 아무것도 아니기 때문이다(존재와 무는 동일하다, αὐτὸ μὲν γὰρ οὐδέν ἐστι). 그 말은 여기에서 다음을 의미한다. 즉 존재는 어떠한 존재자도, 어떠한 사물도, 그리고 어떠한 사물적 속성도 아니라는 것, 즉 어떠한 눈앞의 것도 아니라는 것이다. 그러나 존재라는 것은 분명 그 무엇인가를 뜻한다. 즉 '있다'를 내가 말하거나 '있지 않다'를 말하는 경우, 나는 그럼에도 불구하고 이때 그 무엇인가를 이해하고 있다. 그런데 '토 에이나이(τὸ εἶναι)'라는 것은 무엇을 뜻하는가? 우선 '뜻한다'고 함은 '함께-덧붙여-뜻함'이며, 그것도 '신테신 티나(σύνθεσίν τινα)', 하나의 특정한 종합, 즉 결합, 합일, 통일성이다. 이 통일성, 다시 말해 존재는 그러나 '싱케이메나(συγκείμενα)' 없이는, 즉 '한데에 함께 놓여 있는 것', '한데에 함께 앞에 놓여 있는 것' 없이는 인지될 수 없고 이해될 수 없는데, 이 '한데에 함께 앞에 놓여 있는 것'이 '한데에 함께'로서 오인되어버릴 수도 있다.

'있다'로서의 존재가 뜻하는 바에 대해서 아리스토텔레스가 이렇게 산략하게 제시한, 매우 기초가 되는 이러한 해석에서부터 우리는 일종의 세 겹의 의미를 끄집어낼 수 있다. 1. '있다'의 주도적인 뜻은 '덧붙여-뜻함'이다. 그것은 마치 어떤 것을 냉냉하는 것처럼 그렇게 독자적으로 뜻하는 것이 아니라, 오히려 뜻함의 기능 그 자체 속에서 이미 존재와 '있다'의 뜻은 존재하는 바로 그런 것과 관련된다. 2. 덧붙여-뜻하는 가운데 '있다'가 뜻하는 것은 종합, 결합되어 있음, 통일성이다. 3. '있다'는 '프라그마'가 아니다. 즉 하나의 사태 또는 하나의 사물이 아니다.

그런데 수 세기 뒤에 '있다'에 대한 바로 이와 동일한 해석을 내준 이가 곧 칸트이다. 어쩌면 그는 아리스토텔레스의 이러한 입장을 모른 채 그렇게 했는지도 모르지만, 어쨌든 그는 전통의 주도 아래 그러한 해석을 제시했다. 물론 그는 연계사에 대한 이러한 해석에서 전통을 더욱 깊이 파악했다. 칸트가 존재 일반, 그리고 특히 '이다/있다', 즉 연계사에 관해서 다루는 곳은 다음의 두 곳이다. 1. 이른바 비판 이전의 시기에 속하는 1763년에 작성되어 『신의 존재를 증명하기 위한 유일하게 가능한 논거』라는 제목이 붙은 조그만 저작 내에서 그렇고, 2. 『순수 이성 비판』(1781년, 1787년) 내에서 그러한데, 여기 『순수 이성 비판』 내에서도 초월론적 기초론의 제2부(초월론적 논리학)의 두 번째 편(초월론적 변증론)의 두 번째 책(순수 이성의 변증론적 결론들)의 제3주요부분(순수 이성의 이상)의 제4장(신의 존재에 대한 존재론적 증명의 불가능성에 관하여)에서, 즉 A판 592쪽 이하, B판 620쪽 이하에서 그렇다. 『순수 이성 비판』 내에서 '있다'와 존재에 관해서 칸트의 이야기가 이르는 맥락은 저 『신의 존재를 증명하기 위한 유일하게 가능한 논거』라는 저작에서의 맥락과 동일하다.

[존재에 대한] 칸트의 해석은 아리스토텔레스의 그것과 부합한다. 그것도 존재는 한 사물의 어떠한 규정도 아니라고 칸트나 아리스토텔레스가 말하는 것을 이 두 주요계기들에 따라 보거나, 또는 존재는 어떠한 실제적인 [사물적인] 술어도 아니라고 칸트가 말하는 것을 그대로 볼 때 그렇다. '실제적'이라는 말은 여기에서, [존재가] 하나의 '레스(res)'에, 즉 한 사태나 사물에 속하지 않는다는 것을 일컫는다. 칸트는 더 나아가 이렇게 말한다. 즉 존재가 발언 속에서 '이다/있다'라는 의미로 사용되는 한, 존재는 일종의 결합개념, 즉 종합이거나 또는 그가 다음과 같이도 말하듯이, '레스펙투스 로기쿠스(respectus logicus)', 즉 일종의 논리적인 관련, 다시 말해서 로고스

에 속한 그리고 로고스 속에 근거제시되어 있는 관련이다—1763년 저작의 첫 번째 절의 논의에는 '현존 일반에 관하여(Vom Dasein überhaupt)'[23]라는 표제가 붙어 있다. 칸트가 여기에서 '현존(Dasein)'이라는 말 아래에서 이해하는 것은 '눈앞에 있음(Vorhandensein)', '실재함(Existieren)'이라고 우리가 부르는 것인데, 그것을 우리는 다음과 같은 의미에서 그렇게 부른다. 즉 현존이란 "결코 어떤 사물 앞에 서술하는 어떠한 술어나 정의도 아니다"[24]라는 것이다. 두 번째 절에서 칸트는 이렇게 말한다. "'설정(Position)' 또는 '정립(Setzung)'이라는 개념은 매우 단순하며 그것은 존재 일반이라는 개념과 매한가지이다."[25] 그러니까 칸트는 다음과 같이 말하는 셈이다. 즉 존재는 정립을 뜻하는데, 좀더 나은 말로 그것은 '정립되어 있음(Gesetztheit)'을 뜻한다. 이제 그는 이렇게 말한다. "이제 어떤 것이 순전히 각기 따로 정립된 것으로서 사유될 수도 있거나, 좀더 나은 말로 어떤 것과의 관련(논리적 관련)이 순전히 한 사물에 대해서 맺는 하나의 특징으로서 사유될 수도 있겠는데, 그렇다면 이러한 관련에 대한 설정인 존재는 판단 속에 들어 있는 결합개념 말고는 다른 아무것도 아닌 셈이다."[26] **칸트**가 여기에서 표명하는 바로 그것은 **아리스토텔레스**가 언급하는 것과 같은 '로고스에서의 신테시스'이다. "만일 순전히 이러한 관련뿐 아니라 사태도 바로 그 자체로 그 자체 앞에 정립되어 관찰된다면, 이러한 존재는 현존 정도일 것이다."[27] 그러니까 만일 '이다/있다'를 내가 연계사의 의미로 사용하지 않고, 오히려 "신은 있다"라는 문장에서처럼 사용한다면, 그 경우 그것은 '현존함', '실재함' 정도를 뜻한다는 것이다. "이러한 개념이 너무나 단순한 나머지, 사람

---

23) Kant, *Der einzig mögliche Beweisgrund des Daseins Gottes*(『신의 존재를 증명하기 위한 유일하게 가능한 논거』), 칸트 전집, Ernst Cassirer 편집, 제2권, 베를린, 1922년, 74쪽 이하.
24) 앞의 책, 76쪽.
25) 앞의 책, 77쪽.
26) 같은 곳.
27) 같은 곳.

들이 그 개념을 풀어 보이는 일에 대해 말할 수 있는 것이라고는 아무것도 없고, 그나마 할 수 있는 것이라고는 기껏해야 사람들이 그 개념을, 사물들의 특징들에 대해서 이 사물들이 맺는 관계들과는 혼동하지 않도록 신중을 기하는 일뿐이다. 그럼에도 불구하고 우리의 총체적 인식이 마지막에 가서는 풀기 어려운 개념들로 끝나버리고 만다는 점을 사람들이 통찰한다면, 사람들은 또한 다음과 같은 점까지도 개념파악하게 될 것이다. 즉 거의 풀어낼 수 없는 그런 몇몇 개념들이 있으리라는 것, 다시 말해서 사태 자체에 비해 매우 불투명하고 복잡한 특징들을 띠고 있는 그런 몇몇 개념들이 있으리라는 것 말이다. 이와 같은 사정은 우리가 '실재(Existenz)'에 관해 설명하는 경우에 해당한다. 이와 같은 설명에 의해서는 설명되는 것의 개념이 아주 조금 뚜렷해질 뿐이라는 사실을 나는 기꺼이 실토한다. 하지만 대상의 본성이 또한 우리 지성의 능력과 관련해서 더 높은 정도를 허용하지도 않는다."28) 존재의 개념과 본질에 대한 규명작업은 다음과 같은 성격규정에 머문 채 남아 있어야 한다. 존재 = 설정 또는 '있다'라는 의미에서의 존재 = 관련.

그러나 우리가 여기에서 이제 특별히 몰두해서 눈여겨보아야 할 점은 바로 이것이다. 로고스의 구조계기, 즉 '이다', 즉 연계사는 **아리스토텔레스**의 해석에 따르면, 일종의 '신테시스'라는 성격을 띤다. 그리고 우리가 **이전에** 들은 바로는 '참일 수 있음'과 '거짓일 수 있음'('알레테우에인'과 '프세위데스타이'), 그러니까 발언의 근본속성들은 일종의 신테시스에로 소급해 올라간다. 이런 물음이 제기된다. 즉 그 안에 연계사의 본질이 존립하는 바로 이러한 신테시스는, 도대체 로고스가 이 로고스의 내적인 가능성에 따라서 그 위에 근거하는 신테시스와 동일한가? 만일 사정이 그러하다면, 그 경우 연계사의 신테시스에도 '디아이레시스'가 속하는가? 만일 '존재'가 '결합되

---

28) 같은 곳, 77쪽 이하.

어 있음'이라고 한다면, 그 경우 '존재'는 또한 '따로따로 떼어져 있음'이기
도 하다. 그렇다면 '존재 일반'이란 무엇을 일컫기에, '존재 일반'에 '결합되
어 있음'과 '따로따로 떼어져 있음'과 같은 규정들이 고유한가? 그와 같은
규정들은 어디에서부터 발원하는가? 로고스-이론은 이처럼 직접 형이상학
의 가장 중심적인 문제들에로 인도한다. 그러나 더 이상의 분석에 저항하
는 그런 최종적 개념들이―칸트가 생각하듯이 그렇게―앞에 놓여 있는 것
은 아니다.

아. 연계사에 대한 가능적인 해석들로서 '무엇임', '사실임', '참임'. 474
이러한 뜻들의 나뉘지 않은 다양성이 곧 연계사의 일차적 본질임

바야흐로 '로고스 아포판티코스'에 관한 아리스토텔레스의 이론이 아무리
논리학의 계속된 전통을 위한 표준이 되었고 그러한 표준으로 남아 있었다
고 하더라도, 바로 연계사, 즉 '이다'의 파악과 관련하여 그 뒤의 새로운 이
론들은 다양하게 구별된다. 우리는 여기에서, 가장 중요한 이론들을 일일
이 상세하게 다 이야기할 수는 없겠는데, 설사 그렇게 해서 얻는 것이 매우
많다고 해도 그렇다. 우리는 연계사에 대한 가능적인 해석들을 하나의 구체
적인 예를 가지고 해설해보려고 한다. 그것은 철학자들의 의견이 전반적으
로 그리고 지속적으로 상이하다는 것을 증명하기 위해서가 아니라, 오히려
이론들의 이러한 다양성에 직면해서 다음과 같이 물음을 던지기 위해서이
다. 즉 이론들의 이러한 다양성은 우연적인가? 아니면 이러한 다양성은 이
론들이 다루는 바로 그것의 본질에서부터 발원하는가? '이다/있다' 자체가
그러한 발원을 야기시키는가? '이다/있다'는 그 자체 다의적인가? 이러한
다의성은 필연적인 다의성인가? 그리고 그러한 다의성은 어디에 그 근거
를 가지고 있는가? 만일 우리가 이러한 물음에 올바른 방식으로 가까이 다
가간다면, 우리는 맑아진 이해를 가지고서 다음과 같은 주요문제에 이르게
될 것이다. 즉 '이다/있다'는 로고스 아포판티코스의 총체적 구조, 그리고

로고스 아포판티코스의 조건이 되는 바로 그것과—'신테시스'와 '디아이레시스'와, '로서'와(존재 그리고 '로서')—어떤 관계에 있는가?

우리는 **연계사에 대한 가능한 해석들의 다양성**을 개별 이론들과의 상세한 역사학적인 관련 맺음 없이 우선 하나의 간단한 보기를 가지고 해설하려고 시도해본다. 우리는 보기로서 "이 칠판은 까맣다"라는 문장을 선택해 보기로 한다. '이다'는 어찌 된 일인가? '이다'는 무엇을 뜻하며 무엇을 의미하는가? '이다'는 어떠한 뜻을 가지는가? 예컨대 통속적 지성의 방향에서 던져지는 매우 **소박한** 물음에서는 사태정황이 다음과 같은 식으로 묘사된다. 즉 '이 칠판은 까맣다'라고 표명된 문장이 앞에 놓여 있다고 말이다. 이때 거기에서는 다음과 같은 점이 내보여진다. 즉 '이다'가 주어와 술어 사이에 성립하는데, 그것도 그 '이다'가 하나를 다른 하나에 결합시키고 있다는 식으로 그렇다. '이다'는 "끈"의 기능을 가진다. 그렇기 때문에 '이다'는 '연계사'라고 일컬어지는 것이다. '이다'를 이렇게 연계사로서 명명하는 일은 아무런 해가 없는 명칭부여가 아니라, '이다'에 대한 하나의 특정한 해석인데 그것도 문장결합틀 내에서 낱말이 가지고 있는 기능의 방향에서 그러하다. 이때 이러한 '이다'와 존재가 무엇을 뜻하는지가 우선 물어지고 있는 것이 아니라, 오히려 '이다'의 뜻은 다음과 같은 의미에서 물어지고 있다. 즉 '이다'는 어떠한 기능을 가지는가? 즉 문장결합틀 내에서 '이다'는 어떠한 사용사태를 가지는가? 만일 사람들이 발언문장을 그런 식으로, 즉 눈앞에서 발견되는 낱말 결합틀로서 받아들인다면, '이다'는 사실상 연계사로서 나타나는 셈이다. 그러나 **아리스토텔레스와 칸트**가 '에이나이(εἶναι)'와 '이다'는 '신테시스'이며 결합개념이라고 말한다면, 이 경우 여기에는 '이다'를 그 장소의 견지에서 문장의 낱말 결합틀 속의 낱말로서 특징짓는 규정을 넘어서는 그 이상의 것이 동시에 이미 앞서 놓여 있다고 볼 수 있다. '그 이상의 것'—그리고 그럼에도 불구하고, "그 이상의 것"이 '결합'으로서 받아들여진다면, 이때 그것은 마찬가지로 또한 낱말의 언어적 기능에 **함께**

방향 잡혀 있는 셈이다. 그 경우 '이다' 및 존재는 '결합되어 있음'을 일컫는다. 즉 '이다'는, 어떤 것이 함께 결합되어 있음을, 즉 어떤 것이 결합 속에 함께 성립하고 있음(논리적 관련)을 일컫는다. '그 칠판은 까맣다'라는 문장을 우리가 반복해서 볼 경우, 우리는 그러한 해석에 따라서 다음과 같이 의미하게 마련이다. 즉 '칠판'과 '깜장'은 하나의 결합되어 있음 속에 성립하고 있다고 칠판의 깜장임은 '칠판'이 '깜장'과 결합되어 있음을 뜻한다.

이러한 문장을 전혀 아무 생각 없이 밖으로 툭 던지는 경우에도 우리는 그와 같은 것을 의미하는가? 그렇기도 하고 아니기도 하다. 그런 경우란, 우리가 칠판의 깜장임을 의미하는 한에서 그렇다. 아닌 경우란, 우리가 그 문장을 일상적으로 아무 생각 없이 지껄이며 이해하는 가운데 칠판과 깜장, 이 둘의 결합되어 있음 그 자체에 관해서는 특별히 생각하지 않는 한에서이다. '이다'가 일종의 '결합되어 있음'을 의미한다는 해석이 너무나 인위적이고 억지스럽다는 것을 우리는 즉각 발견한다. 그 점은 부분적으로 보자면—의심스러운 형식 논리학에 실제로 방향 잡았음을 도외시한다면—다음과 같은 점과 연관된다. 즉 보기로 든 그 문장은 도대체 어쩌면 보기로서는 너무나 인위적이고 진부한지도 모른다는 것이다—즉 그 문장은 우리가 직접적인 현사실적 현존재에서부터는—여기 이 강당 내에서는—좀처럼 또는 아예 밖으로 이야기하는 법이 없는 문장이다. 이러한 점은 이미 예전에 '그 칠판은 안 좋은 위치에 있다'라는 문장에서의 경우와 같다. 여러분이나 나나 어쩌면 이미 이 문장을—비록 남모르게나마—밖으로 이야기하고 있었는지도 모른다. 이때 거기에서—우리가 그 문장을 저도 모르게 혼자서 발언하는 경우에—우리는 그 칠판의 안 좋은 위치와의 결합되어 있음에 대해서 생각하는 것이 아니다. 그 칠판은 안 좋은 위치에 있다.

그런 모든 해석들에서 우리는 여전히 표명된 문장의 언어적인 형태에 지나치게 집착하고 있고, 정작 우리가 직접적으로 의미하는 바로 그것에는 주의를 기울이지 못하고 있다. 오직 직접적으로 이해된 것에 눈길을 던지는 가운데에서만 우리는 그것에 따라 '이다'의 진정한 뜻을 파악하게 된다. 이때 그럼에도 불구하고 '이다'가 결국에는 종합이나 결합과 같은 어떤 것과 상관을 맺는다는 사실은 우선은 쟁점으로 삼아져 있지 않다. '그 칠판은 까맣다'라는 첫 번째 보기를 다시 취해서 그 보기를 직접적으로 실행하는 일을 우리가 시도해본다면, 이 경우 우리가 '이다(존재)'를 다르게 취한다는 것은 자명하다. '이다'에서 표현되는 존재는 어떠한 존재인가? 자, 그런데 보아하니 칠판이 **무엇**인 바로 그것은 칠판의 '**무엇-임**(Was-sein)'이다. 한 사태의 무엇임을 사람들은 또한 그 사태의 본질이라고 칭하기도 한다. 그러나 '그 칠판은 까맣다'라는 문장에서는 칠판의 본질이 발언되고 있는가? 즉 하나의 칠판에 그 자체로서 도대체 속해 있는 바로 그것이 발언되고 있는가? 결코 그렇지 않다. 만일 그 칠판의 색이 하얗다고 하더라도 그 칠판은 칠판일 수 있을 것이며 칠판일 수 있는데, 그 경우에는 다만 까만색 분필이나 또는 파란색 분필을 가지고 글자를 적으면 될 것이다. 하나의 사물이 칠판으로서 사용될 수 있기 위해서는 칠판일 수 있는 그 사물의 가능성에 깜장임이 반드시 속해 있을 필요는 없다. 그러나 그 의심스러운 문장에서는 비록 본질로서의 무엇임이 발언되고 있지는 않지만, 거기에서는 그래도 칠판이 무엇으로 존재하고 있는 그런 어떤 것이, 즉 일종의 '**그러-저러하게 있음**(So- und Sosein)'이 발언되고 있다. '그러-저러하게 있음'은 '무엇임(본질)'과는 합치되지 않는다. 그런데 언어적으로 아주 똑같게 구성되는, 그리고 '원은 둥글다'와 같은 것을 표현하는 그런 문장들이 있다. 만일 우리가 이러한 구별을 염두에 두고서 동시에 '무엇임'에 관한 말함의 그 두 가능성들을 시야에 간직하여 그것들을 형식적으로 '넓은 의미에서의 **무엇임**(이것은 꼭 본질만을 말하는 것일 수는 없다)'으로서 파악한다면, 그 경우 우리는 분명 다음과 같은 점을 보게 된다. 즉 "'이다'는 이러한 넓은 의미에서의 무엇임을 의미한다"는 논제를 통해서 '이다'의 일차적인 뜻이 오히려 더 그럴듯하게 적중된다는 것이다. 이러한 해석은 그렇기 때문에 연계사에 대한 광범위한 해석을 위한 더욱더 큰 지탱력 있는 기반을 제공한다. 그러므로 영국의 철학자 홉스(Thomas Hobbes)는 연계사에 관한 하나의 이론을 전개한 적이 있는데, 그 이론은 논리학의 역사 내에서 특별한 의의를 띠고 있다. 그는 아주 대략적으로 이렇게 말하고 있다. "oratio costans ex duobus nominibus."[29] 즉 로고스란 두 개의 낱말들로 이루어져 있는 바로 그런 어떤 것이다. "nomina [copulata] quidem in animo excitant cogitationem unius et ejusdem rei."[30] 즉 '코풀라치오(copulatio)' ─ 연계사 ─ 는 사유함과 의미함을 하나의 동일한 사태에로 이끈다. '이다'는 단순히 단어들을 결합하기만 하는 것이 아니라, 오히려 단어들의 뜻을 하나의 동일한 존재자에로 집중시킨다. 연계사는 낱말들의 순전한 결합이 결코 아니며, 오히려 발언의 낱말들이 뜻하는 데에로 파고들어가서, 그 낱말들을 하나의 것으로 조직하여, 그것들을 이러한 더욱 깊은 의미에서 결합하도록 한다. 그로써 연계사는 로고스의 내적인 구성에 대해서 고유한 어떤 것을 행사하는 셈이다. 홉스는 다음과 같이 말한다. "Copulatio autem cogitationem inducit causae propter quam ea nomina illi rei imponuntur."[31] 즉 코풀라치오는 이렇게 술어와 주어의 뜻을 하나의 동일한 것으로 독특하게 집중시키는 가운데 원인을 날라오는데, 그러기 때문에 나란히 놓인 명칭들이 하나의 동일한 것을 의미한다. 따라서 연계사는 하나의 순전한 결합을 나타내는 기호가 아니라, 오히려 '결합되어 있음'이 어디에 근거하는지 바로 그것을 가리켜 보인다. 그런데 연계사는 어디에 근거하는가? 사태의 **무엇**인 바로 그것에, 사태의 '퀴드(quid, 무엇)'에, 사태의 '퀴디타스(quidditas, 무엇임)'에 연계사

---

29) Thomas Hobbes, *Elementorum philosophiae sectio prima. De corpore, pars prima, sive Logica*(『철학의 근본요소. 제1권, 물체에 대하여, 제1부, 또는 논리학』) 제3장 2. 라틴어 저술 철학 전집(Opera philosophica, quae latine scripsit, omnia), Gulielmi Molesworth 편집, 런던, 1839년 이후, 제1권, 27쪽.
30) 앞의 책, 제3장, 3, 28쪽.
31) 앞의 곳.

는 근거한다. 다른 관점에서 볼 적에 커다란 어려움들을 내밀고 있는 이러한 이론을 우리가 아무리 자세하게 대할지라도, 이 이론에서 중요한 것은 다음과 같다. 즉 그것에 대해서 발언이 행해지는 그 존재자 그 자체(까만 칠판)에로 '이다'의 뜻이 어떻게 근거제시하면서 소급지시하는가 하는 점을 그 이론이 제시하고 있으며, 그리고 그 이론은 이러한 존재자 그 자체를 문장 속에 결합된 것의 공속성[한데에 함께 속해 있음]의 근거로서 의미하고 있다. '이다'의 뜻은 존재자를 그 자체로서, 즉 존재자의 '무엇'에서, 즉 '본질(Wesen)'과 '그리-있음(So-sein)'에서 소급지시한다.

'무엇임'이라는 의미로 방금 논의한 '이다'에 대한 해석은 이제 '이다'를 더욱더 멀리 해석해나아가도록 방향을 가리켜 보여주는데, 이러한 해석은, 그것이 아무리 일면적이라고 해도 어떤 결정적인 점을 적중시키고 있다. '원은 둥글다'라는 문장에서처럼, 그 속에서 본질이라는 의미의 무엇임이 말해져 있는 하나의 발언을 만약 우리가 예로 든다면, 사람들은 '원은 둥글다'와 같은 그러한 문장을 '원 아래에서 우리는 둥근 어떤 것을 이해한다'라고 해석할 수도 있겠는데, 그렇다면 이 말은 당연히 '원이라는 낱말은 둥근 어떤 것을 뜻한다'라는 것을 말하고 있어야 한다. 이제 이 경우에 '이다'는 그 뜻 속에서 의미되는 그런 하나의 존재자가 바로 그 자체 무엇인 바로 그 점에서 말하고 있는 것이 아니라, 오히려 '이다'는 다음과 같은 정도를 말하고 있는 것이다. 즉 '그 낱말은 [······을] 뜻한다'— 원은 [······]이다, 즉 원이라는 낱말은 [······]을 뜻한다. 이러한 해석이 당연히 협소하다는 사실은, 이 해석이 우리가 들고 있는 보기에는 전혀 그리고 결코 맞지 않는다는 점에서 드러나고 있다. 그 칠판은 까맣다 —여기에서 분명 우리는 '칠판이라는 낱말은 깜장임을 뜻한다'라고 말하려는 것이 아니다. '원은 둥글다'라는 발언의 경우에서조차도 그 해석은 적절하지 않다. 그러나 그럼에도 불구하고 그 해석이 단적으로 배제되고 있는 것은 아니다. 왜냐하면 '원은 둥글다'와 같은 하나의 문장을 이 문장 속에서 의미되고 있는 존재자의 방향에서 직접 그리고 곧바로 이해할 가능성뿐만 아니라 또한 그와 같은 문장을 그 문장 속에서 사용되고 있는 낱말들의 방향에서 이해할 가능성까지도 사실상 존립하기 때문이다. '원'— 은 둥글다. 지금 주제는 발언의 주어에서 의미되는 것 자체가 아니라 오히려 낱말로서의 주어인데, 이러한 주어는 뜻하고 있으며 그리고 그 뜻이 이제 발언 속에 지시되고 있다. '원은 둥글다', 즉 '원은 둥근 어떤 것을 일컫는다', 즉 '원이라는 낱말은 ……을 뜻한다'. 이러한 해석이 혹시 누군가에게는 너무나 인위적인 것으로 여겨질지 모르겠지만, 이 해석은 논리학 내에서는 **유명론**(Nominalismus)이라는 명칭 아래 커다란 역할을 해왔다. 그 해석은 일차적으로는 문장의 낱말 성격과 뜻 성격에 방향 잡혀 있지, 문장 자체가 의미하는 바로 그것에 방향 잡혀 있지 않다. 즉 존재자 자체와의 연관에 방향 잡혀 있는 것이 아니라는 말이다.

그러나 우리는 '그 칠판은 까맣다'라는 우리의 보기로 되돌아가보자. '이다'는 칠판의 '그러저러하게 있음'을 표현하고 의미하는데, 그러나 그 어떤 임의의 칠판, 가령 내가 지금 상상 속에서 표상하고 있지만 눈앞에는 없는 그런 하나의 어떤 칠판의 그러저러하게 있음을 의미하지는 않으며, 또한 그 어디인가에 언젠가 한 번 눈앞에 있었는지는 모르지만 지금은 더 이상 눈앞에는 없는 그런 하나의 어떤 칠판을 의미하지도 않고, 오히려 바로 여기 지금 **눈앞에 있는** 그 칠판이 실제로 까맣게 **'있다'**. 문장 속의 '이다'는 '어떤 것이 이러-저러하게-되어-있음(So-und-so-beschaffen-sein)'을 의미할 뿐 아니라, 또한 칠판의 '되어-있음(Beschaffensein)', 즉 '이러-저러하게-**눈앞에-있음**(So-und-so-vorhanden-sein)'을 의미하기도 하는데, 다시 말해서 눈앞의 그 칠판은 까만 칠판으로서 눈앞에 있다. 이 경우에는 '이다'가 까만 칠판의 '**눈앞에 있음**(Vorhandensein)'을 함께 의미하고 있기는 하지만, 그 점이 꼭 특별히 생각되고 있는 것은 아니다. 사람들은 이렇게 말할 수도 있을 것이다. 즉 '그 칠판은 까맣게 있는 것이지, 결코 **빨갛게** 있는 것이 아니다'라는 점이 그 문장에서는 말해져야 한다고 말이다. '되어 있음'만이 관건이 되고 있을 뿐이다. 그렇지만 '되어 있음'에 대해서 벌일 수 있는 가능적인 논쟁에서는 바로 다음과 같은 사실이 뚜렷이 드러나게 된다. 즉 우리는 이 경우에 이러한 눈앞의 칠판 그 자체를 결정하고, 그 칠판에서 눈앞에 있는 바로 그것을 결정하는 데에로 소급해간다는 것이다. 달리 말해서, '그 칠판은 까맣다'라는 발언에서 우리는 언제나 이미 이러한 눈앞에 있는 칠판으로서의 그 칠판에 소급되어 있으며 그리고 우리는 그 **칠판의** '되어 있음'을 하나의 **눈앞의** 것으로서 의미하고 있다.

첫 번째로 언급한 '결합'으로서의 '이다'와 그리고 이것에 곁들여서 언급한 '그것은 [……]을 일컫는다'로서의 '이다'를 제외하면, 현재 우리가 내세워본 '이다'의 근본 뜻은 이미 두 가지이다. 그 가운데에 첫 번째 근본 뜻은 '이러-저러하게-있음'이라는 넓은 의미에서의 그리고 '본질차원적인 존재'라는 좁은 의미에서의 **무엇임**(Wassein)'이며, 그리고 두 번째 근본 뜻은 '**눈앞에 있음**(Vorhandensein)'이라는 의미에서의 '이다'이다. 이제 드러나게 되는 것은 다음과 같다. 즉 어떤 형식으로건 언제나 한데에 함께 속하는 '이다'의 이러한 두 가지 근본 뜻들만 가지고서는 아직 우리는 연계사의 궁극적인 내용을 다 길어내지 못했다. 아니, 우리는 아직도 바로 중심적인 뜻을 모른다. 그 중심 뜻을 우리가 작업하여 내놓았을 때에 비로소 우리는 눈에 띄지 않는 '이다'의 수수께끼 같은 본질을 그 전체적인 풍부함 속에서, 그리고 또한 그 전체적인 문제틀 속에서 이해할 수 있을 것이다.

우리는 우선 우리가 지금까지 연계사에 대해서 들은 내용을 종합요약하여 제시하기로 한다. 연계사라는 명칭을 지니고 보통 언어상으로는 '이다'라는 형식 속에 표현되는 그런 구조계기를 우리는 알게 되었다. 우리는 이렇게 물음을 던졌다. 즉 이러한 '이다'란 무엇이며, 도대체 그 '이다'에서 의미되는 존재란 무엇인가? 그리고 나서 우리는 **아리스토텔레스**의 분석을 다음과 같이 세 가지 사항으로 종합요약해보았다. 1. '이다'는 뜻함의 특수한 양식을 띤 하나의 뜻을 가지는데, 아리스토텔레스는 그것을 '프로세마이네인(προσσημαίνειν)', 즉 '덧붙여 뜻함(dazubedeuten)'이라고 지칭한다. 뜻 속에서 의미되는 그것은 이 의미되는 그것에서 파악되어야 할 하나의 다른 것과 본질적으로 관련되어 있다. 2. '이다' 및 존재의 특수한 내용은 일종의 '신테시스', 즉 결합되어 있음의 한 특정한 양식, 일종의 '한데에 함께'이다. 3. '이다'에서 의미되는 그것은 '프라그마(πρᾶγμα)'는 아니며, 즉 사태는 아니며, 우리가 '그것은 이러저러하게 있다'라고 말할 수 있는 그런 어떤 눈앞의 것이 아니다. 이어서 연계사에 대한 이러한 분석을 우리는 앞에서 거론한 두 곳에서 칸트가 '이다'에 대해서 내준 적이 있는 그런 해석들과 비교해보았다. 우리가 좁은 의미에서의 논리학의 전통 전체를 전반적으로 내다볼 때 '이다'에 대한 견해에서 본질적인 구별들이 드러나는데, 그 구별들은 연계사가 띠는 다의성을 소급지시하며, 그래서 다음과 같은 물음이 일어난다. 즉 이러한 다의성은 어디에서부터 유래하는가? 이러한 다의성은 그저 견해들의 다양성에 기인할 뿐인가? 아니면 '이다'의 다의성은 이러한 '이다' 자체 속에 깔려 있으며 그리고 필연적으로 '이다'에 의해서 요구되고 있는가? 이러한 물음을 규명하기 위해서, 우리는 논리학과 형이상학의 역사의 진행 가운데에 등장했던 것과 같은 그런 전형적인 해석들의 도움을 빌려서 '이다'의 주요 뜻을 일단 성격규정해보려고 시도했다. 이 시도의 밑바탕에는 '그 칠판은 까맣다'라는 보기가 놓여 있다. 이때 거기에서 다음과 같은 점이 귀결되어 나왔다. 1. '이다'는 주어와 술어의 언어적인 연결로서 규정되는데, 이러한 견해의 도움으로 '이다'가 '연계사', '끈'이라는 지칭과 명칭을 받는다. 2. '이다'의 언어적인 결합기능에 착안한 해석의 이러한 단초와 함께, '이다'의 특수한 뜻을 고려한 하나의 해석이 동시에 언급되었는데, ㄱ 해석에 따르면 아리스토텔레스와 칸트는 다음과 같이 말하고 있다. 즉 '이다'는 '연계성', 즉 '결합되어 있음'을 뜻한다 — 무엇과 결합되어 있는지는 설명되지 않은 채 남아 있다. 그러나 더욱 구체적으로 우리가 '이 칠판은 까맣다'라는 문장 취지 속을 들여다보면, 그 경우 '이다'는 존재를, 즉 그것에 대해서 이야기되고 있는 바로 그것이 무엇인 바로 그것을 뜻하고 있는 셈이다. 그래서 우리는 "'이다'는……무엇-임을 뜻하고 있다"라고 말한다. 3. 무엇-임(Was-sein), 이 경우에는 한 사물의 '이러-저러하게-되어-있음', 그리고 그 사물의 본질에 속한 바로 그것 사이에서 하나의 구별이 귀결되어 나왔다. 4. 우리는 '이다'를 '그것은 일컫는다', '그것은 뜻한다'라는 의미로 보았다. 이러한 발언들 또는 발언에 대한 그와 같은 해석들에서는 주어의 낱말 속에서 의미되고 있는 존재자 자체가, 즉 칠판이, 이 사물이, 주어로서 생각되고 있는 것이 아니라, 오히려 주어는 이 문장 내에서 주어의 낱말 그 자체이다. '칠판'이라는 낱말이 이것저것을 일컫고 있고 뜻하고 있다. 5. '이 칠판은 까맣다'라는 말에서는 '이 칠판은 대체로 이러한 되어 있음을 칠판으로서 가지고 있다'라는 점이 의미되어 있을 뿐 아니라, '눈앞의 이 칠판은 이 특정한 되어 있음과 더불어 눈앞에 있다'라는 사실이 의미되어 있다. 그래서 '이다'는 동시에 '눈앞에 있음(Vorhandensein)'을 뜻하는 셈이다. '있다'로써 다음과 같은 존재가 의미된다. 즉 '과연 어떤 것이 있느냐' 하고 우리가 물음을 던질 때 우리가 뒤밟아 묻고 있는 그러한 존재 말이다. '과연 그것이 있느냐' 하는 물음에 대해서 우리는 '그것이 있다는 사실' 또는 '그것이 있지 않다는 사실'을 대답으로서 댄다. 그래서 우리는 존재의 이러한 뜻을 또한 '사실-임(Daß-sein)'이라고도 지칭할 수 있다.

이렇게 하다 보니 겉으로 보이지 않는 '이다' 속에 놓여 있으면서 그 속에서 눈에 띔이 없이 자명하게 이미 의미되고 있는 뜻들이 자꾸자꾸 쌓여가고 있다. 그러나 그럼에도 불구하고 우리는 더 넓고 훨씬 중심적인 하나의 뜻을 여전히 간과해왔다. 그 뜻은 우리가 '그 칠판은 까맣다'라는 문장을 적절히 강조하여 '그 칠판은 까만 것이야'라고 말할 때 환히 드러나게 된다. 지금 우리는 '그리 있음'만을 의미하는 것이 아니며, 그리 존재하고 있는 것의 '눈앞에 있음'만을 의미하는 것도 아니고, 오히려 다음과 같은 점을 함께 의미하고 있다. '내가 거기에서 말하고 있는, 즉 내가 이러한 문장에서 표명하고 있는 바로 그것은 **참**이다.' '그 칠판은 **참으로**(in Wahrheit) 까맣다.' 이렇게 볼 때 '이다'는 문장에서 말해지는 것의 '**참임**(Wahrsein)'을 동시에 의미하는 셈이다. 만일 우리가 '이다'의 더 많은 극단적이고 피상적인 형식들은 제쳐두고 **내적인 사태내용**에서 발원하는 형식들에 시선을 맞춘다면, 이제 우리는 이렇게 말해볼 수 있다. 즉 '이다'에서는 '무엇-임'이 '그리-있음'의 형식으로든 '본질-임'의 형식으로든 의미되고 있으며 '사실-임'이 의미되고 있고, '참임'이 의미되고 있다고 말이다.

마지막에 거명한 '이다'의 뜻['참임']의 경우에만 하더라도, 그것은 '연계사'와 '로고스'와 '판단 일반' 등에 대한 여러 상이한 이론들, 특히 오늘날의 지배적인 이론들의 출발점이 되었다. 사람들은 그러한 문장들에서는 어떤 것이 긍정되고 있는데, 칠판에 관해서는 그 깜장임이 긍정되고 있으며, 그리고 그래서 '이다'는 본디 이러한 긍정을 표현하고 있다고 말했다. 이렇게 긍정하는 가운데 긍정되는 것은 이것이다. 즉 그것에 관해서 이야기되는 바로 그것은 **타당하다**. 그래서 '이다'는 또한 '**타당함**(Geltung)'이나 '**타당하게 함**(Gelten)'으로서 해석되기도 한다. 이러한 방향에서 판단이론을 전개했던 이들로는 **로체**(Rudolf Hermann Lotze)가 있으며, 그 뒤를 따라서 **빈델반트**(Wilhelm Windelband), **리케르트**(Heinrich Rickert), **라스크**(Emil Lask) 등이 있다. 특히 **리케르트**에게는 판단에 대한 이러한 해석, 즉 판단 속에서는 일종의 '타당하게 함'이 표현되고 있다는 해석이 일종의 가치철학의 전개를 위한 단초가 되었다. **리케르트**는 이렇게 말했다. 즉 판단 속에서 하나의 '타당하게 함'이 긍정되고 있다면, 그러한 일은 오직 그 '타당하게 함'이 하나의 척도를 가지고 있을 때에만 가능하다. 타당한 일체의 모든 것은 다 마땅히 존재해야 하는 바로 그것에 맞추어 측정되어야 한다. 하나의 당위가 가치 위에 근거 지어져 있는 경우에만, 그 당위는 당위로서 힘과 구속력을 가진다. 가치철학의 방향 잡기는 바로 이러한 길 위에서 발원한다.

문장 속의 '이다' 및 존재에 대한 이론으로서 선보여진 이론들 가운데 어느 것도 옳지 않다. 왜냐하면 그 이론들은 일면적이기 때문이다. 그런데 그 이론들은 왜 일면적인가? 그 까닭은 그 이론들이 '이다'가 띠는 뜻들의 다양성을 보지 않으며 그리고 그 다양성을 참작하지 않기 때문이다. 그러면 우리는 선보여졌던 그 모든 해석들을 한데에 함께 뭉뚱그리고 절충시킴으로써 참된 이론을 얻게 되는가? 아니다. 사정은 그리 간단하지 않다. 지금 중요한 것은 훨씬 더 본질적인 어떤 것을 보는 일이다. 문제는 이 모든 뜻들이, 즉 '무엇-임', '사실-임', 그리고 '참-임'이 '이다' 속에 놓여 있고 또 그 속에 놓여 있을 수 있다는 점을 보는 일이 아니라, 오히려 그 모든 뜻들이 그것도 우선 대개는 **분절되지 않은 채** 그리고 나뉘지 않은 채 '이다' 속에 놓여 있을 **수밖에 없다는 사실을** 그리고 왜 그러한지를 보는 일이다. '이다'의 이러한 **무차별**(Indifferenz)과 **보편성**(Universalität)을 연계사, 또는 피상적으로 사람들이 연계사라고 지칭하는 바로 그것의 근원적이고 일차적인 본질로서 시급히 개념파악해볼 필요가 있다. 그렇다면 그러한 일은 '이다'가 우선은 단지 '코풀라치오(낱말 연결)'만을 뜻하다가 그리고 나서 차례차례로 또다른 뜻들이 덧붙여지는 식이 결코 아니다. 오히려 이와는 거꾸로, 근원적이고 일차적인 것은 나뉘지 않은 온전한 다양성이며 지속적으로 그러한 다양성으로 머무는데, 그러한 다양성에서부터 이따금 말의 특정한 경우들과 발언 경향들에 따라 하나의 뜻만이—또는 하나의 뜻이 주로—의미된다. 존재가 애초에 이미 뜻하는 바로 그것이 띠는 근원적이면서도 분절되어 있지도 부각되어 있지도 않은 그러한 다양성은 제한을 통해서 하나의 특정한 뜻이 된다. 그런데 이때 그러한 다양성이 이렇게 제한된다고 해서 이미 다른 모든 경우들 아래에서 이해되는 다양성 전체가 제거되어버리지는 않고, 오히려 정작 함께 정립된다. 그 다양성 전체가 심지어 존재의 한 개념에까지 이르는 한, 그 개념은 이러한 뜻들 가운데 하나의 뜻 또는 여러 뜻들에서 자리를 잡는다. 그와 같은 제한은 근원적인 전체에 비하자면 언제나 추후적이다. 우리는 연계사가 띠는 다양한 형태의 본질에 대한 이러한 통찰의 도달범위를 지금은 단지 하나의 특정한 방향을 따라 잴 수 있고 또 그렇게 재야 한다 — 주도적이면서도 이따금 그냥 선 채 남아 있는 문제 속으로 우리를 즉각 소급해서 안내하는 그런 방향 말이다.

제73절 발언-구조 전체의 가능근거에로 소급해올라감

가. 주도적인 세계문제와 소급물음이 맺고 있는 연관에 대한 지시

나는 우리가 지금까지 세계문제에 관해서 전개해본 것, 즉 '세계란 곧 존재자가 그 자체로서 전체에서 개방되어 있음이다'라고 한 것을 새로이 간략하게 특징지어보기로 한다. 우리는 '로서'에 대해서 묻고 있는데, 그것은 거기에서부터 세계현상 안으로 밀고 들어가기 위해서이다. '로서'는 동물의 경우에서의 무엇인가에 열려 있음과는 다르게, 인간 현존재가 그것에 열려 있는 바로 그것에서 특출난 어떤 것이다. 동물의 경우에 '무엇인가에 열려 있음'은 '얼빠져 있는 가운데 무엇인가에 의해서 압도되어 있음'이다. 이러한 '로서'는 하나의 관련(Bezienhen)에 속해 있다. 이러한 관련의 차원과 양식은 어둡기만 하다. 그러나 '로서'는 그럼에도 불구하고 발언과 연관을 맺고 있다. 따라서 우리는 어떻게 '로서'가 발언구조에 속해 있는지를 발언에 대한 해석을 통해서 밝혀보려고 시도했다. 아리스토텔레스를 본받아 수행한 발언에 대한 해석은 다음과 같은 귀결을 낳았다. 즉 일체의 모든 본질적인 구조들 —'카타파시스', '아포파시스', '알레테우에인', '프세위데스 타이' 등 — 은 '신테시스'와 '디아이레시스'에로 소급되어 올라가고 있다. 관련의 여러 저마다의 배타적인 양식들이 그리로 모여드는 이러한 수수께끼와도 같은 '한데에 함께'가 우리에게는 모호한 채로, 그리고 수수께끼인 채로 남아 있었다. 짐작해보건대, 여기에는 '로서'가 귀속되어 있는 그런 관련이 놓여 있는 것 같다. 그런데 발언은 '카타파시스' 및 '아포파시스'와 마찬가

지로 언제나 무엇인가에 대한 발언, 즉 '로고스 티노스(λόγος τινός, 플라톤)
이다. '아포판시스'가 그 형식에서 그것에 관련되는 바로 그것은 곧 **존재자**
이다. 발언에서는 '이다' 속에 표현되는 바로 그것의 존재에 관해서 다양한
형식으로 말이 되고 있다. 아리스토텔레스에 따르면 '이다' 속에는 마찬가
지로 신테시스도 놓여 있다. 따라서 '로서'와 마찬가지로 '존재'와 존재의
다양성 또한 이러한 수수께끼와도 같은 신테시스와 디아이레시스에 근거하
는 셈이다. 또는 좀더 조심스럽게 이야기하자면, '존재'와 '로서'는 동일한
근원을 가리키고 있다. 또는 달리 말해서, '로서'의 본질을 밝혀 보이는 일
은 '이다' 및 존재의 본질에 대한 물음과 함께 같이 간다. 그 두 물음들은 세
계문제를 전개하는 데에 봉사한다. 이제 그러한 사정이 이미 세계개념을 잠
정적으로 형식적으로 분석해놓은 것에서부터, 즉 '존재자가 그 자체로서
개방되어 있음'이라는 데에서부터 설명될 수 있다. 그러한 설명 속에는 '존
재자가 존재자로서, 다시 말해서 존재자가 그 존재의 견지에서 개방되어
있음'이 놓여 있다. '로서' 또는 이 '로서'를 지탱하고 형성하는 관련이 존
재와 같은 것에로의 시야를 가능하게 해준다. '존재란 어찌 된 일인가'라는
물음은 '로서'의 본질에 대한 물음 없이는 제기될 수 없으며, 거꾸로 '로서'
의 본질에 대한 물음은 '존재란 어찌 된 일인가'라는 물음 없이는 제기될
수 없다. 지금 중요한 것은 어느 물음이 실제적인 논의에서 방법적으로 우
선하는가 하는 점을 잘 생각해보는 일이다. '로서' 및 이 '로서'를 지탱하는
관련에 대한 단도직입적인 물음은 우리를 언제나 즉각 어둠 속으로 가져다
세웠다. 그나마 로고스를 거쳐서 둘러가는 길만이 구조들의 다양성 안으로
하나의 시선을 던질 수 있도록 여건을 조성해주었다(왜 그러한지를 우리가
반드시 다루어야 할 필요는 없다). 그러니 이 길을 앞으로 계속 밟아나아가
는 것이 온당한데, 특히나 그 길은 연계사의 형태를 띤 존재에 대한 물음
앞으로 우리를 데려왔다. 이제 로고스-구조 전체를 시야에 넣어 그 구조의
가능근거(신테시스-디아이레시스)에 대해 소급해서 묻는 일이 시급한데, 그

것도 로고스-구조에 속한 '이다'를 실마리로 하여, 즉 우선은 무차별한 뜻들의 다양을 띤 그런 '이다'를 실마리로 하여, 소급해서 묻는 일이다.

그럼에도 불구하고— 우리는 발언의 배후로 더 소급해서 물어들어갈 수 있는가? 발언이 하나의 최종적인 것 아닌가? 그런데 다른 한편에서 우리는 로고스의 구성부분들 —'오노마', '레마', 이른바 말의 성분들—에 관해서 이야기를 들었다. 따라서 로고스는 말의 이러한 성분들로, 즉 '주어', '술어', '연계사'로 해체될 수 있다. 확실히 그렇다. 그러나 이러한 해체가 곧바로 로고스 전체를 말살해버리고 그래서 끈마저도 허공에 붕 떠버려 그 끈이 끈인 바로 그것으로, 즉 묶는 것으로 존재할 수 없게 되어버리는 것은 아니다. 아리스토텔레스에 따르면, 끈이 '싱케이메나(συγκείμενα)'에 관련될 수 있기만 해도, 그 끈은 묶는 것을 뜻한다. 우리는 그럼에도 불구하고 곧바로 로고스의 개별 조각들에 대해서 물음을 던지려는 것이 아니라, 오히려 로고스 전체의 가능근거 그 자체에 대해서 물음을 던지고, 로고스 전체를 '이다'를 실마리로 하여 묻고, 이렇게 해서 '이다'를 로고스-구조 전체 안에서 물으려는 것이다. 그러므로 로고스의 가능근거에 대해서 소급해서 물음을 던지는 일은 로고스를 그 부분들로 해체하거나 잘게 쪼개는 일과는 달라야 한다. 근거에 대해서 소급해서 물음을 던지는 일은 오히려 거꾸로, 그 근거와 내적인 가능성이 물음이 되고 있는 바로 그것을 **전체로서 유지하는** 데에 주의를 기울여야 한다. 소급해서 물음을 던지는 이러한 양식, 즉 분석론의 이러한 양식을 최초로 그 독특함에서 본 사람은 **칸트**였다. 그러나 그는 이러한 통찰이 미칠 수 있는 효력범위를 끝까지 그리고 일일이 다 의식하지는 못했다. 분석론의 그러한 양식을 사람들은 뒤에 신칸트주의 내에서, 비록 특정한 방향에 연루된 채였기는 하지만, 근원에 대한 물음이라고 이름했다. 로고스와 관련하여 그 근원에 대해서 묻는다고 함은, 어디에서부터 로고스가 실제로가 아닌, 즉 그때마다의 이행에서가 아닌, 오히려 이 로고스의 본질이 띠는 내적인 가능성에 따라 그때마다 전체적으로 발원하는지, 바로 그것을 제시한다는 것을 일컫는다. 그렇다면 근원에 대한 고찰과 분석론은 내적인 가능근거에 대해서 소급해서 묻는 물음을 의미하거나, 우리가 또한 간략하게 말하듯이 '근거를 캐낸다(Ergründen)'는 의미에서 그러한 근거에 대해서 소급해서 묻는 물음을 의미한다. 근원에 관한 고찰은 실제적으로 증명한다는 의미에서의 근거제시함이 아니라, 오히려 본질의 근원에 대한 물음이며, 본질의 근거에서부터 발원하게 해줌이며, 전체적인 구조의 가능근거를 제시한다는 의미에서 '근거를 캐냄'이다. 우리는 로고스의 내적인 가능근거에 대해서 소급해서 물음을 던지려고 하고 있다. 그렇게 물음을 던짐으로써 우리는 로고스를 내적으로 가능하게 해줌의 차원 안으로, 즉 로고스의 **본질근원**의 차원 안으로 물어들어가게 된다. 그러기에 우리는 이러한 근원차원을 애초부터 이미 잘 알고 있어야만 한다. 그러한 근원차원을 우리는 어떻게 발견하는가? 로고스의 전체적인 구조를 시야에 붙잡아서 다음과 같은 점을 검사해볼밖에는 별다른 도리가 없다. 즉 로고스의 내적인 본질골격 자체가 로고스가 그 위에 근거하고 거기 그 안에 꽉 붙들리는 바로 그런 데로서 가리켜 보이는 그곳은 어디인가?

따라서 우리는 다음과 같이 물음을 던진다. 로고스가 도대체 성립하는 그곳은 어디인가? 우리는 이렇게 대답해야 한다. 즉 로고스는 인간의 한 본질적인 **행동관계**이다. 그렇다면 우리는 로고스의 **내적인 가능근거**를 인간의 숨겨진 본질에서부터 탐문해야 한다. 그러나 여기에서도 사정은 우리가 이제 인간에 대한 하나의 본질 정의를 그 어디인가에서부터 구입하여 그것을 적용한다는 식이 아니라, 오히려 거꾸로 다음과 같은 식이다. 즉 다름아닌 올바로 이해된 로고스-구조에서부터 그리고 그러한 로고스-구조에 의해 가리켜 보여지는 그 가능근거에로 소급해올라가봄으로써 우리는 '인간의 본질과 관련하여 사정은 어떠한가' 하는 것을 맨 처음으로 말할 수 있게 된다. 우리는 오직 이것만을 알고 있다. 즉 우리는 로고스를 그 구조의 단일성 내에서 확보하는 데에서부터 시작하여 인간의 본질로 소급해가야 한다. 인간의 본질 자체에 대해서는 아무것도 알아낸 것이 없다. 우리가 가진 것이라고는 오직 '인간은 세계 형성 속에 존재한다'라는 논제뿐인데, 그 논제는 우리가 '동물은 세계 빈곤 속에 존재한다'라는 논제와 똑같은 성격을 띤 본질발언으로서 요구하는 논제이다. 그러나 이 논제를 지금 적용해서는 안 되고, 오히려 지금 중요한 것은 바로, 그 논제를 전개하고 근거제시하는 일이다. 결국 우리가 그 논제에서 **세계 형성**이라고 부르는 바로 그것은, 그리고 바로 그것이야말로 **로고스**의 내적인 가능근거인 셈이다. 세계 형성이라는 것이 과연 그러한 것인지 그리고 무엇보다도 그 세계 형성이라는 것이 무엇인지에 관해서 우리는 아직 모른다. 아리스토텔레스가 '로고스 아포판티코스'의 가능근거로서 마주치고 있는 바로 그것, 즉 우리가 '로서'-구조와 한데에 함께 가져와보았던 그 기이한 '신테시스-디아이레시스-구조'를 띤 '인지함'은, 결국 세계 형성의 본질에서부터 납득된다. 그러나 우리가 제대로 기억한다면, 우리는 비단 '인간은 세계 형성 속에 존재한다'라는 논제를 통해서만 인간에 관해서 어떤 것을 알고 있는 것이 아니라, 우리는 이미 본 강의의 제1부에서 인간의 한 **근본기분**을 펼쳐보인 적이 있으며, 그 근본기분 내에서 인간의 **현존재** 안으로 흘낏 눈길을 던져볼 수 있는 하나의 본질적인 시선을 대강 얻어낼 수 있었다. 물음은 다음과 같다. 만일 우리가 발언의 내적인 가능근거에 대해서 소급해서 물음을 던지고 있다면, 혹시 우리가 지금 그 안으로 이끌려지고 있는 그 차원은 결국, 이미 현존재의 근본기분으로서의 **권태**에 대한 해석이 우리를 전혀 다른 방면에서부터 가상 풍부하게 그리로 이끌고 온 바로 그 차원이 아닌가 하는 것이다.

나. 발언의 내적인 본질골격으로부터 소급해서 물어나아가는 물음의 출발점 : '승인도' 하고 '부인도' 하는 가운데, 제시하면서, 존재를 표명하면서, '탈은폐하거나' '아니면' '은폐하거나' 할 수 있는 능력

구체적이고 가장 가까운 과제는, 로고스로부터 이 로고스의 가능근거로 소급해서 물어나아가는 일인데, 그것도 지금 밝혀 보인 그 내적인 **본질골격**을 띤 로고스로부터 출발하면서 그래야 한다. 우리는 로고스의 이러한 내적인 본질골격을 무엇보다도 우선하여 지속적으로 시야에 간직하고 있어야 하는데, 물론 단순한 로고스에 제한한 가운데 그렇게 해야 한다. 단순 로고스를 위한 형식적 보기는 'a는 b이다(a ist b)'이다. 그럼에도 불구하고— 우리는 이제 이렇게 물음을 던져보아야 한다— 우리는 그로써 로고스의 본질골격을 가지고 있다고 할 수 있는가? 거기에서 우리가 가져다대고 있는 그것은 로고스의 한 특정한 형식, 즉 일종의 '카타파시스'를 위한 그리고— 우리가 가정하는 바로는—일종의 '알레테우에인'을 위한 보기, 그러니까 긍정적 참된 발언의 형식이다. 논리학에서 로고스 문장, 판단이 주제적으로 다루어질 때마다, 비록 유일한 형식은 아니지만, **이러한 긍정적 참된 발언의 형식이 언제나 범례적인 형식으로서 일차적으로 꼽힌다**. 그러나 이러한 형식 말고도 '부정적 참된 발언'이 또 있으며 그리고 더 나아가 '긍정적 거짓 발언'과 '부정적 거짓 발언'이 또 있다. 따라서 우리는 이 나머지 발언들까지도 고려에 넣어야 한다. 그러한 고려가 어느 정도의 한계 내에서는 통상적인 판단 이론들 안에서 일어난다. 하지만 바로 여기에 문제 전체에 대한 근본적인 과오와 근본적인 어려움이 놓여 있다. 우리는 로고스의 특출난 형식인 긍정적 참된 판단만을 유독 단초로 가져다대고 그러고 난 다음 뒤늦게서야 그 이외의 나머지 형식들을 그 옆에 나란히 (보충하면서) 고려에 넣어서는 안 되는데, 다른 형식도 마찬가지로 그렇게 해서는 안 된다. 이 모든 점들을 고려해볼 때 우리는 아직도 본래의 문제 차원 바깥에 머물러 있다. 그러니 우리는 도대체 아직은 올바른 단초를 획득하지 못한 셈이다. 이러한 올바른 단초는 심지어 **아리스토텔레스**에게도 결여되어 있었으니 그러한 사정이 대체로 후세에까지 이어지고 있다. 그래도 **아리스토텔레스**는 문제에 좀더 가까이 접근해 있었다. 그는 오늘날의 논리학 내에서는 더는 전혀 고찰되지 않는 점을 명시적으로 강조했는데, 그 점은 다음과 같다. 즉 로고스는 참과 거짓인 것이 아니라, 오히려 참이거나 아니면 거짓이라는 것, 즉 '알레테우에인 헤 프세위데스타이(ἀληθεύειν ἢ ψεύδεσθαι)'라는 것이다. 다른 한편에서 볼 때, 왜 중심적인 문제의 입지가 그에게는 파악되지 않았는가 하는 점 또한 이해될 수 있다. 왜냐하면 그에게는 일차적이고 유일한 관심사가 로고스 일반의 구조들을 그의 선행자들의 잠정적이고 피상적인 이론들, 심지어 **플라톤**의 이론과 구별해서 처음으로 일단 드러내보아야 하는 필연성이었기 때문이다. 만일 여기에서 '더욱 쉽다'든가 '더욱 어렵다'든가 하는 것이 도대체 거론될 수 있다면, 뿌리로 소급해가는 작업(Radikalisierung)은 한층 '더 쉬운' 일이라고 볼 수 있겠는데, 왜냐하면 그를 위한 준비가 이미 갖추어져 있기 때문이다. 문제들은 어쨌든 그제야 비로소 드러나게 된다.

긍정적 참된 발언이라는 의미에서의 발언의 형식은—우리가 지금은 논의하지 않는 여러 이유들로 인해서—로고스에 대한 해석을 쉽게 해준다. 논리학이 단초로 삼는 '긍정적 참된 판단'이라는 양식은 어느 정도의 한계 내에서는 정당하다고 볼 수 있다. 그러나 바로 그런 까닭에 그것은 다음과 같은 근본적인 착각을 야기시키는 동기가 된다. 즉 긍정적 참된 발언이라고 언급한 저 형식에다가 그 이외의 나머지 가능한 발언의 형식들을 그저 단순하게—보충하면서—관련짓는 일이 마치 중요한 것인 양 여기는 근본 착각 말이다. 『존재와 시간』에서만 하더라도—적어도 로고스에 대한 해석을 수행하는 과정에서—나 자신이 이러한 착각의 희생물이 되고 말았다(이러한 착각으로부터 제외된 해석들로서는 『존재와 시간』 [원서] 222쪽과 285쪽 이하 참조). 물론 이제 내놓게 될 해석이 예전에 『존재와 시간』에서 서술했던 것을 사실 무효화해버리는 것은 아니지만, 여기의 해석에서 나는 예전에 『존재와 시간』에서 서술했던 것으로부터는 본질적으로 그리고 결정적으로 벗어나야 한다.

설령 우리가 로고스의 가능적인 변형태들, 즉 '긍정적 참된 판단'과 '긍정적 거짓 판단', '부정적 참된 판단'과 '부정적 거짓 판단'을 빠짐없이 주목하고 있다고 하더라도, 아직 우리는 로고스의 내적인 본질골격을 중점적으로는 보지 못하고 있다. 로고스의 본질은 바로 다음과 같은 점에 존립한다. 즉 로고스 그 자체 속에는 '참이거나 아니면 거짓일 수' 있는 가능성이, '긍정적일 수도 부정적일 수도' 있는 가능성이 놓여 있다. 이 모든 것을 다 말할 수 있는 바로 그러한 **가능성**, 그것도 대략적으로 규정된 여러 변화의 방식들이 곧 로고스의 가장 내적인 본질이다. 로고스의 이러한 가장 내적인 본질을 파악할 때 비로소, 우리는 어디에서부터 **뛰어내려**(Absprung) 근원에로 소급해가야 할지를 가르쳐주는 바로 그 자리를 가지게 된다. 로고스는 방금 막 이런 형태로 눈앞에 발견되었다가 금방 또 저런 형태로 눈앞에 발견되고는 하는 그런 눈앞의 한 형성물이 아니다. 오히려 로고스는 그 본질에 따라 보자면 이것 아니면 저것을 할 수 있는 그런 가능성이다. 우리는 로고스란 곧 ……을 할 수 있는 하나의 **능력**(Vermögen zu……)이라고 말할 수 있다. '능력'이라는 말 아래에서 우리가 언제나 이해하고 있는 것은 존재자를 그 자체로서 대할 가능성, 다시 말해서 존재자 그 자체와 하나의 연관을 맺을 가능성이다. 로고스란 곧 하나의 능력이다. 다시 말해서 로고스란 그 자체 '존재자 그 자체에 대해 관련 맺음을 행사할 수 있음(Verfügen über ein Sichbeziehen zum Seienden als solchem)'이다. 이 점과 구별해서 우리는 '댓거리할 수 있는 가능성', 즉 '얼빠진 채-압도당한 채 관련될 수 있는 가능성'을 '**해낼 수 있는 능력**(Fähigkeit)'이라고 이름했다.

'로고스 아포판티코스'란 곧 '가져다대어 가리키기'도 하고 '빼앗아 가리키기'도 하는 방식으로 제시하면서 '탈은폐하거나' '아니면' '은폐하거나' 할 수 있는 능력인데, 그렇게 제시하는 가운데 '이다(존재)'가 어떤 뜻으로든 표현되기에 이른다. 그런 식으로 방향 잡힌 능력의 성격이 곧 '로고스 아포판티코스'의 본질이며, 그 속에 로고스의 본질골격이 집중되어 있다. 그러한 성격에서부터 우리는 다음과 같은 점을 탐색해보아야 한다. 즉 그러한 본질을 가능하게 해주는 근거를 가리켜 보이는 하나의 암시가 과연 눈에 띌 수 있는가 하는 점 말이다. 만일 로고스가, 스스로를 우리에게 알려 보이는 바로 그러한 것으로서, 즉 다름 아닌 바로 제시하면서, 존재를-표명 490 하면서, '탈은폐하거나' '아니면' '은폐하거나' 할 수 있는 가능성으로서, 본질적으로 존재할 수 있어야 한다면, 로고스의 이러한 능력의 밑바탕에는 무엇이 놓여 있는가? 즉 그러한 능력의 밑바탕에는 무엇이 놓여 있어야만 하는가? 만일 이 물음에 대해서 우리가 대답을 했다고 한다면, 우리가 보게 될 것은 이것이다. 즉 철학 도처에서 그러하듯이 여기에서도, 어떻게 이 진부한 그리고 기본적인 그리고 그 어느 방향으로든지 이미 다 실컷 부추겨진 그런 판단과 발언이라는 현상이 우리를 다름 아닌 바로 너비와 섬뜩함이라는 차원으로 단번에 소급시켜 데려가는가 하는 점이다. 우선은 근본기분에 대한 해석이 우리를 그러한 차원으로 데려갔으리라고 본다.

지금 제시한 문제를 뒤좇아가보기에 앞서서, 우리는 문제의 맥락을 한 번 더 머릿속에 떠올려보자. 우리는 우선 '그 칠판은 까맣다'라는 보기의 도움으로 연계사에 대한 해석작업을 끝내놓았는데, 이때 우리는 '존재 곧 참임'이라는 정식화를 통해서 특징지었던 본질적인 뜻 하나를 부각시켰다. 이러한 참임이라는 의미에서의 존재는, 설사 존재를 '눈앞에 있음'의 의미로, 또는 '이러-저러하게-되어 있음'의 의미로, 또는 심지어 '본질적인 되어 있음'의 의미로 표명하고 있는 문장에서도, 개개의 모든 문장에서 함께 의미되고 있다. 이러한 '참임'은 앞에서 세 가지로 언급한 존재의 뜻들과 함께 하나의 기이한 의미 속에 주어져 있다. 그래서 그 자체 속에 함께 속하는 바로 그것의 독특한 통일성이 알려진다. 좀더 정확히 말해서, 우리는 연계사의 이러한 다의성이 왜 존립하는지 그리고 이러한 다의성의 통일성의 근거는 어디에 놓여 있는지를 물어야 한다. 연계사가 띠고 있는 이러한 다의성을 우리는 아주 일반적으로 연계사의 긍정적 본질로서 인식했는데, 대개 연계사는 이렇게 기이한 무차별과 보편성에서 표현된다. 그러한 무차별과 보편성이 곧 서로 상이한, 그러나 그 자체 내에서는 일면적인 그런 이론들을 야기시키는 동인이다. **아리스토텔레스**는 다의성을 보지 않고, 연계사 자체를 일종의 '신테시스'에로 소급시켰다. 로고스에 대한 분석에 앞서서 우리가 고찰했던 로고스의 구조계기들, 즉 '카타파시스'와 '아포파시스', '알레테스'와 '프세위도스' 등도 마찬가지로 일종의 신테시스 또는 디아이레시스에로 소급되어 이끌려지고 있다. 우리는 로고스의 밑바탕에 놓여 있는 이러한 신테시스가 추정컨대 우리가 묻는 그것인 '로서'와 '로서'-구조가 그 안에 근거하는 그런 관련이라고 말했다. 그러나 만일 **아리스토텔레스**에 따라 존재 및 연계사 — 그것도 지금은 다의성에서 취해진 존재 및 연계사 — 또한 같은 정도로 신테시스에 근거한다면, 여기에서는 '**로서**'와 **존재가 하나의 공통적인 뿌리**를 가지고 있을 가능성이 내보여지고 있는 셈이다. 그 점은 이미 다음과 같은 사실에서 암시되고 있다. 즉 '존재자가 그 자체로서 전체에서 개방되어 있음'이라는 세계개념에 대한 형식적 지시에서 우리는 '로서'를 존재자 자체에 대한 파악의 맥락에서, 그것도 특출난 의미로 사용하고 있다. '로서'와 '로서'-구조가 그 안에 뿌리내리고 있는 바로 그 관련은 어쩌면, 존재와 같은 어떤 것을 시야에 취하는 일을 동시에 가능하게 해주는 그런 관련인지도 모른다. 그러기 때문에 '로서'-구조와 존재는 그 자체 내에서 어떤 의미로건 연관되어 있다고 볼 수 있다. 물론, 사정이 그러하다고 하는 사실을 우리는 오직 로고스에 대한 지금까지의 해석에서부터 다음과 같은 점을 동시에 개념파악할 때에만 볼 수 있다. 즉 이러한 로고스는 독자적으로 근거제시되어 있는 것이 아니라, 오히려 어떤 더욱 근원적인 것 안에 근거제시되어 있다고 하는 점 말이다. 로고스의 이러한 근원적인 본질을 발견하게 되는 경우란, 우리가 이런 또는 저런 되어 있음을 단초로 댈 때가 아니라, 오히려 로고스의 **전체적인 본질골격**을 시야에 간직하여 그러한 전체적인 골격을 그것의 근원의 차원에로 소급해서 물음을 던질 때, 다시 말해서 로고스의 그러한 전체적 본질골격을 그 가능성에 따라 가능하게 해주는 바로 그것에로 소급해서 물음을 던질 때뿐이다. 그렇기 때문에 로고스의 본질을, 즉 발언의 본질을 이렇게 근원적으로 고찰하는 자리에서 우리는 일반적으로 일어나는 일이지만 긍정적 참된 발언을 일차적인 본보기로서 밑바탕에 놓아서는 안 되며, 마찬가지로 발언의 또다른 형식을 밑바탕에 놓아서도 안 된다. 오히려 중요한 것은 로고스란 그 자체 승인도 하고 부인도 하는 방식으로 참일 수 '있거나' '아니면' 거짓일 수 '있는' 가능성이라는 사실에 로고스의 더욱 깊은 본질이 놓여 있다는 점을 보는 일이다. 로고스의 내적인 본질을 가능하게 해줌에 대해서, 즉 '참이거나' '아니면' '거짓이거나' 할 수 있는 능력에 대해서 물음을 던지는 식으로 그렇게 우리가 로고스의 가능근거에 대한 물음을 시작할 때 비로소, 우리는 로고스를 그 본질구조 내에서 실제로 근거 캐낼 수 있는 자신감을 가지게 된다.

다. '자유로이 있음', '로고스 이전에 존재자 그 자체에 대해서 열려 있음', 그리고 '구속력에 대해서 자신을 맞댐' 등이 곧 발언의 가능조건임 [492]

'로고스 아포판티코스'의 형식을 띤 로고스는 그것이 존재자를 탈은폐하는 것(참)이든 아니면 은폐하는 것(거짓)이든 간에, 존재자를 제시하는 하나의 행동관계를 위한 능력이다. 이러한 능력이 이러한 능력으로서 가능한 경우는 오직, 그것이 일종의 '존재자 그 자체에 대해서 자유로이 있음(Freisein für das Seiende als solches)' 안에 근거를 둘 때뿐이다. 이러한 '존재자 그 자체에 대해서 자유로이 있음' 위에 '가져다대어 가리키면서-빼앗아 가리키면서 제시하는 가운데 자유로이 있음'이 근거하며, 그리고 이러한 '무엇인가 하는 가운데 자유로이 있음'은 그다음 '탈은폐 아니면 은폐(참임 아니면 거짓임)를 위해서 자유로이 있음'으로서 전개된다. 요컨대, 발언으로서의 '로고스 아포판티코스'는 오직 자유가 존재하는 바로 거기에서만 가능하다. 그런 식으로 나뉘어지고 자기 측에서 나뉘어 가는 그런 자유가 오직 밑바탕에 놓여 있을 때에만 그런 자유에서부터 발원할 수 있는 특별한 행동관계와 능력 속에서 그리고 우리가 지금 유일하게 고찰하고 있는 그런 특별한 행동관계와 능력 속에서, 즉 제시함 속에서, '무엇인가에 맞춤'과 '무엇인가에 붙들어 맴'과 같은 그런 일이 다음과 같은 식으로 가능하다. 즉 존재자가 자신의 구속력(Verbindlichkeit)을 스스로 알려오고 그것에, 즉 존재자에 붙들어 매는 일이 결과로 일어나는 식으로 말이다. 로고스의 탈은폐와 은폐, 참임과 거짓임, 진리 **아니면** 허위, 이러한 양자의 **가능성**은 오직 자유가 존재하는 바로 거기에서만 있으며, 그리고 자유가 존재하는 바로 거기에 구속력의 가능성이 있다. 바로 그러한 가능성, 즉 로고스의 가능성과 능력성격이 곧, 우리가 **근거 캐내기를 원하고 있는** 바로 그것이다. 만일 우리가 이러한 제시할 수 있는 능력이 일종의 '존재자 그 자체에 대해서 자유로이 있음' 안에 근거한다고 말한다면, 그 경우 거기에는 다음과 같은 점이 놓여 있는 셈이다. 즉 로고스가 비로소 존재자 그 자체에 대한 하나의 연관을 만들어내는 것이 아니라, 오히려 로고스 측에서 보자면 하나의 그와 같은 연관 위에 로고스가 근거하고 있다. 존재자 그 자체에 대한 그와 같은 연관을 로고스는 언제나 그 개개의 모든 형식에서 특정한 방식으로 사용한다. 어떻게? 만일 '존재자를 로고스가 제시하고 있음'을 그리고 '존재자에 그러한 제시함이 맞추어져 있음'을 재볼 수 있는 가능성을 로고스가 도대체 이미 가지고 있다면, 로고스는 존재자를 오직 그것이 존재하고 있는 그대로 그렇게만 제시할 수 있으며, 제시하면서 로고스는 존재자에게 그 존재자에 해당되는 것을 **가져다대어** 가리킬 수도 있고 그 존재자에 해당되지 않은 것을 **빼앗아** 가리킬 수도 있다. 그러나 로고스가 제시하면서 말하는 바로 그것이 맞추어져 있느냐 맞추어져 있지 않느냐에 대해서 결정을 내리기 위해서는, 좀더 정확히 말해서 도대체 이렇게 '이것이냐 아니면 저것이냐' 하는 가운데에서 태도를 정할 수 있기 위해서는 말하면서 발언하는 사람은 '이것이냐 아니면 저것이냐'를 비교하면서, 즉 '**진리이냐 아니**

면 허위이냐'를 비교하면서, 오락가락하기 위한 하나의 여지(Spielraum)를, 그것도 그것에 대해서 발언이 될 필요가 있는 바로 그 존재자 자체가 이미 그 속 안에서 개방되어 있는 그런 하나의 여지를, 애초부터 가지고 있지 않으면 안 된다. 거기에는 다음과 같은 하나의 본질적인 점이 놓여 있다. 즉 '로고스 아포판티코스'는—앞에서 보여졌듯이—존재자에 대한 연관을 만들어내지 않을 뿐만 아니라, 결코 존재자의 개방되어 있음을 만들어내지 못한다. 만일 로고스가 로고스일 수 있는 바로 그것으로, 즉 제시하면서 탈은폐하거나 아니면 은폐하거나 하는 것으로 존재하기를 원한다면, 이러한 존재자의 개방되어 있음도 저 존재자에 대한 연관도 로고스는 언제나 이미 사용하고 있다.

하지만 우리는 '탈은폐함'과 '은폐함'이라는 말로써 로고스가 자기 자신을 그 자체로서 개방시킨다는 것, 즉 로고스가 참이라는 것—아니, 일반적인 견해에 따르면 로고스가 진리의 본래적이고 유일한 자리라는 것—을 말하고 있지 않은가? 확실히 로고스에는 진리 또는 '이것이냐 아니면 저것이냐'를 위한 가능성이 놓여 있다. 그러나 로고스의 이러한 가능적인 참임, 즉 탈은폐함은 결코 근원적인 탈은폐함이 아니다. 다시 말해서 그것은 그것을 통해서 우리에게 도대체 존재자가 그 자체로서 열려 서 있고 존재자가 바로 그 자체로서 비은폐되어 있는 그런 저 '개방하게 함'과 '탈은폐함'이다. 사정은 결코 다음과 같지 않다. 즉 도대체 하나의 발언 그 자체가—그리고 만일 이 발언이 그때까지도 여전히 그렇게 참이라고 한다면—일차적으로 존재자를 그 자체로서 탈은폐할 수 있기라도 하듯이 말이다. 하나의 보기를 들어보자. '그 칠판은 까맣다'라는 참인 발언을 실행하는 가운데, 마치 꼭 그 발언 자체가 그전에는 닫혀 있던 존재자를 우리에게 열어 밝혀 보이기라도 하듯이, 이러한 참인 문장 그 자체를 통해서 비로소 '칠판'이라는 존재자가 그것의 '그리 있음'에서 우리에게 그렇게 개방되지는 않는다. 혹 탈은폐된 존재자를 발언이 그 나름의 방식대로 열어 밝혀 보이는지는 몰라도, 도대체 그리고 **일차적으로** 발언이 우리를 그 탈은폐된 존재자 앞으로 데려가는 것은 **결코 아니다**. 오히려 사정은 그와는 정반대이다. 즉 만일 우리가 제시하면서 그 까만 칠판에 대해서 발언하기를 원한다면, 그 까만 칠판이 우리에게 그리 존재하는 것으로서 이미 개방되어 있어야만 한다. '로고스 아포판티코스'는 다만 이미 개방되어 있는 바로 그것을 발언하면서 **따로따로 떼어놓기만** 할 뿐이지, 정작 존재자의 개방성을 비로소 형성하는 법은 없다. 발언 속에는 분명 일종의 참임 아니면 거짓임이 놓여 있으며, 아니, 발언은 심지어 참임과 거짓임이 일반적으로 **표현되는** 바로 그 형식이며, 참임과 거짓임이 계속 다음으로 넘겨지고 **전달되는** 형식이기도 하다. 그러나 여기에서부터 발언진리가 진리의 근본형식이라는 것이 전혀 그리고 결코 귀결되지 않는다. 물론 이 점을 보기 위해서는 진리의 본질 안으로 더욱 깊이 눈길을 던질 수 있어야 한다. 우리는 그러한 눈길을 앞으로 계속 고찰을 진행해나가는 가운데 언젠가 한 번은 취하게 될 것이다. 만약 사람들이 이러한 과제로부터 벗어난다면, 그리고 마땅히 참이라고 일컬어야 할 바로 그것에 대한 어떤 독단적인 의견 속에 애초부터 머문다면, 사람들은 판단이 곧 진리의 대들보라는 주장이 어떻게 오늘날 거듭해서 계속 일어나는지에 대해서 사실상 반박될 수 없는 증명을 할 수 있다. 만일 애초부터 사람들이 '타당한 바로 그것은 참이다'라고 말한다면, 그리고 계속해서 사람들이 '타당한 것은 오직 내가 인정하는 바로 거기에만 존재하며 그리고 긍정은 판단의 형식이다'라고 말한다면, 이 경우 타당성으로서의 진리는 긍정함으로서의 판단과 연관되어 있는 셈이다. 그 점은 결코 반박될 수 없다. 그러나 물음은 다음과 같다. 즉 진리의 본질은 타당성인가? 아니면 진리를 이렇게 타당성과 타당하게 함이라고 성격규정한 것은 통속적 사유라는 의미에서의 건전한 인간 지성만이 빠져들 수 있고 또 빠져들 수밖에 없는 가장 피상적이고 표면적인 해석은 아닌가? 사정이 그렇다는 것을 우리는 나중에 알게 될 것이다.

발언으로서의 '로고스 아포판티코스'가 참일 수 있거나 아니면 거짓일 수 있는 가능성 가운데에 있다는 것은 확실하다. 그러나 진리의 이러한 양식, 즉 개방됨의 이러한 양식은 일종의 개방되어 있음에 근거하는데, 그 개방되어 있음이 서술과 발언 이전에 놓여 있다는 이유에서 우리는 그러한 개방되어 있음을 '서술 이전의 개방되어 있음'이라고 지칭하거나, 또는 좀 더 낫게 '로고스 이전의 진리'라고 지칭해보기로 한다. 여기에서 '로고스적'이라는 말은 아주 엄밀한 의미에서 취해진 것이다. 즉 그것은, 앞에서 해석한 형식에서 보자면, 로고스 아포판티코스에 해당된다. 이러한 로고스와 관련해서 하나의 개방되어 있음이 주어져 있는 셈인데, 이 개방되어 있음은 로고스 이전에 놓여 있으며, 그것도 이러한 근원적인 개방되어 있음이 로고스의 참임과 거짓임의 가능성을 근거제시한다는 특정한 의미에서 로고스 이전에, 즉 로고스를 근거 지으면서 로고스에 앞서 놓여 있다.

우리는 더 나아가 다음과 같은 점을 보았다. 즉 발언은 언제나 꼭 이러한 [연계사라는] 언어적 형식으로 그러는 것은 아니지만, '이다'에서, 존재에서 표명되며, 이때의 존재는 자신의 뜻을 우선 대개 무차별과 보편성으로 내보인다. 이제 다음과 같은 점이 귀결되어 나온다. 그것에 대해서 발언이 발언하는 바로 그것에 발언을 통해서 어쩌다 비로소 존재가 승인되는 것이 아니라, 즉 그것에 대해서 발언이 내려지는 그 존재자가 '이다'를 통해서 비로소 그 존재성격을 받기도 하는 것이 아니라, 오히려 거꾸로 '이다'는 그것이 띠고 있는 일체의 모든 다양함과 그때그때의 규정성에서 언제나 오직 그 존재자가 무엇인지, 어떻게 존재하고 있는지, 그리고 과연 존재하고 있는지에 대한 표명(Ausspruch)으로서만 입증된다. 그렇기 때문에 다양함을 띤 존재의 본질을 우리는 도대체 결코 연계사와 이 연계사가 띠는 뜻늘에서부터는 읽어낼 수 없다. 오히려 이미 개방되어 있는 존재자 자체로부터 소급해서, 거기에서부터 개개의 모든 발언과 이 발언의 연계사가 말을 하는 바로 거기로 가볼 필요가 있다. 연계사의 존재는—그것에 대한 가능적인 해석들을 일일이 다 보더라도— 근원적인 것은 아니기 때문에, 그러나 표명된 문장에서는 그러한 연계사가 하나의 본질적인 역할을 담당하는 데다가 표명된 문장이 일반적으로 진리의 자리로서 여겨지기 때문에 바로 '해체(Destruktion)'의 필연성이 존립하는 것이다.

따라서 앞에서 특징지은 능력으로서의 '로고스 아포판티코스'는 존재자 그 자체의 한 개방되어 있음을 가리켜 보이고 있는데, 이러한 개방되어 있음은 일체의 모든 발언에 **앞서** 놓여 있다. 물음이 다음과 같이 귀결되어 나온다. 이렇게 로고스 이전에 존재자가 그 자체로서 개방되어 있음은 앞에서 언급한 그러한 능력 가능성의 근원적인 **근거**인가? 그리고 이러한 근거에서는 **아리스토텔레스**가 '신테시스'와 '디아이레시스'에 관해서 이야기할 때 그 자신이 이미 예감했던 바로 그것이 내보여지고 있는가? 존재자의 이러한 근원적인 개방되어 있음이 로고스보다 더 근원적이라고 한다면, 그러나 로고스는 인간의 한 행동관계라고 한다면, 이 경우 이러한 근원적인 개방되어 있음은 어디에 존재하는가? 그곳은 분명 인간의 바깥은 아니다. 오히려 그곳은 바로 하나의 더 깊은 의미에서 인간 자신, 즉 그의 본질 속에서의 인간 자신이다. 이러한 본질이 논제의 형태로, '인간은 **세계 형성** 속에 존재한다'와 같이 제시되었다. 개방되어 있음은 어디에 성립하고 있으며, 그리고 어디 안에 존립하고 있는가?

이제 우리는 이미 다음과 같은 정도는 보았다. 즉 만일 '로고스 아포판티코스'가 그 내적인 가능성의 견지에서 하나의 더 근원적인 것에로 소급해 간다면, 그리고 이러한 더 근원적인 것이 우리가 **세계**와 **세계 형성**이라고 부르는 바로 그것과 어떻게든 연관되어 있다면, 그 경우 판단들과 문장들은 비록 그것들이 세계 형성에 속하는 것들이더라도, 그 자체에서 볼 때 일차적으로는 세계를 형성하면서 존재하는 것은 아니다. 로고스는 제시하는 가운데 '탈은폐하느냐' '아니면' '은폐하느냐'에 의해서 특징지어진 하나의 능력이다. 그렇다면 그 어떠한 발언의 경우에서든 발언을 수행하기 **이전에**

그리고 발언을 수행하기 위해서 반드시 이미 발언자는 그가 그때마다 판단을 내리는 그 존재자 자체에 대해서 열려 있을 수 있어야만 한다. 그러니 그러한 능력은 그 자체가 로고스에서 말이 되는 바로 그 존재자에 맞추어져 '있느냐' '아니면' 맞추어져 '있지 않느냐' 하는 것과 관여되어 있지 않으면 안 된다. 한 발언의 대상 및 주제가 될 수 있는 존재자 자체에 대해서 인간이 이렇게 열려 있다는 것은 사물들과 사물들의 규정성과는 다르게 인간에게 눈앞에 크게 벌리어진 채, 그러나 가득 채워질 수 있게 나타나는 어떤 텅 빔이 눈앞에 있다는 것이 아니다. 오히려 이렇게 로고스를 지탱하면서 존재자에 대해서 그것이 존재하고 있는 그대로 열려 있음은 그 자체 제시하면서 존재자에 의해서 붙들려매일 수 있는 가능성을 함께 지니고 온다. '무엇인가에 대해서 열려 있음'은 본래적으로 보자면, 거기에 존재자로서 주어져 있는 바로 그것에 '자신을-붙들어 매도록 자신을 내놓으면서 자유로이 자기 자신을-맞댐(das sich-bindenlassende freie Sich-entgegenhalten)'이다. 존재자에 붙들려매일 수 있게 존재자에 관여할 수 있는 가능성, 즉 이러-저러하게 태도를 취하는 가운데 자기 자신을 존재자에 관련짓는 일은 해낼 수 있는 능력과 댓거리 따위와는 구별되는 그런 모든 능력과 행동관계를 특징짓는다. 해낼 수 있는 능력과 댓거리의 경우에는 붙들어 매는 것을 통해서 자신을 붙들어 매도록 자기 자신을 내놓는 일은 결코 발견되지 않는다. 다만 그 경우에는 일종의 휘몰아대기가 얼빠진 채 들뜨게 되는 일만이 발견될 뿐이다.

그러나 만일 제시하는 발언이―이렇게 아니면 저렇게―수행될 수 있어야 한다면, 서술 이전의 개방되어 있음이 지속적으로 이미 그저 도대체 일어나기만 한다거나 일어나 있기만 해서는 안 되고, 오히려 서술 이전의 이러한 개방되어 있음 자체가 곧 다음과 같은 하나의 일어남이어야 한다. 즉 자신을 붙들어 매도록 자기 자신을 내놓는 그런 하나의 특정한 일이 그 안에서 일어나고 있는 그런 일어남 말이다. 그러한 일어남, 즉 그렇게 자신을 붙들어 매도록 자기 자신을 내놓는 일은 곧 제시하는 발언에 척도를 부여하는 바로 그것과의 선행적인 연관, 즉 존재하는 그대로 존재하고 있는 것과의 선행적인 연관이다. 자신을 붙들어 매도록 자기 자신을 내놓는 그런 행동관계라는 의미에서 보자면 척도-부여(Maß-gabe)는 애초부터 존재자에게 위임되고 있으며, 그래서 맞추어져 있느냐 아니면 맞추어져 있지 않느냐 하는 것은 이러한 존재자에 대어봄으로써 조절되고 있는 셈이다. 발언함의 행동관계는 그 자체 이미, 발언 자체에 척도를 부여할 수 있을 만한 바로 그와 같은 것을 허용해야 한다. 하나의 어떤 구속력 있는 것을 그렇게 허용하고 자기 자신을 그러한 구속력 있는 것 밑에 두는 일은 다시 또 오직 **자유가 존재하는** 바로 거기에서만 가능하다. 이렇게 구속력을 하나의 어떤 다른 것에 위임할 가능성이 앞에 놓여 있는 곳에서만, 이제 구속력 있는 것에 행동관계가 맞추어져 있느냐 맞추어져 있지 않느냐 하는 것을 결정지을 여지가 주어져 있다. 만일 여기에서부터 진리의 옛 정의인 '진리는 지성의 사물과의 일치이다(veritas est adaequatio intellectus ad rem)', 즉 사유되고 있는 사태에 사유의 일치(호모이오시스[ὁμοίωσις]), 맞춤(Anmessung), 동화(Angleichung)를 고찰한다면, 우리는 이러한 옛 정의가 단초에서는 분명을 바르다는 사실을 보게 된다. 그러나 그 정의는 어쨌든 **그저** 하나의 **단초**에 지나지 않을 뿐, 결코 그것이 일반적으로 그것으로서, 즉 진리에 대한 하나의 근본규정으로서 또는 진리에 대한 근본규정의 결과로서 받아들여지는 바로 그것은 아니다. 이 옛 정의는 다만, '어떤 것에 맞춤의 가능성은 도대체 어디에 근거하는가?'라는 물음을 위한 문제의 단초에 지나지 않을 뿐이다. '아데콰치오(adaequatio)'의 밑바탕에 놓여 있어야만 하는 그것은 '열려 있음'의 근본성격이다. 자신을 붙들어 매도록 자기 자신을 내놓는 일은 이렇게 아니면 저렇게 척도를 부여하면서 존재하고 있어야 할, 그리고 붙들어 매면서 존재하고 있어야 할 바로 그것에 애초부터 이미 자신을 붙들려매일 수 있는 것으로서 마주 데려가야 한다. 일체의 모든 행동관계 속에서 이 행동관계를 근거 지으면서 일어나고 있는 이러한 '자기 자신을 맞댐'— 붙들어 매는 하나의 어떤 것에 자기 자신을 맞댐— 을 우리는 하나의 **근본행동관계**, 즉 하나의 근원적인 의미에서의 '**자유로이 있음**(Freisein)'이라고 이름하기로 한다.

그런데 붙들어 매는 것은 제시함에게 그때마다 이렇게 또는 저렇게 존재하거나 아니면 그렇게는 존재하지 않는 **존재자로서**, 도대체 존재하거나 아니면 존재하지 않는 **존재자로서**, 이런 본질을 띠거나 아니면 다른 본질을 띠는 **존재자로서**, 스스로를 알려준다. '자신을 붙들어 매도록 자신을 내놓으면서 자기 자신을 맞대고 있음'이라는 성격을 띠는 근본행동관계는 그러니 그 자체 내에서 보자면 이미, 이러한 근본행동관계와 함께 애초부터 존재자가 그 자체로서 개방되어 있다는 식으로 일어나고 있어야만 한다. 이렇게 존재자가 그 자체로서 개방되어 있음은 다시 또 다음과 같은 식이다. 즉 그때마다 발언을 행하는 행동관계는, 이러한 행동관계가 능력인 까닭에, 자신을 '그리 있음'의 견지에서와 마찬가지로 '사실임'의 견지에서도, '무엇임'의 견지에서도 표명할 수 있다.

498

동물의 열려 있음과 인간의 **세계**의 열려 있음 사이의 본질차원적인 상이함이 개별 관점들에서 더욱더 뚜렷해지고 있다. 인간의 열려 있음은 '맞대고 있음'이고, 동물의 열려 있음은 무엇인가에 의해서 압도되어 있음이면서 포위망 안에 자리잡고 있음이다.

라. **로고스 이전에 존재자에 대해서 열려 있음은 곧 아우름('전체에서'를 선행적으로 형성함)이며 존재자의 존재를 드러냄. 현존재에서 일어나고 있는 세 겹으로 구조잡힌 근본적 일어남이 곧 발언의 근원차원임**

그러나 그렇게 해서도 우리는 '로고스 이전에 근원적으로 존재자에 대해서 열려 있음'이라는 이런 근본행동관계 속에서 어느 때나 필연적으로 일어나야만 하는 것이 무엇인지를 아직 다 길어내지 못했다. 만일 제시의 경향을 앞서 틀잡은 이론들을 전혀 가지지 않은 채 단지 하나의 단순 발언만을 우리가 다시 뒤밟아 물어나아가서 그 단순 발언이 그 안에서 필연적으로 움직이는 그런 여지 안을 둘러본다면, 우리는 아직 빠진 채 남아 있는 그 점을 쉽게 보게 될 것이다.

하나의 단순 발언에 대한 보기로서 우리는 '그 칠판은 까맣다'라는 문장을 다시 또 취하기로 한다. 그 발언은 **아리스토텔레스**가 '하프레 아포판시스(ἁπλῆ ἀπόφανσις)'라고 말하는 것과 같은 의미에서 '단순한' 발언이다. 왜냐하면 그 발언은 복잡하게 얽혀진, 그리고 인공적으로 지어진 문장 형성물을 결코 나타내 보이는 법이 없기 때문이다. 그러나 아무리 이러한 단순성에도 불구하고, 아니 어쩌면 이러한 단순성으로 인해서 이 로고스는 정작 꾸밈없이 자연스레 밖으로 툭 말해진 것이라는 의미에서의 그런 '단순한' 로고스는 아니다. 우리는 그 문장이 어떤 의미에서는 이미 논리학과 문법학을 위해서 박제된 것이라는 점을 금방 감지할 수 있다. 그러나 여기에서 우리는 바로 이러한 논리학과 문법학으로부터 그리고 이러한 논리학과 문법학의 속박으로부터 해방되기를 바라고 있다. 자신도 모르게 자연스러운 방식으로 어느 정도는 건성으로 말해진 것이라는 의미에서 보자면, 이미 앞에서 언급한 적이 있는 '그 칠판은 안 좋은 위치에 있다'라는 발언이 더 단순하다고 볼 수 있다. 우리가 이러한 발언을 하나의 완수된 표명의 형태에서 취하기보다는, 오히려 조용히 우리 혼자서 언뜻 한번 말해보았거나 생각해본 것이라는 형태에서 그 발언을 취해볼 경우에 그렇다. 물음은 다음과 같다. 우리는 지금 '그 칠판은 안 좋은 위치에 있다'라는 이러한 보기를 가지고 우리의 문제의 관점에서 무엇을 해야 하는가? 이제 더는 로고스의 구조가 문제되고 있지 않다(왜냐하면 우리는 로고스의 구조를 여러 상이한 방향들에 따라서 밖으로 끄집어내놓아보았기 때문이다). 오히려 이제 문제는 로고스가 능력으로서 그 전체적인 구조와 함께 어디에 근거하는가 하는 것이다. 즉 '로고스 이전에 존재자에 대해서 열려 있음'이 문제이다. 이러한 '열려 있음'을 성격규정하기 위해서 우리는 저 언급한 문장의 해석에서 더욱더 폭넓은 어떤 것을 경험해야 한다. 그렇다면 시선을 발언이 발언하고 있는 바로 그것으로, 즉 '안 좋은 위치에 있는 그 칠판'에로 향해볼 필요가 있다. '안 좋은 위치에 있는'—그것은 어떠한 규정성인가? 그 규정성은 먼젓번 보기에서의 '깜장임'이라는 규정성과는 혹시 다른가? 강의실 다른 쪽에 앉아 있는 그 사람들에게, 또는 가르치고 있는 그 사람에게, 즉 매번 칠판이 서 있는 쪽으로 달려가야 하고 등 바로 뒤에 칠판이 놓여 있지 않아서 좀더 편하게 판서할 수 없는 그 사람에게, [그 칠판은] 안 좋은 [위치에 있다]. 그러니 그 안 좋은 위치는 마치 그 칠판이 띠고 있는 까만 색이나 그 칠판의 폭과 높이처럼 그 칠판 자체의 한 규정성이 아니라, 오히려 그것은 바로 여기 이 자리에 있는 우리 자신에게 단지 상대적으로 관련되어 있을 뿐인 그런 하나의 규정성인 셈이다. 따라서 그 칠판의 이러한 규정성, 즉 그 칠판의 안 좋은 위치는 결코 이른바 객체적 속성이 아니라, 오히려 주체에 연관된 상태인 것이다.

그럼에도 불구하고 **로고스 이전의 존재자의 개방되어 있음을 밝혀 보인다**는 것이 어찌 된 일이기에, 이렇게 주체에 연관된 칠판의 규정성을 언급해야 하는가? 그런데 정작 로고스 이전의 존재자의 개방되어 있음이야말로 제시하면서 존재자에 머무는 그런 로고스와 관련하여 존재자 측에서 이른바 객관적인 척도를 부여할 수 있도록 해주는 것임에 틀림없다. 만일 우리가 이제 '주체에 연관되어 있음'을 가리켜 보인다면, 우리는 정반대에 다다르게 될 것이다. 하지만 문제는 '안 좋은 위치에 있는'이라는 속성이 주체에 연관된다는 것이 아니다. 주체에 연관된 하나의 그와 같은 속성은 어쩌면 아주 다른 하나의 시각을 가지고서 보기만 한다면, '깜장'이라는 속성 또는 색이라는 속성의 자리에서도 발견될 수 있는 것인지 모른다. 문제는 '불편한 위치'라는 속성이 사물에 연관되어 있다는 것도 아니며 그 속성이 판단과 발언을 행하는 인간에 연관되어 있다는 것도 아니다. 오히려 문제는, '안 좋은 위치에 있는 그 칠판의 로고스 이전에 개방되어 있음과 함께 서술 이전에는 무엇이 개방되어 있는가' 하는 물음이다. 우리는 안 좋은 위치에 있는 그 칠판을 눈앞에서 발견하고 있으며, 그리고 오직 그렇기 때문에만 알맞게 판단할 수가 있다. 그런데 [칠판이 서 있는] 거기에서 우리가 발견하고 있는 것은 무엇인가? 안 좋은 위치이다. 확실히 그렇다. 그럼에도 불구하고 우리는 그 안 좋은 위치를 이미 확인해보았고, 심지어 왜 그러한 안 좋은 위치가 존립하고 있는가를 설명해 보이기까지 했다. 그런데 정작 그와 같은 설명이 띠는 이러한 주제넘은 영리함이야말로 우리로 하여금 길을 잘못 들게 이끈 그것이었다. 만약 칠판의 그 안 좋은 위치가 칠판 그 자체에 귀속되어 있는 것이 아니라, 오히려 그것은 다만 판독자와 판서자가 칠판과 맺고 있는 관련성에 바탕을 둘 뿐이라는 사실을 우리가 알아내었다고 한다면, 실제로 우리는 우리가 철학적으로 대단히 앞서나아가 있다고 생각할 것이다. 그러나 그럼에도 불구하고 이러한 설명은—이 설명이 우리를 도대체 탐구의 길로부터 벗어나게끔 한다는 점은 완전히 도외시한다고 해도—그 하나만으로도 이미 억지이다. 왜냐하면 칠판의 그 안 좋은 위치는 아주 당연히 이 칠판 자체의 한 속성—심지어 이 칠판이 띠는 까만색보다도 훨씬 더 객체적인 하나의 속성—이기 때문이다. 왜냐하면 그 칠판은 이를테면 저 성급한 해석이 의미하던 것처럼 그렇게 실제로 여기 이 자리에 참석하고 있는 사람들인 우리하고 관련하여 안 좋은 위치에 있는 것이 아니라, 오히려 그 칠판은 이 강의실 내에서 안 좋은 위치에 있기 때문이다. 하지만 우리가 경사지지 않은 강당이나 무도장을 생각해본다면, 그 경우에 칠판은 분명 구석에, 길에서 비켜나 아주 적합한 위치에 있는 셈이 될 것이다. 정확히 눈여겨보자면 그 경우에 그 칠판은 단지 적합한 위치에 있기만 한 것이 아니라, 그것은 완전히 불필요할 것이다. 대학 건물에 속한 하나의 강당으로서 여기 이 강의실 내에서는 칠판이 바로 그 자체로 안 좋은 위치에 있다. 그 안 좋은 위치는 바로 이 칠판 자체의 한 속성이다. 이 속성이 그 칠판에 귀속하는 까닭은, 어느 한 청강자가 저 오른편 앞쪽에 있는 그 칠판을 어렵게 보고 있기 때문이 아니다. 왜냐하면 그 칠판 바로 앞에 앉아 있는 사람도 틀림없이 이렇게 발언할 것이기 때문이다. 즉 '그 칠판은 안 좋은 위치에 있다. 만약 그 칠판을 잡다한 이유에서 통상적으로 그러하듯이 강단 뒤쪽 중앙에 설치한다면 그 칠판은 더 좋은 위치에 있게 될 텐데'라고 말이다.

그러나 이 모든 점들을 살펴봄으로써 우리는 칠판의 이러한 속성에 대한 잘못된, 그리고 겉으로는 마치 주요해 보이는 그런 철학적 설명을 겨우 비로소 제자리로 돌려놓아보기만 했을 뿐이다. 우리는 정작 '칠판의 이러한 속성은 어떠한 양식인가'라는 논의에는 도대체 관여해서는 안 되었다. 확실히 그랬다 ─ 오히려 우리가 눈여겨보아야 했던 점은 '존재자에서의 서술 이전의 개방되어 있음 안에서는 무엇이 우리에게 개방되어 있는가' 하는 점이었다. 그것에 대해서 우리가 발언하는 바로 그것, 즉 우리가 발언하면서 단지 명시적으로만 따로따로 떼어내어 특별히 제시하는 바로 그것은 곧, 안 좋은 위치에 있는 칠판이다. 그 칠판은 이미 개방되어 있다. 단지 그 칠판만 개방되어 있을 뿐인가? 아니다. 우리는 강단 쪽을 주시하고 있으며 우리 앞에 놓인 책자 등을 눈여겨보고 있다. 여러 가지가 개방되어 있다 ─ 그럼에도 불구하고 그 모든 것이 이러한 발언과 이 발언의 가능근거에서는 물음에 이르지 못하고 있다. 그래도 썩 잘 물음에 이르고 있는 것이 있다면 그것은 바로, 올바르게 취해진 안 좋은 위치에서 **이미 함께** 개방되어 있는 바로 그것─**전체로서의 강의실**─이다. 강의실의 개방되어 있음에서부터 우리는 도대체 칠판의 안 좋은 위치를 경험한다. 칠판이 서 있는 그 안 좋은 위치는 강의실 내부인데도, 정작 이 강의실의 개방되어 있음이 전혀 발언에서 명시적으로 드러나지 않고 있다. '그 칠판은 안 좋은 위치에 있다'라는 발언을 통해서라야 비로소 우리가 강의실의 개방되어 있음을 얻게 되는 것이 아니다. 오히려 강의실의 이러한 개방되어 있음은 우리가 그것에 대해서 판단을 내리는 바로 그 칠판이 도대체 존재할 수 있기 위한 **가능조건**이다. 그렇다면 겉으로는 마치 따로 유리되어 있는 것처럼 보이는 그런 판단에서 이미 우리는 하나의 개방되어 있음에서부터 이 특정한 사물에 대해 이야기하는 셈인데, 그러한 개방되어 있음은, 잠정적으로 우리가 말할 수 있는 그대로 보자면, '여러 가지'일 뿐만 아니라 '전체에서(im Ganzen)' 어떤 것이다. 이 점은 곧 다음과 같다. 즉 어떠한 개별 발언의 자리에서나 우리는 그 발언이 아무리 진부하고 복잡한 것이라고 해도, 이미 '**전체에서 개방되어 있는 하나의 존재자**'에서부터 밖으로 이야기해나오고 있다는 것, 그리고 우리가 이미 이해하고 있는 이러한 '전체에서', 즉 강의실 전체는 다시 또 발언을 통해서 제시한 결과의 전체가 아니라, 오히려 발언들은 언제나 오직 거기 전체에서 이미 개방되어 있는 바로 그것 속 안으로만 넣어질 수 있을 뿐이라는 것이다.

이렇듯 다음과 같은 사실이 드러난다. 즉 하나의 발언을 수행할 수 있기 위해서는, 그 자체에서부터 이 발언은 이 발언이 그것에 대해서 판단을 내리는 바로 그것에 구속력의 가능성을 필수적으로 넘겨주어야 한다. 그뿐만 아니라, 그것에 대해서 판단이 내려지는 바로 그것은 애초부터 하나의 존재자로서 파악되고 포착되어야 한다. 또한 마찬가지로 **개개의 모든 발언**은 애초부터 이미 **전체에서의 한 개방되어 있음** 안으로 필수적으로 이야기해 들어가야 하고 동시에 하나의 그와 같은 개방되어 있음에서부터 필수적으로 이야기해나와야 한다.

우리는 이제 발언이 전혀 근원적인 것이 아니고 전혀 독립적인 것이 아니라는 사실을 더욱 뚜렷이 보고 있다. 그러나 이제 우리가 알려고 하는 것은 바로 이것이다. 발언이 그 안에 근거하고 있는 바로 그것은 무엇인가? 그것이 무엇이기에, 우리는 그것을 '인간이 로고스 이전에 존재자에 대해서 열려 있음'이라고 부르는가?

우리는 지금 발언의 근원적 차원을 이루는 두 번째 계기를 밖으로 끄집어내놓아보았는데, 이러한 두 번째 계기를 더 멀리 뒤좇아 물어나아가기에 앞서 지금까지 발언의 근원적 차원에서 훑어본 것을 종합요약해보기로 한다. 우리는 로고스의 근본구조를 이 로고스의 내적인 가능성에서, 즉 거기에서부터 로고스가 로고스로서 발원하는 바로 그것에서 문의해보고 있다. 그러한 문의는 근원의 차원에로 소급해가는 일을 요구한다. 이때 우리는 하나의 여러 겹의 점에 부딪치는데, 그 여러 겹의 점을 그 단일성 안에 한데에 모두 모아서 볼 때 그것은 로고스를 본디 가능하게 하는 일을 이루고 있으며, 동시에 그것은 우리가 세계 형성이라고 이름했던 바로 그것에로 우리를 소급해서 이끌고 있다. 여기 이러한 길 위에서 우리가 보게 된 첫 번째 점은 이런 것이었다. 로고스는 제시하는 로고스이다. 즉 로고스가 개방하게 하는 양식과 형식은, 마치 각기 그때마다 하나의 판단 또는 하나의 발언이 그 자체 내에서 발언의 상관체를 접근 가능하게 해줄 수 있을 것이라는 의미에서, 일차적이고 근원적인 개방하게 함인 것은 결코 아니다. 오히려 일체의 모든 로고스는 다만 **로고스 이전에 이미 개방되어 있는** 바로 그것을 제시하면서, 다시 말해 따로따로 떼어내어놓으면서 존재할 뿐이다. 그러나 그뿐만이 아니다. 로고스가 제시의 이러한 근본기능을 충족시킬 수 있기 위해서는, 로고스는 더욱더 제시답게 존재할 수 있기 위해서, 자신을 자기가 제시하는 바로 그것에 맞추거나 아니면 제시하는 가운데 자기가 제시하고 있는 바로 그것을 빗맞출 가능성을 가지고 있어야 한다. 왜냐하면 제시하는 로고스에는 거짓일 가능성도 속하기 때문이다. 그러니까 로고스는 그 자체 내에 그리고 그 자체를 위해서 이러한 맞출 수 있음과 맞추어져 있지 않음의 여지를 필요로 하는 셈이다. 아주 일반적으로 말해서, 로고스는 이 로고스에게 온갖 측정을 위해 척도를 부여해주는 그와 같은 것을 애초부터 필요로 한다고 말할 수 있겠다. 모든 발언하는 행동관계에 앞서 이미 발언의 관련체의 방향으로 몸을 내미는 하나의 행동관계가 있다. 그 행동관계는 하나의 어떤 구속력에 자기 자신을 맞대는 성격을 가지며, 그

503 렇게 하는 곳에서 이제 '맞추어져 있음'과 '맞추어져 있지 않음'이 가능하고, 궁극적인 의미에서 '아데콰치오(adaequatio, 일치)'가 가능하다. 로고스의 밑바탕에 놓여 있는 하나의 계기는 이렇게 어떤 구속력에 자기 자신을 맞댐이다. 우리는 하나의 특정한 보기를 구체적으로 분석함으로써 두 **번째** 계기를 더 가까이 데려와보려고 시도했는데, 그 보기는 다음과 같은 것이었다. 즉 '이 칠판은 안 좋은 위치에 있다'. 우선 우리가 의도적으로 중점을 두고서 행한 일은 이렇게 언급한 속성에서 의미되고 있는 것을 다음과 같이 제시한 방향에 안전하게 세워두는 일이었다. 우리는 다음과 같이 제시해보았다. 즉 여기 이 자리에서 우리가 칠판에 지정해주는 바로 그것은 단지 우리에게, 즉 관찰자와 판단자에게, 상대적으로 관련된 그런 칠판에 속하는 하나의 속성일 뿐이 아니다. 오히려 이때의 속성은 바로 단적으로 객체적, 다시 말해서 이러한 특수한 객체 그 자체에 귀속되어 있는 속성이다. 다만 이것은 우리가 그러한 객체를 그것의 참된 객체성에서 명시적으로 보고 있는 경우에 한해서만 그렇다는 것이다. 만약 우리가 '그 칠판은 안 좋은 위치에 있다'라고 말한다면, 이때 우리는 그러한 참된 객체성의 관점에서 발언하는 셈이다. 비구성적으로 그리고 이러한 발언에 대한 이론적인 반성이 없이 우리의 일상적인 '여기에 존재하고 있음'에서부터 우리가 즉흥적으로 발언하는 한, 우리는 이러한 발언에서 유독 칠판만을 시야에 넣고 있는 것이 아니다. 우리는 비록 정면이라는 좁은 의미에서는 아니더라도, 여기에서는 그 강당을 강의실로서 시야에 넣고 있는데, 이 강의실은 이 강의실 자체가 띠는 그 사태성격에 맞추어보자면 칠판을 여기 이곳 강의실 안에 아주 특정한 위치에 칠판으로서 배치하도록 요구하고 있다. 발언에 대한 이러한 해석에서 결정적인 점은 이것이다. 즉 우리는 따로 유리된 하나의 객체와 연관 지어 판단하는 것이 아니라, 오히려 이러한 판단 속에서 우리가 강당이라고 부르는, 이렇게 이미 경험되고 잘 알려진 그런 전체에서부터 이야기해나오고 있는 것이다.

앞에서 제시한 현상에서부터 우리가 이러한 열려 있음을 위한 더욱더 광범위한 본질성격으로서 끄집어내오고 있는 것은 무엇인가? 우선 사람들은 이렇게 말하고 싶어할 것이다. 즉 그 발언의 가능성이 강의실의 개방되어 있음과 연관되어 있다는 점이 강조되고 있기는 하지만, 그것은 대단한 지혜는 못 된다고 말이다. 그것은 보통 다음과 같은 식이다. 즉 우리가 발언하는 경우에 우리는 언제나 오직 하나의 대상에 대해서만 입장을 표명할 수 있을 뿐이고, 따라서 우리는 그 경우에 언제나 그 밖의 것에서부터 그 하나의 대상을 선택해야 한다. 이러한 '그 밖의 것(Übriges)'이란 바로 끊임없이 우리에게 채근해오는 사물들의 일체의 다양함에 속한다.

그것은 사실상 옳다—너무나 옳아서, 우리는 칠판 말고도 강당 안에 또 눈앞에 있는 그 밖의 존재자를 가리켜 보이느라 정작 본디 파악해야 할 바로 그것은 간과해버릴 지경이다. 왜냐하면 문제는 칠판 옆에 그리고 칠판 이외에 다른 사물들이 또 눈앞에 있고 이 다른 사물들 옆에는 칠판이 또한 눈앞에 있다는 것이 아니기 때문이다. 대개 논리학과 인식이론 내에서 행해지듯이 사람들이 임의의 객체들을 가진 다음 이 객체들에 대해서 판단하고 그것을 판단의 주제로서 고찰하거나 보완을 위해서 다른 가능적인 객체들을 덧붙이는 식으로 우리가 고찰의 단초를 잡는 한, 사람들은 우리가 특수한 연관이라고 부르는 바로 그것을 간과해버리는 셈이다. 우리가 이러한 수준 내에서 움직이는 한, '우리는 숱한 나무들에 가려서 정작 숲은 보지 못한다'라는 말을 거의 글자 그대로 적용해볼 만하다. 좀더 정확히 보면 이 말은 그 말이 원칙적으로 파악해야 할 어떤 것을 비로 구체적으로 명료하게 표현해내오려고 한다. 원칙적인 어법 내에서 그리고 앞서 잡으면서 보자면, 우리는 그 말을 이렇게도 파악해볼 수 있다. 즉 **통속적 지성은 순전히 존재자만을 볼 뿐, 정작 세계는 보지 못한다**고 말이다. 이때 통속적 지성이 그 자신인 바로 그것으로 그나마 존재할 수 있기 위해서는, 즉 통속적 지성이 그때마다 이런 또는 저런 존재자를 발언의 가능적인 객체라는 의미에서 이 존재자로서 가려내기 위해서는 통속적 지성은 그 안에 곧바로 지속적으로 머물고 있어야 하는데, 그 안이 곧 이때의 세계이다. 우리가 앞에서(앞의 515쪽[원서 398쪽] 이하 참조) 통속적 지성의 특색으로서 따로 떼어내어 보았던 바로 그것, 즉 그 안에서 통속적 지성이 그의 눈에 띄는 일체의 모든 존재자를 다 붙잡고 있는 그런 저 구별 없음(Unterschiedslosigkeit), 즉 존재자에 대한 행동관계 안에서의 이러한 구별 없음이—물론 그것은 더욱 깊은 데에 뿌리를 내리고 있는 것이기는 하지만—이러한 '세계를 보지-못함'에 대한 하나의 근거이기도 하다.

그러나 '숱한 나무들에 가려서 정작 숲은 보지 못한다'라는 저 말에서 우리는 동시에 우리가 직면한 커다란 어려움도 알아챈다. 왜냐하면 우리는—그 비유 속에 머물러서 보건대—숲을 보아야 할 뿐 아니라, 그리고 그 숲을 그 자체로서 보아야 할 뿐 아니라, 그와 동시에 우리는 그 숲이 무엇이며 어떻게 그 숲이 존재하고 있는지를 말해야 하기 때문이다. 물론 이때 우리는 세계를 숲과의 유비에 따라서 해석하는 것을 경계해야만 한다. 결정적으로 중요한 점은 오직 이것이다. 즉 숲은 개별 나무들과 이 나무들의 집합과 관련해서는 다른 것이다. 그렇기 때문에 숲은 단순히 나무들에 추정적으로만 주어진 그런 총합에 우리가 임의로 덧붙여 의미하는—그렇다고 해서 수많은 나무들의 집합보다 양적으로 더 많이 덧붙여 의미하는 것은 아닌—바로 그와 같은 것도 아니다. 그러나 이렇게 다른 그것은 그럼에도 불구하고, 수많은 나무들 옆에 또 나란히 눈앞에 있을 법한 그 어떠한 것은 결코 아니다. 오히려 저 다른 것에서부터 수많은 나무들이 하나의 숲에 속하는 것이다. 우리가 든 보기에로 되돌아와서 보건대, 만약 우리가 '로고스 이전의 개방되어 있음'을 여러 가지 존재자가 동시에 개방되어 있다는 것으로 받아들인다면, 아직도 우리는 '로고스 이전의 개방되어 있음'을 이해하지 못하고 도대체 아직도 파악하지 못하는 셈이다. 그 모든 것은 오히려, 그 발언—그 칠판은 안 좋은 위치에 있다—이 띠는 겉보기의 협소함과 제한성 내에서 이미 다음과 같은 점을 보는 데에 있다. 즉 그것에 대해서 발언되고 있는 바로 그것[발언의 관련체]이, 즉 안 좋은 위치에 있는 그 칠판이, 어떻게 하나의 **전체에서부터** 밖으로, 즉 우리가 그 자체로서는 결코 명시적으로 제대로 파악할 수 없는 그런 하나의 전체에서부터 밖으로 개방되어 있는가? 그런데 그 안에서 우리가 이미 항상 움직이는 바로 이러한 '전체'가 곧, 우리가 우선은 도식적으로 '전체에서'라고 지칭하는 바로 그것이다. 그것은 로고스에서 우리가 '로고스 이전의 존재자의 개방되어 있음'으로 보는 바로 그것 외에 다른 어떤 것도 아니다. 우리는 지금 아주 일반적으로 이렇게 말해볼 수 있다. 즉 '로고스 이전에 존재자에 대해서 **열려 있음**'이―이러한 열려 있음에서부터 이미 개개의 모든 로고스가 이야기하고 있음에 틀림없다―애초부터 존재자를 이미 항상 하나의 '**전체에서**'로 아울러(ergänzt)왔다. 이러한 '**아우름**(Ergänzung)'*이라는 말 아래에서 우리가 이해하는 것은 여태까지 빠지고 없던 어떤 것을 추후에 덧붙여서 맞춘다는 것이 아니라, 오히려 이미 성하고 있는 '전체에서'를 선행적으로 형성한다는 것이다(손작업적인 의미에서 개개의 모든 보완작업인 경우에만 하더라도 본질적인 점이란 결손된 부분 조각을 가져다대어 맞추는 것이 아니라, 오히려 애초부터 전체를 살피고 전체를 예시하고 전체에다 잇대어 맞추는 일이다). 일체의 모든 발언은 일종의 그와 같은 '아우름'이라는 바탕 위에서, 다시 말하면 일종의 "이러한 '전체에서'를 선행적으로 형성함"이라는 바탕 위에서 일어난다. 이러한 '전체에서'는 그 범위와 투명성에 따라서, 그 내용적인 풍부함에 따라서 상이하며 그리고 우리 현존재의 일상성 내에서는 다소 지속적으로 우리에게 그 모습을 바꾼다. 비록 우리가 여기 일상성에서 '전체에서'의 한 독특한 평준성이 또한 관철되는 것을 본다고 해도 그렇다. 그 셋[선체에서]은 나름대로의 고유한 양식을 띠는 문제이다. 그러니 '인간이 로고스 이전에 존재자에 대해서 열려 있음'이란 곧 일종의 '구속력에 선행적으로 자기 자신을 맞댐'일 뿐 아니라, 또한 이와 아울러 방금 막 특징지은 '아우름'이기도 하다.

그런데 구속력에 자기 자신을 맞대면서 아우르는 이런 일은 더군다나— 우리가 이미 보고 있듯이— 존재자에 대한 하나의 열려 있음이기 때문에 그러한 일은 존재자에 대해서 입장을 표명하는 것을, 다시 말해서 '무엇임', '그리 있음', '사실임' 그리고 '참임'에 관해서 말하는 것을 가능하게 한다. 그러니 이렇게 특징지은 '아우름' 내에서 그리고 그러한 아우름에 의해서 존재자의 존재가 또한 어떤 방식으로건 드러나 있는(enthüllt) 셈이다.

이렇게 '로고스 아포판티코스'의 근원차원 안으로 소급해들어가봄으로써 하나의 풍부한, 그 자체 내에 분절된 구조연관이 성과로서 얻어지는데, 그 구조연관은 명백히 인간 현존재 안에서의 한 근본적 일어남[사건]을 특징짓고 있다. 이 근본적 일어남을 세 겹의 계기들로 단단히 붙들어보면 다음과 같다. 1. 구속력에 맞댐, 2. 아우름, 3. 존재자의 존재 드러남. 그것에서부터 비로소 항상 로고스가 발원하는 인간 현존재 안에서의 그런 하나의 통일적인 근본적 일어남은 이렇게 세 겹으로 특징지어져 있다. 물음은 다음과 같다. 세 계기들에 의해서 특징지어진 현존재 안에서의 이러한 근본적 일어남을 우리는 어떻게 단일적으로 파악해야 하는가?

로고스를 가능하게 해야 하는 이러한 근본적 일어남—그러나 아직 그것은 아리스토텔레스가 '로고스 아포판티코스'의 가능조건으로서 그리고 따라서 '로고스 아포판티코스'의 근원으로서 언급하는 바로 그것하고는, 즉 '신테시스-디아이레시스', 또는 연계사의 '이다'에서 표명되고 있는 '신테시스'하고는 전혀 아무런 관련이 없는가? 우리가 부딪친 이 모든 것은 아리스토텔레스가 앞에서 언급한 방식에서 지시하는 바로 그 점보다도 아주 훨씬 더 풍부하고 복잡하지 않은가? 확실히 그렇다. 그러나 그 말은 우리에게 다음과 같은 점만을 뜻할 뿐이다. 왜 아리스토텔레스가 이러한 근원차원 안으로 첫 번째 발걸음을 내딛는 자리에서 근본조건을 뻔히 알려진 방식으로 파악할 수밖에 없었는가 하는 점을 우리는 실제의 해석에서 알아들을 수 있도록 만들어야 한다. 이 경우에 아직 유의해야 할 점으로 남아 있는 것은 다음과 같다. 그리로 **아리스토텔레스**가 로고스를 소급해서 데려가고 있는 바로 그곳은―그 자체 동시에 디아이레시스이기도 한 신테시스는―그 형식성에도 불구하고 결코 자명한 것으로 간주되어서는 안 된다. 만일 로고스의 전체적인 본질골격의 근원을 밝혀 보이는 일이 정당하게 성립한다면, 그 경우 거기에서부터 다음과 같은 점 또한 해명될 수 있어야 한다. 신테시스-디아이레시스와 같은 것은 어떻게 가능하며, 그리고 그와 같은 것 아래에서 근본적으로 이해되어야 할 것은 무엇인가?

우리는 더 나아가, **아리스토텔레스**가 '로고스 아포판티코스'의 가능근거로서 단초 잡는 바로 그것―'신테시스-디아이레시스'― 은 곧, 거기에서 '로서'와 '로서'-구조가 발원하는 저 관련과 관련 맺는 행동관계라고 말했다. 만일 그렇다면, 그리고 **아리스토텔레스**가 단지 규정되지 않은 채로 순전히 신테시스-디아이레시스로서만 보는 바로 그것이 만약 저 근본적 일어남이 풍부하게 띠는 구조연관에 속한 것이고 이 근본적 일어남은 '구속력에 맞댐', '아우름' 그리고 '존재자의 존재의 드러남' 등을 통해서 표현된다면, 그 경우 저 근본적 일어남이 띠고 있는 그런 구조연관이란 곧 그 안에서 '로서'-구조 자체가 발원하는 그런 구조연관일 것임에 틀림없다. 그런데 '로서'라는 것이 우리가 **세계**라고 부르는 바로 그것의 한 구조계기, 즉 '존재자가 그 자체로서 전체에서 열려 있음'으로서의 세계의 한 구조계기인 한, 저 근본적 일어남과 더불어 (세 겹으로) 우리는 우리가 **세계 형성**이라고 부르는 바로 그것이 그 안에서 일어나고 있는 그런 저 일어남에 맞부딪쳐 있는 셈이다. 이제 '전체에서'라는 것이 명백히 '아우름'에 귀속되어 있고 이러한 아우름이 일어나는 가운데 '전체에서'가 형성된다고 한다면, '전체에서'가 형식적 분석상 세계 구조에 속해 있을 때보다 사정은 한층 더 그럴듯해 보인다.

제74절 세계 형성은 현존재에서의 근본적 일어남. 세계의 성함으로서의 세계의 본질

이렇게 우리는 세계현상에 대한 직접적인 해석에 좀더 가까이 다가왔다. 우선은 형식적 분석을 통해서 성과로서 얻은 것과 같은 식의 성격규정, 즉 '존재자가 그 자체로서 전체에서 개방되어 있음'으로서의 세계라는 성격규정을 실마리로 삼아 그렇게 했다. 세계에 대한 이러한 규정을 우리가 직접적으로 집어올릴 때, 여기에는 발언과 로고스에 관해서 우선은 전혀 아무것도 말해져 있지 않다. 그렇다면 왜 우리는 이러한 로고스에 관여했는가? 그것은 하나의 에움길이었는가? 물론 어떤 방식에서는 그렇다―그러나 그것은 그 길을 따라서 모든 철학함이 물음의 관련사항을 빙 돌아가는 그런 에움길이었다. 그러나 다른 한편에서 볼 때 그것은 불필요한 도정이라는 의미에서의 에움길은 결코 아니었는데, 우리가 다음과 같은 사실을 고려해 보면 그렇다. 철학의 전승은 우리가 세계문제로서 전개하려고 모색하는 바로 그것을 그 자체로서는 인식하지 않은 채, 로고스, 라치오, 이성 등의 칭호 아래에서 다루어왔다. 오늘날에 이르기까지 그 문제는 갖가지 변장을 한 가운데 우리에게는 식별되지 않는다. 왜냐하면 이러한 칭호들과 그런 칭호들 아래 다루어진 것은 오래 전부터 피상적인 물음에 얽매여 꼼짝도 못 하고 있는데, 그러한 경직된 상태에서부터 풀려나오는 일만 하더라도 쉬운 일이 아니기 때문이다. 그러한 칭호들과 그 칭호들 아래에서 다루어진 것을 먼저 동시에 일깨울 때 비로소 우리는 역사에서부터 배우게 된다. '역사에서부터 우리가 더 이상 아무것도 배울 수 없다'고 하는 것은 다만, '우리 자신이 무역사적이게 되고 말았다'고 말하는 것일 뿐이다. 그 어느 시대도 전통으로부터 밀려들어오는 것을 그렇게까지 잘 알고 있지는 않았으며, 그 어느 시대에도 현실적으로 전승된 것이 그렇게까지 빈곤하지는 않았다. 로고스, 라치오, 이성, 정신 등 그 모든 것은 세계문제에게는 덮어 가리는 칭호들일 뿐이다.

그런데 로고스는 그 내적인 가능성에 따르면 더욱 근원적인 것을 가리켜 보인다는 사실을 우리가 제시함으로써 동시에 다음과 같은 세 겹의 사실이 분명해졌다. 1. 로고스는 세계문제를 전개하기 위한 근본적인 단초가 아니다. 2. 그 때문에 넓은 의미에서의 로고스—그리고 이 로고스의 여러 변화들—가 형이상학의 문제틀을 지배하는 한, 형이상학이 '논리학에 대한 학문'인 한(헤겔), 저 세계문제는 억제될 수밖에 없다. 3. 그러나 이러한 물음 제기가 로고스를 실마리로 하여 그토록 오랫동안 자기주장을 할 수 있었고 철학의 위대한 작품들에로 이끌 수 있었다고 한다면, 그 경우 이러한 전승을 단숨에 제거하려는 것은 꿈도 꿀 수 없는 일이다. 4. 그러한 일은 오히려 우리 자신이 다음과 같은 노력을 감수하는 식으로만 일어날 수 있다. 즉 인간을, 그리고 그로써 전승된 형이상학을 하나의 더욱 근원적인 현존재에로 변화시켜 거기에서부터 옛 근본물음들을 새로 발원하게 하려고 분투하는 그런 노력 말이다.

이 네 번째 점에서 우리는 우리가 예전에 다음과 같이 하나의 **이중적 단초**를 통해서 시도했던 것을 한 번 더 확정 지어보았다. 즉 그것은 우선 하나의 특정한 형이상학적 물음에 방향 잡지 않고, **우리 현존재의 한 근본기분을 일깨우는 것**이었다. 다시 말해서 우리 인간의 인간성을 그때마다 각기 우리 자신의 현-존재에로 변화시키는 것이었다. 그다음에 그것은 이와는 거꾸로 근본기분과의 지속적이고 명시적인 관련 맺음이 없이, 그러나 그럼에도 불구하고 근본기분을 암암리에 상기하는 가운데, **세계문제**라는 표제 아래에서 하나의 형이상학적 물음을 전개하는 일이었다. 이것은 다시 또 더욱더 멀리까지 뻗은 에움길 위에서 일어났다. 이 길은 '동물은 세계 빈곤 속에 존재한다'라는 논제의 도움으로 비교 고찰해나가는 길이었다. 우리가 '인간은 세계 형성 속에 존재한다'라는 논제를 해석하는 데에로 넘어가기까지, 겉보기에 그 길은 우리에게 단지 부정적인 점만을 가져다주는 것처럼 보였다. 해석 전체는 하나의 근원차원 안으로, 즉 하나의 근본적 일어남 안으로 소급해가는 발걸음이 되었으며, 이제 우리는 그 근본적 일어남에 관해서 이렇게 주장하고 있다. 즉 그 근본적 일어남 안에서는 **세계 형성**이 일어나고 있다고 말이다. 이러한 일어남의 근본계기들로서 우리가 거론했던 바로 그것, 즉 '구속력에 맞댐', '아우름' 그리고 '존재자의 존재의 드러남' 등 이러한 세 겹의 것이 특수하게 단일적으로 뿌리내리고 있는 자리를 우리는 어떤 의미에서건 동물에게서는 결코 발견할 수 없다. 그러나 언급된 저 세 계기들이 동물에게는 단순히 결여되어 있는 것이 아니다. 오히려 동물은 하나의 매우 특정한 가지고 있음에서 그리고 그러한 가지고 있음을 근거로, 즉 '얼빠져 있음'이라는 의미에서의 '열려 있음'의 방식에서 그리고 그러한 방식을 근거로, 그와 같은 근본적 일어남의 계기들을 가지고 있지 않다.

이렇게 해서 보자면 그와 같은 일어남 안에서 '세계'가 개념파악될 수 있다. 그러니까 이제 중요한 것은, 이러한 **근본적 일어남을 단일적으로** 개념파악하고 세계 형성의 일어남으로서의 이러한 근본적 일어남에서부터 동시에 곧바로, 그리고 긍정적으로 **세계의 본질을** 규정하는 것이다. 그러나 이렇게 개념파악한다는 것은 앞에 놓여 있는 하나의 어떤 것을 논의한다는 것이 아니다. 즉 그러한 일은 어느 곳에서 누구든지 준비 없이 다가와서 앞에 주어져 있는 어떤 것에 대해 늘어지게 지껄여대는 식으로 가능한 것이 아니다. 또한 그러한 개념파악은—근본적으로는 동일한데—마찬가지로 일종의 비범한 통찰력의 소관사도, 일종의 직관의 소관사도 아니다. **세계의 성함**(Walten der Welt)이라고 우리가 부르는 바로 그것에, 즉 채근해드는 일체의 모든 존재자보다 더욱 근원적인 그런 성함이라고 부르는 바로 그것에 세계의 본질이 기인하는 한, 일체의 모든 관찰함—이렇게 또는 저렇게 관찰함—은 세계인 바로 그것에서 영원히 멀리 떨어져 있는 셈이다. 본 강의의 제1부에서 수행한 근본기분을 일깨우는 일이나 마지막에 수행한 로고스-구조로부터 근본적 일어남에로 소급해가는 일이나 둘 다 하나의 일에, 즉 세계의 성함이라는 근본적인 일어남 안으로 진입해가는 것을 예비하는 일에 봉사하는 것이다. 이렇게 철학하면서 인간이 이 인간 속의 현존재 안으로 진입해가고 소급해가고 하는 일은 언제나 단지 예비만 될 수 있을 뿐이지, 결코 일깨워질 수는 없다. 일깨우는 일은 개별 인간의 소관사이다. 즉 그 일은 개별 인간이 저마다 지니는 순전히 선한 의지, 또는 심지어 기량의 소관사가 아니다. 오히려 개별 인간의 운명, 즉 개별 인간에게 뜻하지 않게 떨어지거나 아니면 떨어지지 않는 그런 운명의 소관사이다. 그런데 일체의 모든 뜻밖의 일은 우리가 그 뜻밖의 일을 기다려왔고 그 일을 기다릴 수 있을 때에만 우리에게 뜻밖의 것이 되며, 그 일이 우리에게 떨어진다. 그러나 오직 비밀을 우러러 대하는 자만이 기다릴 힘을 얻는다. 이렇게 우러러 대하는 태도는, 지금의 이 형이상학적인 의미에서 보자면, 각기 그때마다 우리를 두루 지배하는 그런 전체 속 안으로 행동을 취해 들어가는 것이다. 오직 그런 식으로만 우리는 이러한 '전체에서'에 의해서 그리고 세계에 의해서 명시적으로 두루 지배될 수 있는 가능성에 이르게 되며, 그만큼 명시적으로 우리는 이러한 '전체에서'와 세계에 대해서 개념파악하면서 물음을 던질 수 있는 가능성을 가지게 된다.

그로써 우리는 이미 세계의 성함에 관해서 이야기한 셈이며, 이미 다음과 같은 점을 제시했다. 즉 우리가 막 담판을 벌이려고 하는 것이 만약 일종의 상거래 행태와 같은 건(件)에 대한 것이라면, 우리는 이미 세계의 성함에서는 등을 돌린 채로 있는 것이나. 그러니 이 점과 동시에 다음과 같은 점이 제시되었다. 즉 본질을 전개하는 일이 교화적인 언사에로 밀려나버리지는 않는다. 이러한 혼미스러운 발걸음들은 현존재의 근본적인 일어남 안으로 진입해가는 일을 끊임없이 바꾸어놓을 것이다. 우리가 우리 자신을 개념과 개념파악의 힘에 더 적게 그리고 더 자신 없이 맡기면 맡길수록, 그것은 더욱더 검질겨진다.

우리는 이제 발언으로부터 세계에로 넘어가는 가운데 말했던 것을 한 번 더 머리에 떠올려보자. 우리의 고찰은 우리를 로고스로부터 세계에로 안내했는데, 좀더 정확히 말해서 일종의 '로고스 이전의 존재자의 개방되어 있음에로 소급해감'이라는 의미에서 그랬다. '로고스 이전'이라는 말을 우리는 여기에서, 로고스 그 자체를 이 로고스의 모든 차원들과 가능성들에 따라서 가능하게 해주는 바로 그것이라는 매우 특정한 의미로 이해한다. 로고스 이전의 개방되어 있음은 현존재의 한 근본적 일어남이다. 이러한 근본적 일어남은 다음과 같은 세 겹으로 특징지어져 있다. '구속력에 자기 자신을 맞댐', '아우름' 그리고 '존재자의 존재의 드러남'. 이렇게 그 자체 안에 나뉘어 있는 이러한 근본적 일어남이란 이제 바로 우리가 그것에 관해서 이렇게 주장하는 그것이다. 즉 **아리스토텔레스**는, 로고스를 '신테시스'와 '디아이레시스'에로 소급해서 이끄는 가운데 저 근본적 일어남의 방향 안에서 움직였는데, 다만 그때 그는 이 근본적 일어남의 구조연관 그 자체는 보지 못했다. 이러한 근본의 일어남은 이제 그것의 독특한 관련성격 내에서 볼 적에, 앞으로 더 보여지게 되겠지만 그 안에서 '로서'와 '로서'-구조가 뿌리를 내리고 있는 바로 그것으로서 우리가 인식하는 그것이기도 하다. 로고스로부터 시작하여 세계에 이르는 길에서 형식적으로 세계는 '존재자가 그 자체로서 전체에서 개방되어 있음'이라고 파악되어왔으며 그래서 다음과 같은 물음이 귀결되어나오고 있다. 왜 진작 우리는 이렇게 우선은 형식적으로 취해진 세계에 대한 정의로부터 막바로 시작하여 곧바로 구조에 대한 해석에로 나아가지 않았는가, 왜 우리는 그 대신 로고스를 경유하는 에움길을 선택했는가. 그 성과로서 얻은 점은 다음과 같다. 즉 로고스 라치오, 이성 등은 정작 밝히 드러나 있지 않던 세계문제의 관점에서 형이상학의 총체적 문제틀을 지배했던 바로 그것이다. 만일 이러한 전통으로부터 우리가 하나의 시각 안에서 해방되기를 원한다고 한다면, 그 말은 그 전통을 어떤 의미에서 밀쳐내고 그것을 뒤로한다는 것을 일컫는 것이 아니다. 오히려 어떤 것으로부터의 모든 해방은, 이 해방이 그것으로부터 해방되는 바로 그것을 이 해방이 지배할 때, 즉 그것을 이 해방이 자기것으로 만들 때에만 진정한 해방인 것이다. **전통으로부터의 해방이란 곧, 전통에서 다시 인식되는 힘들을 언제나 새롭게 자기것으로 만듦**이다. 다가올 시대를 위해서 형이상학이 관련을 가질 것으로 우리가 확신하는 이 위대한 발걸음을 내딛기에는 그 어떤 영리함과 명민함, 또는 우리가 해낸 것으로 믿는 여러 철학적 발견들로는 충분하지 못하다. 오히려 우리가 도대체 이러한 과제에 관해서 어떤 것을 이해한다면, 그것은 곧 다음과 같은 사실이다. 즉 이 위대한 발걸음을 내디뎌야 하는 과제는 오직 **현존재 자신의 한 변화를 바탕**으로 해서만 가능하다. 이러한 변화와 이 변화를 예비하기 위해서 우리는 두 개의 길들을 지나와보았다. 본 강의의 제1부에서는 하나의 근본기분을 일깨우는 길을, 제2부에서는 근본기분과 관련 맺음 없이 하나의 구체적인 문제를 다루어나가는 길을 우리는 지나와보았다. 그 두 길들이 이제 한데에 합쳐들고 있다. 그러나 그렇다고 해서 우리가 현존재의 변화를 강요하게 된다거나 현존재의 변화를 어떤 의미에서 야기하게 되는 것은 물론 아니다. 오히려 우리는 언제나 오직 예비만―철학만이 유일하게 할 수 있는 일―하고 있을 뿐이다.

제75절 세계로서의 '전체에서', 그리고 존재와 존재자의 구별이라는 수수께끼

우리는 세계현상에 대한 우리의 해석이 서 있는 입지를 새로이, 그리고 한층 더 간결하게 종합요약해보기로 한다. 그리고 그로써 로고스의 밑바탕에 놓여 있는 근본적 일이남의 단일적인 원초구조를 시선에 넣고, 그 원초구조를 이해하는 가운데 다음과 같은 논제, 즉 '인간은 그의 현존재의 본질과 바탕에서 세계 형성 속에 존재한다'라는 논제로써 무엇이 의미되는지를 개념파악해보기로 한다.

　우리는 '존재자가 그 자체로서 전체에서 개방되어 있음'이라는 형식적 분석을 한쪽에 가지고 있으며, 로고스에서부터 소급해올라간 결과로 하나의 일어남을 다른 한쪽에 가지고 있는데, 이 일어남은 다음과 같이 세 겹으로 성격규정되었다. 즉 '구속력에 자기 자신을 맞댐', '아우름', '존재자의 존재의 드러남'이다. 이러한 근본적 일어남은 우리가 **세계 형성**으로써 의미하는 바로 그것을 비록 다 길어내지는 않지만, 그것에 본질적으로 속해 있다. 그러니 이 근본적 일어남은 그 자체 내에서 보자면 세계와 관련되어 있음에 틀림없다. 그러한 근본적 일어남 안에서는 '존재자가 그 자체로서 전체에서 개방되어 있음'이 일어나고 있음에 틀림없다. 세 겹으로 성격규정된 이러한 일어남이 그것의 원초구조에서 파악될 수 있는가? 이 원초구조 속에는 앞에서 언급한 계기들이 나뉘어져 한데에 함께 속하고 있어, 이 계기들의 한데에 함께 속하고 있음의 단일성 안에서 이 계기들은 우리가 '존재자가 그 자체로서 전체에서 개방되어 있음'이라고 부르는 바로 그것을 가능하게 하는가? 실제로 우리는 이러한 근본적 일어남을 하나의 단일적인 원초구조 안에서 파악하여, 이 단일적인 원초구조에서부터 개별 계기들을 이 원초구조 속에 한데에 함께 속한 것으로서 개념파악할 수 있다. 그러나 그러한 일은 오직 우리가 지금까지의 해석을 한층 더 멀리까지 끌고 나아가는 식으로만 가능할 뿐, 가령 이른바 결과들을 한데에 모아 붙이는 식으로는 가능하지 않다. 세 겹으로 성격규정된 현존재의 근본적 일어남의 원초구조를 우리는 현존재의 구조들로부터 도움을 빌려 엮어서는 안 된다. 오히려 이와는 거꾸로 우리는 이러한 일어남의 내적인 단일성을 개념파악해야 하며 그리고 그로써 비로소 바로 현존재의 근본구성틀을 보는 시각을 얻도록 애써야 한다.

　우리는 '로고스 이전의 존재자의 개방되어 있음'이 '전체에서'의 성격을 띤다는 점을 보기로 한다. 개개의 모든 발언에서 우리는 우리가 그것을 알고 있건 모르고 있건 간에, 그리고 그때마다 서로 다르게 그리고 서로 번갈 아가면서 전체에서부터 밖으로 이야기해나오고 이 전체 속 안으로 이야기 해들어간다. 특히 이러한 '전체에서'는 가령 우리가 어떤 업무를 보는 가운데 바로 우리가 당면하는 그런 존재자에만 해당되는 것이 아니고, 오히려 우리 자신을 포함하여 그때마다 바로 접근될 수 있는 일체의 모든 존재자가 이러한 전체에 의해서 휩싸여 있다. 이러한 '전체에서' 속에는 우리 자신이 함께 포함되어 들어가 있는데, 거기에 자리하는 것이기도 한 그런 하나의 귀속적인 구성원이라는 의미에서 그러하지 않고, 오히려 그때마다 각기 상이한 방식에서 그리고 현존재 자신의 본질에 속한 여러 가능성들 속에서 그러하다. 이때 그것이 '존재자 곁에 몰입함'이라는 형태에서든, '노골적인 맞섬', '함께 같이 감', '떨려나게 됨', '공허 속에 버려짐', '붙잡혀 있음', '흐뭇해 있거나 심각해 있음' 등의 형태에서든 상관이 없다. 이러한 것들은 저 '전체에서'에 의해서 휩싸여-두루 지배되고 있음의 방식들인데, 이러한 방식들은 일체의 모든 입장취함 이전에 그리고 일체의 모든 입각점들 이전에 놓여 있는 것들이며, 주관적 반성과 심리학적 경험으로부터는 독립되어 있는 것들이다.

이로써 우선은 다음과 같은 사실이 암시된 셈이다. 즉 이러한 '전체에서'는 존재자의 한 특별한 구역이나, 심지어 존재자의 한 특별한 양식에 맞추어 제단되는 것이 아니다. 오히려 이와는 거꾸로 이러한 '전체에서', 즉 세계는 바로 존재자의 여러 상이한 존재연관들 내에서의 다양한 존재자─타인들, 동물들, 식물들, 물질적 사물들, 예술작품들, 다시 말해 우리가 존재자로서 만날 수 있는 모든 것─의 개방되어 있음을 허용한다. 그러나 만일 우리가 이 다양한 것을 눈앞에 있는 순전한 오색 잡동사니로서 여긴다면, 그 다양한 것은 단적으로 또는 전혀 개념파악되지 않는 셈이다. 만일 우리가 동물의 왕국의 특별한 구역만을 상기한다면, 이미 그곳에서 우리는 동물의 포위망들 간의 독특한 맞물리기와 얽혀 있기를 알아본 셈이다. 이때 동물의 포위망들은 독특한 방식으로 인간의 세계 안으로 구성되어 들어와 있다. 형식적으로 그리 언급된 존재자의 다양성은 그 자체로서 개방되기 위해서는 매우 특정한 조건들을 필요로 한다—그렇다고 해서 마치 존재의 여러 상이한 양식들이 흡사 진공 속에 서로 옆에 가지런히 세워져 있기라도 하듯이 존재의 그와 같은 양식들의 구별 가능성에만 해당하는 조건들이 필요한 것은 결코 아니다. 구별들의 '서로의 속으로(Ineinander)' 자체와 그리고 이 '서로의 속으로'가 우리를 안절부절못하게 하고 부담을 주는 양식이란 곧 이러한 성함으로서 원초법칙성이다. 이 원초법칙성에서부터 비로소 처음으로 우리는 우리에게 마주 서 있거나, 심지어 이론적으로 학문적 객체로까지 되는 그런 존재자의 특수한 존재구성틀을 개념파악한다. 하나의 구체적인 보기를 들어보면 다음과 같다. **칸트**가 『순수 이성 비판』에서 눈앞의 존재자라는 의미에서의 자연의 내적 가능성에 대해 물음을 던질 때, 이러한 전체적 물음제기에서—이 물음제기가 그 이전의 것에 비해서 아무리 철저한 것이라 하더라도— 본질적이고 중심적인 어떤 것, 즉 다음과 같은 것이 개념파악되고 있지 않다. 즉 여기에서 말이 되는 이러한 물질적 존재자는 '세계 없음[무세계성]'이라는 성격을 띤다는 점 말이다. 그것이 아무리 부정적인 규정이라고 해도, 이 부정적 규정은 자연의 본질에 대한 형이상학적 규정을 의도하는 만큼 긍정적인 어떤 것이다. 『순수 이성 비판』에서 칸트의 물음이 띠는 문제틀은 오직 우리가 다음의 사실을 개념파악하고 있을 때에만 형이상학적 지반 위로 데려와질 수가 있다. 즉 이른바 존재의 영역들은 서로 옆에 나란히 또는 서로 위 또는 아래로 나란히 포개어져 있는 것이 아니다. 오히려 **세계의 한 성함 내부에서만** 그리고 **세계의 한 성함에서부터만** 존재의 영역들은 그것들이 무엇인 바로 그것으로 존재한다.

우리를 지속적으로 감싸 안는, 그리고 그 어떤 범신론하고도 아무런 관련이 없는 이러한 '전체에서'는, 존재자의 개방되어 있음의 **무차별**을 함께 데리고 오는 그것임에 또한 틀림이 없는데, 우리는 보통 이러한 무차별 속에서 움직인다. 하지만 다른 존재자와는 대비되는 하나의 존재자가 그때마다 띠고 있는 존재양식이 우리가 보기에 우선은 아무리 무차별하게 보일지 모르겠지만(인간, 과정), 특히 개념적인 견지에서 볼 적에 그럴지 모르겠지만, 존재자에 대해서 우리가 현사실적으로 맺는 행동관계는 분명 그때그때에 따라 다르며, 그래서 차별적이다. 앎과 이해함의 독특한 무차별에는 행동관계의 아주 확실한 하나의 차별, 즉 해당 존재자에 관여되어 있음이라는 아주 확실한 하나의 차별이 상응한다. 그러나 존재자에 대한 다양하고 차별적인 행동관계는 그럼에도 불구하고 무차별이라는 배경에 머무르는데, 이 무차별이라는 말은 다음과 같은 사실을 말해준다. 즉 이렇게든 저렇게든 개방되어 있는 모든 것은 다 어쨌든 **존재하는 것**[존재자]이다. 거기에 존재하는 바로 그것과 이렇게 또는 저렇게 존재하는 바로 그것 모두가 다 그와 같은 존재하는 것이다. 존재하는 것임(Seiendes zu sein)—거기에서 개개의 모든 존재자가 저마다 다른 존재자와 일치에 이르는데, 바로 그 점이 곧 우리가 존재자에 관해서 말할 수 있는 가장 무차별한 것이고 가장 관행적인 것이고 가장 보편적인 것이다. 여기에는 더 이상 어떠한 차별도 있지 않다. 개개의 모든 존재자가 이러저러하게 존재한다는 사실 그리고 개개의 모든 존재자가 각기 그때마다 어떠하게 존재하는지, 그리고 개개의 모든 존재자가 과연 존재하는지 아니면 존재하지 않는지, 존재하고 있어야 하는지 아니면 존재하고 있지 않아야 하는지—그 점이 우리에게 와닿는 사항인데, 단지 우리 자신이 아닌 그런 존재자와 관련해서만 그런 것이 아니라 우리 자신인 그런 존재자의 견지에서 볼 직에도 그렇다. 그러나 개개의 모든 존재자가 다 존재하는 것이라는 사실은 너무나 내용이 없고 의문의 여지가 없다. 전적으로 확실히 그렇다—그와 같은 사실은 우리에게, 즉 일상적으로 분수하게 돌아다니는 우리에게는 아무것도 말하는 것이 없으며, 그리고 더더군다나 그것이 우리에게는 진지한 문제일 수가 없다. 그러한 사실에 대해서 우리는 아직 다음과 같이 더 물음을 던져보아야 한다. 즉 존재하는 것은 이렇게 또는 다르게 존재하는지, 아니면 그것은 도대체 존재하지 않는지 하고 말이다. 그러나 어쨌든 우리는 존재하는 모든 것 곁에서 존재자의 **존재**에 신경을 쓰며 존재자의 존재에 대해서 끊임없이 결정을 내린다. 도대체 왜 그러는가? 우리는 단순히 존재자에만 매달릴 수는 없는가? 즉 우리에게 와닿아 우리를 안절부절못하게 하거나 아니면 우리를 기쁘게 하거나 아니면 우리에게서부터 막바로 떨어져나가는 이런 또는 저런 존재자에만 매달릴 수는 없는가? 존재자의 **존재**—그것을 우리는 공허하고 허황된 사변이나 일삼는 철학자들에게 떠넘겨버릴 수 있다.

우리가 존재 없이도 일을 꾸려나갈 수만 있다면! 그러한 일은 분명 틀림없이 가능하다. 그 점에 대한 미혹 없는 증거가 곧 우리가 여태껏 나름대로 살펴보아온 역사이다—우리가 철학에 관여하여 존재자의 존재에 관해서, 비록 그 자리에서 어떤 것을 개념파악함이 없이, 어떤 것을 겨우 들어보기만 했을 뿐인 그런 시점에 이르기까지의 역사 말이다. 이전에만 하더라도 우리는 존재를 필요로 함이 없이 존재자를 잘 알고 있었고 존재자를 추구하고 있었고 존재자에 열중하고 있었고 존재자를 떠받들고 있었으며 그리고 어쩌면 존재자 때문에 괴로워하고 있었는지도 모른다. 정말 그랬다. 관건이 되는 존재자 자체가 이전에만 하더라도 우리에게는 직접적으로 접근될 수가 있었으니, 성가신 반성이 긴급히 끼어들지 않고서도 그랬다. 우리는 존재자의 존재 따위로부터는 벗어나 오직 존재자에만 매달릴 수 있다.

우리가 순간순간마다 존재자의 존재에 대한 철학적 물음에 신경을 쓰지 않고 서도 존재자와 행동관계를 맺을 수 있다는 점에는 이론의 여지가 없다. 그러나 거기에서부터 다음과 같은 결론이 나오는가? 즉 우리는 존재자의 존재에 관해서는 전혀 들어본 적이 없다가 철학하면서야 비로소 그것에 관해서 듣게 된다고 말이다. 아니면 우리는 거기에서부터 거꾸로 이렇게 추론해보아야 하는 것은 아닌가? 즉 만일 존재자의 존재에 대한 철학적 물음이 가능하다면, 아니 어쩌면 필연적이기까지 하다면, 그 경우 철학이 묻고 있는 바로 그것은 철학이 **고안해낼** 수 있는 것이 아니라고 말이다. 임의적인 것에 속하지 않고 오히려 본질적인 것에 속해 있는, 아니 심지어 일체의 모든 본질적인 것의 본질성에 속해 있는 바로 그것을 철학은 어떻게든 **앞서 발견해야** 하며, 그것을 심지어 그 자체로서 앞서 발견해야 한다. 그러나 만일 일차적으로 하나의 본질적 **발견물**(Fund)인 바로 그와 같은 것, 그러니까 인간으로서의 인간이 알지도 못한 채 각기 그때마다 이미 이룩해놓은 그런 본질적 발견물인 바로 그와 같은 것에 대한 온갖 물음 속에서만 철학이 있고 그와 같은 것에 만족해야만 한다면, 그 경우 사정은 다음과 같지 않은가? 즉 존재자의 **존재**는 일체의 모든 철학에 앞서 그리고 일체의 모든 철학 바깥에서 **이미 발견되어 있는데**, 물론 하나의 발견물로서 그것은 너무나 진부하고 그것의 최초성에서 보자면 선사시대로까지 너무 멀리 소급되어 있어서 우리는 그것에 주의를 기울이지 않는다고 말이다. 우리는 철학을 통해서 비로소 존재자의 존재에 관해서 듣는가? 아니면 우리는 그것과 우리가 행동관계를 맺고 있고 그것에 우리 자신이 속해 있는 그런 존재자의 존재를 이미 발견한 적이 있는가? 우리는 이미 오래 전부터 언제나 이러한 발견물에 **만족하지 않는가**? 그래서 우리가 그 발견물에 비로소 주의를 기울이기는커녕 오히려 우리는 존재자와 행동관계를 맺는 일체의 모든 자리에서 존재자의 존재를 근본적으로는 **건성으로 들어넘기고**, 건성으로 들어넘기는 나머지 우리는 우리가 바로 존재자에 매달려 있고 존재 따위는 없이 지낼 수 있다는, 어쩌면 유별난지도 모르는 그리고 심지어 불가능하기까지 한 그런 견해에 **빠져들고** 있지는 않은가? 물론 그렇다—여러 상이한 존재자에 대한 무차별적 행동관계 안에서 비록 통속적 지성이 제자리를 발견하고 잘 지내고 있기는 하지만 그렇다고 해서 여러 상이한 존재자에 대한 그러한 무차별한 행동관계 속에 통속적 지성의 **가장 깊은 무차별과 무관심**이 놓여 있는 것은 아니다. 오히려 통속적 지성의 무관심은, 이 통속적 지성이 존재자의 **존재** 따위는 건성으로 들어넘기고 오직 존재자만을 알 수 있다는 바로 거기에 자신의 끔찍한 위력을 가진다. 바로 이것이 곧 통속적 지성이 취하는 행태의 시작이며 끝이다. 달리 말해서, 일체의 모든 **구별지음**과 일체의 모든 **구별지어 있음**을 그 끄트머리에서 그리고 그 바탕에서 가능하게 해주는 바로 그 구별이 통속적 지성에게는 닫힌 채 남아 있다. 만일 지성의 본질이 바로 '구별지음' 속에 존립하는 것이라면(지성의 본질은 예로부터 '구별지음'에서—'크리네인[κρίνειν, 가름]'에서—보였다), 그 경우 지성은 그 자신의 위대함 속에서도 오직 그 구별을 바탕으로 해서만 지성인 바로 그것으로 존재하는 셈인데, 정작 지성은 그 구별이 없이도 지낼 수 있다고 믿고 있는 것이다.

'**존재자의 존재**', 그것은 어떠한 **구별**인가? 존재와 존재자[의 구별이다]. 그 구별은 모호하며 그것을 마치 하양과 깜장, 집과 정원의 구별처럼 그렇게 간단히 수행할 수는 없다고 우리는 차분하게 자백해보기로 한다. 왜 하양과 깜장, 집과 정원의 경우에는 구별이 간단히 수행될 수 있는가? 왜냐하면 여기의 구별은 존재자와 존재자 사이의 구별이기 때문이다. 이렇게 존재자와 존재자 사이의 구별이 수행될 수 있는 경우는—아주 형식적으로 그리고 일반적으로—그 구별이 똑같은 구역 내에서 움직이고 있을 때이기도 하고, 그 구별이 예컨대 오토바이와 삼각형, 신과 '다섯'이라는 수 사이에서처럼 서로 다른 종류의 구역 내에서 움직이고 있을 때이기도 하다. 비록 이 구별들을 낱낱이 규정하기가 어렵기는 하지만, 그래도 개개의 모든 그와 같은 규정을 위한 직접적인 단초는 그 자체로부터 주어져 있는 셈이다—우리가 끊임없이 만나는 그와 같은 존재자의 방향에서는 물론이거니와, 그와 같은 존재자를 우리가 특별히 파악하고 있지 않을 때에도 그리고 심지어 우리가 그와 같은 존재자를 비교구별하는 고찰 아래에 가져다둘 때에조차도 그러하다.

그러나 존재자와 존재의 구별인 경우에는 사정이 어떠한가? 여기 이 경우에서는 구별의 **양식**을 규정하는 데에 비로소 어려움이 놓여 있는 것이 아니다. 오히려 우리가 장을, 즉 구별짓기를 위한 **차원**을 획득하려고 하는 것만으로도 이미 불확실함과 당황스러움이 시작된다. 왜냐하면 구별짓기를 위한 이러한 차원은 존재자 속에 놓여 있지 않기 때문이다. 존재는 정말이지 여러 다른 존재자 가운데 하나의 존재자가 아니다. 오히려 그것 사이로 이전에 구별이 잡혀졌던 그런 모든 것, 즉 일체의 모든 영역과 해당 영역들이 이제 존재자의 측 위로 떨어진다. 그리고 존재는? 우리는 그것을 어디에 가져다놓아야 할지 모른다. 그리고 더 나아가, [존재자와 존재] 이 둘이 근본적으로 서로 상이한 경우에, 그 **구별 속에서는** 그래도 아직 이 둘이 서**로서로 관련되어** 있다. 즉 이 둘 사이에는 '그리고'라는 다리가 놓여 있다. 그러니 그 구별은 전체가 그 본질에서 **완전히 어두운 구별**이다. 만일 우리가 이러한 어두움을 버텨내기만 한다면, 우리는 문제점에 민감해질 것이며 그리하여 이러한 구별이 그 자체 속에 숨기고 있는 중심적인 문제를 전개할 수 있는 입지에 오게 될 것이고 그렇게 해서 우리는 **세계문제**를 개념파악하게 될 것이다.

'존재와 존재자의 구별' 또는 간략히 말해서 '존재자의 존재' — 존재자는 [그것이 그것이듯이] 그러하게 존재하는데, 존재는 그것이 그것이듯이 그렇게 존재하지 않는다. 우리는 이러한 구별이 가지는 문제점을 여러 상이한 방향들에 따라 다음 아래의 아홉 가지 사항들로 확정하려고 시도해봄으로써 거기에서 하나의 발판을 가져보도록 한다. 우리가 그렇게 하는 것은 그렇게 얻은 발판에서 문제를 풀기 위해서라기보다는, 오히려 이러한 수수께끼를, 즉 일체의 모든 지명한 것 가운데 가장 자명한 이것을, 우리에게 끊임없이 좀더 가까이 데려올 기회를 가지기 위해서이다.

1. 존재와 존재자의 이러한 구별을 끊임없이 사용하는 바로 그 자리에서, 특히 '이다'를 말하는 개개의 모든 자리에서, 그러나 그에 앞서 존재자와 행동관계를 맺는 모든 자리에서(무엇임, 그리 있음, 사실임), 정작 우리는 존재와 존재자의 이러한 구별을 끊임없이 **건성으로 들어넘기고** 있다.

2. 거기에서 우리가 어떤 지식을, 즉 하나의 어떤 규칙, 하나의 어떤 문장 등을 적용한다는 사실을 앎이 없이, 그리고 확인해볼 길이 없이 우리는 존재와 존재자의 이러한 구별을 **끊임없이** 사용하고 있다.

3. 그 구별은—그 구별의 내용, 즉 이 구별 속에 구별되어 있는 것 그 자체를 도외시하고서라도—이미 구별 가능성의 **차원**에 따라서 볼 적에 어둡다. 존재자와 함께 존재를 하나의 비교 수준에 세울 능력이 우리에게는 없다. 여기에서부터 다음과 같은 사실이 암시된다. 즉 이러한 구별은 일종의 알 수 있는 것이라는 의미로 표상되거나 지식으로 취해질 수 있는 것이 결코 아니다.

4. 그래서 만약 우리가 이 구별을 대상적인 구별로서 우리 앞에 놓지 않는다면, 그 경우 이미 항상 우리는 **일어나고 있는** 구별 속에서 움직이는 셈이다. 우리가 그 구별을 수행하고 있는 것이 아니라, 오히려 그 **구별**이 우리와 **더불어** 우리 현존재의 근본적인 일어남으로서 일어나고 있다.

5. 그 구별은 우리와 더불어 임의대로 그리고 이따금 일어나는 것이 아니라, 오히려 **밑바탕**에서부터 지속적으로 일어나고 있다.

6. 만약 이러한 구별이 일어나지 않는다고 한다면, 그 경우 우리는 도대체—그 구별 따위는 잊어버린 채— 우선 대개 그저 존재자에만 매달려 있을 수조차 없을 것이다. 왜냐하면 존재자가 각기 그때마다 그것 자체에서, 즉 그것인 바로 그 존재자로서, **무엇인지** 그리고 **어떠하게 존재하는지** 하는 것을 곧바로 경험하기 위해서는 우리는, 비록 개념적으로는 아니더라도, 존재자의 '무엇-임'과 '사실-임'과 같은 것을 이미 이해하고 있어야 하기 때문이다.

7. 그 구별은 단지 끊임없이 일어나고 있지만은 않은데, 만약 우리가 존재자를 그것의 '그러하게-그리고-저러하게-있음'에서 경험하기를 바라고 있다면, 그 구별은 이미 일어나 있어야만 한다. 우리는 존재자에서부터 추후적으로 나중에 존재에 대해서 어떤 것을 경험하는 것이 결코 아니다. 오

히려 존재하는 것은— 우리가 어디에서 그리고 어떻게 그 존재하는 것 쪽으로 나아가고 있든지 간에—이미 존재의 빛 안에 서 있다. 그 구별은 그러니까 형이상학적으로는 현존재[거기에 존재하고 있음] 자체의 시원에 [이미] 성립하고 있는 셈이다.

8. 존재와 존재자의 이러한 구별은 이미 항상 다음과 같은 식으로 일어난다. 즉 '존재'가 비록 무차별적으로이기는 하지만, 그래도 어느 때이건 하나의 **비명시적인 나눔** 속에서, 즉 적어도 '**무엇임**'과 '**사실임**'에 따라서 이해된다는 식으로 말이다. 그래서 인간은 언제나 '그것은 무엇인가?' 그리고 '그것은 도대체 존재하고 있는가 아니면 존재하고 있지 않은가?'라는 물음을 던질 가능성 안에 서 있는 셈이다. '무엇임'과 '사실임'이라는 바로 이러한 겹침이 어찌해서 존재의 근원적인 본질에 속하는가 하는 물음은 이 존재라는 칭호 아래에 포함된 가장 깊은 문제들 가운데 하나이다. 물론 그것은 지금까지 도대체 문제로는 있어본 적이 없고 오히려 일종의 자명성으로 있어온 하나의 문제이다. 여러분이 그것을 예컨대 전승된 형이상학과 존재론 내에서 보듯이, 사람들은 그러한 자명성에 따라서 '에센치아(essentia)'와 '엑시스텐치아(existentia)' 사이를, 즉 '무엇임'과 '사실임' 사이를 구분한다. 사람들은 이러한 구분을 마치 낮과 밤의 구분만큼이나 아주 자명하게 사용하고 있다.

9. 이상에서 언급한 그 모든 여덟 가지 계기들에서부터 우리는 존재와 존재자의 구별의 **유일한 양식성**과 동시에 이 구별의 **보편성**을 끄집어내보이고 있다. 이제 우리가 살펴보아야 할 점은 다음과 같다. 즉 이러한 구별이 압박하는 본질적인 문제들은 어떠한 문제들이며, 존재자의 존재의 드러남이 앞에서 언급한 근본적 일어남과 연관되어 있는 한 어떻게 이러한 구별이 세계의 한 본질계기이며, 그것도 그것에서부터 세계문제가 도대체 개념파악될 수 있는 그런 중심적 본질계기인가?

존재와 존재자 사이의 이러한 구별에서 그 수수께끼 같음을 제거하지 않고서도 우리는 이렇듯 예상과는 반대로 이미 이 구별에 대해서 꽤 두드러지고 다양한 점들을 말해보았다. 앞에서 말한 그 모든 점과 함께 우리의 발걸음은 이미 이제까지의 철학적 문제틀을 훨씬 넘어선 데에까지 나아간 셈인데, 물론 이미 우리가 이러한 구별 그 자체를 특별히 문제로 추어올림으로써 그렇게 된 것이다. 그로써 하나의 넓은 문제의 장이 열려 보여진다. 존재자의 존재에 대한 우리의 물음은, 개별 과학들 안에서 각기 나름의 고유한 내용에 따라 조회 가능해지는 그런 그때그때의 존재자에 바로 들어맞지 않는다. 그리고 그 밖에도 이러한 주제설정은 사람들이 보통 범주론이라고 부르는 바로 그것의 테두리를 넘어서는데, 그것이 전승된 의미에서의 범주론이건 존재자의 영역들에 관한 체계학이라는 의미에서의 범주론이건 상관이 없다. 왜냐하면 앞에서 건드린 그 주제틀은 다름 아닌 바로 이른바 존재에 대한, 즉 '무엇임', '그리 있음', '사실임', '참임' 등에 대한 일반적인 물음 속에 중심을 두기 때문이다. 그러니 그러한 주제틀은 가능한 논의를 위한 하나의 **새로운 기반**을 찾지 않으면 안 된다(강의록 『현상학의 근본문제들』[1927년]* 참조). 그러나 그럼에도 불구하고 우리는 이렇게 문제를 설명해들어가는 가운데 다시 또 하나의 암초에 부딪혔다. 우리는 우리가 도달한 문제의 입지에 만족해버리려는 유혹을 받는다. 다시 말해 그 문제를 이제부터 객관적으로 토론될 수 있는 하나의 물음에로 늘려 펴서, 그럼으로써 그 문제를 되짚어 형이상학의 역사 안에서 지금까지 다루어온 문제들과 긴밀히 연관을 지으려는 유혹을 받는다. 이 모든 것은 우리가 존재와 존재자의 구별의 문제에 하나의 주제적인 명칭을 부여한다는 사실에서 표현된다. 즉 우리는 그 문제를 '**존재론적 차이**(ontologische Differenz)'의 문제라고 이름한다. 여기에서 '차이'라는 말이 무엇을 말하는지는 뻔하다. 그것은 존재와 존재자의 구별을 말해준다. 그런데 거기에서 '존재론적(ontologisch)'이라는 말은 무엇을 일컫는가? 무엇보다도 먼저 '존재론적'이라고 불리는 그것은 곧 로고스에 속해 있는 바로 그것, 즉 로고스에 바로 들어맞거나 로고스에서부터 규정되는 바로 그것이다. 로고스에서부터 '온(ὄv, 존재자)'이 눈여겨보아지는 한, 존재론적인 것은 '온'에 바로 들어맞는다. 로고스에서 우리는 존재자에 대한 하나의 표명을 가진다. 그러나 개개의 모든 발언과 생각이 다 존재론적이지는 않고, 오히려 오직 존재자 그 자체에 대해서, 그것도 존재자를 '존재하는' 존재자로 만들어주는 바로 그것의 견지에서, 입장을 표명하는 그런 발언과 생각만이 존재론적이다—그리고 존재자를 존재하는 존재자로 만들어주는 바로 그것을 우리는 바로 존재자의 존재라고 부른다. '존재론적'이란 존재자의 존재와 상관이 있는 바로 그것이다. 존재론적 차이란 곧 존재자의 존재와 상관이 있는 구별이며, 더 정확하게는 그 속에서 일체의 모든 존재론적인 것이 움직이고 그것을 이 일체의 모든 존재론적인 것이 이를테면 그 나름의 고유한 가능성으로 전제하는 구별이며, 그 속에서 존재와 존재자가 구별되고 존재가 존재자를 동시에 이 존재자의 존재구성틀 내에서 규정하는 구별이다. 존재론적 차이란 바로 존재론적인 것과 같은 것을 지탱하고 이끄는 차이이다. 그래서 그것은 존재론적인 것 내부에서 이행될 수 있고 이행될 수밖에 없는 그런 하나의 특정한 구별은 아니다.

이렇게 명칭을 부여해보고 사태의 성격을 규정해봄으로써 존재와 존재자의 구별의 문제가 이미 **존재론**의 테두리 안으로 밀어넣어졌다고 볼 수 있다. 다시 말해서 존재와 존재자의 구별의 문제는 물음의 한 방향 안에 그리고 하나의 논의 안에 특정한 의도들과 함께 그리고 다른 무엇보다도 한계와 함께, 즉 문제틀의 폭의 한계뿐만이 아니라 다른 무엇보다도 우선 근원성의 한계와 함께 배치되고 있는 셈이다. 더군다나 우리는 어느 정도 정당하게 다음과 같이 말해도 될 것이다. 즉 존재론적 차이라는 이러한 문제와 이 문제에 대한 정리작업과 함께 바로 세계문제와 연관하여 비로소 존재론이 그 명확한 문제틀에 이르고 있다고 말이다. 그러나 다른 한편 우리는 다음과 같은 점을 생각해야 한다. 즉 일종의 존재론과 같은 것이 반드시 있어야 한다거나 하나의 존재론 안에 철학의 문제틀이 뿌리내리고 있다고는 아무 데에도 적혀 있지 않다. 날카롭게 보자면, 이미 그리고 아직 **아리스토텔레스**에게서는, 즉 구별이 돌출하는 그 자리— 온 헤 온(ὂν ᾗ ὂν)—에서는 모든 것이 다 진행 가운데에 있고 규정되지 않은 것 가운데에 있고 모든 것이 다 열린 채로 있다. 그래서 과연 후손들이 도대체 이미 일찍이 고대 형이상학의 본래적인 취지에 가까이 와 있는지, 그리고 우리가 그러한 취지 따위는 더 이상 추정하지 않은 곳에서마저도 학교 전통이 그 모든 것을 차곡차곡 쌓아두고 있지는 않은지 하는 점 등이 도대체 분명하지 않으며 나에게는 어쨌든 점점 더 의문스러워지고 있다. 존재와 존재자의 구별의 문제를 우리가 존재론의 재량에 맡겨버려서 그것에 '존재론'이라는 명칭을 부여함으로써, 어쩌면 존재와 존재자의 구별의 문제가 너무나 일찍이 문제의 문제틀에서 저지당하고 있는지도 모른다. 결국 우리는 거꾸로 이 문제를 **한층 더 철저히 전개시켜보아야 한다.** 우리가 **일체의 모든 존재론을 이미 이 이념에 비추어 불충분한 형이상학적 문제틀로서 퇴짜 놓을 수밖에 없을** 지경에 이를 위험에로까지 우리는 그 문제를 전개시켜보아야 한다. 그런데 그럴 경우에 우리는 존재론의 자리에 무엇을 대신 가져다 놓아야 하는가? 혹시 칸트의 초월론적 철학을 가져다 놓아야 하는가? 여기에서는 단지 명칭만이 달라져 있을 뿐이며 요구들, 존재론 자체, 즉 이념은 확정되어 있다. 초월론적 철학 또한 무너질 수밖에 없다. 그러면 존재론의 자리에 무엇이 대신 들어서야 하는가? 그것은 하나의 성급한 그리고 무엇보다도 우선 피상적인 물음이다. 왜냐하면 문제를 끝까지 다 전개해나아가다 보면, 우리가 존재론을 다른 어떤 것으로 대체하고 싶어하는 바로 그 자리가 마침내 소멸해버리기 때문이다. 결국 우리는 이제 비로소 트인 곳에 아주 완전히 이르러 인위적인 분과들의 테두리들과 경계들의 울짱에서부터 밖으로 나오고 있는 셈이다. 존재론과 존재론의 이념 또한 무너질 수밖에 없다. 바로 그 까닭은 그러한 이념의 뿌리까지 파내려가보는 것이 형이상학의 근본문제틀을 전개해나아가는 데에서의 하나의 필수적인 단계였기 때문이다.

그러나—사람들은 이렇게 이의를 제기하고 싶어할 것이다—존재론은 존재와 존재자의 구별의 장 안에서 움직이는데, 그것은 존재자의 존재구성틀을 밝히 드러내보이기 위한 의도에서 그런 것이 아닌가. 여러 극단주의의 입장 속으로 조급히 뛰어듦이 없이 존재구성틀을 밝히 드러내보이는 일을 두루 수행해내고 이때 규명된 지평들을 이용하는 일은 분명 깊이 숙고한 과제가 아닌가? 따라서 사람들은 처음에는 일단 이제 가능해진 기반 위에서 하나의 존재론을 현실적으로 수행해내는 일을 옹호하고 싶어할 것이다. 그럴 경우 뿌리까지 파내려가는 일은 뒷전에 남게 된다.

우리는 그 속에서 일체의 모든 존재론이 움직이고 있는 구별, 즉 존재와 존재자의 구별로서의 존재론적 차이에 관해서 이야기하고 있다. 우리는 이러한 구별점으로 시선을 던지는 가운데 한층 더 멀리 나아가 다음과 같은 두 물음을 구별할 수 있다. 존재자가 존재하고 있는 그대로 그렇게 **존재자 자체에서** 존재자에로 나아가는 물음—'온 호스 온(ὂν ὡς ὄν)', 즉 존재자가 각기 그 자체에서 존재하고 있는 그대로 그렇게 방향 맞추어진 존재자의 개방되어 있음, 즉 '온(ὄν)'의 개방되어 있음, 즉 **존재적 진리(die ontische Wahrheit)**. 이와 대비해서 존재자 그 자체에로 나아가는 물음, 다시 말하면 존재자의 **존재**를 이루고 있는 바로 그것을, 즉 '온 헤 온'을, 관점으로 삼아 물어나아가는 물음, 즉 **존재론적 진리(die ontologische Wahrheit)**. 전자의 물음에 비해서 후자의 물음이 대비되는 까닭은, 후자의 물음이 유달리 존재와 존재자의 구별을 사용하고 있는 데에다가 그것이 존재자를 고려에 넣고 있는 것이 아니라 오히려 존재를 고려에 넣고 있기 때문이다. 그러나 그럼에도 불구하고—이러한 **구별 자체**는 어찌 된 일인가? 이 구별은 존재론적 인식을 위한 문제인가? 아니면 존재적 인식을 위한 문제인가? 아니면 그 두 인식 모두가 이미 그러한 구별 위에 근거하고 있어서 그 구별은 저 두 인식 가운데 그 어느 인식을 위한 문제도 아닌가? 존재적인 것과 존재론적인 것—존재적 진리와 존재론적 진리— 을 그 자체 안에서 명확하게 구별지음으로써 우리는 하나의 차이가 띠는 차별적인 것을 가지기는 했지만, 정작 이 차이 자체를 가지지는 못한다. 이러한 차이에 대한 물음은 다음과 같은 것이 성과로서 얻어질 때 더욱 뜨겁게 타오를 것이다. 즉 이러한 구별은 앞에 구별되어 놓여 있는 것들이 구분되고 나서 추후에 생겨나오는 것이 아니라, 오히려 그것은 각기 그때마다 현존재 그 자체가 그 안에서 움직이고 있는 그러한 근본적 일어남에 속한다.

제76절 세 겹으로 성격규정된 세계 형성의 근본적 일어남의 원초구조로서의 기획투사. 성하도록 해주는 세계 기획투사에서 세계가 전체에서 존재자의 존재로서 성함

결국 우리가 그 전체적인 수수께끼 같음에 따라서 아홉 가지 사항으로 면밀하게 검토해본 존재와 존재자의 그러한 구별은 대체 그저 잠정적으로만 제시된 셈이다. 우리가 '관련'처럼 일체의 모든 것과 개개의 모든 것에 다 들어맞고 그러기 때문에 우선은 아무런 해도 입히지 않고, 아무것도 써놓는 것이 없는 그야말로 그저 형식적인 칭호에 지나지 않는 그런 '구별'과 '차이'에 관해서 우리가 말하고 있다면 말이다. 우선은 아무런 해도 입히지 않는다—우리는 의도적으로 그렇게 말하는 것이다. 왜냐하면 형식적 분석에 대한 예전의 논의들('로서'와 '관련' 등에 대해 앞에서 행한 논의들 참조)에서부터 우리는 다음과 같은 사실을 알고 있기 때문이다. 즉 예전에 언급한 관련 등이 띠고 있는 이러한 무규정성이 통속적 지성에 의해서는 눈앞의 것 속의 한 눈앞의 연관으로서 간주된다. 지금 여기 이 자리에서도 사정은 예전과 마찬가지이니, '존재론적 차이'가 바로 눈앞에 있다. 그러나 이것은 벌써 불가능한 것으로서 입증되었다. 이러한 구별은 결코 눈앞에 있는 것이 아니며, 오히려 그 구별이 의미하는 바로 그것은 **일어나고 있는 것**임을 우리는 살펴보았다. 그러나 이와 동시에 물음의 태도를 변경해야 할 필연성이 새로이 내보여졌으니, 이 필연성은 우리로 하여금 근본적 일어남 속 안으로 들어갈 것을 요구한다. 이 근본적 일어남을 우리는 로고스의 근원차원에로 소급해 가봄으로써 우리에게 가까이 데려왔다. 이 근본적 일어남은 그 자체 로고스와 일차적으로 유일하게 관련되어 있는 것이 아니다. 오직 그 가능성에 따라서만 볼 적에 로고스는 근본적 일어남 안에 근거한다. 용어적으로 그리고 주제적으로 각인된 것 속으로 그 구별을 치워두면서 우리는 구별이 그 안에서 일어나고 있는 **이러한 구별지음의 일어남** 안으로 우리 자신을 옮겨놓는 **본질적인 발걸음**을 감행하기로 한다. 다르게 바꾸어 말하면 우리는 **근본적 일어남**의 원초구조에 대해서 물음을 던져보기로 한다. 근본적 일어남이 우리에게 친숙해지게 된 것은 저 세 겹, 즉 '구속적인 것에 자기 자신을 맞댐', '아우름', '존재자의 존재의 드러남'을 통해서였다. 그러나 우리는 이러한 세 겹을 눈앞의 속성들로서 지식으로 취해서는 안 된다. 오히려 그것은 현-존재[거기에-존재함] 안으로 근원적으로 통일적으로 옮겨 앉혀져 있음을 위한 지침들이다.

하나의 그와 같은 옮겨 앉혀지게 됨을 우리는 시도해보기로 하겠는데, 그것도 이러한 근본적 일어남의 원초구조에 부딪쳐보려는 의도에서, 즉 그 근본적 일어남의 근원적인 통일성을 비록 단순성은 아니더라도 개념파악해 보려는 의도에서 그렇다. 맨 처음에 거명한 것, 즉 '**구속적인 것에 자기 자신을 맞댐**'이 우리에게는 아마도 가장 호감이 김 직하다. 우리가 존재자와 행동관계를 맺고 있고 존재자에 대한 이러한 행동관계 속에서— 추후적으로 별도로 그러는 것은 아닌데—우리가 강박 없이, 그러면서도 존재자에 우리 자신을 붙들어 매면서, 그러나 존재자에게서부터 우리 자신을 풀어놓기도 하고 존재자에 우리 자신을 잘못 맞추기도 하면서 존재자에 우리 자신을 맞추는 한, 우리의 행동관계는 이미 항상 구속력에 의해서 두루 지배되고 있는 셈이다. 우리는 존재자 쪽을 향하고 있는데, 이 경우에 그럼에도 불구하고 우리는 존재자에서 무엇이 붙들어 매는 것인지, 우리 측에서 볼 적에 그러한 구속력은 어디에 근거하는지를 결코 말할 수 없다. 왜냐하면 모든 '마주 서 있음'이 다 붙들어 매는 일을 자체 안에 반드시 포함하지는 않기 때문이다. 그리고 만약 '대'-상[마주-섬]과 객체에 관해서 말이 되고 있다면(주체-객체-관련, 의식되어 있음), 그 경우 대-상성[마주-설 수 있음]은 붙들어 맴의 유일한 그리고 일차적인 형식이 아니라는 점은 도외시하고서라도 결정적인 문제가 —도대체 제기되지 않은 것으로서— 앞서 취해지는 셈이기 때문이다. 그러나 설사 그렇다고 하더라도 일체의 모든 '무엇에 관련되어 있음', 존재자에 대한 일체의 모든 행동관계는 구속력에 의해서 두루 지배된다. 우리는 구속력을 대상성에서부터는 설명할 수 없고 오히려 거꾸로 구속력에서부터 대상성을 설명할 수 있다.

모든 행동관계 속에서 우리는 마찬가지로 저 구속력을 그때마다 각기 '전체에서부터-대응 행동함'에서부터 감지하는데, 비록 이 '전체에서부터-대응 행동함'이 너무나 일상적이고 너무나 제한되어 있더라도 그렇다. 어떤 발언의 알맞음과 그 확정에 대해서 논쟁이 벌어지거나, 어떤 결정의 적확성에 대해서, 어떤 행동의 본질성에 대해서 논쟁이 벌어지는 곳에서도 그리고 바로 거기에서 우리는 저 양자 —'구속적인 것에 자기 자신을-맞댐'과 '아우름'— 를 그 통일적인 성함 가운데에서 감지한다. 아무리 우리가 사실적으로 행동하려고, 즉 개별적인 것에서부터 이야기하려고 애쓰고 있더라도 그만큼 직접적으로 그리고 선행적으로 우리는 이미 저 '전체에서'를 말없이 끌어다 대는 가운데 움직이는 셈이다. 모든 행동관계는 구속력과 아우름에 의해서 두루 지배되고 있다.

그럼에도 불구하고 어떻게 우리는 이 양자를, 즉 '구속성에 대해서 자기 자신을 맞댐'과 근원적인 '아우름'을 그 통일성에서 파악할 수 있는가? 그런데 가장 어려운 문제는 이 두 계기들과 한데에 함께 속해 있어야 하는 저 '존재자의 존재의 드러나 있음'과 관련된 것이다. 분명 여기에서도 우리는 이를테면 다음과 같은 부분요소들을 간직하기는 한다. 즉 존재자―이것과 우리는 끊임없이 행동관계를 맺는다―와 그리고 존재―이것을 우리는 끊임없이 표명한다―가 그것이다. 그런데 존재자의 존재는? 이 구별을 하나로 묶어주는 끈이 여기에는 결여되어 있다. 또는 좀더 나은 말로 그 구별의 근원이 결여되어 있다. 그 구별에서는 그 유일성과 근원성에 따라 보건대 '구별지음'이 '구별지어지는 것들'보다 더 **이르며** 그리고 그 '구별지음'이 '구별지어지는 것들'을 비로소 발원하게 해준다.

우리는 이제 이렇게 물음을 던져보기로 한다. 즉 이러한 세 겹의 것이 그쪽으로 이끄는 바로 **그 근본적 일어남의 단일적인 성격**은 어떠한 것인가? 그렇게 세 겹으로 성격규정된 근본적 일어남의 원초구조를 우리는 '기획투사(Entwurf)'로서 개념파악해보기로 한다. 순전히 낱말 뜻에 따라서만 보자면, 우리는 그렇게 지칭된 것을 존재에 대한 일상적인 경험에서부터 다음과 같은 것으로서 익숙히 알고 있다. 즉 '인간의 행동관계를 앞서 붙잡으면서 규제한다는 의미에서 조치들과 계획들을 기획[투사]함'. 바로 이러한 관점에서 나는 그동안에 이러한 현상을 첫 번째로 해석하는 자리에서도 '기획투사'라는 낱말을 이러한 너비에서 취해왔으며, 자연적인 언어사용 속에서 잘 알려진 그 낱말을 특별한 전문용어로서 삼았다. 그러면서 동시에 나는 현존재 자체의 존재구성틀 내에서의 그 현상의 내적인 가능성에로 소급하여 물음을 던졌디. 그리고 이러한 가능하게 해주는 그것까지도 나는 기획투사라고 이름했다. 그러나 엄밀히 그리고 명확히 보자면 철학적-전문용어적으로는 대체로 오직 **근원적** 기획투사만이 그렇게 불려야 한다. 즉 일상적 행동관계 속에서 잘 알려진 모든 기획투사함을 근본에서부터 가능하게 해주는 그러한 일어남만이 기획투사라고 불려야 한다. 왜냐하면 우리가 '기획투사'라는 이 명칭을 바로 이러한 유일회적인 것을 위해서 보류하는 경우에만, 우리는 다음과 같은 사실이 띠는 유일한 양식성에 대해서 끊

제6장 '인간은 세계 형성⋯⋯세계문제를 주제적으로 설명해들어감 675

임없이 깨어 있을 것이기 때문이다. 즉 인간의 본질, 다시 말해서 인간 속의 현-존재[거기에-존재함]는 기획투사의 성격에 의해서 규정되어 있다는 사실이 그것이다. 앞에서 언급한 일어남의 원초구조로서의 기획투사는 세계형성의 근본구조이다. 이에 따라서 우리는 이제 용어적으로 더욱 엄밀하게 말하고 있을 뿐만 아니라, 또한 더욱 명확하고 더욱 뿌리 깊이 보인 문제를 내에서 다음과 같이 말하는 셈이기도 하다. 즉 기획투사란 곧 세계 기획투사이다. 기획투사함이라는 성격을 띤 하나의 '성하도록 해줌' 안에서, 그리고 그러한 '성하도록 해줌'에 대해서 세계가 성한다. 지금까지의 용어와 관련하여 볼 적에 기획투사는 오직 이러한 근원적인 일어남일 뿐, 더는 그때마다의 현사실적인 구체적 계획들, 숙고들, 이해들이 아니다. 그러기에 일종의 파생적 의미에서 기획투사함에 관해서 이야기한다는 것은 잘못된 일이다.

그렇다면— 우리는 다음과 같이 더욱 구체적으로 물음을 던져본다 —어느 정도로 기획투사가 곧 저 세 겹으로 성격규정된 근본적 일어남의 원초구조인가? '원초구조(Urstruktur)'라는 낱말 아래에서 우리는 저 세 겹의 것을 하나의 나뉜 통일성 안에서 근원적으로 합일시키고 있는 바로 그것을 이해하고 있다. '근원적인' 합일이라고 함은 이러한 나뉘어진 통일성을 그 자체 안에서 형성하고 지탱한다는 것을 일컫는다. 기획투사 속에서는 그 세 계기들이 동시에 발견되어야 할 뿐만 아니라, 그 안에서는 또한 그 세 계기들이 그것들의 통일성에 서로 함께 속하고 있어야 한다. 기획투사 자체는 이렇듯 그것의 근원적인 단일성에서 내보여져야 한다.

우리가 기획투사로써 의미하는 바로 그것을 즉각 그것의 전체적인 단일적 다양-형태성(Vielgestaltigkeit) 속에서 꿰뚫어보기란 어려운 일이다. 그러나 그럼에도 불구하고 즉각 우리가 뚜렷이 그리고 확실하게 경험하는 한 가지가 있는데 그것은 다음과 같다. 즉 '기획투사'라는 말로써 행동들의 순서가 의미되지 않으며, 개별 단계들로 조각조각 이어붙여져 있을 법한 과정도 의미되지 않고, 오히려 한 행동의 단일성, 그것도 원초적으로 고유한 양식을 띤 그런 한 행동의 단일성이 의미된다. 이러한 행동함과 일어남이 띠고 있는 그 나름의 가장 고유한 것이 언어적으로는 '기획(떨쳐, ent)'이라는 말에서 표현되어나오는 바로 다음과 같은 점이다. 즉 기획투사함 속에서는 기획투사의 이러한 일어남이 기획투사하는 자를 특정한 방식으로 그로부터 빼내어-내쳐나른다(weg- und forttragen)는 것이다. 물론 기획투사의 일어남이 기획투사하는 자를 기획투사되는 곳 안으로 내쳐놓기야 하겠지만, 그렇다고 해서 기획투사하는 자를 기획투사되는 그곳에 이를테면 떼어놓아 그를 버려두는 것은 아니다. 오히려 정반대로 기획투사하는 자가 이렇게 기획투사에 의해서 빼내지게 되는 가운데 이 **기획투사하는** 자가 정작 **그 자신 쪽으로 돌아서는** 하나의 독특한 일이 일어난다. 그런데 왜 기획투사는 그와 같은 '**빼내는 돌아섬**(fortnehmende Zukehr)'인가? 왜 기획투사는 일종의 '어떤 것에로 빼내어져 들어 올려지게 됨'이 아니며, 심지어 '얼빠진 채 압도되어 있음'이라는 의미에서의 '어떤 것에로 빼내어져 들어 올려지게 됨'이 아니라는 말인가? 왜 기획투사는 일종의 반성(Reflexion)이라는 의미에서의 돌아섬도 아닌가? 그 까닭은 기획투사함이라는 이러한 '빼냄'은 '**가능적인 것에로 끌어올림**(Entheben in das Mögliche)'이라는 성격을, 그것도—잘 유의해서 보자면—'가능적인 것을 가능하게 해주는 그런 가능적인 것 안에서의 가능적인 것에로, 즉 하나의 가능적인 현실적인 것에로 끌어올림'이라는 성격을 띠기 때문이다. 기획투사가 기획투사하는 자를 그리로 끌어올리는 바로 그쪽—가능하게 해주는 가능적인 것 쪽— 은 [기획투사하는 자를] 곧바로 휴식에 이르게 하는 것이 아니라, 오히려 기획투사 속에서 기획투사된 것은 [기획투사하는 자를] 가능적인 현실적인 것 앞으로 **강요한다**. 다시 말해서 기획투사는 [기획투사하는 자를] 가능적인 것이나 현실적인 것에 붙들어 매지 않고, 오히려 '**가능하게 해줌**'에 **붙들어 맨다**. 다시 말해서 기획투사된 가능성의 가능적인 현실적인 것을 따로 그 자체로 가능성으로부터 그것의 실현에로 요구하는 바로 그것에다 기획투사는 [기획투사하는 자를] 붙들어 맨다.

이렇듯 기획투사는 그 자체 내에서 보면 **구속력** 그 자체를 발원하게 해주는 일어남인데, 단 이러한 일어남이 하나의 '가능하게 해줌'을 항상 전제하는 한에서 그렇다. 일체의 모든 가능하게 해주는 것은 이렇게 자유로이 붙들어 매는 가운데 가능적인 현실적인 것을 자기 앞에 붙잡고 있는데, 이러한 자유로운 **붙들어 맴**과 함께 동시에 언제나 가능적인 것 자체의 한 고유한 규정성이 놓여 있다. 왜냐하면 가능적인 것은 규정되어 있지 않음을 통해서 더욱더 가능적이게 되어 흡사 모든 가능적인 것이 더욱더 가능적인 거기에서 자리와 보호처를 발견하는 것이 아니라, 오히려 가능적인 것은 그것의 가능성과 가능하게 해줌의 힘 안에서는 **울타리치기**(Einschränkung)를 통해서 자라나기 때문이다. 개개의 모든 가능성은 그 자체 내에 자기의 **울타리**(Schranke)를 함께 지니고 오게 마련이다. 그런데 가능적인 것의 울타리가 지금 여기 이 경우에서는 그때마다 각기 바로 현실적인 그것, 즉 충족 가능한 '**펼침의 여지**(Ausbreitsamkeit)', 다시 말해서 그것에서부터 그때마다 각기 우리의 행동관계가 태도를 취하는 그런 '전체에서'이다. 그러므로 우리는 이렇게 말하지 않을 수 없다. 즉 기획투사함이 그 본질의 단일성 안에서 벌어지는 이러한 하나의 일어남은 [기획투사하는 자를] 가능적인 것에 붙들어 매면서 끌어올린다고 말이다. 그리고 그 말은 동시에 다음을 일컫는다. 즉 이러한 하나의 일어남이 하나의 전체 안으로 펼쳐질 수 있고, 이러한 하나의 전체를 앞에 세운다. 기획투사는 그 자체 내에서 보자면 [기획투사하는 자를] **앞으로 던지면서** 하나의 '**전체에서**'를 **형성한다**는 의미에서 **아우르면서** 존재한다. 그렇게 형성된 전체 안의 영역 내에서는 가능적인 실현의 매우 특정한 하나의 차원이 펼쳐져 있다. 개개의 모든 기획투사는 [기획투사하는 자를] 가능적인 것에로 끌어올리며 그리고 이와 아울러 그 가능적인 것에서부터 가능하게 된 것의 펼쳐진 폭 안으로 [그 기획투사하는 자를] 다시 데려온다.

기획투사와 기획투사함은 그 자체 내에서 보면 여러 가능적인 붙들어 맴들에로 [기획투사하는 자를] 끌어올리면서 존재하며, 하나의 전체를 앞에 세운다고 하는 의미에서 붙들어 매면서-펼치면서 존재한다. 이때 그러한 하나의 전체 안에서는 이런 또는 저런 현실적인 것이 기획투사된 가능적인 것의 현실적인 것으로서 실현될 수 있다. 그러나 이렇게 끌어올리면서-붙들어 매면서 펼치는 일, 특히 기획투사에서 일어나는 그러한 일은 동시에 그 자체 내에서는 '자기 자신을 엶(Sichöffnen)'이라는 성격을 내보인다. 그러나 그러한 '자기 자신을 엶'은—이제 쉽게 짐작해볼 수 있듯이—어떤 것에 대해서, 즉 가능적인 것 자체에 대해서나 현실적인 것에 대해서 경직되게 순전히 열린 채 있기만 하는 것이 결코 아니다. 기획투사함은 가능적인 것을 놀라 바라보기만 하는 것이 결코 아니며, 그와 같은 것일 수도 없다. 그 까닭은 순전한 관찰과 논변에서는 가능적인 것 그 자체가 그 가능존재에서 곧바로 질식되어버리기 때문이다. 우리가 가능적인 것을 가능하게 해줌에서 우리 자신을 그 가능적인 것에 붙들어 맬 때에만 그 가능적인 것은 그것의 가능성 안에서 본질적으로 존재한다. 그러나 가능하게 해주는 일은 가능하게 해주는 일로서는 언제나 가능적인 현실적인 것 속 안으로 들어가 이야기하는데—가능하게 해줌은 실현에 대한 앞선 윤곽인데—그렇다고 해서 우리가 다시 또 기획투사를 하여 현실적인 것을 가능성이 실현된 것으로서 소유하거나 그것을 덤으로 받게 되는 것은 아니다. 가능성도 현실성도 기획투사의 대상이 아니다—기획투사는 도대체 대상을 가지지 않는다. 오히려 기획투사는 '가능하게 해줌에 자기 자신을 엶'이다. 가능하게 해줌 속에는 가능적인 것과 현실적인 것, 가능성과 현실성의 근원적인 연관성이 노내체 그 자체로서 탈은폐되어 있다.

가능하게 해줌을 이렇게 탈은폐하는 것으로서의 기획투사함이 곧 존재와 존재자의 저 구별의 본래적인 일어남이다. 기획투사는 이러한 구별의 '틈 사이' 안으로의 침입(Einbruch)이다. 그러한 기획투사는 구별지어지는 것들을 그것들의 구별 가능성 내에서 비로소 가능하게 해준다. 기획투사는 존재자의 존재를 드러낸다. 그렇기 때문에 기획투사는 우리가 셸링(Friedrich Wilhelm Schelling)의 말에 연결지어 말할 수 있듯이, 도대체 가능적인 것-가능하게 해주는 것 안으로 번뜩이는 빛살(Lichtblick)[32]인 셈이다. 빛살은 암흑 그 자체를 빛 안으로 잡아채온다. 즉 빛살은 그 안에서 우선 대개 우리가 존재자를 통찰하고 존재자를 제압하고 존재자로 인해서 해를 입고 존재자를 즐기고 하는 그런 일상의 어두움에 가능성을 제공한다. 가능적인 것 안으로 번뜩이는 빛살은 기획투사하는 자를 '이것이냐-저것이냐', '이것뿐만 아니라 저것도', '그렇게' 또는 '다르게', '무엇', '이다'와 '아니다' 등의 차원에 대해서 열려 있게 한다. 이러한 침입이 일어나 있는 한에서 비로소 '그래'와 '아니', 그리고 물음 등이 가능하게 된다. 기획투사는 [기획투사하는 자를] 도대체 가능적인 것의 차원 안으로 끌어 올리며 그리고 그러한 차원을 드러내는데, 이때 가능적인 것은 그 자체 이미 '그렇게-있음 또는 다르게 있음', '과연 있음 또는 있지 않음' 등의 가능적인 것에로 분절되어 있다. 그렇지만 왜 사정이 그러한지는 지금 여기의 이 자리에서는 논의될 수 없다.

우리가 예전에 개별 성격들로서 제시한 적이 있는 바로 그것이 지금은 기획투사라는 원초구조의 단일성 안에 통일적으로 근원적으로 짜넣어져 있는 것으로서 드러나고 있다. 기획투사 속에서는 존재자가 그때마다 띠고 있는 가능적인 구속력의 전체 안에서 존재자의 존재를 성하도록 해주는 일이 일어나고 있다. 기획투사 속에서 세계가 성한다.

세계 형성의 이러한 원초구조, 즉 기획투사는 이제, 아리스토텔레스가 로

---

[32] Friedrich Wilhelm Schelling, *Philosophische Untersuchungen über das Wesen der menschlichen Freiheit und die damit zusammenhängenden Gegenstände*(『인간 자유의 본질 및 이에 연관된 대상들에 대한 철학적 탐구들』), 선집, Karl Friedrich August von Schelling 편집, 슈투트가르트, 아우크스부르크, 1856년 이후, 제1부문, 제7권, 361쪽.

고스의 가능성에 대해서 묻는 가운데 그곳으로 소급해갈 수밖에 없었던 바로 그것까지도 근원적인 단일성 안에서 내보이고 있다. **아리스토텔레스**는 이렇게 말한다. 즉 로고스는 그것의 가능성에 따르면 '신테시스'와 '디아이레시스'의 근원적인 단일성 안에 근거한다. 왜냐하면 기획투사는 끌어올리면서-앞으로 던지는 일어남으로서 이를테면 따로따로 떼어놓는(디아이레시스) 일어남—**빼내올림**의 저 **따로따로**—이면서, 그것도 바로—우리가 살펴보았듯이—다음과 같은 식으로 그렇기 때문이다. 즉 이때 기획투사된 것의 **돌아섬**은 그 자체 내에서 보자면 **붙들어 매는 것**과 **결합시키는 것**(신테시스)의 돌아섬으로서 일어난다. 기획투사는—형식논리적으로 생각해보건대—모순되는 것을 그 자체 안에 합일시키는 저 근원적이고 단순한 일어남, 즉 결합과 분리이다. 그러나 이러한 기획투사는 또한—가능적인 것과 가능하게 해줌에서의 현실적인 것의 구별의 형성으로서, 존재와 존재자의 구별 안으로의 침입으로서, 더 정확하게는 이러한 틈 사이의 갈라짐으로서—그 속에서 '로서'가 발원하는 그러한 '**자기 자신을-관련지음**(Sich-beziehen)'이기도 하다. 왜냐하면 '로서'라는 말은 도대체 존재자가 그 존재에서 개방되어 있다는 것, 저 구별이 일어나고 있다는 것을 표현하기 때문이다. '로서'라는 말은 저 근원적으로 **침입하는** '틈 사이'의 구조계기를 나타내기 위한 지칭이다. 우리는 처음에 '어떤 것'을 가지고 나서 그다음 '또 어떤 것'을 가지게 되고 그런 다음 어떤 것을 어떤 것으로서 취할 가능성을 가지게 되는 것이 결코 아니다. 오히려 이와는 완전히 거꾸로 오직 우리가 이미 기획투사 속에서, 즉 '로서' 안에서 움직이고 있을 때에만 어떤 것이 비로소 자기 자신을 우리에게 내준다.

기획투사가 일어나는 가운데 세계가 형성된다. 다시 말해서 기획투사함 속에서 어떤 것이 돌출하고 그것이 가능성들에로 갈라져 나오고 그리하여 그것은 현실적인 것 그 자체 안으로 침입한다. 그럼으로써 그것은 침입된 것으로서의 자기 자신을 이제 존재자로서 개방될 수 있는 바로 그런 것 한

가운데에 현실적으로 존재하는 것으로서 경험한다. 그것은 원초적으로 고유한 양식을 띠고 존재와 존재자로 갈라진 존재자인데, 그 갈라져 있는 존재를 우리는 '현-존재(거기에-존재함, Da-sein)'라고 부르며, 그 갈라져 있는 존재자에 관해서는 우리는 '그것은 실존한다(existiert)' 다시 말해서 '밖에 나가-있다(ex-sistit)'라고 말한다. 즉 그것은 그 존재의 본질상 하나의 '자기 자신에서부터 밖으로 나가섬(Heraustretenaus sich selbst)'인데, 그렇다고 해서 자기 자신을 떠나버리는 것은 아니다.

인간이란 저 '머물러 있지 못함'이며 그러면서도 '자리를 떠날 수 없음'이다. 인간 속의 현-존재는 기획투사하면서 인간을 끊임없이 가능성들 안으로 던지고 그리하여 인간을 현실적인 것 아래에 내던져진 채로 붙들어둔다. 이렇듯 던짐의 와중에 내던져진 채 인간은 하나의 '넘어감(Übergang)', 다시 말해서 일어남의 근본적 본질로서의 넘어감이다. 인간은 역사(일어난 것, Geschichte)이다. 또는 더 나은 말로 하자면, 역사[일어난 것]는 인간이다. 인간은 넘어가는 가운데 밀쳐내어져 있으며, 그렇기 때문에 인간은 본질차원적으로는 '부재하면서' 존재한다. 인간은 원칙적인 의미에서 부재하면서— 눈앞에, 결코 눈앞에 있으면서가 아니라 부재하면서—어제(존재해옴, Gewesenheit) 안으로 그리고 미래(올제, Zukunft) 안으로 밀쳐져 없이 존재하면서, 즉 부-재하면서, 그리고 결코 눈앞에 있으면서가 아니라, 그러나 부-재성 안에 밖에 나가 있으면서 존재한다. 만약 인간이 가능적인 것 안으로 옮겨 앉혀져 있다면, 인간은 현실적인 것을 끊임없이 잘못 보고 있을 수밖에 없을 것이다. 그리고 오직 인간이 그렇게 잘못 보고 있고 옮겨 앉혀져 있기 때문에만, 인간은 자리를 빼앗길 수가 있는 것이다. 그리고 오직 자리를 빼앗길 위험성이 있는 바로 거기에서만 놀라움의 희열이 있다—저 깨어 있는 매혹, 그것은 모든 철학함의 숨결이며, 그리고 그것은 철학자들 가운데 가장 위대한 자들이 '엔토우시아스모스(ἐνθουσιασμός)'라고 이름 불렀던 바로 그것이다. 위대한 자들 가운데 최후의 위대한 자—프리드리히 니

체―는 '도취의 노래'³³⁾라고 그 자신이 명명하는 차라투스트라의 저 노래 532
에서 그 점을 다음과 같이 선포하고 있으며, 그리고 거기에서 동시에 우리
는 세계가 무엇인지를 경험한다.

> 오 인간이여! 조용히 들어보라!
> 깊은 한밤이 무엇을 말하고 있는가?
> "난 자고 있었네, 난 자고 있었네―
> 깊은 꿈에서 눈을 뜨고 보니―
> 세계는 깊어라,
> 낮이 생각한 세계보다 더 깊어라.
> 세계의 아픔도 깊지만―
> 쾌락은―심장의 고통보다 훨씬 더 깊어라
> 아픔이 말하네, [심장의 고통아] 가셔라!
> 하지만 모든 쾌락은 다 영원함을 원하네―
> ―깊은, 깊은 영원함을 원하네!"

---

33) Friedrich Nietsche, *Also sprach Zarathustra*(『차라투스트라는 이렇게 말했다』), 앞의 곳, 제13권, 410쪽.

부록

60번째 생일을 맞는 오이겐 핑크에게

친애하는 오이겐 핑크,

우리 가족이 뢰테부크의 새집으로 이사 왔을 때 당신이 나를 도와 나의 책상을 지금 이 자리에 날라준 지도 어느덧 서른일곱 해하고도 두 달이 지났습니다. 그 책상은 오늘도 여전히 같은 자리에 그대로 놓여 있습니다.

그때 그 일이 한 가지 특기할 만한 점입니다.

또 한 가지 특기할 만한 점은 나의 세미나 책자에서 발견되는데, 거기에는 매 학기 세미나 참석자 명단이 함께 들어 있습니다. 내가 마르부르크에서 돌아온 후로 처음으로 가졌던 "존재론적 원칙들과 범주들의 문제"라는 1928/29년 겨울학기 고급과정 세미나의 명단에는 근래에 세상을 떠난 우리의 훌륭한 친구 오스카 베커의 이름이 첫 번째로 기재되어 있습니다. 네 번째 줄에는 8학기생 케테 올트만스—후에 브뢰커 부인이 되었습니다—의 이름이 이어지고, 더 밑으로 내려가 14번 자리에는 8학기생 오이겐 핑크의 이름이 보입니다.

이 두 사람 이름 밑에는 빨간색 줄이 그어져 있습니다. 이 표시는 그 두 사람에게서 그 어떤 것이 짐작되고 있다는 것을 뜻합니다.

세 번째 특기할 만한 점으로서 내가 오늘 더 언급하지 않을 수 없는 사실은 당신의 어머니 쪽 조상들이 나의 어머니의 출신 지역과 동일한 슈바

벤 북부 마을 출신이라는 것, 그리고 우리 두 사람은 콘스탄츠에 있는 김나지움에서 같은 선생님에게 그리스어와 라틴어를 배웠다는 것입니다.

첫 번째 점과 세 번째 점은 결코 특별히 논의할 만한 점이 아닙니다. 이 점들과는 구별해서 두 번째 점, 즉 당신의 이름 밑에 그어져 있는 그 빨간색 줄에 관해서 특별한 논의가 필요할 것 같습니다.

534   당신은 그 당시에 이미 후설 교수가 인정하고 총애하던 제자로서 알려져 있었습니다.

지금 당신은 현상학의 다른 학파 안에 들어가 있습니다만, 그럼에도 불구하고 현상학이라는 동일한 학파 안에 들어 있는 셈입니다.

물론 이 현상학이라는 칭호를 우리는 올바로 이해하지 않으면 안 됩니다. 현상학이라는 칭호는 철학의 한 특별한 방향을 의미하는 것이 아닙니다. 그것은 지금도 여전히 계속 존립하고 있는 하나의 가능성을 명명하는 칭호, 다시 말해서 사유로 하여금 "사태 자체에" 이르는 것을, 좀더 분명히 말해서 사유의 사태에 이르는 것을 가능하게 해줌을 명명하는 칭호입니다. 그 점에 대해서는 많은 것이 이야기될 수 있으리라고 봅니다.

그럼에도 불구하고 지금 나는 오이겐 핑크를, 즉 [후설 교수의] "제자"를 염두에 두고 있으면서 다음과 같은 사실을 확인해봅니다. 즉 그 뒤로 오늘까지 이어지는 시기에 그는 니체의 잘 알려진 어구 하나를 진실되게 만들어놓았다는 것입니다. 그 어구는 이런 것입니다.

"한 분의 스승에게 사람들이 나쁘게 보답하는 경우란, 그네들이 언제까지나 마냥 제자로만 남아 있을 때이다."

니체의 이 말은 단지 부정하면서 이야기하고 있을 뿐입니다. 이 말은 사람들이 더는 제자로 남아 있지 않으려면 어찌해야 하는가에 대해서는 말하지 않습니다. 사람들이 더는 제자로 남지 않게 될 수는 도대체 없는 노릇입니다. [그 어구를] 진실되게 만드는 일은 여기에서 그 나름의 특별한 의미를 띱니다.

사유의 동일한 사태를 처음부터 새로 경험하는 일, 그것도 그 자체 안에 가장 옛것을 간직하고 있는 오래된 사태로서 경험하는 일이 성공할 때, 우리는 제자다움을, 만약 그것이 존속하고 있을 경우, 뒤로한다고 봅니다.

하나의 그와 같은 경험은 전승에 의해서, 그리고 현시대의 정신에 의해서 규정된 채 남아 있습니다.

여기 이 점에서부터 보건대, 나에게는 이렇게 보입니다.

당신의 사유를 확증하는 일이 당신 앞에 비로소 또다시 닥쳐 있다는 것입니다.

왜냐하면 철학은 오늘날 가장 어려운 시험의 단계 속으로 빠져들어 있기 때문입니다.

철학은 자명한 과학들로 해체되고 있습니다. 그 자명한 과학들이라고 일컬어지는 것들로는 기호논리학, 의미론, 심리학, 인간학, 사회학, 정치학, 시학, 공학 등이 있습니다. 철학이 과학들로 해체됨과 동시에, 모든 과학이 하나의 새로운 양식으로 통합됨으로써 철학이 떨어져나가고 있습니다. 과학들 자체 속에 성하는 하나의 근본성향을 통해서 학문들이 압도적인 힘을 떨치게 되는 일은 인공두뇌학(지식정보학, Kybernetik)이라는 칭호 아래 자기 자신을 확장구축하려고 시도하는 바로 그것이 고개를 드는 가운데 실행되고 있습니다. 이러한 과정에 현대 과학이 자신의 근본성격에 의거하여 마주 다가감으로써 그 과정은 촉진되고 있고 그 빌걸음은 더욱 빨라지고 있습니다.

현대 과학의 이러한 근본성향을 니체는 그가 졸도하기 전해(1888년)에 단 하나의 문장으로 표명한 적이 있습니다.

그 문장은 이렇습니다.

"우리 19세기를 특색 짓는 바로 그것은 과학의 승리가 아니라, 오히려 과학에 대한 **방법**의 승리이다."　　　　　　　—『힘에의 의지』, 466번

여기에서 방법은 더는, 과학적 탐구가 자기가 이미 확정해놓은 대상들을 그것의 도움으로 다루는 기구로서 생각되는 것이 아닙니다. 만약 여기에서 여전히 대상들에 관해서 말이 되어야 한다고 가정한다면, 만약 대상성 일반에 대한 규정들에 단초 잡는 일이 여전히 어떤 '존재론적인 값어치'를 가져야 한다고 가정한다면, 방법은 대상들의 대상성 자체를 이루고 있다고 볼 수 있을 것입니다.

짐작해보건대, 지금까지의 유형과 그에 상응하는 효력을 띠었던 철학은 기술적 세계문명을 사는 인간의 시야에서부터는 사라져버리고 있는 것 같습니다.

그러나 철학의 종말이 곧 사유의 종말은 아닙니다. 그러하기에, 과연 사유는 자기 앞에 닥쳐온 시험을 받아들일 것인가, 그리고 어떻게 사유가 이 시험의 시대를 견뎌낼 것인가 하는 물음이 압박해오고 있는 것입니다.

그러니 친애하는 오이겐 핑크, 당신의 60번째 생일 전날 밤에 나의 바람이 있다면, 덕성에서부터 하나의 진정한 위기를 이루어내기를 당신에게 당부하고 싶다는 것입니다. 그 말로 일컬으려는 바는 이런 것입니다. 즉 사유가 당면하고 있는 그 시험을 베일로 가려버리거나 성급하게 타협하지 않고, 당신은 사유에 적합한 당신의 성품에 의거하여 그 시험을 버텨내며 머무를 수 있었으면 좋겠다는 것입니다. 한층 더 나아가, 당신이 그 자체 이미 기술적으로 되어버린 과학의 무절제한 힘에 의해서 사유가 그 안으로 강요되고 있는 바로 그 위기를 한 번이라도 드러내보이는 일에 도움이 되었으면 좋겠습니다.

서양 사유의 시원은 그리스인들에게서 시작(詩作)을 통해서 예비되었습니다.

어쩌면 미래에는 사유가 시작(詩作)에 비로소 시간-놀이-공간을 열어주어야 할지도 모르겠습니다. 그로써 시작(詩作)하는 말을 통해서 다시 또 하나의 말하는 세계가 생겨날 것입니다.

그와 같은 생각이 동기가 되어, 나는 당신의 60번째 생일을 위해서 폴 발레리(Paul Valéry)의 『젊은 운명의 여신』(파울 첼란[Paul Celan]이 독일어로 번역)이라는 조그만 선물을 골라보았습니다.

1966년 3월 30일
프라이부르크에서

친애하는 오이겐 핑크,

당신에게 우리의 부활절 인사를 진심으로 건네며, 당신의 60번째 생일에 즈음한 나의 이 축하연설문을 여기에서 줄이는 바입니다.

당신의 마르틴 하이데거

펴낸이의 말

여기에 펴낸 이 강의록은 마르틴 하이데거가 1929/30년 겨울학기에 프라이부르크 대학교에서 매주 네 시간씩 행한 강의로, 지금까지는 인쇄되지 않은 채 손으로 쓴 원본 속에 "형이상학의 근본개념들. 세계—유한성—고독"이라는 표제를 달고 있었다. 이 강의를 들었던 사람들 가운데 두 사람의 청강자, 즉 발터 브뢰커(Walter Bröcker) 교수(킬 대학교)와 하인리히 비간트 페체트(Heinrich Wiegand Petzet) 박사(프라이부르크 대학교)가 이구동성으로 전하는 바에 따르면, 하이데거가 그 강의를 칠판에 손으로 써서 통고할 당시에는 부제가 "세계—유한성—고독(Einsamkeit)"이라고 붙여지지 않았고, 오히려 "세계—유한성—개별화(Vereinzelung)"라고 붙여졌다고 한다. 이러한 차이는 하이데거가 이 강의를 시작할 즈음 강의 제목에 대한 일반적인 해명을 끌어들이는 가운데(27쪽[원서 8쪽]) '고독'에 대한 물음에 부여하는 정식화에도 상응한다. 그렇지만 하이데거는 손으로 쓴 강의 원본에서나 타자기로 작성한 1차 사본에서도 '고독'이라는 낱말을 부제 속에서 지우지 않았으며 그 낱말을 '개별화'라는 낱말로 바꾸어 넣지도 않았기 때문에, 인쇄할 때 부제는 손으로 쓴 강의 원본에 정식화되어 있는 그대로 유지되었다.

출판 안내 책자에는 이 강의록이 전집 제30권으로서 소개되는데, 이 출판 안내 책자가 통고하는 바와는 어긋나게도 이 강의록은 지금 제29/30이라는 이중 번호가 매겨져 출간되고 있다. 왜냐하면 마르틴 하이데거의 유고를 관리하는 책임자인 헤르만 하이데거(Hermann Heidegger) 박사가 조사해본 바에 따르면, 1929년 여름학기를 위해서 통고되었고 전집 제29권으로 예정되었던 "학술 연구 입문"이라는 강의가 행해지지 않았을 뿐 아니라 원고로 작성되지도 않았다는 결과가 나왔기 때문이다.

손으로 쓴 강의 원본은 2절판 크기의 용지에 가로로 쓰여 있는데, 그것을 모두 통틀어보면 94쪽에 이른다. 손으로 쓴 거의 모든 그의 강의 원본들에서 볼 수 있듯이 여기에서도 죽 이어지는 본문은 왼쪽 절반 면에 자리 잡혀 있다. 오른쪽 절반 면에는 늘 완벽하게 다듬어져 작성되어 있지는 않지만 수많은 길고 짧은 본문 첨삭문들, 본문 수정문들이 실려 있으며, 주요 본문을 마찬가지로 부연하여 항목별로 주석해놓은 것들이 실려 있다. 일일이 쪽수가 매겨진 원고 면들 사이사이에는 어느 쪽수를 참조하라는 지시를 달고서 그 지시에 해당하는 본문의 내용을 단지 개략적으로만 적어놓은 몇몇 별첨문들이 삽입되어 있으며, 그 밖에도 강의의 요점 설명들을 위한 메모 용지 또한 삽입되어 있다. 손으로 쓴 강의의 이 원본과 관련하여 펴낸이는 타자로 친 1차 사본 하나를 의뢰받았는데, 이 사본은 우테 구초니(Ute Guzzoni) 교수(프라이부르크 대학교)가 1960년대 초에 하이데거의 위임을 받아서, 그리고 하이데거가 신청해준 독일 연구협회 장학금의 도움을 받아서 산출해낸 것으로, 물론 그것은 하이데거의 원본과 대조하여 교정되어 있지는 않았다. 펴낸이는 그 밖에도 하이데거의 옛 제자 지몬 모저(Simon Moser)가 속기로 받아 적어놓았던 강의 필사본 하나를 사용할 수 있는 재량권을 부여받았는데, 이 필사본은 모저가 학기가 종료된 뒤에 타자로 옮겨 쳐서 제본하여 하이데거에게 넘겨준 것이다. 하이데거는 자신이 소장본으로 선정한 그 필사본을 죽 다 훑어보았으며, 이곳저곳에 틀린 부분을 바로잡아놓기도 하고 몇몇 군데에 여백주석들을 달아놓기도 했다. 하이데거는 비어 있는 마지막 면을 사용하여, 자신의 강의에 등장하는 몇몇 개념들과 근본낱말들을 비슷한 것들끼리 분류하고는 그것들에 강의 본문에 속한

쪽수를 매겨 기입했다.

펴낸이의 업무는 마르틴 하이데거가 내준 "인쇄하기에 충분히 적합한 본문을 산출해내기 위한 지침들"을 시행하는 일에 있었다. 첫 번째로 해야 했던 작업은 손으로 쓴 원본의 본문을 1차 사본에 의존하여 낱말 그대로 판독해내는 일이었다. 독일어 글자와 아주 작고 촘촘한 글씨체로 적어놓은 본문을 옮기며, 어쩔 수 없이 군데군데 틀리게 읽히던 것들을 바로잡았다. 본문 가운데 아직 옮겨지지 않은 부분을 보충함으로써 사본은 완벽해질 수 있었다. 이렇게 보충작업을 할 적에 문제가 되었던 것들로는 별첨문들, 몇몇 본문 첨삭문들과 여백주석들이 있었고, 그 밖에도 요점 설명을 위한 메모 용지 등이 있었다. 완비된 사본은 필사본으로 된 소장본과 한 문장씩 대조되었다. 인쇄원고를 산출해내기 위해서 다음과 같은 보완점들이 하이데거가 인준한 필사본에서 차용되었다. 강의가 진행되는 동안 강의 원본에 비해서 부연되거나 추가로 전개된 사상들, 손으로 쓴 원본 속에는 단지 개략적으로만 적혀 있거나 항목별로만 기록되어 있던 본문의 부분들을 다듬어 작성해놓은 모든 정식문들(주요 본문의 몇몇 절들, 별첨문들, 본문 첨삭문들, 여백주석들), 강의 시간에 입으로만 정식 표현되었을 뿐인 일련의 강의 요점 설명들 등이다. 특히 이러한 일련의 강의 요점 설명들은 반복의 성격을 띠고 있을 뿐 아니라, 이전 시간에 행해진 사상의 진행을 부연해주기도 하고, 그것에 하나의 새로운 정식, 즉 이해를 촉구하는 정식을 내주기도 한다. 그러한 보완점들을 필사본에서부터 차용하여 조리 있게 정리해 넣는 작업은 이 작업을 하도록 하이데거가 내준 지침들에 유의하는 가운데 이루어졌다.

더 나아가 펴낸이에게는 다음과 같은 과제도 부과되었다. 주로 죽 이어서 써내려간 강의 본문을 단락별로 분류하는 과제가 그것이다. 하이데거는 문장들 속에서 구문상 쉬었다가 읽어야 할 곳을 대개 줄표를 통해서만 암시해놓았기 때문에, 인쇄할 본문을 손질하며 문장부호의 사용을 통일적으로로 수행해야 했다. 단지 강연의 독특한 어투일 뿐, 이와는 반대로 인쇄될 본문에서는 불필요하고 방해가 되는 허사들과 삽입어들(그런데[aber], 바로 [eben], 정작[gerade], 이제[nun]), 그리고 사상 안내에서는 요구되지 않은 '그리고'로 시작되는 어두들은 펴낸이가 지워 없앴다. 낱말의 배치, 특히 문장 속에서의 동사의 배치는 청강자의 더 나은 이해를 위해서 선택되어 있었던 만큼, 그러한 낱말의 배치는 인쇄용 본문의 요구들에 따라서 변경되었다. 강의 본문에 대한 이와 같은 수정보완 작업은 하이데거가 그 자신이 출간한 강의록들에서 해온 작업의 양식을 그대로 따른다. 본문 수정 작업은 한편에서는 인쇄할 본문의 요구들에 부응하며, 다른 한편에서는 그럼에도 불구하고 강의의 스타일을 전체적으로 고수하며 이루어졌다.

본문을 예비고찰, 제1부, 제2부로 분류한 것은 하이데거가 강의에서 예비고찰뿐 아니라 제1부와 제2부에 관해서도 이야기하는 만큼, 하이데거 자신이 정한 것이다. 손으로 쓴 원본에서 하이데거는 제1부에 "우리 철학함의 한 근본기분을 일깨움(Die Weckung einer Grundstimmung unseres Philosophierens)"이라는 표제를 붙이고 있는데, 반면에 제2부는 "세계란 무엇인가?(Was ist Welt?)"라는 중심적이면서도 축약된 표제를 달고 있다. 손으로 쓴 원본은 이 두 가지의 제목 말고도 "방학을 보내고 난 뒤 [이전의 내용을] 종합요약하고 [앞으로의 내용을] 다시 소개함(Zusammenfassung und Wiedereinführung nach Ferien)"이라는 표제를 담고 있는데, 이 표제는 이전에 행해진 강의 본문과 앞으로 행해질 강의 본문하고는 두드러지게 대조를 이루는 절에 붙여져 있다(이 표제에서 방학이란 성탄절 방학을 의미한다). 목차에서는 그 절이 하이데거가 부여한 제목과 함께 제44절로 발견된다. 세 가지로 언급한 분류 말고도 총 강의 본문을 장, 절 그리고 항들로 분류한 것, 그리고 이와 아울러 모든 표제들을 정식화한 것은 펴낸이가 해놓은 것이다. 독자가 확인해볼 수 있듯이, 제목은 다만 그때그때의 분류의 통일적 연관들 속에서 하이데거에 의해 구문들이 형성된 그대로를 따라서 그 구문들을 사용하는 가운데 정해졌다. 방대한 강의가 담고 있는 내용의 골자 및 사상의 발걸음을 보여주는 상세한 목차는 하이데거가 결코 바라지 않았던 내용 색인을 대신해줄 수 있으리라고 본다.

46쪽[원서 24쪽]에서 라이프니츠의 것으로 돌려진 문장은 집중적으로 계속 조사했음에도 불구하고 라이프니츠의 저작들 속에서는 발견할 수 없었다.

때때로 『존재와 시간』에서부터 따오는 쪽수들은 『존재와 시간』의 단행본 (Max Niemeyer, 튀빙겐, 1979년, 제15판)에서 끌어온 것이다. 그러나 전집 제2권에서도 그곳에 비치된 쪽 가장자리에서 단행본의 그 쪽수들을 찾아볼 수 있다.

* * *

하이데거의 전집판이 준비되던 시기에 하이데거는 출판을 위해서 본 강의록을 펴낸이에게 개인적으로 위탁했다. 펴낸이가 연구방문을 하는 동안 하이데거는 대화를 거듭 이 강의록 쪽으로 몰고 갔으며, 그렇게 하는 자리에서 그는 이 강의록이 세계개념에 대해서 부여하는 중요성 말고도 권태에 대한 상세한 분석을 두드러지게 강조했다.

이 강의록의 집필이 시작되어 완성되기 바로 직전인 1929년 7월 24일에 하이데거는 『형이상학이란 무엇인가?』라는 자신의 프라이부르크 대학교 취임강연을 행했는데, 그 강연에서 그는 처음으로 권태라는 기분에 관해서 다루었다. 권태에 대한 방대한 분석, 그리고 강의의 제1부를 형성하는 권태의 세 가지 형태들은 저 취임강연과 연관 지어 읽어야 한다. 강의의 제2부는 세계개념의 획득에 쓰이는데, 이 제2부 안에서 마찬가지로 폭넓게 관철된 생명에 대한 본질규정과 함께 하이데거는 그가 『존재와 시간』 제12절, 단행본 94쪽[원서 58쪽]에서 단지 명칭부여만 했을 뿐 정작 실행하지는 못했던 하나의 과제를 실행에 옮긴다. 『존재와 시간』에서 하이데거는 그 과제를 "'생명'의 존재구성틀"에 대한 선험적인 제한규정으로서 정식화하고 있다.

* * *

1975년 6월 25일 프라이부르크에서 오이겐 핑크의 서거 소식을 접했을 때 마르틴 하이데거는 이 강의책을 고인에게 헌정하기로 결심했다. 그는 친필로 작성한 **헌정문**을 아내인 주자네 핑크(Susanne Fink) 부인에게 보냈다. 그 헌정문은 별도의 이야기로 작성되어 있으며, 이렇게 사후에 경의를 표하게 된 동기에 대해서 독자에게 정보를 제공하고 있다.

    수십 년 동안 지속되어온 하이데거의 핑크와의 우정 어린 관계에 대해서는 **부록**에 게재된 글에서도 일별해볼 수 있다. 그 글은 1965년 12월 10일 핑크의 60번째 생일 전야에 프라이부르크에 있는 빅토리아 호텔에서 열린 축하잔치에서 하이데거가 행한 생일축하 연설문이다.

    그 연설은 하이데거가 오이겐 핑크를 위해서 말쑥하게 글로 써서 작성했던 형태 그대로 게재되어야 했기 때문에, 어쩌면 기억에 의거해서 인용되었을지도 모르는 니체의 두 문장들에서 잘못된 인용표현이 니체의 원문표현에 맞게 교정되지 못했다. 첫 번째 인용문은 『차라투스트라는 이렇게 말했다』에서 "선사하는 덕에 관하여"라는 절에 속해 있는 것이다.

* * *

이 책의 간행작업에 일일이 동행해주면서 끊임없이 나와 계속 대화해주었으며 그러는 가운데 이 책의 형성작업을 촉진하도록 귀중한 조언을 해준 헤르만 하이데거 박사에게 나는 큰 은혜를 입고 있다. 이 책의 간행에 많은 도움을 지원해준 데에 대해서 특별히 하르트무트 티텐(Hartmut Tietjen) 박사에게 고마움을 전해야겠다. 아주 꼼꼼하고 신중하게 교정작업을 해준 데 대해서 루이제 미하엘젠(Luise Michaelsen) 박사와 박사과정생인 한스-헬무트 간더(Hans-Helmuth Gander)에게 진심으로 고마움을 전한다. 간행작업을 진행해가는 여러 과정에서 다방면의 도움을 준 데에 대한 고마움은 마땅히 간더에게 추가로 돌아가야 한다. 교정쇄 전체를 마지막으로 검토하면서 죽 훑어보아준 데에 대해서는 게오르크 뵈를레(Georg Wöhrle) 박사(프라이부르크 대학교)에게 깊은 고마움을 전한다.

베른하르트 카스퍼(Bernhard Casper) 교수(프라이부르크 대학교)와 볼프강 빌란트(Wolfgang Wieland) 교수(프라이부르크 대학교)에게 나는 귀중한 정보들을 제공해준 데에 대해서 심심한 사의를 표하고 싶다.

1982년 12월 프라이부르크에서
프리드리히-빌헬름 폰 헤르만

개정판 펴낸이의 보탬말

몇 개의 초판 인쇄 잘못을 이 개정판에서는 모두 바로잡았다.

초판의 끝말에 1929년 여름학기와 본래 전집 제29권으로 기획된 강의로 "학술 연구 입문"이라고 공시된 내용이 그 뒤의 조사로 다음과 같이 밝혀졌다. 즉 이 강의는 마르틴 하이데거에 의해서 "행해지지 않았을 뿐 아니라 원고로 작성되지도 않았다"(692쪽[원서 537쪽]). 어쨌거나 이 강의록이 나타나자마자 두 개의 강의기록들—허버트 마르쿠제의 강의기록과 알로이스 지게만의 강의기록—이 나타났다. 이로써 펴낸이가 조심스럽게 조사하며 찾아낸 결론이 옳지 않은 것으로 드러났다.

읽으미들께서 다음과 같은 생각을 가지지 않기를 바란다. 펴낸이가 너무 가볍게 결론을 끄집어낸 것이 아닌가 하는 생각을 가질 수도 있기 때문에 그 뒤의 조사에 대해서 간략하게 보고하겠다. 마르틴 하이데거의 모든 유고들을 샅샅이 조사하며 뒤졌지만 아무 성과가 없었다. 그 외에도 1929년 여름학기에 프라이부르크 대학교에서 하이데거의 강의를 들은 두 사람의 학생들에게도 문의를 해보았다. 이 학생들은 그 학기에 개설된 다른 강의들은 기억해낼 수 있었지만 언급된 강의는 그렇지 못했다.

그런데 믿을 만한 원전으로 하이데거 자신의 손으로 기록된 서류가 발견되었다. 그것은 하이데거 자신이 "'존재와 시간' 이후의 강의록과 세미나 연습들(완벽하게 모든 것을 정리했다)"이라고 제목을 단 기록이었다. 이 서

류에는 1929년 여름학기에는 "독일 관념론" 강의만이 개설된 것으로 되어 있다. 거기에는 "학술 연구 입문"이라는 강의에 대한 어떠한 암시도 없다. 타자기로 정리한 것으로 단지 9쪽 또는 17쪽 분량의 두 기록물을 고려해 볼 때 하이데거가 이 강의에서 염두에 두었던 것은 다음과 같은 사안일 것이다. 즉 학문[과학]과 철학을 그 참 본질에서 파악하고 그것들의 단일성을 눈앞에서 놓치지 않는 것이리라. 이러한 이론적인 관련의 독특한 본질을 해석하기 위해서 하이데거는 플라톤의 『국가』 제7권에 나오는 동굴의 비유를 끌어들였다. 이에 대한 해설이 강의의 중심주제를 이루었다.

하이데거가 그 자신이 이 강의를—1927년과 1944/45년 사이에 개설했던 강의들처럼 완벽한 전체 내용을 꼼꼼하게—언급하지 않았다는 그 사실만 보아도 그 강의들이 다른 여타의 강의들처럼 완벽하게 정리되지 않았다는 추정을 가능하게 한다.

이 두 강의록은 너무나 간략하게 정리된 기록물이기 때문에 강의록 텍스트로 재구성해서 출판할 필요성이 없다고 판단된다.

1992년 3월 프라이부르크에서
프리드리히-빌헬름 폰 헤르만

2018년 개정판 펴낸이의 보탬말

펴낸이가 695쪽[원서 540쪽] 자신의 보탬말에서 보고하고 있듯이, 46쪽[원서 24쪽]에서 하이데거가 인용한 라이프니츠의 원본이 확인되지 않았다. 아마도 전집출판의 전체 색인목록을 맡아서 한 파트리크 운루 박사가 저 인용문구를 라이프니츠의 것이 아니고 장 바티스트 보르다-드물랭 것으로 정리한 것 같다.

거기에서는 그가 그 인용문구가 라이프니츠-인용문이 아닌 것으로 표기했다. "수학 없이는 철학의 밑바탕 속으로 파고들 수 없고, 철학 없이는 수학의 밑바탕 속으로 파고들 수 없다. 이 둘 없이는 어떤 것의 밑바탕도 꿰뚫을 수 없다."(『데카르트주의 또는 과학의 진정한 혁신[*Le Cartésianisme ou la véritable rénovation des sciences*]』. 제1권. J. Hetzel, Librairie-Editeur : 파리, 1843년, o.S.). 나는 이 점을 발견해준 것에 대해서 파트리크 운루 박사에게 심심한 감사의 인사를 드린다.

2017년 9월 프라이부르크에서
프리드리히-빌헬름 폰 헤르만